高等院校体育类基础课"十四五"规划教材

U0641663

运动生理学

（第二版）

L 主 编 封飞虎 凌 波 王宁琦
L 副主编 金 丽 陶 缨

华中科技大学出版社
http://press.hust.edu.cn
中国·武汉

图书在版编目(CIP)数据

运动生理学/封飞虎,凌波,王宁琦主编.—2版.—武汉:华中科技大学出版社,2023.8 (2025.8重印)
ISBN 978-7-5680-9474-0

Ⅰ.①运⋯ Ⅱ.①封⋯ ②凌⋯ ③王⋯ Ⅲ.①运动生理学 Ⅳ.①G804.2

中国国家版本馆 CIP 数据核字(2023)第 145284 号

运动生理学(第二版)　　　　　　　　　　　　　封飞虎　凌　波　王宁琦　主编
Yundong Shenglixue (Di-er Ban)

策划编辑:曾　光
责任编辑:史永霞
封面设计:孢　子
责任监印:朱　玢
出版发行:华中科技大学出版社(中国·武汉)　　　电话:(027)81321913
　　　　　武汉市东湖新技术开发区华工科技园　　　邮编:430223
录　　排:武汉创易图文工作室
印　　刷:武汉市首壹印务有限公司
开　　本:787mm×1092mm　1/16
印　　张:27
字　　数:726 千字
版　　次:2025 年 8 月第 2 版第 3 次印刷
定　　价:62.00 元

编 委 名 单

主　　编：封飞虎　凌　波　王宁琦
副主编：金　丽　陶缨
编写成员：（以姓氏笔画为序）

马春莲　武汉体育学院

王宁琦　武汉体育学院

刘　君　武汉体育学院

李　炜　湖北文理学院

李　靖　长江大学

李　睿　武汉体育学院

李春艳　武汉体育学院

吴　越　黄冈师范学院

金　丽　武汉体育学院

金山虎　武汉体育学院体育科技学院

孟思进　武汉体育学院

封飞虎　武汉体育学院

钱帅伟　武汉体育学院

凌　波　黄冈师范学院

陶　缨　湖北大学

黄敏芳　江汉大学

翟昕元　三峡大学

| 前 言 |

QIANYAN

运动生理学是体育学类专业开设的专业必修课程之一。根据教育部《高等学校体育学类本科专业教学质量国家标准》要求,由武汉体育学院牵头,组织湖北省多所高校运动生理学方面具丰富教学经验的教师,经多次研讨,结合上一版教材使用过程中发现的问题和收集的读者建议,修订出版了本教材。

本教材内容的编排顺序遵循学生的认知方式以及运动生理学特有的属性,紧密结合体育类专业学生的身心和认知特点,按照先基础理论后实践应用的顺序向学生呈现知识,继续坚持"三基"(基础理论、基本知识、基本技能)和"五性"(思想性、科学性、先进性、启发性、适用性)的原则。坚持问题导向、目标导向和需求导向,以理论实践一体化为主线,对教材知识体系、结构安排等进行系统优化。

本教材坚持立德树人的根本任务,将课程思政元素与教学内容深度融合。围绕课程思政教学目标,注重对学生进行生命教育、健康教育、爱国教育、职业教育及社会责任教育;培养学生钻研、探索、热爱科学的精神等,实现课程与思政的有机融合。指导学生树立正确的世界观、人生观、价值观和思想道德观念,帮助学生形成健全的人格和良好的思想道德品质。

本教材以纸质教材为核心,以超星"学银在线"平台开设的"运动生理学"线上开放课程(https://www.xueyinonline.com/detail/227386251)为配套数字资源,形成了以信息技术与教育教学深度融合、多种介质综合运用的立体化

数字资源

教材。其中数字资源包括教学视频、微课、教学 PPT、演示实验和虚拟仿真实验、运动生理机制动画、拓展素材、交互式学习材料等。知识呈现方式更符合学生的学习规律,满足个性化学习,更便于教师实施线上、线下混合式教学。

结合当前该领域研究热点及进展,在一些章节后增加了与知识点相关的拓展内容,拓宽学生视野,丰富学生知识储备。

参加本教材编写的成员有:封飞虎(绪论、第一章)、孟思进(第二章)、李睿(第三章)、王宁琦(第四章)、王宁琦、李春艳(第五章)、金丽(第六章)、刘君(第七章)、钱帅伟(第八章)、陶

缨(第九章)、马春莲(第十章)、金山虎(第十一章)、吴越(第十二章)、李靖(第十三章)、李炜(第十四章)、黄敏芳(第十五章)、凌波(第十六章)、翟昕元(第十七章)。

"运动生理学"线上课程资源建设由王宁琦、封叶文哲负责完成。

由于我们的知识和水平有限,不足之处在所难免,恳请同行专家和广大读者提出宝贵意见和建议,以便不断修订完善。

编　者

| 目 录 |

MULU

绪　　论

第一节　运动生理学的研究对象、任务和研究方法

一、运动生理学的研究对象及其任务

人体生理学(human physiology)是生命科学的一个分支,是研究人体生命活动规律的科学,是医学科学的重要基础理论学科。运动生理学(exercise physiology)是人体生理学的一个分支,是研究人体的运动能力及对运动的反应和适应过程的科学,主要研究在运动过程中,人体各细胞、器官、系统的机能变化和它们协同工作的能力和机理,进而观察在整体水平上人体的运动能力,以及人体的形态和机能对运动产生的适应性的变化。运动生理学是体育科学中一门重要的应用基础理论学科。

运动生理学的研究对象是人,其任务是:在对人体生命活动规律有了基本认识的基础之上,进一步探讨体育运动对人体机能影响的规律及机制;阐明体育教学和运动训练过程中的生理学原理;研究不同年龄、性别和训练水平的人群进行运动时的生理特点,以达到促进儿童少年的正常发育、增强全民体质、延缓衰老、防治某些疾病、提高运动机能水平的目的。

二、运动生理学的主要研究方法

运动生理学是一门实验科学,研究方法对运动生理学的发展起着十分重要的作用,主要有动物实验法、人体实验法和调查研究法。

调查研究法是以人的群体为对象进行调查研究的,如人体生理正常值需要在大样本人群中进行测量和统计。

1.动物实验法

动物实验包括慢性动物实验和急性动物实验。慢性动物实验是指在完整、清醒、健康的动物身上进行各种生理实验研究的方法,如摘除雄性性腺后,观察肌肉体积及力量的变化。急性动物实验又可分为在体实验和离体实验两种。所谓在体实验是指在麻醉或破坏神经中枢高级部位的条件下,解剖动物并对某个器官的功能进行观察,如观察各种神经、体液因素对动脉血压的影响;离体实验是指从活的或刚被处死的动物体内摘取器官、组织或细胞,置于人工控制的实验环境中,观察其生理功能,如从蛙体内分离出坐骨神经腓肠肌标本,以观察肌肉的收缩功能。

1

由于动物与人类的差别,不能把动物实验的结果简单地套用于人体。

2. 人体实验法

在运动生理学研究中,常用的人体实验法有运动现场测试法和实验室测试法。

运动现场测试法是指在运动现场直接测试运动员运动前、运动中和运动后的恢复过程中,某些生理机能变化。借以了解不同运动项目的生理特点,或者不同人群在完成同一运动项目时的生理反应。例如用心率遥测仪测定运动时运动员的心率变化,就是典型的运动现场测试法。这种方法的特点是符合运动的实际情况。但在运动实践中往往难度较大、测试条件不易控制。因此,运动现场测试法在运动生理学研究中往往受到限制。

实验室测试法是指让受试者在实验室进行按照一定的研究目的而设计的运动方案运动时(如在跑台、功率自行车和各种力量练习器上进行运动),利用各种仪器设备测试运动员在运动过程中的各种生理指标变化,以了解不同形式的运动对人体某些生理机能的影响。

三、运动生理学的研究水平

构成身体的最基本单位是细胞,由许多不同的细胞构成器官,行使某生理功能的不同器官互相联系,构成一个器官系统,整个身体就是由各个器官系统互相联系、互相作用而构成的一个复杂的整体。因此,运动生理学的研究是在细胞与分子、器官和系统以及整体这三个水平上进行的。

1. 整体水平研究

整体水平研究指在整体水平上研究人体在一定的环境条件下运动时,人体各器官、系统之间的相互关系,以及人体各器官、系统对运动的适应过程。例如,研究人体运动时心血管系统的机能、呼吸系统的机能、内分泌机能、物质和能量代谢和肌肉组织利用氧能力等的变化,以及它们对运动的适应等都属于整体水平的研究。

2. 器官、系统水平研究

研究每个器官、系统在运动中的机能有何变化,这种变化是怎样发生、发展的,变化的条件是什么,受哪些因素制约,以及这种变化对运动中的整体机能变化将产生什么影响等。例如,在运动中心血管系统的机能会发生较大的变化,表现为心率、血压、心输出量(心排血量)升高。探讨引起这些指标升高的因素及变化特点的研究就属于器官、系统水平的研究。

3. 细胞、分子水平研究

主要是研究运动时细胞内各亚微结构的机能,以及各生物分子的特殊理化变化过程。目前,研究大负荷对骨骼肌超微结构变化、收缩蛋白的结构和代谢水平变化,以及线粒体、生物膜、酶系统等机能变化,均属于细胞、分子水平的研究。

值得指出的是,这三个水平的研究,它们相互间不是孤立的,而是互相联系、互相补充的。要阐明某一生理功能的机制,一般需要对细胞和分子、器官和系统,以及整体这三个水平的研究结果进行分析和综合,才能得出比较全面的结论。

第二节　生命的基本特征

生物体具有生命活动。生物体的生命现象至少有五方面的基本活动表现,即新陈代谢、兴奋性、应激性、适应性及生殖与生长发育。

一、新陈代谢(metabolism)

新陈代谢是指机体与外界环境不断进行物质交换和能量转换的过程。新陈代谢过程包括两个基本方面:一方面机体从外界不断摄取各种物质,如糖、脂肪、蛋白质、维生素及无机盐等,形成自身的物质或暂时储存起来,这种过程称为同化作用(或合成代谢);另一方面将组成自身的物质或贮存于体内的物质分解,并把分解后的终产物或废物排出体外,这种过程称为异化作用(或分解代谢)。在进行同化作用时要吸收能量,在进行异化作用时要释放能量。后者所释放的能量,除一部分用于同化作用外,其余的供应机体各种生命活动的需要及产生热量。因此,新陈代谢又可分为物质代谢与能量代谢两个方面,两者密切联系,物质的变化必定伴有能量的转移。

新陈代谢是生命活动的最基本特征,新陈代谢一旦停止,生命也就停止。不同的机体,以及同一机体在不同的情况下,其代谢过程和形式都各有特点。在新陈代谢过程中,每一环节都涉及大量的酶、蛋白因子和各种调控因子的参与。

二、兴奋性(excitability)

在生物体内可兴奋组织具有感受刺激、产生兴奋的特性,称为兴奋性。能引起可兴奋组织产生兴奋的各种环境变化称为刺激(stimulus)。神经、肌肉和腺体等组织受刺激后,能迅速地产生可传布的动作电位,即发生兴奋,这些组织被称为可兴奋组织。在生理学中将这些可兴奋组织接受刺激后所产生的生物电反应过程及其表现,称为兴奋(excitation)。因此,可兴奋组织感受刺激产生兴奋能力的高低反映了该组织兴奋性的高低。

可兴奋组织有两种基本的生理活动过程:一种是由相对静止状态转变为活动状态,或是兴奋性由弱变强,这种活动是兴奋活动;另一种是由活动状态转变为相对静止状态,或是兴奋性由强变弱,这种活动是抑制活动。人体的各种生理功能活动,既有兴奋性活动也有抑制性活动,两者既对抗又协调,并可相互转化。因此,兴奋和抑制两者是对立统一的生理活动过程。

三、应激性(irritability)

人体内各种组织对外界环境变化(刺激)具有不同的反应,如肌肉表现为收缩,腺体表现为分泌,神经的反应则表现为发放并传导神经冲动。而其他组织,如上皮、骨骼等受到刺激后则表现为细胞代谢发生变化等。机体或一切活体组织对周围环境变化具有发生反应的能力或特性称为<u>应激性</u>。活组织应激性的表现形式是多方面的,既可是生物电活动,也可是细胞的代谢变化。而兴奋性则是指可兴奋组织受到刺激后发生生物电变化的过程。因此,具有兴奋性的组织必然具有应激性,而具有应激性的组织不一定具有兴奋性。

四、适应性(adaptability)

生物体长期生存在某一特定的生活环境中,在客观环境的影响下可以逐渐形成一种与环境相适应的、适合自身生存的反应模式。生物体所具有的这种适应环境的能力,称之为适应性。例如长期居住在高原地区的居民,其血液中的红细胞数量远远超过平原地区的居民。这种适应性反应对高原居民是十分必要的,因为血中红细胞数量的增多大大提高了血液运输氧的能力,从而有效地克服了高原缺氧给人体带来的不良影响,创造了适应客观环境而生存的条件。再如,运动员经过长期的力量训练可使肌肉的力量和体积增加;长期经过耐力训练的运动员肌肉耐力、心肺功能得到改善等,这些都是人体对环境变化产生适应的结果。

五、生殖与生长发育

生命体生长发育到一定阶段后,能够产生和自己相似的子代,称为生殖(reproduction)。生殖是生物通过自我复制延续种系的过程,是生命的最基本特征之一。在生殖过程中,机体会表现出另一些生命特征,即遗传变异。各种生物都能通过生殖产生子代。亲代和子代之间无论在形态结构或生理功能方面都很相似,这种现象称为遗传(heredity)。亲代和子代每个个体间又不会完全相同,总会产生一定的差异,这种现象称为变异(variation)。

生长(growth)和发育(development)一般指生命个体的生长,从生物学意义上说,当受精卵开始发育时,即意味着生命开始了其生长的过程。发育是生命个体在生长过程中,各系统、器官和组织都要经历从简单到复杂的变化过程,直至机体各器官系统功能的完善和成熟。一般性的成熟即表明该个体发育的成熟,具有了生殖的能力。

第三节 人体生理机能的调节

人体生理功能的调节是指人体对内外环境变化所做出的适应性反应的过程。通过机体各部分功能活动的相互协调和配合,可使机体适应各种不同的生理情况和外界环境的变化,也可使被扰乱的内环境重新得到恢复。机体对各种功能活动的调节方式主要有三种,即神经调节、体液调节和自身调节。

一、神经调节(nervous regulation)

通过神经系统的活动对机体功能进行的调节称为神经调节。神经调节在机体的所有调节方式中占主导地位。神经活动的基本过程是反射,反射活动的结构基础是反射弧,反射弧包括感受器、传入神经、神经中枢、传出神经和效应器五个环节。感受器能够感受体内外的各种刺激,并将刺激能量转变成体内可传导的神经冲动,通过传入神经纤维传至相应的神经中枢,中枢对传入信号进行分析、处理或整合后,发出信息(指令),通过传出神经纤维到达效应器,效应器完成反射动作。反射的完成有赖于反射弧结构的完整和功能正常,其五个组成部分的任何一个部分结构被破坏或发生功能障碍均可导致反射不能完成。

神经调节的特点是产生效应迅速、调节作用精确、作用时间较短暂。

二、体液调节(humoral regulation)

体液调节是指由内分泌细胞或某些组织细胞生成并分泌的特殊的化学物质,经由体液运输,到达全身或局部的组织细胞,调节其活动。化学物质有内分泌细胞分泌的激素、某些组织细胞分泌的肽类和细胞因子等。化学物质经血液这种体液途径运输到达特定组织发挥作用是体液调节的主要方式。例如,胰岛的β-细胞分泌的胰岛素能调节组织、细胞的糖与脂肪代谢,有降低血糖的作用。有些化学物质可不经过血液运输,而是经由组织液扩散作用于邻近的细胞,调节这些细胞的活动。另外,某些激素可由非内分泌细胞合成和分泌,如下丘脑和心血管系统的一些细胞也能合成激素。

体液调节的特点是产生效应较缓慢、作用广泛、持续时间较长。

三、自身调节(autoregulation)

自身调节指机体的器官、组织、细胞自身不依赖于神经调节和体液调节,而由自身对刺激产生适应性反应的过程。例如骨骼肌或心肌被拉长后,收缩前的初长度直接影响其收缩力量。自身调节是一种局部调节,其特点是调节幅度较小、灵敏度较低,但在某些器官和组织,仍具有重要的生理意义。

第四节　人体生理功能调节的自动控制

人体生理功能调节的目的主要包括两个方面:一是维持内环境的稳态;二是使机体的生理功能适应机体活动的需要,使内环境在一定的水平保持稳态。前者主要通过反馈控制系统来实现,而后者则由非自动控制系统、前馈控制系统和反馈控制系统共同完成。

一、非自动控制系统

在控制系统中,控制部分不受受控部分的影响,即受控部分不能通过反馈活动改变控制部分的活动,这种控制系统称为非自动控制系统。例如,寒冷刺激作用于机体可引起下丘脑-腺垂体-甲状腺活动加强,使体内甲状腺激素升高,促使机体产热、体温增高,但体温增高不能改变寒冷刺激通过感受器传入中枢的输入信号对控制部分的影响。在这种情况下,刺激决定着反应,而反应不能改变控制部分的活动。这种控制系统无自动控制的能力。

二、反馈控制系统

反馈控制系统是一个闭环系统,即控制部分发出信号指示受控部分发生活动,受控部分则发出反馈信号返回到控制部分,使控制部分能根据反馈信号来改变自己的活动,从而对受控部分的活动进行调节。反馈控制系统分成比较器、控制部分、受控部分三个主要环节。输出变量的部分信息经监测装置检测后转变为反馈信息,回输到比较器,由此构成闭合回路。在不同的反馈控制系统中,传递信息的方式是多种多样的,可以是电信号(神经冲动)、化学信号(某些化学成分的浓度)或机械信号(压力、张力等),但最重要的是这些信号的数量和强度变化中所包含的准确的和足够的信息。

根据受控部分的反馈信息对控制部分的作用(原有效应)不同,可将反馈分为两种:负反馈(negative feedback)和正反馈(positive feedback)。

在人体生理功能调节的自动控制系统中,如果受控部分的反馈信息能减弱控制部分活动,这样的反馈称为负反馈。负反馈是可逆的,是维持人体生理机能活动经常处于稳态的重要调节机制。如在人体正常体温、血压、心率和某些激素水平等指标的维持过程中,负反馈调节发挥着重要作用。

与负反馈相反,如果反馈信息能促进或加强控制部分活动,这种反馈称为正反馈。正反馈往往是不可逆的,是不断增强的调控过程,直到整个生理过程结束为止。如排尿反射、分娩过程、血液凝固等均属于正反馈调控过程。

三、前馈控制系统

在受控部分的状态尚未发生改变之前,机体通过某种监测装置得到信息,以更快捷的方式调整控制部分的活动,用以对抗干扰信号对受控部分稳态破坏,这种调控称为前馈控制(feed forward)。条件反射活动就是一种前馈控制系统的活动,它使机体的反应具有超前性。例如,动物见到食物就会引起唾液分泌,这种分泌比食物进入口中后引起的唾液分泌来得快,而且具有预见性,更具有适应性意义。

第五节　运动生理学的发展简述

运动生理学是在 20 世纪初发展起来的一门年轻的学科。当时英国的生理学家希尔(Hill)出版了他的三部运动生理学名著:《肌肉活动》《人类的肌肉运动-影响速度与疲劳的因素》《有生命的机械》。这些书中的有关论点,特别是有关肌肉工作的论点至今仍为生理学工作者所引用。为此,希尔被认为是"运动生理学之父"。在同一时期,苏联的克列斯托夫尼柯甫(Krestovnikoff)出版了《运动生理学论文集》。该论文集汇集了大量的实验资料,阐述了各项运动的生理学特点,对科学训练起到了重要的促进作用。英国的班布里奇(BainBridge)出版了《肌肉运动生理学》一书。该书论述了运动时能量的变化过程及其在肌肉中是怎样进行的,肌肉活动时氧及营养物质供应的调节机制,以及肌肉运动的机械装置。他的论著奠定了肌肉运动生理学理论基础。吉田章信的《运动生理学》是亚洲运动生理学早期的代表作。

在现代运动生理学发展中,北欧及美国学者们做出了重要的贡献。

在北欧,丹麦的科罗(A. Krogh)和他的学生阿斯姆森(B. Asmussen)提出了设计专门的运动生理实验研究和标准化的重要性,促进了运动生理学的研究从描述性观察走向实验研究。至今,哥本哈根的科罗研究所仍是运动生理研究的一个重要基地。20世纪50年代以来,北欧的运动生理研究更是硕果累累,如奥斯特兰德(P. OAstrand)、埃森(Essen)、罗达尔(Rodahl)等,他们在运动与心肺功能、最大吸氧量在运动中的实践应用等宏观研究方面做出重要贡献。20世纪60年代末,伯格斯特龙(Bergstrom)提出针刺活检法,撒尔汀(B. Staltin)以及其他研究者,将这一方法和生物化学方法相结合,对两类骨骼肌纤维的亚微结构、功能特性和运动能力进行广泛的研究,取得一系列的成果,并把运动生理的研究水平从宏观推向微观即分子水平。其中,撒尔汀(B. Staltin)因其在运动生理学领域的卓越贡献,获得了2000年奥林匹克奖。

在美国运动生理学的发展上,哈佛疲劳实验室是最受瞩目的焦点,迪尔(D. B. Dill)和他的同事们从20世纪20年代到40年代中期,在哈佛疲劳研究室完成了许多关于运动与环境、运动代谢、运动营养、衰老、体适能(哈佛台阶试验)等一系列的研究。20世纪50年代以来,运动生理学在美国获得更广泛的发展,涉及运动生理学的各个方面,福克斯(E. L. Fox)、麦卡德(W. D. MchArdle)等关于运动与代谢反应方面的研究,科斯蒂尔(D. L. Coctill)关于肌纤维类型的研究等,此外,在运动与激素、运动与环境等方面也取得重要的成果。

早在1924年,我国生理工作者程瀚章已编写了《运动生理》一书,继程瀚章之后,我国著名生理学家蔡翘于1940年出版了侧重于劳动生理学的《运动生理学》一书,赵敏学于1951年编著了《实用运动生理学》,这些都是主要的运动生理学教学参考书,但在这一阶段,有关运动生理学的教学与研究工作却进行得甚少。

直到20世纪50年代末,运动生理学才在我国有了第一次飞跃性的发展。1957年北京体育学院为我国首次培养出运动生理学研究生。其后,在高等学校体育系中也先后成立了运动生理学教研室。1958年成立了国家体育科学研究所,其中设置了运动生理学研究室,这是我国第一个专门研究运动生理学的科研机构。20世纪70年代末至80年代,是我国运动生理学的教学、科研工作的第二次飞跃发展时期。体育院系相继成立了运动生理学硕士点。北京体育大学成立了运动生理学博士点。各省、市的体育科研所相继建立了运动生理研究室,专门从事运动生理的研究,使我国的运动生理学教学和科学研究得到了蓬勃发展。

经过半个多世纪的发展,我国的运动生理学研究在探讨人体生命活动规律、增进人民健康水平和提高运动技术水平等方面取得了飞跃性的进展,形成了一支人员素质较高的研究队伍。知名专家在国际学术界享有一定声望,在某些研究领域,甚至超过了世界先进水平。这一切为未来运动生理学继续发展奠定了良好的基础。

【知识拓展】

中国运动生理学奠基人简介

一、中国第一本《运动生理学》专著作者——程瀚章

据商务印书馆档案和相关资料记载,程瀚章,江苏吴江人,生于 1894 年,曾在商务印书馆编译所物理化学部做编辑工作。1920—1923 年,曾参与《新法教科书》《新学制教科书》等多部中小学教材的编校工作。之后,编写了多部有关中小学生生理卫生知识方面的书籍,还编译了许多医学方面的专业书籍,所涉及领域宽广,专业性强。

程瀚章先生所著的《运动生理》在早期有两个版本:1924 年版和 1929 年版。二者都是丛书性质的,但是不属于一套丛书。程瀚章 1924 年所著的《运动生理》由商务印书馆出版,隶属于"新知识丛书"系列;1929 年 10 月版的《运动生理》同样也由商务印书馆出版,但隶属于"万有文库第一集一千种"。同属万有文库的程瀚章著作还有《解剖学大意》《学校卫生论》《西医浅说》《小学卫生学教学法》《比较消化生理》《卫生要义》。另外,在中国人民大学图书馆馆藏民国时期中文期刊创刊号数据库中显示:程瀚章与宋国宾、蔡禹门作为主编曾于 1928 年在上海创办了《新医与社会汇刊》。在当时国内医学界和体育界尚未对体育锻炼生理作用有足够重视的情况下,由一位非专业人士编著运动对身体功能影响和锻炼方法的读物,足见作者的远见和知识功底,同时也体现了出版业对科学发展与进步所起的重要作用。

二、中国生理科学奠基人之一 ——蔡翘

蔡翘(1897—1990),出生于广东省揭阳市新亨镇仙美村。生理学家,医学教育家。中国生理科学奠基人之一。中国中央研究院第一批院士之一、中国科学院第一批学部委员(即中国科学院院士)之一。

蔡翘于 1920 年首先发现视觉与眼球运动功能的中枢部位——顶盖前核(后称蔡氏区)。1933 年编著中国第一本大学《生理学》教科书。1940 年编写出版的《运动生理学》是中国运动生理学方面早期的专著之一。

蔡翘曾在中国多所著名医学院校担任学术领导并主持教学、科研工作,在神经解剖、神经传导生理、糖代谢和血液生理等领域有许多重大发现,并为中国的航天、航空、航海生理科学研究奠定了基础。

2011 年 10 月 14 日,以中国著名生理学家、医学教育家蔡翘

的名字命名的"蔡翘星"命名仪式在军事医学科学院举行。中国科学院紫金山天文台鲁春林书记在大会上宣读了"蔡翘星"国际命名公报,并向军事医学科学院的领导颁赠了"蔡翘星"命名证书和命名铜匾。

蔡翘自1922年从事生理学工作至逝世,一生艰苦创业,在生理学领域进行了多方面的开创性工作。他涉猎广泛,有过许多重要的发现和成就,先后发表过100多篇学术论文、11本专著和教科书。他提携新秀,培养了几代人才,为中国的生理学和医学教育事业的发展做出了卓越贡献。

三、新中国运动生理学的开拓者——王义润

王义润(1917—2011),江苏省苏州市人。我国著名的体育教育家、教授,新中国体育开拓者,运动生理学奠基人,我国第一位运动生理学专业博士生导师、教授。

1939年毕业于北京师范大学生物系。1948年赴美留学。1951年,34岁的王义润在美国获得教育学硕士学位。她和丈夫李鹤鼎怀着满腔的爱国热情,放弃优厚酬金的白领工作,冲破层层阻挠,经过一个月的辗转,穿越太平洋回到祖国,就职于北京师范大学体育系。1953年创建北京体育学院运动生理学教研室并担任主任。曾任中华全国体育总会委员、中国体育文史资料编审委员会委员、中国生理学会委员、中国体育科学学会理事、运动医学分会副主任委员等。担任1967年、1978年全国体育院系通用教材《人体生理学》《运动生理学》主编,《中国大百科全书·体育卷》基础科学部分的主编。获国家体委体育科技进步奖,获得国家体委颁发的"新中国体育开拓者"荣誉奖章,"从事教育工作30年奖章",2004年获得"运动生理学开拓者"称号。

【思考题】

1.什么叫运动生理学?运动生理学的研究任务是什么?

2.简述生命的基本特征。

3.人体生理功能活动的主要调节方式有哪些?各有何特征?其相互关系如何?

4.简述人体机能活动的自动控制原理。

第一章　细胞的一般生理

第一节　细胞的基本结构与物质转运功能

一、细胞的基本结构

细胞是人体的基本结构单位和功能单位。体内所有的生理功能和生化反应都是以细胞为基础进行的。细胞一般都是由细胞膜、细胞质和细胞核三部分构成。

(一)细胞膜

细胞膜是包围在细胞表面的一层薄膜,又称质膜。细胞膜的化学成分主要由蛋白质、脂类和多糖组成。细胞膜能保持细胞的完整性;并具有选择性的渗透作用,控制离子和分子的出入,实现细胞内外的物质交换;控制和调节细胞的代谢和生理功能活动;具有黏附、支持和保护作用;参与细胞的吞噬和吞饮作用。

(二)细胞质

细胞质是位于细胞膜和细胞核之间的原生质。电镜下细胞质包括三个部分,即基质、细胞器(内质网、线粒体、高尔基体、溶酶体、核糖体、中心体等)和包含物。

(三)细胞核

细胞核由核膜、核基质、核仁和染色质四部分构成。细胞核是细胞遗传和代谢活动的控制中心,在细胞生命活动中起着决定性的作用。

二、细胞膜的物质转运

各种物质进出细胞必须经过细胞膜。由于细胞膜的基架是脂质双分子层,脂溶性的物质可以通过细胞膜,而水溶性物质则不能直接通过细胞膜,它们必须借助细胞膜上某些物质的帮助才能通过,其中细胞膜结构中具有特殊功能的蛋白质起着关键性的作用。常见的跨膜物质转运形式有如下几种。

(一)单纯扩散(simple diffusion)

单纯扩散是指脂溶性物质通过细胞膜由高浓度一侧向低浓度一侧扩散的过程。人体体液中的脂溶性物质(如氧气、二氧化碳、一氧化氮和甾体类激素等)可以单纯依靠浓度差进行跨细胞膜转运。

(二)易化扩散(facilitated diffusion)

体内不溶于脂质或脂溶性低的物质,如葡萄糖、氨基酸、Na^+、K^+、Ca^{++}、Cl^- 等分子量较小的物质,可借助于细胞膜上的某些蛋白质的帮助,由膜的高浓度一侧向低浓度一侧扩散的过程,称为易化扩散。一般认为膜蛋白经两种方式转运物质出入细胞。一种是经载体为中介的易化扩散。载体是一些贯穿脂质双层的整合蛋白,它与溶质的结合位点随构象的改变而交替暴露于膜的两侧。当它在溶质浓度高的一侧与溶质结合后,即引起膜蛋白质的构象变化,把物质转运到浓度低的另一侧,然后与物质分离。在转运中载体蛋白质并不消耗,可以反复使用。另一种是以"通道"为中介的易化扩散,溶液中的 Na^+、K^+、Ca^{++}、Cl^- 等带电离子,借助于镶嵌于膜上的通道蛋白质的介导,顺浓度梯度或电位梯度的跨膜扩散,称为经通道易化扩散。离子通道是一类贯穿脂质双分子层的,中央带有亲水性孔道的膜蛋白。当通道开放时,离子可经通道跨膜流动而无须与脂质双分子层相接触,从而使通透性很低的带电离子以极快的速度跨越质膜。

(三)主动转运(active transport)

主动转运指在膜蛋白质的参与下,细胞通过本身的耗能过程,将物质分子或离子由膜的低浓度一侧移向高浓度一侧的过程。主动转运按其利用能量形式的不同,可分原发性主动转运(由 ATP 直接供能)和继发性主动转运(由 ATP 间接供能)。

1. 原发性主动转运(primary active transport)

原发性主动转运是指细胞直接利用代谢产生的能量,将物质分子或离子逆浓度梯度或电位梯度跨膜转运的过程。介导这一过程的膜蛋白称为离子泵(ion pump)。细胞膜上有钠钾泵、钙泵、氧泵、氢泵等,其中最重要而且研究得最充分的是钠钾泵。钠钾泵是镶嵌在细胞膜类脂双分子层中的具有 ATP 酶活性的一种特异蛋白质,在一定的条件下,可被膜内外的 Na^+ 和 K^+ 激活,并通过分解 ATP 获得能量,因此,又将其称为钠钾依赖式 ATP 酶。钠钾泵每分解 1 分子 ATP,即可逆浓度梯度将 3 个 Na^+ 排出膜外和将 2 个 K^+ 移入膜内,Na^+ 的泵出和 K^+ 的泵入这两个过程是耦联在一起同时进行的。

2. 继发性主动转运(secondary active transport)

许多物质在进行逆浓度梯度或电位梯度的跨膜转运时,所需的能量并不直接伴随供能物质 ATP 的分解,而是来自 Na^+ 在膜两侧的浓度势能差,后者是钠泵利用分解 ATP 释放能量建立的,这种间接利用 ATP 能量的主动转运过程称为继发性主动转运。如小肠黏膜上皮细胞和肾小管重吸收葡萄糖和氨基酸、神经递质在突触间隙被神经末梢所摄取;甲状腺上皮细胞的聚碘过程;Na^+-H^+ 交换、Na^+-Ca^{++} 交换等。

(四)出胞(exocytosis)与入胞(endocytosis)

大分子物质不能渗透入细胞内,其出入细胞是通过细胞膜的出胞与入胞方式完成的。

出胞是指细胞内大分子物质以分泌囊泡的形式排出细胞的过程。出胞主要见于细胞的分泌活动,如内分泌细胞分泌激素、外分泌腺分泌酶原颗粒和黏液以及轴突末梢释放神经递质等。各种蛋白性分泌物先在粗面内质网合成,在由内质网到高尔基复合体的输送过程中,逐渐被一层膜性结构包被,形成分泌囊泡。当分泌活动开始时,囊泡逐渐向质膜内侧移动,最后囊泡膜和质膜相互接触和融合,进而在融合处破裂,将囊泡内容物一次性排放。

入胞是指细胞外大分子物质或物质团块(如细菌、病毒、异物、大分子营养物质等)借助于与细胞膜形成吞噬泡或吞饮泡的方式进入细胞的过程,并分别称为吞噬和吞饮。吞噬是指物质颗粒或团块进入细胞的过程,形成的吞噬泡直径较大(1～2 mm),吞噬只发生在一些特殊的细胞,如巨噬细胞、中性粒细胞等;吞饮是指由质膜包裹液态物质形成吞饮小泡或吞饮体的过程,该过程出现于几乎所有的细胞,形成的吞饮泡直径较小(0.1～0.2 mm)。

第二节　细胞的生物电现象

生物电是一切活细胞都具有的基本生命现象。生物电已被广泛应用于医学的实验研究和临床。例如,临床上常用的心电图、肌电图、脑电图对相关疾病的诊断有重要的参考价值。生物电在运动人体科学研究中的应用也非常广泛。如应用心电图评定运动员的心脏功能;利用脑电图评定在运动过程中大脑的机能变化;利用肌电图评定骨骼肌的机能和运动技术分析等。人体和各器官所表现的电现象,是以细胞水平的生物电活动为基础。细胞水平的生物电现象主要有两种表现,即在安静时具有的静息电位和受刺激后产生的动作电位。

一、静息电位(resting potential,RP)

(一)静息电位概念

静息电位是指细胞未受刺激处于安静状态时存在于细胞膜内外两侧的电位差。将两个微电极连接到一个扫描示波器上,如果两个电极放于静息状态时的神经细胞膜表面,示波器显示 0 电位水平扫描,表明神经细胞膜表面的电位差是相等的(见图 1-1)。

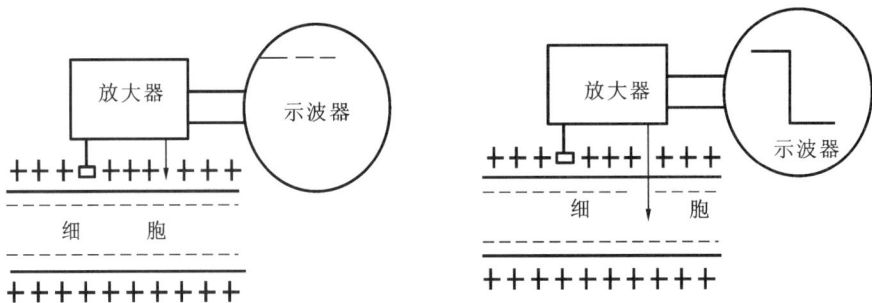

图 1-1　证明静息电位存在的实验示意图

如果将其中一个电极快速刺入神经干内,这时原在 0 电位水平上扫描的光点突然下降,一直降到－90 mV 处停止,并在－90 mV 位置平衡扫描。表明细胞膜内外存在一定的电位差。静息电位相对恒定,据测定哺乳类动物神经细胞的静息电位绝对值为 70～90 mV。静息电位表现为膜内电位较膜外为负,如果规定膜外电位为 0 mV,则膜内电位都在 $-10\sim-100$ mV 之间。

人们通常把静息电位存在时细胞膜内外两侧所保持的外正内负状态,称为膜的极化 (polarization)。静息电位的增大称为超极化(hyperpolarization);静息电位的减小称为去极化(depolarization);细胞膜去极化后再向静息电位方向的恢复,称为复极化 (repolarization)。静息电位与极化是一个现象的两种表达方式,它们都是细胞处于静息状态的标志。

(二)静息电位产生的机制

静息电位产生原理可以用"离子学说"来解释。离子学说认为,静息电位的产生与细胞膜内外离子的不均衡分布和细胞膜对各种离子选择性通透有关。

细胞膜内外存在各种不同浓度的大分子和离子,其中最重要的是带正电荷的 Na^+、K^+,带负电荷的 Cl^- 和细胞内不易透膜扩散的大分子有机负离子(A^-)。细胞外的 Na^+、Cl^- 的浓度高于细胞内,细胞内的 K^+ 浓度高于细胞外(见表 1-1)。当细胞处于静息状态时,细胞膜对 K^+ 的通透性大,而对 Na^+ 的通透性较小,仅为 K^+ 通透性的 $1/100\sim1/50$。而对 A^- 则几乎没有通透性,所以就形成在静息时 K^+ 向细胞外流动。

表 1-1　哺乳动物神经轴突膜内外的离子浓度　　　　　　　　　　　　　单位:mmol/L

	K^+	Na^+	Cl^-
细胞膜内	140	10	4
细胞膜外	5	130	120
膜内外浓度比	28:1	1:13	1:30
离子流动方向	膜内流向膜外	膜外流向膜内	膜外流向膜内

(引自 Kandel ER et al.,1991)

当 K^+ 外流时,流出膜外的 K^+ 所产生的外正内负的电场力,将阻碍 K^+ 的继续外流,随着 K^+ 外流的增加,这种阻止 K^+ 外流的力量(膜两侧的电位差)也不断加大。当促使 K^+ 外流的浓度差与阻止 K^+ 外移的电位差的两种力量达到平衡时,膜内外不再有 K^+ 的净移动,此时膜内外的电位差称为 K^+ 的平衡电位。

大量实验证明,当膜外 K^+ 浓度降低时,静息电位增大;相反,膜外 K^+ 浓度增高,则静息电位减小,而改变 Na^+ 的浓度时则不影响静息电位值。这表明静息电位主要由 K^+ 的平衡电位所决定,或者说,膜内 K^+ 向膜外扩散并最终达到膜内外动态平衡的水平,是形成静息电位的主要离子基础。

二、动作电位(action potential,AP)

(一)动作电位概念及其变化过程

可兴奋细胞受到一个适当的刺激时,膜电位在静息电位的基础上产生一个迅速而可逆

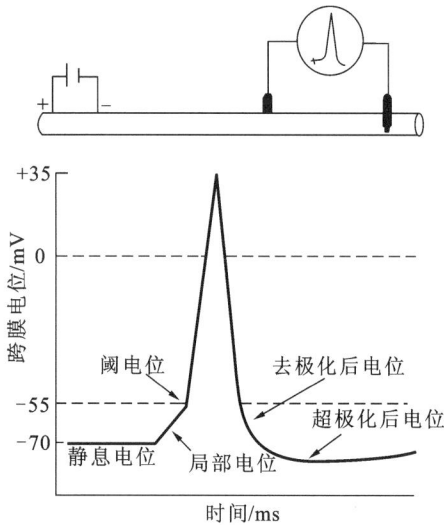

图 1-2 动作电位示意图(细胞内记录)

的电位变化称为动作电位。动作电位是一个连续的电位变化过程。另外,它在细胞的某一部位一旦产生,就会迅速向四周扩布。不同细胞受到刺激后产生的动作电位具有不同的形态。例如,枪乌贼大神经轴突动作电位时程仅 1 ms,而心室肌细胞动作电位时程可达几百毫秒。

图 1-2 是细胞内电极记录的神经纤维动作电位。神经纤维在安静情况下受到一次足够强度的刺激时,膜内的负电位迅速减小,原有的极化状态去除(即去极化),并变成正电位,即膜内电位在短时间内可由原来的$-70 \sim -90$ mV 变为$+30$ mV,原来的内负外正变为内正外负,形成动作电位变化曲线的上升支,称为去极相。

动作电位上升支中零电位以上的部分,称为超射值。

由刺激所引起的这种膜内电位的倒转只是暂时的,很快就出现膜内电位下降并恢复到刺激前原有的负电位或极化状态(即复极化),构成了动作电位的下降支,称为复极相。

动作电位的上升支和下降支持续时间都很短,历时不超过 2.0 ms。所记录下来的图形很尖锐,因此称为锋电位(spike potential)。锋电位之后还有一个缓慢的电位波动,这种时间较长波动较小的电位变化过程称为后电位(after potential)。它是膜电位恢复到静息电位前的微小波动。后电位完结后细胞膜电位才完全恢复到静息电位水平。

动作电位的特点如下。①"全或无"现象。任何刺激一旦引起膜去极化达到阈值,动作电位就会立刻产生,它一旦产生就达到最大值,动作电位的幅度也不会因刺激加强而增大。②不衰减性传导。动作电位一旦在细胞膜的某一部位产生,它就会向整个细胞膜传播,而且它的幅度不会因为传播距离增加而减弱。③脉冲式。由于不应期的存在使连续的多个动作电位不可能融合,两个动作电位之间总有一定间隔。

(二)动作电位产生的机制

在细胞静息时,膜外 Na^+ 浓度大于膜内,Na^+ 有向膜内扩散的趋势,而且静息时膜内外的电场力也吸引 Na^+ 向膜内移动;但是,由于静息时膜上的 Na^+ 通道多数处于关闭状态,膜对 Na^+ 相对不通透,因此 Na^+ 不可能大量内流。当细胞受到刺激时,膜上的 Na^+ 通道被激活而开放,Na^+ 顺浓度梯度瞬间大量内流,细胞内正电荷增加,导致电位急剧上升,负电位从静息电位水平减小到消失进而出现膜内为正膜外为负的电位变化,形成锋电位的上升支,即去极化和反极化时相。当膜内正电位所形成的电场力增大到足以对抗 Na^+ 内流时,膜电位达到一个新的平衡点,即 Na^+ 平衡电位。与此同时,Na^+ 通道逐渐失活而关闭,K^+ 通道逐渐被激活而重新开放,导致 Na^+ 内流停止,产生 K^+ 快速外流,细胞内电位迅速下降,恢复到兴奋前的负电位状态,形成动作电位的下降支,即复极化时相。

(三)兴奋后兴奋性的变化

可兴奋组织在接受一次刺激后的短暂时间内,无论是否导致兴奋,兴奋性均有所改变,从而影响第二次刺激的效应。当单个阈上刺激引起组织一次兴奋后,组织兴奋性的变化依次经历绝对不应期、相对不应期、超常期和低常期4个不同时期(见图1-3)。从时间关系来说,锋电位相当于细胞的绝对不应期。后电位的前段相当于相对不应期和超常期。后电位的后段相当于低常期。

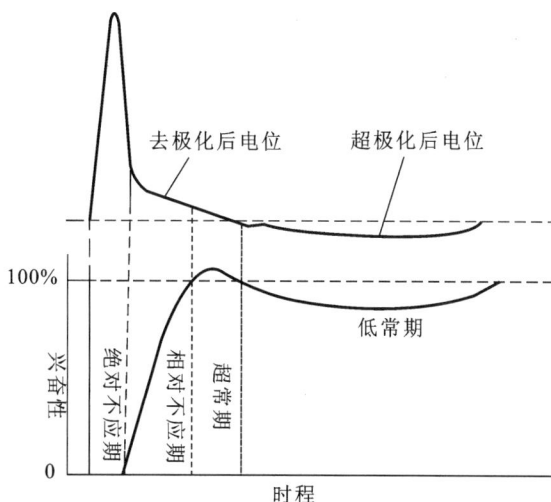

图 1-3 动作电位变化与兴奋性变化之间的关系

(四)动作电位的传导

动作电位一旦在细胞膜的某一点产生,就会迅速沿着细胞膜向周围传播,一直到整个细胞膜都产生动作电位。这种在同一细胞上动作电位的传播叫作传导。如果发生在神经纤维上,传导的动作电位又称为神经冲动。

无髓神经纤维在膜的 e 点产生动作电位,细胞膜出现外负内正的反极化状态(见图1-4(a)),而与之相邻的没有兴奋的部位仍然处在膜外为正膜内为负的状态。由于细胞外液和细胞内液都具有良好的导电性,而 e 点附近又有电位差存在,所以必然产生局部的电流流动,其流动的方向是,在膜外侧,电流由未兴奋点流向兴奋点 e;在膜内侧,电流则由兴奋点 e 流向未兴奋点,这种在兴奋区域周围局部流动的电流称为局部电流。局部电流流动的结果,造成与 e 点相邻的未兴奋点的膜内电位上升,而膜外电位下降,即产生膜去极化,这种去极化如达到阈电位水平,即触发邻近部位未兴奋点产生动作电位,使它转变为新的兴奋点。就这样兴奋部位的膜与相邻未兴奋部位的膜之间产生的局部电流不断地向前流动下去,就会使产生在 e 点的动作电位迅速地传播开去,一直到整个细胞膜都发生动作电位为止(见图1-4(b)、(c))。可见,动作电位的传导实质上是局部电流作用的结果。

有髓神经纤维外面包裹着一层既不导电又不允许离子通过的髓鞘。因此动作电位只能在没有髓鞘的郎飞结处进行传导。传导时,出现在某一郎飞结的动作电位与它相邻的郎飞结之间产生局部电流,使相邻的郎飞结兴奋,表现为跨越一段有髓鞘的神经纤维而呈跳跃式传导(见图 1-4(d))。加上有髓神经纤维较粗,电阻较小,所以它的动作电位传导速度要比无髓神经纤维快得多。例如,人的粗大有髓神经纤维的传导速度超过 100 m/s,而一些纤细的无髓神经纤维传导速度还不到 1 m/s。

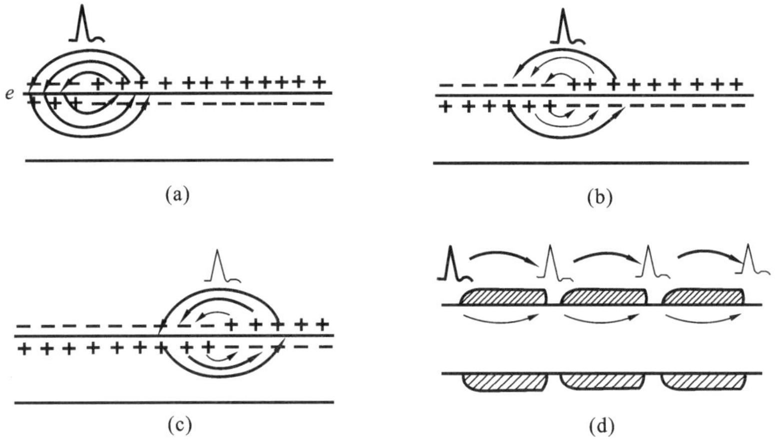

图 1-4　动作电位传导示意图

第三节　神经-肌肉接头处的兴奋传递

一、神经-肌肉接头的结构

神经-肌肉接头(neuromuscular junction)是由运动神经末梢和与它接触的骨骼肌细胞

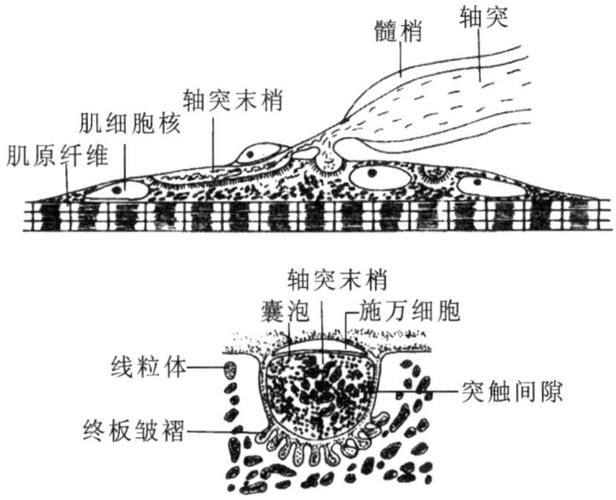

图 1-5　神经-肌肉接头结构示意图

膜形成,神经-肌肉接头处由接头前膜(prejunctional membrane)、接头后膜(postjunctional membrane)和它们之间的接头间隙(junctional cleft)三部分组成(见图 1-5)。运动神经末梢发出许多细小分支到达骨骼肌细胞时,终末部分膨大嵌入肌细胞膜,因此,接头前膜就是神经轴突的细胞膜。在轴突末梢的轴浆内含有很多囊泡,囊泡的直径约为 50 nm,内含乙酰胆碱。接头后膜又称为终板膜,是与接头前膜相对应的肌细胞膜(肌膜),它有规则地向细胞内陷入,形成许多皱褶。接头前膜与接头后膜并不接触,它们之间形成一个充满细胞外液的间隙,即接头间隙。

二、神经-肌肉接头的兴奋传递

如图 1-6 所示,当动作电位沿神经纤维传到轴突末梢时,引起轴突末梢处的接头前膜上的钙离子通道开放,Ca^{++}从细胞外液进入轴突末梢,促使轴浆中含有乙酰胆碱的突触小泡向接头前膜移动。当突触小泡到达接头前膜后,突触小泡膜与接头前膜融合进而破裂,将乙酰胆碱释放到接头间隙。乙酰胆碱通过接头间隙到达接头后膜后和接头后膜上的特异性的乙酰胆碱受体结合,引起接头后膜上的 Na^+、K^+通道开放,使 Na^+内流,K^+外流,但 Na^+的内流远大于 K^+的外流,因而引起终板膜的去极化,这一电位变化称为终板电位(endplate potential)。终板电位不是动作电位,属于局部反应,不表现"全或无",没有不应期,具有总和效应。它的大小与接头前膜释放的乙酰胆碱的多少呈正变关系。当终板电位达到一定幅度(肌细胞的阈电位)时,可引发肌细胞膜产生动作电位,即骨骼肌细胞产生兴奋。

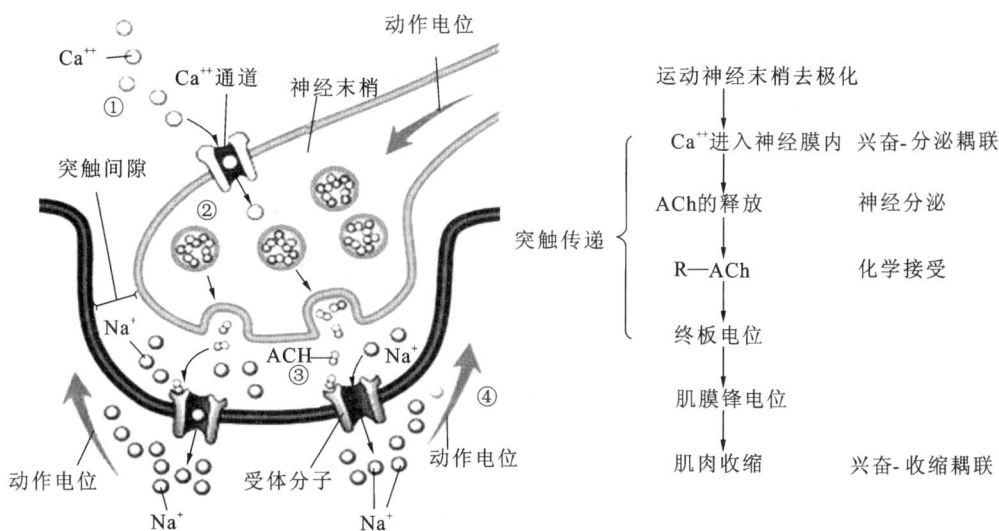

图 1-6 神经-肌肉接头兴奋传递示意图

神经-肌肉接头处的兴奋传递特点如下。①化学传递。其传递是通过化学物质即递质来进行的,这里的递质为乙酰胆碱。②单向性传递。兴奋只能由运动神经末梢传向肌纤维,而不能逆传。③时间延搁。兴奋的传导速度在接头处要比在同一细胞中慢,即在此处要延搁一定时间(0.5~1.0 ms)。④易受化学因素和其他环境因素的影响。

【知识拓展】

细胞凋亡与自噬

一、细胞死亡概述

细胞的死亡、存活、增殖和分化是生命的基本过程。细胞死亡在胚胎发育、维持机体内环境稳态和清除受损细胞中起着至关重要的作用。细胞死亡可根据形态学标准、细胞环境和触发刺激进行分类。2018 年,数百名细胞死亡领域的科学家在《细胞死亡与分化》杂志上联合发表了一篇题为《细胞死亡的分子机制:2018 年细胞死亡命名委员会的建议》的文章。科学家根据细胞死亡过程可控与否,将细胞死亡的类型分为可调控的调节性细胞死亡(regulated cell death,RCD)和不可调控的意外细胞死亡(accidental cell death,ACD)。ACD 是一种不受控制的细胞死亡过程,由意外伤害刺激引发,这些损伤刺激超出了细胞的调节能力,导致细胞死亡。RCD 是指细胞在基因控制下,为了维持内环境的稳定而自主有序的死亡。其诱导和执行主要由信号放大复合物形成调控,在发育和免疫应答中发挥着重要的进化作用。RCD 的特殊形式,即发生在生理条件下的 RCD,通常称为程序性细胞死亡(programmed cell death,PCD)。

根据形态学特征和分子机制,PCD 可进一步分为凋亡性 PCD(programmed apoptotic cell death)和非凋亡性 PCD(programmed non-apoptotic cell death)。凋亡性 PCD 包括细胞凋亡(apoptosis)和失巢凋亡(anoikis),主要特征为保持细胞膜的完整性,并以胱天蛋白酶(caspase)依赖的方式发生,而非凋亡性 PCD 的主要特征是细胞膜破裂和不依赖 caspase。目前非凋亡 PCD 类型主要包括:自噬依赖性细胞死亡(autophagy-dependent cell death)、侵入性细胞死亡(entosis)、依赖性细胞死亡(parthanatos)、铁死亡(ferroptosis)、溶酶体依赖性细胞死亡(lysosome-dependent cell death,LCD)、碱死亡(alkaliptosis)、细胞焦亡(pyroptosis)、网状细胞死亡(NETosis)、坏死性凋亡(necroptosis)和氧死亡(oxeiptosis)等。哺乳动物细胞暴露于细胞内或细胞外微环境中,受到不可恢复的干扰可以激活许多信号转导级联中的一种,并最终导致它们的死亡。

二、细胞凋亡(apoptosis)

诺贝尔奖获得者 Kerr 等三位科学家在 1972 年开创性发现确定了发生程序性自杀的细胞的标志性超微结构特征,并为这种形式的 PCD 创造了"Apoptosis"(细胞凋亡)一词。

细胞凋亡被称为胱天蛋白(caspase)依赖性 PCD,一般是指机体细胞在发育过程中或在某些因素作用下,通过细胞内基因及其产物的调控而发生的一种程序性细胞死亡。涉及 caspase 的水解、活化和信号传递过程。一般表现为单个细胞的死亡,且不伴有炎症反应。

(一)细胞凋亡的形态学特征

凋亡的细胞在形态学上表现为染色质凝聚、固缩,胞质皱缩,之后整个细胞会形成突起,生成内含胞质、细胞器及核碎片的凋亡小体,然后被周围细胞所吞噬(见图 1-7)。

(二)细胞凋亡的信号通路

目前普遍认为细胞凋亡包括两条途径(见图 1-8):外源性途径,即死亡受体途径;内源性途径,即线粒体途径与内质网应激途径。胞内与胞外途径之间相互联系、密不可分。其中,线粒体途径是最主要的细胞凋亡路径。

1. 死亡受体途径

死亡受体途径是指细胞膜表面的特定蛋白质能与携带凋亡信号的专一性配基结合,并

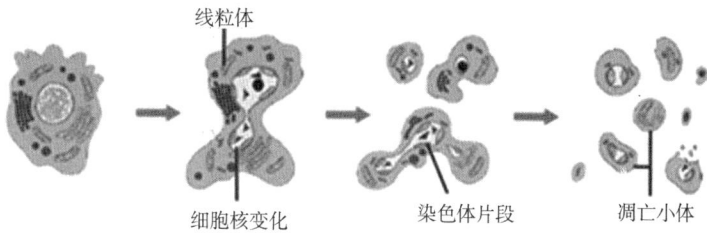

图 1-7   细胞凋亡的形态变化

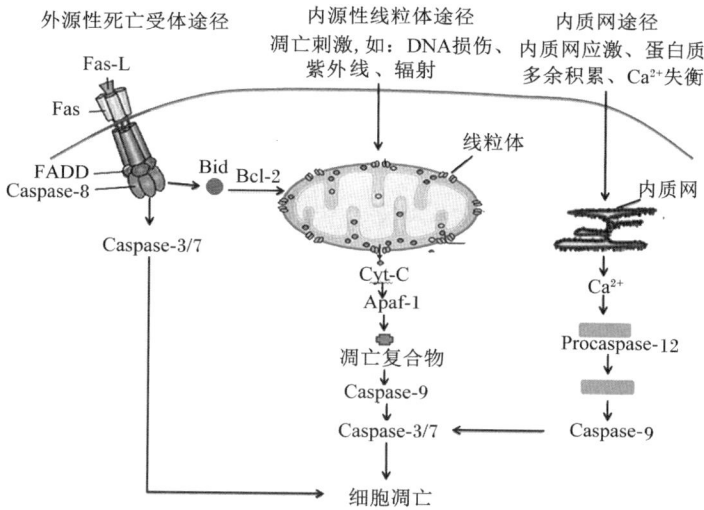

图 1-8   细胞凋亡途径

（引自徐丽媛等，2022）

将凋亡信号转导至细胞内从而诱导细胞凋亡。该途径在 Fas/FasL 配体、TNF-α 或 TNF 相关凋亡诱导配体受体（TRAILR）与相应的死亡受体结合后被激活。Caspase-8 在配体与受体结合后通过二聚化被激活。衔接蛋白 FADD 和 Procaspase-8 形成一个复合体，即死亡诱导信号复合体（Disc）。当大量 Disc 产生时，活化的 Caspase-8 可以绕过线粒体，直接激活 Caspase 家族的其他蛋白，如 Caspase-3、Caspase-7、Caspase-6，从而切割数百种不同的底物，包括细胞骨架蛋白、核结构蛋白、脂质代谢和核酸内切酶，诱导细胞凋亡。

Caspase-8 还能与 Bid 相互作用激活内源性线粒体途径。

2. 线粒体途径

线粒体凋亡途径主要以线粒体外膜通透性（MOMP）增加为标志。当细胞受到 DNA 损伤等各种促凋亡刺激时，线粒体膜通透性转换孔的结构发生变化而开放，进而使线粒体膜的通透性增加，从线粒体膜间隙释放细胞色素 c（Cyt-c）。Cyt-c 和衔接蛋白 APAF-1 结合形成凋亡复合体，从而启动 Caspase 级联反应，激活 Caspase-9、Caspase-3 和 Caspase-7，最终引发细胞凋亡。

3. 内质网应激途径

内质网应激途径是近年来新发现的凋亡通路。内质网途径是内质网应激、蛋白质多余积累和钙离子（Ca^{2+}）失衡触发的细胞凋亡过程。凋亡因子在内质网上堆集并释放 Ca^{2+}，激活前体 Caspase-12，进而激活 Caspase-9 和 Caspase-3，最终使细胞发生凋亡。

三、细胞自噬（autophagy）

自噬是指细胞在自噬相关基因（autophagy related gene，ATG）的调控下利用溶酶体降解，选择性地清除自身受损、衰老或过剩的生物大分子和细胞器，释放出游离小分子供细胞回收利用的正常动态生命过程。

自噬包括生理条件下的基础型自噬和应激条件下的诱导型自噬。前者是细胞的自我保护机制，有益于细胞的生长发育，保护细胞防止代谢应激和氧化损伤，对维持细胞内稳态以及细胞产物的合成、降解和循环再利用具有重要作用；但自噬过度可能导致代谢应激、降解细胞成分，甚至引起细胞死亡等。研究表明，自噬能在细胞稳态、衰老、免疫、肿瘤发生及神经退行性疾病等多种生理病理过程中发挥重要作用。

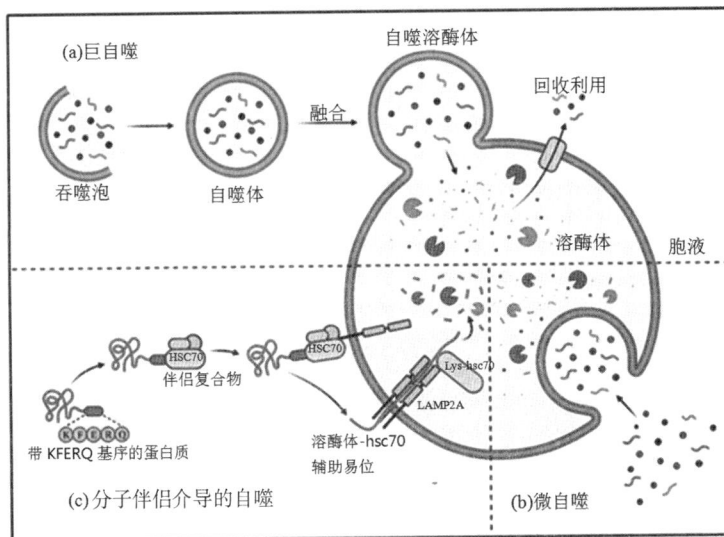

图 1-9　三种不同类型的自噬

（引自 Izadi et al.，2021）

自噬分巨自噬、微自噬和分子伴侣介导的自噬三种类型（见图 1-9），其中以巨自噬最为常见。

（1）巨自噬（macroautophagy）：巨自噬最为常见，一般情况下所说的自噬是指巨自噬。自噬在各种触发下被激活，形成具有双层膜结构的自噬体（autophagosome）包裹胞内物质。自噬体成熟、延伸和膨胀，最终与溶酶体融合形成自噬溶酶体，对受损的细胞器或错误折叠的蛋白质进行裂解，维持细胞内环境稳态，为细胞提供能量。

（2）微自噬（microautophagy）：溶酶体膜内陷对细胞质物质的直接吞噬，参与多种细胞途径,包括质量控制、生物合成转运、细胞器重塑和代谢适应。有两种蛋白质复合物介导微自噬,即 SNARE 蛋白和 ESCRT 蛋白,分别促进融合型微自噬和裂变型微自噬。

（3）分子伴侣介导的自噬（chaperone-mediated autophagy，CMA）：蛋白质的选择性自噬形式,专门降解具有 KFERQ 基序的蛋白质。具有 KFERQ 基序的蛋白被 HSC70 识别并结合,形成伴侣复合物,定位于溶酶体膜,在这里 LAMP2A （lysosomal - associated membrane protein 2A）寡聚化形成通道,从而将蛋白质易位进入溶酶体进行降解。

四、自噬与细胞凋亡间的相互促进和抑制作用

自噬可促进或抑制细胞凋亡,细胞凋亡也可促进或抑制自噬（见图 1-10）。

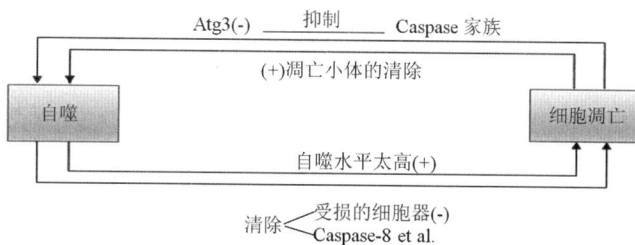

图 1-10　自噬与细胞凋亡之间的关系

（引自 Xi HY，et al.，2022）

自噬在同一细胞内具有促生存和促死亡两种功能。细胞处于应激状态（包括氧化应激、内质网应激、营养应激和能量应激）时,自噬可以维持正常细胞在营养饥饿状态下的生存。自噬可以通过清除受损的细胞器来维持细胞稳态,也可以通过降解细胞中的大分子物质来提供细胞生存所需的营养物质。因此,从这个角度来看,自噬水平的升高有助于细胞的生存,而缺乏自噬则会增加细胞在应激下的死亡易感性。自噬抑制细胞凋亡的另一个重要机制是它可以吞噬受损的线粒体,当线粒体受损时,会释放各种死亡信号,使线粒体内的跨膜电位消散,导致细胞死亡。自噬还可以通过选择性地降低细胞中促凋亡蛋白的丰度来减少细胞凋亡,例如,自噬可以选择性地去除活性 Caspase-8。

在细胞凋亡机制受损的细胞中,自噬可促进细胞凋亡并诱导细胞死亡,过度的自噬水平也可促进细胞死亡。此外,大量的自噬蛋白可诱导细胞凋亡,例如,Atg5 和 Atg12 蛋白可以通过线粒体途径激活 Caspases。自噬可以通过降解抗凋亡和细胞存活因子以及消耗细胞内死亡途径的内源性抑制剂来促进细胞凋亡,例如,自噬可以降解凋亡抑制蛋白（IAPs）。

细胞凋亡信号和凋亡产物促进或抑制自噬。一方面,细胞凋亡可以抑制自噬,而在细胞凋亡中起关键作用的 Caspases 可以消化几种必需的自噬蛋白,导致自噬程序失活。例如,Caspases 可以靶向 Atg3,使其失活,抑制自噬水平。此外,自噬蛋白 AMBRA1 在 Caspases 和 Calpain 的共同作用下可发生不可逆的降解,从而抑制自噬。在哺乳动物胚胎发育过程中,自噬既不延缓也不促进细胞凋亡,但凋亡小体的清除需要自噬,因此细胞凋亡在某种意义上促进了细胞自噬。

【思考题】

1.试述细胞膜物质转运的形式及机制。

2.试述静息电位和动作电位的产生原理。

3.试述在神经纤维上动作电位是如何进行传导的。

4.试述在神经-肌肉接头处动作电位是如何进行传递的。

第二章　骨骼肌与运动

人体心脏跳动、内脏管壁活动和身体以任何方式移动时,肌肉都参与其中。肌肉系统的这些多种多样的功能是由三种不同类型的肌肉完成的：心肌、平滑肌和骨骼肌。其中骨骼肌含量最多,约占体重的40%。

本章的主要重点是骨骼肌的结构、功能与运动。

骨骼肌(skeletal muscle)受意识控制,因此又称随意肌,人体各种形式的运动主要是通过骨骼肌收缩牵引着骨骼而产生移动来完成的。

每一块骨骼肌膨大的中间部分一般称为肌腹(muscle belly),两端为没有收缩功能的肌腱(muscle tendon)。肌腱一端附着在骨骼上,它由结缔组织的纤维束构成,将肌纤维产生的力量传递给骨骼,从而产生运动。

肌腹具有收缩性,其基本结构与功能单位是肌细胞(muscle cell),其形纤长,故又称肌纤维(muscle fiber)。一般认为肌纤维从肌腹的一端延伸到另一端,单个肌纤维最终通过肌腱连接到骨或筋膜上。每条肌纤维外面包有一层薄的结缔组织膜,称为肌内膜。许多肌纤维排列成束(即肌束),表面被肌束膜包绕。许多肌束聚集在一起构成一块肌肉,外面包以结缔组织膜,称为肌外膜(见图 2-1)。

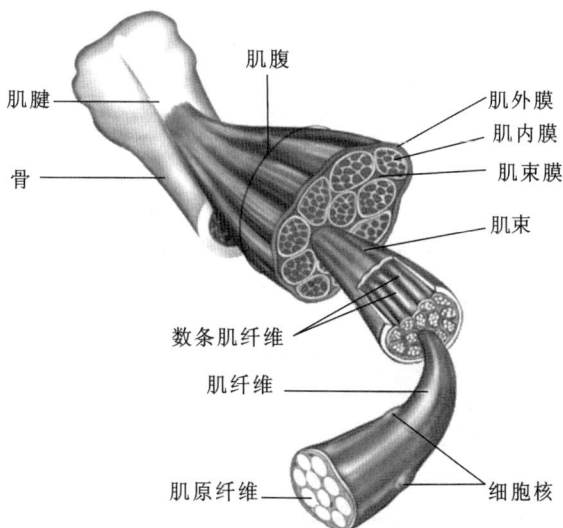

图 2-1　骨骼肌的基本结构示意图

第一节　肌纤维的结构

肌纤维(见图 2-2)同其他类型的细胞一样有细胞膜和相同的细胞器——线粒体、溶酶体等等,但它是独特的多核细胞。肌纤维直径在 $10 \sim 120\ \mu m$ 之间,肉眼几乎看不见,长度为数毫米到数十厘米。在不同的肌肉中,肌纤维的数量从几百个(如鼓膜张肌,与鼓膜相连)到一百多万个(如内侧腓肠肌)不等。

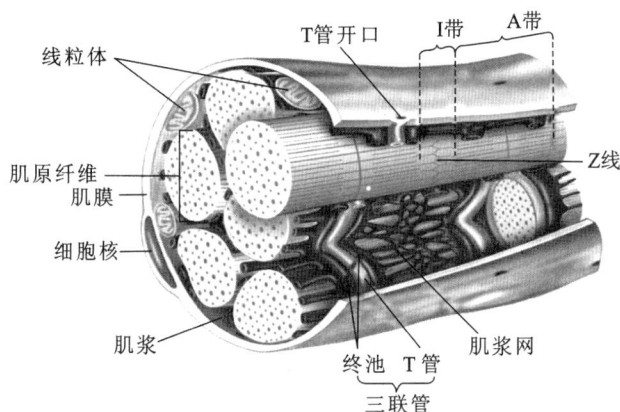

图 2-2　肌纤维的结构示意图

一、肌膜(plasmalemma)

肌细胞膜(cell membrane)又称质膜(plasma membrane)或肌膜(plasmalemma),是指围绕在细胞最外层,由脂质和蛋白质组成的生物膜。肌纤维膜由质膜和基底膜组成。肌肉中的卫星细胞位于质膜和基底膜之间,这些细胞参与骨骼肌的生长和发育,以及肌肉对损伤、固定和训练的适应。

质膜有几个独有的特征,对肌纤维功能至关重要。当肌纤维收缩或处于静息状态时,肌纤维表面出现一系列浅层褶皱,但当肌纤维拉伸时,这些褶皱消失。这种折叠可以在不破坏质膜的情况下拉伸肌纤维。质膜在运动终板的神经支配区也有连接褶皱,它协助动作电位从运动神经元传递到肌纤维。质膜也有助于维持酸碱平衡和代谢物从毛细血管运输到肌纤维。

二、肌质(sarcoplasm)

肌浆是一种明胶状物质,填充在肌原纤维内部和之间的空间。它是肌纤维的液体部分,即细胞质。

肌浆中主要含有溶解的蛋白质、矿物质、糖原、脂肪和必要的细胞器。它与大多数细胞的细胞质不同,因为它含有大量储存的糖原以及结合氧的化合物肌红蛋白,肌红蛋白在结构和功能上与红细胞中的血红蛋白相似。

在质膜内，肌纤维中依次含有更小的亚基，其中最大的是肌原纤维，肌原纤维是肌肉的收缩成分。

在肌纤维中也有纵向的小管网络，称为肌浆网（sarcoplasmic reticulum，SR），这些膜通道平行于肌原纤维并环绕它们。

(一)肌原纤维(myofibril)和肌小节(sarcomere)

每个肌纤维含有几百到几千个肌原纤维，直径为 $1\sim2~\mu m$（见图 2-3），它们平行排列，纵贯肌纤维全长。在光学显微镜下，骨骼肌纤维呈现一个独特的条纹外观，由于这些条纹，骨骼肌又称横纹肌。

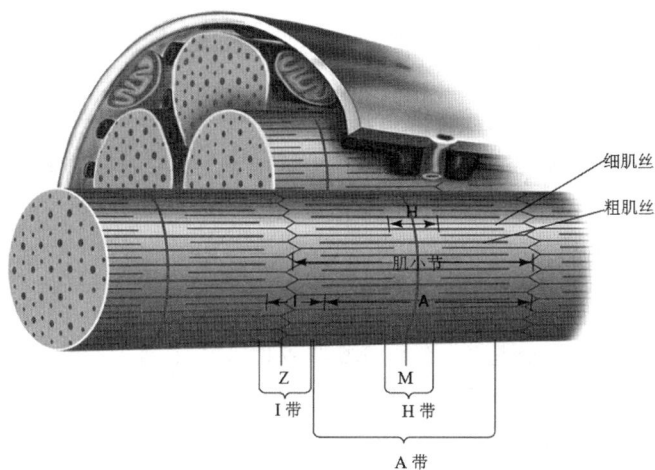

图 2-3　肌小节的结构示意图

在电子显微镜下观察，肌原纤维呈明暗相间的节段，分别称为明带(I 带)和暗带(A 带)。明带中央有一条与肌原纤维垂直的横线，称为 Z 线，暗带中央也有一条横线，称为 M 线，M 线两侧有相对透明的 H 区。

两条相邻 Z 线间的节段就是一个肌小节(见图 2-3)，它是肌原纤维的基本功能单位，也是肌肉的基本收缩单位。一个肌小节包括一个位于中间部位的暗带和其两侧各 1/2 的明带。肌纤维的收缩或舒张，实际上就是肌小节的缩短或延长。

肌小节的明带和暗带是由不同的肌丝成分组成。暗带的长度固定，组成暗带的肌丝主要是粗肌丝，其中 H 区只有粗肌丝，在 H 区的两侧各有一个粗、细肌丝重叠区。而明带的长度是可变的，它只由细肌丝组成。由于明带的长度可变，肌小节的长度在不同情况下可变动于 $1.5\sim3.5~\mu m$ 之间，通常在骨骼肌安静时肌小节的长度为 $2.0\sim2.2~\mu m$。M 线是把许多粗肌丝连接在一起的结构，Z 线是连接许多细肌丝的结构。

细肌丝的一部分伸入到相邻的粗肌丝之间，所以粗、细肌丝有一部分重叠。粗、细肌丝相互重叠时，在空间上呈现严格的规则排列，每一根粗肌丝被六根细肌丝所包围。粗、细肌丝间这种密切的空间关系，为肌细胞收缩时粗、细肌丝的相互作用创造了条件。

(二)肌管系统

肌原纤维间有两种不同的肌管系统,即横管和纵管。这些肌管系统是骨骼肌兴奋引起收缩耦联过程的形态学基础。

横管或称 T 管(T tubule),位于明带与暗带的交界处或 Z 线处,形成包绕肌原纤维的垂直管道系统。它是由肌膜向细胞内凹陷形成的,所以横管实质上是肌膜的延续,管中的液体就是细胞外液。当动作电位在肌膜产生并传导时,能沿横管向肌细胞内部传播。

纵管简称 L 管,又名肌浆网(sarcoplasmic reticulum,SR),分布在肌节的中间部位,与肌原纤维平行排列,它们互相连通形成网状包绕肌原纤维,但不与细胞外液或胞浆沟通,只是在接近肌节两端的横管时管腔出现膨大,称为终池(terminal cistern)。终池内 Ca^{++} 的浓度比肌浆高 1000 倍以上,膜上有 Ca^{++} 释放通道或称 ryanodine 受体(RYR),与其对置的 T 管膜或肌膜上有 L 型 Ca^{++} 通道。每一横管和来自两侧肌节的纵管终池,构成所谓三联管结构(triad,见图 2-2)。

横管和纵管的膜在三联管结构处并不接触,中间被约 12 nm 的胞浆隔开。三联管的作用是把从横管传来的电信息和终池的 Ca^{++} 释放连接起来,完成横管向肌质网的信息传递,它在兴奋-收缩耦联过程中起重要作用。

(三)肌丝的分子组成

蛋白质占肌肉干重的 75%~80%,与收缩机制有关的蛋白质占肌肉蛋白质的 50%~60%。肌纤维收缩的物质基础是粗、细蛋白质肌丝以及为细肌丝提供附着点和稳定性的肌联蛋白(titin)和伴肌动蛋白(nebulin)。

1. 粗肌丝(thick filament)

大约三分之二的骨骼肌蛋白质是肌球蛋白(myosin,又称肌凝蛋白),粗肌丝主要由肌球蛋白组成,每条粗肌丝中有 200~300 个肌球蛋白分子。每个肌球蛋白分子都是由两条扭曲在一起的蛋白质链组成的(见图 2-4),每条链的一端都折叠成球状的"头",称为肌球蛋白头。每个肌球蛋白分子包括头部和杆部两部分。每根粗肌丝上都有许多这样的"头",这些"头"从粗肌丝上伸出,形成"横桥"(cross-bridge),在肌肉收缩时与细肌丝上的特殊活性部位相互作用。

横桥的主要特性有两点:一是横桥在一定条件下可以和细肌丝上的肌动蛋白分子呈可逆性的结合,同时出现横桥向 M 线方向的扭动,拖动细肌丝向暗带中央滑行;二是横桥具有 ATP 酶的作用,可以分解 ATP 而获得能量,作为横桥扭动和做功的能量来源。

2. 细肌丝(thin filament)

细肌丝主要由肌动蛋白(actin)、原肌球蛋白(tropomyosin)和肌钙蛋白(troponin)组成,它们在细肌丝中的比例为 7∶1∶1。每根细肌丝的一端插入 Z 线,另一端向肌节中心延伸,位于粗肌丝之间的空隙中。伴肌动蛋白(nebulin)是肌动蛋白的锚定蛋白,与肌动蛋白共延伸,并在肌动蛋白和肌球蛋白的相互作用中发挥调节作用(见图 2-4)。每一根细肌丝都含有肌球蛋白头部可以结合的活性部位。

肌动蛋白构成细肌丝的主干,单个的肌动蛋白分子是球状肌动蛋白(G-actin),它在细肌丝中聚合成两条链并相互缠绕形成螺旋,就像两股珍珠捻在一起。

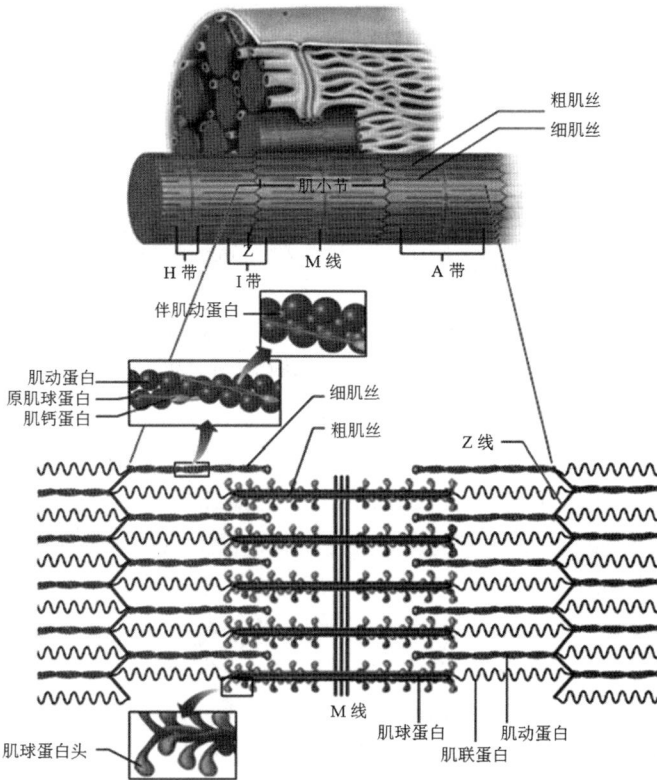

图 2-4　肌原纤维的微细结构示意图

（引自 W. Larry Kenney et al. ,2019）

原肌球蛋白是长杆状分子,它由两条肽链形成的双螺旋分子,其长度约相当于 7 个肌动蛋白单体,在细肌丝中,原肌球蛋白分子首尾相连,走行于肌动蛋白双螺旋的浅沟附近,阻止了肌动蛋白分子与横桥头部的结合,在肌肉收缩中起调节作用。

肌钙蛋白是由 3 个亚单位组成的球形分子,三个亚单位分别是肌钙蛋白 T、肌钙蛋白 I 和肌钙蛋白 C,其中 TnT 是与原肌球蛋白结合的亚单位,TnI 是与肌动蛋白结合的亚单位,TnC 是结合 Ca^{++} 的亚单位,每个 TnC 可结合 4 个 Ca^{++},并在结合 Ca^{++} 后启动收缩过程（见图 2-5）。

3. 肌联蛋白(titin):第三条肌原纤维细丝

直到 20 世纪 70 年代末,在肌肉收缩的肌丝滑行学说被提出之后,titin 才被发现。肌丝滑行学说充分描述了肌肉在缩短(向心收缩)和长度恒定(等长收缩)时的大部分功能。然而,传统的横桥理论并不能解释为什么肌肉表现得好像有一个内部弹簧。也就是说,肌肉在拉长(离心收缩)时产生更大的力,这种机制有时被称为被动力增强。最近的研究已经确定,titin 的硬度随着肌肉的激活和力量的发展而增加,就像活跃在肌肉中的弹簧一样。

titin 的分子量为 2700 kDa(25 000 多个氨基端),长度为 1 μm,约占肌小节的一半。titin 从 Z 线延伸至肌小节的 M 线(见图 2-4),在 A 带附着到肌球蛋白丝上,在 I 带自由延伸,像弹簧一样工作。当骨骼肌被钙离子(Ca^{++})的释放激活时,一些钙离子与 titin 结合,改变其硬度。这

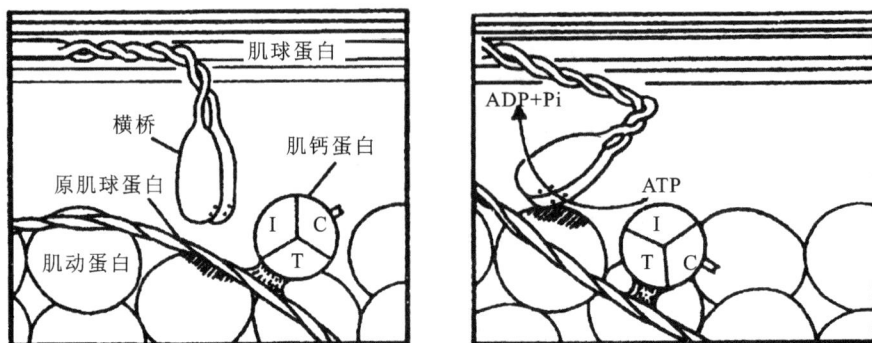

图 2-5 Ca^{++}通过和肌钙蛋白结合,诱发横桥和肌动蛋白之间的相互作用

有助于解释为什么传统的横桥理论无法解释肌肉在拉长时产生更大力量的能力。

当 titin 作为第三条肌原纤维细丝被纳入肌小节的三维模型时,我们清楚地看到,细肌丝在每次横桥相互作用时不仅会滑动,而且会扭曲。这就产生了一种新的理论,叫作"缠绕细丝理论"。它可以更好地解释 titin 是如何在不同长度的肌小节产生力的过程中起作用的。在这个理论中,titin 被钙离子注入激活,然后缠绕在细肌丝上,并使其旋转。

titin 在调节骨骼肌收缩力中的作用有助于解释为什么当肌肉被主动拉长时力量大幅增加。titin 越来越被认为是第三种肌原纤维细丝,它积极参与骨骼肌力量产生的调节。它的作用包括:①稳定肌小节并将肌球蛋白丝置于肌小节中间;②在肌肉被拉长时提供更大的力量;③通过抵抗主动拉伸防止肌肉过度伸长和对肌小节的损伤。

第二节　肌纤维收缩和舒张的过程

在整体情况下,由运动神经传来的冲动,经过运动终板传至肌纤维膜,引起肌纤维膜发生一个可传导的动作电位,从而触发横桥运动,产生肌纤维收缩,收缩后又必须舒张才能进行下一次收缩。肌纤维收缩和舒张的全过程包括兴奋-收缩耦联、横桥的运动引起肌丝的滑行、收缩后的舒张。

一、兴奋-收缩耦联(excitation-contraction coupling)

通常把以肌膜的电变化为特征的兴奋过程和以肌丝滑行为基础的收缩过程之间的中介过程称为兴奋-收缩耦联。

一般认为,兴奋-收缩耦联的基本过程(见图 2-6)如下。

(1)肌膜上的动作电位沿 T 管膜扩布至三联管,同时激活 T 管膜和肌膜上的 L 型 Ca^{++}通道。

(2)L 型 Ca^{++}通道的激活通过变构作用激活与之对置的三联管膜上的 Ca^{++}释放通道,它的激活使终池中的 Ca^{++}释放入胞浆,使胞浆内的 Ca^{++}浓度由静息时的 0.1 mmol/L 升高至 1～10 mmol/L。

(3)胞浆内 Ca^{++} 浓度的升高促使肌钙蛋白与 Ca^{++} 结合并促发肌丝的滑行。

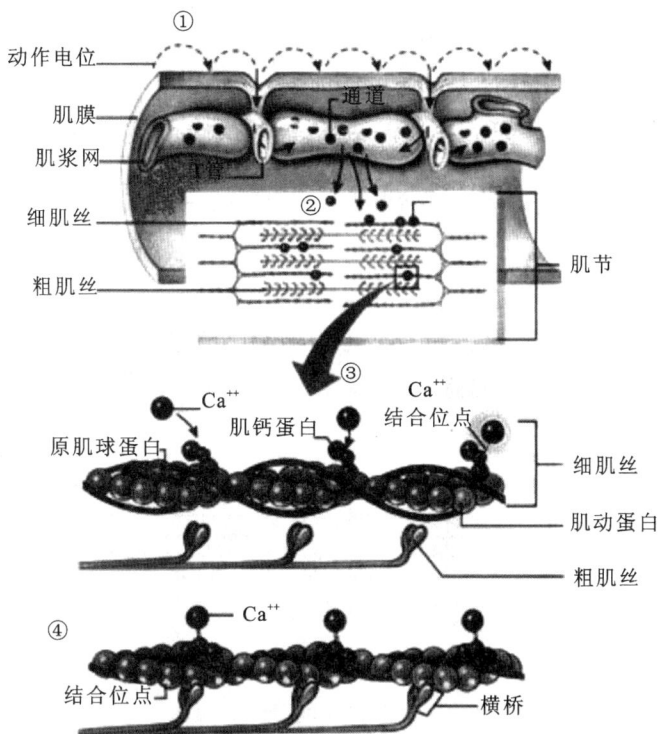

图 2-6 肌纤维兴奋-收缩耦联示意图
(引自 D. S. Lueano et al. ,1978)

二、横桥运动引起肌丝的滑行

(一)肌丝滑行学说(sliding-filament theory)

肌纤维收缩时,一般 A 带的长度不变,而 I 带和 H 区缩短。Huxley 据此提出了肌丝滑行学说,当肌纤维收缩时,由 Z 线发出的细肌微丝向暗带中移动,结果相邻的 Z 线距离靠近,使明带变短,H 带变短甚至消失,而暗带长度不变。于是肌小节的长度变短,从而导致肌原纤维以至整条肌纤维和整块肌肉的缩短。当肌纤维舒张时,则与上述过程相反,细肌微丝向暗带外移动,结果 I 带和 H 带都变长,但 A 带长度仍然不变(见图 2-7)。从以上变化的过程说明,不管肌原纤维是收缩还是舒张,粗、细肌微丝本身的长度并无变化,而只是细肌微丝向粗肌微丝之间滑行移动的结果,故称为肌丝滑行学说。

(二)肌丝滑行的分子机制

当肌浆中增高的 Ca^{++} 与肌钙蛋白一旦结合,原肌球蛋白从肌动蛋白的双螺旋沟的沟沿滑到沟底,露出肌动蛋白丝上的位点,含有 ATP 的横桥与此位点结合,形成肌动蛋白、肌球蛋白-ATP 复合体。与此同时,横桥中的肌球蛋白 ATP 酶受肌动蛋白激活,使横桥中的 ATP 迅速水解释放能量,引起横桥头部向 A 带的中心方向摆动,牵拉细丝向 A 带中央滑

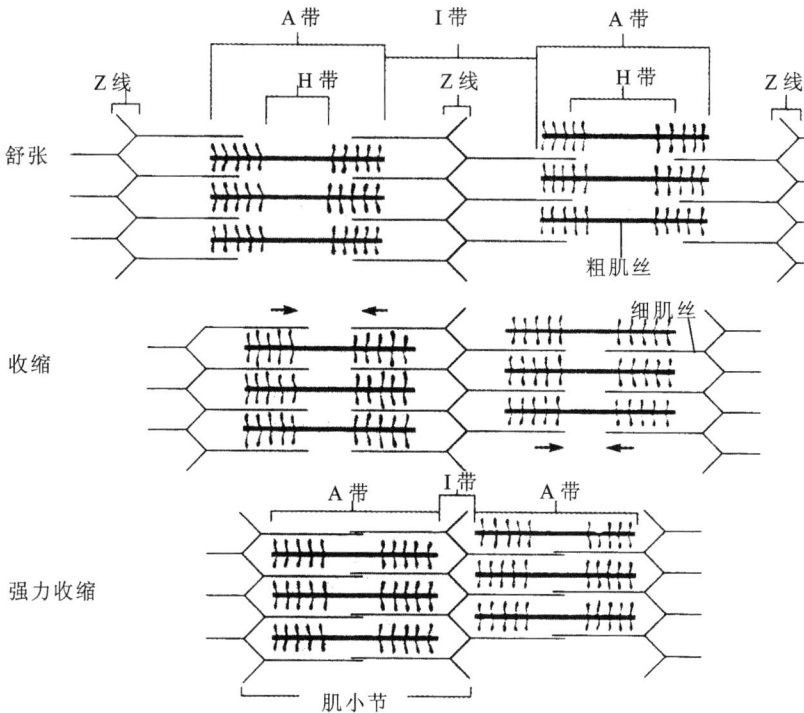

图 2-7　肌纤维微丝滑动示意图

行。然后,在新的一个 ATP 连接到肌球蛋白之后,横桥自动与肌动蛋白上的活性位点分离,并与肌动蛋白的下一个位点相结合,横桥再次摆动,拖动细肌丝又向 A 带中央前进一步。在肌浆中 Ca^{++} 浓度未下降前,横桥就是这样重复地与肌动蛋白结合、摆动、分离,将细丝逐步拖向 A 带中央,肌纤维缩短。

(三)肌纤维收缩后的舒张

当运动神经传来的兴奋停止,Ca^{++} 的释放也立即停止,钙泵被激活。在钙泵的作用下,肌质网将 Ca^{++} 泵回肌浆网的纵管,再扩散至终池,肌浆中的 Ca^{++} 浓度下降,Ca^{++} 与肌钙蛋白分离,肌钙蛋白的构型恢复原状,原肌球蛋白重新又将肌动蛋白上的位点掩盖,使横桥与肌动蛋白分离,粗丝与细丝回到它们原来的状态,肌纤维舒张。

第三节　骨骼肌特性

一、骨骼肌的物理特性

(一)伸展性

骨骼肌在受到外力牵拉或负重时可被拉长的特性。

（二）弹性

当外力或负重取消后,肌肉的长度又可恢复的特性。

（三）黏滞性

虽然骨骼肌具有伸展性和弹性,但肌肉的伸展程度和所受外力或负荷并不呈线性关系,而是当外力和负荷逐渐增大时,其长度增加幅度逐渐降低。当外力或负荷取消后,肌肉的长度也不是立即恢复,这种现象是由于骨骼肌在被拉长或回缩时肌浆内各分子间的摩擦力造成的。因此,除上述两种物理特性外,骨骼肌还具有黏滞性。黏滞性是由于肌浆内各分子之间的相互摩擦作用所产生的。可见骨骼肌不是一个完整的弹性体,而是一个黏弹性体。

骨骼肌的物理特性受温度影响。当温度下降时,肌浆内各分子间的摩擦力加大,肌肉的黏滞性增加,伸展性和弹性下降;当温度升高时,肌肉黏滞性下降,伸展性和弹性增加。在运动实践中,做好充分准备活动,使肌肉温度升高,降低黏滞性,提高肌肉伸展性和弹性,有利于降低运动员的损伤风险,提高运动成绩。

二、骨骼肌的生理特性

（一）兴奋性与传导性

骨骼肌是可兴奋组织,受到刺激后可产生兴奋(即产生动作电位)的特性称为兴奋性(excitability)。肌细胞某一点受到刺激引起的兴奋迅速传播到整个肌纤维的特性称传导性(conductivity)。

引起兴奋的刺激条件如下。

1. 刺激强度

要使组织产生兴奋,刺激必须达到一定强度。引起组织兴奋的最小刺激强度称为阈刺激。高于阈刺激强度的刺激称为阈上刺激;低于阈刺激强度的刺激称为阈下刺激。阈刺激可以作为评定组织兴奋性高低的指标。阈刺激小表示组织的兴奋性高,阈刺激大则表示组织的兴奋性低。

用阈下刺激刺激单个肌纤维,不能引起肌纤维收缩。而用阈刺激或阈上刺激刺激肌纤维可以引起肌纤维收缩。由于一块肌肉是由许多肌纤维组成的,而且每条肌纤维的兴奋性是不同的,因此,给予肌肉较小的刺激强度,只能引起那些兴奋性较高的肌纤维兴奋。这时参加收缩的肌纤维数量较少,肌肉收缩力量也较小。如果逐渐加大刺激强度,兴奋并参加收缩的肌纤维逐渐增多,肌肉产生的力量也越来越大。当刺激强度适宜时,整块肌肉中的肌纤维全部兴奋而产生收缩,肌肉将产生最大的收缩力量。

2. 刺激的作用时间

无论刺激强度多大,要使可兴奋组织兴奋,刺激必须持续足够时间。在一定范围内,刺激强度越小,需要刺激的作用时间就越长。相反,刺激强度越大,需要刺激的作用时间就越短。

3.刺激强度变化率

要使可兴奋组织兴奋,刺激必须有足够的变化率。如果用恒定的电流刺激组织,只有通电和断电的瞬间可以引起组织兴奋。而在继续通电的过程中,由于电流强度没有发生变化,组织不产生兴奋。

刺激强度变化率是指刺激电流由无到有或由小到大的变化速率。同样的电流强度,变化速率越大越容易引起组织兴奋。

(二)收缩性

骨骼肌受到刺激产生兴奋后,立即产生收缩反应,这种特性称为收缩性。

第四节 骨骼肌收缩的形式及力学表现

一、骨骼肌收缩的形式

骨骼肌收缩可表现为整块肌肉的长度发生变化,也可不发生变化。根据收缩时的长度变化,把肌肉收缩分为三种形式,即向心收缩、离心收缩和等长收缩。在完成工作或对抗地心引力对身体的作用时,这几种收缩往往同时或按顺序发生。

(一)向心收缩(concentric contraction)

肌肉收缩时,长度缩短的收缩称为向心收缩。向心收缩时肌肉长度缩短、起止点相互靠近,因而引起身体运动。而且,肌肉张力增加出现在前,长度缩短发生在后。向心收缩是人体得以实现各种位移运动的基础,如屈肘、高抬腿、挥臂等。向心收缩又可根据收缩时负荷和速度的变化区分为等张收缩和等动收缩。

1. 等张收缩(isotonic contraction)

在向心收缩过程中,肌肉张力在肌肉开始缩短后即不再增加,直到收缩结束,故这种收缩形式又称为等张收缩。

肌肉在等张收缩过程中,由于不同关节角度时骨杠杆率的变化,或者由于肌肉长度的变化,其能发挥的力量的大小,在不同关节角度就有所不同(见图 2-8)。在整个关节活动的范围内,肌肉进行向心收缩时所产生的张力往往不是肌肉的最大张力。

如图 2-8 所示,当肘关节屈曲举起一恒定负荷时,肱二头肌在屈肘时所能产生的张力,随关节角度的变化而改变,在关节角度在 120°时最大,而在关节角度为 30°时最小。由于肌肉举起一物体所需的张力,必须稍大于被举起的物体,因此,肱二头肌在整个屈肘范围内所能举起的最大重量,必然不会大于其张力最弱点即在关节为 30°时所能举起的重量。也就是说,在最大等张收缩时,只有在它的张力最弱点处,肌肉才能达到最大收缩能力,而在关节其余部分,则小于此值,这是等张训练的不足之处。

2. 等动收缩(isokinetic contraction)

等动收缩即肌肉在整个关节运动范围内,以恒定速度进行最大收缩。由于在整个收缩

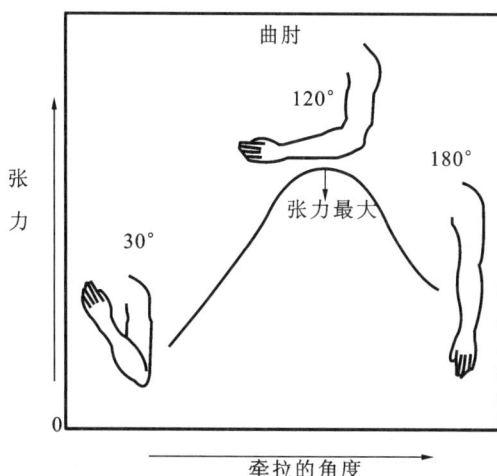

图 2-8　等张收缩时,肌肉收缩产生的张力随关节角度而变化

(引自 Edward L. Fox,1979)

过程中收缩速度是恒定的,等动收缩有时也称为等速收缩。在运动实践中,自由泳的划水动作就具有等动收缩的特点。

　　等动收缩和等张收缩具有本质的不同。肌肉进行等动收缩时在整个关节范围内都能产生最大的肌张力(见图 2-9),而等张收缩,只能在关节张力最弱处才能产生最大收缩能力。这是由于等动收缩的负荷(外加阻力)能随关节运动的进程而精确地调整。在关节角度的张力最弱点负荷最轻,在关节角度张力的最强点负荷最重。此外,等动收缩的速度可以根据需要控制,而等张收缩的运动速度既不能控制而且较慢。在日常的训练中,等动收缩需要专门的训练器械(等动或等速训练器)才能实现。因此,理论和实践证明,等动练习是提高肌肉力量的有效手段。

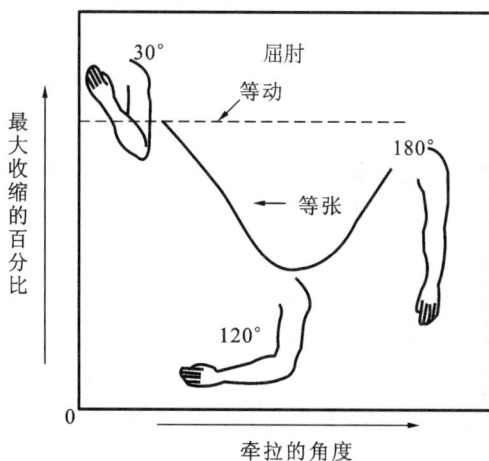

图 2-9　等动和等张收缩时,不同关节角度时肌肉产生的张力曲线

(引自 Edward L. Fox,1979)

(二)离心收缩(eccentric contraction)

肌肉在收缩产生张力的同时被拉长的收缩称为离心收缩。如下蹲时,股四头肌在收缩的同时被拉长,以控制重力对人体的作用,使身体缓慢下蹲,起缓冲作用。因此,肌肉做离心工作也称为退让工作。再如搬运重物时,将重物放下,以及下坡跑和下楼梯等也需要肌肉进行离心收缩。肌肉离心收缩可防止运动损伤。如从高处跳下时,脚先着地,通过反射活动使股四头肌和臀大肌产生离心收缩。由于肌肉离心收缩的制动作用,减缓了身体的下落速度,不致使身体造成损伤。离心收缩时肌肉做负功。

(三)等长收缩(isometric contraction)

肌肉在收缩时其长度不变,这种收缩称为等长收缩,又称为静力收缩。肌肉等长收缩时由于长度不变,因而不能克服阻力做机械功。

等长收缩有两种情况。其一,肌肉收缩时对抗不能克服的负荷,如试图拉起根本拉不起的杠铃时,肱二头肌所进行的收缩就是等长收缩。其二,当其他关节由于肌肉离心收缩或向心收缩发生运动时,等长收缩可使某些关节保持一定的位置,为其他关节的运动创造适宜的条件。要保持一定的体位,某些肌肉就必须做等长收缩。如做蹲起动作时,肩带和躯干的某些肌肉发生等长收缩以保证躯干的垂直姿势,同时腿部和臀部的某些肌肉做向心收缩。当蹲下时,肩带和躯干的某些肌肉同样进行等长收缩以保证躯干的垂直姿势,但腿部和臀部的某些肌肉做离心收缩。在更复杂的运动中,身体姿势不断发生变化,因此肌肉的收缩形式也不断发生变化。在体育运动中,如体操中的"十字支撑""直角支撑"和武术中的站桩,参加工作的肌肉就是进行等长收缩。

二、骨骼肌的力学表现

肌肉收缩表现为收缩时产生的张力和(或)缩短程度,以及产生张力或缩短的速度。骨骼肌的力学表现由收缩时承受的负荷、自身的收缩能力和总和效应等因素决定。

(一)前负荷——长度-张力关系

前负荷(preload)是指肌肉收缩前所承受的负荷。前负荷决定了肌肉在收缩前的长度,即肌肉的初长度,因而初长度可以作为前负荷的观测指标。

在等长收缩条件下,可以测定不同前负荷(肌肉初长度)对主动收缩所产生的张力影响。

当肌肉伸展到一定长度时,由于肌肉中结缔组织的回弹,会产生一定的被动张力,施加刺激后,又可记录到一个收缩后的张力,此张力为被动张力与肌肉主动收缩产生的张力之和,即总张力。将肌肉固定于不同的初长度进行测量,可得到被动张力和总张力与肌肉长度的关系曲线,两条曲线相减,即为主动张力与肌肉长度的关系曲线(见图2-10)。该关系曲线表明,当前负荷逐渐增大时,它每次收缩产生的主动张力也相应地增大,但在超过某一限度后,再增加前负荷反而使主动张力起来越小,以致最后下降至零。这种肌肉收缩时产生最大张力的前负荷或初长度,称为最适前负荷或最适初长度。

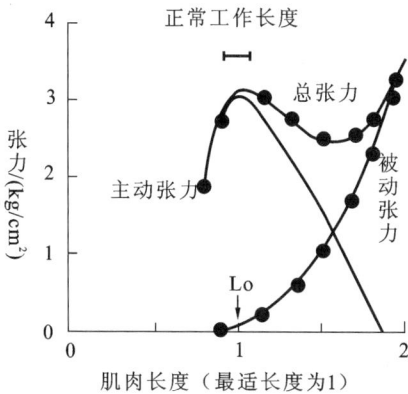

图 2-10　肌肉长度-张力关系曲线

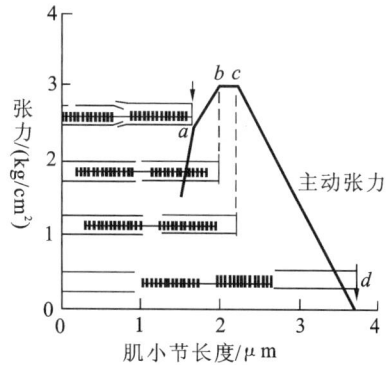

图 2-11　肌节长度与主动张力的关系曲线

　　肌肉在最适初长度时为何能产生最大的张力？图 2-11 所示为肌节长度与主动张力关系曲线。在曲线的 d 点肌节的初长度最大，粗、细肌丝完全不重叠，肌肉收缩时产生的主动张力为零；在曲线 c 点和 b 点，肌节的初长度分别为 2.2 μm 和 2.0 μm，粗、细肌丝处于最适重叠状态，即所有的横桥都处于能与细肌丝重叠而有可能相互作用的位置（M 线两侧各 0.1 μm 范围内无横桥），肌肉等长收缩时产生的主动张力可达最大值；在曲线的 a 点，肌节长度为 1.6 μm，细肌丝穿过 M 线，造成两侧细肌丝相互重叠而发生卷曲，影响了部分横桥与细肌丝的接触，收缩张力相应减少。

　　以上结果表明，肌肉收缩产生的张力是与能和细肌丝接触的横桥数目成比例的，因此，最适肌节长度应是 2.0～2.2 μm。由于整个肌肉的初长度决定了收缩前肌肉中每个肌节的长度和肌丝间的相互关系，因此能维持最适肌节长度的肌肉初长度，就是肌肉的最适初长度，也即最适前负荷。处于最适初长度时，肌肉收缩可以产生最大的主动张力。骨骼肌在体内的自然长度大致相当于它们的最适初长度。

（二）后负荷——张力-速度关系

　　后负荷（afterload）指肌肉开始收缩时才遇到的负荷或阻力。在等张收缩的条件下，测定不同后负荷情况下肌肉收缩产生的张力和缩短的速度，可得到张力-速度曲线（见图 2-12）。该曲线表明，在有后负荷的条件下，肌肉能产生的张力和它收缩时的初速度呈反比关系。随着后负荷的增加，收缩张力增加而肌肉缩短速度减小。当后负荷增加到使肌肉不能缩短时，肌肉可产生最大等长收缩张力（P_0）；当后负荷为零时，肌肉缩短可达最大缩短速度（V_{max}）。

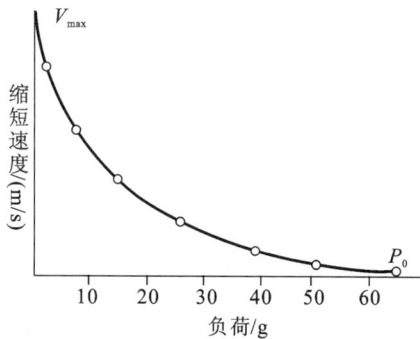

图 2-12　张力-速度曲线（离体肌肉）

　　肌肉收缩时产生的张力大小，取决于活化的横桥数目，收缩速度则取决于能量释放速率和肌凝蛋白 ATP 酶活性，而与活化的横桥数目无关。

　　研究表明，肌肉收缩的张力-速度关系曲线可通过训练而改变。与无训练者相比，有训练的运动员的张力-速度关系曲线向右上方偏移,亦即是在相同的力量下,可发挥更大的速度;或在相同的速度下,可表现出更大的力量。

(三)肌肉的收缩能力(contractility)

肌肉收缩能力是指与负荷无关的、决定肌肉收缩效能的内在特性。肌肉收缩能力提高后,收缩时产生的张力和(或)缩短,以及产生张力和缩短的速度都会提高,表现为长度-张力曲线上移和张力-速度曲线右上移。

肌肉这种内在的收缩特性与多种因素有关,例如兴奋-收缩耦联期间胞浆内 Ca^{++} 的水平、肌球蛋白 ATP 酶的活性以及细胞内各种功能蛋白及其亚型的表达水平等。许多神经递质、体液因子、病理因素和药物都是通过上述途径来调节和影响肌肉收缩能力。例如,缺氧、酸中毒、肌肉中能源物质的缺乏,以及其他原因引起的兴奋-收缩耦联、肌肉蛋白质或横桥功能特性的改变,都可能降低肌肉收缩的效能;而咖啡因、肾上腺素等体液因素则可能通过影响肌肉的收缩机制而提高肌肉的收缩效能。

(四)收缩的总和(summation of contraction)

骨骼肌通过收缩的总和可以快速调节收缩的强度。总和的发生是在神经系统的调节下完成的,它有两种形式:运动单位数量的总和及冲动频率效应的总和。

1.运动单位数量的总和

一个 α-运动神经元及其轴突分支所支配的全部肌纤维,总称为一个运动单位(motor unit,见图 2-13)。运动单位的大小差别很大,不同运动单位所包含的肌纤维数可以从几根至上千根,如眼外直肌每个运动单位只有 5～7 条肌纤维,而腓肠肌有 200 多条肌纤维。一般来说,一个运动单位中的肌纤维数目越少,就越灵活,而肌纤维数目越多则产生的张力越大。每个运动单位又可分成许多亚单位。每个亚单位由 10～30 条肌纤维组成。

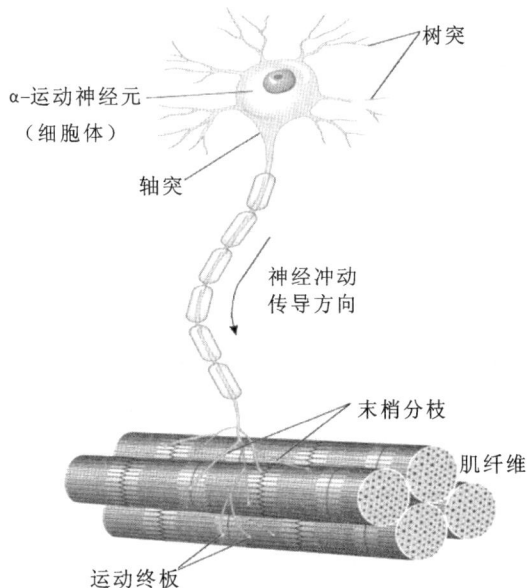

α-运动神经元
(细胞体)

轴突

神经冲动
传导方向

树突

末梢分枝

肌纤维

运动终板

图 2-13　运动单位模式图

在同一运动单位中的肌纤维的兴奋与收缩是同步的,而同一肌肉中不同运动单位的肌纤维的活动则不一定是同步的。当肌肉进行收缩活动时,参与收缩的运动单位越多且同步,肌肉收缩产生的力量也就越大。

运动单位可根据它受支配的神经元和肌纤维的特性分成两类:一类称为快运动单位,由大运动神经元连同它所支配的快肌纤维组成;另一类称为慢运动单位,由小运动神经元连同它所支配的慢肌纤维组成。

2. 冲动频率效应的总和

运动神经元发放的冲动频率同样会影响骨骼肌的收缩形式和收缩强度。

当骨骼肌受到一次短促的刺激时,可发生一次动作电位,随后出现一次收缩和舒张,这种形式的收缩称为单收缩(twitch)。

在一次单收缩中,动作电位时程(相当于绝对不应期)仅为 $1 \sim 2$ ms,而收缩过程可达几十甚至几百毫秒,因而有可能在机械收缩过程中接受新的刺激并发生兴奋和收缩,于是新的收缩便与上次尚未结束的收缩发生总和(见图 2-14)。

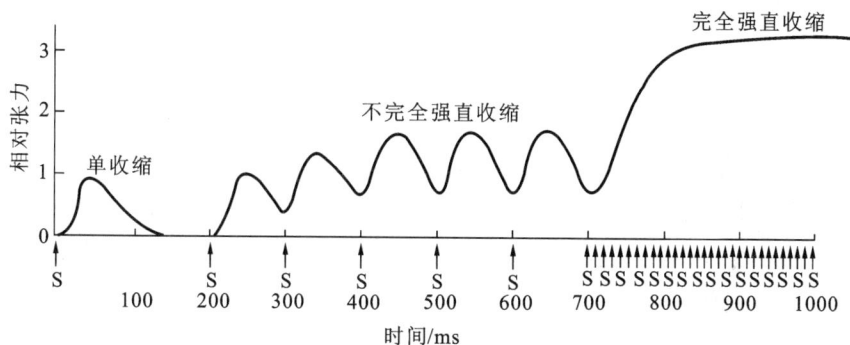

图 2-14 刺激频率对骨骼肌收缩的影响

当骨骼肌受到频率较高的连续刺激时,可出现以这种总和过程为基础的强直收缩(tetanus)。如果刺激频率相对较低,总和过程发生于舒张期,就会出现不完全强直收缩;提高刺激频率,使总和过程发生于收缩期,就出现完全强直收缩。通常所说的强直收缩是指完全强直收缩。在等长收缩条件下,强直收缩产生的张力可达单收缩的 $3 \sim 4$ 倍。

在生理条件下,支配骨骼肌的传出神经总是发生连续的冲动,所以骨骼肌的收缩都是强直收缩。即使在安静状态下,中枢神经也经常发放低频率的神经冲动至骨骼肌,使之产生一定程度的强直收缩,这种微弱而持续的收缩状态导致了肌紧张,即肌肉呈现一定的紧张度。

三、肌肉的机械功与功率

当肌肉克服某一外力而缩短,或因缩短而拉起某一负荷时,肌肉就完成了一定量的机械功。机械功等于所克服的阻力(负荷)和肌肉缩短长度的乘积。

肌肉收缩时究竟以产生张力为主,还是以表现缩短为主,以及收缩时做功的多少,要看负荷的大小以及肌肉本身的机能状态。例如在动力性工作中,肌肉的长度变化很明显,负荷的重物或肢体产生位移,这时就会做功,而在静力性工作时,肌肉长度没有什么变化,肌内张力增加虽很明显,但因为肢体及所负的负荷并不产生位移,所以是不做功的。

人体运动时所输出的功率,实际上就是运动生理学中所说的爆发力,是指人体单位时间内所做的功。

爆发力的计算公式为:

$$P = \frac{F \times D}{t} \tag{2-1}$$

由于

$$F = m \times a \tag{2-2}$$

所以公式(2-1)又可以写成:

$$P = \frac{m \times a \times D}{t} \tag{2-3}$$

式中:P 表示功率(爆发力),单位是 N·m/s;

F 表示力,单位是 N;

D 表示位移的距离,单位是 m;

m 表示质量;

a 表示加速度;

t 表示做功时间,单位是 s。

在运动中使器械或人体体重(m)产生加速度(a)所需要的力(F)来自肌肉收缩。肌肉收缩使力量和加速度增加。加速度的增加,完成运动所需要的时间(t)会减少。从而使运动的输出功率(P)增加。在某些运动项目中,如投掷、短跑、跳跃、举重、拳击和橄榄球等项目,运动员必须有较大的爆发力。

第五节　肌纤维类型与运动能力

人和动物的骨骼肌可根据其形态、结构和功能特征区分为不同的类型,研究和探讨骨骼肌纤维类型的划分方法,了解和掌握不同类型肌纤维的形态、功能特点、分布规律及其与运动训练的关系,对于优化运动员的选材方法和从理论上认识骨骼肌运动适应的本质具有重要意义。

一、肌纤维类型的划分

划分肌纤维类型有许多种方法,根据不同分类方法,可将肌纤维划分为不同的类型。有如下几种划分肌纤维类型的方法:①根据收缩速度,可将肌纤维划分为快肌纤维(fast-twitch,FT)和慢肌纤维(slow-twitch,ST);②根据收缩及代谢特征,可将肌纤维划分为快缩、糖酵解型,快缩、氧化、糖酵解型和慢缩、氧化型;③根据收缩特性及色泽,也可将肌纤维划分为快缩白、快缩红和慢缩红三种类型;④化学染色法把肌纤维分为Ⅰ型和Ⅱ型,其中Ⅱ

型肌纤维又分为Ⅱa型、Ⅱx/Ⅱb型(Ⅱb型肌球蛋白重链仅在啮齿动物骨骼肌中表达,而在大多数人类肌肉中不表达)和Ⅱc型;⑤凝胶电泳法将肌纤维分为Ⅰ型、Ⅰc(Ⅰ/Ⅱa)型、Ⅱc(Ⅱa/Ⅰ)型、Ⅱa型、Ⅱax型、Ⅱxa型和Ⅱx型。目前,Ⅰ型肌纤维(慢肌)已经确定,Ⅱ型肌纤维(快肌)可以进一步分类。因此,本书仅介绍Ⅰ型肌纤维(慢肌)和Ⅱ型肌纤维(快肌)的形态、机能及代谢特征。

二、不同类型肌纤维的形态、机能及代谢特征

(一)不同肌类型肌纤维的形态特征

快肌与慢肌纤维的主要形态学特征见表2-1。

表 2-1　快、慢肌纤维的形态学特征

形态学特征	Ⅰ型(慢肌)	Ⅱ型(快肌)
α-运动神经元	小	大
α-运动神经元支配纤维数	少	多
肌纤维的直径	小	大
肌浆网(内质网)	不发达	发达
突触小泡	少	多
终板面积	小	大
毛细血管网	较丰富	不太丰富
肌红蛋白	多	少
线粒体	多而大	少而小
糖原贮量	少	多
在运动员中的分布	有氧耐力运动员高	无氧耐力运动员高

(二)不同肌类型肌纤维代谢特征

快肌与慢肌纤维的主要代谢特征见表2-2。

表 2-2　快、慢肌纤维的代谢特征

生物化学特征	Ⅰ型(慢肌)	Ⅱ型(快肌)
有氧代谢能力	强	弱
无氧代谢能力	弱	强
酶活性	有氧代谢酶活性高	无氧代谢酶活性高
ATP酶活性	1倍	3倍
肌激酶活性	1倍	1.8倍
磷酸肌酸激酶活性	1倍	1.3倍
乳酸脱氢酶活性	1倍	2.0~2.5倍

生物化学特征	Ⅰ型(慢肌)	Ⅱ型(快肌)
细胞色素氧化酶活性	高	低
苹果酸脱氢酶活性	高	低
琥珀酸氢酶活性	高	低
最大乳酸产生量	低	高

(三)不同肌类型肌纤维生理学特征

快肌与慢肌纤维的主要生理学特征见表2-3。

表 2-3　快、慢肌纤维的生理学特征

生理学特征	Ⅰ型(慢肌)	Ⅱ型(快肌)
运动神经元兴奋性	兴奋阈值低	兴奋阈值高
运动神经元传导速度	$2\sim8$ m/s	$20\sim40$ m/s
收缩速度	慢	快
收缩力量	小	大
肌肉收缩能量供给	有氧代谢能力强	无氧代谢能力强
抗疲劳能力	不易疲劳	易疲劳
动员模式	耐力类活动	力量、速度类活动

1.快肌纤维收缩速度快,慢肌纤维收缩速度慢

研究发现,肌肉收缩速度与快肌纤维百分比成正比,快肌纤维收缩速度快于慢肌纤维(见图2-15(a))。

目前认为,快肌纤维收缩速度快.与其受神经冲动传导速度快的大运动神经元支配、肌原纤维 ATP 酶活性高、无氧代谢能力强、肌浆网释放和回收 Ca^{2+} 的能力强等因素有关。

2.快肌产生力量大,慢肌产生力量小

快肌纤维百分比较高的肌肉收缩时产生的张力较大。让受试者进行最大力量伸膝时,股外肌快肌纤维百分比较高的人,最大伸膝力量也较大;最大伸膝力量与快肌纤维百分比成正比关系(见图2-15(b))。

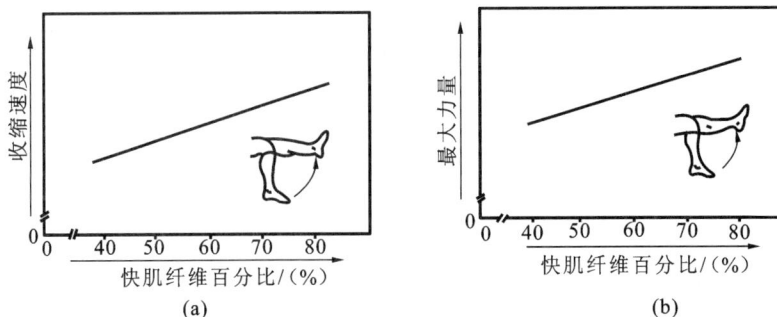

图 2-15　快肌纤维百分比与肌肉收缩速度、伸膝力量的关系

(引自 Edward L.Fox,1979)

由于收缩力量和速度均与肌肉中快肌纤维百分比有关。快肌纤维百分比较高的肌肉的收缩速度和力量均大于慢肌纤维百分比较高的肌肉。故快肌纤维百分比较高的肌肉的力量-速度曲线向右上方转移(图 2-16(a))。因此,运动员在完成某一动作时,如果参与工作的肌肉中快肌纤维百分比较高,则在同样的运动速度下能发挥较大的力量,当肌肉力量相同时能产生较大的收缩速度。图 2-16(b)表示的是不同项目运动员的力量-速度曲线,可以看到,快肌纤维百分比越高的运动员,其力量-速度曲线在图中的位置越靠近右上方。

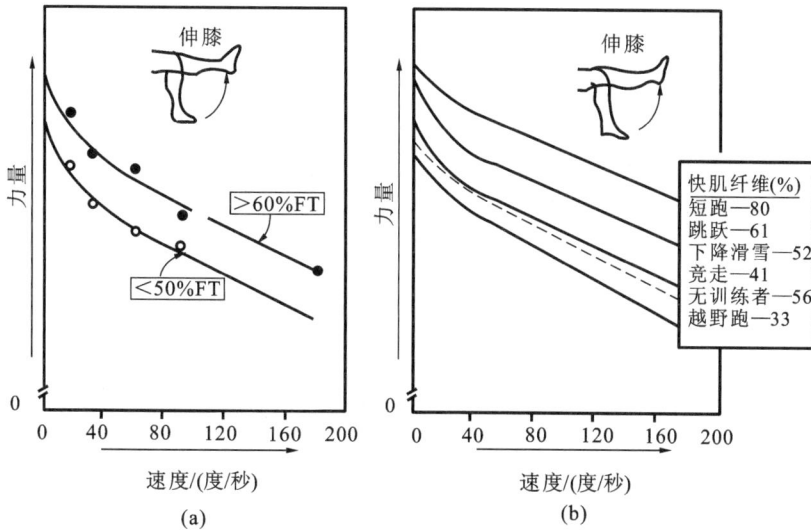

图 2-16　无训练者(a)和快肌纤维百分比不同的运动员(b)的力量-速度曲线
(引自 Edward L.Fox,1979)

力量-速度曲线虽然与快肌纤维百分比有关。但是,尽管无训练者的快肌纤维百分比仅稍低于跳跃项目的运动员(56%对 61%),但是由于缺乏训练,其肌肉的力量及收缩速度均较低,低于快肌纤维百分比分别为 52%和 41%的下降滑雪和竞走项目的运动员。说明运动训练可以对力量-速度曲线有明显的影响。运动员通过运动训练可以使力量-速度曲线向右上方转移。

3.快肌容易疲劳,慢肌不容易疲劳

快肌纤维比慢肌纤维更容易疲劳,快肌纤维百分比与疲劳呈正相关(见图 2-17(a))。图 2-17(b)比较了人的快肌和慢肌纤维的抗疲劳特性,当以每秒 180 度的角速度重复完成最大用力伸膝运动时,在开始阶段股外肌中快肌纤维百分比为 61%的受试者,伸膝时股外肌的肌肉力量远远大于快肌纤维百分比为 38%的受试者。而当继续进行重复收缩时,快肌纤维百分比为 38%的受试者的力量下降速度较慢,而快肌纤维占 61%的受试者的力量下降速度较快,并且很快低于快肌纤维百分比较低的受试者。由此可见,和慢肌纤维相比,快肌纤维在收缩时能产生较大的力量,但容易疲劳。

三、骨骼肌活动时肌纤维的有序募集和大小原则

许多研究表明,运动单位工作时肌纤维的募集是按照固定顺序募集的,称为有序募集原

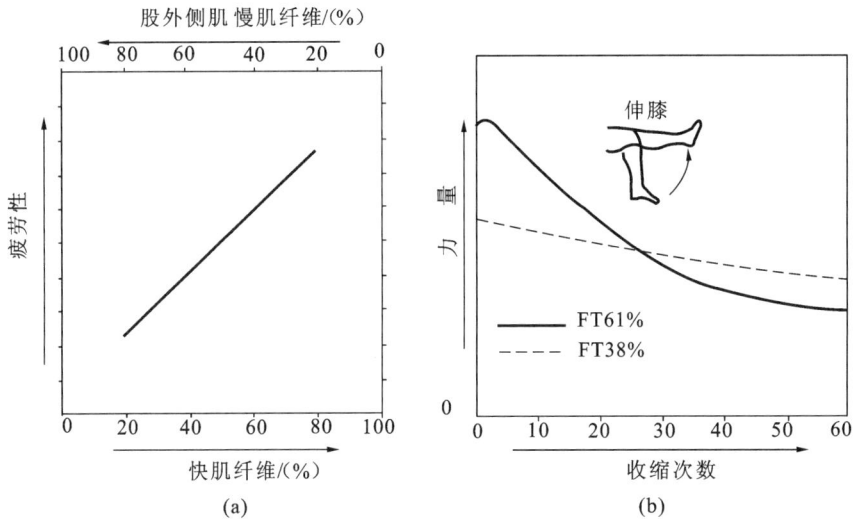

图 2-17　快肌纤维和慢肌纤维与疲劳的关系

(引自 Edward L. Fox,1979)

理,即特定肌肉内的运动单位是按照一定方式募集的。例如,假设肱二头肌有 200 个运动单位,按序依次从 1 排到 200,如果需要一个非常精确的肌肉收缩产生极其小的力量,仅需要运动单位 1 被募集,当需要的力量增加时,运动单位 2、3、4 等逐渐被募集,直到最大的肌肉收缩,可最大限度地募集运动单位。如果产生一个特定的力,每次都会动员同样的运动单位,并且是按照同样顺序动员的。

一个能部分解释有序募集原则的机制是大小原则,即运动单位的有序募集直接与运动单位的大小有关。弱收缩时,总是那些较小运动单位(慢运动单位)发生收缩;随着收缩的加强,就会有越来越多的大运动单位(快运动单位)参加收缩,产生的张力也随之增加;舒张时,停止放电和收缩的首先是最大的运动单位,最后才是最小的运动单位。骨骼肌的这种调节收缩强度的方式称为大小原则。复杂人体运动中肌纤维是如何募集的,目前还不完全清楚。

Gollnick 等人让受试者用 2/3 最大摄氧量强度运动,发现慢肌纤维中的糖原首先被消耗,继而转向快肌纤维。甚至当慢肌纤维中的糖原完全空竭时,快肌纤维中还有糖原剩余。当运动强度为 150% 最大摄氧量强度时,快肌纤维中的糖原首先被消耗。说明,在以较低的强度运动时,慢肌纤维首先被动员,运动强度较大时,快肌纤维首先被动员。

在运动训练时,采用不同强度的练习,可以发展不同类型的肌纤维。为了增强快肌纤维的代谢能力,训练计划必须包括大强度的练习;如果要提高慢肌纤维的代谢能力,训练计划就要由低强度、持续时间较长的练习组成。

四、肌纤维类型的分布

不同肌纤维在肌肉中所占的百分比,称该肌肉的肌纤维类型的百分构成。慢肌和快肌纤维在身体不同肌肉中的比例是不一样的。一般来说,手臂和腿的肌肉在人体内部有相似的纤维成分占比。一个在腿部肌肉中慢肌纤维占主导地位的耐力运动员,在手臂肌肉中慢肌纤维的比例可能也很高。快肌纤维也存在类似的关系。然而,也有一些例外。例如,比目鱼肌(小腿腓肠肌下)在每个人体内都有很高比例的慢肌纤维。

(一)一般人的肌纤维类型构成

研究发现(见表 2-4),一般人上下肢肌肉的慢肌纤维百分比平均为 40%～60%,但从每个受试者来看,慢肌纤维百分比最低的为 24%,最高的为 74.2%,相差的范围很大。说明在一般人中肌纤维的百分比分布范围很大。

表 2-4　一般人的肌纤维组成

受试者	肌　肉	ST/(%)	变化范围	作　者
男(19)	股外肌	57.7	±2.5	Burke 等
男(11)	腓肠肌	52.6	38.0～73.2	Costil 等
女(10)	腓肠肌	51.0	27.4～72.0	Costil 等
男(8)	腓肠肌	46.7	±3.7	Coyle 等
男(14)	腓肠肌	43.9	24.0～72.9	Gollnick 等
男(14)	三角肌	45.2	33.5～58.3	Gollnick 等
男(9)	股外肌	43.8	26.0～60.6	Green 等
男(69)	股直肌	53.9	±12.2	Jansson 等
男(6)	股外肌	54.8	±9.7	Jansson 等
男(23)	股外肌	46.0	±13.0	Komi 等
男(10)	股外肌	44.6	—	Thorstensson 等
女(4)	股外肌	36.4	27.2～42.1	Prince 等
男(14)	股外肌	44.3	28.2～74.2	胜田等
男(14)	三角肌	57.5	40.1～68.3	胜田等

(二)运动员的肌纤维类型构成

研究发现,运动员的肌纤维组成具有项目特点。参加时间短、强度大项目的运动员,骨骼肌中快肌纤维百分比较从事耐力项目运动员和一般人高。相反,从事耐力项目运动员的慢肌纤维百分比却高于非耐力项目运动员和一般人。既需要耐力又需要速度的运动项目(如中跑、自行车等),肌肉中快肌纤维和慢肌纤维的百分比相当。

如表 2-5 所示,需要很强耐力的长跑运动员,腿部肌肉慢肌纤维占优势。研究报道,马拉松世界冠军的腓肠肌中,慢肌纤维所占比例为 93%～99%。而且,尽管优秀长跑运动员肌纤维横截面积不同,但他们腿部肌肉的慢肌纤维面积比快肌纤维面积平均多 22%。需要速度和力量的短跑运动员,腓肠肌主要由快肌纤维组成。研究报道,短跑世界冠军的腓肠肌内,慢肌纤维的比例仅有 25%。游泳运动员上肢含有较多慢肌纤维(60%～65%),而未经训练的人仅含有 45%～55% 的慢肌纤维,优秀运动员与顶尖运动员的肌纤维类型没有明显区别。

表 2-5　不同性别运动员特定肌肉中慢肌和快肌纤维的比例及横截面积

运动员	性别	肌　肉	慢肌/(%)	快肌/(%)	肌纤维的横截面积/μm^2	
					慢肌	快肌
短跑	男	腓肠肌	24	76	5 878	6 034
	女	腓肠肌	27	73	3 752	3 930
长跑	男	腓肠肌	79	21	8 342	6 485
	女	腓肠肌	69	31	4 441	4 128
自行车	男	股外侧肌	57	43	6 333	6 116
	女	股外侧肌	51	49	5 487	5 216
游泳	男	三角肌后部	67	33	—	—
举重	男	腓肠肌	44	56	5 060	8 910
	女	三角肌	53	47	5 010	8 450
三项全能	男	三角肌后部	60	46	—	—
	男	股外侧肌	63	37	—	—
	男	腓肠肌	59	41	—	—
皮划艇	男	三角肌后部	71	29	4 920	7 040
铅球	男	腓肠肌	38	62	6 367	6 441
非运动员	男	股外侧肌	47	53	4 722	4 709
	女	腓肠肌	52	48	3 501	3 141

(引自 Wilmore et al.,2008)

　　然而,运动员的肌纤维百分构成并不是决定运动成绩的唯一因素。例如,优秀马拉松运动员的慢肌纤维百分比平均高达 82%,但其中也有个别运动员仅为 50%;优秀短跑运动员的快肌纤维百分比平均高达 79%,其中也有个别运动员仅为 48%。可见,一个优秀的马拉松运动员和一个短跑运动员的快肌和慢肌百分比可以几乎相等,证明肌纤维类型的构成只是影响运动成绩的因素之一,而不是唯一因素,优异的运动成绩最终是由运动员的体能、技能和心理因素来决定的。

五、运动训练对肌纤维的影响

　　关于如何解释不同项目运动员的肌纤维类型分布不同,有两种观点:一种观点认为,每个人生来肌纤维类型的分布比例就已经确定,而且这种比例是不能通过训练和其他方法得到改变,各专项优秀运动员之所以具有相应的、有利于本专项的肌纤维的百分组成乃是"自然选择"的结果;另一种观点则认为,运动员在长期的系统的专项训练下,肌肉结构和功能可发生适应,并把这种适应解释为肌纤维比例改变的依据。这两种观点至今还在提供实验依据,但由于检测技术等原因,这个问题有待于更多的研究和进一步探讨。

　　不论运动训练能否改变肌纤维类型,但运动训练能使肌纤维形态和代谢特征发生较大的变化是毋庸置疑的。

(一)肌纤维选择性肥大

　　Costil(1976)研究发现,长跑运动员慢肌纤维的相对面积(STarea)要比快肌纤维的相对面积大 22%（$p < 0.05$），不同项目的赛跑运动员慢肌纤维相对面积见表 2-6。

表 2-6　赛跑运动员慢肌纤维相对面积

项　目	性　别	例　数	STarea（%）
短跑	男	2	22.7
	女	2	28.6
中跑	男	18	62.1
	女	7	60.4
长跑	男	14	82.9

（引自 Costil，1976）

Saltin 研究发现耐力训练可引起慢肌纤维选择性肥大，速度、爆发力训练可引起快肌纤维选择性肥大，通过 10 周的举重训练，快肌纤维面积由 5473 μm^2 增加到 7140 μm^2（$p < 0.05$）。Saltin（1973）对 6 名成年男受试者进行了 5 个月的长跑训练，在训练前后，测定受试者的最大摄氧量、慢肌纤维百分比、慢肌纤维面积、琥珀酸脱氢酶活性和磷酸丙糖激酶等指标（见表 2-7）。结果发现，受试者的最大摄氧量、慢肌纤维面积、琥珀酸脱氢酶活性和磷酸丙糖激酶在训练后都显著提高了，但慢肌纤维百分比没有明显提高。

表 2-7　长跑训练对肌纤维的影响

指　标	训练前	训练后	p
最大摄氧量（L/min）	3.9	4.5	< 0.01
慢肌纤维百分比（ST%）	32	36	> 0.05
慢肌纤维面积（STarea%）	27.9	38.1	< 0.001
琥珀酸脱氢酶（SDH）活性（mM/g·min）	4.7	9.1	< 0.001
磷酸丙糖激酶（μM/g·min）	27.1	58.8	< 0.01

（引自 Saltin，1973）

(二)肌纤维类型改变

早期的研究表明，无论是速度（无氧）训练还是耐力（有氧）训练都不能改变基本肌纤维类型，特别是从 Ⅰ 型到 Ⅱ 型或从 Ⅱ 型到 Ⅰ 型的转变。然而，如果训练是相反类型，肌纤维开始呈现出相反型纤维的某些特征（例如，Ⅱ 型纤维可能在有氧训练中变得更具氧化性）。

动物模型实验研究表明，在神经交叉支配的条件下，肌纤维类型转换确实是可能的。在这种条件下的实验中，Ⅱ 型运动单位由 Ⅰ 型运动神经元支配，或者 Ⅰ 型运动单位由 Ⅱ 型运动神经元支配。此外，长期低频神经刺激可在数周内将 Ⅱ 型运动单位转化为 Ⅰ 型运动单位。在 15 周的高强度跑台训练后，大鼠的肌纤维类型发生了变化，导致 Ⅰ 型和 Ⅱa 型肌纤维增加，Ⅱx 型肌纤维减少。几种不同的组织化学方法证实了纤维从 Ⅱx 型到 Ⅱa 型以及从 Ⅱa 型到 Ⅰ 型的转变。

Staron 等（1991）发现了女性高强度抗阻训练后肌纤维类型转变的证据。在进行 20 周的下肢高强度抗阻训练后,发现所有类型的肌纤维的静力性力量和横截面积都有显著的增加。Ⅱx型肌纤维的平均百分比显著降低,而Ⅱa型肌纤维的平均百分比增加。在许多后续研究中,通过抗阻训练,Ⅱx型肌纤维向Ⅱa型肌纤维转变这一结论得到了一致的报道。此外,其他研究表明,高强度抗阻训练和短间歇速度性训练的结合可以导致Ⅰ型肌纤维向Ⅱa型肌纤维的转化。

Stephan等(2016)研究表明,耐力或力量训练等干预措施均可导致肌球蛋白重链(MHC)亚型的改变。因此,训练可能导致Ⅰ型和Ⅱ型肌纤维的百分比发生改变。大部分证据显示这种变化是肌纤维募集的变化而非本身结构的变化。

这些新细胞是如何形成的? 假定每个肌纤维都有能力分裂成两个子细胞,每个子细胞都可以发展成有功能的肌纤维。重要的是,卫星细胞是参与骨骼肌再生的肌源性干细胞,可能参与了新的肌纤维的生成。这些细胞通常在肌肉拉伸和损伤时被激活,肌肉损伤可导致一系列反应,其中卫星细胞被激活并增殖,迁移到受损区域,并融合到现有的肌纤维或自身相互融合产生新的肌纤维。

(三)肌红蛋白量增加

当氧气进入肌纤维时,它会与肌红蛋白结合,肌红蛋白是一种类似于血红蛋白的分子,肌红蛋白对氧的亲和力比血红蛋白高得多,这种含铁分子将氧分子从细胞膜运送到线粒体。Ⅰ型肌纤维含有大量的肌红蛋白,肌红蛋白使这些肌纤维呈现红色(肌红蛋白是一种与氧气结合时会变红的色素蛋白)。Ⅱ型肌纤维具有高度的糖酵解作用,因此它们含有较少的肌红蛋白,外观更白。更重要的是,它们有限的肌红蛋白供应限制了氧化能力,导致这些肌纤维的耐力差。

肌红蛋白运输氧气并在肌肉活动中氧气受限时将其释放到线粒体。这种储备的氧气用于从休息到运动的过渡期,即在运动开始到心血管供氧增加之间的延迟期向线粒体提供氧气。耐力训练可以使肌肉肌红蛋白含量提高75%～80%。这种适应明显支持了训练后肌肉氧化代谢能力的增加。

(四)线粒体功能增强

有氧(氧化)能量的产生场所是在线粒体中。毫无疑问有氧训练也会导致线粒体功能改变,即促进肌纤维产生ATP的能力。这种利用氧和通过氧化产生ATP的能力,取决于肌肉线粒体的数量与体积。这两者都会随着有氧训练而增加。一项研究表明,大鼠进行27周的耐力训练,结果发现线粒体的实际数量增加约15%;在训练期间,线粒体的平均体积也增加约35%。与其他训练诱导的适应一样,改变的幅度取决于训练量。

(五)肌纤维内酶活性改变

肌纤维对训练的适应还表现为肌肉中有关酶活性的有选择性增强。Costil研究了不同项目赛跑运动员和无训练者腿肌中琥珀酸脱氢酶(SDH)、乳酸脱氢酶(LDH)及磷酸化酶(PHOSP)的活性。发现长跑运动员的肌肉中,与氧化供能有密切关系的SDH活性较高,而与糖酵解及磷酸化供能有关的LDH及PHOSP则活性最低。短跑运动员则相反,LDH和PHOSP活性较高,而SDH活性较低。中跑运动员居短跑和长跑运动员之间(见

表 2-8）。

表 2-8　短、中、长跑运动员肌肉中酶活性的差异

项目	性别	例数	SDH	LDH	PHOSP
短跑	男	2	12.9	1 287	15.3
中跑	男	7	14.8	868	8.4
长跑	男	5	16.6	767	8.1
无训练者	男	11	7.4	822	7.6

（引自 Costil,1976）

表 2-9 显示男性未训练者、无氧训练者和有氧训练者来自三种能量系统的肌肉酶的活性,清楚地说明了肌肉中有关酶活性的有选择性增强。

表 2-9　男性未训练者、无氧训练者和有氧训练者肌肉酶的活性　　　　单位:mmol/g/min

供能系统	相关酶	未训练者	无氧训练者	有氧训练者
有氧氧化系统	琥珀酸脱氢酶	8.1	8.0	20.8*
	苹果酸脱氢酶	45.5	46.0	65.5*
	肉碱棕榈酰基转移酶	1.5	1.5	2.3*
ATP-CP 系统	肌酸激酶	609.0	702.0*	589.0
	肌激酶	309.0	350.0*	297.0
	磷酸激酶	5.3	5.8	3.7*
糖酵解系统	果糖磷酸激酶	19.9	29.2*	18.9
	乳酸脱氢酶	766.0	811.0	621.0

注:* 与未训练者比较具有显著差异。　　　　　　　　　（引自王瑞元、汪军译《运动生理学》,2011）

第六节　运动引起的肌肉酸痛与延迟性肌肉酸痛

肌肉酸痛一般是由力竭运动或高强度运动引起的。当人们第一次做某项特定的运动时尤其如此。虽然肌肉酸痛在任何时候都可以感觉到,但通常在运动期间和运动后会有一段时间感到轻微的肌肉酸痛,然后在一两天之后会感到更强烈的酸痛。因此由运动引起的肌肉酸痛分为急性肌肉酸痛和延迟性肌肉酸痛。

一、急性肌肉酸痛

运动时和运动后立即感到的疼痛被归类为肌肉劳损,被认为是肌肉僵硬、疼痛或压痛。它可能是由于运动最终产物(如 H^+)的积累,也可能是由于液体从血浆转移到组织中导致的组织水肿。水肿是人们在剧烈的耐力或力量训练后急性肌肉肿胀的原因。疼痛和酸痛通常在运动后几分钟到几小时内消失。因此,这种酸痛通常被称为急性肌肉酸痛。

二、延迟性肌肉酸痛(delayed-onset muscle soreness,DOMS)

机体在从事不适应的负荷运动或大负荷运动后24～48 h会感到明显的肌肉酸痛,同时伴随着肌肉僵硬、肿胀和肌肉力量下降等症状。由于肌肉酸痛的感觉和不适应的症状通常不是在运动期间或运动后即刻出现,而是在运动后24 h后逐步加强,24～48 h达到高峰,疼痛感觉逐渐下降直至消失需要5～7天,我们把这种疼痛称为延迟性肌肉酸痛(DOMS)。虽然所有类型的肌肉运动都可能引起全身肌肉力竭,但延迟性肌肉酸痛主要由离心收缩引起。如下坡跑、弹性拉伸、快速伸缩复合运动和离心抗阻运动等。

从诱发延迟性肌肉酸痛的实验中发现,肌肉酸痛程度与肌肉的收缩形式有关。图2-18显示的是诱发延迟性肌肉酸痛的实验结果。男女受试者各用杠铃完成两组筋疲力尽的屈肘运动。在离心收缩时只是主动地放下杠铃,而在向心收缩时只是主动地举起杠铃,在等长收缩时保持杠铃不动。从图中可以看出,无论是何种形式的收缩,延迟性肌肉酸痛均在练习后的1～2天才明显出现。离心收缩引起的肌肉酸痛最显著,等长收缩次之,向心收缩最低。

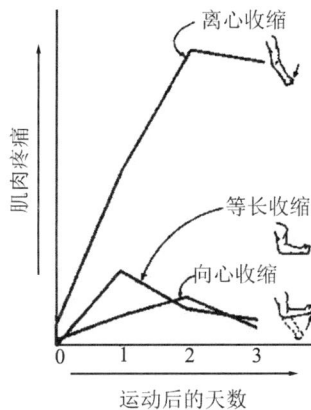

图2-18　离心收缩、等长收缩和向心收缩后的肌肉疼痛比较

(引自王瑞元,2002)

(一)延迟性肌肉酸痛发生部位及症状

DOMS的疼痛部位主要出现在远端肌肉和肌腱连接处:

(1)肌腱周围主要是肌肉痛觉感受器的分布点,当这些肌肉被过分用力地牵拉,痛觉感受器接收刺激,产生痛觉。

(2)远端肌肉和肌腱连接处极易受到损伤,尤其是肌肉用力收缩时。

DOMS的症状主要表现为肌肉僵硬。轻者肌肉僵,活动过程中会减轻;重者肌肉肿胀,剧烈疼痛,触碰肌肉有压痛感。

(二)延迟性肌肉酸痛与肌纤维超微结构改变

骨骼肌在发生延迟性肌肉酸痛的同时,会伴随着肌纤维超微结构发生变化,这种变化在离心运动后更明显。研究表明,运动导致的肌纤维超微结构改变主要表现为肌节缩短,Z带扭曲、增宽、部分或全部消失,M线模糊、扭曲或消失,肌丝排列改变,粗、细肌丝相互位置紊乱,部分肌丝断裂或消失等。

(三)延迟性肌肉酸痛与骨骼肌筋膜结缔组织损伤

研究发现骨骼肌筋膜结缔组织强烈参与了延迟性肌肉酸痛。筋膜的结构特征和感觉能力都可能是运动后不适的原因(见图 2-19)。

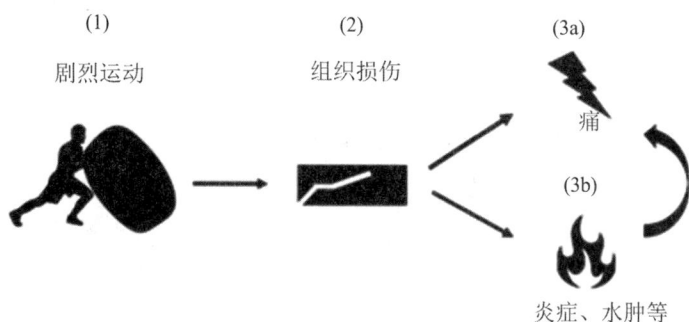

图 2-19　筋膜延迟性肌肉酸痛起源示意图
(引自 Jan Wilke and Michael Behringer,2021)

注:(1)剧烈运动;(2)肌外结缔组织发生形态学损伤;(3)刺激产生疼痛的游离神经末梢(3a),同时,产生局部炎症和水肿等(3b)。

首先,根据解剖学研究,筋膜与骨骼肌有密切的结构关系,因此在过度负荷时筋膜可能会受损。其次,组织学和实验研究表明,筋膜组织有丰富的致痛感受器,其刺激引起比肌肉刺激更强烈的疼痛反应。

(四)延迟性肌肉酸痛的生理机制

1. 肌肉痉挛学说(muscle cramps theory)

肌肉痉挛学说首先由 De Vries(1961)提出。他根据骨骼肌大负荷运动后,肌肉激活程度仍在加强,因而推测运动导致运动肌局部发生痉挛。肌纤维中的微血管因肌纤维痉挛而受到挤压以致局部肌肉缺血,导致 P 物质等酸痛物质积累,这又反过来进一步刺激疼痛神经末梢,反射性地加剧了肌肉痉挛和局部缺血,进而形成恶性循环,最终导致延迟性肌肉酸痛。

2. 机械损伤学说(mechanical damage theory)

早在 1902 年,Hough 提出了"组织撕裂"假说,他认为运动后发生的肌肉酸痛可能是由于肌肉或结缔组织撕裂所致。支持该学说的主要依据有:①离心性运动的氧耗、能耗均少,而损伤、酸痛却较重;②运动后血液中肌红蛋白含量增加;③显微镜下能看到肌纤维受损的事实;④运动后血清中的肌酸激酶(CK)含量明显增加;⑤运动后尿中三甲基组氨酸、羟脯氨酸含量均增加。

根据机械损伤学说,骨骼肌中某些酶如 CK(肌酸激酶)和 LDH(乳酸脱氢酶)等,可因运动导致骨骼肌细胞膜的通透性增大而由细胞内进入血液。血液中这些酶的浓度增加,意味着骨骼肌细胞膜损伤或通透性增加,肌肉存在某种程度的损伤。因此,许多研究者采用与肌肉损伤相关的指标血清 CK 值等来观测 DOMS 的发生和发展。

3. 急性炎症反应学说(acute inflammatory reaction theory)

急性炎症反应学说是由 Smith 和 Cheung 等系统地分析了延迟性肌肉酸痛与肌肉炎症反应(如肿胀、炎症因子浸润)之间的关系之后提出的。该学说的主要论点是:骨骼肌中含多种蛋白水解酶,肌肉损伤后,这些蛋白水解酶降解损伤的脂质和蛋白结构,除了导致缓激肽、组胺、前列腺素在损伤区域堆积外,也诱发单核细胞和中性粒细胞浸润到肌肉损伤部位。同时,骨骼肌血管通透性增加,导致蛋白含量丰富的体液扩散至肌肉内部造成水肿。最终炎症因子、升高的渗透压激活Ⅳ类神经感受器受体,引起肌肉酸痛。

4. 钙离子损伤学说(calcium ion damage theory)

该学说认为,大负荷运动产生的高张力使细胞膜受牵拉,激活 Ca^{++} 通道,Ca^{++} 顺浓度差进入细胞内。另外,细胞膜的损害也可造成 Ca^{++} 内流,运动后肌浆网功能下降,摄钙能力下降也可导致胞质内高钙。肌细胞内异常高钙可通过以下途径对肌纤维造成损伤:①高 Ca^{++} 水平激活了钙依赖性蛋白酶,使肌纤维内结构蛋白质降解;②线粒体为了缓冲肌浆内高钙而摄取了过量的 Ca^{++},抑制了细胞内呼吸和 ATP 生成,使 ATP 的再合成能力降低;③由于 Ca^{++} 是肌肉收缩的启动因子,肌细胞内 Ca^{++} 提高,使肌纤维收缩丧失控制,处于痉挛状态。

5. 其他学说

其他学说包括骨骼肌蛋白质降解学说、代谢失调学说、收缩成分张力学说、肌节增生学说等。这些假说均试图从一个方面阐述 DOMS,但 DOMS 的产生是一个极其复杂的过程,所以有学者提出了一种综合模型来解释 DOMS 现象。但这仍是一种假设,需要进一步地深入研究。

(五)延迟性肌肉酸痛的预防与治疗

1. 延迟性肌肉酸痛的预防

根据延迟性肌肉酸痛产生的机制,在平常情况下,经常训练者和无训练者在进行各种各样的肌肉收缩动作中都可能产生延迟性肌肉酸痛。因此,有以下建议。

(1)无训练者应进行一定的基础测验或者体能评估,根据测验或评估的结果,有针对性地制定适合的运动处方,全程训练时应以循序渐进为原则,不可操之过急。运动前应进行充分的热身活动。

(2)有训练者在运动时要制定出适合自己的科学合理的训练计划和方法,仍要遵循循序渐进原则。运动前同样要进行充分的热身活动。训练的内容要多种多样,可借助各种小工具进行。最后是非常重要的一个环节,即训练结束之后的拉伸及放松练习应严格完成。

2. 延迟性肌肉酸痛的治疗

1）物理治疗

• 冷疗法

冷疗法可降低组织温度、抑制炎症发生、减缓神经传导速度、收缩血管、减少水肿，从而达到止痛的效果。常在急性损伤后的 24～48 h 内使用。冷疗法包括冰敷、冰按摩和冰水疗法。

• 热疗法

热疗法可加速细胞代谢和反射性反应，促进结缔组织恢复和患部血液循环，增加组织的延展性，减轻肌肉痉挛及关节僵硬，改善关节活动范围。热疗法包括热水疗法和超音波疗法两种。热水疗法的水温通常为 38～41 ℃。超音波疗法通过深层热疗仪器，可感应皮下 5 cm 以上的组织温度。

• 经皮神经电刺激疗法

经皮神经电刺激疗法（TENS）主要是运用电极对运动单位进行刺激，使肌肉产生被动收缩。用直流电和感应电，将双极置于肌肉酸痛部位通电 7～10 min。

• 电磁场疗法

Zhang J 等将带有电磁场特性的双层织品 Farabloc 包扎在 DOMS 受试者大腿周围 5 天，测试结果显示：这种疗法可降低血液中丙二醛脱氢酶、肌酸磷酸激酶、肌红蛋白、白细胞和中性白细胞的水平，缓解疼痛，减少肌肉力量下降。

• 按摩疗法

按摩疗法采用揉捏手法，四指并拢，大拇指分开，成钳形，掌心和各指贴近酸痛部位，四指和拇指略微向上用力提，沿与肌肉生长相反的方向作左右或上下旋转式移动。

• 推拿疗法

将专业的推拿手法配合中药进行治疗，可减少与炎症进程有关的损伤。

• 针灸疗法

针灸疗法是中医治疗 DOMS 的手段之一，主要是使肌肉放松和镇痛的。中国传统医学针灸疗法，即选择肌肉的最痛点，斜刺针，留针时不提插旋转，待针感消失时出针。

• 刮痧疗法

相比较于按摩，刮痧疗法手法简单易学，便于操作，见效快。

• 其他方法：理疗、加压疗法、振动疗法、光疗法等。

2）药物治疗

• 服用消炎药物

用消炎药可以减轻肌肉酸痛的症状，比如阿司匹林、氟比洛芬酯等。每日服用 Vc100 mg，持续服用 30 天可减轻肌肉酸痛。

• 服用中药方剂

目前中药涉及治疗延迟性肌肉酸痛的方剂多在"健脾益气，滋阴生津"补益类方剂中，如在补中益气汤、四君子汤、四物汤、芍药甘草汤等基础上加减，佐以活血化瘀、通络止痛类中药。

• 服用营养补剂

适当服用蛋白质类的营养补剂,如支链氨基酸等,以维持肌肉结构,减轻延迟性肌肉酸痛的症状,促进身体机能恢复。

• 植物提取物

植物提取物是指通过物理、化学等方式从植物(植物全部或者某一部分)中提取或加工而成的一类单一或混合的化合物,具有促生长、抗氧化、抗炎、抗病毒和增强免疫等生物学功能,可用于医药行业、食品行业以及其他行业。植物提取物富含多酚、维生素和皂苷等活性成分,具有良好的抗炎和抗氧化的特性,能够抑制氧化应激和炎症反应,从而减轻运动后的肌肉损伤,起到促进机体更快恢复和缓解延迟性肌肉酸痛的作用。

植物提取物干预与物理、药物和单一营养素干预相比,能从 DOMS 的炎症反应和氧化应激过程入手来预防延迟性肌肉酸痛的相关症状。

3)肌内效贴

肌内效贴布(kinesio taping,KT)是一种具有辅助治疗运动损伤的弹性贴布,已被广泛应用于运动医学和康复医学领域。由于 DOMS 发生后,典型的症状是肌肉酸痛、肌力降低,甚至伴随肌肉的肿胀和关节活动度下降。肌内效贴扎可缓解肌肉酸痛,降低肌肉主观疼痛感觉和压痛阈值,对肌力恢复也具有一定的促进作用。运动前贴扎对 DOMS 表现出更好的影响效果。由于肌内效贴布使用方便,贴扎简单,又具有透气、可长时间使用的功能特性,因此,在运动实践中可以考虑将肌内效贴布作为一种辅助手段,以预防和改善 DOMS。

4)适应性训练

有研究认为,离心运动后的一段时间内再次重复相同动作,肌肉可产生明显适应性。肌肉结构、代谢和功能对损害的敏感度显著降低,从一定程度上起到防治 DOMS 的作用。

(六)展望

目前,对 DOMS 发生机制的研究多停留在外周机制,对中枢机制研究较少。所以,DOMS 发生的中枢机制尚需进一步深入研究。DOMS 是一个多因素作用的复杂结果,对其研究应加强国际合作,密切结合当代神经解剖学、分子生物学、运动人体科学的最新成果,努力在分子水平的更深领域解释其机制。DOMS 是一个多因素、多环节综合作用的结果,针对各单个因素的防治措施很难取得非常满意的疗效。在 DOMS 的治疗方法上,心理因素的调节值得重视,中医药治疗在防治 DOMS 方面有其独到的地方,多种手段的联合应用将会成为一种新的趋势。

第七节　肌　电　图

一、肌电图的引导与记录

骨骼肌在兴奋时,会由于肌纤维动作电位的传导和扩布,而发生电位变化,这种电位变化称为肌电。用适当的方法将骨骼肌兴奋时发生的电位变化引导、记录所得到的图形,称为肌电图(electromyogram,EMG)。

骨骼肌收缩时的肌电活动通过电极引导、生物放大器放大、显示器显示、计算机数据采集等过程,转变成为可通过计算机进行计算、处理的数据,然后用适当的计算机软件进行分析处理,为医学诊断和科学研究提供可靠的依据。

采集肌电信号的电极有两种:一种是针电极;另一种是表面电极。用针电极采集肌电时需要将电极插入受试者的肌肉内,因此会造成一定程度的损伤,而且不能用于体育科学研究中。用针电极所引导记录的肌电图是运动单位电位,其波形可分为单相波、双相波、三相波和多相波(见图2-20)。

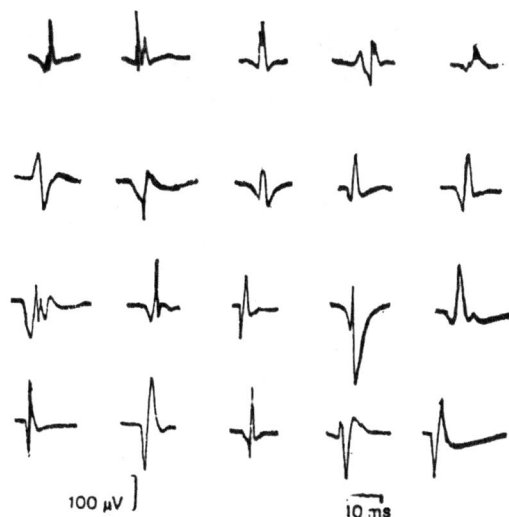

图 2-20　轻度用力时用针电极从 20 个不同部位记录到的
正常人肱二头肌的运动单位电位

在体育科学研究中一般用表面电极采集肌电信号。在记录时将电极贴于皮肤表面即可,不会造成损伤。用表面电极引导记录的肌电图往往是许多运动单位电位叠加而成干扰相肌电图(见图2-21)。

二、肌电分析在体育科研中的应用

(一)利用肌电图测定神经的传导速度

如果在神经通路的两个或两个以上的点上,给予电流刺激,从该神经所支配的肌肉上记录诱发电位。然后根据下列公式计算出神经的传导速度。

$$V = S/t$$

式中:V 为神经传导速度,单位为 m/s;

　　t 为两刺激点从刺激开始到肌肉开始收缩的时间差,单位为 s;

　　S 为两刺激点之间的距离,单位为 m。

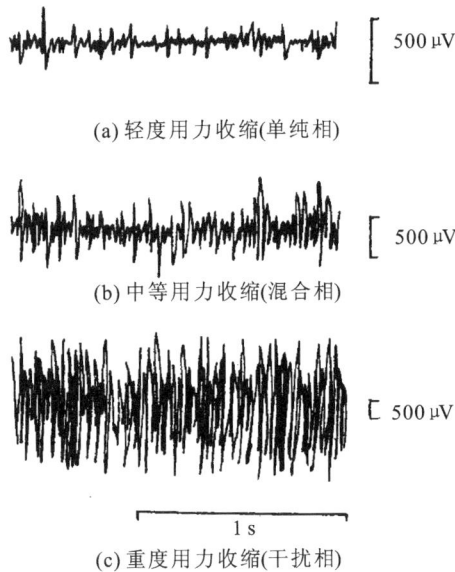

(a) 轻度用力收缩(单纯相)

(b) 中等用力收缩(混合相)

(c) 重度用力收缩(干扰相)

图 2-21　不同程度收缩时骨骼肌肌电图(表面电极引导)

(二)利用肌电研究肌肉疲劳

肌肉疲劳时其肌电活动也会发生变化,因此可以用肌电来研究肌肉疲劳的发生及机制。在肌电研究过程中,反应肌电幅值的指标有积分肌电(IEMG)和均方根振幅(RMS);反应肌电的频率特性的指标有平均功率频率(MPF)和中心频率(FC)。

在研究肌肉持续工作至疲劳过程中发现,随着疲劳程度的加深,IEMG 逐渐加大,频谱左移,即平均功率频率降低。高强及尹吟青(1987)关于武术"虚步"过程中股直肌、股外肌表面肌电图振幅及频率的研究发现,随着时间延长股直肌与股外肌的 IEMG 均出现增加,肌电图功率谱向低频转移,MPF 减少,而且股直肌 IEMG 较股外肌增加更为明显,MPF 的变化及功率谱向低频转移方面股外肌明显大于股直肌(见图 2-22)。

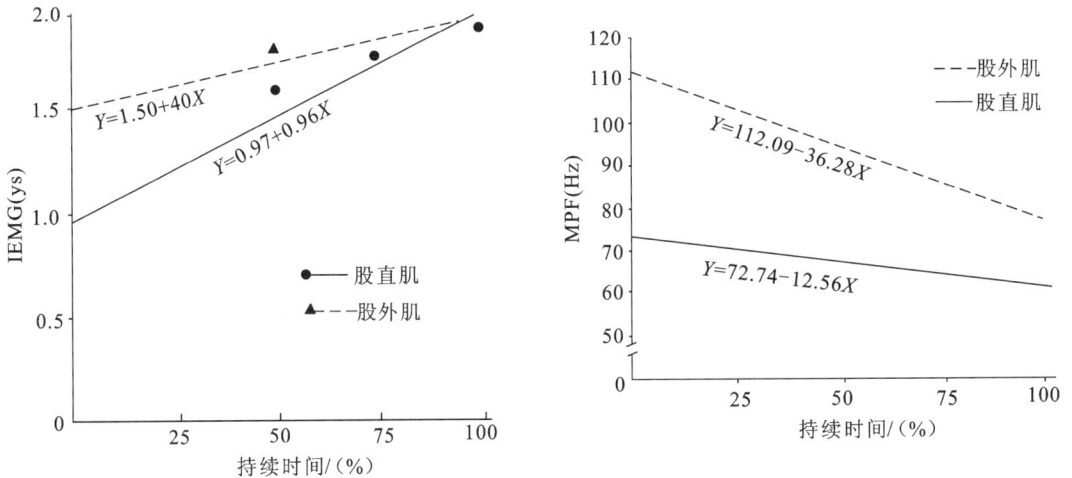

图 2-22　不同持续时间股直肌、股外肌 IEMG、MPF 变化

(三)利用肌电评价肌力

国内外许多学者研究显示,肌力大小与肌电振幅(IEMG 或 RMS)呈明显的线性关系。Komi(1973)让受试者以 4.5 cm/s 的速度作匀速的屈肘运动。肌肉的收缩形式分别为向心收缩和离心收缩。不论是疲劳前还是疲劳后,肱桡肌在工作中的 IEMG 都随着肌张力的加大而增高,并存在线性关系(见图 2-23)。

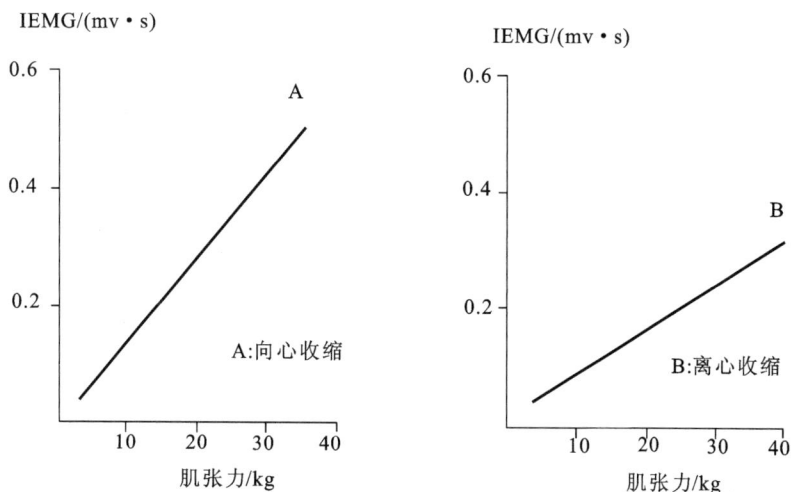

图 2-23 在匀速屈肘运动中肌张力与 IEMG 的关系

(引自 Komi,1973)

但有的研究结果显示肌力与肌电振幅呈曲线关系或仅在其中某些段落呈线性关系。如 Chaffin(1980)等人发现当肌肉用 40%MVC 以下强度收缩时,肌力与肌电呈线性关系。60%MVC 以上强度时,肌力与肌电也呈线性关系。但此时的直线斜率较大。而肌力在 40%～60%MVC 时,肌力与肌电之间的线性关系往往就不存在了。这可能因为,在 40% MVC 以下强度时,肌电的变化反应慢肌运动单位的电活动。60%MVC 以上的强度时,肌电的变化反应快肌运动单位的电活动。40%～60%MVC 之间的强度,可能两种运动单位都参与活动,肌力与肌电之间的线性关系就不存在了(见图 2-24)。

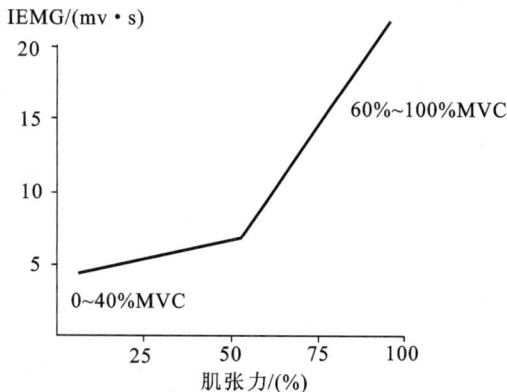

图 2-24 肌肉与肌电的线性关系

(四)利用肌电进行动作分析

在运动过程中可用多导肌电记录仪将肌电记录下来。然后,根据运动中每块肌肉的放电顺序和肌电幅度,结合高速摄像等技术,对运动员的动作进行分析诊断。

(五)利用肌电分析肌纤维类型

不同类型的肌纤维在疲劳时的肌电图特征也不同。慢肌纤维百分数较高的受试者(STarea%>59),在各种负荷(30%MVC/50%MVC 及 79%MVC)至疲劳的工作中,MPF下降斜率比慢肌纤百分数较低的受试者(STarea%<49)要低,当负荷增加时会更明显。

王楠(1985)利用肌电图某些参数对肌骼肌纤维类型进行无损伤测定的研究中得出一个三元回归方程,并在实践中得到了应用。

$$Y=5.895+35.533\ 8X_1+18.207\ 5X_2-6.407\ 34X_3$$

式中:X_1 表示相对最大随意力量;

X_2 表示肌电图平均功率频率下降百分数;

X_3 表示积分肌电图上升斜率。

【知识拓展】

肌 肉 因 子

骨骼肌作为动力器官具有强大的分泌功能。人们将骨骼肌表达、合成和释放的一系列蛋白质或多肽类生物信号分子称为肌肉因子(myokine)。对人类骨骼肌分泌组进行详细的蛋白质组学分析,结合经严谨的计算方法得到的数据筛选,发现肌肉因子有 300 多种。其中一些因子的作用类似于激素,以内分泌形式对骨骼肌、脂肪组织、肝脏或血管内皮细胞等其他远端器官发挥生物学作用。其他未释放到循环系统中的因子则可以通过自分泌或旁分泌机制发挥作用,对肌肉自身的信号转导途径产生重要影响。

研究表明,骨骼肌会在运动时产生肌肉因子,参与肌肉本身及与其他器官(包括大脑、脂肪组织、骨骼、肝脏、肠道、胰腺、血管床、皮肤等)之间的交互对话。已确定的肌肉因子的生物学作用包括对认知、脂质和葡萄糖代谢、白色脂肪的褐变、骨形成、内皮细胞功能、肌肉肥大、皮肤结构和肿瘤生长都有影响(见图 2-25)。

虽然其他组织也会产生一些肌肉因子,但大量的肌肉因子已被鉴定出来,每种肌肉因子的产生似乎与特定类型的肌纤维和不同的体育运动方式有关。

一、主要肌肉因子对运动的反应与适应

1. Irisin(鸢尾素)

2012 年 Böstrom 等人发现了一种新的细胞因子:通常在运动后分泌的 Irisin。Irisin 是一种运动诱导的肌肉因子,由 PGC1-α 激活的纤维连接蛋白Ⅲ型结构域蛋白 5 (fibronectin type Ⅲ domain-containing protein 5,FNDC5)的蛋白水解产物。Irisin 由 112 个氨基酸肽

组成,预测分子量为 12 kDa,在人和小鼠之间具有高度的同源性。除了骨骼肌,Irisin 也在脂肪组织中产生。

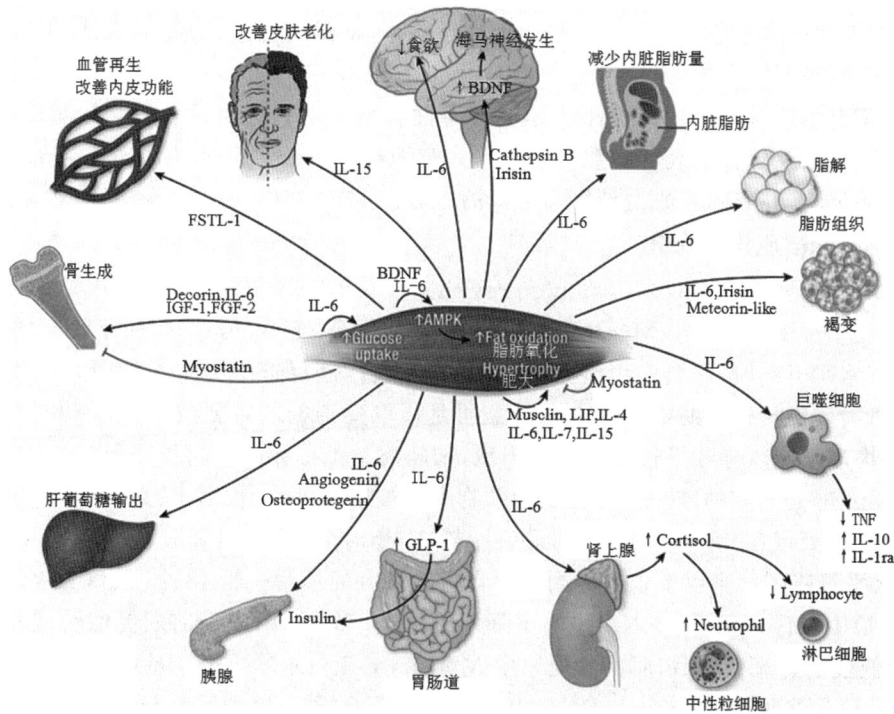

图 2-25 部分肌肉因子参与肌肉本身及与其他器官的交互对话(Cross-talk)

(引自 Severinsen and Pedersen,2020)

注:Cathepsin B 和 Irisin 穿过血脑屏障,刺激 BDNF(brain-derived neurotrophic factor)的产生和海马神经发生。IL-6 刺激食欲和脂肪分解,减少内脏脂肪量。Irisin、Meteorin-like 和 IL-6 在白色脂肪组织的褐变中起作用。IL-15 改善皮肤老化。Decorin、IL-6、IGF-1(insulin-like growth factor 1)和 FGF-2 正向调控骨生成。Myostatin 负向调控骨形成。Musclin、LIF(leukemia inhibitory factor)、IL-4、IL-6、IL-7 和 IL-15 促进肌肉肥大。Myostatin 抑制肌肉肥大。BDNF 和 IL-6 参与 AMPK(AMP-activated protein kinase)介导的脂肪氧化。IL-6 增强胰岛素刺激的葡萄糖摄取和刺激肝脏的葡萄糖输出,但只在运动期间。IL-6 通过诱导肠道 L 细胞来诱导 GLP-1(glucagon-like peptide 1)的表达增加胰岛素分泌。IL-6 具有抗炎作用,因为它抑制 TNF(tumor necrosis factor)的产生,促进 IL-1ra(IL-1 receptor antagonist)和 IL-10 的产生。IL-6 刺激皮质醇的产生,从而诱导中性粒细胞增多和淋巴细胞减少。FSTL-1(follistatin-related protein 1)可改善缺血性血管内皮功能和血管再生。

Irisin 是一种有效的刺激剂,促进白色脂肪组织转化为米色脂肪组织,并通过增加 UCP-1(uncoupling protein-1,UCP-1)的表达促进产热。此外,它还通过刺激脂肪细胞的基础脂解发挥抗肥胖作用。因此,Irisin 诱导脂肪细胞褐变可以抑制脂肪生成和胆固醇合成,进而优化脂质氧化和脂质稳态。

Irisin 似乎可以增加胰岛素敏感性,促进胰岛素依赖组织中葡萄糖转运体的动员,并改善代谢综合征和心血管疾病。研究指出,Irisin 水平与冠状动脉粥样硬化负担之间有负相关性,证明其对心脏的保护作用。

最近的研究已经证明了 Irisin 的抗炎特性,表明它可以通过 TLR4/ myd88 介导的 NF-κB 和 NLRP3 炎症小体通路抑制多种细胞的炎症反应,包括脂肪细胞、巨噬细胞、肝细胞、胰腺 β 细胞和内皮细胞。

尽管仍有争议,但普遍认为 Irisin 水平在急性有氧运动和抗阻运动后会短暂增加,这可能有助于减肥。关于长期运动的数据没有那么全面,一项 meta 分析描述了 Irisin 水平随着抗阻训练而下降,并有随着耐力训练而下降的趋势。

2. Myostatin(肌肉抑制素)

Myostatin 是 TGF-β(transforming growth factor-β,TGF-β)蛋白家族中高度保守的成员,主要表达于骨骼肌中。Myostatin 是肌肉分泌因子,已知可以加速骨骼肌萎缩。当 Myostatin 水平升高时,它会产生负面影响,因为它会抑制促进组织生长的因素或刺激降解机制,是肌肉质量损失的助推器。由于骨骼肌是摄取葡萄糖的主要器官,这种由 Myostatin 介导的肌肉质量减少导致了代谢紊乱的出现,如胰岛素抵抗和肝脏脂肪堆积。

Myostatin 是已知的唯一一种在啮齿动物和人类中因急性、长期耐力和抗阻运动而下调的肌肉因子。大鼠在 5 天游泳训练的最后一轮 24 小时后,腓肠肌和股外侧肌中 Myostatin mRNA 水平下降了一半以上;在 12 周功率自行车训练的最后一轮 48 小时后,老年妇女的股外侧肌活检中,Myostatin mRNA 水平下降了约一半。此外,糖尿病前期男性受试者在进行 6 个月的低强度有氧训练后,肌肉和血浆中 Myostatin 蛋白水平下降。抗阻运动像耐力运动一样,能导致骨骼肌 Myostatin mRNA 表达显著下降,这种下降似乎是长期和急性抗阻训练的标志。

运动会降低 Myostatin 的表达,Myostatin 的抑制可能是治疗肌肉质量损失的靶点,如萎缩、骨骼肌减少症和肿瘤等。

3. IL-6(白细胞介素-6)

IL-6 是一种约 24 kDa 的细胞因子,属于 gp130 细胞因子超家族。IL-6 通常被认为是由各种组织产生的促炎细胞因子,如肌因子、脂肪因子和肝因子。IL-6 通过调节脂肪组织中的脂肪分解和肝脏葡萄糖生成,以及骨骼肌中的底物摄取和利用,在急性运动中主要扮演代谢协调者的角色。

在肥胖中,循环中的 IL-6 水平升高,并与低级别炎症和代谢失调相关。IL-6 也是运动后骨骼肌释放的最重要、最丰富的肌肉因子之一,已被证明具有抗肥胖和抗炎功能。在急性运动中,IL-6 驱动的脂质分解可能导致耐力训练后身体成分的改善。如,12 周高强度耐力训练后,内脏和心外膜脂肪组织的减少依赖于完整的 IL-6 信号,至少在肥胖和以前久坐的人群中是这样。又如,IL-6 缺乏会增加脂肪和皮下脂肪组织质量,而这种增加可以通过补充 IL-6 部分逆转。此外,当 IL-6 信号被阻断时,运动诱导的内脏脂肪组织质量降低在肥胖患者中被消除,这表明运动介导的内脏脂肪组织质量降低需要 IL-6。体外和体内的研究都表明,IL-6 通过激活 AMPK(AMP-activated protein kinase,AMPK)刺激脂肪细胞的脂肪分解和脂肪酸氧化。

IL-6 因其在剧烈运动和运动训练中的抗炎作用而进一步为人所知。急性运动影响主要是由于 IL-6 引发的细胞因子 IL-1 受体拮抗剂和 IL-10 的产生,与其他运动诱导因素一起,创造了一种抗炎的系统环境。

IL-6 可能进一步参与耐力训练诱导的心脏重塑,因为训练相关的左心室肥厚需要完整的 IL-6 信号。

需要注意的是:在 IL-6R 阻断研究中,还不清楚长期适应是否实际上是由于肌肉分泌的 IL-6,因为其他器官可能在运动过程中促进全身增加。此外,没有证据表明在耐力训练的肌肉中,IL-6 持续或增强地产生和释放,这意味着如果长期影响是由肌肉 IL-6 介导的,它们可能是反复的急性升高和相关信号传导的结果。事实上,急性运动引起的全身性 IL-6 水平和肌肉 IL-6 mRNA 的升高通过训练而降低,尽管可能会被训练肌肉中 IL-6R 的增强所抵消。

4. IL-15(白细胞介素-15)

IL-15 是骨骼肌在运动时产生的,通过自分泌的方式活动。IL-15 具有抗炎特性,主要通过抑制 TNF-α 的表达,TNF-α 在氧化应激中发挥作用。它还通过刺激葡萄糖转运体 4(GLUT 4)的动员,阻止肌肉质量的减少,增加骨骼肌对葡萄糖的摄取,导致肌肉肥厚。此外,它有助于在不减少皮下脂肪的情况下减少内脏脂肪组织,表现为肌肉—脂肪交互影响。

大多数针对健康和肥胖成年人的研究都发现,在剧烈的有氧运动(例如,以 55%~75% 的年龄预测最大心率跑步或骑自行车 30~120 分钟)后,循环中的 IL-15 会立即增加。尽管运动后血液循环没有明显增加,但骨骼肌活检中 IL-15 浓度明显增加。

5. BDNF(brain-derived neurotrophic factor)

脑源性神经营养因子(BDNF)通过原肌球蛋白受体激酶 B(tropomyosin receptor kinase B,TrkB)和 p75NTR 传递信号,是神经营养因子(neurotrophin,NT)家族的成员,是一类调节神经元细胞生存、生长和功能的分泌因子,并在记忆和学习中发挥基本作用。此外,当它由肌肉释放时,与调节糖脂代谢、增加胰岛素敏感性有关。

在运动过程中骨骼肌会诱导 BDNF 转录和翻译,而且 BDNF 蛋白似乎会被分泌,但数量相对较少,因此,肌源性 BDNF 被认为主要参与自分泌和旁分泌信号传导。例如,通过 AMPK 活化促进肌纤维脂肪氧化,并调节肌肉发育和再生。

研究表明,运动刺激肌肉因子的释放,如组织蛋白酶 B 和 Irisin,它们反过来穿过血脑屏障,诱导大脑分泌 BDNF。

尽管 BDNF 诱导似乎是耐力运动的一种生理反应,但 BDNF 基因的肌肉特异性缺失增加了跑步成绩,至少部分原因是与肌球蛋白重链(MyHC)-II$_b$ 到 MyHC-II$_x$ 肌纤维转变相关的神经肌肉接头(NMJ)重塑。然而,BDNF 诱导(或抑制)在训练诱导的肌纤维重塑或其通过自分泌和旁分泌分别支配运动神经元中的作用仍有待研究。

许多慢性疾病包括 T2D 和心血管疾病,以及认知功能受损、痴呆和抑郁症等神经系统疾病都与较低的循环 BDNF 水平有关,而这些疾病都可以通过运动干预来缓解。

6. METRNL(meteorin-like protein)

在骨骼肌中,通过激活 PGC-1α4 亚型,METRNL 上调。研究表明,METRNL 能诱导白色脂肪组织中 PPARγ 活性,从而增加前脂肪细胞分化和胰岛素敏感性。研究发现,

METRNL 可以通过激活 AMPK 和 PPARδ,促进 M2 Mφ 极化,增强骨骼肌的氧化代谢和白色脂肪组织褐变,刺激脂肪酸氧化,抑制自由脂肪酸诱导的炎症和改善典型的胰岛素抵抗导致的肥胖。

研究发现,健康年轻成年男性在进行一次急性联合抗阻和耐力运动 1～4 小时后,METRNL 基因表达增加。健康年轻男子在标准化高强度间歇训练(HIIT)20 天后,进行一次 HIIT(5 × 4 分钟,80%训练前峰值功率输出),恢复 3 小时后的骨骼肌活检中 METRNL mRNA 在训练前、后的表达都上调。

在抗阻运动后,METRNL 受到正向调控,对不同组织的代谢起到一系列有益的作用。

二、展望

虽然现在已经确认了数百种肌肉因子,但是我们对于其中很多因子的功能及其对周围组织器官的调节作用仍不够清楚。许多疾病与缺乏体育活动相关,包括 2 型糖尿病、心血管疾病、癌症、痴呆和骨质疏松。在某种程度上,缺乏运动的有害影响可能是由肌肉因子释放的缺乏和(或)对肌肉因子影响的抵抗所介导的。某些肌肉因子的生物识别已经成为有用的生物标志物,用于监测运动的量、强度和方式。鉴于肌肉因子在调节与运动相关的代谢过程中的作用,开发特定的运动方案或从肌肉因子衍生的化合物模拟运动的效果,探索通过运动预防和治疗一些疾病的研究领域。

【思考题】

1. 试述骨骼肌的特性。
2. 骨骼肌有几种收缩形式?说明肌肉收缩形式对体育实践的意义。
3. 试分析长度-张力关系曲线的生理机制及其在运动实践中的作用。
4. 试分析张力-速度关系的生理机制及其在运动实践中的意义。
5. 举例说明两类运动单位有序募集原则在运动实践中的意义。
6. 骨骼肌肌纤维的类型是如何划分的?不同类型肌纤维的形态学、生理学和代谢特征是什么?
7. 从事不同项目运动员的肌纤维类型的组成有什么特点?
8. 运动时不同类型肌纤维是如何被动员的?
9. 运动训练对肌纤维类型组成有什么影响?
10. 试述肌电分析在体育科研中的意义。

第三章　能量代谢与运动

第一节　能　量　代　谢

人体生命活动的最基本特征是新陈代谢,包括物质代谢与能量代谢。通常把机体内物质代谢过程中所伴随的能量释放、转移和利用,称为能量代谢(energy metabolism)。单位时间内所消耗的能量称为能量代谢率。

一、能量的来源和去路

(一)能量的来源

人体一切生命活动所需的能量,主要来源于体内糖、脂肪和蛋白质的氧化分解,这三类营养物质中蕴藏着能被机体利用的化学能,它们是人体活动的能源物质。

1.糖

人体所需能量的70％以上是由食物中的糖类物质提供的,它的消化分解产物葡萄糖被吸收入血液后,一部分直接被组织细胞利用,多余的部分,在肝或肌肉等组织的细胞中合成为糖原或在脂肪组织中转变为脂肪,作为能源物质贮备。

血液中的葡萄糖为血糖。成人早晨空腹时测得的血糖浓度为 $80 \sim 120$ mg％。在正常情况下,由于神经和体液因素的调节,血糖的利用和补充保持着动态平衡,血糖浓度得以保持在相对稳定的水平。但是,如因饥饿而缺乏能源供给,或持续时间过久的劳动和剧烈运动,能量消耗过大,未及时补充能量物质,会降低血糖。当血糖浓度低于 $60 \sim 70$ mg％时,可出现头晕、心悸、出冷汗等反应的低血糖症,低于 45 mg％时,将严重影响脑组织的功能活动,而发生惊厥或昏迷。

人体各种组织中大多含有糖原,但其含量的差异很大。例如,脑组织中糖原含量甚少,而肝脏和肌肉中以糖原方式贮存的糖类有 $350 \sim 400$ g,运动员糖原储量可达 $400 \sim 550$ g。肌糖原储存在肌细胞的胞浆内,机体需要时可分解供能。肝糖原在机体需要时,则先分解成葡萄糖,然后随血液循环到活动组织内进行代谢。糖在体内可以无氧酵解和有氧氧化方式分解供能。

2.脂肪

人体脂肪的贮存占体重的 $10％ \sim 20％$。一般认为,最适宜的体脂含量,男性为体重的$6％ \sim 14％$,女性为 $10％ \sim 14％$。但若男性体脂＞20％,女性＞30％则属肥胖。除食物脂肪是体脂来源外,人体还能将非脂肪类物质转变为脂肪,即利用糖类和氨基酸等作为原料,在脂肪组织中经过转变而合成为脂肪。

脂肪的主要功能是储存和供给能量。脂肪的水解产物——脂肪酸和甘油分别在酶的作用下分解,最后氧化分解为 CO_2 和 H_2O,同时释放大量能量。膳食中的脂肪除供给能量以外,还提供人体必需的脂肪酸,并能携带脂溶性维生素。

体脂除主要作为供能物质外,还具有缓冲机械冲击、保护和固定内脏器官的作用,以及防止体热过多散失的保温作用等。

3. 蛋白质

蛋白质的主要功能是构成人体细胞的重要组成成分,氨基酸用于合成酶、激素等生物活性物质,为机体供能则是它的次要功能。在某些特殊情况下,如长期不能进食或消耗量极大时,体内的糖原和贮存的脂肪大量消耗,能量极度缺乏时,机体才开始分解蛋白质,以维持必需的生理活动。体内过剩的氨基酸可以转变成为脂肪。

(二)能量的释放、转移和利用

体内的糖、脂肪或蛋白质在氧化分解过程中,生成代谢终产物 H_2O、CO_2 和尿素等,同时释放出蕴藏的化学能,其中有 50% 以上直接转变为热能,维持体温;其余不足 50% 的化学能是用于做功的"自由能"。"自由能"被二磷酸腺苷(ADP)获取,用于合成三磷酸腺苷(ATP),能量被转移到了 ATP 的高能磷酸键上。ATP 是机体的贮能形式和各种生理活动的直接供能形式,ATP 分解时释放的能量,可用于离子泵跨细胞膜转运离子;用于神经纤维传导兴奋;合成各种组织物质;使肌肉发生收缩运动,以完成人们的日常工作、学习、劳动等(见图 3-1)。由于 ATP 有直接促进或改善组织代谢的作用,临床上常把 ATP 作为治疗昏迷、休克、脑血管疾病、心肌炎等疾病的急救辅助药物。

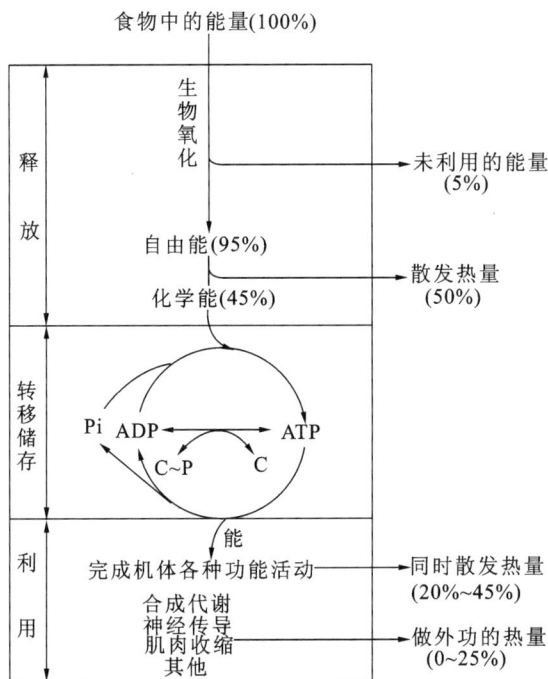

图 3-1　机体能量释放、转移和利用过程示意图

二、能量代谢的测定

根据能量守恒定律,能量由一种形式转化为另一种形式的过程中,既不能增加,也不能减少,这是所有形式的能量相互转化的一般规律。因此,不考虑用于肌肉做功的部分能量,就可通过测定产热量来测定能量代谢。

能量代谢的测定通常有直接测定和间接测定两种方式。直接测热法是测定整个机体在单位时间内向外界环境发散的总热量。但直接测热设备复杂,操作烦琐,使用不便,因而极少应用。一般都采用间接测热法。

间接测热法的基本原理是,按照一般化学反应中,反应物的量与产物的量之间呈一定的比例关系,即定比定律。维持机体各种生理机能所需的能量来源于营养物质的氧化分解,而机体在氧化分解不同营养物质时所消耗的氧气量与产生的二氧化碳量及释放出的热量之间呈一定的比例关系。因此,只要测定人体在一定时间内的耗氧量和二氧化碳的产生量,即可推算出整个机体的能量代谢率。

(一)食物热价(thermal equivalent of food)

1 g 食物完全氧化分解所释放出的热量称为食物热价。食物的热价分为物理热价和生物热价。糖和脂肪的物理热价与生物热价相等,而蛋白质的生物热价小于其物理热价(见表3-1),这是由于蛋白质在体内不能完全被氧化。

表 3-1　三种能源物质氧化时的比较表

能源物质	物理热价 /(kJ/g)	生物热价 /(kJ/g)	耗氧量 /(L/g)	二氧化碳产量 /(L/g)	氧热价 /(kJ/L)	呼吸商 /(RQ)
糖	17.15	17.15	0.83	0.83	20.66	1.00
蛋白质	23.43	17.99	0.95	0.76	18.93	0.80
脂肪	39.75	39.75	2.03	1.43	19.58	0.71

注:1 千卡(kcal)=4.18 千焦耳(kJ)。

(二)氧热价(thermal equivalent of oxygen)

各种能源物质在体内氧化分解时,每消耗一升氧所产生的热量称为该物质的氧热价。利用氧热价计算产热量的公式为:某种食物的产热量=该食物的氧热价×该食物的消耗氧量。三种营养物质的氧热价见表3-1。

(三)呼吸商(respiratory quotient,RQ)

各种物质在体内氧化时所产生的二氧化碳与所消耗的氧的容积之比称为呼吸商。糖、脂肪、蛋白质氧化时,其二氧化碳产量与耗氧量各不相同,呼吸商也不一样。葡萄糖在氧化时消耗的氧与产生的二氧化碳分子数相等,故呼吸商为1。脂肪氧化时需要消耗更多的氧,其呼吸商小于1,约为0.71。由于蛋白质在体内不能完全氧化,呼吸商约为0.80。一般情况下,人类摄取的食物为混合食物,其呼吸商约为0.85。

由于蛋白质在体内很少用于氧化供能,而且氧化不完全,通常每 6.25 g 蛋白质分解,产生 1 g 尿氮由尿液排出体外。因此在计算能量代谢时,就需要由非蛋白呼吸商来估计糖和脂肪的氧化比例,由非蛋白呼吸商与氧热价的关系来计算产热量。非蛋白呼吸商(non-protein respiratory quotient,NPRQ)是指糖和脂肪在氧化时,CO_2 产生量与耗 O_2 量之间的比值。非蛋白呼吸商与氧热价的关系见表 3-2。

表 3-2　非蛋白质呼吸商和氧热价的关系

非蛋白呼吸商	氧化的百分比/(%)		氧　热　价	
	糖	脂肪	kJ/L	kcal/L
0.70	0.00	100.0	19.620	4.686
0.71	1.10	98.9	19.637	4.690
0.72	4.75	95.2	19.687	4.702
0.73	8.40	91.6	19.738	4.714
0.74	12.0	88.0	19.792	4.727
0.75	15.0	84.6	19.842	4.739
0.76	19.2	80.8	19.892	4.751
0.77	22.8	77.2	19.947	4.764
0.78	26.3	73.7	19.997	4.776
0.79	29.9	70.1	20.047	4.788
0.80	33.4	66.6	20.102	4.801
0.81	36.9	63.1	20.152	4.813
0.82	40.3	59.7	20.202	4.825
0.83	43.8	56.2	20.257	4.838
0.84	47.2	52.8	20.307	4.850
0.85	50.7	49.3	20.357	4.862
0.86	54.1	45.9	20.412	4.875
0.87	57.5	42.5	20.462	4.887
0.88	60.8	39.2	20.512	4.899
0.89	64.2	35.8	20.562	4.911
0.90	67.5	32.5	20.617	4.924
0.91	70.8	29.2	20.667	4.936
0.92	74.1	25.9	20.717	4.948
0.93	77.4	22.6	20.772	4.961
0.94	80.7	19.3	20.822	4.973
0.95	84.0	16.0	20.872	4.985
0.96	87.2	12.8	20.927	4.998
0.97	90.4	9.58	20.997	5.010
0.98	93.6	6.37	21.027	5.022
0.99	96.8	3.18	21.082	5.035
1.00	100.0	0.00	21.132	5.047

(引自 Eston et al.,1996)

(四)代谢当量

运动时的耗氧量与安静时耗氧量的比值称为代谢当量(MET)。1MET 约相当于安静时的能量消耗(耗氧量),即约相当于 250 mL/min 或 3.5 mL/kg/min。由于该指标是以安静时机体的耗氧量为基础的,可以使不同运动方式的运动强度得以互相比较,因此,可以用于评价机体运动时的相对能量代谢水平,在运动处方的制定中具有实际应用价值。

(五)运动时能量消耗的计算

运动时的能耗量是指某项运动中,减去同一时间内安静状态的能耗量后,所净余的用于该项目的能耗量。在实际计算中,必须同时考虑到不同强度运动中产生的氧亏,以及恢复期中用于偿还这部分氧亏的过量氧耗。

计算的具体步骤如下:①测定安静、运动及恢复期的氧耗和 CO_2 产量;②求出各阶段呼吸商;③根据呼吸商,查出氧热价对照表;④以该氧热价乘以所计算时间段内机体的总耗氧量,再减去同一时间安静状态的能耗,即为该运动阶段的净能量消耗。

计算举例:某受试者完成 5 min 定量负荷运动(自行车功率计),其测试程序及结果见表3-3,计算该运动中机体的净总能耗量。

表 3-3 受试者定量负荷运动测试结果

运动时间	内 容	耗氧量/L	CO_2 产量/L
8:00—8:05	安静(坐在车上)	1.5	1.275
8:05—8:10	蹬车(定量负荷)	16.5	14.851
8:10—8:40	恢复(坐在车上)	14.0	12.320

5 min 安静时的呼吸商=1.275÷1.5=0.85   0.85$_{RQ}$→4.862

5 min 安静时的能量消耗=1.5×4.862=7.293 kcal

5 min 运动时呼吸商=14.851÷16.5=0.9   0.9$_{RQ}$→4.924

5 min 运动时的净能耗量=运动时总能量消耗—相同时间安静状态下的能量消耗

=16.5×4.924—(1.5×4.862)=73.953 kcal

30 min 恢复期时的呼吸商=12.32÷14.0=0.88   0.88$_{RQ}$→4.899

30 min 安静状态的能量消耗=7.293÷5×30=43.758 kcal

30 min 恢复期净能量消耗=14×4.899—43.758=24.828 kcal

运动总净能量消耗=运动时净能量消耗+恢复期的净能量消耗

=73.953+24.828

=98.781 kcal

三、基础代谢(basal metabolism)

基础代谢指人体在清醒、安静、空腹、室温在 $20\sim25℃$ 条件下的能量代谢。基础代谢率(BMR)是指单位时间内的基础代谢,即在基础状态下,单位时间内的能量代谢。在基础状态下,各种生理活动都维持在比较低的水平,代谢率比较稳定。基础代谢率以每小时每平方米体表面积的产热量表示,其单位是 $kJ/m^2 \cdot h$。我国正常人基础代谢率的平均值如表 3-4 所示。

表 3-4 我国正常人基础代谢率的平均值 单位:$kJ/(m^2 \cdot h)$

年 龄/岁	11~15	16~17	18~19	20~30	31~40	41~50	51 以上
男 性	195.5	193.4	166.2	157.8	158.7	154.1	149.1
女 性	172.5	181.7	154.1	146.5	146.4	142.4	138.6

无论身材高大或瘦小的人,其每平方米体表面积的产热量都比较接近,除以体表面积后,在不同个体之间可以进行能量代谢率的比较,能区别出不同个体的能量代谢是否正常。体表面积的计算公式如下:体表面积(m^2)=0.006 1×身长(cm)+0.012 8×体重(kg)−0.152 9。基础代谢率受年龄、性别等因素影响,产生生理波动。一般男性高于女性;幼年高于成人;老年低于成人。20 岁以后,平均每增加 10 岁,基础代谢率降低 3%。另外,基础代谢受人体体温的影响,体温每升高 1 ℃,基础代谢率升高 13%。基础代谢率的测定值与正常值相差在 ±(10%~15%)之内,均属正常。相差超过 20% 属病理情况。过度训练状态下,运动员基础代谢率会升高。

四、影响能量代谢的因素

(一)肌肉活动

肌肉活动对能量代谢的影响最为显著。任何轻微的活动均可提高代谢率。肌肉活动时需要补充能量的多少、耗 O_2 量的大小与肌肉活动的强度成正比关系。轻微活动时,机体耗 O_2 量比安静状态时增加 25%~60%;剧烈运动时,耗 O_2 量可达到安静状态的 10~20 倍,而且在肌肉剧烈活动停止后的一段时间内能量代谢仍然维持在较高水平上。

(二)情绪影响

人在平静地思考问题时,能量代谢所受的影响并不大,产热量略有增加,一般不超过 4%。但在精神紧张如激动、愤怒、恐惧、焦虑时,产热量显著增加。这可能是精神状态变化时,肌紧张增强,交感神经-肾上腺髓质系统兴奋,刺激代谢的激素分泌增多等,使能量代谢增强所致。

(三)食物的特殊动力作用(specific dynamic effect)

安静状态下摄入食物后,人体释放的热量比食物本身氧化后所产生的热量要多。例如,摄入能产生 100 kJ 热量的蛋白质后,人体实际产热量为 130 kJ,额外多产生了 30 kJ 热量。说明机体额外增加了 30% 的产热量。食物能使机体产生"额外"热量的现象称为食物的特殊动力作用。糖类或脂肪的食物特殊动力作用为其产热量的 4%~6%,而混合食物可使产热量增加 10%。额外增加的热量不能用于做功,只能用于维持体温。

(四)环境温度

人体安静时的能量代谢在 20~30 ℃环境中最稳定。实验证明,当环境温度低于 20 ℃

时,代谢率开始增加;低于 10 ℃时,代谢率显著增加。这主要是由于寒冷刺激反射地引起寒战及肌肉紧张增强所致。当环境温度超过 30 ℃时,人体内的生物化学反应速度加快,人体的呼吸功能、循环功能加强等使能量代谢增强。

第二节　人体运动时的能量供应

人体的生命过程是一个消耗能量的过程,人体活动的直接能量来源于 ATP(三磷酸腺苷)的分解反应。但体内 ATP 的贮量有限,在它消耗的同时,必须重新再合成 ATP。人体在各种运动中所需要的 ATP 分别由三种不同的能源系统供给:磷酸原(ATP-CP)供能系统、糖酵解(乳酸能)供能系统和有氧氧化供能系统(有氧代谢系统)。

一、磷酸原(ATP-CP)供能系统

ATP、CP(磷酸肌酸)分子内均含有高能磷酸键,在代谢中均能通过转移磷酸基团的过程释放能量,所以将 ATP、CP 合称为磷酸原。由 ATP、CP 的分解反应组成的供能系统称为磷酸原供能系统。

(一)直接能源——ATP

ATP 是由一分子腺嘌呤、一分子核糖和三个磷酸根构成,其末端两个磷酸根的结合键属于高能键"～",末端一个磷酸根断裂后,可释放 8～12 kcal 能量。三磷酸腺苷在 ATP 酶的作用下,可分解成二磷酸腺苷(ADP)、无机磷酸(Pi),释放能量供机体各种生命活动利用。

$$ATP \rightarrow ADP + Pi + 能量$$

糖、脂肪、蛋白质等供能物质可通过相应的分解代谢,将储存在分子内的化学能逐渐释放出来,并转移储存至 ATP 分子内,以保证 ATP 分子供能的连续性。

细胞内 ATP 的浓度很低,根据肌肉活检测定,安静肌肉的 ATP 含量为 5～7 mmol/kg 湿肌,ATP 的最大输出功率达 11.2 mmol/(kg·s)(每千克肌肉每秒动用 ATP 的毫摩尔数),启动极为迅速。由于 ATP 贮量较少,仅依靠它们只能维持短时间的运动。例如,在功率输出(200 W)需要 75% 最大摄氧量($\dot{V}O_2max$)的次最大运动中,估计 ATP 利用率为 0.4 mmol ATP/kg/sec,运动持续时间为 15 s 左右,肌肉收缩若以最大功率输出仅能维持 1～2 s。因此,必须激活其他代谢途径重新合成 ATP 来为骨骼肌收缩提供能量。

(二)磷酸肌酸(CP)

CP 存在于肌浆内,由一分子肌酸和一分子磷酸组成,含一个高能磷酸键。CP 在肌酸激酶作用下,分解为肌酸与磷酸,同时释放能量用于再合成 ATP。此反应是可逆的,当 ATP 通过其他供能系统供能再合成大于求时,ATP 内的高能磷酸键则转移给肌酸,合成磷酸肌酸,故磷酸肌酸可以看作是高能磷酸基团的储存库。

$$CP + ADP \rightleftharpoons ATP + Cr$$

在人体中,机体总 CP 的 92%～96% 储存在骨骼肌中,肌肉中 CP 的贮量为 ATP 的 3～

5 倍,为 15～20 mmol/kg 湿肌。进行剧烈运动时,肌肉中 ATP 含量变化不大,而 CP 却下降很多。如图 3-2 所示,在持续时间为 14 s 的剧烈运动中,在最初 8～10 s 内,ATP 含量有所减少但尚可维持稳定,CP 含量快速下降;但在运动后期身体达耗竭状态时,ATP 和 CP 含量均可降至极低水平。

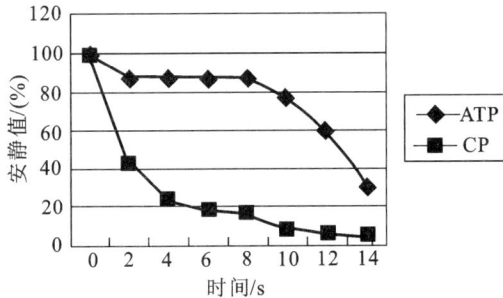

图 3-2　14 秒最大运动时肌肉 ATP、CP 相对含量的变化

除此以外,肌肉 ATP 分解后形成 ADP 分子还可以进一步在腺苷酸激酶的催化作用下,合成 ATP,即:

$$ADP + ADP \rightarrow ATP + AMP$$

以上两个能够快速合成 ATP 的供能途径被认为是 ATP 再合成的即刻能源。

(三)ATP-CP 供能特点

磷酸原系统中 ATP、CP 均以水解分子内高能磷酸基团的方式供能,所以运动开始时最早启动、最快利用,具有快速供能和最大功率输出的特点。它是三个供能系统中供能速率最高的一个供能系统。短时间极量运动时,磷酸原系统的最大输出功率可达每千克干肌每秒 1.6～3.0 mmol ATP。

肌细胞内磷酸原储量有限,故只能维持最大强度运动 6～8 s。磷酸原供能在短时间最大强度或最大用力的运动中起主要供能作用,与速度、爆发力关系密切。短跑、跳跃、投掷、举重等项目的运动,需主要加强磷酸原供能能力的训练。

二、糖酵解供能系统

糖酵解是指由肌糖原或葡萄糖经一系列代谢酶的催化,最后生成乳酸并释放能量的过程,由于该过程不需要氧气的存在,故又称为糖的无氧代谢。

当运动的持续时间在 10 s 以上且强度很大时,ATP-CP 系统已不能满足运动的能量需要;此时,运动中再合成 ATP 的能量主要由糖酵解来提供。在全力运动 30～60 s 时,糖酵解供能速率达最大,其输出功率为每千克干肌每秒 1 mmol ATP。随后,由于终产物乳酸的堆积,糖酵解代谢过程受到抑制,故糖酵解供能系统的供能时间为 2～3 min,是 30 s 至 2 min 最大强度运动的主要供能系统。

糖酵解途径有两种起始物质:葡萄糖和糖原。葡萄糖和糖原产生相同的产物,唯一的区别是,来自糖原的葡萄糖单位比游离葡萄糖单位多产生一个净 ATP:

$$葡萄糖+2ADP+2Pi+2NAD→丙酮酸+2ATP+2\ NADH+2H^+$$
$$肌糖原+3ADP+3Pi+3NAD→丙酮酸+3ATP+3NADH+2H^+$$

糖酵解获得的丙酮酸有两种主要的代谢方式:它可以在氧化磷酸化过程中在线粒体内被氧化,也可以被乳酸脱氢酶转化为乳酸,即

$$丙酮酸+NADH+H^+ \rightleftharpoons 乳酸+NAD^+$$

糖酵解系统在运动实践中具有非常重要的意义:在氧供不足时,该系统仍能维持较长时间的快速供能,以应对身体急需。如在 100 m 游泳、400 m 跑或 800 m 跑等速度耐力项目中,该供能系统发挥着至关重要的作用。而篮球、足球等非周期项目在运动中加速、冲刺时的能量也由磷酸原及糖酵解供能系统提供。

乳酸是一种强酸。在肌肉内产生后可扩散进入血液,虽然血液中有酸碱缓冲对缓冲它,但如果乳酸产生过多过快,就会在体内聚积。一旦超过了机体的缓冲能力和耐受能力,就会破坏内环境的酸碱平衡,限制糖的进一步酵解,影响 ATP 的再合成,以及神经肌肉的兴奋性,从而导致机体产生疲劳。

三、有氧氧化供能系统

有氧氧化供能系统是指在氧参与下,糖、脂肪和蛋白质氧化分解生成二氧化碳和水,同时释放能量的过程。由于蛋白质是人体重要的组成成分,在体内主要起维持和修复组织作用,满足机体生长的需要,较少参与供能。一般来说,支链氨基酸和蛋白质在运动过程中对 ATP 形成的贡献非常有限,所占比例不到 2%;只有当糖原储备消耗严重时,这一比例才能上升到 10%。所以有氧氧化系统的主要供能物质是糖和脂肪。

$$能源物质(糖、脂肪、蛋白质)+O_2+ADP+Pi→CO_2+H_2O+ATP$$
$$葡萄糖(C_6H_{12}O_6)+6O_2+32(ADP+Pi)→6CO_2+32ATP+38H_2O$$
$$棕榈酸(C_{16}H_{32}O_2)+23O_2+106(ADP+Pi)→16CO_2+106ATP+122H_2O$$

由于糖,特别是脂肪的贮量大,且无乳酸产生,故有氧氧化系统能够持续地长时间供能,是长时间耐力运动中占支配地位的供能系统。当运动中氧的供应能满足氧的需要时,如长时间耐力运动,运动所需的 ATP 主要由该系统提供。

三种供能系统的一般特点及特征参数比较见表 3-5 和表 3-6。

表 3-5 三种能源系统的一般特点

磷酸原供能系统	糖酵解供能系统	有氧氧化供能系统
无氧代谢	无氧代谢	有氧代谢
十分迅速	迅速	慢
能源:CP	能源:糖	能源:糖、脂肪、蛋白质
ATP 生成很少	ATP 生成有限	ATP 生成很多
肌肉中贮量少	乳酸可导致肌肉疲劳	没有导致疲劳的副产品
用于短跑或高功率、短时间运动	用于 1~3 min 的运动	用于耐力或长时间的运动

表 3-6　三种供能系统的特征参数比较

能量系统	底物	贮量 /(mmol/kg 干肌)	可合成 ATP 量 /(mmol/kg[*])	最大功率 /(mmol ATP/kg/s)	达最大功率时间	最大运动时间
ATP-CP 系统	ATP	25		11.2	<1 s	6～8 s
	CP	77	100	8.6	<1 s	
糖酵解系统	肌糖原	365	250	5.2	<5 s	2～3 min
有氧氧化系统	糖	365	13 000	2.7	3 min	1～2 h
	脂肪	49	不受限制	1.4	30 min	

注：* ＝按人体 30 kg 肌肉，15 kg 体脂，$\dot{V}O_{2\,max}$ 为 4.0 L/min。　　　　　　（引自 Sahlin，1986；Hultman，et al.，1990）

四、三种供能系统的相互关系

（1）运动中不存在绝对的单一能源系统的供能。例如，100 m 跑是典型的速度型项目，要求迅速且高输出功率的供能系统，磷酸原系统为主要的能源系统，但糖酵解能系统和有氧氧化供能系统在运动中仍占有一定比例；马拉松跑的持续时间长，运动中机体的能量供应以有氧氧化供能系统为主，但糖酵解系统供能也占有一定比例。

（2）各供能途径 ATP 最大合成速率由大到小依次为：磷酸原系统＞糖酵解系统＞糖有氧氧化＞脂肪酸有氧氧化，且分别以近 50% 的速率依次递减（见表 3-7）。

（3）不同供能途径提供能量的能力和速率各不相同，运动中各供能系统的活动及其相互关系与运动负荷的强度和持续时间有关（见图 3-3）。当以最大输出功率运动时，各系统能维持的运动时间如下：磷酸原系统供极量强度运动 6～8 s；糖酵解供能系统供最大强度运动 30～90 s，可维持 2～3 min；3 min 以上的运动能量需求主要依赖有氧氧化供能途径。

表 3-7　各种能源物质分解代谢提供能量的速率

供能代谢系统	最大供能速率 /(kcal/min)	最大供能速率 /(mmolATP/kg 湿肌/s)
ATP＋CP	36	2.6
糖原酵解	16	1.4
糖有氧氧化	10	0.51～0.68
脂肪酸氧化		0.24

注：1 kcal＝4.18 kJ。　　　　　　　　　　　　　　　　　　　（引自 Hultman，1990）

（4）由于运动后 ATP、CP 的恢复及乳酸的清除，须依靠有氧代谢系统才能完成，因此有氧代谢供能是运动后机能恢复的基本代谢方式。

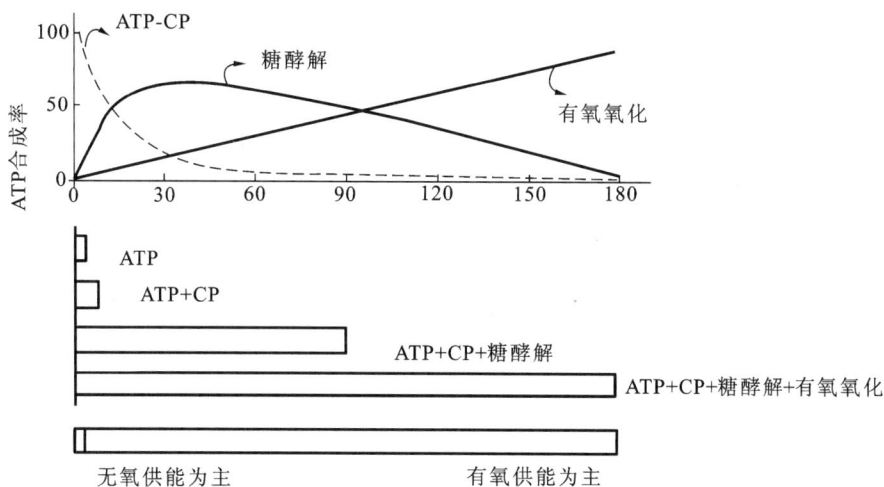

图 3-3　0～180 s 最大运动时各供能系统的变化

(引自王健,2003)

五、能量连续统一体的理论及其应用

(一)能量连续统一体的概念

三种供能系统都可以合成 ATP,为肌肉活动提供能量。但由于各个能量系统的能量贮量、能量输出功率存在很大差异,对于不同的运动项目,各供能系统所能提供的 ATP 的量不同。例如,从事时间短、强度大的运动如 100 m 跑时,ATP 的再合成主要由高能磷酸化合物供给,即由 CP 的分解来提供;从事时间长强度小的运动如马拉松跑时,能量几乎全部由有氧系统供给;介于两者之间的运动项目,如 1500 m 跑时,则需无氧代谢与有氧代谢混合供给能量,这两种供能方式都十分重要。

肌肉活动具有连续性和多变性的特点,即从运动开始至运动结束,肌肉需要连续工作,同时又经常根据各种需要改变肌肉工作的形式和工作强度,这就需要能量供应与之相适应。因此,三个能量系统在按一定比例供能时,并没有明显的界限,它们总是根据肌肉活动对能量的需要,在整个运动过程中,互相配合,相互补充,以保证能量供给的连续性和灵活性。运动生理学把不同类型的运动项目的能量供应途经之间,以及各能量系统之间相互联系形成的一个连续统一体,称为能量连续统一体。

(二)能量连续统一体的形式

(1)以有氧供能和无氧供能百分比的表示形式。根据不同运动项目无氧供能和有氧供能比例,确定各类活动在能量连续统一体中的相对位置(见图 3-4)。

由图 3-4 可见,在完成一切运动项目时,有氧和无氧代谢系统都可以提供一定的 ATP,但在大多数运动项目中,由一个系统供给的 ATP 比例常较另一系统多。如果某一能量系统比其他能量系统更发达,那么由该系统供能为主的专项运动成绩会较好,而以其他能量系统供能为主的专项运动成绩常不理想。

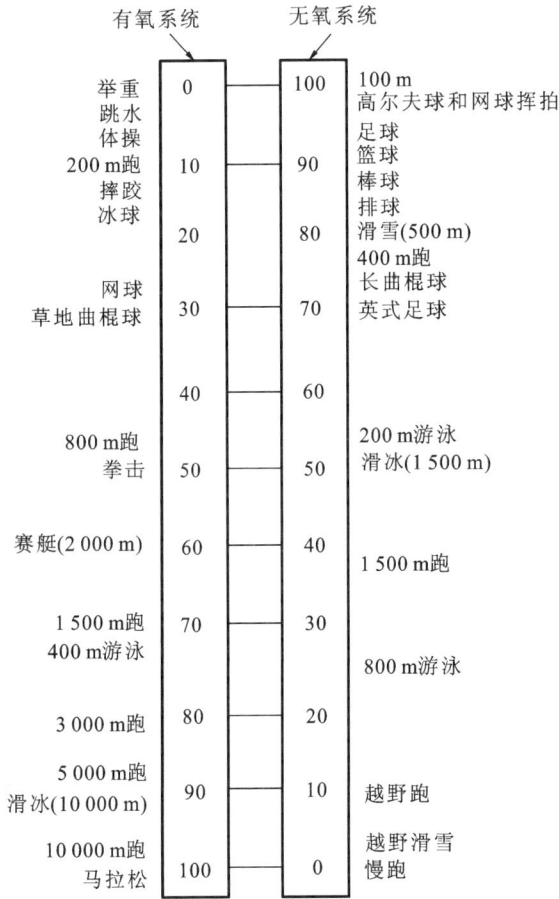

图 3-4　不同运动项目有氧系统和无氧
系统供应 ATP 的百分比

（引自 FOX.FL,1981）

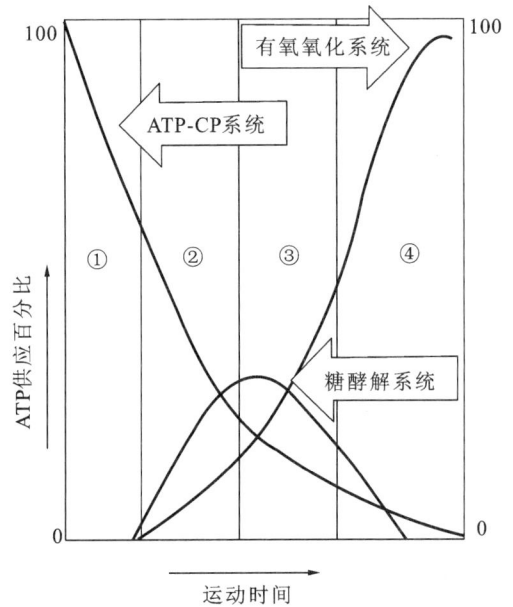

图 3-5　以运动时间为标准的能量连续
统一体及其四个不同活动区域

（引自 FOX.FL,1979）

（2）以运动时间为区分标准的表示形式。运动时间是指完成某项活动、某一动作所需的时间，如一场球赛、完成一项田径活动（如跑 100 m 或推一次铅球）、做一套体操或武术套路等所需的时间。

图 3-5 表明，三种能量系统供给 ATP 的百分比与运动时间及功率输出有紧密依存关系。时间越短，功率输出越大，能量需求也越快，由 ATP-CT 系统供能的比例越大；反之，有氧系统供能比例则越大。ATP-CP 系统和有氧系统分别负责供应能量连续统一体两端活动所需的绝大部分 ATP。

糖酵解供能系统百分比与运动时间的关系曲线呈抛物线状，只有位于能量连续统一体中间的活动，其 ATP 总需求量的较大部分才由糖酵解系统供给。从曲线的高度来看，即使在充分利用时，糖酵解系统单独供应 ATP 也不占主要地位，即在糖酵解系统非常重要的运动中，至少还有另一种能量系统作为 ATP 的重要供应者。因此，运动者在完成此类运动项目时,常感到很困难,要训练两个供能系统才能较为有效地提高运动能力。

用运动时间这一共同标准来确定能量连续统一体时,可将能量分为明显不同的四个区域(见图 3-5 和表 3-8),其中第 2、3 区域的活动,都需要由两个系统供给其主要的能量。

表 3-8　能量连续统一体的四区

区域	运动时间	主要能量系统	活动类型举例
1 区	<30 s	ATP-CP	推铅球、100 m 跑、足球后卫带球跑
2 区	30 s～1.5 min	ATP-CP 和糖酵解	200～400 m 跑、速度滑冰、100 m 游泳
3 区	1～3 min	糖酵解和有氧系统	800 m 跑、各项体操、摔跤
4 区	>3 min	有氧系统	越野滑雪、马拉松跑、慢跑

(引自王步标、华明,2006)

(三)能量统一体理论在运动实践中的应用

人体运动能力在很大程度上取决于能量供应的能力,因此,如何把握将能量连续统一体理论所提供的原则用于实践,对体育教学与运动训练有着重要的意义。

1. 着重发展起主要作用的供能系统

不同运动项目运动中能量供应的比例见表 3-9。

表 3-9　各种运动项目的主要能量供应系统

运动项目		各能量系统所占比例/(%)		
		ATP-CP 和糖酵解系统	糖酵解系统 和有氧系统	有氧系统
棒　球		80	20	—
篮　球		85	15	—
击　剑		90	10	—
草地曲棍球		60	20	20
足　球		90	10	—
高尔夫球		95	5	—
体　操		90	10	—
冰球	1.前锋、后卫	80	20	—
	2.守门员	95	5	—
曲棍球	1.守门员、后卫、进攻手	80	20	—
	2.中锋	60	20	20
划　船		20	30	50
滑　雪	1.障碍滑雪、跳、下坡	80	20	—
	2.越野滑雪	—	5	95
英式足球	1.守门员、边锋、前锋	80	20	—
	2.前卫、巡边员	60	20	20
垒　球		80	20	—
游泳和潜水	1.50 m 自由泳、潜水	98	2	—
	2.100 m(各种姿势)	80	15	5

73

运动项目		各能量系统所占比例/（%）		
		ATP-CP 和糖酵解系统	糖酵解系统 和有氧系统	有氧系统
	3. 200 m(各种姿势)	30	65	5
	4. 400 m 自由泳	20	55	25
	5. 1 500 m	10	20	70
网球		70	20	10
田径	1. 100 m 跑、200 m 跑	98	2	—
	2. 田赛项目	90	10	—
	3. 400 m 跑	80	15	5
	4. 800 m 跑	30	65	5
	5. 1 500 m 跑	20	55	25
	6. 3 000 m 跑	20	40	40
	7. 5 000 m 跑	10	20	70
	8. 10 000 m 跑	5	15	80
	9. 马拉松	—	5	95
排球		90	10	—
摔跤		90	10	—

（引自 FOX 1979，Burke 1986）

由表 3-9 可以看出，不同的运动项目其主要的供能系统是不同的。例如，短跑运动员应重点发展无氧供能能力；长跑运动员应着重发展有氧系统的供能能力；有些项目则需要按比例发展无氧和有氧系统的供能能力。因此，在制订教学和训练计划时，应根据运动项目的供能特点，着重发展在该项运动中起主导作用的能量系统。

2. 根据供能比例选择有效的训练方法

当确定应重点发展的供能系统之后，关键是选择最有效的训练方法。在表 3-10 中列举了 10 种训练方法，包括每种方法的定义以及对发展各供能系统所起的作用（用增进的百分比表示）。在所列举的 10 种训练方法中，大多数已在世界各地的田径训练中广泛应用，并有了新的发展。

下面举例说明如何运用表 3-9 和表 3-10。如由表 3-9 可知，3000 m 跑各能量系统所占的比例为 20%、40%、40%，表 3-10 中法特莱克训练法恰好与之相符，可作为训练时的主要手段；另外，重复跑的供能特点也大致相似，也可作为其训练方法。当然，具体的训练计划还需要考虑到运动技术的专门性。

表 3-10　各种训练方法的定义及其增进各能量系统的比例

训练方法	定义	增进比例/（%）		
		ATP-CP 和 LA	LA 和 有氧系统	有氧 系统
加速疾跑	在 40～100 m 段落中，从慢跑开始逐渐加速到疾跑	90	5	5
持续快跑	快速长距离跑（或游泳）	2	8	90

续表

训练方法	定　义	增进比例/（%）		
		ATP-CP 和 LA	LA 和 有氧系统	有氧系统
持续慢跑	慢速长距离跑（或游泳）	2	5	93
穴形疾跑	两次疾跑之间加一个慢跑或走	85	10	5
间隙疾跑	40 m 快跑与 50 m 慢跑相交替,总距离 5000 m	20	10	70
间隙训练	两次运动之间有一休整期	0～80	0～80	0～86
慢跑	慢步持续走或跑一中等距离（如 3000 m）	—	—	100
重复跑	相似于间歇训练,但工作与休整期的时间长	10	50	40
速度游戏 （法特莱克）	在自然条件下交替快跑与慢跑	20	40	40
疾跑训练	重复全速疾跑,两次疾跑之间的间歇期长短以完全恢复为标准	90	6	4

注：LA 为糖酵解供能系统。

（引自 FOX.FL,1981）

六、运动中三大有机能源物质的动员

就人体糖、脂肪、蛋白质三大能源物质在运动中的利用速率来比较,糖的利用速率最快,是一种非常经济的能源。研究表明,随着运动强度的增加,糖的供能比例提高,而脂肪的供能比例减少(见图 3-6)。在单次和反复的最大强度运动中,功率输出的下降(疲劳)与磷酸肌酸和糖原消耗、代谢副产物(如 H^+、ADP、AMP、Pi)的积累和高钾血症有关,这些单独或联合影响骨骼肌内的兴奋—收缩耦合过程。

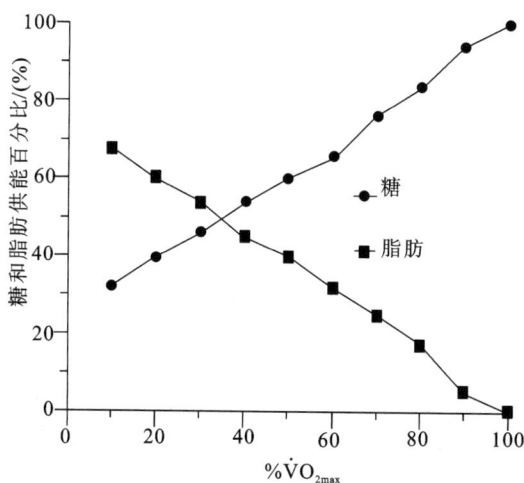

图 3-6　运动强度对能源物质利用的影响

在次最大运动中,糖和脂肪的氧化代谢提供了收缩活动所需的几乎所有 ATP。氧化的

主要底物是肌糖原、由肝糖原分解与糖异生产生的血糖、由肠道摄入的碳水化合物,以及来自脂肪组织和肌肉内甘油三酯分解的脂肪酸。这些底物的相对贡献很大程度上取决于运动强度(见图3-7)和持续时间,但也受到训练状态、性别、之前的饮食和环境条件的影响。在较低强度下,脂质氧化占主导地位,但随着运动强度的增加,对肌糖原和血糖的依赖性更大。

来自肌肉内外脂肪酸的最大氧化速率发生在 $60\% \sim 65\%\ \dot{V}O_{2max}$。

随着运动时间延长,脂肪的供能百分比增加,而糖的供能百分比下降(见图3-8)。

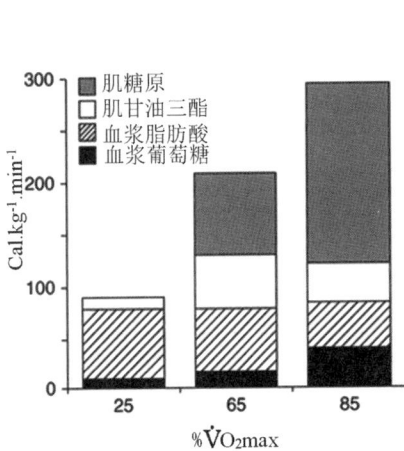

图3-7　糖与脂肪对能量代谢的相对贡献

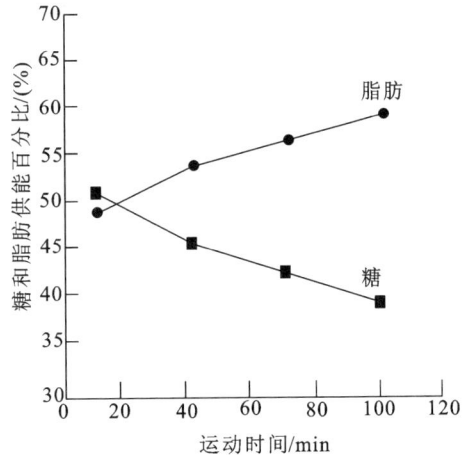

图3-8　运动持续时间对能源物质利用的影响

一般运动开始时机体首先分解肌糖原,如 100 m 跑在运动开始 3~5 s,肌肉便通过糖酵解方式参与供能;持续运动 5~10 min 后,血糖开始参与供能,当运动强度达到最大摄氧量强度时,可达安静时供能速率的 50 倍;运动时间继续延长,由于骨骼肌、大脑等组织大量氧化分解利用血糖,而致血糖水平降低时,肝糖原分解补充血糖,其分解速率较安静时增加 5 倍。脂肪在安静时即为主要供能物质,在运动达 30 min 左右时,其输出功率达最大。脂肪的分解利用对氧的供应有严格的要求,因而通常在长时间运动中,当肌糖原大量消耗或接近耗竭,氧供充足时方大量动用。蛋白质在运动中作为能源供能时,通常发生在持续 30 min 以上的耐力项目。随着运动员耐力水平的提高,可以产生肌糖原及蛋白质的节省化现象。

【知识拓展】

世界著名生理学家——阿奇博尔德·维维安·希尔

阿奇博尔德·维维安·希尔(Archibald Vivian Hill,1886—1977)是 20 世纪英国卓越的生理学家。他发现了肌肉内热量的产生和氧气的使用,因此获得 1922 年的诺贝尔生理学或医学奖。一同获奖的还有德国生物化学家奥托·弗里茨·迈耶霍夫(Otto Fritz Meyerhof),他独立研究了肌肉内乳酸的产生。

Hill 年少时颇具数学天赋,小学和中学时代,他的数学成绩都非常优秀。1905 年 Hill

通过了剑桥大学三一学院的奖学金考试,借此进入剑桥大学学习数学。1907 年 Hill 参加剑桥大学数学学位考试,成为第三位甲等合格者(Wrangler)。但进入大学后,Hill 对数学的兴趣开始衰减,他在剑桥大学的第一年里就开始考虑要转其他专业。毕业后,他的导师沃尔特·莫利·弗莱彻(Walter Morley Fletcher)博士(后来的爵士)鼓励他从事生理学研究。

Hill 与 Fletcher 有很深的友谊,并有许多共同的爱好。当时 Fletcher 正和弗雷德里克·高兰·霍普金斯(Frederick Gowland Hopkins,1929 年诺贝尔生理学或医学奖获得者)在生理学实验室进行离体蛙肌的化学研究以及乳酸的生成与氧化清除的研究工作。Hill 听从了 Fletcher 的建议,于 1907 年 10 月在他参加了数学学位考试后没多久又开始了新的课程,这一次他选择了生理学、化学和物理学。经过 2 年的努力学习,Hill 参加了自然科学学士学位考试第二部分生理学的考试,取得了第一名的成绩,从而转变成为一名尚显青涩却头脑敏锐的生理学家。

Hill 在德国度过了 1910—1911 年的冬天,与 Bürker(他教了 Hill 很多关于肌温观察技术的知识)和 Paschen(他向 Hill 介绍了检流计,Hill 后来在其研究中使用)等人一起工作。从 1911 年到 1914 年,直到第一次世界大战爆发,他一直在剑桥大学从事肌肉收缩生理学方面的研究。然而,在这一重要时期,他也从事了其他的研究:神经冲动(与 Keith Lucas 共同研究),血红蛋白(与 Barcroft 共同研究),动物量热法(部分与 T. B. Wood 共同研究)。

在第一次世界大战期间,他担任上尉,并担任弹药发明部防空实验科主任,研发防空武器,军衔一直升到少校。1918 年,他被封为爵士,并当选为英国主导的科学机构皇家学会(Royal Society)会员。直到 1919 年 3 月复员后才返回实验室。

1920 年,希尔成为曼彻斯特大学(Manchester University)的生理学教授。他用青蛙腿上的肌肉做实验并研究人肌肉运动时热量的产生和氧气的消耗。Hill 和他的助手、合作者威廉·哈特里(William Hartree)认真研究了肌肉等长收缩的产热率,发表了《肌肉产热的四个阶段》一文。这篇论文的发表具有历史性的重要意义,它把离体骨骼肌在长时间等长收缩过程中的肌温分成几个不同的阶段:①与肌肉兴奋和张力发展相关的初始热;②张力维持时期的维持热;③刺激结束时的舒张热;④之后持续几分钟的氧化恢复热。而且它表明肌肉收缩和舒张时的产热与氧无关,即为无氧过程。

在曼彻斯特大学,Hill 运用当时分析人体呼出气中氧气和二氧化碳的含量的先进技术完成了一组经典的实验。他测定了受试者以不同速度跑步时在几个时间点的氧耗,进而分析摄氧量上升的时程。根据摄氧量达到稳定状态以及快速运动时摄氧量不再上升的现象,Hill 提出机体利用氧的能力存在上限的观点,并首次清晰地描述了最大摄氧量(maximal oxygen uptake)的概念。他指出,决定最大摄氧量的因素有 4 个(动脉血氧饱和度、混合静脉血氧饱和度、血液的氧容量和循环速度),并强调最大摄氧量对于运动能力的重要性。Hill 的这些理论观点最终得到了证实并被广泛接受。同时,它们也为新的运动科学研究奠定了基础。作为反映人体有氧工作能力的重要指标,最大摄氧量的直接测定操作繁杂费时,对受

试者要求较高。为了推广其应用,一些研究者还研制出方便实用的间接测定法。目前,最大摄氧量理论不仅作为运动生理学的一项基本理论写入教科书,而且被广泛应用于运动员的科学训练实践中。

Hill 对肌肉功能的研究,特别是对与肌肉功能相关的热变化的观察和测量,后来扩展到对神经冲动传递机制的类似研究。他开发了非常灵敏的技术,最终能够测量 0.003 ℃ 量级的温度变化,时间仅为 0.01 s。他发现了神经冲动通过时产生热量的现象。他的研究在生物物理学领域引起了轰动,这一学科的发展在很大程度上要归功于他。

Hill 还及时地把离体肌肉研究中获得的无氧活动与氧化恢复的新概念应用到人体的肌肉运动中。他指出,在快跑时受试者的摄氧量不能满足运动的需要,导致乳酸积累和糖原储备的耗竭,由此造成的氧的亏欠(氧亏)必须在接下来的恢复阶段通过增加氧来补偿。运动中形成的乳酸在运动后有少量继续氧化,提供能量使其余大部分乳酸重新转化为糖原。Hill 将恢复期摄氧量升高而超出安静时水平的部分称为"氧债(oxygen debt)",并认为氧亏和氧债的比为严格的 1∶1,从而建立起氧债学说。尽管氧债学说后来经过不断修正,并最终受到了很大挑战而被推翻,但是它的提出引发了对运动后氧耗与乳酸代谢的深入研究,从而大大推动了运动科学向前发展的进程。

Hill 最著名的书是《肌肉活动》(1926)、《人的肌肉运动》(1927)、《活的机器》(1927)、《科学的伦理困境》(1960)和《生理学的性状和试验》(1965)。

1923 年至 1926 年间,希尔任伦敦大学学院(University College London)的生理学教授。1926 年到 1951 年,他又出任福勒敦研究教授(Foulerton Research Professor)。第二次世界大战期间,Hill 是英国下议院议员。1946—1956 年,他是英国文化委员会的成员。1947 年,他被任命为大英博物馆的理事。1977 年 6 月 3 日,Hill 因病毒感染引起的并发症在剑桥逝世。

【思考题】

1. 简述能量代谢的测定原理及运动时净能量消耗的计算步骤。

2. 影响能量代谢的主要因素有哪些?

3. 试述运动过程中能量供应途径和特点。结合运动实例说明运动中机体的三个供能系统是如何供能的。

4. 能量连续统一体在运动实践中有何意义? 试举例说明。

第四章 血液与运动

第一节 概 述

一、体液与内环境

人体细胞内、外的液体统称为体液（body fluid），占体重的 $60\%\sim70\%$。体液的大部分存在于细胞内，组成细胞内液，占体重的 $40\%\sim45\%$。小部分存在于细胞外，组成细胞外液，占体重的 $15\%\sim20\%$。细胞外液包括血浆、组织液、淋巴液及各种腔室中的液体如脑脊液、眼房水等。机体内细胞的物质交换都是通过细胞外液进行的（见图 4-1）。

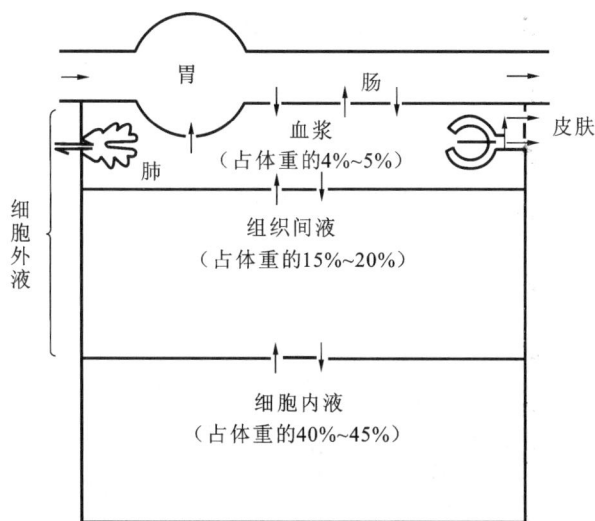

图 4-1 细胞内液和细胞外液的分布及其交换示意图

细胞外液是细胞生存的直接环境，细胞新陈代谢所需的氧和养料可直接由细胞外液提供，细胞的代谢终产物也需要通过细胞外液排出，这样才能维持人体正常机能，因此，把细胞生活的环境——细胞外液称为机体的内环境（internal environment），以区别于外环境。

正常机体，其内环境的理化性质如温度、渗透压、pH 值、离子浓度等经常保持相对的稳定，这种内环境理化性质相对稳定的状态称为稳态（homeostasis）。内环境的相对稳定是机体正常生命活动的必需条件。在某些疾病或特殊情况下（如中毒、失血），机体内环境的理化性质会发生较大的变化，将引起机体功能紊乱，甚至危及生命。

二、血液组成与血量

(一)血液的组成

正常血液(blood)为红色黏稠液体,由血浆和有形成分组成。

从血管中取出少量血液加入适量抗凝剂(柠檬酸钠、肝素),经离心沉淀后,血液可分为三层(见图 4-2),上层呈淡黄色的透明液体称为血浆(plasma),占全血中的 50%～60%,下层呈暗红色的不透明固体部分称为红细胞。两者之间有一薄层的白色物质,是血小板和白细胞。

血液的有形成分占全血的 45%～50%,包括红细胞、白细胞和血小板(见图 4-3)。红细胞占有形成分容积的 99% 以上;白细胞和血小板总共不到 1%。红细胞在全血中所占的容积百分比称为红细胞比容或压积(hematocrit value)。健康成人的红细胞比容,男子为 40%～

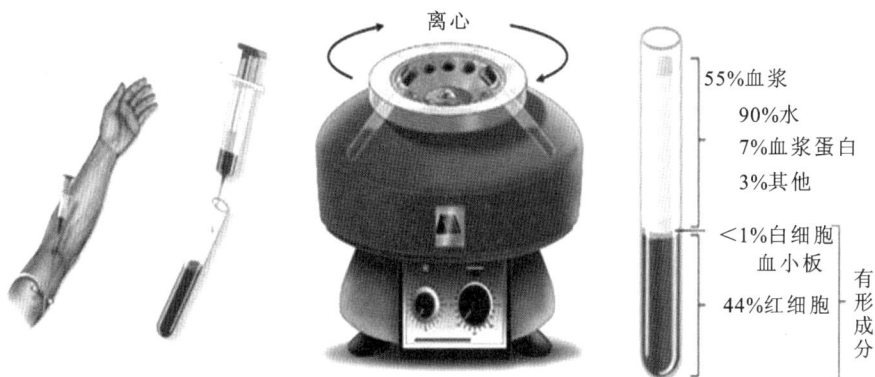

55%血浆
90%水
7%血浆蛋白
3%其他

<1%白细胞
血小板

44%红细胞

有形成分

图 4-2　分血计试管中血液分层示意图

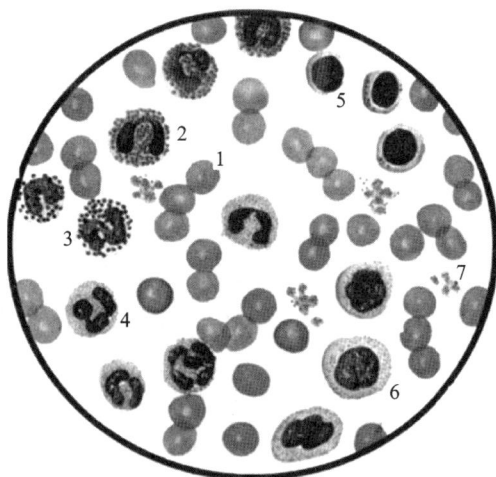

图 4-3　显微镜下血细胞示意图

1—红细胞;2—嗜酸性粒细胞;3—嗜碱性粒细胞;4—中性粒细胞;
5—淋巴细胞;6—单核细胞;7—血小板

40％～50％，女子为 37％～48％。

在流出体外的血液中如不加抗凝剂和进行其他处理，几分钟后就会凝固成胶冻血块。在室温内搁置 1 h 以上，血块缩小，并在血块周围出现少量黄色澄清液，称为血清。血清与血浆主要区别在于血浆含有纤维蛋白原，而血清不含有纤维蛋白原。

血浆是血细胞以外的液体部分。血浆通常占总血容量的 55％～60％，但是在急性运动时血浆的比重比正常值低 10％或更多，而在耐力训练或热环境时血浆的比重要增加 10％或更多。血浆中 90％的成分为水；7％为血浆蛋白；还有 3％为细胞营养物质、电解质、酶、激素、抗体和代谢产物等。

- 血浆对运动的反应与适应

当进行几分钟或更短时间的运动时，血浆量变化不大。长时间运动时，血浆量减少 10％～15％。同样，反复进行 1 min 力竭运动也会使血浆量减少 15％～20％。进行抗阻训练时，血浆量的减少和用力程度成正比，减少在 10％～15％之间。

如果是因为运动强度或是环境等状况导致流汗，血浆量的减少会更多。虽然排出汗液的水分主要来自组织间液，而随着流汗持续，组织间液的量会减少，造成组织间隙的渗透压升高（因为组织中的蛋白质不会随水分移动），这个压力更让血浆中的水分移入组织间隙中。组织间液的量很难准确地直接测量，但是研究指出，细胞内液会流失，甚至于红细胞中的水分也会减少，使得细胞小幅萎缩。

血浆量的减少会使得运动能力减弱。长时间运动下，脱水会造成散热困难；为了散热，流到皮肤的血液要增加，流到肌肉的血液就减少。身体严重脱水时不只造成肌肉血流变慢，血浆量下降也会增加血液的黏稠度，使得人体心输出量及有氧能力下降，血液中氧气更不容易进入组织，代谢产物堆积增多，疲劳加剧，运动能力下降，特别是在红细胞比容超过 60％时这一情况会更严重。

（二）血量（blood volume）

血量是指全身血液的总量，正常成年人的血量占体重的 7％～8％。体内血量根据体型和训练状态有显著的个体差异，以平均体型和正常的身体活动为例，男子的血流量为 5～6 L，女子的血流量为 4～5 L。身材高大和耐力训练水平高的人血量也大。

血量的相对稳定是机体维持正常生命活动的重要保证。一般情况下，通常成人一次失血在 500 mL 以下，即不超过血液总量的 10％，通过心血管系统的调节及储存血量的动员等机体的代偿作用，血量和血液的主要成分能很快恢复到正常水平。如水和电解质可由组织液回流加速，在 1～2 h 得以恢复；血浆蛋白可由肝脏加速合成，在 24 h 左右得到恢复；红细胞则由于骨髓造血功能增强，在一个月内得到补充而恢复到正常水平。因此，少量失血无明显的临床症状出现，正常人一次献血 200～300 mL，对其身体并不会带来损害。中等失血即一次失血约 1000 mL，达全身血量的 20％，人体功能则难以通过代偿恢复到正常水平，将会出现血压下降、脉搏加快、四肢冰冷、眩晕、恶心、乏力等现象，严重时会昏倒，需要输血、输液等处理。大失血即失血量达血液总量的 30％以上时，如不及时进行抢救，就可危及生命。

安静状态下，人体大部分的血量都在心血管中迅速流动，称为循环血量。还有一部分血量潴留在肝、肺、腹腔静脉以及皮下静脉丛等处，流动缓慢，血浆较少，红细胞较多，这部分血量称为贮存血量。

循环血量和贮存血量不是一成不变的,在运动、劳动、情绪激动和体温升高等情况下,体内需要大量循环血时,贮存血便被迅速释放出来加入循环血中,增加循环血量。同时,消化、排泄器官等的血液也转移到肌肉中去,以利于各器官的需要。在运动停止后转入安静状态,不需要更多循环血量时,又有小部分血液进入血库内贮存起来,以便减轻心脏的负担。

• 血量对运动的反应与适应

一次性运动对血容量的影响,取决于运动的强度、持续时间、项目特点、环境温度、湿度、热适应和训练水平等。如短时间大强度运动后,血浆容量和血细胞容量都明显增加,而血细胞容量增加较明显。血容量的增加主要是由于贮存血被动员入循环,使循环血量增加;长时间耐力运动时,由于体内产热增加大量排汗以散热,温度越高运动时间越长血浆的损失也越多。一次长时间运动,可使血浆量减少10%左右。有资料报道,高温环境下运动脱水时若体重下降3%～8%,血浆容量可减少6%～25%。

长期耐力训练使血容量增加,血容量增加的主要原因是来自血浆容量的增加,但红细胞增多也是其中的原因。导致血浆容量增加通过两种机制来实现。第一种机制分为两个阶段:第一阶段是增加大量的血浆蛋白,特别是白蛋白,血浆蛋白增加导致渗透压升高,结果使更多的液体吸收进入血液。单次的激烈运动中,蛋白质会离开血管移动到间隙处,经过淋巴系统再吸收,故血浆量迅速增加的第一阶段是增加血浆蛋白,而且会在第一次训练后恢复期的1 h内出现;第二阶段,因反复运动而启动蛋白质合成(上调节)新的蛋白质。第二种机制是使抗利尿激素(ADH)和醛固酮释放增多,促使肾重吸收水和钠增多,从而引起血浆容量增加。

三、血液的功能

(一)维持内环境的相对稳定作用

血液能维持水、氧和营养物质的含量;维持渗透压、酸碱度、体温和血液有形成分等的相对稳定。

(二)运输作用

血液不断地将从呼吸器官吸入的氧和消化系统吸收的营养物质,运送到身体各处,供给组织细胞进行代谢;同时,又将全身各组织细胞的代谢产物二氧化碳、水、尿素等运输到肺、肾、皮肤等器官排出体外。

(三)调节作用

血液将内分泌器官的激素运输到周身,作用于相应的器官(称靶器官)改变其活动,起着体液调节作用。所以,血液是神经-体液调节的媒介。

通过皮肤的血管舒缩活动,血液在调节体温过程中发挥重要作用。温度升高时,皮肤的血管舒张,血液将体内深部产热器官产生的热运送到体表散发;温度降低时,皮肤血管则收缩,减少皮肤的血流量,以维持体温。

(四)防御和保护作用

血液有防御和净化作用,白细胞对于侵入人体的微生物和体内的坏死组织都有吞噬分解作用,称为细胞防御。血浆中含有多种免疫物质,如抗毒素、溶菌素等,总称为抗体。能对抗或消灭外来的细菌和毒素(总称为抗原),从而免于传染性疾病的发生。血小板有加速凝血和止血作用,机体损伤出血时,血液能够在伤口发生凝固,防止继续出血,对人体具有保护作用。

第二节　血液的化学成分和理化特性

一、血液的化学成分

血浆和血细胞的主要化学成分既有相似之处,也有明显差异。血浆中绝大部分是水,小部分是固体物质,在固体物质中,血浆蛋白占绝大部分。血浆中无机盐类较少,其中,以氯化钠为主,其余为非蛋白有机物质。

$$
全血
\begin{cases}
水\ 分:约占80\% \\
固体物:约占20\%
\end{cases}
\begin{cases}
血浆
\begin{cases}
水\ 分:占91\%\sim92\% \\
固体物:占8\%\sim9\%
\end{cases} \\
血细胞
\begin{cases}
水\ 分:占65\%\sim68\% \\
固体物:占32\%\sim35\%
\end{cases}
\end{cases}
$$

血细胞中,红细胞占了绝大部分。

血浆的主要成分是水、血浆蛋白、电解质、气体(O_2、CO_2)、代谢废物和激素等。这些成分是决定血浆理化特性的物质基础。血浆化学成分及其生理功能见表4-1。

表 4-1　血浆的化学成分及其生理功能

血浆成分	特性/功能
水(90%)	血浆和血细胞中各种物质的溶剂
血浆蛋白(6%)	
白蛋白(54%)	维持血液与组织间隙液渗透压
球蛋白(38%)	脂类与金属离子载体、抗体
纤维蛋白原(7%)	凝血因子,促进血液凝固
其他(1%)	
电解质	
Na^+、K^+、Ca^{2+}、Mg^{2+}、Cl^-、HCO_3^-、SO_4^{2-}、HPO_4^{2-}	维持血浆渗透压、酸碱度以及神经肌肉的正常兴奋性等
气体:O_2、CO_2、N_2	
营养物质	

血浆成分	特性/功能
葡萄糖	其他碳水化合物、能源物质
氨基酸	蛋白质组织单位
脂类	脂肪、类固醇、磷脂
胆固醇	质膜及类固醇激素的成分
代谢物	
尿素	蛋白质降解产物
肌酐	肌酸和磷酸肌酸代谢的终产物、肌肉分解产物
尿酸	核酸降解产物
胆红素	血红蛋白降解产物
激素	参与体液调节

二、血液的理化特性

(一)颜色和比重

血液的颜色取决于红细胞内血红蛋白的含量。动脉血含氧多,呈鲜红色;静脉血含氧少,呈暗红色;皮肤毛细血管的血液近似鲜红色。血浆和血清因含胆红素,故呈淡黄色。正常人全血的比重在 $1.050\sim1.060$ 之间。全血的比重主要取决于红细胞的数量和血浆蛋白的含量。

(二)渗透压(osmotic pressure)

如果半透膜两侧为不同浓度的溶液,水将从溶质多的浓溶液渗入,这种水分子通过半透膜向溶液扩散的现象称为渗透。在渗透现象中,高浓度溶液所具有的吸引和保留水的能力称为渗透压(见图 4-4)。渗透压的大小与溶液所含溶质颗粒数目成正比。

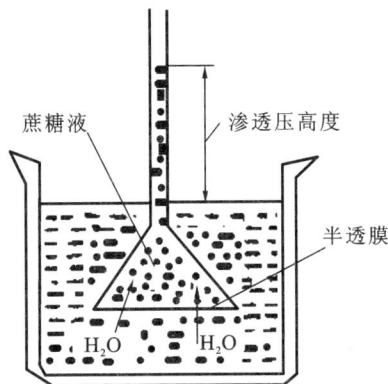

图 4-4　渗透现象与渗透压示意图

血液的渗透压一般指血浆渗透压。血浆渗透压主要来自其中的晶体物质(包括各种电解质的离子,其中,最主要的是氯化钠,其次是碳酸氢钠和非电解质的小分子化合物,如葡萄糖、尿素等),为血浆晶体渗透压(crystal osmotic pressure)。另一部分来自蛋白质,主要是白蛋白称为血浆胶体渗透压(colloid osmotic pressure,见图 4-5)。

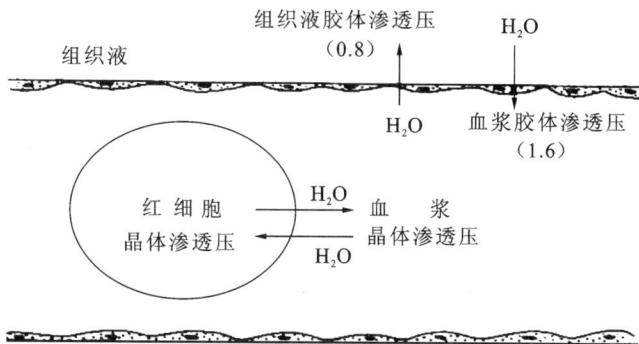

图 4-5 血浆晶体渗透压与胶体渗透压示意图

正常人体内细胞膜为半透膜,可以允许水自由通过而不允许晶体物质自由通过。血浆中的大部分晶体物质不易自由通过红细胞膜。因此,血浆晶体渗透压在维持红细胞内外水的分布和细胞的正常形态及功能方面起着重要的作用。

血浆胶体渗透压较小,为 25～30 mmHg。胶体渗透压虽小,但可防止过多水分渗透出毛细血管外,对水分出入毛细血管起着调节作用。所以,胶体渗透压对水在体内各部体液中的分布具有重要作用。

在临床或生理实验中,将与血浆渗透压相等的溶液称为等渗溶液。如 0.9％NaCl 溶液(又称生理盐水)和 5％葡萄糖溶液等。高于血浆渗透压的溶液,称为高渗溶液,而低于血浆渗透压的溶液称为低渗溶液。红细胞在高渗 NaCl 溶液中会失水而发生皱缩,在低渗 NaCl 溶液中会因过多的水分渗入红细胞,引起红细胞膨胀乃至破裂。红细胞破裂后,血红蛋白被释放入血,这种现象称为渗透性溶血(见图 4-6)。某些溶血性疾病患者的血浆渗透压高于正常人,表明溶血性病人的红细胞对低渗溶液的抵抗力比正常人的小。通常将红细胞所具有的抵抗低渗溶液的特性,称为红细胞脆性。红细胞对低渗溶液的抵抗能力小,则表示脆性大;反之,则表示脆性小。

血浆渗透压在正常生理情况下有一定的变动。在进行剧烈肌肉运动时,由于大量排汗和代谢产物(乳酸等)进入血液,渗透压暂时升高,大量饮水后,可以降低渗透压。但是这些变化可以很快通过肾脏排泄和皮肤泌汗进行调节,从而维持相对恒定的状态。

(三)黏滞性

黏滞性是由于液体分子的内摩擦形成的。通常在体外测定血液或血浆与水相比的相对黏度,这时血液的相对黏度为水的 4～5,血浆为水的 1.6～2.4。

全血黏度主要取决于红细胞的数量,血浆的黏度主要取决于血浆蛋白的含量。

登山运动,由于山上空气稀薄,氧分压低,红细胞增多,血液黏度升高;长跑运动,由于大量出汗,其结果引起血液浓缩,红细胞比例相对增大,血流阻力加大,血流速度缓慢,导致血压升高。

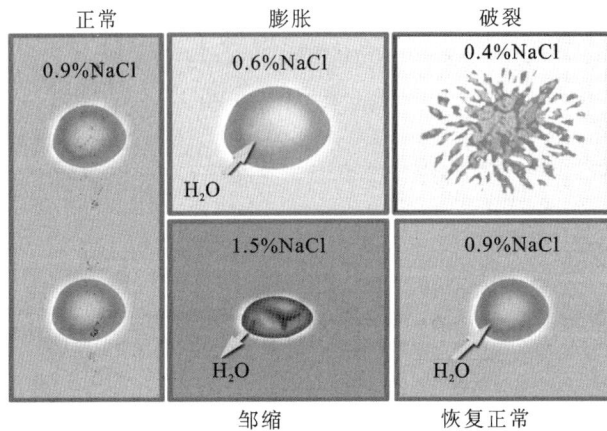

图 4-6　不同晶体渗透压溶液对红细胞形态的影响

(四)酸碱度

正常人血浆的 pH 值为 7.35～7.45,平均值为 7.4。人体生命活动所能耐受的最大 pH 值变化范围为 6.9～7.8。血浆 pH 值能够维持相对恒定是由于在血浆和红细胞中均含有缓冲对(血液中还有数对具有抗酸和抗碱作用的物质,称为缓冲对)。

血浆中的主要缓冲对为:$NaHCO_3/H_2CO_3$、蛋白质钠盐/蛋白质、Na_2HPO_4/NaH_2PO_4。

红细胞膜上的主要缓冲对为:$KHCO_3/H_2CO_3$、KHb/HHb、$KHb_2/HHbO_2$、K_2HPO_4/KH_2PO_4。

其中以 $NaHCO_3/H_2CO_3$ 这一对缓冲对最为重要。在正常情况下 $NaHCO_3/H_2CO_3$ 比值为 20:1。血液中缓冲酸性物质的主要成分是碳酸氢钠,通常以每 100 mL 血浆的碳酸氢钠含量来表示碱贮备。

组织代谢所产生的酸性物质进入血浆,与血浆中的 $NaHCO_3$ 发生作用,形成 H_2CO_3(弱酸)。在碳酸酐酶作用下 H_2CO_3 又解离为 CO_2 由呼吸器官排出,从而减低酸度,保持血液的酸碱度。例如肌肉运动时的代谢产物——乳酸(HL)等进入血液后,部分被肝脏重新合成为肝糖原,另一部分在血浆中与碳酸盐类结合形成碳酸,缓冲血液的酸度,其反应如下:

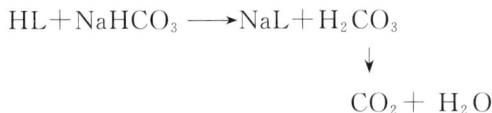

$$HL + NaHCO_3 \longrightarrow NaL + H_2CO_3$$
$$\downarrow$$
$$CO_2 + H_2O$$

当碱性物质(主要来自食物)进入血浆后与弱酸发生作用,形成弱酸盐,降低碱度。经过这两方面的调节,血液的酸碱度就能维持相对恒定。体内产生酸性物质大大胜于碱性物质,所以,血液中的缓冲物质抗酸的能力远远大于抗碱的能力。

血液酸碱度的相对恒定,对生命活动有重要意义。如果血液 pH 值的变动超过正常范围,就会影响各种酶的活性,从而引起组织细胞的新陈代谢、兴奋性及各种生理机能的紊乱,甚至会出现酸或碱中毒现象。

• 运动时血液酸碱度的变化

肌肉活动时(特别是激烈运动时)可产生很多的酸性代谢产物。例如,安静时乳酸的含量很少,每 100 mL 血液中含 10～15 mg 的乳酸;当紧张的肌肉运动时每 100 mL 血液中乳酸的含量可以增加到 250～300 mg。这时血液的氢离子指标可能发生暂时性变化,血液的 pH 值可能从 7.35 下降到 7。

激烈运动停止后,乳酸常继续从肌肉进入血液。尤其是从激烈运动结束后的 2～8 min 内,血液中的乳酸仍然保持最高水平不变,然后才开始减少,根据不同运动强度虽有不同,但经 30～90 min 一般即可恢复到运动前的数值。

运动时生成的乳酸在肝脏合成糖原仅占全部乳酸的 1/6～1/4,其余大部分则在骨骼肌和心肌中被氧化。经过训练的运动员,这种氧化乳酸的能力大大提高,如训练水平高的自行车运动员,心肌有氧代谢的 89% 是氧化乳酸而获得的,心肌功能提高也是运动员血液中乳酸低的一个原因,此外,还有部分乳酸随尿、汗排出体外。

第三节 血细胞生理

一、血细胞生成的部位和一般过程

(一)血细胞生成的部位

随着个体发育过程的变化,造血中心也不断地发生着变迁:胚胎早期在卵黄囊造血;从胚胎第二个月开始,由肝、脾造血;胚胎发育到第四个月以后,肝、脾的造血功能逐渐减弱,骨髓开始造血并逐渐增强;到婴儿出生时,几乎完全依靠骨髓造血,但在机体需要量增加时,肝、脾仍可再参与造血以补充骨髓造血的不足,此时髓外造血具有代偿作用;到 4 岁以后,骨髓腔的增长速度超过造血细胞增加的速度,脂肪组织逐渐填充入多余的骨髓腔;到 18 岁左右,造血部位主要位于脊椎骨、髂骨、肋骨、胸骨、颅骨和长骨近端骨骺处,这些部位足可以满足机体的功能需要(见图 4-7)。正常成年人的各种血细胞均起源于骨髓,并且除 T 淋巴细胞(在胸腺组织)外均在骨髓中发育成熟。

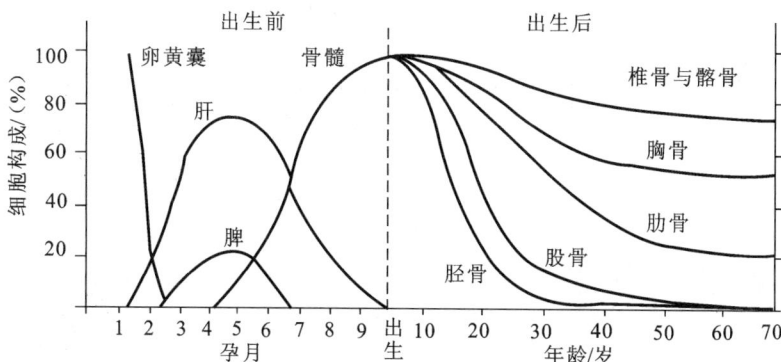

图 4-7 血细胞生成的过程中造血部位的迁移示意图

(二)血细胞生成的过程

各类血细胞均起源于造血干细胞。血细胞发生过程一般可分为:造血干细胞、定向祖细胞和可辨认的前体细胞三个阶段。造血干细胞具有自我复制能力、多向分化能力和很强的增殖潜能等特性。造血干细胞能定向分化形成各系定向祖细胞,在分化过程中首先形成两种干细胞:一种是髓系干细胞,由此进一步分化为红系祖细胞、粒-单核系祖细胞、巨核系祖细胞,再进一步分化为红细胞、粒细胞和血小板;另一种是淋巴系干细胞,由此分化成 T 淋巴祖细胞、B 淋巴祖细胞,再进一步分化成各类淋巴细胞。

二、红细胞(erythrocyte or red blood cell,RBC)

(一)红细胞的形态和数量

成熟的红细胞(RBC)没有细胞核,呈双凹圆碟形,平均直径为 8 μm,周边较厚,中央较薄。

成年男子血液中红细胞为$(4.5\sim5.5)\times10^{12}$ 个/L,平均为 5.0×10^{12} 个/L,成年女子为$(3.8\sim4.6)\times10^{12}$ 个/L,平均为 4.0×10^{12} 个/L。

血液中红细胞的数量有年龄和性别的差异,如初生婴儿红细胞数较多,可超过 6.0×10^{12} 个/L,以后逐渐减少,儿童时期一直保持在较低水平上,到青春发育期逐渐增加到成人水平。在青春发育期以前红细胞无性别差异,由于青春发育期性腺成熟,分泌不同的性激素,这时红细胞才出现明显的性别差异。

红细胞数不仅有性别和年龄的差异,还可因其他条件而发生改变,如营养良好、体格健壮者一般红细胞数较多;经常从事体育锻炼的人红细胞增多;长期居住高原者比在平原居住者红细胞多。

(二)红细胞的生理功能

红细胞的功能为运输气体(O_2 和 CO_2)、缓冲血液的酸碱度和免疫。红细胞的氧运输主要是通过红细胞内的血红蛋白来完成。

(三)血红蛋白及其功能

血红蛋白(hemoglobin,Hb)是红细胞内含量最为丰富的蛋白成分,占细胞重量的 32%,我国成年男性血液中血红蛋白的含量为 120～160 g/L,女性为 110～150 g/L。若成人红细胞数量或血红蛋白浓度低于正常值的下限,称贫血。正常人和运动员差异不大(见表 4-2)。

表 4-2　正常人和运动员血红蛋白值

对　象	例数	血红蛋白数值(g/L)		研究者及时间
		男	女	
中国人	2 889	143.5	127.5	易见龙等综合(1959)
日本人	935	141	120	Sell(1956)
加拿大奥运会队员	187	147	129	Glement 等
荷兰奥运会队员	179	155	144	Dewijn 等
我国运动员(11 项)	580	138.3	144.4	北京运动医学研究所(1974)
我国成年运动员(42 项)	1 130	144.5	129.1	秦孝梅等(1984)
我国青少年运动员(42 项)	383	140.1	131.1	秦孝梅等(1984)
北京体院学生	111	147.6	130.1	宋成忠等(1978)

每一血红蛋白分子(见图4-8)由一分子的珠蛋白和四分子亚铁血红素组成,珠蛋白约占96%,血红素约占4%。

血红蛋白中的亚铁(Fe^{2+})在氧分压高时(肺内),易与氧结合,生成氧合血红蛋白(HbO_2),这种现象称氧合作用。在氧分压低时(组织内),与氧很易分离,把氧释放出来,供细胞代谢之需要,这种现象称为氧离作用。1 gHb能结合$1.33\sim1.34$ mL的O_2,因此100 mL血液可结合多达20 mL的O_2。

血红蛋白的正常值随年龄和性别有生理性的变化(见图4-9)。新生儿血红蛋白值较高,可达$150\sim230$ g/L,以后逐渐减少;$4\sim5$岁后又略有增加,约为130 g/L,男性成人高于女性成人。男子至$30\sim35$岁达到最高水平,以后逐渐下降;女子Hb则在13岁左右达到第一次高峰,以后逐渐下降,$20\sim30$岁维持于较低水平;$30\sim40$岁又逐渐升高达到第二次高峰。随着年龄增大男女差别减少,老年人血红蛋白值偏低。

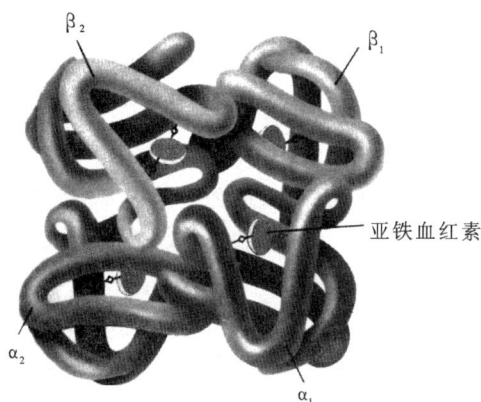

图 4-8　血红蛋白分子组成示意图

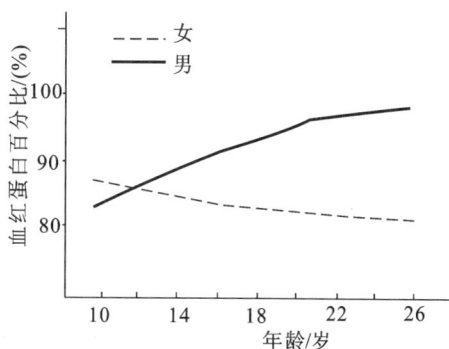

图 4-9　性别、年龄与血红蛋白的关系

Hb不仅有运输氧的作用,还有运输CO_2和缓冲血液酸碱度的作用。

Hb的含量对运动员的运动能力影响很大,对耐力运动员的专项素质尤为重要。因为运动时人体的代谢率增高,需氧量增大,酸性代谢产物增多,这时就需要更多的血红蛋白,才能增加氧的供应及增加缓冲酸性代谢产物的能力。如果血红蛋白和红细胞数量减少到贫血程度,就会导致运动能力下降。血红蛋白量较高就会出现良好的机能状态,从而提高运动能力。由于Hb指标相对稳定,又能较敏感的反映身体机能状态,所以运动训练中经常利用这一指标来进行运动员选材和评定运动员机能状态及运动能力。

1. 用Hb指标进行运动员选材

实践证明,按每名运动员的Hb平均值,可将Hb值的个体差异分为三个类型,即偏高型、正常型和偏低型。每一个基本类型中又可分为两个亚型,即:按标准差(SD)大于10 g/L为波动大者,小于10 g/L为波动小者。因此,理论上可以把运动员的血红蛋白分为六个类型。但实际工作中经常遇到的只有四个类型,即偏高波动小者、正常波动大者、正常波动小者和偏低波动小者。运动训练实践证明,以血红蛋白值高、波动小者为最佳。这种类型运动员能耐受大负荷运动训练,从事耐力性项目运动较好。而以血红蛋白值偏低波动小者为较差。

在运动员训练期间，每周或每隔一周测定一次血红蛋白，1~2个月左右就可以基本判定运动员属哪种类型。但也要注意，分析时应根据运动训练的实际情况综合分析，并和同队的其他队员进行横向比较才较为客观。这个指标在耐力性项目或速度耐力性项目运动员选材时可做参考。

2. 评定运动员机能状态

国外有关资料报道，运动员出现最佳成绩时，血红蛋白都在 135 g/L 左右，有时在 15 g/L 以上。血红蛋白过低或过高都会影响运动员的运动能力。低于正常值，即出现贫血，氧和营养物质供给不足，必然导致工作能力下降。Hb 值过高时，血液中红细胞数量和压积也必然增多。这样，血流的黏滞性增大，造成血流阻力增加和心脏负担加重，使血流动力学改变，也会引起身体一系列的不适应和紊乱。保持 Hb 值在最适程度范围，可使运动员达到最佳机能状态，这也是科学地进行训练的有效途径之一。

(四)红细胞的生成、破坏和调节

1. 生成

在骨髓内有原始血细胞(又称干细胞)，它在促红细胞生成素(erythropoietin，EPO 在肾脏形成)的作用下，分化成原始红细胞，再经过分裂发育成为网织红细胞。网织红细胞发展成为成熟红细胞便离开骨髓进入循环血中(见图 4-10)。一个原始红细胞通过繁殖分裂可产生 16 个成熟的红细胞。

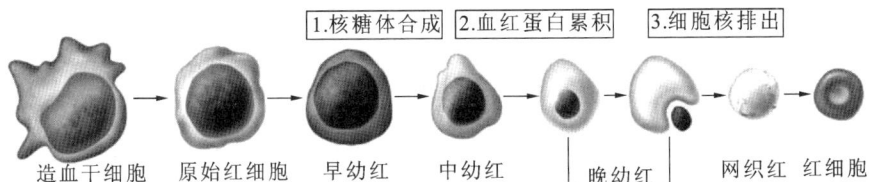

图 4-10　红细胞生成过程示意图

红细胞生成过程中需要有一定的物质，包括蛋白质、铁、维生素 B12、叶酸、维生素 C 等，如果供给不足，可引起贫血和影响红细胞的成熟。

2. 调节

当人体缺 O_2 或组织耗氧量增加时，如激烈运动、高原空气稀薄、失血等情况，体内产生促红细胞生成素增多，刺激骨髓造血组织，促进红细胞的生成，于是循环血中红细胞数增加，从而改善缺氧状况。当血中促红细胞生成素增加到一定浓度时，可反过来抑制红细胞的产生。通过这两方面的反馈作用，维持循环血液中红细胞数量的恒定。

3. 破坏

红细胞每天都不断新生和成熟，也不断衰老和破坏，其寿命平均为 120 天。红细胞衰老破坏的主要原因是代谢减退以及碰撞损伤，其破坏途径有两种：一是在血管内运行 1000 km 左右时，由于长时间机械力的作用使红细胞破碎；二是在血管外被脾、肝、骨髓外的网状内皮系统的吞噬细胞所吞噬。

（五）血型（blood group）

血型是指红细胞膜上特异抗原的类型。自 1901 年奥地利生物学家兰德斯坦纳（Landsteiner）首先发现人类红细胞的凝集现象后，经过 20 世纪数十年的实验研究和临床实践，根据红细胞所含凝集原的不同，至今已发现 25 个不同的红细胞血型系统。例如 Rh、MNSs、WN、Ss、P 等血型系统。并且发现血型并不是红细胞所独有的，而在白细胞、血小板、血清蛋白等都有其自身的血型。本文重点介绍 ABO 血型系统。

在人类 ABO 血型系统中，红细胞含有两种不同的凝集原（agglutinogen），叫凝集原 A 和凝集原 B，与此相对应，人类血清中含有两种不同的凝集素（agglutinin），叫抗 A 凝集素和抗 B 凝集素。当含有 A 凝集原的红细胞遇到抗 A 凝集素时，或者含 B 凝集原的红细胞遇到抗 B 凝集素时，就会发生一系列反应，使红细胞凝集成团。

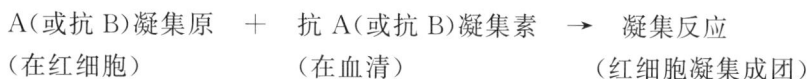

A（或抗 B）凝集原　＋　抗 A（或抗 B）凝集素　→　凝集反应
（在红细胞）　　　　　（在血清）　　　　　　（红细胞凝集成团）

根据红细胞中所含的凝集原 A 和凝集原 B，可将人类 ABO 血型系统分成四种主要类型（见表 4-3）。

表 4-3　人的 ABO 血型

血　型	红细胞膜上的凝集原	血清凝集素
O 型	无	抗 A＋抗 B
A 型	A	抗 B
B 型	B	抗 A
AB 型	AB	无

从表 4-4 可见，当 A 型红细胞与 B 型血清混合时，A 型红细胞就会凝集；当 B 型红细胞与 A 型血清混合时，B 型红细胞也会凝集；AB 型红细胞可被 A、B 型和 O 型血清所凝集；O 型红细胞没有凝集原，与 A、B 和 AB 型血清混合都不发生凝集。

ABO 血型的检测方法是，在双凹载玻片上分别滴上一滴 A 型血清、B 型血清，然后在每种血清中分别滴加一滴受检者稀释的血液，使红细胞和血清混匀并静置几分钟后，在显微镜下观察有无凝集现象发生（见图 4-11）。

输血时必须检查供血者的红细胞（凝集原）是否为受血者的血清（凝集素）所凝集，正常情况下应选择同型血，特殊紧急情况下可选择 O 型血，由于血液中还有许多其他的凝血因子，即使同型之间的输血也不是完全安全的。所以，只要条件允许，应在输血前进行交叉配血实验（见图 4-12）。

如果交叉配合的主侧和次侧均不发生凝集，即为配血相合，可以输血。凡主侧凝集的则为配血不合，禁止输血。主侧不凝集、次侧凝集的（一般见于 O 型供血者输给其他血型血，或 AB 型受血者接受其他血型），一般不宜输血，在特殊情况下进行异型输血时，输入的量不宜过多，速度不宜过快，并要求严密观察。同型血尤其是 A 型或 AB 型之间输血，也须做交叉配血试验(防止 A 亚型不合)。重复输血(同一供血者)仍须做交叉配血试验,以防止 Rh 血型不合引起的输血反应。

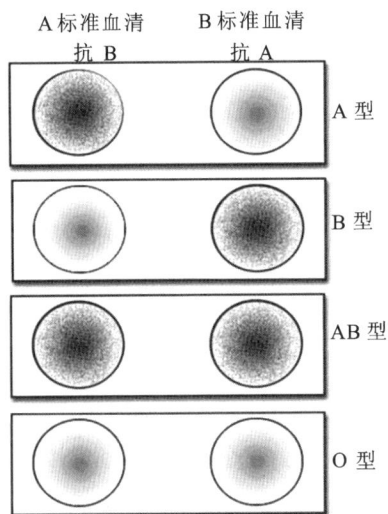

图 4-11　ABO 血型检验法

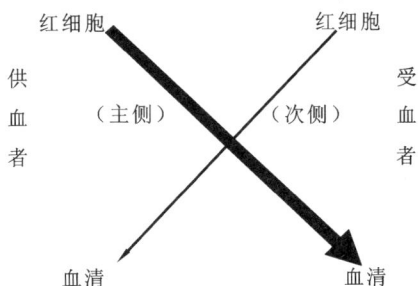

图 4-12　交叉配血实验示意图

三、白细胞(leukocyte or white blood cell,WBC)

(一)白细胞的形态和数量

白细胞(WBC)无色,有核,体积比红细胞大。根据形态差异可分为颗粒和无颗粒两大类。颗粒白细胞的细胞浆含有颗粒,根据颗粒染色的不同,分为中性粒细胞、嗜酸性粒细胞和嗜碱性粒细胞,无颗粒白细胞分为淋巴细胞和单核细胞(见图 4-13)。

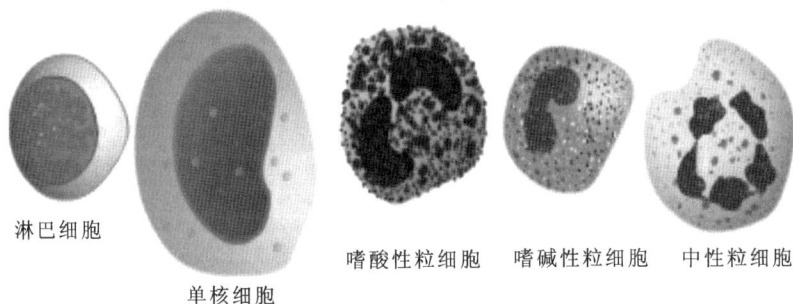

淋巴细胞　　单核细胞　　嗜酸性粒细胞　嗜碱性粒细胞　中性粒细胞

图 4-13　各种白细胞形态示意图

正常人安静时血液中白细胞数为$(4\sim10)\times10^9$ 个/L,白细胞的生理变动范围较大,一日之内,下午比早晨多;运动时比安静时多;进食后、炎症、月经期和分娩期都增多。训练程度、季节、气候对白细胞也有影响。

（二）白细胞的生理功能

白细胞主要参与机体的防御功能，不同种类白细胞具有不同的生理功能。白细胞的分类计数范围和主要机能见表 4-4。

表 4-4　正常成年人白细胞的分类计数范围和主要机能

白细胞名称	绝对数/（个/mm³）		百分率/（％）		主 要 机 能
	范围	均值	范围	均值	
白细胞总数	4 000～10 000	7 000			防御和保护
中性粒细胞	2 000～7 000	4 500	50～70	66	很强的变形运动和吞噬能力
嗜酸性粒细胞	0～700	100	0～7	1.5	可能与机体的过敏反应有关
嗜碱性粒细胞	0～100	25	0～1	0.5	能产生组织胺和肝素；参加过敏反应和抗凝作用
淋巴细胞（T、B）	800～4 000	1800	20～40	26	T 细胞参与细胞免疫；B 细胞参与体液免疫
单核细胞	80～800	450	2～8	6	有变形运动和吞噬活动；协助淋巴细胞发挥免疫功能

（三）白细胞的特性

白细胞具有渗出性、变形运动、化学趋向性和吞噬作用等特性（见图 4-14）。

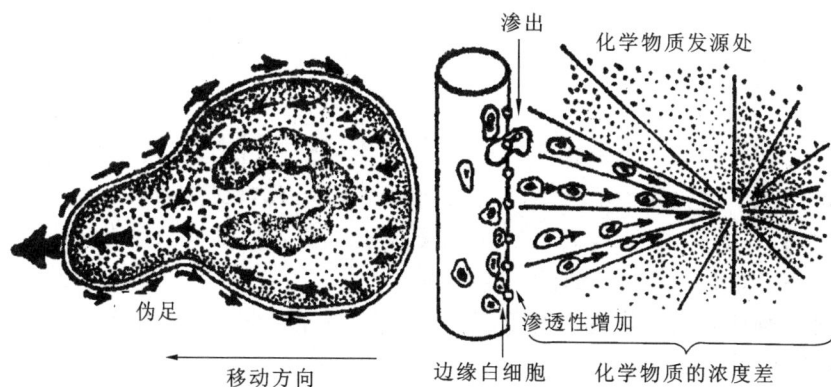

图 4-14　白细胞运动机理的假说示意图（右图表示白细胞对组织坏死处的化学趋向性）

（四）白细胞的生成与破坏

白细胞的生成和前述的红细胞生成一样，也是由起源于骨髓中的造血干细胞。不同白细胞的寿命不同，中性粒细胞进入组织 4～5 天后即衰老死亡或经消化道排出。若吞噬过量细菌后则释放溶酶体酶而发生"自我溶解"。单核细胞在血液中停留 2～3 天，然后进入组织,并发育成为巨噬细胞,在组织中可生存约3个月。淋巴细胞的寿命较难准确判断,因为这种细胞经常往返于血液-组织液-淋巴液之间。

四、血小板(platelets or thrmbocyte)

(一)形态和数量

血小板又称血栓细胞,主要来自骨髓中的巨核细胞,其数量正比于巨核细胞。全身三分之一以上的血小板储藏于脾脏内。血小板在止血、凝血及纤溶过程中起着重要作用,还与毛细血管的完整性的保持有关。其发挥作用与它所具有的黏附、聚集、释放等生理功能是分不开的。正常成人血小板的含量为$(100\sim300)\times10^9$个/L,其寿命为$8\sim12$天,代谢十分旺盛。在运动后、饭后、组织损伤、大量失血及传染病后恢复期,血小板增加;月经开始时,血小板减少。血小板减少到五分之一$[(20\sim50)\times10^9$个/L]时,就会引起皮肤和黏膜下出现血瘀。

(二)血小板的机能

血小板主要有表现有黏着、聚集、释放、收缩和吸附等特性,所以血小板的主要机能是促进止血和加速凝血,同时还具有保持血管内皮完整性的作用。

1. 促进止血和加速凝血

止血是指血管破损而出血时,出血得到制止;凝血是指血液凝固成块。血小板在止血和凝血过程中的作用如下。

血小板在毛细血管或小静脉的损伤部位聚集成团,形成血栓,阻塞损伤部位而止血。血小板可释放活性物质5-烃色胺,儿茶酚胺等,能引起局部血管平滑肌收缩,促进止血。血小板能释放一些与凝血有关的物质,如血小板第三因子,可加速在受损伤血管周围形成凝块,堵塞伤口;在血小板处还吸附血浆中与凝血有关的各种因子,因此,当血管受损时,血小板在受损部位发生黏着、聚集后,与凝血有关的各种因子的浓度大增,有利于纤维蛋白的形成。

2. 保持血管内皮的完整性

当血小板数降至每立方毫米5万以下时,毛细血管脆性增加,皮肤与黏膜出现紫癜,甚至发生自发性出血。动物实验证明,当血液中血小板减少时,红细胞能够通过毛细血管内皮细胞而钻出血管。在输入血小板后,就可防止红细胞的逸出。从电子显微镜下可看到血小板对血管内皮细胞的作用,在输入血小板后,血小板首先黏附于毛细血管内皮细胞上,而后逐渐融合并进入血管内皮细胞中。因此,血小板对保持血管壁内皮细胞的健全或对内皮细胞的修复,具有重要作用。

(三)血小板的生成与破坏

血小板是由骨髓的巨核细胞生成,在循环血液中的寿命为$7\sim14$天,平均为10天。在体内循环着的血小板只占20%~25%,而且还是初生成的血小板,具有止血作用;其余的大部分是衰老无活力的血小板,被肝、脾、骨髓的网状内皮细胞吞噬;小部分的老化血小板,会在循环过程中被破坏。血小板的破坏是促进血小板生成的主要条件,在人体内血小板的生成与破坏经常保持动态平衡。

第四节　血液凝固与抗凝

一、血液凝固(blood coagulation)

血液凝固是指血液由流动的液体状态变成不能流动的凝胶状态的过程,简称血凝。它是一系列顺序发生的酶促反应过程,其实质就是血浆中的可溶性纤维蛋白原转变成为不溶性的纤维蛋白的过程。参加凝血的因子有十几种,在正常情况下,大多凝血因子存在于血浆中,是无活性的酶原。自 1964 年 Macfarlane 和 Davies 等人分别提出凝血过程的"瀑布学说"以来,其内容不断得到补充和完善。"瀑布学说"的主要内容是:凝血是一系列凝血因子相继酶解激活的过程,其每一步酶解反应均有放大反应。血凝过程一旦开始,各种凝血因子便按一定顺序先后被激活,形成"瀑布"样的级联放大的正反馈反应链,直至血凝过程结束。

血凝过程分为 3 个主要阶段(见图 4-15):第一,凝血酸原激活物形成;第二,凝血酶原激活物催化凝血酶原转变为凝血酶;第三,凝血酶催化纤维蛋白原转变为纤维蛋白。

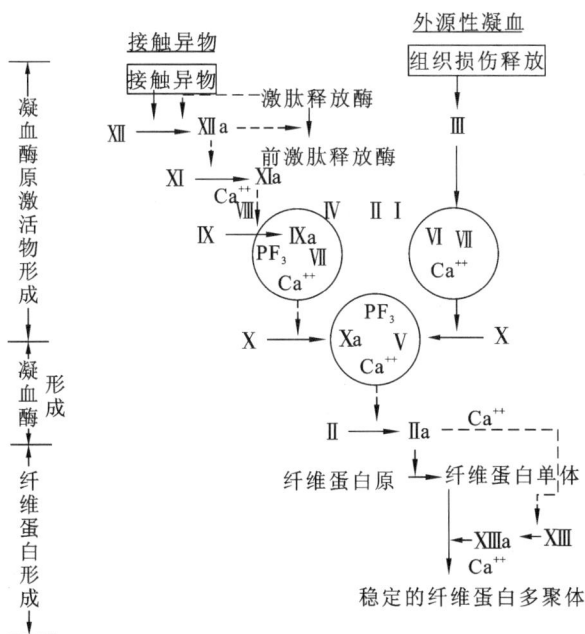

图 4-15　血液凝固过程示意图

上述过程中,Ca^{++} 作为一个重要的凝血因子,在多个环节上起促凝血作用,在临床上可用于添加 Ca^{++} 或除去 Ca^{++} 达到"促凝"或"抗凝"的目的。

二、抗凝系统

正常情况下,人体心血管系统中的血液保持流体状态,环流不息,并不发生凝固,是因为血液中既存在血凝,也存在抗凝系统。血凝和抗凝两个相互颉颃系统在正常时保持着平衡,机体正常的血液循环才能得以保证。

机体在活动中常会有轻微的血管损伤,体内会有低水平的凝血系统的激活,但循环血液并不会发生凝固,仍能保持状态。即使当组织损伤发生止血时,凝血现象也仅限于病变部位处的某一小段血管,并不延及未损部位。这除了与血流速度较快、血液循环不息,致使一些凝血因子不易被激活,即使激活后也容易被血流冲走;血管内皮细胞可释放前列腺素 I_2 和一氧化氮等活性物质,抑制血小板活化、聚集等作用,从而产生抗凝作用;纤维蛋白吸附凝血酶以及其他凝血因子,单核巨噬细胞可吞噬活化的凝血因子等作用有关外,还主要与体内的生理性抗凝物质有关。血浆中重要的抗凝物质主要有抗凝血酶Ⅲ、蛋白质 C 系统、组织因子途径抑制物和肝素等。

血液中还存在使纤维蛋白溶解和对抗其溶解的抗凝系统(见图 4-16)。正常血管中,少量、轻度的血凝会经常发生,如果所形成的血凝块不能及时被清除,将使血管阻塞,这种现象如不能立即消除将引起严重的后果。然而,正是由于在血浆中存在纤溶酶,它可使血凝时形成的纤维蛋白网被溶解,清除不必要的血栓,使血管变得畅通。同时,血浆中还存在对抗纤溶酶的抗纤溶酶,两者对抗的结果,可以使纤溶的强度在一定的范围内变动。如果纤溶过弱,可能导致血栓生成或纤维蛋白沉积过多等现象;纤溶过强,可使血液中的凝血因子消耗过多,产生出血倾向。纤溶系统对于限制血凝范围的扩展和保持血液流畅具有重要意义。

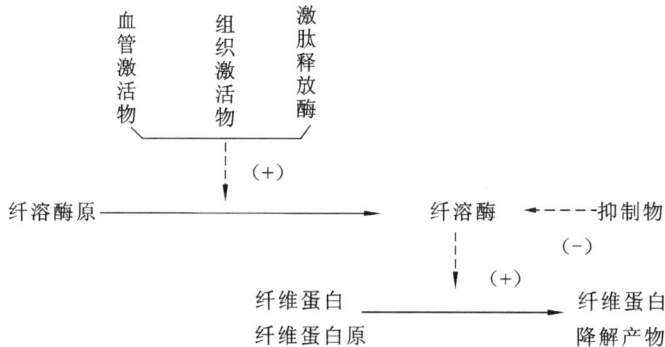

图 4-16 抗凝系统作用过程示意图

第五节 运动对血液有形成分的影响

一、运动对红细胞的影响

红细胞数目和血红蛋白的含量因运动而发生变化,其数量变化与运动的种类、运动强度和持续时间有关。有人报道,在 $100\% \dot{V}O_{2\,max}$ 强度运动后即刻,红细胞数目比运动前增加 10% 左右,运动后 $30\ min$ 也还有 5% 的增加。

(一)一次性运动对红细胞的影响

一般认为,进行短时间大强度快速运动比进行长时间耐力运动红细胞增加得更明显。在同样时间的运动中,运动量越大,红细胞增加越多。不过这种增多,在很大程度上是与血浆的相对和绝对减少有关。所以不能以单位容积血中红细胞的绝对数值作为评定红细胞数量变化的依据。

运动后即刻观察到的红细胞数增多,主要是由于血液重新分布的变化所引起的。长时间运动时,排汗和不感蒸发的亢进引起血液浓缩。运动中肌细胞中代谢产物如乳酸、无机磷酸盐等浓度升高,使细胞内渗透压增高,与毛细血管中血浆渗透压梯度增大,钾离子进入细胞外液使肌肉毛细血管舒张,这些因素均造成血浆水分向肌细胞和组织液移动,也使血液浓缩增加。而短时间运动后即刻的红细胞增多,有人认为,主要是贮血库释放的较浓缩的血液进入循环血,相对提高了红细胞的浓度。在短时间的静力性或动力性运动中,肌肉持续紧张收缩使静脉受到压迫,血液流向毛细血管增多,并贮留在那儿使毛细血管内压升高,血浆中的水分渗出,也使血液出现浓缩。

运动中红细胞数量的暂时性增加,在运动停止后便开始恢复,1～2 h后可恢复到正常水平。

(二)长期运动训练对红细胞的影响

在训练期间(特别是训练初期)或比赛期间 Hb 和红细胞数值减少,出现暂时性的贫血现象称为运动性贫血。这种现象在耐力性项目运动员中较为常见。产生的原因如下:①由于运动时体内产生代谢产物和化学物质等引起红细胞破坏增多:运动时由于脾脏分泌卵磷脂使红细胞脆性增加,细胞膜抵抗力减弱,加之血流加速,增大了摩擦力,而使红细胞破碎;②蛋白质补充不足;③由于缺铁,而引起贫血。如果调整运动量或补充足够的蛋白质,即可使贫血好转或预防贫血的出现。

经过长时间、系统的运动训练,尤其是耐力性训练的运动员安静时红细胞数并不比一般人高,在正常范围内的上限水平。由于运动员血容量增加与红细胞量增加相比在很大程度上是以增加血浆量为前提,所以血细胞容量的相应指标如红细胞数、红细胞压积(血细胞比容)、血红蛋白含量等比一般人有降低的趋势。虽然单位体积的红细胞数、血红蛋白量不高,但红细胞总数和血红蛋白总量较高(见表 4-5)。

表 4-5　运动员和非运动员的红细胞指标

研 究 对 象	红细胞浓度/(百万/mm³)	血红蛋白浓度/(g%)	血红蛋白总量/g	血红蛋白相对量/(g/kg 体重)
中长跑运动员($n=40$)	4.77	14.6	840	13.6
非运动员($n=12$)	4.97	15.1	747	11.3
滑雪运动员($n=27$)		16.0	1 061	15.6
摔跤运动员($n=14$)		15.6	984	13.2

(引自 R. M. 科查,王步标等译,1991)

二、运动对白细胞的影响

早在 20 世纪 30 年代就有人报道运动后外周血中白细胞增多的现象,之后又有众多的研究观察到这一现象。苏联的叶果罗夫和兰道斯把运动引起的白细胞增多称为肌动白细胞增多,并将其分为三个时相,即淋巴细胞时相、中性粒细胞时相和中毒时相(见表 4-6)。

表 4-6　运动过程中白细胞三个时相的变化

时　　相	中性粒细胞/(%)			嗜碱性粒细胞/(%)	嗜酸性粒细胞/(%)	淋巴细胞/(%)	单核细胞/(%)	白细胞总数/(个/mm³)
	幼稚	杆状	分叶					
安静时	1~2	2~5	55~65	0.5~1	2~5	25~30	3.8	5 000~8 000
淋巴细胞时相	1~2	2~5	44~55	0.5~1	2~5	40~50	3.8	10 000~12 000
中性粒细胞时相	1~2	26	65~75	0.5~1	1	12	3.8	10 000~18 000
中毒再生阶段	1~2	10~12	60	0.5~1	0	5~10	3.8	30 000~50 000
中毒变质阶段	1~2	26	60	0.5~1	0	5~10	3.8	20 000~25 000

(引自苏联 A. H. 克列斯托甫尼科夫)

淋巴细胞增多时相的主要特点是白细胞总数略有增加,可达每立方毫米 1 万~1.2 万个;淋巴细胞数增加到 40%~50%,中性粒细胞相对减少了 10%~15%,这些时相在肌肉始动工作时,短时间轻微体力活动后及赛前状态都可出现。此时淋巴细胞增多的原因,主要是由于肌肉活动使贮血库释放贮存血入循环,淋巴结也释放大量淋巴细胞入血循环所致。

中性粒细胞增多时相的主要特点是白细胞数明显增加,可达每立方毫米 1.6 万~1.8 万个。其中,中性粒细胞明显增加,淋巴细胞减少到 10%~12%,嗜酸性粒细胞减少到 1%~2%。此时相是有训练的运动员在进行长时间中等强度运动或大强度运动后出现的。

中毒时相可分为两个阶段,再生阶段和变质阶段。再生阶段的特点是白细胞总数大大增加,可达每立方毫米 3 万~5 万个,嗜酸性粒细胞消失。变质阶段的血液中白细胞被破坏,白细胞总数开始减少。出现中毒时相是没有训练的人在进行长时间的、大强度的力竭性运动时,引起造血器官机能下降的不良反应。

运动后白细胞的恢复与运动强度和持续时间有关。运动强度越大,持续时间越长,白细胞的恢复速度越慢。

三、运动对血小板的影响

训练水平较高的运动员以及一般不常参加体育活动的健康大学生,一次性剧烈运动后即刻血小板数量、血小板平均容积增加,血小板活性增强,循环血中血小板聚集趋势也增加。这些变化可能与运动时肾上腺素分泌增多有关,也可能与 ADP、血小板激活因子和花生四烯酸等因素有关。

【知识拓展】

运动员血液

由于运动训练可以使运动员的血液系统产生某些适应性变化,且这些变化有别于一般人(非运动员)。因此,有些学者提出了运动员血液的概念。

一、运动员血液概念

运动训练使经过良好训练的运动员的血液性状发生了一系列适应性变化,如纤维蛋白溶解作用增强,血容量增加,红细胞变形能力增强,血黏度下降等。这种变化在运动训练停止后是可以逆转的。具有这种特征的血液称为运动员血液。

Berry 等(1949)首先报道了经过良好训练的耐力运动员血红蛋白浓度及红细胞压积低于一般人,它与过去传统认为的运动员血液指标的概念完全相反。1979 年日本 Yoshimura 等首先提出了"运动员血液"的观点。直到 1988 年,Eichner 等对运动员血液特点进行了研究分析,才明确提出了"运动员血液"的概念,并认为运动员血液系统的改变是对运动良好适应的反映。

二、运动员血液特征

运动员血液应具备以下几方面的特征:

(一)纤维蛋白溶解作用增强

研究发现运动具有抗血栓形成作用,适度地参加运动训练能中等程度地增强纤维蛋白溶解作用。无论是休息状态或静脉血栓形成闭塞性的刺激后,进行 5 分钟的功率自行车运动到参加马拉松跑,都可以增强纤维蛋白溶解作用。5 分钟激烈运动后的纤维蛋白溶解作用的增强可以保持 90 分钟。

运动员血液的纤溶能力增强与一般人进行一次性运动所出现的纤溶作用暂时性增强是不同的。首先,运动员血液的纤溶能力增强是由于长时间系统的运动训练所引起的适应性改变,纤溶能力与训练年限成正比。其次,运动员血液的纤溶能力增强不是一时性的,只要保持有规律的经常性运动,就可使纤溶能力的增强持续性地存在。另外,运动员血液的纤溶能力增强并不完全表现为"亢进",而是具有双向性调整作用的,即对纤溶能力不足的,通过运动训练可调整为增强;而对于过分"亢进"的,通过运动训练又可调整为正常。虽然也有文献指出马拉松运动员偶有深部静脉血栓形成,但发病率极少,可能是运动时损伤所造成。大量研究证明,经常性运动训练有助于抗血栓形成。运动员血液的纤溶能力增强是训练良好的反映。

(二)血容量增加

运动员血液的第二个特征表现为血容量增加,这种血容量增加包括血浆容量和红细胞容量都增加,但是由于血浆容量增加相对于红细胞容量增加更显著,所以形成红细胞压积减少和单位容积中的红细胞数和血红蛋白含量减少,血液相对稀释变薄。

研究发现(图 4-17),经过训练的运动员的总血容量和血浆容量都增加,血浆容量增加更显著,红细胞比容从 44％ 下降至 42％,但是红细胞总量增加了 10％。红细胞比容会下降到疑似贫血的水平上,运动员的红细胞和血红蛋白浓度相当低(假性贫血)。这种假性贫血,是红细胞机能性稀释的反映,是一种适应及健康的表现,不能误认为"贫血"。

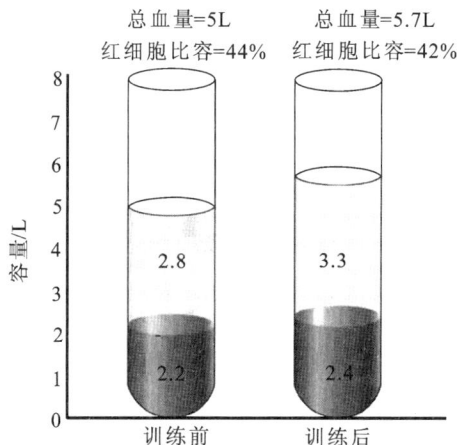

图 4-17　耐力训练前后血容量和血浆容量变化图

(引自 Wilmore et al.,2008)

(三)红细胞变形能力增强

红细胞变形能力增强是运动员血液的又一特点。经过系统训练的运动员安静时红细胞变形能力增强。有人认为,这是因为运动加快了对衰老红细胞的淘汰,以更年轻的红细胞代替,降低了红细胞膜的刚性,增加了膜的弹性。红细胞变形能力增强和血液稀释使红细胞压积减少,这两个因素都可使血液的黏度下降,从而改善血液流变性。

(四)血黏度下降

耐力训练引起血黏度下降的最主要的原因是血液相对稀释。除了红细胞压积增加较少之外,更重要的是大多数血浆不对称蛋白质(结构不对称、对血浆黏度影响较大的蛋白质,例如纤维蛋白原)也得到了稀释。这些蛋白质得到了稀释后,血黏度较容易出现下降。红细胞变形能力增强是促使血黏度下降的第三个原因。运动员血黏度下降的生理意义在于改善了血液的流变特性,使静脉血栓的发生率明显减少,有利于血液对各器官及工作肌灌注,改善微循环,增强血液的携氧能力和运输营养物质的能力,也提高对代谢废物的排出率。

三、运动员血液的生理意义

安静时运动员的血浆容量增加,血黏度下降,增大了运动时的心输出量,减少了血流阻力,加快了血流速度,改善了血液的流变特性,使静脉血栓的发生率明显减少,有利于血液对器官及工作肌灌注,改善微循环,增强血液的携氧能力和运输营养物质的能力,也提高对代谢废物的排出率,对于提高人体的运动能力尤其是有氧耐力有非常重要的意义。

【思考题】

　　1.何谓内环境,血液对维持内环境相对稳定的作用及意义。

　　2.试述血液的组成与功能。

　　3.试述血浆渗透压的组成及其生理意义。

　　4.试述血液在维持机体酸碱平衡中的作用。

　　5.试述血液凝固的基本过程,分析影响血液凝固的因素。

　　6.何谓运动性贫血? 简述运动性贫血产生的原因。

第五章　心血管机能与运动

心脏和血管组成了机体的心血管系统,血液在其中按一定方向周而复始地流动称为血液循环(blood circulation)。心血管系统的功能主要体现在以下六个方面:①运输氧和营养物质;②排除二氧化碳和其他代谢产物;③运送激素;④调节体温;⑤维持酸碱平衡和体液平衡;⑥免疫功能。

第一节　心　脏　生　理

一、心肌的生理特性

心脏主要由心肌细胞组成。根据组织学特点、电生理特性以及功能上的区别,心肌细胞可分为两类:一类是普通心肌细胞,构成心房壁和心室壁的主要部分,主要执行收缩功能,故又称为工作细胞;另一类是一些特殊分化的心肌细胞,除具有兴奋性和传导性之外,还具有自动产生节律性兴奋的能力,故称为自律细胞,由自律细胞组成心脏的特殊传导系统,包括窦房结、房室结、房室束(房结区、结区、结束区)及房室束在室间隔两侧的左右束支。左右束支分别在左右两侧心内膜深部下降,逐渐分为细小的分支,传到浦肯野纤维,再和心室肌细胞相连(见图 5-1)。

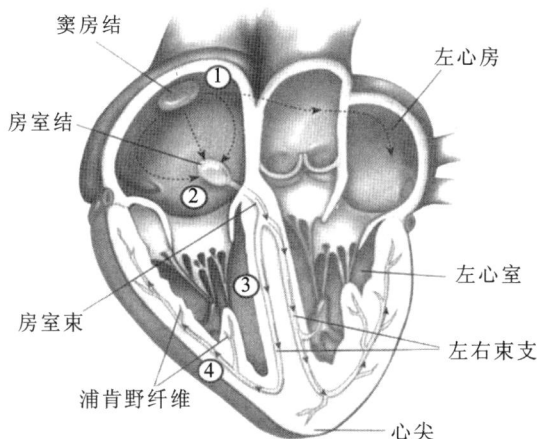

图 5-1　心脏传导系统模式图

(一)自动节律性(auto-rhythmicity)

自动节律性是指心肌在不受外来刺激的情况下自动地产生节律性兴奋和收缩的特性。心肌自律性源于心脏的特殊传导系统内的自律细胞,它具有自动产生节律性兴奋并传导兴奋的能力,但无收缩功能。心脏特殊传导系统中以窦房结的自律细胞自律性最高,为正常心脏活动的起搏点,以窦房结为起搏点的心脏活动称为窦性心律。窦房结以外部位为起搏点引起的心脏活动称为异位心率(节律)。

窦房结自律细胞的自动兴奋频率约为每分钟 100 次。但健康成人安静时由于窦房结的自律性经常处于迷走神经的抑制作用下,使安静时的心率维持于每分钟约 75 次。窦性心律的正常范围在每分钟 60～100 次之间,若高于 100 次称为窦性心动过速,低于 60 次称为窦性心动过缓。

(二)兴奋性(excitability)

心肌细胞同其他可兴奋细胞一样,具有在刺激作用下产生动作电位能力,即兴奋性。与神经或骨骼肌一样,心肌细胞每产生一次扩布性兴奋之后,兴奋性总要经历有效不应期、相对不应期和超常期,然后才恢复到正常这样的一段周期性变化(见图 5-2)。

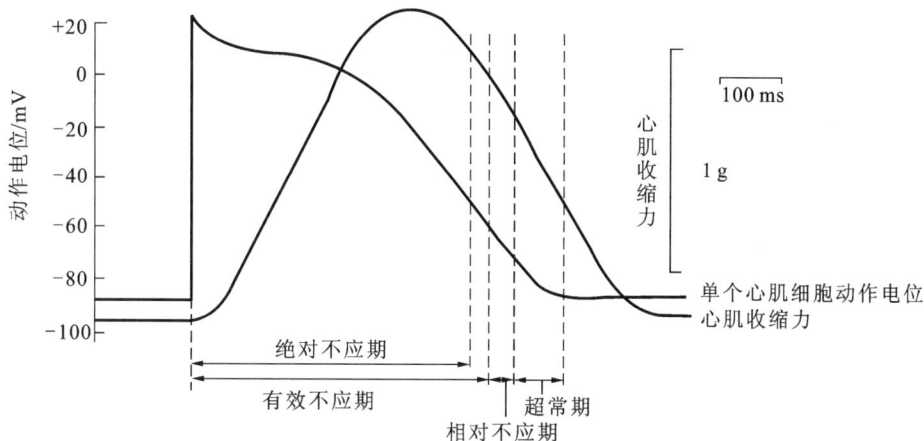

图 5-2　心室肌动作电位期间兴奋性变化及其与机械收缩的关系

心肌细胞兴奋性变化的特点是有效不应期特别长,绝对不应期一直延长至机械变化的舒张期开始以后,在此期内,任何刺激都不能使心肌发生兴奋和收缩。因此,心肌不会发生强直收缩。

正常心脏是按窦房结发出的兴奋进行节律性收缩活动的。在心肌正常节律的有效不应期结束后,人为的刺激或窦房结以外的其他部位兴奋,使心室可产生一次正常节律以外的收缩,称为期前收缩或期外收缩。由于期前收缩也有自己的有效不应期,所以紧接着期前收缩之后的一次窦房结的兴奋传到心室时,往往正好落在有效不应期中,因此不能引起心室兴奋,再一次窦房结的兴奋传到时才发生收缩。因而在一次期前收缩之后,往往有一段较长的心舒张期,称为代偿间歇(见图 5-3)。

(三)传导性(conductivity)

心肌细胞有传导兴奋的能力,称为传导性。心肌在功能上表现为合胞体,心肌细胞膜的任何部位产生的兴奋不但可以沿整个细胞膜传播,并能通过细胞之间的闰盘低电阻缝隙连接,传到另一个心肌细胞,从而引起整块心肌的兴奋和收缩。

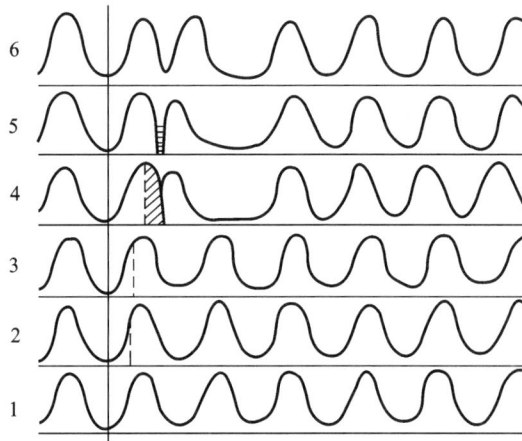

图 5-3　期前收缩和代偿间歇示意图

心脏特殊传导系统各部分的传导速度是不相同的(见图 5-4)。

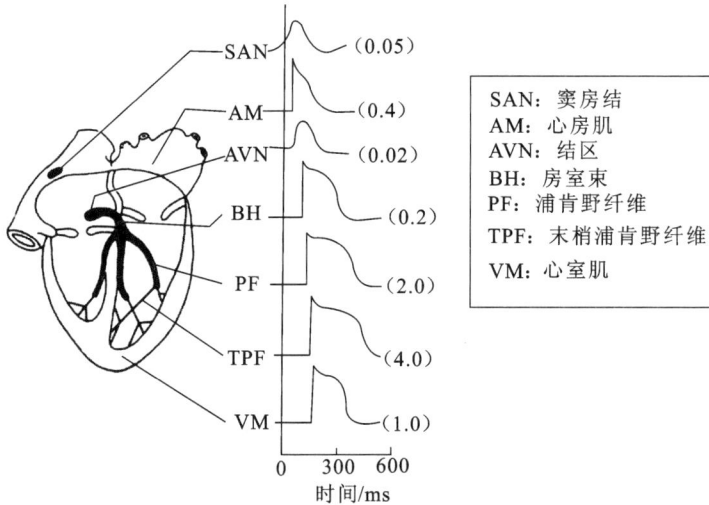

| SAN: 窦房结 |
| AM: 心房肌 |
| AVN: 结区 |
| BH: 房室束 |
| PF: 浦肯野纤维 |
| TPF: 末梢浦肯野纤维 |
| VM: 心室肌 |

图 5-4　心脏特殊传导系统各部分的传导速度

(引自张镜如,1998)

兴奋在房室交界处传导的速度较慢,传导延搁时间较长,约需 0.1 s,这种现象称为房室延搁。房室延搁的重要生理意义在于保证了房、室先后有序地收缩,使心室有充分的血液充盈。房室束和浦肯野纤维传导速度为 4 m/s,是心室肌传导速度的 6 倍,这对于保证心室肌的同步收缩是十分重要的。

(四)收缩性(contractility)

心肌细胞和骨骼肌细胞一样,在受刺激发生兴奋时,首先是细胞膜爆发动作电位,通过兴奋-收缩耦联引起肌丝滑行,使肌细胞缩短。但心肌细胞的收缩与骨骼肌细胞的收缩也不完全相同,其特点如下。

1. 对细胞外液的 Ca^{++} 浓度有明显的依赖性

心肌细胞和骨骼肌细胞都以细胞外液的 Ca^{++} 作为兴奋-收缩耦联的媒介。但是,心肌细胞的肌质网终池很不发达,容积很小,储存 Ca^{++} 量比骨骼肌细胞少。因此,心肌兴奋-收缩耦联所需的 Ca^{++} 除由终池释放外,更需要细胞外液中的 Ca^{++} 通过肌膜和横管内流。

2. "全"或"无"同步收缩

心房和心室内特殊传导系统的传导速度快,而心肌细胞间闰盘处的电阻低,兴奋可以在细胞间迅速传播,使整个心房或心室的所有心肌细胞几乎同时发生收缩。对于心室肌来说,这种同步收缩可大大提高心室的泵血效果。由于存在同步收缩,心脏要么不收缩,如果一旦发生收缩,其收缩就达到一定强度,称为"全或无"式收缩。

3. 不发生强直收缩

心肌发生一次兴奋后,其有效不应期特别长,可达 200 ms,而骨骼肌有效不应期仅为 2 ms。在有效不应期内,任何刺激都不能使心肌细胞再发生扩布性兴奋和收缩,因此,心脏不会产生强直收缩而始终保持收缩和舒张交替的节律活动,从而保证了心脏的充盈与射血。

二、心脏的泵血功能

(一)心动周期与心率

1. 心动周期(cardiac cycle)

心房或心室每收缩和舒张一次,称为一个心动周期。由于心脏由心房和心室这两个功能合胞体构成,心动周期包括心房的收缩期和舒张期以及心室的收缩期和舒张期。心脏的活动由一连串的心动周期组合而成,因此,心动周期可以作为分析心脏机械活动的基本单元。在心脏的泵血活动中,心室起主要作用,故心动周期常指心室的活动周期。

心动周期的长短与心率有关,如以正常成人平均心率 75 次/分计算,则一个心动周期为 0.8 s。一个心动周期中,两心房首先收缩,持续 0.1 s,继而心房舒张,持续 0.7 s。当心房收缩时,心室处于舒张期,心房进入舒张期后,心室开始收缩,持续 0.35 s,随后进入舒张期,占时 0.45 s。心室舒张的前 0.4 s 期间,心房也处于舒张期,这一时期称为全心舒张期(见图 5-5)。

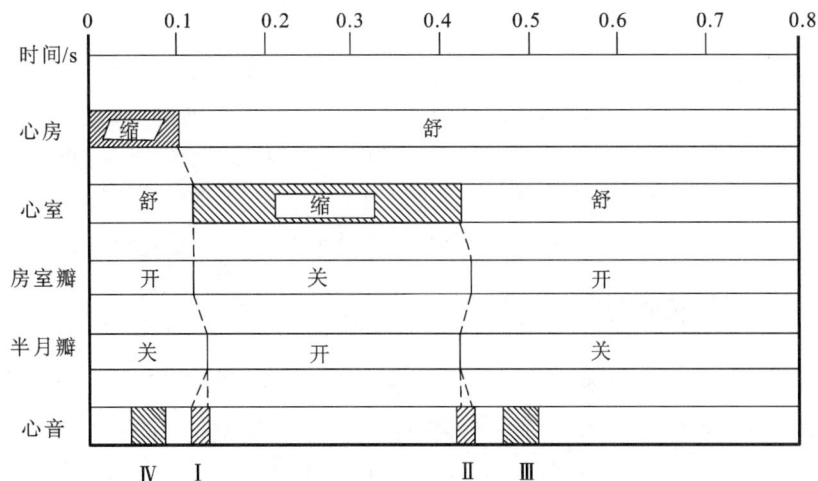

图 5-5　心动周期中心房和心室活动顺序和时间关系

正常时,左、右心房或心室的活动几乎是同步进行,且心房或心室的舒张期均长于收缩期,这样既有利于静脉血回心,又使心脏得到了充分的休息,所以有利于心脏更有效地射血。心动周期的长短与心率呈反比,当心率加快时,心动周期缩短,收缩期和舒张期均缩短,但以舒张期的缩短更明显。因此,心率过快时,由于舒张期的显著缩短而使心室充盈不足,回心血量减少,心肌得不到充分休息,将不利于心脏的持久工作(见表5-1)。

表 5-1　不同心率时每个心动周期中心室的收缩期与舒张期的时间比较

心率/(次/分)	心动周期/s	收缩期/s	舒张期/s
75	0.8	0.35	0.45
90	0.66	0.32	0.34
120	0.50	0.28	0.22
150	0.40	0.23	0.17
180	0.33	0.20	0.13

2. 心率(heart rate)

每分钟心脏搏动的次数叫心率。正常成人安静时心率在 60～100 次/分,平均为 75 次/分。心率有明显的个体差异,不同年龄、性别和不同的生理状况,心率都不相同。新生儿的心率可达 130 次/分,随着年龄增长,心率逐渐减缓,到青春期接近成年人心率。在成年人中,女性较男性快 3～4 次/分,训练良好的耐力运动员,安静、睡眠时心率较慢。卧位时的心率比站立时慢,体力活动、进食后、体温升高时及情绪激动和精神紧张时心率都可以加快。

心率的增加有一定的限度,这个限度叫最大心率。最大心率随年龄增长而递减,通常一般人最大心率约为 220-年龄。但这只是估算值,个体间存在明显差异。例如,一个 40 岁的人,估算的最大心率为 180 次/分,$HR_{max}=220-40$。实际上,68% 的同龄人最大心率在 168～192 次/分之间(平均值±1 个标准差);95% 的同龄人最大心率在 156～204 次/分之间(平均值±2 个标准差)。这表明利用年龄估算最大心率可能存在误差。目前,通用于所有年龄段且较为准确估算最大心率的公式为:$HR_{max}=208-(0.7×年龄)$。

(二)心脏的泵血过程

每一心动周期心脏射血一次,它开始于两侧心房收缩,称心房收缩期。心房收缩时心房内压升高,将其中血液挤入心室,而使心房容积缩小。心房收缩结束后即舒张,房内压下降,与此同时心室开始收缩。根据心室内压力、容积的改变、瓣膜开闭与血流情况,可将心室从收缩开始到舒张结束划分为等容收缩期、快速射血期、减慢射血期、等容舒张期、快速充盈期和减慢充盈期,各时相心室内压力、容积变化、瓣膜开闭及血流情况见表5-2。

三、心音(heart sound)

在心动周期中,心肌的收缩、瓣膜闭启、血液速度改变和形成涡流等因素引起心壁和大动脉壁的振动,通过周围组织的传导至胸壁,形成可用听诊器听到的特定声音,称为心音。每一个心动周期一般可以听到两个心音,即第一心音和第二心音。在某些健康儿童或青年人中,有时可听到第三心音。

表 5-2　一个心动周期各时相中心脏(左侧)内压力、容积和瓣膜开闭的各种变化

腔室	时相	时间/s	压力比较	房室瓣	半月瓣	腔容积	血流方向
心房	房缩期	0.1	房内压＞室内压	开	闭	缩小	心房→心室
心室	等容收缩期	0.06	房内压＜室内压＜动脉内压	闭	闭	无变化	无流动
	快速射血期	0.11	房内压＜室内压＞动脉内压	闭	开	迅速减小	心室→动脉
	减慢射血期	0.14	房内压＜室内压＞动脉内压	闭	开	继续缩小	心室→动脉
	等容舒张期	0.06	房内压＜室内压＜动脉内压	闭	闭	无变化	无流动
	快速充盈期	0.11	房内压＞室内压＜动脉内压	开	闭	迅速增大	心房→心室
	减慢充盈期	0.20	房内压＞室内压＜动脉内压	开	闭	继续增大	心房→心室

第一心音音调低,历时较长,为 0.14～0.16 s,在左侧第五肋间隙心尖处听得最清楚。此声音是由于心室肌收缩和房室瓣关闭时的振动,以及主动脉和肺动脉管壁在射血开始时所引起的振动而产生的,第一心音的出现标志着心室收缩的开始,称为心缩音。它的响度和性质的变化,常常反映心肌收缩的强弱和房室瓣的机能状态。

第二心音音调较高,时间较短,约 0.08 s,在第二肋间靠近胸骨左右缘听得最清楚。此声音是由于主动脉和肺动脉的半月瓣关闭时的振动所产生的,标志着心室舒张的开始,也称心舒音。它可反映半月瓣的功能状态。

当心瓣膜发生障碍时,即出现不正常的心音,称为杂音。

四、心泵功能的评定

评定心脏泵血功能是否正常,是医疗实践中的重要问题。以下是一些常用的评定心泵功能的指标。

(一)每搏输出量(stroke volume,SV)与射血分数(ejection fraction)

一侧心室每次收缩所射出的血量称为每搏输出量,简称搏出量。其大小可用心室舒张末期容积与收缩末期容积之差表示。正常成年人安静时,每搏输出量约为 70 mL。心室每次收缩并没有将心室内血流全部射出,搏出量只占心室舒张末期容积的一定比例。搏出量占心室舒张末期的容积百分比,称为射血分数。

$$射血分数 = \frac{每搏输出量(mL)}{心室舒张末期容积(mL)} \times 100\%$$

健康成年人,静息时的射血分数为 55%～65%。

每搏输出量和射血分数均与心肌的收缩力有关。心肌收缩力越强,心脏搏出量越大,心室内余血量越少,射血分数越高。肌肉活动时,射血分数会提高。

在评定心脏泵血功能时,若单纯以搏出量作指标而不考虑心室舒张末期的容积是不全面的。心脏功能正常时,每搏输出量与舒张末期的容积是相适应的。就是说,心室舒张末期

容积增大时,每搏输出量相应增加,其射血分数不变。但若心室病理性扩大时,心室功能减退,搏出量可能与正常人无异,但其射血分数明显下降。

(二)每分输出量与心指数

1. 心输出量(cardiac output)

每分钟由一侧心室射出的血量称为每分输出量,简称心输出量。

$$心输出量＝每搏输出量×心率$$

心输出量的大小要与机体代谢水平相适应,可因性别、年龄和生理状况不同而异。安静时,健康成年男子搏出量约为 70 mL,心率为 75 次/分,心输出量为 5 L/min 左右。女性比同体重男性的心输出量约低 10%,青年时期的心输出量高于老年,情绪激动或体力活动时心输出量增加。优秀运动员在剧烈运动时,心输出量可高达 25～35 L/min。

2. 心指数(cardiac index)

研究表明,人在安静时的心输出量与体表面积成正比。体表面积不同的个体,心输出量也不同。以单位体表面积计算出来的心输出量,称为心指数。中等身材的成年人体表面积为 1.6～1.7 m^2,在安静和空腹情况下心输出量为 5～6 L/min,故心指数为 3.0～3.5 L/(min·m^2)。安静或空腹情况下的心指数称为静息心指数,是分析比较不同个体心泵功能的常用指标。

心指数随不同生理条件而不同。年龄在 10 岁左右时,静息心指数最大,可达 4 L/(min·m^2)以上,以后随着年龄的增长逐渐下降,到 80 岁时,静息心指数接近 2 L/(min·m^2)。运动时心指数随运动强度的增加大致成比例增高。妊娠、情绪激动和进食时心指数均会增高。

3. 心输出量的影响因素

心输出量取决于心率和搏出量,机体通过对搏出量和心率这两方面的影响来改变心输出量。

1)每搏输出量对心输出量的影响

搏出量取决于心肌收缩的强度和速度。与骨骼肌类似,心肌收缩的强度和速度也受前负荷、后负荷和肌肉收缩能力的影响。

(1)前负荷——异长自身调节(heterometric autoregulation)　肌肉收缩前所受到的牵拉称为前负荷。心脏在舒张期时,由于血液充盈将引起心肌受到被动牵拉,这即是心肌的前负荷。前负荷使心肌具有一定的初长度,在一定范围内,心室舒张末期容积(压力)越大,初长度越长,心肌的收缩力量越强,搏出量和搏功越大。为了分析前负荷和初长度对心脏泵血功能的影响,可以在实验中逐步改变心室舒张末期压力和容积,并测量搏功,将一系列搏功对心室舒张末期压力或容积作图,即为心室功能曲线(见图 5-6),或者称为 Frank-Starling 曲线。心室功能曲线反映了左室舒张末期容积或充盈压与心室搏功的关系。这种由于心肌细胞本身初长度的改变引起心肌收缩强度的改变的调节形式称为异长调节。

心室前负荷是由心室舒张末期血液充盈量决定的,心室充盈量是静脉回心血量和心室射血后剩余血量的总和。

静脉回心血量主要受以下两个因素的影响。①心室舒张充盈期持续时间。心率增加时,心舒张期缩短,充盈不完全,充盈压降低,使搏出量减少。②静脉回流速度。静脉回流速度取决于外周静脉压与心房、心室压之差。压力差增大,可促进静脉回流。

射血后剩余血量与心肌收缩力有关。心肌收缩力强,射血分数大,剩余血量就减少。此外,心房收缩也能增加心室舒张末期的充盈量,从而增强心室收缩的强度。

（2）心肌收缩能力——等长调节 (homometric regulation) 心肌是合胞体,它的兴奋和收缩均表现"全或无"的现象,不

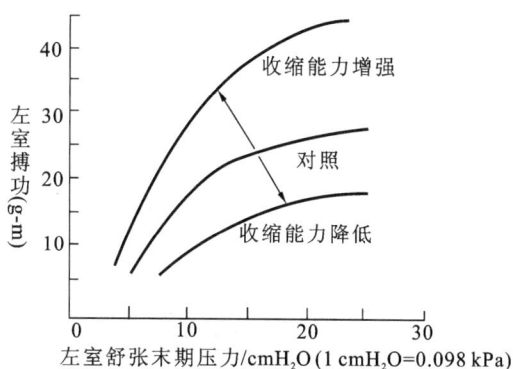

图 5-6　心室功能曲线

可能通过改变参加收缩肌纤维的数量来调节收缩强度,更不会产生强直收缩。心肌可通过改变其收缩能力来调节每搏输出量。心肌收缩能力(cardiac contractility)是指心肌不依赖于前、后负荷而能改变其力学活动的一种内在特性。在同样的充盈压下,心肌收缩能力增强(如在去甲肾上腺素的作用下)可使心室搏功增大(见图 5-6)。这种心肌收缩不依赖于负荷而改变来调节搏出量的特性,称为等长调节。

心肌的收缩能力主要依赖于兴奋-收缩耦联过程中兴奋时胞浆中的钙离子浓度、横桥与肌动蛋白联结体的数量、横桥 ATP 酶的活性等各个环节的影响。

（3）后负荷 后负荷是指肌肉开始收缩后才遇到的负荷。对于心室而言,动脉血压起着后负荷的作用,在心率、前负荷和收缩能力不变的情况下,当动脉血压升高时,后负荷增大,等容收缩期延长而射血期缩短;再加上射血期心肌纤维缩短速度和程度均减小,搏出量暂时减少。然而,搏出量的减少,使心室剩余血量增加,充盈量增加,初长度增加,通过异长调节搏出量又可以恢复到原有正常水平。如果动脉血压长期持续升高,机体将通过增加心肌收缩能力,使机体在动脉血压升高的情况下,能够维持适当的心输出量。但这种心输出量的维持是以增加心肌收缩力为代价的,久而久之,心脏将出现逐渐肥厚的病理改变,最终导致泵血功能的减退。

当大动脉血压降低时,若其他条件不变,则心输出量将增加。临床上用舒血管药物降低后负荷以提高心输出量,就是这个道理。

2）心率对心输出量的影响

心率是决定心输出量的基本因素之一。在一定的范围内,心率加快可使心输出量增加,但是如果心率太快(超过 170～180 次/分),舒张期缩短,心室缺乏足够的充盈时间,充盈量减少,每搏输出量可减少到正常的一半左右,心输出量开始下降。反之,心率低于 40 次/分时,心舒期延长,心室充盈早已接近最大限度,不能再继续增加充盈量和搏出量,故每分心输出量下降(见图 5-7)。可见,心率最适宜时,心输出量最大,心率过快或过慢,心输出量都会减少。

生理条件下的正常心率,取决于窦房结活动的节律性,窦房结的节律受到神经、体液、温度、代谢和环境等多种因素的影响。

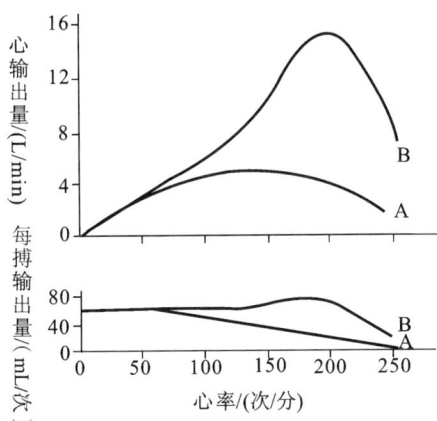

图 5-7 心率对每搏输出量和心输出量的影响

（A：静息；B：运动）

(三)心脏泵血功能贮备(cardiac reserve)

心输出量随机体代谢需要而增长的能力，称为泵血功能贮备，或心力贮备，包括心率贮备和搏出量贮备。健康成年人静息状态下的心率为 75 次，搏出量约 70 mL，心输出量约为 5 L/min。进行剧烈的体育运动时，心率可达每分钟 180～200 次，搏出量可增加到 150 mL 左右，心输出量可增至 25～30 L/min，是静息时的 5～6 倍。在静息状态下，心输出量并不是最大，但能够在需要时成倍增加，表明健康人心脏泵血功能有一定的贮备。

心力贮备取决于心率贮备和搏出量贮备。

1.每搏输出量的贮备

每搏输出量是心室舒张末期容积和收缩末期容积之差，每搏输出量贮备的变化又可分为舒张期贮备和收缩期贮备(见图 5-8)。

1)舒张期贮备

静息状态下舒张末期容积约为 125 mL，由于心肌的伸展性小，心室不能过分扩大，一般最大只能达到 140 mL 左右，即舒张期贮备只有 15 mL 左右。

2)收缩期贮备

安静状态下舒张末期容积约为 125 mL，搏出量为 70 mL，射血后心室剩余血量 55 mL。当心肌收缩能力增加时，能射出更多的血，使心室剩余血量不足 20 mL。可见通过动用收缩期贮备，就可使每搏输出量增加 35～40 mL。

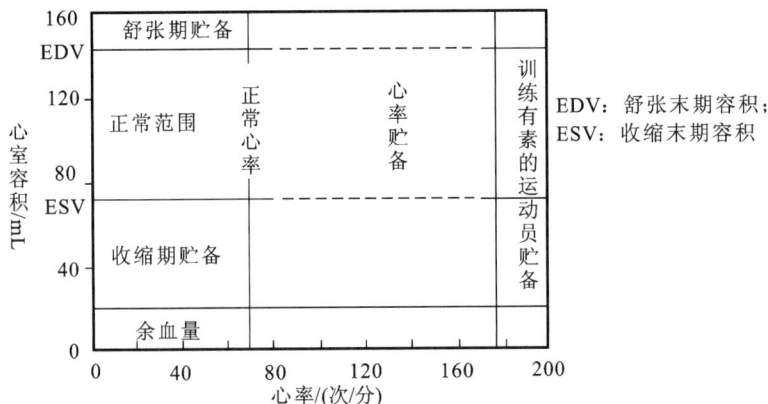

EDV：舒张末期容积；ESV：收缩末期容积

图 5-8 左心室心力贮备示意图

2.心率的贮备

心率的最大变化约为静息时心率的 2 倍。充分动用心率贮备，就可以使心输出量增加 2～2.5 倍。在正常成人中，能使心输出量增加的最高心率为 160～180 次/分，这就是心率贮备的上限。

心力贮备的大小反映心脏泵血功能对代谢需要的适应能力,也反映心脏的训练水平。耐力水平高的人,心力贮备明显高于一般人,其最大心输出量可达静息心输出量的5～6倍。个别优秀的耐力运动员甚至可达到静息输出量的8倍(40 L/min)。研究认为,坚持体育锻炼的人,心肌纤维较粗,心肌收缩力强,射血分数提高,因此每搏输出量贮备增加;同时,由于静息心率因训练而减慢,故心率贮备也增大。例如优秀耐力运动员的静息心率可低到50次/分以下,而运动时的最高心率达190～200次/分时,每搏输出量仍不减少,因此最大心输出量大幅度增加。

(四)心室舒张功能

研究发现,心室舒张功能较收缩功能更加敏感地反映了心脏泵血功能状态。当心肌出现疲劳或早期损伤时,心肌收缩功能通过代偿调节作用并不表现下降,此时心脏射血量并无明显降低,这种射血量的维持是通过加强心肌收缩功能来完成的,但心室舒张功能则可出现明显减弱,主要表现出心室快速充盈速率和快速充盈量下降,心室血液充盈量减少,最终会导致心脏泵血功能的降低。

五、心电图(electrocardiogram,ECG)

每个心动周期中,由窦房结发出的兴奋按一定的途径和时程,依次传向心房和心室,心脏兴奋的产生和传播时所伴随的生物电变化,可通过周围组织传导到全身,使身体各部位在每一心动周期中都发生有规律的电变化。用引导电极置于肢体或躯体的一定部位记录出来的心电变化的波形称心电图。心电图是整个心脏在心动周期中各细胞电活动的综合向量变化。它反映了心脏兴奋的产生、传导和恢复过程中的生物电变化,而与心脏的机械收缩活动无直接关系。

(一)正常典型心电图的波形及生理意义

常规心电图的记录通过在上下肢和胸前安置的电极可以从不同的角度记录到十二导联心电变化情况,包括三个标准肢体导联Ⅰ、Ⅱ、Ⅲ,三个加压单极肢体导联 aVR(加压右上肢导联)、aVL(加压左上肢导联)、aVF(加压左下肢导联),以及六个单极胸导联 V1～V6(见图5-9)。

一般心电图机的导线可分为红、黄、蓝、白、黑五种颜色,红色连线接右上肢,黄色连线接左上肢,蓝色连线接左下肢,黑色连线接右下肢,白色连线是心前导线(V1～V6)。操作时不必去死记正负极的连线,记住以上各种颜色的连线即可。

从不同导联上描写出来的心电图波形各有特点,但基本上包括一个 P 波、一个 QRS 波群和一个 T 波,T 波之后还可能出现一个 U 波。在心电图上,除各波的形状有特定的意义外,各波以及它们之间的时程关系也具有重要的理论和实践意义,其中比较重要的有 P-R(或 P-Q)间期、Q-T 间期和 S-T 段(见图5-10)。

P 波,表示左右心房兴奋去极化时产生的电变化。

QRS 波群,表示左右心室兴奋去极化时产生的电变化。

T 波,表示左右心室复极化过程。

P-Q(P-R)间期,指从 P 波的起点到 QRS 波起点之间的时程,表示心房去极化开始到心

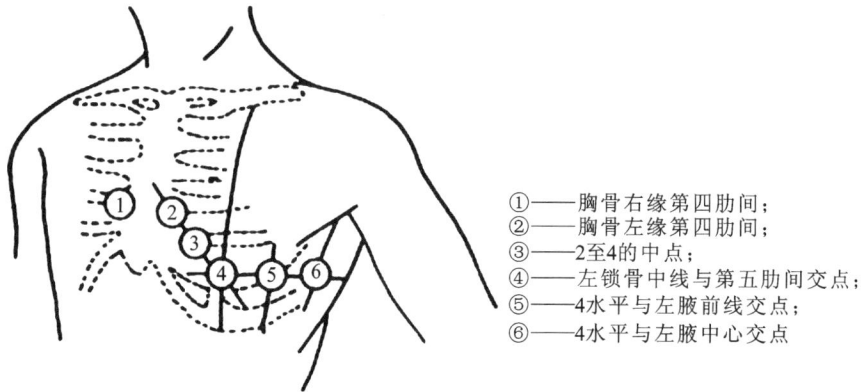

①——胸骨右缘第四肋间；
②——胸骨左缘第四肋间；
③——2至4的中点；
④——左锁骨中线与第五肋间交点；
⑤——4水平与左腋前线交点；
⑥——4水平与左腋中心交点

图 5-9 胸导联的探测电极安放的位置

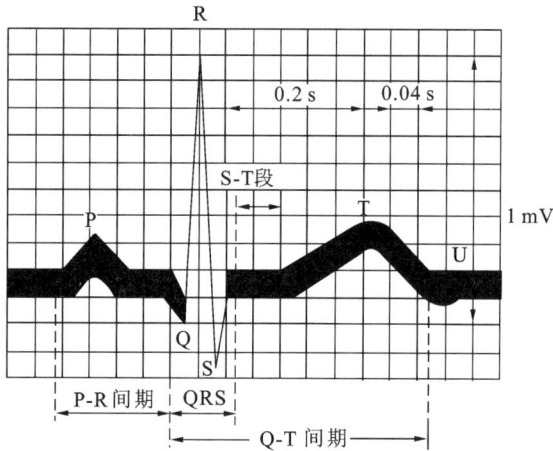

图 5-10 正常人心电模式图

室去极化开始所需要的时间。

S-T 段,指从 QRS 波群终点到 T 波起点之间的与基线平齐的线段,表示心室去极化完毕,复极化尚未开始,各部位之间无电位差。

Q-T 间期,指从 QRS 波起点到 T 波终点的时程,表示心室开始兴奋去极化到全部复极化所需的时间。

(二)动态心电图

动态心电图又称为 Holter 心电监测。动态心电图可记录 24 h 或更长时间的持续心电信息,可发现常规心电图难以显示的一过性心律失常和 ST-T 的改变等一系列心电变化。因此在临床医学中,动态心电图可提高心律失常的检出率,在判断某些症状与心律失常的关系和冠心病的诊断等方面有重要的价值。

近年来,由于训练强度的不断加大,运动员心律失常的发生率逐年增加,尤其在高水平运动员中更加明显,动态心电图目前已成为诊断运动员心律失常、评定运动员机能状态及安排科学训练和比赛的重要方法。

(三)心电图运动负荷试验

通过运动以诱发心肌缺血,导致心电图异常,借以诊断冠心病或判断受试者心脏功能的方法,称为心电图运动负荷试验。目前,临床常用的运动负荷试验方法有二阶梯双倍运动试验、跑台运动试验和功率自行车运动试验。

跑台运动试验时受试者在有一定坡度和速度的跑台上行走,运动负荷根据跑台的坡度和速度每 3 分钟增加一次,一般从 10°的坡度和 1.7 km/h 的速度至 22°的坡度和 6.0 km/h 的速度,共分 7 级。试验前进行常规 12 导联心电图描记,以便与监护导联心电图对照。试验过程中随时观察示波器上显示的心电图变化,如有异常应随时进行描记。在每次递增运动负荷前要先描记一次监护心电图,运动后即刻、2 min、4 min、6 min、10 min 各描记一次心电图。

当达到预期心率(可按 195－年龄计算)或当受试者出现典型心绞痛、严重心率失常、头晕、面色苍白、步态不稳或下肢无力不能坚持运动、运动中心电图出现 ST 段下降或下垂性下降大于 1 mm 以及在运动前 ST 段原基础上下降 1 mm 时终止试验。

跑台运动试验主要用于可疑冠心病患者的诊断,也可用于判断受试者心脏功能。

第二节 血管生理

血管(vessel)是一系列复杂分支的管道。人体除角膜、毛发、指(趾)内、牙质及上皮等处无血管外,血管遍及全身。

一、各类血管的功能特点

根据血管结构及功能特点,可将血管分为动脉(artery)、毛细血管(capillary)和静脉(vein)三大类。各类血管不仅管径和管壁厚度不同,而且构成管壁的内皮、弹力纤维、平滑肌和胶原纤维四种主要成分的相对比例也有很大差别(见图 5-11)。

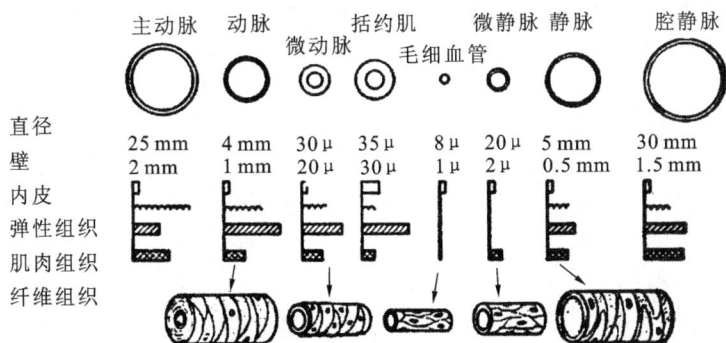

图 5-11　各类血管的管径、管壁厚度和管壁四种基本组织示意图

主动脉和大动脉管壁较厚,含有丰富的弹力纤维,因此弹性好,具有可扩张性和弹性回缩力,称为弹性贮器血管。

小动脉和微动脉的管径小,管壁富有平滑肌,后者的舒缩活动可使局部血管的口径和血流阻力发生明显的变化,从而影响所在器官、组织的血流量。小动脉和微动脉对血流的阻力约占总的外周阻力的47%,故称为毛细血管前阻力血管。

毛细血管数量极多,口径很细;管壁薄,只有一层内皮细胞,因此通透性好,是血液与组织细胞进行气体和物质交换的部位,故毛细血管又称为交换血管。

毛细血管汇合成微静脉和小静脉,在管壁逐渐又出现平滑肌。微静脉和小静脉平滑肌收缩也可使管径变小而增加血流阻力,故在功能上属于毛细血管后阻力血管。与相应的动脉相比,静脉数量多、管径大、管壁薄且易扩张。在安静状态下,静脉系统容纳了整个循环血量的60%~70%,起了贮血库的作用,故称为容量血管。

二、动脉血压(arterial blood pressure)

血压是指流动的血液对单位面积血管壁的侧压力。不同血管处的血压不同,一般所说的血压是指动脉血压。

(一)动脉血压的正常值

在一个心动周期中,动脉血压随着心室的收缩和舒张而发生规律性的波动。心室收缩时,动脉血压的最高值称为收缩压(systolic pressure),心室舒张时动脉血压的最低值称为舒张压(diastolic pressure)。收缩压和舒张压之差称为脉搏压或脉压(pulse pressure)。整个心动周期内各瞬间动脉血压的总平均称为平均动脉压,由于心脏的收缩期比舒张期短,所以平均动脉压的数值较接近舒张压,约等于舒张压+脉压/3。临床医学中动脉血压的习惯写法是"收缩压毫米汞柱/舒张压毫米汞柱",其法定计量单位的写法为收缩压 kPa/舒张压 kPa。

一定高度的动脉血压,是推动血液循环和保持各器官组织足够血流量的必要条件之一。正常人安静时的动脉血压较为稳定,变动范围较小,收缩压为 13.3~16.0 kPa(100~120 mmHg),舒张压为 8.0~10.6 kPa(60~80 mmHg),脉压为 4.0~5.3 kPa(30~40 mmHg)。血压随性别、年龄及其他生理情况的变化而变化。男性一般比女性略高。年龄增高,动脉血压也逐渐升高,但收缩压的升高比舒张压的升高更加显著。体力劳动、运动或情绪激动时血压可暂时性升高。国际上通用的成年人血压分级标准见表 5-3。

表 5-3 成年人(≥18 周岁)的血压分级值

类　　别	收　缩　压		舒　张　压	
	kPa	mmHg	kPa	mmHg
理想血压	13.3~16	100~120	8~10.6	60~80
正常血压	<17.3	<130	<11.3	<85
正常偏高血压	17.3~18.5	130~139	<11.3~11.8	85~89
一级高血压(轻度)	18.6~21.2	140~159	12~13.2	90~99
二级高血压(中度)	21.3~23.8	160~179	13.3~14.5	100~109
三级高血压(重度)	>23.9	180	>14.6	>110
低血压	<12	<90	<8	<60

注:kPa(千帕),1 kPa=7.52 mmHg,1 mmHg=0.133 kPa。

测定清晨卧床血压和一般安静时血压对运动员训练程度和运动疲劳的判定有重要参考价值。随着训练水平的提高,运动员安静时的血压可略有降低。如果清晨卧床血压较同年龄组血压高15%~20%,可能是运动负荷过大或运动疲劳所致。

(二)动脉血压的形成

动脉血压是在有足够量的血液充满血管的前提下,由心室收缩射血、外周阻力和大动脉弹性的协同作用产生的。

一般情况下,每次心脏收缩时,左心室向主动脉射出60~80 mL血液。此时由于血液质点的相互摩擦,以及血液与血管壁的摩擦而产生阻力(外周阻力),阻止血液顺利地从主动脉流向外周。一般在心缩期只有搏出量的三分之一,即20~30 mL的血液流向外周,其余的三分之二血液留在主动脉内,对管壁施加侧压力,拉长了管壁的弹性纤维,使动脉管壁被动扩张。这不但缓冲了动脉管壁突然增大的压力,而且更主要的是通过这种方式,将一部分能量以势能的形式贮存于被拉长了的弹性纤维中。心室舒张时射血停止,此时在心缩期被扩张了的主动脉,由于管壁弹性纤维的回缩,压迫血液继续向外周流动,并保持一定的血压。因此,主动脉管的弹性对血液循环起着两种作用:一是把心室收缩时释放的一部分能量以势能的形式贮存起来,于心舒期推动血液继续流动;二是缓冲动脉血压的变化,使心室收缩时动脉血压不致过高,舒张时动脉内血压不致过低(见图5-12)。

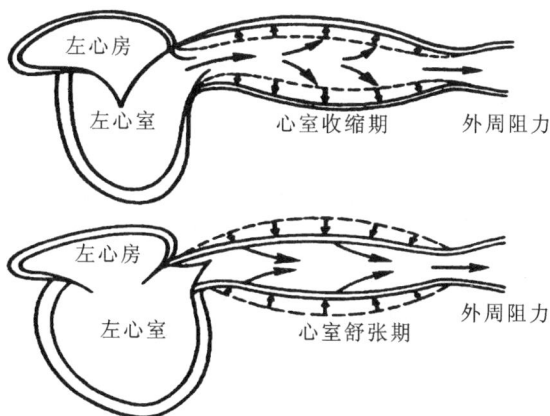

图5-12　动脉管壁弹性作用示意图

(三)影响动脉血压的因素

凡能影响心输出量、外周阻力和循环系统的血液充盈程度的因素都能影响动脉血压(见表5-4)。

1.每搏输出量

如其他因素不变,每搏输出量增加,心缩期心室射入主动脉和大动脉的血量大于流出动脉系统的血量,主动脉和大动脉内血量增加显著,故收缩压升高明显。由于动脉血压升高,血流速度加快,收缩期内增多的这部分血量仍可在心舒期流入毛细血管和静脉。到心舒期末,大动脉内存留的血量和每搏输出量增加之前相比,有增加但不多。因此,每搏输出量增加引起的动脉血压升高,主要表现为收缩压升高明显,舒张压升高不大,脉压增大。反之,每搏输出量减少,血压下降,主要是收缩压降低明显,脉压减小。可见每搏输出量的变化主要影响收缩压,而收缩压的高低也主要反映了每搏输出量的多少。

表 5-4　影响动脉血压的因素

因　　素	收缩压(SBP)	舒张压(DBP)	脉压	主要影响
每搏输出量(SV)↑	↑↑	↑	↑	收缩压
心率(HR)↑	↑	↑↑	↓	舒张压
外周阻力↑	↑	↑↑	↓	舒张压
主动脉与大动脉的弹性↓	↑↑	↓	↑	收缩压、脉压
循环血量与血管容积比↓	↓	↓	—	收缩压、舒张压

注:↑为上升,↓为下降,↑↑为显著上升,—为变化不明显。

2.心率

在每搏输出量和外周阻力都没有变化时,如果心率加快,由于心舒期缩短,在心舒期内流至外周的血液减少,所以心舒末期,储存于大动脉中的血液多,舒张压升高,脉压减小;反之,心率减慢时,则舒张压降低,脉压增大。

3.外周阻力

如其他因素不变,仅外周阻力加大时,心舒期中血液向外周流动的速度减慢,心舒期末存留在动脉中的血量增多,舒张压升高。外周阻力增加时,收缩期血压也升高,收缩压升高使血流速度加快,由于收缩压的升高不如舒张压的升高明显,所以脉压变小。反之,当外周阻力减小时,舒张压的降低比收缩压的降低更为明显,故脉压加大。可见,在一般情况下,舒张压的高低主要反映外周阻力的大小。

4.主动脉和大动脉的弹性贮存器作用

主动脉和大动脉管壁的可扩张性和弹性具有缓冲动脉血压变化的作用。老年人常因动脉管壁硬化,大动脉的弹性贮存器作用减弱,出现收缩压升得过高,舒张压降得过低,脉压增大。

5.循环血量与血管容量的关系

如前所述,循环系统平均充盈压是形成动脉血压的前提,而循环系统平均充盈压的大小,又取决于循环血量和心血管系统容积二者的相应关系。在正常机体内,循环血量与血管容量相适应,血管系统的充盈情况变化不大,只有在急性大失血以后,循环血量骤减,此时血管系统的收缩不足以代偿血量的减少,将使体循环平均压降低,从而使动脉血压下降。

以上对影响动脉血压各种因素的叙述,都是在假设其他因素不变的前提下,分析单一因素发生变化对动脉血压可能发生的影响。实际上,在机体完整的情况下,当一种因素发生改变时,机体将对其他因素重新调整,因此动脉血压的任何改变,往往是各种因素相互作用的综合结果。

三、动脉脉搏(arterial pulse)

在每个心动周期中,动脉内的压力发生周期性的波动,引起动脉血管发生搏动。这种由于心脏的收缩舒张所引起的动脉管壁扩张回缩的现象称为动脉脉搏。动脉脉搏产生后沿着血管壁向末梢传播出去,因此在浅表的动脉上可用手触摸到这种搏动。我国中医学的切脉就是以手指的触觉和压觉,分析桡动脉脉搏的频率、强弱以及其他特征,作为诊断疾病的重要指标之一。正常情况下脉搏的次数和心率是一致的,在运动实践中,常用测定脉搏来代替心率,以了解训练课的运动强度,运动后的恢复状况和运动员的身体机能水平。

四、静脉血压和静脉回心血量

(一)静脉血压

当体循环血液经过动脉和毛细血管到达微静脉时,血压下降至 $2.0 \sim 2.7$ kPa($15 \sim 20$ mmHg)。右心房作为体循环的终点,血压最低,接近于零。通常将右心房和胸腔内大静脉的血压称为中心静脉压,而各器官静脉的血压称为外周静脉压。中心静脉压高低取决于心脏射血能力和静脉回心血量之间的相互关系。如果心脏机能良好,能及时将静脉血泵回右心房并由右心室泵入肺动脉,则中央静脉压就较低,有利于静脉血回心。

(二)静脉回心血量及其影响因素

单位时间内的静脉回心血量取决于外周静脉压和中心静脉压的差,以及静脉对血流的阻力。故凡能影响外周静脉压、中心静脉压以及静脉阻力的因素,都能影响静脉回心血量。

1. 体循环平均充盈压

它是反映血管系统充盈程度的指标。当血流量增加或容量血管收缩时,体循环平均充盈压升高,静脉回心血量增多。

2. 心脏收缩力量

心脏收缩时将血液射入动脉,舒张时则可从静脉抽吸血液。如果心脏收缩力强,射血时心室排空较完全,在心舒期心室内压就较低,对心房和大静脉内血液的抽吸力量也就较大,静脉回心血量也就较高。

3. 体位、温度改变

当人体从卧位转变为立位时,身体心脏以下部位静脉扩张,容量增大,故回心血量减少。站立时下肢静脉容纳血量增加的程度可受到若干因素的限制,例如下肢静脉内的静脉瓣,以及下肢肌肉收缩运动和呼吸运动等。下肢静脉瓣膜受损的人,常不能长久站立。即使在正常人,如长久站立不动,也会导致回心血量减少,动脉血压降低,引起脑部缺氧而发生头晕甚至昏厥,称为重力性休克。

在高温环境中,皮肤血管舒张,皮肤血管中容纳的血量增多,如果人在高温环境中长时间站立不动,更易引起头晕和休克。长期卧床的病人,静脉管壁的紧张性较低,可扩张性较高,加之腹壁和下肢肌肉的收缩力量减弱,对静脉的挤压作用减小,故由平卧位突然站起来时,也可发生上述反应。

4. 骨骼肌的挤压作用

当骨骼肌做节律性收缩与舒张运动时,肌肉收缩可挤压肌内和肌肉间静脉血推向心脏方向流动;当肌肉舒张时,静脉内压降低,有利于血液从毛细血管流入静脉而使静脉充盈,同时,由于外周静脉中有瓣膜的存在,故可以防止血液倒流。这样,骨骼肌舒缩和静脉瓣一起,对静脉血回流起到了"泵"的作用,称为静脉泵或肌肉泵。

5. 呼吸运动

由于胸膜腔内负压的存在,胸腔内的大静脉和右心房处于充盈扩张状态。吸气时,胸内负压增大,大静脉和右心房更加扩张,中心静脉压下降,与外周静脉压之间的压力差加大,有利于外周静脉血液回流,回心血量相应增加。呼气时,胸内负压减小,静脉回心血量相应减少。可见呼吸运动对静脉回流也起着"泵"的作用。

五、微循环(microcirculation)

微循环是指微动脉和微静脉之间的血液循环。血液循环最根本的功能是进行血液和组织之间的物质交换,这一功能就是在微循环部分实现的。

(一)微循环的组成

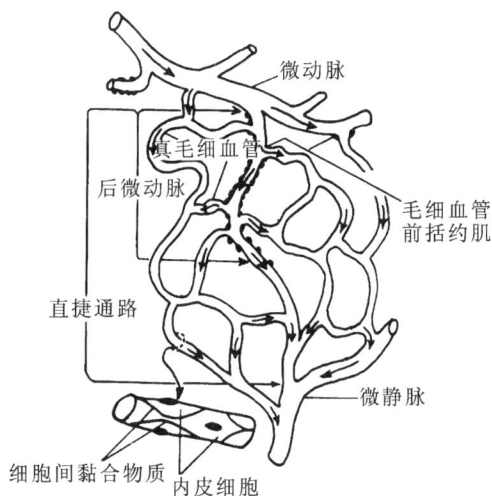

图 5-13　微循环模式图

典型的微循环由微动脉、后微动脉、毛细血管前括约肌、真毛细血管、微静脉、通血毛细血管和动-静脉吻合支组成(见图 5-13)。另外,微动脉和微静脉之间还可通过直捷通路和动-静脉短路发生沟通。直捷通路是指血液从微动脉经后微动脉和通血毛细血管进入微静脉的通路。通血毛细血管是后微动脉的直接延伸,其管壁平滑肌逐渐稀少以至消失。直捷通路经常处于开放状态,血流速度较快,其主要功能并不是物质交换,而是使一部分血液能迅速通过微循环而进入静脉。直捷通路在骨骼肌组织的微循环中较为多见。动-静脉短路是吻合微动脉和微静脉的通道,其管壁结构类似微动脉。在人体某些部分的皮肤和皮下组织,特别是手指、足趾、耳郭等处,这类通路较多。动-静脉吻合支在功能上不是进行物质交换,而是在体温调节中发挥作用的。

(二)毛细血管内外的物质交换

组织细胞和血液之间的物质交换需通过组织液作为中介;组织液与血液之间则通过毛细血管壁进行物质交换。毛细血管内外的物质交换主要通过以下三种方式。

1. 扩散

扩散是血液和组织液之间进行物质交换的最主要方式,是溶质分子顺浓度梯度发生净移动的不耗能过程。毛细血管内外液体中的分子,只要其直径小于毛细血管壁的孔隙,就能通过管壁进行扩散运动。水溶性物质,如 Na^+、Cl^-、葡萄糖、尿素等,可通过毛细血管壁上的孔隙进行扩散。脂溶性物质,如 O_2、CO_2 等,可直接通过内皮细胞进行扩散,因此整个毛细血管壁都成为扩散面,单位时间内扩散的速率更高。

2. 滤过和重吸收

当毛细血管壁两侧的静水压不等时,水分子就会通过毛细血管壁从压力高的一侧向压力低的一侧移动。当毛细血管壁两侧的渗透压不等时,可以导致水分子从渗透压低的一侧向渗透压高的一侧移动。在生理学中,由于管壁两则静水压和胶体渗透压的差异而引起的液体由毛细血管内向毛细血管外的移动称为滤过,而将液体向相反方向的移动称为重吸收。血液和组织液之间通过滤过和重吸收方式发生的物质交换,与通过扩散方式发生的物质交换相比,仅占很小一部分,但在组织液的生成中起重要的作用。

3. 吞饮

在毛细血管内皮细胞一侧的液体可被内皮细胞膜包围并吞饮入细胞内,形成吞饮囊泡。囊泡被运送至细胞的另一侧,并被排出至细胞外。因此,这也是血液和组织液之间通过毛细血管壁进行物质交换的一种方式。一般认为,较大的分子如血浆蛋白等可以由这种方式通过毛细血管壁进行交换。

第三节　心血管活动的调节

人体在不同的生理状况下,各器官、组织的新陈代谢情况不同,对血流量的需要也不相同。机体内存在神经和体液两种调节机制,可以对心脏和各部分血管的活动进行调节,从而满足各器官、组织在不同情况下对血流量的需要,协调地进行各器官之间的血流量分配。

一、神经调节

(一)心脏和血管的神经支配

1. 心脏的神经支配

支配心脏的传出神经为心交感神经和心迷走神经。

1)心交感神经及其作用

心交感神经节前纤维起自脊髓胸段 1～5 节灰质侧角的神经元,在星状神经节或颈神经节中更换神经元,节后纤维组成心上、心中、心下神经进入心脏,支配窦房结、房室交界、房室束、心室肌和心房肌等心脏的所有部分。心交感神经节后纤维末梢释放的递质是去甲肾上腺素,它对心脏有兴奋作用,可使心率加快,心肌收缩力加强。

2)心迷走神经及其作用

心迷走神经的节前纤维起源于延髓的疑核,到达心脏后,在心内神经节更换神经元,节后纤维支配窦房结、心房肌、房室交界、房室束及其分支。心室肌也由少数迷走神经支配。心迷走神经节后纤维末梢释放的递质是乙酰胆碱,它对心脏有抑制作用,可使心率减慢,心肌收缩力减弱。

2. 血管的神经支配

1）缩血管神经纤维

缩血管神经纤维都是交感神经纤维,其节前纤维起源于胸Ⅰ～腰Ⅲ节段灰质的中间外侧柱内,释放乙酰胆碱;节后纤维一部分沿动脉管壁分布,还有一部分加入躯体神经干内,分布到四肢及头部末梢血管,释放去甲肾上腺素。交感缩血管神经紧张性增强时,血管平滑肌收缩,血管的口径缩小,血流量减少,动脉血压升高。反之,当紧张性活动减弱时,小动脉舒张,外周阻力减小,血压下降。

2）舒血管神经纤维

舒血管神经纤维主要有交感舒血管纤维和副交感舒血管纤维两种。交感舒血管纤维的末梢释放的递质是乙酰胆碱。交感舒血管神经纤维不同于交感缩血管神经纤维,它在静息时不参与血管调节,只有当情绪激动、恐慌和准备做剧烈肌肉活动时才发挥调节作用,使肌肉中的血管扩张,血流量增加。人体骨骼肌可能也有这类交感舒血管神经纤维。副交感舒血管神经纤维只限于脑血管、肝血管及外生殖器等的血管,其末梢释放的递质也是乙酰胆碱。由于这类神经纤维的分布只局限于少数器官,因此只有调节局部血流量的作用,而对整个循环系统的外周阻力影响很小。

(二)心血管中枢(cardiovascular center)

在中枢神经系统中,与心血管反射有关的神经元集中的部位称为心血管中枢。实际上,与心血管活动有关的神经元广泛地分布在自脊髓至大脑皮层的各级部位。

1. 延髓心血管中枢

延髓的心血管中枢是调节控制心血管活动的基本中枢,对维持心血管最基本正常活动起着重要作用,它与同样位于延髓的呼吸调节中枢一同被称为"生命中枢"。但在正常情况下,延髓心血管中枢并不是独立地完成心血管活动的调节。

一般认为,延髓心血管中枢至少可以包括以下四个部分的神经元,即位于延髓头端腹外侧部的缩血管区、位于延髓尾端腹外侧部的舒血管区、位于孤束核的传入神经接替站和位于延髓的迷走神经背核和疑核的心抑制区。

延髓心血管中枢主要对血压、心输出量和器官血流量分配等进行调节,其活动受到下丘脑等上位中枢的直接影响。

2. 延髓以上部位的心血管神经元

一般来说,在中枢神经系统中,越是高位的神经元,对机体各种功能的整合也越完善。位于延髓上方的脑干部分及大脑和小脑都有调节心血管活动的神经元,其中下丘脑是调节心血管活动十分重要的整合部位。在大脑中,特别是边缘系统的一些结构,能够影响下丘脑或脑干其他部位的心血管神经元的活动,使心血管活动适应于身体所处的各种生理、心理状态。此外,大脑皮层运动区兴奋时,可引起骨骼肌中的血管舒张。刺激小脑的一些部位也可引起心血管活动的反应。

(三)心血管反射(cardiovascular reflex)

心血管活动的神经调节是通过心血管反射实现的。各种心血管反射的生理意义都在于维持体内环境的相对稳定以及使有机体适应于外界环境的各种变化。体内较重要的心血管反射有颈动脉窦和主动脉弓压力感受性反射、颈动脉体和主动脉体化学感受性反射、心肺感受器引起的心血管反射和本体感受性反射。

1.颈动脉窦和主动脉弓压力感受性反射(简称减压反射)

人和许多哺乳动物的颈脉窦和主动脉弓的血管外膜下有丰富的对压力变化非常敏感的感觉神经末梢,分别称为颈动脉窦和主动脉弓压力感受器(见图 5-14)。当动脉血压升高时,上述感受器兴奋,冲动分别经窦神经(入舌咽神经)和迷走神经进入延髓后,一方面使心迷走中枢的活动加强;另一方面又使心交感中枢和交感缩血管中枢活动减弱。这些中枢活动的改变进一步调节心脏和血管的活动,其总的效果是使心脏的活动不致过强,血管外周阻力不致过高,从而使动脉血压有所降低,因此这种压力感受性反射(baroreceptor reflex)又称为减压反射(depressor reflex)。减压反射是一种典型的负反馈调节,它的生理意义在于保持动脉血压的相对稳定。

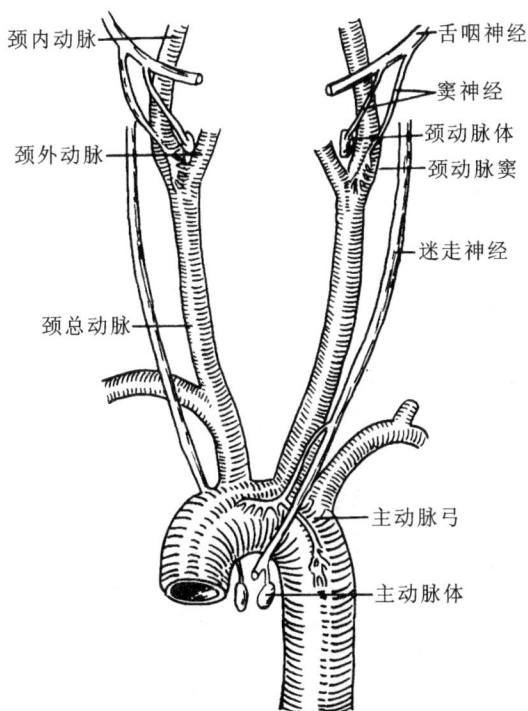

图 5-14　颈动脉窦区与主动脉弓区的压力感受器与化学感受器

2.颈动脉体和主动脉体化学感受性反射

当血液缺氧、二氧化碳过多或 H^+ 浓度升高时,可刺激颈动脉体和主动脉体的化学感受器,使其兴奋,冲动沿窦神经和迷走神经传入延髓,一方面刺激呼吸中枢,引起呼吸加强;另一方面也刺激心血管中枢,使心率加快,心输出量增加,脑和心脏的血流量增加,而腹腔内脏和肾脏的血流量减少。

在正常情况下,化学感受性反射对呼吸起经常性调节作用,但对心血管活动的影响却很小。只有在缺氧窒息、失血、酸中毒等异常情况下,才对心血管活动发挥比较明显的作用,使血压升高,改善血液循环。

3. 心肺感受器引起的心血管反射

在心脏和肺循环大血管壁内存在着许多感受器,总称为心肺感受器。其传入神经位于迷走神经内。按受适宜刺激的性质,可将心肺感受器分为两类:一类是感受压力和容量变化的,称为容量感受器;另一类是感受前列腺素、缓激肽等化学物刺激的,称为化学感受器。当血容量增大或某些化学物质刺激时,引起的反射效应是交感紧张性降低,迷走神经紧张加强,导致心输出量减少,外周血管阻力降低,故血压下降;肾交感神经活动明显受到抑制,增加了水和钠的排出量;抑制下丘脑升压素分泌,也会导致肾排水增多。

4. 本体感受性反射

骨骼肌的肌纤维、肌腱和关节囊中有本体感受器。肌肉收缩时,这些感受器受到刺激,反射性地引起心率加快,血压升高。目前认为强烈的肌肉运动一开始,心率立即加快,是神经反射所引起的,而本体感受性反应可能是其中的一部分。

二、体液调节

体液调节是指血液和组织液中的化学物质对心肌和血管平滑肌的调节作用。这些体液因素中,有些是通过血流携带的,可广泛作用于心血管系统;有些则在组织中形成,主要作用于局部的血管,对局部组织的血流起调节作用。

(一)肾上腺素和去甲肾上腺素

肾上腺素和去甲肾上腺素均由肾上腺髓质分泌,它们在化学结构上同属于儿茶酚胺类。当情绪激动、体力劳动或剧烈的肌肉运动时,交感神经兴奋,刺激肾上腺髓质细胞分泌肾上腺素和去甲肾上腺素进入血液,调节心血管活动。肾上腺素可使心率加快,心肌收缩力量加强,心输出量增加,血压升高;对外周血管的作用可使皮肤、肾脏、肠胃等内脏的血管收缩,而使骨骼肌和肝脏中的血管及冠状血管舒张,这对保证肌肉运动时外周血液的重新分配,使血液大量流经骨骼肌,满足其代谢增强的需要具有重要意义。去甲肾上腺素虽然也能使心脏活动加强,但其作用比肾上腺素小。去甲肾上腺素对血管的作用是对体内大多数血管(冠状血管除外)都有明显的缩血管作用,导致外周阻力增大,动脉血压升高。

因此,肾上腺素和去甲肾上腺素对心血管的作用虽有相似之处,但是侧重不同。前者更主要表现出增强心脏活动,升压作用较弱;后者则主要表现出升高血压,强心作用较弱。

(二)肾素-血管紧张素

肾脏的近球细胞可分泌一种蛋白水解酶,称为肾素。肾素进入血流后可将血浆中的血管紧张素原转变成有活性的血管紧张素。血管紧张素具有直接强心升压作用,也可通过刺激交感神经中枢以及促使交感神经末梢释放去甲肾上腺素的方式使心脏收缩加快,力量加强、心输出量增加,使皮肤及内脏器官血管显著收缩,最终导致外周阻力增加,血压升高。当人体大量失血时,由于血压显著下降,肾血流量减少而使肾素大量分泌,血管紧张素也相应增加,使机体的外周血管出现广泛而持续地收缩,从而防止血压过度下降。可见血管紧张素的产生,是机体抵抗低血压的一种应急措施。

(三)血管升压素

血管升压素是在下丘脑视上核和室旁核一部分神经元合成并进入垂体后叶,经垂体后叶释放进入血液循环,主要通过促进肾远曲小管和集合管对水的重吸收,减少尿生成量,提高基础血量而升高血压,故又称为抗利尿激素。在禁水、失水、失血等情况下,血管升压素释放增加,不仅对保留体内液体量,而且对维持动脉血压都起重要的作用。

(四)心钠素

心钠素是由心房肌细胞合成和释放的一类多肽,可使血管舒张,外周阻力降低;也可使每搏输出量减少,心率减慢,故心输出量减少。心钠素作用于肾的受体还可以使肾排水和排钠增多。此外,心钠素还能抑制肾近球细胞释放肾素,抑制肾球状带释放醛固酮,从而导致体内细胞外液量减少,在脑内,心钠素可以抑制血管升压素的释放。心钠素是体内调节水盐平衡的一种重要体液因素。

此外,内皮素、激肽、组织胺、一氧化氮、前列腺素等物质也对心血管活动产生重要的影响。

三、局部血流调节

如果将调节血管活动的外部神经、体液因素都去除,则在一定血压变动范围内,器官、组织的血流量仍能通过局部的机制得到适当的调节。这种调节机制存在于器官组织或血管本身,故也称为自身调节。一方面局部调节通过组织代谢过程产生的代谢产物来完成。当组织代谢活动增强时,局部组织中氧分压降低,代谢产物急剧增加。CO_2、H^+、腺苷、ATP、K^+等能刺激局部的微动脉和毛细血管前括约肌舒张,使局部的血流量增多,能向组织提供更多的氧,并带走代谢产物。另一方面通过血管平滑肌自身肌源性活动来完成。血管平滑肌有一个特性,当受到牵张时其收缩性会有所增强,因此,当供应某一器官的血管的血量突然增加时,由于血管平滑肌受到牵张刺激,于是肌源性活动增强,这种现象在毛细血管阻力血管段特别明显,其结果是器官的血流阻力增大。器官血流量能因此保持相对稳定。

第四节　运动对心血管系统的影响

一、运动时心血管功能的变化

(一)心率

1. 运动时心率的变化

运动时心率变化速率与幅度因运动强度、时间和个体而异。研究表明,机体完成同一较小强度运动时,心率在运动初期出现迅速上升,达到一定水平后较长时间维持在一个波动不大的范围,即稳定状态心率,提示这段时间各系统机能处于相对稳定状态,它是满足循环需求的最佳心率。随着运动的持续,机体各系统机能平衡被破坏后,心率将出现再次增高直至达到最大心率(见图 5-15)。机体完成同一大强度运动时,由于机体代谢水平很高,各系统机能不能保持在相对稳定的状态,因此心率的变化将持续增高至最大心率(见图 5-16)。

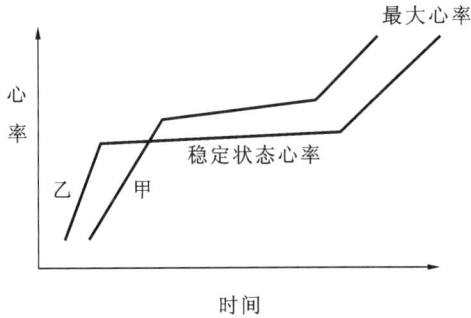

图 5-15　同一较小强度运动时心率的变化　　图 5-16　同一较大强度运动时心率的变化

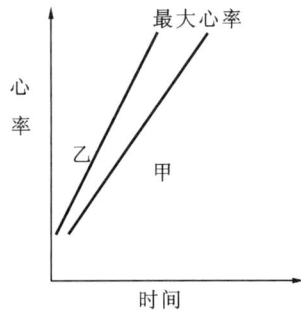

2. 测定心率(脉搏)在运动实践中的应用

1)作为评定运动强度的生理负荷指标

在一定范围内,心率随运动强度增加而呈正比例增加(见图 5-17)。当接近最大强度运动时,心率出现平台期,不会随着运动强度的增大而增加,这意味着心率已经接近最大值即最大心率(见图 5-18)。

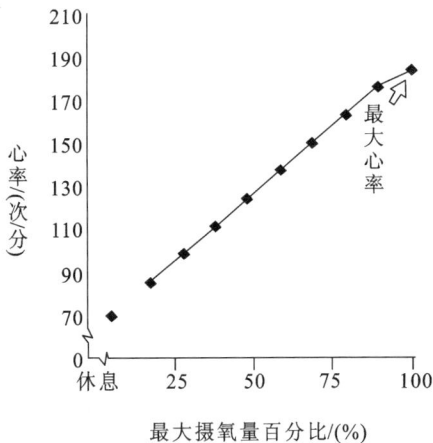

图 5-17　心率与最大摄氧量百分比的关系
(引自 Wilmore et al. ,2008)

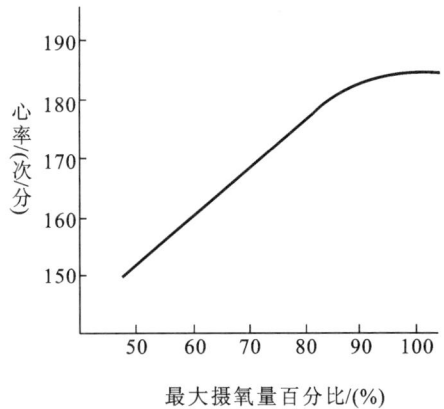

图 5-18　心率与运动强度的关系
(引自 Richard A. Berger,1982)

在运动生理学中,目前广泛使用最大摄氧量百分比来表示运动强度。Astrand 等在 19 世纪 50 年代对 80 名男女成年人的研究证明,心率和吸氧量及最大吸氧量呈线性相关,并发现最大心率百分比和最大吸氧量的百分比也呈线性相关,这为用心率来评定运动强度奠定了理论基础。

心率范围与运动强度关系如下:185 次/分(或 190 次/分)至最大心率,视为极限强度;170 次/分至 185 次/分(或 189 次/分),视为亚极限强度;150 次/分至 169 次/分,视为大强度;120 次/分至 149 次/分,视为中等强度。

根据生理和主观体力感觉的运动反应来进行运动强度分类(见表 5-5)。

表 5-5　运动强度分类

强度	$\dot{V}O_{2max}$ 百分比(%)	HR_{peak} 百分比(%)	HRR 百分比(%) /VO_2R 百分比(%)	RPE(级)
低	37～45	57～63	30～39	9～11
中等	46～63	64～76	40～59	12～13
高	64～90	77～95	60～89	14～17
次最大至最大	≥91	≥95	≥90	≥18

注:HR_{peak},峰值心率;HRR,心率储备;VO_2R,摄氧量储备;RPE,主观体力感觉等级。

(编自:Gonçalves et al.,2021;Garber et al.,2011)

2)评定心脏功能及身体机能水平

安静时一般人和运动员心脏机能之间的差异并不十分明显,只有在进行强度较大的运动时,这种差异才能明显地表现出来。通过定量负荷或最大强度负荷试验,比较负荷前后心率的变化及运动后心率恢复过程,可以对心脏功能及身体机能水平做出恰当的判断。目前常用的定量负荷试验有一次负荷试验、联合机能负荷试验及台阶试验等。

图 5-15 表示甲、乙两名受试者,在进行同一负荷强度运动时,体能较佳者(即心肺耐力较好者)的稳定状态心率通常比体能较差者低。因此,稳定状态心率是预测心肺能力的一个有效指标,较低的稳定状态心率表示心肺机能较好。

图 5-19 表示两个年龄相同的不同个体在功率自行车上进行次最大递增负荷运动测试的结果。两名受试者估算的最大心率相近,但最大运动能力的差异却很大,受试者 A 的体能水平比受试者 B 高,是因为:①在同样的次最大强度下,受试者 A 的心率较低;②受试者 A 推算出的最大心率反映出他的最大运动能力更强。

当两个人做同量的工作时,心脏机能好的人心率上升较少,而且在运动后心率恢复到静息水平的速度比训练前要快得多。

3)作为心血管适应能力的指标

图 5-20 所示为某人进行有氧训练前后在完成同样工作负荷下的心率变化。从图中可以看出,经过有氧训练的适应,训练后在同样负荷条件下运动时心率反应低,恢复较快。在耐力训练后心率恢复期缩短了,所以对心率恢复期的测量常被建议用来作为评估心肺功能的间接指标。一般来说,体能好的人运动后心率恢复比体能差的人快。

4)评定身体机能状态

清晨起床前静卧时的心率为基础心率,身体健康、机能状况良好时,基础心率稳定并随训练水平及健康状况的提高而日趋平稳下降。如身体状况不良或感染疾病等,基础心率则会有一定程度的波动。因此,基础心率常作为自我监督和医务监督的指标。

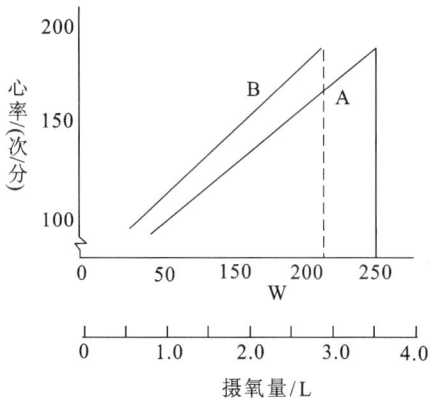

图 5-19 不同水平者心率与运动强度的关系

(引自 Åstrand et al.,2003)

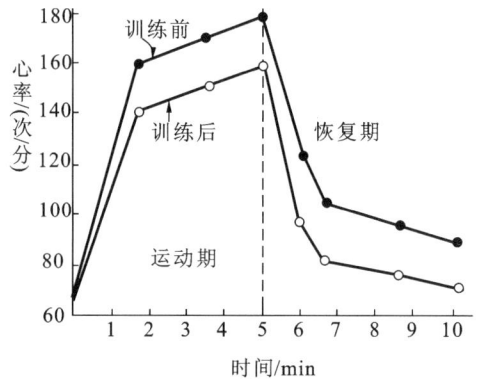

图 5-20 训练前后运动时和恢复期心率变化

(引自 Richard A. Berger,1982)

在运动训练期间,运动量适宜时,基础心率平稳,如果在没有其他影响心率因素(如疾病、强烈的精神刺激、失眠等)存在的情况下,在一段时间内基础心率波动幅度增大,可能是运动量过大,身体疲劳积累所致。

(二)运动时每搏输出量的变化

在剧烈运动中,每搏输出量(SV)也会发生变化,以使心脏满足运动的需要。在接近最大运动强度,心率接近最大值时,SV 是心肺耐力的主要决定因素。

每搏输出量由四个因素决定:

(1)回流到心脏的静脉血量(心脏只能泵出回流的血液);

(2)心室扩张性(扩大心室的能力,以允许最大的充盈);

(3)心室收缩力(心室强力收缩的固有能力);

(4)主动脉或肺动脉的压力(心室收缩的压力)。

前两个因素影响心室的充盈能力,决定了有多少血液充盈心室,以及在可用压力下心室充盈的难易程度。这些因素共同决定了舒张末期容积(EDV),有时也被称为前负荷。后两个因素影响心室在收缩期排空的能力,决定了血液排出的力量和将血液排出动脉的压力。主动脉平均压力,代表血液从左心室排出的阻力(或某种意义上代表从右心室流至肺动脉的阻力),被称为后负荷。这四个因素共同决定了剧烈运动时的 SV。

运动引起血流速度加快,静脉回心血量增加,使舒张末期心室容积提高,同时通过交感神经兴奋及儿茶酚胺分泌增加使心肌收缩力增强,减小收缩末期心室容积,两者共同作用导致每搏输出量明显增加。大多数研究者认为,当运动强度为 $40\% \sim 60\% \dot{V}O_{2max}$ 时,每搏输出量随运动强度的增加而增加。超过此强度范围后,搏出量到达平台期(见图 5-21)。

当人体处于直立位时,最大强度运动时的每搏输出量大约是安静时的两倍。例如,一个未经训练的人,安静时的每搏输出量为 $60 \sim 70$ mL,而最大强度运动时的每搏输出量就会增加到 $110 \sim 130$ mL。对于高水平耐力运动员而言,安静时的每搏输出量为 $80 \sim 110$ mL,最大强度运动时的每搏输出量就会增加到 $160 \sim 200$ mL。当人体处于仰卧位运动时,如平躺

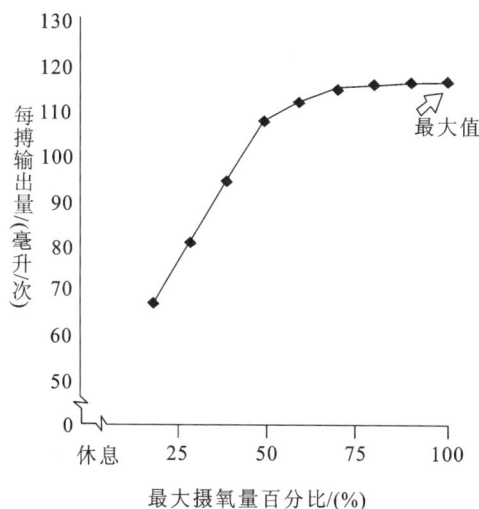

图 5-21　递增负荷运动时每搏输出量的变化

（引自 Wilmore et al.，2008）

着蹬自行车记功计，每搏输出量也会增加，但不会像直立位一样升高得那么多，只会提高安静时每搏输出量的 $20\%\sim40\%$。

为什么不同的身体姿势会造成如此的差异呢？当身体处于仰卧位时，血液不会聚集在下肢，容易回流到心脏，这意味着仰卧位安静时的每搏输出量大于直立位时的每搏输出量。因此，进行最大强度运动时，仰卧位运动的每搏输出量的增长量比直立位运动增长得少，这是因为仰卧位安静时的每搏输出量的水平本来就比较高。有意思的是，直立位运动时每搏输出量所能达到的最大值仅比倾斜位安静时的每搏输出量值略高。以直立位进行低到中强度运动时，每搏输出量的增加主要是用于弥补由重力造成的血液滞留下肢的现象。

然而，一些研究表明，当运动强度超过 $40\%\sim60\%\dot{V}O_{2max}$，SV 会继续增加。如图 5-22 所示，在优秀运动员、受过训练的大学长跑运动员和未经训练的大学生中，随着做功的增加，心输出量和 SV 增加，表现为 HR 的增加。

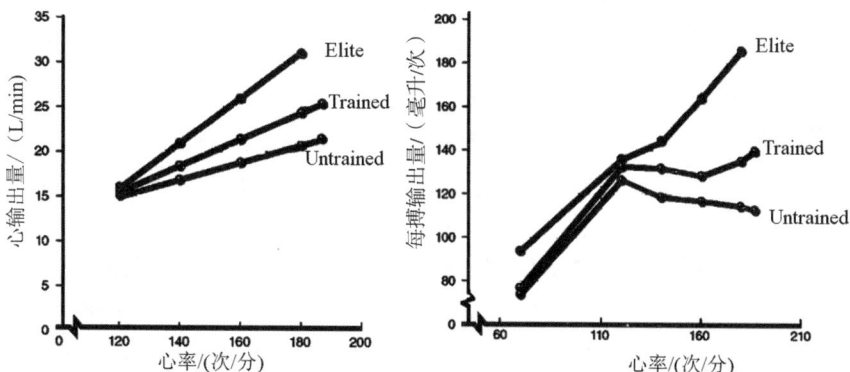

图 5-22　不同水平跑步者心输出量和每搏输出量对增加运动强度的反应

（引自 W. Larry Kenney et al.，2015）

上述明显的分歧,部分可能源于运动测试模式的不同。研究显示,在 $40\% \sim 60\% \dot{V}O_{2max}$ 范围内出现平台期时,运动者通常使用功率自行车作为运动模式。这是直观的,因为血液在运动时聚集在腿部,导致血液从腿部回流的静脉血量减少,因此,SV 的平台期可能是自行车运动独有的。

另外,在那些 SV 持续增加到最大运动强度的研究中,受试者通常是训练有素的运动员。许多训练有素的优秀运动员,包括训练有素的优秀自行车手,在运动强度超过 $40\% \sim 60\% \dot{V}O_{2max}$ 时,可以继续增加他们的 SV,这可能是因为有氧训练引起的适应性。其中一种适应是增加静脉回流,这导致更好的心室充盈,并增加收缩力(Frank-Starling 机制)。

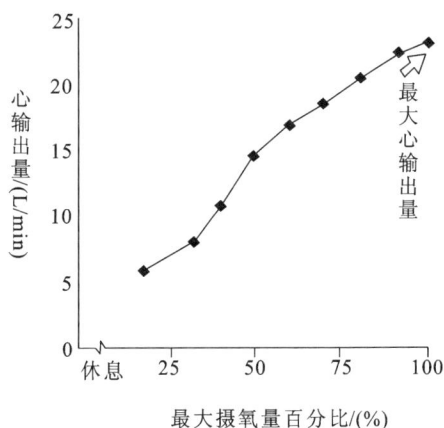

图 5-23　心输出量与运动强度的关系

(引自 Wilmore et al. ,2008)

(三)运动时心输出量的变化

心输出量等于心率与每搏输出量的乘积,心输出量会随着运动强度的增加而增大,直至最大值(见图 5-23)。静息心输出量约为 5.0L/min,但随人的体型大小而变化。最大心输出量在久坐者小于 20L/min 到优秀耐力运动员大于或等于 40L/min 之间变化。最大心输出量与身体大小和耐力训练存在函数关系。心输出量与运动强度之间的线性关系是可以预测的,因为心输出量增加的主要目的是满足肌肉对摄取更多氧气的需求。与 $\dot{V}O_{2max}$ 一样,当心输出量接近最大运动强度时,它可能会达到平台期。

每搏输出量的增加和心率的加快使心输出量显著加大,当心率超过 $150 \sim 160$ 次/分时,由于心舒期缩短导致静脉回心血量减少,心肌收缩力的增强程度有限,使得搏出量逐渐减少。当心率超过 180 次/分时,由于搏出量的大幅度减少,使得心输出量也可能随之下降。

(四)运动时动脉血压的变化

运动时,平均动脉压升高,但是收缩压和舒张压的增长幅度不同。当人体进行全身性的耐力运动时,收缩压会随运动强度的增大明显升高,而舒张压则不会显著增加,甚至会略有下降。正常成年人,安静时收缩压约为 120 mmHg,而最大强度运动时收缩压可能超过 200 mmHg。有文献报道,正常、健康、训练有素的高水平运动员在最大强度有氧运动时,收缩压可高达 240 ~250 mmHg。

运动强度增加,心输出量增大,从而收缩压升高。血压升高,增加了血管中的血流量,也决定了会有多少血浆(即流体静压)流出毛细血管,进入组织并运送到需要的部位。因此,收缩压的升高有助于将物质运送到工作的肌肉。在进行次最大强度耐力运动时,血压保持相对恒定。当运动强度增大时,收缩压也会随之升高。当运动强度保持恒定时,收缩压可能会缓慢下降,但是舒张压保持恒定。如果收缩压缓慢下降,属于正常反应,这是由于活跃的肌肉内小动脉扩张增强,总外周血管阻力下降。

以同样运动强度进行上肢运动或下肢运动时,其动脉血压的反应不同。上肢运动时动脉血压的升高显著大于下肢运动的(见图 5-24),这可能是因为上肢与下肢相比有较少的肌肉数量和血管参与运动,此外上肢在运动时需要有额外的能量消耗用于维持身体躯干的稳定。

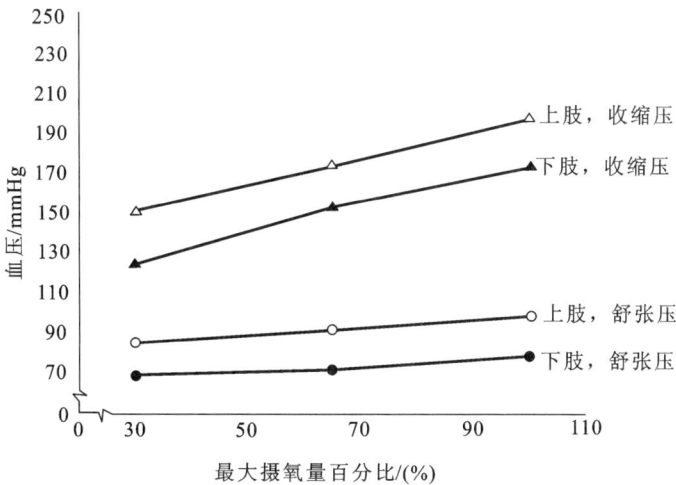

图 5-24　上肢和下肢递增负荷运动时动脉血压的变化

(引自 Åstrand et al. ,1965)

动力性运动时收缩压明显升高,舒张压的变化相对较小,甚至可能略有下降。因为动力性运动导致心脏收缩增强,血流速度加快,血压升高,但同时运动时交感舒血管神经兴奋使外周血管扩张,使得外周阻力相对下降,肌肉收缩的推挤加快静脉回流,使动静脉压力差增加,促进了动脉血外流,结果使得舒张压变化幅度较小。

静力性运动时由于憋气使胸腔压力增大,后负荷增加,搏出量有所下降,心室余血量较多,静脉回流阻力也增加,加之肌肉紧张性收缩对外周血管的静力性压迫,外周血流不畅,外周阻力显著增加,结果使收缩压的升高幅度相对较小,而舒张压升高明显,对小血管造成很大的压力。中老年人由于血管弹性下降,脆性增加,大强度静力性运动时因外周阻力过大易发生小血管的破裂,故应尽量少进行大强度静力性运动。

• 瓦尔沙瓦现象

体操练习中静力性工作产生憋气,血压随动作的进行和恢复出现特殊变化的规律。其特征表现为:血压先升高,后降低,再上升,而后恢复到运动前水平;血流量也呈现先少后多,再恢复常量,这种现象称为瓦尔沙瓦现象。随体操运动员训练水平的提高,心血管调节机能使血液分配能力得到完善,瓦尔沙瓦现象可以得到缓解;反之,若训练水平下降,瓦尔沙瓦现象可再度出现。

(五)运动时各器官血液量的变化

运动时心输出量和血液的快速变化,使得全身血流量上升。这有助于将血液运送到需要的组织中去,主要是运动中的肌肉。此外,交感神经对心血管系统的调节,使循环血液重新分配,从而使得代谢需求最高的组织,接收的血液多于其他低需求组织。

1. 运动时血液的重新分配

运动时心输出量增加,但增加的心输出量并不是平均分配给全身各个器官的。安静时,只有15%～20%心输出量的血液流入肌肉,但在大强度运动时,80%～85%心输出量的血液流入肌肉。肌肉中血流量的增加主要是来自肾脏和包括肝脏、胃、小肠等脏器循环的血流量的减少。在不同强度的运动中,由于每分输出量的绝对数的不同,所以各器官所获得的份额也是不同的(见表5-6)。

表 5-6　安静时和不同强度运动 10 min 时各器官的血流量

器　官	血流量/(mL/min)			
	安静时	低强度	中等强度	大强度
腹腔内脏	1 400	1 100	600	300
肾脏	1 100	900	600	250
脑	750	750	750	750
冠状血管	250	250	750	1 000
骨骼肌	1 200	4 500	12 500	22 000
皮肤	500	1 500	1 900	600
其他器官	600	400	400	100
合计	5 800	9 400	17 500	25 000

皮肤血流量变化比较特殊,在运动开始时,皮肤血流也减少,但以后由于肌肉产热增加,体温升高,通过体温调节机制,使皮肤血管舒张,血流增加,以增加皮肤散热。从表5-6中还可以看到,最大强度运动时,皮肤血流减少,可见此时肌肉的运动更需要血液供应,通过各种调节机制使皮肤血管收缩,腾出一部分血量供给肌肉,所以在这种情况下,运动者会出现面色苍白、体温升高的现象。

当在炎热的环境中进行运动时,流向皮肤的血液会增加,以帮助驱散身体的热量。交感神经对皮肤血流的控制是独特的,因为有交感缩血管神经纤维(类似骨骼肌)和交感舒血管神经纤维在大部分皮肤表面区域相互作用。在动态运动中,随着身体核心温度升高,交感血管收缩作用减少,导致被动的血管舒张。一旦达到特定的身体核心温度阈值,通过激活交感舒血管神经系统活性,皮肤血流量开始急剧增加。在运动过程中,皮肤血液流动的增加促进了热量的流失,因为只有当血液靠近皮肤时,身体深处的代谢热量才能释放出来,这就限制了体温上升的速度。

血液重新分配现象,在身体空间的位置发生变化时也很明显。如人体由卧姿迅速变成站姿时,由于受地球引力的作用,血液由身体上部流向下部。如果血液循环调节机能完善,这种姿势变化对脑的血液供应影响不大;在调节不完善的情况下,可能由于身体上部血液流向下部而发生头晕,甚至有昏厥的现象。

倒立时,有时脸会变得很红,这是血液流向头部的结果。如果机体对血流分配得比较完善,这类现象会少一些。在做旋转动作时,如体操练习中,离心力和加速度影响机体的血液分配。血液时而流向下肢,时而流向头部。在这种情况下,如果血液循环调节不完善,脑部可能出现暂时性的缺血。在训练过程中,血管口径调节机制和血液重新分配机制逐步完善,当身体上部血管口径收缩时,下部血管口径随之扩大;或者相反。这有助于使机体内的血压得到平衡。

运动时各器官血流量的重新分配具有十分重要的生理意义,即通过减少对不参与活动的器官的血流分配,保证有较多的血流分配给运动的肌肉。由于阻力血管舒张,肌肉中开放的毛细血管数目增加,使血液和肌肉组织之间进行气体交换的面积增大,气体扩散的距离缩短,从而能满足肌肉运动时增加的氧耗。有人曾经推算,人在作剧烈运动时,由于内脏器官、皮肤和不参与运动的肌肉的阻力血管收缩,可以从心输出量中省出大约 3 L/min 的血液,分配至运动的肌肉中。如果动脉血的含氧量为 20 mL%,则即使心输出量不增加,仅通过血流量的重新分配,就可向运动的肌肉多提供 600 mL/min 的氧。对于心脏机能不健全的人来说,运动时心输出量的增加有限,因此,血流量的重新分配就显得更为重要。

2. 运动时心血管循环变化

长时间或高温环境下进行恒定强度的有氧运动时,每搏输出量逐渐下降,心率逐渐升高,因而心输出量会维持在较高的水平,而动脉血压则会降低。

如图 5-25 所示,在 20 ℃正常环境下,以直立姿势进行长时间中等强度运动时的变化,这些变化称为心血管循环变化(cardiovascular drift),与体温的升高有直接的关系。在心血管变化中,当心输出量增加时,其中一部分会直接流入血管舒张的皮肤,用于散热和降低机体的核心温度。皮肤中血流量的增加是为了降低机体的温度,只有少量的可利用的血液会回流到心脏,从而降低前负荷。此外,由于排汗和经毛细血管流到周围组织的血浆发生变化,使得血流量略有减少,这些因素相互结合,降低了心室灌注压力,回流到心脏的静脉

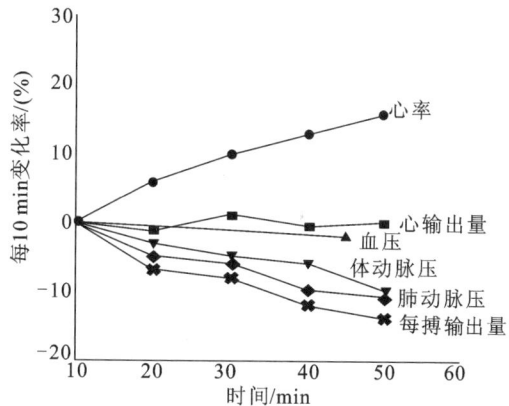

图 5-25　中等强度运动时的心血管循环变化
(引自 Peachy,1983)

血量减少,使得舒张末期容积下降,每搏输出量也跟着下降。为了维持心输出量,心率就必须上升以弥补每搏输出量的不足。

二、长期运动对心血管系统的有益影响

经常进行运动训练或体育锻炼,心血管系统在形态、机能和调节能力方面出现许多良好变化,但大都是可逆的,如果停止训练,多年后,这些良性变化还会消退。

(一)耐力运动降低安静时心率,出现运动性心动徐缓

安静心率因耐力训练而显著降低。一些研究表明,一个静息心率初始为 80 次/分的久坐者,通过每周的有氧训练,可以将安静心率降低约 1 次/分/周,至少在最初的几周是这样。

有研究表明,在 10 周的中等强度耐力训练后,静息心率可从 80 次/分下降到 70 次/分或更低。也有研究表明,在 20 周的有氧训练后,静息心率下降幅度小于 5 次/分。

在亚极量强度运动时,相同跑速下,训练后心率的增幅减小,训练后的心率低于训练前的心率(见图 5-26(a))。经过 6 个月中等强度的耐力训练后,在同样的亚极量强度运动时,心率下降 10 到 30 次/分,这种训练导致的心率降低在较高强度中更加明显。

心率降低表明心脏在经过训练后变得更加"经济"和有效率。在保持适当的心输出量以满足肌肉工作需要的同时,在相同的运动负荷下,有训练者的心脏比未经训练者的心脏做的工作更少(心率更低,每搏量更高)。

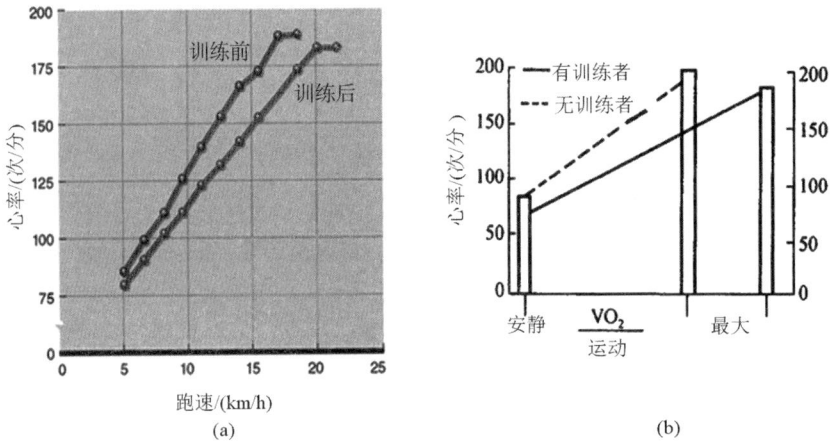

图 5-26　耐力运动对安静和运动时心率的影响

(引自 a:W. Larry Kenney,et al.,2015;b:邓树勋等,2005)

当进行极量强度运动时,有训练者能达到的最大心率略微降低,与无训练者无显著性差异(见图 5-26(b))。

优秀的耐力运动员安静时心率可低至 40～50 次/分。这种由于长期运动引起安静时心率低于 60 次/分的现象,称为运动性心动徐缓。产生的原因是由于安静状态心迷走神经紧张性相对增高所致。心交感神经和心迷走神经功能的动态平衡维持心率在特定水平。长期的运动训练使机体对高心率刺激逐渐产生适应,同样强度的运动刺激,其心率增加幅度降低。当机体处于安静状态时,交感神经对迷走神经的抑制作用减弱,导致安静状态下植物性神经系统功能平衡点向副交感神经系统方向移动,使心率减慢。

运动性心动徐缓是可逆的,即使安静心率已降到 40 次/分的优秀运动员,停止训练多年后,有些人的心率也可恢复接近到正常值。一般认为运动员的运动性心动徐缓是经过长期训练,心功能改善的良好反应,故可将运动性心动徐缓作为判断训练程度的参考指标。

(二)运动促进运动性心脏肥大(增大)

1. 运动员心脏

1899 年,瑞典医师 Henschen 通过叩诊发现滑雪运动员心脏肥大,并将其称之为运动员心脏(athlete's heart)。运动员心脏是指机体长期接受系统运动刺激后逐渐形成的具有明显结构功能特征的心脏。普通人心脏为本人的拳头大小,重量为 $200\sim300$ g,运动员心脏可达 $400\sim500$ g,一般不超过 500 g。Morganroth et al.(1975)首先提出了运动员心脏的两种不同形式:耐力型和力量型运动员心脏。

2. 心脏肥大

由于生理(如运动)或病理(如高血压)的刺激,正常心脏适应血液动力的需求增加,长期刺激使心脏通过增大大小来适应增加的工作负荷。这种肥大生长遵循两种典型的生长模式,由心室内径(ventricular internal diameter,VID)和心室壁厚度或相对壁厚(relative wall thickness,RWT)之间的几何关系决定:①心室壁厚度和 VID(离心)同时增加,通常由容量过度负荷驱动(见图 5-27(a)、(c));②在压力过度负荷的驱动下,心室壁厚度与 VID(向心)相比,壁厚不成比例地增加(见图 5-27(b)、(d))。

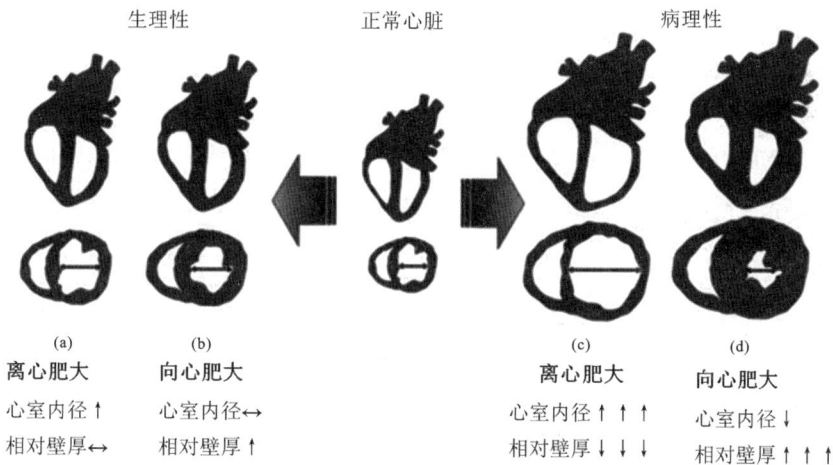

生理性   正常心脏   病理性

(a)	(b)		(c)	(d)
离心肥大	**向心肥大**		**离心肥大**	**向心肥大**
心室内径↑	心室内径↔		心室内径↑↑↑	心室内径↓
相对壁厚↔	相对壁厚↑		相对壁厚↓↓↓	相对壁厚↑↑↑

图 5-27　生理或病理应激引起的向心或离心心脏生长对比示意图

(引自 Vega,et al.,2017)

心脏肥大以心脏质量增加为特征,可分为生理性和病理性心脏肥大。由生理性(如运动)引起的离心或向心生长在心脏总重量的基础上增加 $12\%\sim15\%$,不会发展为心力衰竭。生理性心脏肥大是在长期运动刺激下出现的适应性和可逆性心脏生长,具有保护心脏的作用。相比之下,由高血压、心肌梗死、动脉狭窄和扩张型心肌病等疾病引起的心脏生长,通常表现出更强烈的肥大反应(向心或离心),并经常发展到心力衰竭状态。病理性离心生长可能代表早期过渡到扩张状态;病理性向心生长导致心室壁严重增厚,VID 减少。

3. 运动性心脏肥大

在组织水平上,运动对心脏最显著和最典型的影响之一是诱导心脏肥大。这种肥大被认为主要是由心肌细胞本身的细胞肥大引起的。长期系统的运动训练使运动员心脏发生明显的增大,称为运动性心脏肥大(增大)。它可以通过增加新的肌节而增大,或并联(向心肥大),从而增加心壁厚度;或串联(离心肥大),从而增加心腔容积。

(1)运动性心腔扩大　长期耐力运动训练(如长跑、公路自行车、越野滑雪、赛艇等)诱导离心重塑(见图 5-27(a))、心动徐缓和更好的舒张充盈。心脏肥大以心腔内径扩大为主,心室肌的肥厚为辅。心脏质量增加,RWT 基本保持不变,意味着心室大小和壁厚协调增加。

运动性心腔扩大主要是由于经常性的长时间耐力运动刺激使静脉回心血量增加,逐渐引起心肌纤维肌小节数量和长度增加,导致心腔由功能性扩大转化为器质性扩大。由于运动强度不大,运动后负荷增加较小,心肌收缩阻力增加也较小,故心肌的肥厚程度也较小。

(2)运动性心肌肥厚　长期力量运动训练(如举重、健美、投掷、摔跤等)诱导向心重塑(见图 5-27(b)),心脏肥大以心肌肥厚为主,其心腔内径的改变相对较小甚至无改变,心腔容积变化不大。心脏质量增加,RWT 升高,意味着心脏质量的增加伴随着相对于腔室大小的壁厚不成比例的增加。

运动性心肌肥厚主要是机体在克服高阻力负荷时,肌肉收缩紧张性高,运动性憋气等因素使心脏收缩时的后负荷增加,引起搏出量减少,机体只能通过加强心肌的收缩力来保证心脏的供血。心肌代谢水平的增高使消耗增多,运动后合成代谢,特别是心肌收缩蛋白的合成,也更加旺盛。长期训练的结果,是使心肌细胞收缩蛋白数量增加,肌原纤维增粗。

运动性心脏肥大是心肌细胞对运动刺激的一种良好适应,是一种功能性代偿。

(三)运动改善心血管机能

1.运动改善心脏机能

(1)运动提高每搏输出量,增大最大心输出量。

耐力训练后安静时的每搏量明显高于训练前,这种耐力训练诱导的增加在次最大强度运动和最大强度运动中都可以看到。图 5-28(a)显示,在 6 个月耐力训练计划前后,从小强度到最大强度运动过程中受试者每搏量的变化,耐力训练提高了安静和运动时的每搏输出量。图 5-28(b)显示,有训练者安静时的每搏输出量高于无训练者。在亚极量强度运动时,每搏输出量的增幅加大。而极量强度运动时,有训练者的每搏输出量明显大于无训练者。

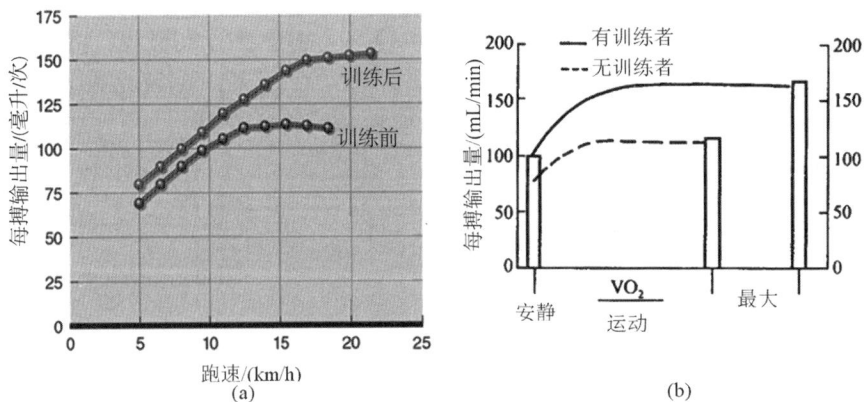

图 5-28　耐力训练对安静和运动时每搏输出量的影响

(引自 a:W. Larry Kenney et al.,2015;b:邓树勋等,2005)

表 5-7 列出了无训练者、有训练者和训练有素者在安静和最大运动时的每搏输出量。从表中可以看出，随着训练程度的加深，训练者不仅在安静时有较大的每搏输出量，而且在最大运动时表现出更高的每搏输出量。

表 5-7　不同训练水平者安静和最大运动时每搏输出量/(毫升/次)

受试者	安静时	最大运动时
无训练者	50～70	80～110
有训练者	70～90	110～150
训练有素者	90～110	150～220

(引自 W. Larry Kenney, et al., 2015)

安静时和次最大运动时的心输出量在耐力训练后变化不大，在极限强度运动时，最大心输出量显著增加（见图 5-29）。无训练者的最大心输出量为 14～20 L/min，有训练者的最大心输出量为 25～35 L/min，高水平耐力运动员的最大心输出量可达 40 L/min 或更多。

一般人和运动员在安静状态下和从事最大运动时每搏输出量与每分输出量（每分输出量＝心率×每搏输出量）的变化可用下列数据说明。

安静时：

一般人：4 970 mL/min＝71 毫升/次×70 次/分

运动员：5 000 mL/min＝100 毫升/次×50 次/分

最大运动时：

一般人：　22 035 mL/min＝113 毫升/次×195 次/分

运动员：　34 905 mL/min＝179 毫升/次×195 次/分

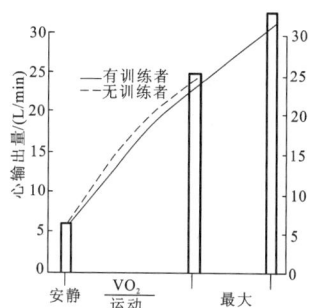

图 5-29　耐力训练对安静和运动时心输出量的影响

(引自邓树勋等,2005)

可见，安静时两者心输出量几乎相等，但运动员的心率较低，故每搏输出量较大。当完成定量负荷时，心率加快，每搏输出量增加，心输出量增大，心血管机能的动员快，恢复快，机能反应小；当进行最大强度运动时，由于心力贮备大，能充分发挥心血管系统的最大潜力，运动后恢复也快。

（2）运动促进运动后心率的恢复速率。

心率恢复到安静状态所需要的时间称为心率恢复期。在耐力训练后，心率恢复到安静水平的速度比训练前要快得多，在次最大运动和最大运动后都是如此。图 5-30 显示，在耐力训练前后进行 4 分钟的全力运动后，恢复时的心率变化。耐力训练后，心率恢复到安静水平的速度快。心率恢复曲线是跟踪人体在训练计划中是否进步的有用工具之一。

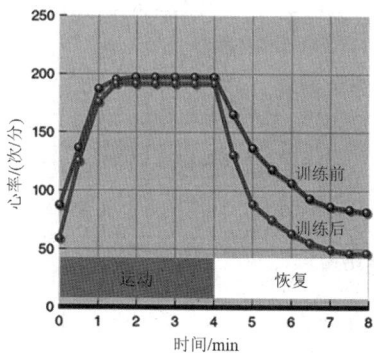

图 5-30　4 分钟全力运动后心率的变化曲线

(引自 W. Larry Kenney, et al., 2015)

2. 运动改善血管机能

（1）运动改善血管内皮功能，诱导血管生成。

内皮细胞在血管内稳态中起着重要作用，其功能障碍是心血管病理过程的重要组成部分。NO 是由三种一氧化氮合酶（NOS）催化产生的：内皮型 NOS（eNOS）、神经元型 NOS（nNOS）和诱导型 NOS（iNOS）。在血管内皮中，eNOS 催化一氧化氮（NO）的产生，导致血管舒张，抑制血小板聚集，防止白细胞黏附于血管壁，从而减少动脉粥样硬化、血栓形成、缺血或其他心脏事件的发生。

eNOS 既可位于内皮细胞，也可位于心肌细胞。有证据表明，运动主要激活冠状动脉内皮细胞的 eNOS 磷酸化，而不是心肌细胞。eNOS 通过改善内皮依赖性冠状动脉舒张，介导运动对缺血/再灌注（I/R）损伤的保护作用。

在心肌中，心脏内皮来源的 NO 或心肌 NO 有效性的增加，通过调节线粒体呼吸、抑制 β1-肾上腺素受体（β1-AR）诱导的收缩力和诱导心肌细胞 cGMP 依赖性舒张发挥多种心脏保护功能。

运动能促进 NO 的产生，诱导血管生成。心脏内皮来源的 NO 对运动过程中心脏血管的生成起着关键作用。运动训练可诱导冠脉血管按比例生成和扩张，促进心肌生理性肥厚，并在运动时，冠脉血管向心肌输送更多的氧气和营养物质。

此外，运动可上调心脏缺氧诱导因子 1α（HIF-1α）和过氧化物酶体增殖物激活受体 γ 共激活因子 1α（PGC-1α），导致血管新生的关键因子——血管内皮生长因子（VEGF）的产生。运动还可以刺激骨骼肌源性卵泡抑素样 1（FSTL1，FSTL1 已被证明在体外促进内皮细胞增殖和血管的形成），促进心肌血管生成，防止心肌梗死后心脏重构和心功能障碍。

（2）运动降低血压。

早期一项关于不同训练方式对成人静息时血压影响的系统回顾与 Meta 分析结果表明（Cornelissen，et al.，2013），在耐力训练、动力性抗阻训练、等长抗阻训练和联合训练后，舒张压显著降低。除联合训练外，其他训练都降低收缩压（见表 5-8）。

26 组高血压受试者（血压降低 $5.2 \sim 8.3$ mmHg）耐力训练后，血压显著性降低，降低幅度高于 50 组高血压前期受试者（血压降低 $1.7 \sim 2.1$ mmHg）和 29 组血压正常受试者（血压降低 $0.75 \sim 1.1$ mmHg）（$P < 0.0001$）。与高血压患者或正常血压者相比，高血压前期参与者在动力性抗阻训练后血压降低幅度最大（$3.8 \sim 4.0$ mmHg）。

表 5-8　不同训练方式对静息时血压的影响

指标	耐力训练	动力性抗阻训练	等长抗阻训练	联合训练
训练组/个	105	29	5	14
收缩压降低 /mmHg	3.5**	1.8*	10.9**	1.4
舒张压降低 /mmHg	2.5**	3.2**	6.2**	2.2*

注：与对照组相比，* 表示 $P < 0.05$；** 表示 $P < 0.01$。

（引自 Cornelissen et al.，2013）

Acosta 等(2022)对高强度间歇训练与有氧运动对血压的影响进行系统总结,高强度间歇训练(high-intensity interval training ,HIIT)1~10 次后收缩压平均下降 5.85 mmHg,舒张压平均下降 3.30 mmHg;11~36 次后收缩压平均下降 6.84 mmHg,舒张压平均下降 3.56 mmHg ;37 次以上后收缩压平均下降 5.33 mmHg,舒张压平均下降 4.82 mmHg(见表 5-9)。统计分析发现,在大约 12 周的时间内进行 11~36 次训练课程,每周最多进行 3 次训练比每周进行 3 次以上训练或在较长时间内持续进行 HIIT 训练对收缩压产生的影响更大。HIIT 降低高血压患者和血压正常人收缩压的总体平均值为 6.00 mmHg,P＝0.0053,在高血压患者中观察到的降低幅度最大。

表 5-9　高强度间歇训练与有氧运动对血压的影响

指标	高强度间歇训练			有氧运动		
训练课程数/次	1~10	11~36	37＋	1~5	6~36	37＋
平均收缩压降低/mmHg	5.85	6.84	5.33	7.0	4.7	4.7
平均舒张压降低/mmHg	3.30	3.56	4.82	4.8	3.2	2.8
统计文献数/篇	2	6	4	9	13	3

(编自 Acosta, et al. ,2022)

低至中等强度持续有氧运动 1~5 次后收缩压平均下降 7.0 mmHg,舒张压平均下降 4.8 mmHg;6~36 次后收缩压平均下降 4.7 mmHg,舒张压平均值下降 3.2 mmHg ;37 次以上后收缩压平均下降 4.7 mmHg,舒张压平均下降 2.8 mmHg。(见表 5-9)。

HIIT 和中、低强度的持续训练都能降低高血压患者和血压正常人的血压,但在降低的程度上没有统计学上的显著差异,说明降低血压的效果与训练强度无关。

经过长期耐力训练的运动员,安静时血压降低,叫运动性低血压。一般收缩压可以降到 85~105 mmHg,舒张压可以降到 40~60 mmHg,脉压不变或加大。表示心肌的收缩力加强,血管的舒张能力得到改善(外周阻力减小),即机能节省化现象。

【知识拓展】

运动性猝死

运动性猝死(exercise-induced sudden death)事件在全世界的竞技体育比赛、大众体育比赛及体育锻炼中时有发生,且已引起了国内外公共卫生及运动医学专家学者的广泛关注。

一、运动性猝死定义

运动性猝死是指与运动有关的猝死的简称。目前国际上没有统一的定义。Maron 等

(1996)将运动性猝死定义为运动后即刻出现症状,或在 6 h 内发生的非创伤性死亡。1990 年世界卫生组织和 1997 年国际心脏病学会将运动性猝死定义为有或无症状的运动员或体育锻炼者在运动中或运动后 24 h 内意外死亡。

二、运动性猝死特征

(一)运动性猝死的发生率极低

在运动性猝死事件中,以心源性猝死发生率最高。表 5-10 显示了国外关于不同人群运动性猝死发生率的研究结果,各国家研究机构通过对高中/大学生运动员、竞技运动员以及大范围的从事体力活动人群的跟踪调查,得出该地区运动性猝死的年发病率。

表 5-10 不同人群中心源性猝死及心脏骤停发生率调查研究

作者	国家	年龄范围/岁	类型	年发生率	人群	研究期
Roberts 等(2013)	美国	12~19	SCD	1/417 000	高中生运动员	1993—2012
Drezner 等(2014)	美国	14~18	SCA+SCD	1/71 000	高中生运动员	2003—2012
Harmon 等(2016)	美国	14~18	SCA+SCD	1/67 000	高中生运动员	2007—2013
Maron 等(2014)	美国	17~26	SCD	1/63 000	大学生运动员	2002—2011
Harmon 等(2015)	美国	17~24	SCD	1/54 000	大学生运动员	2003—2013
Van Camp 等(1995)	美国	13~24	SCD	1/188 000	高中/大学生运动员	1983—1993
Maron 等(2009)	美国	8~39	SCA+SCD	1/164 000	竞技运动员	1980—2006
Corrado 等(2006)	意大利	12~35	SCD	1/53 000	竞技运动员	1979—2004
Holst 等(2010)	丹麦	12~35	SCD	1/83 000	竞技运动员	2000—2006
Marijon 等(2011)	法国	10~35	SCA+SCD	1/102 000	竞技运动员	2005—2010
Bjarke Risgaard 等(2014)	丹麦	12~49	SCD	1/185 000	竞技/非专业运动员	2007—2009
Steinvil 等(2011)	以色列	12~44	SCA+SCD	1/38 000	从事体育活动人群	1985—2009
Quigley 等(2000)	爱尔兰	15~78	SCD	1/600 000	从事体育活动人群	1987—1996
菲利普等(2016)	德国	10~79	SCA+SCD	1/833 000	从事体育活动人群	2012—2014

注:SCD:心源性猝死(sudden cardiac death);SCA:心脏骤停(sudden cardiac arrest)。　　　　　　　　　　(引自李颖慧等,2021)

目前,国内关于运动性猝死的调查性研究较少,尤其缺乏竞技体育中运动性猝死的研究。一些调查研究集中于高校运动性猝死的案例并提出相应的防控策略,但由于案例往往来源于文献资料及网络报道,缺乏病理性的诊断报告,对于运动性猝死的成因难以进行更加深入的探讨。

（二）男性高于女性

从表 5-11 运动性猝死的性别分布来看，男性发生运动性猝死的比率远高于女性。各个国家的统计数据表明，男性发生运动性猝死的比例在 76％以上。

表 5-11　运动性猝死性别、主要运动项目分布

作者	国家	猝死总例数	猝死性别例数（占比）		猝死主要运动项目（占比）
			男性	女性	
徐昕等（2009）	中国	82	72（87.80％）	10（12.20％）	田径（34.1％）、篮球（15.9％）、足球（6.1％）
高晓嶙等（2009）	中国	103	93（90.29％）	10（9.71％）	田径（34.0％）、足球（10.7％）、篮球（8.7％）
冯大志等（2012）	中国	69	60（86.96％）	9（13.04％）	田径（56.5％）、足球（27.5％）、篮球（8.7％）
谢庆芝等（2013）	中国	47	42（89.36％）	5（10.64％）	田径（29.8％）、篮球（21.3％）、足球（19.1％）
吴卫兵等（2019）	中国	110	93（84.55％）	17（15.45％）	跑步（36.36％）、篮球（26.36％）、足球（10.91％）
李宇辉（2019）	中国	81	62（76.54％）	19（23.46％）	长跑（59.26％）、篮球（11.11％）、足球（8.64％）
李自栋等（2021）	中国	181	160（88.40％）	21（11.60％）	跑步（25.42％）、篮球（11.60％）、足球（11.60％）
Van Camp 等（1995）	美国	160	146（91.25％）	14（8.75％）	橄榄球（41.9％）、篮球（26.3％）、田径（7.5％）
Maron 等（2009）	美国	1049	937（89.32％）	112（10.68％）	篮球（33.3％）、橄榄球（26.8％）、足球（7.6％）
Maron 等（2016）	美国	64	54（84.38％）	10（15.62％）	篮球（35.9％）、橄榄球（25.0％）、足球（12.5％）
Holst 等（2010）	丹麦	15	15（100.00％）	0（0.00％）	足球（33.3％）、田径（33.3％）、手球（13.3％）
Solberg 等（2010）	挪威	23	22（95.65％）	1（4.35％）	足球（21.7％）、田径（21.7％）、自行车（8.7％）
Steinvil 等（2011）	以色列	24	24（100.00％）	0（0.00％）	足球（75.0％）、篮球（8.3％）、手球（4.2％）

续表

作者	国家	猝死总例数	猝死性别例数（占比）		猝死主要运动项目（占比）
			男性	女性	
Quigley 等（2000）	爱尔兰	51	50 (98.04%)	1 (1.96%)	高尔夫（31.4%）、足球（25.5%）、田径（13.7%）
Corrado 等（2006）	意大利	55	50 (90.91%)	5 (9.09%)	自行车（29.5%）、田径（38.6%）
菲利普等（2016）	德国	144	140 (97.22%)	4 (2.78%)	足球（29.2%）、跑步（22.9%）、网球（6.3%）
Suárez-Mier 等（2013）	西班牙	168	163 (97.02%)	5 (2.98%)	自行车（29.0%）、足球（25.5%）、跑步（8.9%）
De Noronha 等（2009）	英国	118	113 (95.76%)	5 (4.24%)	足球（37.3%）、跑步（20.3%）、橄榄球（9.3%）

（改编自李颖慧等，2021）

男性发生运动性猝死事件数量高于女性，主要由于男女大学生个体性格、运动动机、运动习惯、争强好胜竞争意识、运动强度和运动时间等生理和心理因素差异，尤其男生参与剧烈运动的积极性显著超过女生。另外，女生参加体育运动的基数小于男生也为一项影响因素。

（三）所有运动项目都可能发生运动性猝死

运动性猝死几乎出现在所有的运动项目之中。由国内外相关文献资料可知，在不同国家中不同体育运动项目发生运动性猝死事件的概率有所不同。国内有关运动性猝死的研究结果显示：田径、足球、篮球是发生运动性猝死事件的 3 个高风险项目。而国外运动性猝死发生率较高的项目则与我国有所不同。（见表 5-9）

（四）30 岁以下的青少年发生运动猝死的比例较高

徐昕等（1999）研究显示，运动性猝死者的年龄为 33 ± 16.53 岁，年龄分布的高峰段在 30 岁以下，其中以 15～20 岁的个体居多；高晓嶙等（2009）同样发现，我国大众健身运动性猝死人群的年龄分布范围主要在 29 岁以下，该年龄段人群所发生的运动性猝死事件占全部人群的 60.19%；李自栋等（2021）发现，我国近 20 年运动性猝死样本中，30 岁以下的青少年占比 58.56%，60 岁以上的人群占比 15.47%。

（五）运动性猝死的时间节律和季节性

关于运动性猝死的时间分布，一般情况下，运动中发生运动性猝死的现象较多，而运动结束 1h 或不久后发生运动性猝死的现象较少。

春季与秋季是青少年运动猝死事件的高发季节，吴卫兵等（2019）所统计的 2007—2016 年间的 110 例学生运动猝死事件中，发生在秋季的案例占 40.5%，春季占 31.1%，与谢庆芝等(2013)所统计的秋季 40.4%、春季 26.2% 的发生率相似。从发生时间来看,下午是猝死发生率最高的时间段,为 34.41%,然后依次是上午、晚上、中午和早上。除此之外,气温等外在环境因素与猝死事件也有关联,其中,32℃ 以上高温环境中发生猝死案例占比为 42.86%,低温环境占比 57.14%。

三、运动性猝死发生原因

运动性猝死一般包括四种病因:一是心源性猝死,二是脑源性猝死,三是中暑,四是其他因素引起的猝死。

(一)心源性猝死

心源性猝死主要是由于心血管疾病引起的,常见的病因包括肥厚型心肌病、冠心病、先天性心脏病、心肌炎、主动脉畸形、高血压等。在运动性猝死事件中,以心源性猝死事件的发生率最高。

心源性运动猝死发生的可能机制有以下几个方面。

(1)人体在进行紧张剧烈的运动时,体内代谢速率加快,血液中的儿茶酚胺水平增高,心肌需氧量增加,易出现心肌缺血缺氧,缺血若超过 30 min,有可能发生心肌缺血坏死。

(2)运动诱发冠状动脉痉挛或栓塞,使其灌注不良,痉挛持续 20 min 以上,也会引起心肌的缺血坏死。

(3)运动时体内电解质、激素内分泌的改变和代谢产物的堆积,可引起血液理化特性的改变。

(二)脑源性猝死

脑血管畸形、脑动脉硬化以及动脉瘤等导致的脑源性猝死较常见,而脑血栓和脑栓塞所致猝死比较少见。这是因为剧烈的运动和过度的劳累都可使交感神经兴奋,收缩压升高,导致原有动脉硬化、脑血管瘤或者血管畸形破裂出血而引起死亡。

(三)中暑

体温调节紊乱可导致健康的人发生死亡。剧烈运动尤其是在高热环境下进行的,可导致中暑,甚至死亡。

(四)其他因素

服用兴奋剂、支气管肺炎、急性出血性疾患、肝肾功能衰退等疾病也能引起猝死。胸腺淋巴体质、肾上腺机能不全可使机体应激能力下降,而致猝死。滥用药物也是导致运动性猝死的原因之一,滥用可卡因引起冠状血管等痉挛,引起心肌缺血,并能增强血小板的凝血功能,促进血栓形成,引起栓塞。

四、运动性猝死的预防

针对我国运动性猝死的男性多于女性,年龄偏小,死亡原因多为心源性心脏病等,提出以下预防建议：

（一）初级预防

运动前进行严格体格检查，识别可能发生猝死的高危人群。这些检查包括详细询问病史（有无家族心脑血管疾病，本人既往心脏病发生情况）、必要的化验、心电图、超声心动图检查、心脏的物理检查等。

（二）次级预防

加强医务监督，特别是运动员长期训练引起的心脏与病理性变化。注意运动前、运动中或运动后出现的胸闷、压迫感、极度疲劳等症状，如症状明显应及时中止运动，进行详细检查。

（三）三级预防

加强运动现场医务监督与急救工作。现场急救是救助的第一步，急救正确与否是关系到挽救成败的关键。学校的教师、教练员及运动员都应掌握最基本的急救常识，遇到紧急情况时可以马上实施急救。

在做好三级预防的同时，锻炼者和运动员要养成良好的生活习惯，不吸烟，少吃高脂食品和盐，多吃蔬菜水果，保证睡眠时间和质量。遵守体育锻炼的原则，保持良好的思想情绪，避免精神过度紧张和超负荷运动。

【思考题】

1. 心肌的各种生理特性有何生理意义？
2. 正常心脏的节律性兴奋是如何传导的？
3. 在心脏泵血过程中，左心室内压力、容积改变和瓣膜开闭是如何保证血液正常流动的？
4. 各种因素是如何影响心输出量的？
5. 心力贮备在反映心脏机能上有何生理意义？
6. 何谓窦性心动徐缓？它是如何产生的？
7. 试述动脉血压的成因和影响因素。
8. 长期运动对心血管功能有何影响？
9. 有训练的人和一般人在进行定量工作时心血管机能有何不同？
10. 测定脉搏（心率）在运动实践中有何意义？

第六章 呼吸机能与运动

第一节 概 述

人体在新陈代谢过程中,需要不断地消耗 O_2,并产生 CO_2,机体从空气中摄取所需的氧气,并将 CO_2 排出体外,这种机体与外界环境之间进行气体交换的过程称为呼吸(respiration)。呼吸是维持生命活动的基本生理过程之一,呼吸发生障碍,将导致组织缺氧和血液 CO_2 积蓄,造成内环境紊乱和器官功能障碍,严重时将危及生命。

机体的呼吸由三个相互衔接并同步进行的过程完成(见图 6-1)。

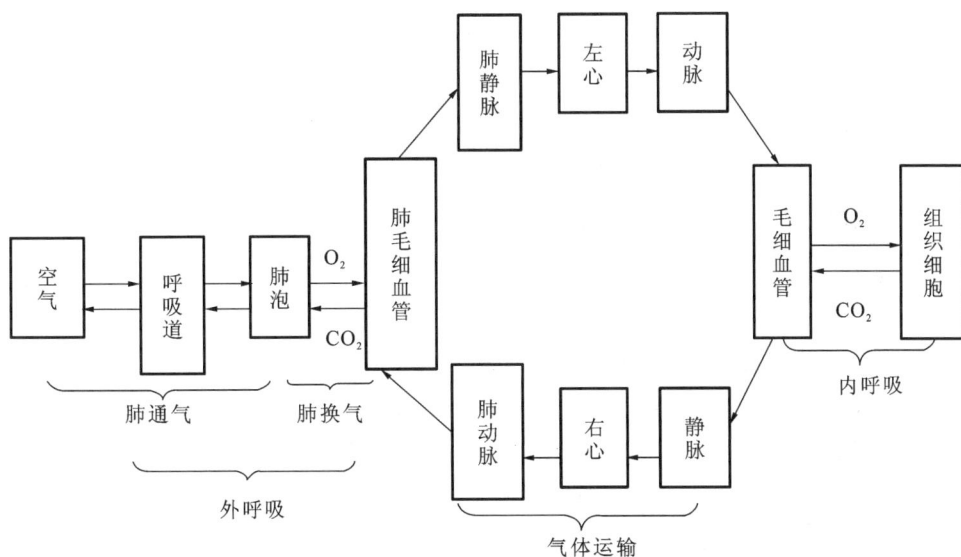

图 6-1 呼吸全过程中三个环节的相互关系

(1)外呼吸,又称肺呼吸,包括肺通气(ventilation,外界空气与肺泡之间的气体交换)和肺换气(pulmonary gas exchange,肺泡与肺毛细血管血液之间的气体交换)。

(2)气体运输(gas transport),指血液将气体在肺与组织细胞间的转运过程。

(3)内呼吸,又称组织呼吸,指血液与组织细胞之间的气体交换。

可见,呼吸过程除呼吸系统参与外,还需要血液循环系统的配合,这种协调配合,以及呼吸功能与机体代谢水平的相互适应都受到神经和体液因素的调节。

第二节 肺 通 气

肺通气是指肺泡与外界环境之间气体交换的过程。实现肺通气的器官包括呼吸道、肺泡和胸廓等。呼吸道是沟通肺泡和外界环境的气体通道,不仅具有加温、湿润、过滤和清洁吸入气体的作用,同时还具有防御反射和免疫调节等保护功能;肺泡是肺泡气与血液气体进行交换的场所;而胸廓的呼吸运动则是实现肺通气的动力。

一、肺通气的原理

肺通气取决于两方面因素的相互作用:一个是推动气体流动的动力;另一个是阻碍气体流动的阻力。只有前者克服后者,建立肺泡与外界环境之间的压力差,才能实现肺通气。

(一)肺通气的动力

肺通气的直接动力是大气压与肺内压间的压力差。肺扩张时肺内压低于大气压,产生吸气;肺缩小时肺内压高于大气压,导致呼气。肺本身无平滑肌,不能主动扩张和收缩,其扩张和缩小靠呼吸肌的收缩和舒张实现的。

1. 呼吸运动(respiratory movement)

由呼吸肌的舒缩活动引起胸廓节律性扩大和缩小称为呼吸运动。呼吸肌包括吸气肌、呼气肌和呼吸辅助肌。吸气肌主要有膈肌和肋间外肌,呼气肌主要有肋间内肌和腹壁肌群,呼吸辅助肌主要有胸肌、斜方肌、胸锁乳突肌和背阔肌等。

1)呼吸运动过程

平静吸气时,吸气主要由膈肌和肋间外肌收缩来完成。膈肌位于胸、腹腔之间,构成胸腔底部,静止时呈穿隆状向上隆起。当膈肌收缩时,穿隆部下降,从而使胸腔上下径增大(见图 6-2(a));肋间外肌起自上一肋骨的下缘,斜向前下方止于下一肋骨的上缘,肋间外肌收缩时,肋骨和胸骨上抬,并使肋骨下缘和肋弓稍外展,从而增大胸腔的前后径和左右径(见图 6-2(b))。胸腔的上下、前后和左右径增大,引起胸腔和肺容积增大,肺内压低于大气压,气体进入肺内,完成吸气。

平静呼气时,呼气由膈肌和肋间外肌舒张所致。膈肌和肋间外肌舒张时,肺依靠其自身的回缩力而回位,牵引胸廓,使之缩小,从而引起胸腔和肺容积减小,肺内压高于大气压,肺内气体被呼出,完成呼气动作。平静呼吸时并没有呼气肌的收缩,所以呼气是个被动过程。

用力吸气时,除膈肌与肋间外肌加强收缩外,胸锁乳突肌、斜角肌等呼吸辅助肌也参与收缩,使胸腔容积与肺容积进一步扩大,肺内压比平静吸气时更低,与大气压之间差值更大,在呼吸道通畅的前提下,吸入气体也就更多。用力呼气时,除吸气肌群舒张外,肋间内肌(其

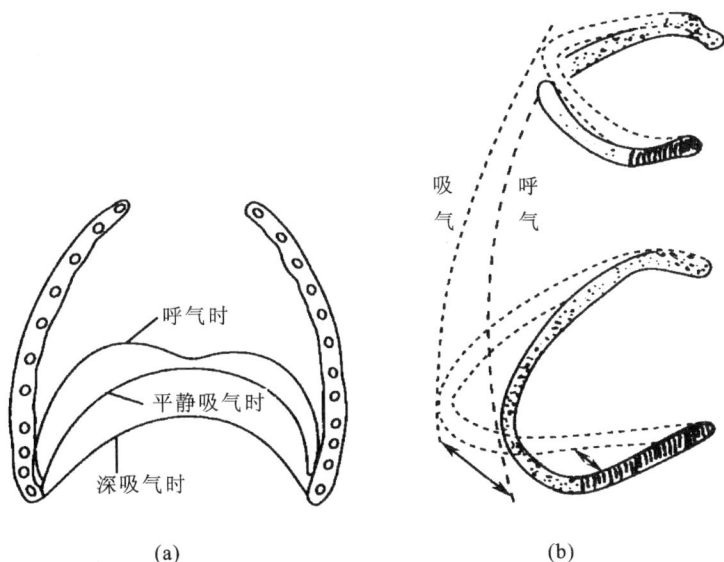

图 6-2 吸气、呼气与膈移动、肋骨移动的关系图

纤维走向与肋间外肌相反)和腹壁肌等呼气肌群也参与收缩,使胸腔容积和肺容积进一步缩小,肺内压比平静呼气时更高,呼出气体更多。由此可见,用力呼吸时,吸气肌和呼气肌以及呼吸辅助肌都参与了呼吸活动,所以吸气和呼气过程都是主动的。

2)呼吸型式

根据参与活动的呼吸肌的主次、多少和用力程度,可将呼吸运动分为不同的型式。按其深度一般分为平静呼吸和用力呼吸两种。按引起呼吸运动的主要肌群不同,分为腹式呼吸、胸式呼吸及混合式呼吸三种。

(1)平静呼吸和用力呼吸 安静状态下的平稳而均匀的呼吸运动称平静呼吸。呼吸频率为每分钟 12～18 次。

人在劳动或运动时,或者吸入气中 CO_2 含量增加或 O_2 含量减少时,呼吸运动加深加快,这种形式的呼吸运动称为用力呼吸或深呼吸。

(2)胸式呼吸和腹式呼吸 肋间肌的活动使肋骨发生提降移动,胸部随之起伏,以肋间肌活动为主的呼吸运动称为肋式呼吸或胸式呼吸。膈肌舒缩,腹部随之起伏,以膈肌活动为主的呼吸运动称为膈式呼吸或腹式呼吸。胸式呼吸和腹式呼吸同时存在,称为混合式呼吸。

婴幼儿以腹式呼吸为主,成年人的呼吸型式一般都是混合式的,但女性偏重胸式呼吸,男性偏重腹式呼吸。临床妊娠后期的妇女,或者腹腔有巨大肿块和腹水较多的患者则以胸式呼吸为主。

运动时可通过改变呼吸型式而不影响动作的正常发挥。如在双杠或地上做倒立的动作,由于臂和肩胸固定,使胸式呼吸受到限制,再用胸式呼吸既会影响臂和肩胸的固定,也会造成身体重心不稳,故在做倒立时可采用腹式呼吸;若做躯体直角动作造型,腹肌的用力使得腹式呼吸受到限制,此时再用腹式呼吸会造成身体的抖动,影响直角动作的质量,则应立即采用胸式呼吸。

2. 呼吸周期中肺内压和胸膜腔内压的变化

1）肺内压（intrapulmonary pressure）

肺泡内的压力称肺内压。肺内压在呼吸周期中呈现周期性变化。在呼吸暂停、声带开放、呼吸道畅通时，肺内压等于大气压，气体停止流动。平静吸气初，肺容积增加，肺内压下降，低于大气压 1～2 mmHg 时，空气进入肺泡。随着肺内气体的逐渐增多，肺内压也逐渐升高，至吸气末，肺内压升至与大气压相等，气体停止流动，吸气结束。平静呼气初，胸廓缩小，肺弹性回缩，肺内压上升，当高于大气压 1～2 mmHg 时，肺内气呼出。随着肺泡内气体逐渐减少，肺内压逐渐降低，至呼气末，肺内压与大气压又相等，气体又停止流动，呼气结束。

在呼吸过程中，肺内压变化的大小与呼吸运动的深浅、缓急和呼吸道通畅程度有关。若呼吸浅而快，则肺内压变化幅度较小；反之，呼吸深而慢，或呼吸道不够通畅，则肺内压变化较大。若紧闭声门或口鼻，再用力作呼气动作（憋气）时，肺内压可高于大气压 60～140 mmHg。若此时做力吸气动作，肺内压可低至 −30～−100 mmHg。

肌肉运动时，呼吸气体出入肺的流量与流速随运动强度和运动形式而增减，肺内压的波动幅度也发生相应变化。

临床上对某些呼吸暂停的病人施行人工呼吸，就是利用上述原理，通过人工的方法使胸廓被动地节律性扩大和缩小，或者间断规律地向肺内正压输气，以维持肺通气。

2）胸膜腔内压（intrapleural pressure）

（1）胸膜腔　胸膜是一层光滑的浆膜，分别被覆于肺表面、胸廓内表面、膈上面和纵隔两侧面，分为胸膜脏层和胸膜壁层。脏层和壁层在肺根处相互移行，形成左右两个完全封闭的腔，称为胸膜腔（见图 6-3）。腔内含有少量浆液，浆液不仅起润滑作用，而且由于液体分子的内聚力，使胸膜腔的脏层与壁层紧紧相贴，不易分开，从而保证肺可随胸廓的运动而扩张缩小。由此可见，胸膜腔并不存在有实际意义的空隙。

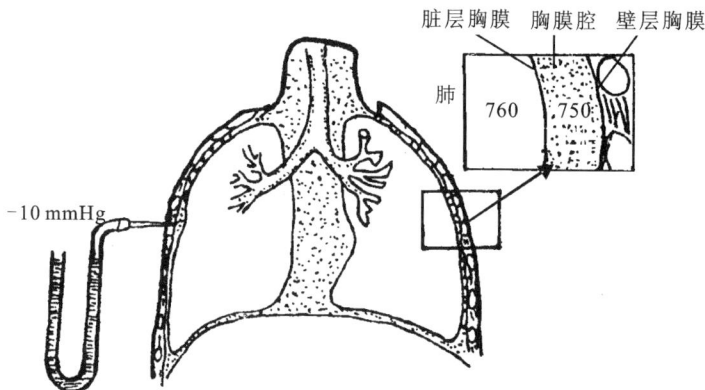

图 6-3　胸膜及胸内负压示意图

（2）胸膜腔内压　胸膜腔内的压力称为胸膜腔内压。由于胸膜腔内压通常低于大气压，所以称之为胸内负压。

胸膜腔内的压力可以通过特制的检压计进行测定(见图 6-3 和图 6-4)。测定发现,胸膜腔内压在呼吸过程中始终低于大气压,为负压。通常平静呼气之末胸膜腔内压为 $-5\sim-3$ mmHg,平静吸气之末胸膜腔内压为 $-10\sim-5$ mmHg。关闭声门,用力吸气时,胸膜腔内压可达 -30 mmHg。

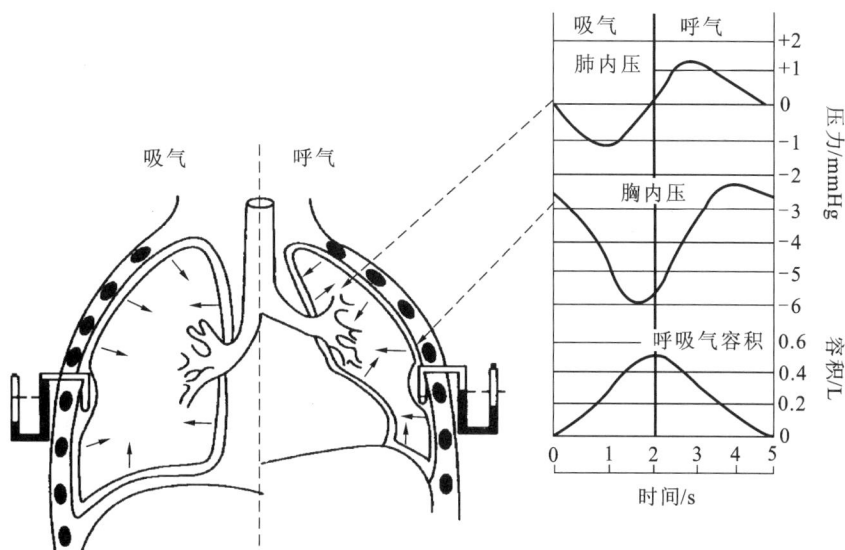

图 6-4　呼吸时肺内压、胸膜腔内压及呼吸气量的变化示意图

胸膜腔内负压是出生以后发展起来的。婴儿出生后,胸廓的发育速度比肺的发育速度快,胸廓的自然容积大于肺的自然容积,所以从胎儿出生的第一次呼吸开始,肺便被充气而始终处于扩张状态,不能回复到原来的最小状态,胸膜腔负压即形成并逐渐加大。正常情况下,肺总是表现为回缩倾向,即使是最强呼气,肺泡也不可能完全被压缩。

胸内负压的形成与作用于胸膜腔的两种力有关:一种是促使肺泡扩张的肺内压;另一种是促使肺泡缩小的肺回缩力。胸膜腔内压可表示为:

$$胸膜腔内压＝肺内压(或大气压)-肺回缩力$$

胸膜腔负压不但作用于肺,牵引其扩张,也作用于胸腔内其他器官,特别是壁薄而可扩张的腔静脉和胸导管等,有利于静脉血和淋巴液的回流。因此,其生理意义有:一方面维持肺泡的扩张状态,使肺能随胸廓运动而张缩,有利于肺通气;另一方面有利于扩张胸腔内的腔静脉和胸导管,促进静脉血和淋巴液的回流。尤其吸气时胸内负压增加,对心房、腔静脉和胸导管的扩张作用更加显著,更有利于静脉血和淋巴液的回流。因此,运动时采用深呼吸,能够有效地促进肺泡气的交换和有效地促进静脉血的回心。

(二)肺通气的阻力

肺通气的阻力有弹性阻力和非弹性阻力两类。弹性阻力是指胸廓和肺的弹性回缩力。弹性回缩力越大,吸气时的阻力就越大。非弹性阻力是气流通过呼吸道时受到的阻力,主要指气体分子间及其与气道管道壁的摩擦力。影响气道阻力的主要因素是呼吸道管径,管径缩小时阻力增加,管径变大时阻力减小。支气管哮喘病人,支气管平滑肌痉挛,口径变小,呼吸道阻力增加,出现呼吸困难。气道内有黏液分泌物时阻力增大,可排痰降低气道阻力。呼吸过程中,气道阻力发生周期性变化:吸气时肺泡扩大,对小气道壁的牵拉力增强,加上此时胸内负压增大,气道口径增大,阻力减小;呼气时则发生相反变化,气道阻力增大。所以,支气管哮喘病人呼气和吸气困难。

二、肺容积、肺容量与肺通气功能的评价

(一)肺容积(pulmonary volume)

用肺量计可测量和描记呼吸运动中吸入和呼出的气体容积。有4种基本肺容积:潮气量、补吸气量、补呼气量及余气量。它们互不重叠,全部相加后等于肺总量(见图6-5)。

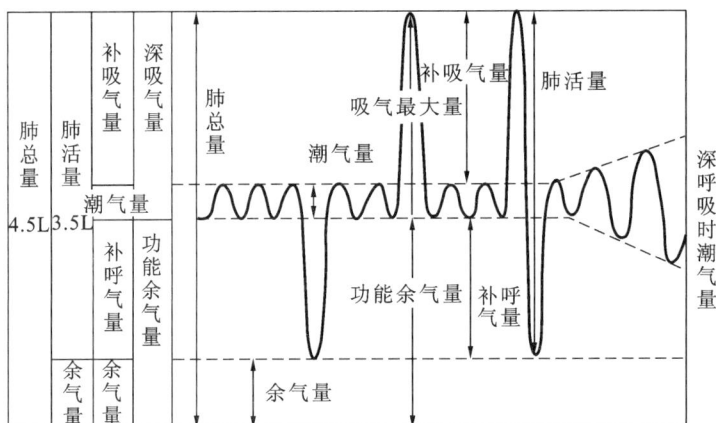

图6-5 肺容积和肺容量示意图

1. 潮气量

潮气量指平静呼吸时,每次吸入或呼出的气体量。它似潮汐的涨落,故称为潮气量。潮气量可随呼吸强弱而变,正常成人平静呼吸时的潮气量为0.4~0.6 L,平均约为0.5 L。

2. 补吸气量

平静吸气之末再尽力吸气,所能增加的吸入气量,称为补吸气量。正常成人的补吸气量为1.5~2.0 L。

3. 补呼气量

平静呼气之末再尽力呼气,所能增加的呼出气量,称为补呼气量。正常成人的补呼气量为0.9~1.2 L。

4. 余气量

最大呼气后,肺内仍残留不能呼出的气量,称为余气量。正常成人的余气量为1.0~1.5 L。

(二)肺容量(pulmonary capacity)

肺容纳气体的量称为肺容量,是指肺容积中两项或两项以上的联合气量。在呼吸过程中,肺的通气量和容积发生有规律的周期性变化,变化的大小取决于呼吸运动的强度和深度。

1. 深吸气量（inspiratory capacity, IC）

平静呼气末做最大吸气所能吸入的气体，即补吸气量与潮气量之和，称为深吸气量。它是决定最大通气潜力的一个重要因素，深吸气量大，表示吸气贮备能力大。

2. 功能余气量（functional residual capacity, FRC）

平静呼气末肺内所余留的气量，称为功能余气量，它是补呼气量与余气量之和。正常成人约为 2.5 L。肺弹性回缩力降低（如肺气肿）时，功能余气量增大；肺纤维化、肺弹性阻力增大的病人，功能余气量减小。

功能余气量的存在有重要的生理意义，它能缓冲呼吸过程中肺泡内氧和二氧化碳分压的急剧变化，从而保证肺泡内和血液中的氧和二氧化碳分压不会随呼吸运动而出现大幅度的波动。

3. 肺活量（vital capacity, VC）与时间肺活量（timed vital capacity, TVC）

最大深吸气后，再做最大呼气时所呼出的气量，称为肺活量（VC）。它是潮气量、补吸气量和补呼气量之和，或者为深吸气量与补呼气量之和。正常成人肺活量的平均值，男子约为 3.5 L，女性约为 2.5 L。肺活量的大小与性别、年龄、体表面积、胸廓大小、呼吸肌发达程度以及肺和胸壁的弹性等因素有关，存在较大的个体差异。肺活量的大小仅反映一次呼吸的最大通气能力，是肺静态通气功能的一项重要指标。

在最大吸气之后，以最快速度进行最大呼气，记录在一定时间内所能呼出的气量，称时间肺活量（TVC），通常以它占用力肺活量的百分数表示。

正常成人最大呼气时，第 1 秒末、第 2 秒末、第 3 秒末呼出的气量分别占总肺活量的83%、96%、99%（见图 6-6），在 3 秒钟内人体基本上可呼出全部肺活量的气量，其中第 1 秒的时间肺活量最有意义。

时间肺活量是一项评价肺通气功能较好的动态指标，它不仅反映肺活量的大小，

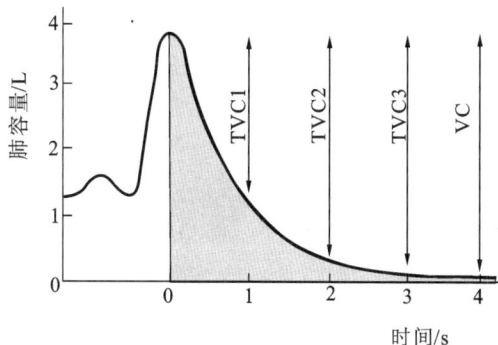

图 6-6　时间肺活量曲线图

而且因为限制了呼气时间，还能反映肺的弹性是否降低、气道是否狭窄、呼吸阻力是否增加等情况，是衡量肺通气功能的一项较理想的指标。

4. 肺总容量（total lung capacity, TLC）

肺所能容纳的最大气量为肺总容量。它是肺活量和余气量之和。其大小因性别、年龄、身材、锻炼情况而异。成年男子平均约为 5.0 L，女子约为 3.5 L。

三、肺通气量和肺泡通气量

（一）每分通气量（minute ventilation volume）

每分通气量指每分钟吸入或呼出肺的气量。它等于潮气量和呼吸频率的乘积。安静时

成年人的呼吸频率为每分钟 12～18 次,潮气量为 500 mL,每分通气量为 6～9 L。

每分通气量随性别、年龄、身材和活动量的不同而有差异。呼吸深度和呼吸频率随人体新陈代谢水平而变化,代谢水平高时,两者俱增。如剧烈运动时,呼吸频率可增至 40～60 次/分,每分通气量可增至 80～150 L 或更多(180～200 L)。

(二)最大通气量(maximal voluntary ventilation)

尽力做深快呼吸时,每分钟能吸入或呼出的气量称为最大通气量。它是反映单位时间内充分发挥全部通气能力所能达到的通气量,是估计一个人能进行多大运动量的生理指标之一。一般只做 15 秒钟通气量的测定,并将这个所测得的值乘以 4 获得最大通气量。人进行强体力劳动或剧烈运动时,最大通气量可达到 70～120 L。对平静呼吸时每分通气量与最大通气量进行比较,可以了解通气功能的贮备能力,常用通气贮量百分比表示:

$$通气贮量百分比 = \frac{最大通气量 - 安静时通气量}{最大通气量} \times 100\%$$

正常通气贮量百分比的值应大于或等于 93%,若小于 70%,表明通气贮备功能不良。

(三)肺泡通气量(alveolar ventilation volume)

肺泡通气量指每分钟吸入肺泡的实际能与血液进行气体交换的有效通气量。

每次呼吸吸入的气量,总有一部分留在鼻、咽、喉、气管和支气管等管腔内,这部分呼吸道无交换功能,故这部分空腔称为解剖无效腔。成人的解剖无效腔容量约为 150 mL。每次呼气时,首先会呼出留在解剖无效腔内的气体,随后才逐渐呼出肺泡中的气体,到呼气末时解剖无效腔内停留的是陈旧的肺泡气,待下次吸气时这部分气将会首先被吸入肺泡。

此外,进入肺泡的气体,也可因血流在肺内分布不均而未能全部与血液进行气体交换。未能发生气体交换的这一部分肺泡容量称为肺泡无效腔。解剖无效腔与肺泡无效腔统称为生理无效腔。因此,真正能够进入肺泡的有效气量,应是每次吸入的新鲜气量,除去生理无效腔气后的那部分气量。即:

$$肺泡通气量 = (呼吸深度 - 无效腔气量) \times 呼吸频率$$

健康人平卧时生理无效腔等于或接近解剖无效腔。但在运动时肺泡无效腔对肺泡通气量的影响将加大。体育锻炼和运动训练可以改善肺泡的血液循环,减小肺泡无效腔,提高肺泡通气量。

肺泡通气量总是少于肺通气量,浅而快的呼吸和深而慢的呼吸,肺通气量可能是一致的,但肺泡通气量由于无效腔的存在,结果是不一样的(见表 6-1)。

表 6-1　不同呼吸频率和潮气量时的肺通气量和肺泡通气量的比较

呼吸频率/(次/分)	潮气量/mL	肺通气量/(mL/min)	肺泡通气量/(mL/min)
8	1 000	8 000	6 800
16	500	8 000	5 600
32	250	8 000	3 200

从肺泡通气的效果考虑,深而慢的呼吸比浅而快的呼吸,肺泡气的更新要多。安静时,呼吸采用适当的深度与频率次数,既节省用于呼吸肌工作的能量消耗,又保持了一定的肺泡通气量,有利于气体交换。运动时,呼吸不仅要深而且要适当加快,这对进一步提高肺泡通气量是有帮助的,但由于用于呼吸肌工作的能量消耗增多,所以只有在进行剧烈运动、对 O_2 需求大的情况下才采用这种方式的呼吸。

第三节　气体交换和运输

气体的交换包括气体在肺泡的交换和在组织的交换,即肺泡和血液之间、血液和组织之间的 O_2 和 CO_2 的交换。在这两个过程中,血液担负 O_2 和 CO_2 的运输任务。

一、气体交换

(一)气体交换原理

气体分子总是由分压高处向分压低处移动,直至气体分子分布均匀为止,这一过程称为扩散。肺换气和组织换气就是以扩散方式进行的。

1. 气体交换的动力

气体的分压是指混合气体中各种气体的压力,可由总的大气压力及其在大气中的容积百分比计算而得。某一气体高分压与低分压之差,叫作该气体的分压差。

气体交换的动力是气体分压差,气体总是从分压高处向分压低处扩散。分压差越大,预示气体扩散越多。气体扩散的最终结果是压力平衡,分压差消失。

溶解的气体分子从液体中逸出的力,称为张力,也可以说,气体的张力就是某一气体在液体中的分压。

人在正常状态下,不同部位各种气体的分压较为恒定。现将空气及肺泡气、血液与组织中各种气体的分压列于表 6-2 中。

表 6-2　海平面上空气、肺泡气、血液及组织中的各种气体的分压　单位:kPa(mmHg)

气体分压	空　气	肺泡气	动脉血	静脉血	组　织
PO_2	21.15(159)	13.83(104)	13.3(100)	5.32(40)	4.0(30)
PCO_2	0.04(0.3)	5.32(40)	5.32(40)	6.12(46)	6.65(50)
PN_2	79.4(597)	75.68(569)	76.21(573)	76.21(573)	76.21(573)
H_2O	0.49(3.7)	6.25(47)	6.25(47)	6.25(47)	6.25(47)
合计	101.08(760)	101.08(760)	101.08(760)	93.43(706)	93.11(700)

2. 气体扩散速率(diffusion rate)

单位时间内气体扩散的容积称为气体扩散速率,它与气体的分压差、气体的温度、扩散面积

以及气体在液体中的溶解度成正比,与气体分子量的平方根和扩散距离成反比,其关系式为:

$$气体扩散速率 = \frac{分压差 \times 温度 \times 扩散面积 \times 溶解度}{\sqrt{气体分子量} \times 扩散距离}$$

气体扩散速率越大,气体交换越快。气体扩散速率与分子量的平方根成反比,与溶解度成正比。CO_2 在血浆中的溶解度约为 O_2 的 24 倍,但 CO_2 的分子量(44)大于 O_2 的分子量(32),因此在同样的分压下,CO_2 的扩散速率约为 O_2 的 21 倍。若再观察气体扩散的动力分压差的大小,则呼吸膜两侧的 PO_2 差为 PCO_2 差的 10 倍。综合考虑气体的分子量、溶解度及分压差,CO_2 实际的扩散速度约为 O_2 的 2 倍。所以当肺换气出现障碍时,机体往往缺氧显著,而 CO_2 潴留不明显。

从运动角度分析,因 O_2、CO_2 的分子量和溶解度不会改变,所以气体的扩散速度、气体交换的能力,与分压差的关系最为密切。

3. 气体的肺扩散容量(pulmonary diffusion capacity)

在 1 mmHg 分压差作用下,每分钟通过呼吸膜扩散气体的量,称为气体的肺扩散容量。肺扩散容量是反映肺换气功能的一个重要指标,往往以测 O_2 的扩散容量(简称氧扩散容量)来评定气体的肺扩散容量。人在安静状态下,氧扩散容量为 $20 \sim 33$ mL/(min·mmHg)。氧扩散容量与体表面积成正比,受年龄、性别及体位的影响,儿童和老年人的氧扩散容量要小于成年人,女性的氧扩散容量小于男性,直立位的氧扩散容量小于仰卧位。在同一个体中,运动或体力劳动时,氧扩散容量增加,这是因为此时参与气体交换的呼吸膜面积和肺毛细血管血流量的增加、气体交换能力的加强所致。

(二)肺换气

1. 肺换气过程

静脉血液流经肺泡毛细血管时,肺泡气的 PO_2 大于静脉血的 PO_2,而肺泡气的 PCO_2 则小于静脉血的 PCO_2,在分压差的推动下,O_2 由肺泡扩散入血液,CO_2 则由静脉血扩散入肺泡,完成肺换气过程,结果使静脉血变成含 O_2 较多、CO_2 较少的动脉血(见图 6-7)。肺泡处 O_2 和 CO_2 的气体扩散仅需 0.3 s 即可平衡,而通常血液流经肺毛细血管的时间约为 0.7 s,所以,当静脉血流经肺毛细血管时,有足够的时间进行气体交换。

2. 影响肺换气的因素

1)呼吸膜的厚度

呼吸膜(respiratory membrane)是指肺泡腔与肺毛细血管腔之间的膜,包括 6 层膜(见图 6-8):含有表面活性物质的液体层、肺泡上皮细胞层、上皮基底膜、肺泡上皮和毛细血管之间的间隙、毛细血管基膜和毛细血管内皮细胞层。正常呼吸膜非常薄,平均厚度不到 1 μm,有的部位仅厚约 0.2 μm,因此通透性极大,气体很容易扩散通过。在肺水肿、肺纤维化等病理情况下,呼吸膜的厚度增加,将导致气体扩散量减少。

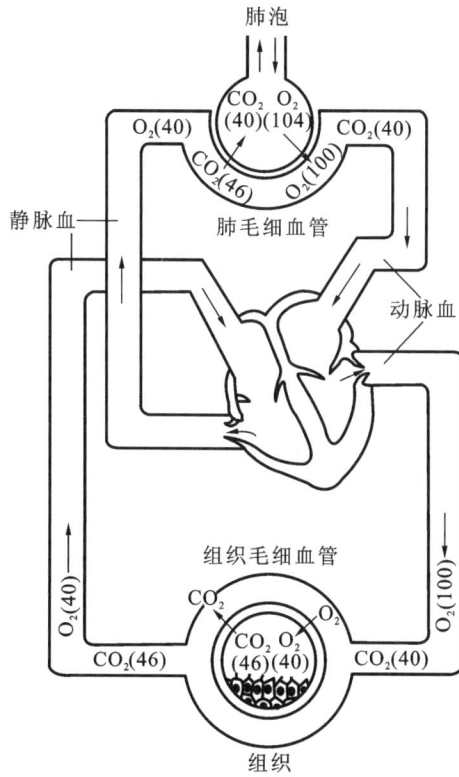

图 6-7 气体交换示意图(数字为分压,单位为 mmHg)

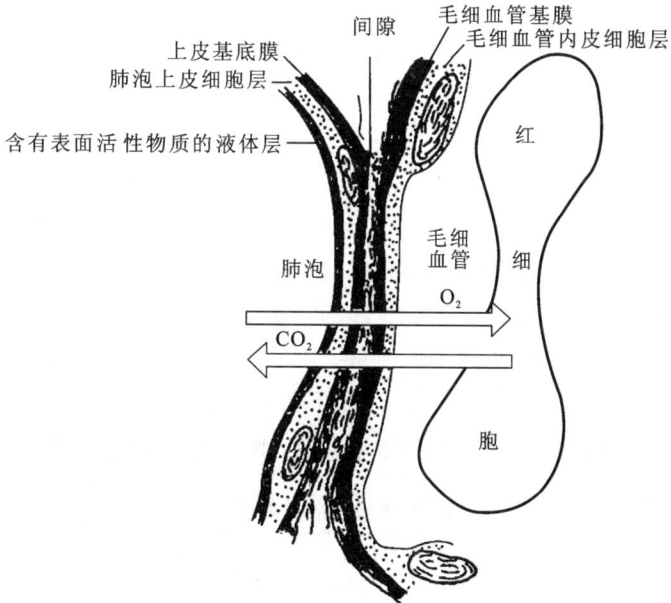

图 6-8 呼吸膜结构示意图

2）呼吸膜的面积

正常成年人的肺有 6 亿～7 亿个肺泡，呼吸膜总扩散面积有 70～100 m^2。安静状态下，呼吸膜扩散面积约需 40 m^2，故呼吸膜有相当大的贮备面积。运动或劳动时可因肺部毛细血管开放数量和开放程度的增加，扩散面积也将大大增大。

3）通气/血流比值（ventilation/perfusion ratio，V_A/Q_c 比值）

通气/血流比值是指每分钟肺泡通气量 V_A 和每分钟肺毛细血管血流量 Q_c 之比。肺内气体要进行充分的气体交换，除有足够的肺泡通气量和肺血流量外，还要求两者间的比例恰当。健康成年人安静时 V_A/Q_c 值为 0.84，表示通气量与血流量配比适当，即肺泡气与血液进行气体交换的效率最高。

V_A/Q_c 值小于 0.84，意味着通气不足，血流过剩，部分静脉血未能变成动脉血就流回了心脏，造成功能性"动－静脉短路"；V_A/Q_c 值大于 0.84，意味着通气过剩，血流不足，使得静脉血被充分动脉化后仍有部分肺泡气未能与血液交换，致使肺泡无效腔增大。通气/血流比值可作为衡量肺换气功能的指标。

运动时通气量加大，心输出量增加，肺血流量也加大，这对 V_A/Q_c 值的变化影响不大，但气体的交换加强了，机体的摄氧量得到了提高。

(三)组织换气

1. 组织换气过程

当动脉血流经组织毛细血管时，由于动脉血的 PO_2 高于组织中的 PO_2，PCO_2 低于组织中的 PCO_2，O_2 从血液向组织细胞扩散，CO_2 则从组织细胞向血液扩散，由此形成了组织换气。这样，经过换气，动脉血变成了静脉血，组织由此获得 O_2，排出 CO_2。

组织中 PO_2 和 PCO_2 的波动受组织代谢程度的影响，运动是人体组织剧烈的新陈代谢过程，过多的 O_2 消耗和产生过多的 CO_2，使得组织细胞中 PO_2 下降（甚至降到零），PCO_2 升高，导致分压差加大。所以人体在运动时，组织换气过程加快，换气量加大。

2. 影响组织换气的因素

1）局部器官血流量

对组织换气而言，组织器官血流量大，有利于组织进行气体交换。如肌肉活动加强时，需 O_2 量增加，组织细胞需从血液中吸收更多的 O_2。由于血液氧容量不能增加，要满足组织细胞的 O_2 消耗，主要靠增加组织局部血流量。

2）温度

气体的扩散速率与温度成正比。剧烈运动时，由于代谢加强，产热大于散热，使体温暂时升高，有利于气体交换。

二、气体的运输

气体在血液中的运输，是实现肺换气和组织换气的中间环节。血液运输气体有两种方式，小部分气体是以物理溶解的方式运输，大部分气体以化学结合的方式运输，这两种方式是相辅相成的。物理溶解的量虽很少，但却是实现化学结合的中间环节。进入血液的气体要先溶解才能发生化学结合，结合状态的气体也要先溶解才能从血液中逸出。物理溶解与化学结合之间处于动平衡状态。

(一)O_2 的运输

在动脉血中，溶解状态的 O_2 约占血液 O_2 总含量的 1.5%，而 98.5% 的 O_2 进入红细胞与 Hb 结合，以氧合血红蛋白(HbO_2)的形式运输。

1. Hb 的氧合能力

进入血液中的 O_2 能够与血红蛋白结合，形成氧合血红蛋白，这是一种不需要酶催化、疏松、可逆的结合，称为氧合作用。氧合的速度取决于 PO_2 含量的高低。在肺内，PO_2 含量高，Hb 与 O_2 结合迅速，形成的氧合血红蛋白(HbO_2)增多。在 PO_2 含量低的组织内，Hb 迅速释放出 O_2，解离为 Hb 和 O_2，称为氧离作用。即：

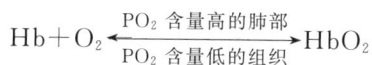

$$Hb + O_2 \underset{PO_2 \text{含量低的组织}}{\overset{PO_2 \text{含量高的肺部}}{\rightleftharpoons}} HbO_2$$

氧合血红蛋白呈鲜红色，去氧血红蛋白呈暗红色。当毛细血管中去氧血红蛋白含量达到 5 g/100 mL 以上时，口唇、甲床可出现青紫色，称为紫绀。CO 与血红蛋白的亲和力是 O_2 的 210 倍，因此，当 CO 中毒时，大量形成一氧化碳血红蛋白，使血红蛋白失去与 O_2 结合的能力，可造成人体缺氧，此时，去氧合血红蛋白并不增多，患者可能不出现紫绀，而是出现一氧化碳血红蛋白特有的樱桃红色。

2. Hb 氧饱和度 (oxygen saturation)

在足够的氧分压下，1 g Hb 最多可结合 1.34~1.36 mL O_2，折合每 100 mL 血液约可结合氧 20 mL。100 mL 血液中，Hb 与 O_2 结合的最大量称为 Hb 的氧容量，Hb 实际与 O_2 结合的量称为 Hb 的氧含量。Hb 氧含量和氧容量的百分比为 Hb 的氧饱和度。

当动脉血的 PO_2 含量为 96~100 mmHg 时，氧含量为 19~20 mL，氧容量为 20 mL，则氧饱和度为 95%~100%；当静脉血的 PO_2 含量为 40 mmHg 时，其氧含量为 15 mL，若氧容量不变，则氧饱和度约为 75%。动脉血的氧饱和度高于静脉血的氧饱和度。

3. 氧离曲线 (oxygen dissociation curve)

氧离曲线或称氧血红蛋白解离曲线，是表示血 PO_2 与 Hb 结合 O_2 量关系或 PO_2 与氧饱和度关系的曲线。它既能反映在不同 PO_2 下 O_2 和 Hb 结合的情况，也能反映在不同 PO_2 下 O_2 和 Hb 的解离情况。氧离曲线呈"S"形，而非完全线性(见图 6-9)。

氧离曲线具有这种特点的原因在于 1 分子 Hb 含有 4 个 Fe^{2+}，4 个 Fe^{2+} 在与 O_2 的结合过程中并非同时结合 O_2，而是逐一按四步进行，且相

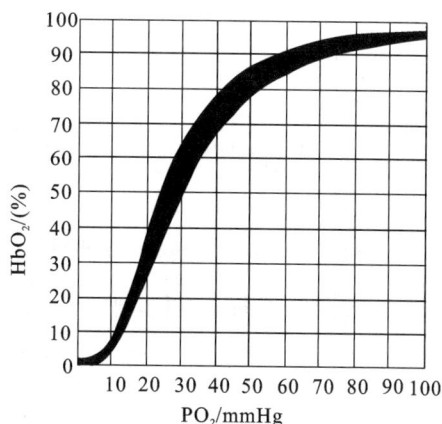

图 6-9　氧离曲线示意图

互间有协同效应,即 1 个 Fe^{2+} 与 O_2 结合后,由于 Hb 变构效应,其他 Fe^{2+} 更易与 O_2 结合。反之,若 HbO_2 中的 1 个 O_2 释放出来,其他几个 O_2 也更易放出。当 Hb 的氧饱和度为 75% 时,每分子 Hb 中已有 3 个 Fe^{2+} 结合了 O_2,这时所剩下的 1 个 Fe^{2+} 与 O_2 的亲和力增加了 125 倍,故氧结合作用愈加明显;若饱和度在 75% 以下,说明氧结合的 Fe^{2+} 不足 3 个,亲和力无明显提高,相反氧解离作用愈加明显。因此,氧离曲线呈现特殊的"S"形。

这种"S"形曲线具有重要的生理意义。

(1)曲线上段,即 PO_2 在 60~100 mmHg 时,曲线平坦,表明 PO_2 变化对 Hb 氧饱和度影响不大。

在高原、高空或某些呼吸系统疾病时,吸入气或肺泡气中的 PO_2 有所下降,但只要 PO_2 不低于 60 mmHg,Hb 氧饱和度仍能保持在 90% 以上,血液仍可携带足够量的 O_2,不致发生明显的缺氧状况。因此,氧离曲线的上段,对人体的肺换气有利。

(2)曲线下段,即血液 PO_2 在 60 mmHg 以下时,曲线逐渐变陡,意味着氧分压下降,血氧饱和度将明显下降。氧分压由 40 mmHg 至 10 mmHg 时,曲线更陡,此时血液 PO_2 稍有降低,血氧饱和度大幅度下降,释放更多的 O_2 供组织细胞利用。因此,氧离曲线的下段对人体组织换气大为有利。

当人体进行剧烈运动时,肌肉组织代谢加强,耗氧量大量增多,使组织的 PO_2 急剧下降,此时 HbO_2 迅速解离,血氧饱和度降到极低的水平。这种特点对组织活动加强时,增加 O_2 的供应十分有利。因此,氧离曲线的下段,有利于人体的组织换气。

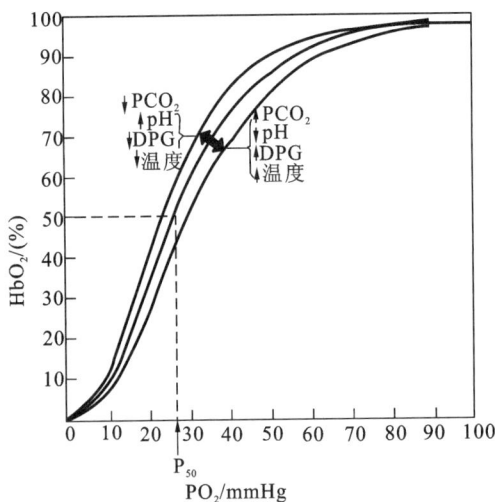

图 6-10　影响氧离曲线的主要因素

影响氧离曲线的因素有血液 PCO_2、pH 值、体温以及红细胞中糖酵解产物 2,3-二磷酸甘油酸(2,3-DPG)。当血液中 PCO_2 升高、pH 值降低、体温升高以及 2,3-DPG 增多时,Hb 对 O_2 的亲和力下降,氧离曲线右移,从而使血液释放出更多的 O_2;反之,血液中 PCO_2 下降、pH 值升高、体温降低和 2,3-DPG 减少时,Hb 对 O_2 的亲和力提高,氧离曲线左移,从而使血液结合更多的 O_2(见图 6-10)。

运动过程中,由于肌肉代谢加强,会产生更多的 H^+ 和 CO_2,体温上升,PCO_2 升高,pH 值降低,2,3-DPG 也显著增多(从平原进入海拔较高的高山时,红细胞中 2,3-DPG 也会增加),导致氧离曲线右移,Hb 对 O_2 的亲和力下降,有利于 O_2 的解离释放。说明在相同的 PO_2 下,血液中 HbO_2 能解离出更多的 O_2,能为机体提供更多的 O_2。另外,CO(煤气的主要成分)与 Hb 的亲和力比 O_2 与 Hb 的亲和力大 200 多倍,可以和 O_2 竞争与 Hb 的结合,减少血液对 O_2 的运输,从而导致向组织扩散的 O_2 量下降,造成组织的呼吸窒息。

4. 氧贮备

人体中的氧在正常情况下,除维持体内的氧消耗外,还有一小部分贮存待用。贮存在血液和肺中的氧 1300~2300 mL,贮存在肌红蛋白中的氧 240~500 mL。肌红蛋白存在于骨骼肌、心肌和肝脏中。肌红蛋白的化学结构与血红蛋白结构相似,与氧的亲和力比血红蛋白强。氧合肌红蛋白解离曲线近似直角,氢离子浓度对氧合肌红蛋白的解离影响不大。在静脉中,当氧分压为 40 mmHg 时,肌红蛋白的血氧饱和度仍高达 94%。但在无氧代谢条件下,红细胞中氧分压极度下降时,氧合肌红蛋白释放出相当于它结合的约 90% 的氧供肌肉代谢。

5. 氧利用率

每 100 mL 动脉血流经组织时所释放的 O_2 占动脉血氧含量的百分数,称为氧利用率。计算方法如下:

$$氧利用率 = \frac{动脉血氧含量 - 静脉血氧含量}{动脉血氧含量} \times 100\%$$

安静时,动脉血 PO_2 为 100 mmHg 时的血氧饱和度约为 98%。正常人每 100 mL 血液的氧含量较为恒定(约 20 mL)。静脉血 PO_2 为 40 mmHg 时的血氧饱和度约为 75%,则每 100 mL 静脉血的氧含量应为(75/100)×20 或 20×75%=15 mL。因此,氧利用率为[(20－15)/20]×100%=25%。剧烈活动的肌肉的 PO_2 可降到 20 mmHg,甚至降到 0。若以 PO_2 在 20 mmHg 为例,氧饱和度约为 35%,而静脉血的氧含量为(35/100)×20=7 mL(放出 13 mL 的 O_2)。这时氧利用率则为(13/20)×100%=65%,比安静时高 1.6 倍。在剧烈运动中,局部血流量增加 3 倍以上,氧利用率也提高 3 倍以上。因此,毛细血管血液与细胞之间的 PO_2 差增加,使 O_2 的供应比安静时高出 9 倍或更多,氧利用率接近 100%。氧利用率可以作为评定有氧训练程度的指标之一。

6. 氧脉搏

心脏每次搏动输出的血量所摄取的 O_2 量,称为氧脉搏,可以用每分摄 O_2 量除以每分心率计算得到。氧脉搏越高,说明心肺功能越好、效率越高。据研究,氧脉搏在心率为 130~140 次/分时,最高值为 11~17 mL,心率过快时则有下降趋势。但目前也有运动员在从事剧烈活动时,氧脉搏值可高达 23 mL。氧脉搏可作为判定心肺功能的综合指标。

(二)CO_2 的运输

血液中物理溶解的 CO_2 约占总运输量的 5%,化学结合的占 95%。化学结合的形式主要有碳酸氢盐($NaHCO_3$,$KHCO_3$)和氨基甲酸血红蛋白($HbNHCOOH$)两种,前者约占总运输量的 87%,后者约占 7%。

1. 碳酸氢盐形式的运输

组织细胞代谢所产生的 CO_2 进入血液,主要是以 HCO_3^- 的形式运输。HCO_3^- 在血浆中形成 $NaHCO_3$,在红细胞中形成 $KHCO_3$,随血液循环运送至肺部。

组织细胞生成进入血液的 CO_2 大部分在红细胞内碳酸酐酶的催化下与 H_2O 结合形成 H_2CO_3,H_2CO_3 又迅速解离成 HCO_3^- 和 H^+。生成的 HCO_3^- 除一小部分与细胞内的 K^+

结合成 $KHCO_3$ 外,大部分扩散入血浆与 Na^+ 结合生成 $NaHCO_3$,同时血浆中的 Cl^- 向细胞内转移,以保持红细胞内外电荷平衡,这一现象称为氯转移。由于红细胞膜对正离子通透性极小,在上述反应中解离出的 H^+ 则与红细胞内的 HbO_2 结合,同时促进 O_2 释放。由此可见,进入血浆的 CO_2 最后主要以 $NaHCO_3$ 形式在血浆中运输。

在肺毛细血管,CO_2 向肺泡扩散,血液中 CO_2 减少,碳酸反应向相反方向进行。HCO_3^- 自血浆进入红细胞,在碳酸酐酶的催化作用下,与 H^+ 结合生成 H_2CO_3,再解离出 CO_2,CO_2 扩散入血浆,然后扩散入肺泡,排出体外。

2.氨基甲酸血红蛋白形式的运输

CO_2 进入红细胞后,可直接与 Hb 分子上的自由氨基($-NH_2$)结合,形成氨基甲酸血红蛋白($HbNHCOOH$)。即:

$$HbNH_2 + CO_2 \rightleftharpoons HbNHCOOH$$

该反应迅速、可逆、不需酶催化、运输效率高,但受氧合作用的影响,其结合量主要受 Hb 含 O_2 量的影响。HbO_2 与 CO_2 的结合能力比 Hb 与 CO_2 的结合力小,所以,当动脉血流经组织时,HbO_2 释放出 O_2 成为 Hb,与 CO_2 结合力增加,形成大量的 $HbNHCOOH$;在肺部,由于 HbO_2 形成,减小了结合力,迫使 CO_2 从 Hb 中解离,扩散入肺泡。用这种方式运输 CO_2 的量,虽只占 CO_2 总运输量的 7%,但在肺部排出 CO_2 的总量中,由 $HbNHCOOH$ 解离出来的 CO_2,约有 18% 是由氨基甲酸血红蛋白所释放,可见这种形式的运输对 CO_2 的排出有重要意义。

三、呼吸与酸碱平衡

CO_2 在血液运输过程中,形成了 H_2CO_3 和 $NaHCO_3$,这两种物质是血液中重要的缓冲对。只要 $NaHCO_3/H_2CO_3$ 的比值为 20:1,血液的 pH 值即可保持在 7.35~7.45 的正常范围内。当乳酸等酸性产物大量入血时,血浆中的 $NaHCO_3$ 与之作用形成 H_2CO_3。H_2CO_3 不稳定,分解为 CO_2 和 H_2O,使血液中的 PCO_2 升高,导致呼吸运动加强,CO_2 排出量增加,从而维持了 $NaHCO_3/H_2CO_3$ 的比值稳定。当血液中碱性物质增多时,H_2CO_3 与之作用使血液中的 $NaHCO_3$ 增多,由于 H_2CO_3 浓度和 PCO_2 降低,使呼吸运动减弱,H_2CO_3 浓度因此而逐渐回升,保持了 $NaHCO_3/H_2CO_3$ 的正常比值。

由此可见,呼吸在体内维持酸碱平衡的作用是通过改变呼吸运动的强弱来调节肺通气量,从而调节血浆中 H_2CO_3 的含量,使血浆中的 $NaHCO_3/H_2CO_3$ 的比值保持正常而实现的。此外,人体酸碱平衡的维持还依靠血液的缓冲作用和肾脏作用的共同参与进行调节。

第四节　呼吸运动的调节

呼吸运动是一种节律性活动,呼吸的深度和频率随机体活动水平而改变。在劳动或运动时,呼吸运动加深加快,吸入更多的氧,排出更多的二氧化碳,以适应机体代谢的需要。呼吸运动能随机体代谢水平而发生改变,是通过神经系统和体液因素共同调节来实现的。

一、呼吸中枢与呼吸节律的形成

呼吸中枢（respiratory center）是指中枢神经系统内产生和调节呼吸运动的神经细胞群。上自大脑皮质、下丘脑及脑干，下至脊髓均有控制呼吸运动的神经细胞群。

动物实验证明，调节呼吸运动的主要中枢在延髓和脑桥。在脑桥上部为呼吸调整中枢，有抑制吸气、调整呼吸节律的作用。脑桥下部为长吸中枢，可加强吸气。延髓既有吸气中枢，也有呼气中枢，能自动产生节律性的呼吸，所以称延髓为呼吸基本中枢。

呼吸还受脑桥以上部位如大脑皮质、边缘系统、下丘脑等的影响，特别是大脑皮质对呼吸运动可以在一定范围内进行随意调节。如讲话、唱歌、吹奏乐器以及运动过程中根据技术动作要求进行的憋气和重新调整呼吸节奏等，都是靠大脑皮质对呼吸肌的随意调节。正常人的呼吸运动，是可以通过大脑皮质建立条件反射的。

关于呼吸节律形成的机制，迄今比较公认的是"局部神经元回路反馈控制"假说。一些吸气神经元在吸气相开始兴奋，增加放电频率，并通过侧支抑制呼气神经元的活动。当吸气神经元的活动达到某一阈值时，还能触发其他神经元的活动，并回返性抑制吸气神经元的活动，解除对呼气神经元的抑制，产生呼吸的相位转换。当对发生吸气活动的吸气神经元的抑制减弱时，吸气活动便再次发生。这样，延髓内吸气神经元和呼气神经元的活动此起彼伏，交互抑制，产生依次有序的节律。延髓呼吸神经元还接受来自脑桥呼吸调整中枢和肺牵张感受器的传入冲动，在吸气过程中这些传入冲动逐渐增强，可促进对吸气活动的切断。

二、呼吸运动的反射性调节

中枢神经系统接受各种感受器传入冲动，实现对呼吸运动调节的过程，称为呼吸运动的反射性调节。

（一）肺牵张反射（pulmonary stretch reflex）

由肺的扩张或缩小引起吸气抑制或兴奋的反射，称为肺牵张反射。肺牵张反射的感受器主要分布在支气管及细支气管的平滑肌内。吸气时，肺扩张牵拉感受器引起兴奋，冲动经迷走神经纤维传入延髓，抑制吸气中枢的活动，终止吸气转为呼气。呼气时，肺缩小，对牵拉感受器的刺激减弱，传入冲动减少，解除对吸气中枢的抑制，吸气中枢再次兴奋，产生吸气，从而又开始一个新的呼吸周期。

平和吸气时，此反射对呼吸节律的调节不起主要作用。只有在深吸气时，肺扩张程度增大，肺牵张反射才可能起作用。婴儿时期，肺牵张反射的作用比较明显。

（二）化学反射性调节

呼吸的化学反射性调节是指化学因素刺激化学感受器所引起的反射性调节。化学因素是指动脉血或脑脊液中的 O_2、CO_2 和 H^+。

1. 化学感受器

化学感受器是指其能接受化学物质刺激的感受器。参与呼吸调节的化学感受器因其所在的部位不同,分为外周化学感受器和中枢化学感受器。

1)外周化学感受器

外周化学感受器位于颈内外动脉分叉处的颈动脉体和主动脉弓血管壁外的主动脉体。其中绝大多数化学感受器存在于颈动脉体,所以颈动脉体对呼吸中枢的影响远大于主动脉体。当血液 PO_2 降低、PCO_2 升高及 pH 值降低时,外周的化学感受器兴奋,其发放的冲动,颈动脉体的由窦神经传入呼吸中枢,主动脉体的由主动脉神经传入延髓的呼吸中枢。

2)中枢化学感受器

中枢化学感受器位于延髓腹外侧的浅表部位。中枢化学感受器主要接受其周围脑脊液中 CO_2、H^+ 的刺激,但最直接的感受是由 CO_2 而产生的 H^+ 的刺激。这是因为血脑屏障使脑脊液与血液分开,血脑屏障限制了血液中 H^+ 的通过,但 CO_2 可以自由通过。通过血脑屏障的 CO_2 与 H_2O 在 CA 的催化下,形成 H_2CO_3 并解离为 H^+ 和 HCO_3^-,由此产生的 H^+ 直接刺激中枢化学感受器,中枢化学感受器的冲动通过一定的神经联系,兴奋了延髓呼吸中枢。由于延髓脑脊液中 CA 的含量很少,CO_2 与 H_2O 的反应较慢,所以中枢化学感受器对 CO_2 的反应有一定的时间延迟,潜伏期长,落后于外周化学感受器对 CO_2 的反应。

此外,由于血液中 H^+ 不易通过血脑屏障,故血液 pH 值的变化对中枢化学感受器直接作用不大。中枢化学感受器也不感受 O_2 变化的刺激。

2. CO_2、H^+ 和 O_2 对呼吸的影响

在正常情况下,中枢化学感受器对 CO_2 分压变化的敏感性比外周化学感受器强,所以中枢化学感受器在维持 CO_2 分压的稳定方面起主要作用。但当呼吸中枢化学感受区的敏感性受到抑制时,呼吸中枢对于由主动脉体和颈动脉体化学感受器传来的冲动仍能发出加强呼吸的反应。CO_2 浓度过高时,将直接麻痹呼吸中枢,所以不仅不能使呼吸加强,反而使其减弱甚至使呼吸停止。

动脉血中 CO_2 分压和 H^+ 浓度增加时,也对外周化学感受器起刺激作用,兴奋后发出的冲动沿窦神经和迷走神经传入纤维传到延髓,兴奋呼吸中枢,使呼吸运动加强。缺 O_2 对呼吸的作用完全是通过外周化学感受器实现的。切断动物的窦神经或切除颈动脉体后,缺 O_2 就不再引起呼吸加强。缺 O_2 对中枢的直接作用是抑制。

(三)呼吸肌本体感受性反射

呼吸肌本体感受性反射是指呼吸肌本体感受器(肌梭)传入冲动引起的反射性呼吸变化。当肌肉受牵张时,肌梭受刺激而兴奋,其冲动经背根传入脊髓中枢,反射性地引起受牵张的肌肉收缩。呼吸肌通过本体感受器反射,可使呼吸增强,但在平静呼吸时,这一反射活动不明显。运动或呼吸阻力增大,肌梭受到较强的刺激,可反射性地引起呼吸肌收缩加强。可见,呼吸肌本体感受器反射的意义在于随着呼吸肌负荷的增加而相应地加强呼吸运动,这在克服气道阻力上有重要作用。

(四)防御性呼吸反射

在整个呼吸道都存在着感受器,它们是分布在呼吸黏膜上皮的迷走传入神经末梢,受到机械或化学刺激时,引起防御性呼吸反射,以清除激惹物,避免其进入肺泡,如咳嗽反射、喷嚏反射等。

第五节 运动对呼吸机能的影响

运动时机体代谢增强,呼吸系统将发生一系列的变化,以适应机体代谢的需要,保证运动的进行和完成。

一、运动时呼吸机能的变化

呼吸的主要功能是给机体的组织细胞提供代谢所需要的氧并排出组织细胞产生的二氧化碳。运动时,随着运动强度的增加,耗氧量和二氧化碳产生量随之增多,呼吸机能也将发生相应的变化以适应运动时机体代谢增强的需要。其表现为肺通气机能和肺换气机能的改变。

(一)运动时肺通气机能的变化

运动时呼吸加深加快,肺通气量增加。潮气量可从安静时的 500 mL 上升到 2 000 mL 以上,呼吸频率可由每分钟 12～18 次增加到每分钟 40～60 次。运动时的肺通气量可从安静时的每分钟 6～8 L 增加到每分钟 100 L 以上。

运动中肺通气量的增加是通过增加潮气量和呼吸频率实现的。在运动强度较低时,肺通气量的增加主要是潮气量的增加,呼吸频率增加不明显;当运动强度超过某一强度后,肺通气量的增加则主要靠呼吸频率的增加来实现(见图 6-11)。

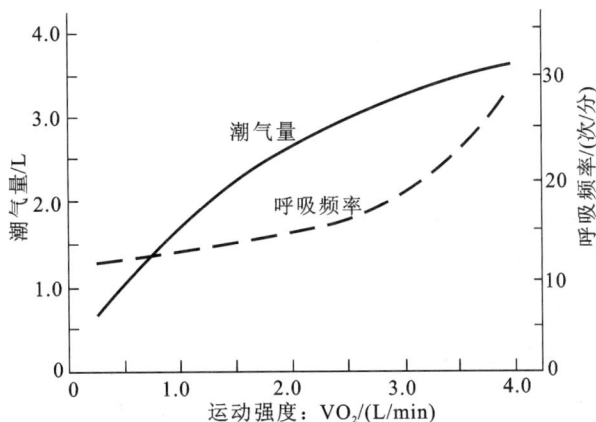

图 6-11 不同强度运动时,潮气量和呼吸频率的变化

人体在进行时间较长、中低强度的运动过程中,肺通气量的增加可分五个时相:运动开始后的快速增长期、缓慢增长期和稳定期,以及运动停止后的快速下降期和缓慢下降期(见图 6-12)。

一般认为,肺通气量的快速增长期和快速下降期是神经调节机制,即通过活动的肌肉和

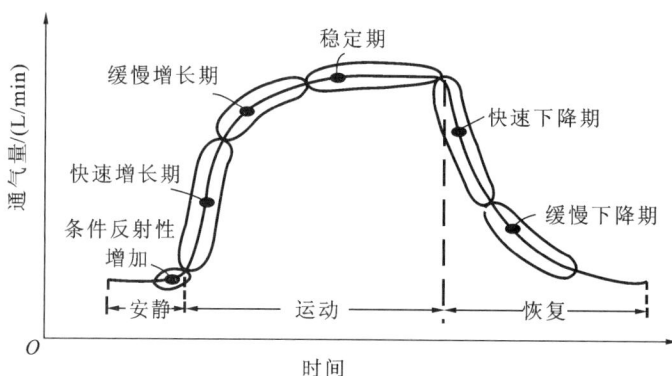

图 6-12 亚极量运动肺通气量的变化

关节的感受器发放或终止神经冲动而实现的;缓慢增长期和缓慢下降期是化学性调节机制。如果进行的是最大强度的运动,肺通气量的增加不出现稳定状态,而是持续增加直到衰竭。

在一定范围内肺通气量与运动强度呈直线相关,若超出这一范围,肺通气量的增加与运动强度失去线性相关,肺通气量的增加明显大于运动强度的增加(见图 6-13)。

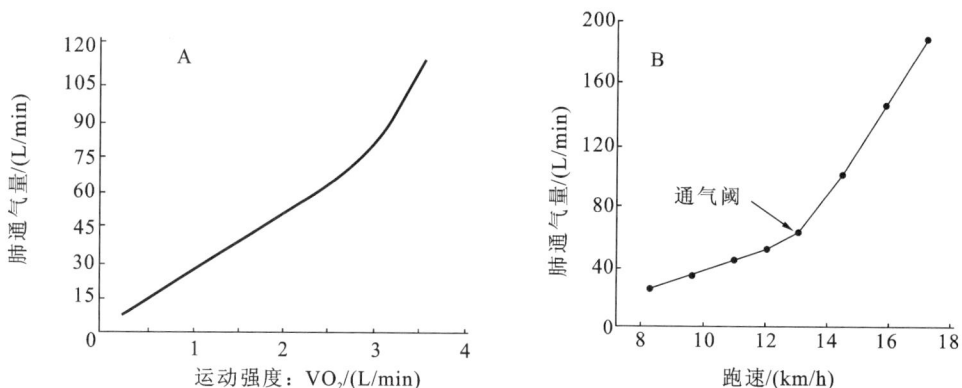

图 6-13 肺通气量与运动强度的关系

随着运动强度的增大,通气量会在某一点突然增加,与耗氧量的增长不成比例。出现的这个拐点称为通气阈,如图 6-13 所示。当运动强度大于 $55\%\sim70\%$ $\dot{V}O_{2max}$ 时,通气阈出现的拐点一般正是血乳酸出现的拐点。

(二)运动时肺换气机能的变化

运动时肺换气机能的变化,主要是通过 O_2 的扩散和交换来体现的。

1. 运动时肺换气功能的变化

(1)O_2 在肺部的扩散速率增大:运动时人体各组织器官代谢增强,耗 O_2 增加,使流向肺部的静脉血中的 PO_2 降低,引起呼吸膜两侧的 PO_2 差增大,O_2 的扩散速率增大。

(2)呼吸膜的面积增大:运动时血液中的儿茶酚胺增多,使呼吸细支气管扩张,导致通气肺泡的数量增多;肺泡毛细血管前括约肌舒张,开放的肺泡毛细血管增多,因而呼吸膜的面积增大。

（3）氧扩散容量增大：运动时右心室泵血量增加，使肺血流量增加，通气血流比值仍可维持在 0.84，氧扩散容量增大。

2. 运动时组织换气功能的变化

（1）O_2 在肌肉组织部位的扩散速率增快：活动肌肉组织的耗氧量增加，组织的 PO_2 迅速下降，使组织和血液之间的 PO_2 增大。

（2）组织处气体交换面积增大：活动组织毛细血管开放数量增多，组织的血流量增大。

（3）肌肉的氧利用率提高：运动时组织中的 CO_2 积累和局部温度的升高，使氧解离曲线右移，HbO_2 解离加强，释放的 O_2 增多，肌肉的氧利用率约可提高 3 倍。

(三)运动时的呼吸异常

1. 呼吸困难

许多有氧体能较差的人在进行运动时，常因为血液二氧化碳和氢离子增加过多，出现呼吸困难的情形。虽然，运动导致呼吸困难的感觉是无法呼吸，不过真正原因是身体无法对血液二氧化碳和氢离子的变化做出调整。

运动时无法降低呼吸中枢的刺激，与呼吸肌功能的不足有关。因为呼吸肌很容易疲劳，即使呼吸中枢传来增加呼吸的指令，但呼吸肌无法进行降低血液二氧化碳和氢离子的调节。

2. 过度换气

在运动即将开始前，对运动的预期或焦虑，以及呼吸性紊乱，都会导致通气增加。超过支持运动所需的通气量，这种过度呼吸称为过度换气（hyperventilation）。安静时的过度换气会使得肺泡和动脉血液原来的 PCO_2 从 40 mmHg 下降到 15 mmHg 左右。随着动脉二氧化碳浓度下降，血液 pH 值上升时，这两个情形反而会抑制呼吸。即使时间只有短短数秒，但是这种深而急促的过度换气常会引起头晕甚至失去意识的情形。这个现象也说明了呼吸调节系统对于血液二氧化碳和 pH 值的变化相当敏感。

3. 瓦尔沙瓦现象

当运动中有较强的肌肉收缩，并且有憋气动作（在口、鼻及声门关闭时还努力呼气）时，胸膜腔内压可增加两倍以上，腹腔和胸腔内压力急速增加，血流受阻，回心血量减少，使脑的供血不足，引起头晕或昏厥，这种因胸膜腔内压引起的胸内静脉压变化而产生的症状，称为瓦尔沙瓦现象。常常出现在进行某些特定运动的时候，例如憋气举起重物、体操练习中进行静力性工作时。憋气用力若过久，回流到心脏的血液会大幅减少，心输出量跟着减少并使动脉血压改变（见第四章）。

4. 林加尔德现象

在体操练习中，有很多支撑、悬垂、折体、回环等动作，常常要求胸廓与腹壁等部位同时或交替固定，因而使呼吸肌的活动受到限制，造成呼吸运动困难。丹麦生理学家林加尔德发现，在进行静止用力动作时，呼吸和循环机能变化没有运动后明显，这种生理反应称为林加尔德现象（见表 6-3）。

表 6-3　静止用力时和恢复期的耗氧量

静 止 用 力	持续时间/min	耗氧量/（mL/min）	
		静止时用力	静止后用力
单杠屈臂悬垂	0.8	557	853
俯卧撑	2.01	562	595
屈膝举蹬站立	1.28	742	807

产生的机理主要是由于静止用力时，大脑皮质运动中枢产生强烈的持续性兴奋，该兴奋引起负诱导，因而使呼吸和循环机能受到抑制。其次，静止用力时，肌肉的持续收缩挤压肌肉中的小动脉和毛细血管，使肌肉中血流受阻，氧气供应不足，运动后血流通畅，肌组织代谢加强，这也是造成运动后机能变化超过运动时的原因之一。

随着训练水平的提高，呼吸循环机能的加强，林加尔德现象逐渐减轻。技术水平高的体操运动员在做体操练习时，甚至不产生林加尔德现象。在做体操练习时，呼吸型式配合得好即动作与呼吸型式配合协调，可加强呼吸深度，加大肺通气量，减少缺血缺氧现象，瓦尔沙瓦现象和林加尔德现象都可减轻或被克服。

二、呼吸对运动的适应

呼吸机能的变化不会限制运动成绩，因为气体交换比心血管功能有更大的潜能。长期的体育锻炼和运动训练可改善与增进呼吸系统的功能，提高运动时的最大肺通气量以及肺换气和组织换气的效率。呼吸对训练的适应变化表现在以下几个方面。

（一）肺容积对训练的适应

影响肺通气能力的基础是肺容量，横向研究表明，除潮气量外，有训练者的肺容积的各个成分都比无训练者大，通过训练，呼吸肌的力量得到加强，吸气和呼气的能力得到提高。研究表明，有训练的运动员的肺活量较一般人高，优秀的划船运动员、游泳运动员可达 7000 mL 左右，锻炼还可延缓肺活量随年龄增长而下降的趋势。

（二）肺通气功能对训练的适应

1. 肺通气量的适应变化

训练对安静时的肺通气量影响不大。虽然耐力训练不会改变肺部的结构或基本生理功能，但是会降低最大运动强度下通气量的 20%～30%。未受训练的久坐生活者，最大肺通气在 100～120 L/min，经过耐力训练后增加到 130～150 L/min 或更多；高水平训练有素运动员的肺通气通常会增加到 180 L/min；而超高强度训练耐力运动员的肺通气甚至超过 200 L/min。训练后增加最大肺通气量的原因有两种：在最大运动强度时增加潮气量和增加呼吸频率。

通常认为通气不是影响耐力运动成绩的限制因素。然而，研究发现，经过高强度训练适应的人,肺部运输氧气的功能可能无法满足肢体和心血管系统的需求,其原因为运动引发动脉血氧过低,其动脉氧饱和度低于96%。例如,造成高强度训练的优秀运动员有低氧饱和度的现象,可能是因为运动中大量右侧心脏的心输出量迅速通过肺部,使得血液停留在肺内的时间减少所致。

2.最大强度运动时肺扩散增加

肺泡内发生的肺扩散或气体交换,在休息时和次最大运动训练后是不变的。然而,当运动强度达到最大时,它会增加。肺血流(从心脏右侧流向肺部的血液)在训练后会增加,这增加了肺灌注,更多的血液进入肺部进行气体交换。与此同时,通气增加,使更多的空气进入肺部,这意味着更多的肺泡将参与肺扩散,最终的结果是肺扩散增加。

3.动-静脉氧差增加

耐力训练时动脉血氧含量变化不大。虽然血红蛋白总量增加了,但每单位血液中的血红蛋白数量不变,甚至略有减少。然而,动-静脉氧差确实随着训练而增加,尤其是在最大运动强度时。这种增加的原因是混合静脉血氧含量较低,这意味着返回心脏的血液(身体各部分静脉血的混合物,而不仅仅是活动组织)比未经训练的人含有更少的氧气。这既反映了活动组织更大的氧气摄取,也反映了更有效的血流分配到活动组织。

4.肺通气效率提高

训练可使安静时呼吸深度增加、呼吸频率减慢,运动时呼吸深度和频率匹配得更加合理。运动时,在相同肺通气量的情况下,运动员的呼吸频率较无训练者低,运动员肺通气的增长,主要依靠呼吸深度的增加。运动时较深的呼吸可使肺泡通气量和气体交换率提高,呼吸肌的耗氧量减少,这对进行长时间的运动十分有利。

5.氧通气当量下降

氧通气当量(VEO_2)是指每分通气量与每分吸氧量的比率,即机体每吸入 1 L 氧所需要的通气量。安静时的氧通气当量为 20～28。一般来说,呼吸当量越小,氧的摄取率越高,运动生理学上把氧通气当量最小点称为最佳呼吸效率点。在中小强度运动时,每分通气量与每分吸氧量保持直线相关,氧通气当量的值仍保持在安静时的范围。当人体从事每分吸氧量大于 4 L 的运动时,氧通气当量可达35,通气效率降低。氧通气当量的变化与性别、年龄和运动项目有关。有训练的耐力性运动员其值可低于20。当氧通气当量增大至 30～35 时,表明呼吸效率极低,此时无训练者不能坚持较长时间的运动;但训练水平高的运动员,即使氧通气当量达40～60时仍能奋力运动。在相同强度运动时,优秀耐力运动员的氧通气当量较一般人低;在吸氧量相同的情况下,运动员的氧通气当量比无训练者少;在相同肺通气量的情况下,运动员的吸氧量较无训练者要大,即呼吸效率高,能完成的运动强度较大。

(三)肺换气功能对训练的适应

肺换气功能可用氧扩散容量来评定。长期的耐力训练对提高氧扩散容量有良好的影响,经常参加体育锻炼的人,氧扩散容量随年龄降低的趋势将推迟。无论安静时还是运动时,运动员的氧扩散容量都比非运动员高(见图 6-14)。

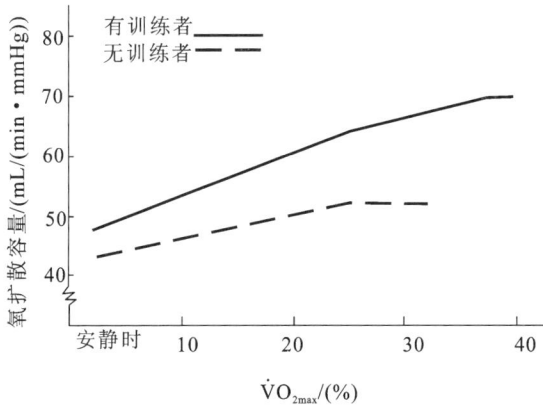

图 6-14 有训练者和无训练者运动时氧扩散容量的变化

(引自 Richard A. Berger,1982)

不同项目的运动员,氧扩散容量增大的程度不同,耐力划船运动员最大,游泳运动员次之。运动员之所以有较高的氧扩散容量,是由于其心输出量大,参与气体交换的肺泡与肺泡毛细血管的面积增加,以及呼吸膜阻力下降等因素共同作用的结果。

(四)肌肉摄氧能力对训练的适应

肌肉摄氧能力的高低可由肌肉动-静脉氧差来衡量。动-静脉氧差随着训练的增加而增加,它反映组织摄取氧气的能力提高以及更有效地将血液分配到活动组织中去。一般人安静时的动-静脉氧差为 4.5%。耐力训练可使慢肌纤维线粒体增大、增多,线粒体氧化酶活性增强,摄取氧、利用氧的能力增强,使动-静脉氧差增大至 15.5%或更大。

三、运动时的合理呼吸

运动时进行合理的呼吸,有利于保持内环境的稳定,提高训练效果和充分发挥人体的机能能力,以创造优异的运动成绩。

(一)减小呼吸道阻力

正常人安静时由呼吸道实现通气。通过呼吸道净化、湿润、温暖或冷却空气。剧烈运动时,为减少呼吸道阻力,人们常采用以口代鼻或口鼻并用的呼吸。其利有三:①减少肺通气阻力,增加通气;②减少呼吸肌为克服阻力而增加的额外能量消耗,推迟疲劳出现时间;③暴露满布血管的口腔潮湿面,增加散热途径。据研究,运动时增加口的通气,肺通气量由仅用鼻呼吸的 80 L/min 增至 173 L/min。但应注意,在严寒季节里进行运动,口不宜张得过大,尽可能使吸入空气经由口腔加温后再通过咽喉、气管入肺。

(二)提高肺泡通气效率

提高肺通气量的方法,有增加呼吸频率和增加呼吸深度两种方式。运动时(尤其是耐力运动),期望在吸气时肺泡腔中有更多的含 O_2 新鲜空气,呼气时能呼出更多的含 CO_2 的代谢气体,因此,提高肺泡通气量比提高肺通气量意义更大。表浅的呼吸使肺泡通气量下降,深呼吸能吸入更多新鲜空气,提高肺泡气中的空气新鲜率,PO_2 随之提高,导致 O_2 的扩散量增加。但过深过慢的呼吸,也能限制肺通气量进一步提高,并可导致肺换气功能受阻。

有意识地采取适宜的呼吸频率和较大的呼吸深度是很重要的。一般情况下,径赛运动员的呼吸频率以每分钟不超过 30 次为宜。爬泳运动员即使有特殊需要,也不宜超过每分钟60 次。那么强调运动时的深呼吸,以偏重深吸气好还是以偏重深呼气好呢? 深呼气(或称深吐气)动作能有效减少功能余气量,吸入更多的新鲜空气,提高肺泡气内的 PO_2,从而保证机体有更多 O_2 的摄入。

因此,运动时(特别是在感到呼吸困难、缺 O_2 严重的情况下),采用节制呼吸频率,在适当加大呼吸深度的同时注重深呼气,更有助于提高肺泡通气量。例如:人在跑步或游泳时因体内过多的负氧而出现"极点"现象,为有效克服或缓解"极点"、提高 O_2 的摄入量,应有意识地保持有节奏的深呼吸与深呼气。蛙泳时的正确呼吸应该是在水中作深呼气,将气吐尽,然后再抬头出水面吸气。

(三)与技术动作相适应

呼吸的型式、时相、节奏等,必须适应技术动作的变换,必须随运动技术动作而进行自如的调整,这不仅为提高动作的质量、为配合完成高难度技术提供了保障,同时也能推迟疲劳的发生。这对于从事投掷、体操、技巧、武术、跳水、花样滑冰等专项的运动员来说,尤显重要。

1. 呼吸型式与技术动作的配合

呼吸的主要型式有胸式呼吸和腹式呼吸。运动时采用何种型式的呼吸,应根据有利于技术动作的运用而又不妨碍正常呼吸为原则,灵活转换。

通常有些技术动作需要胸肩带部的固定,才能保证造型,那么呼吸型式应转为腹式呼吸。如体操中的手倒立、肩手倒立、头手倒立、吊环十字悬垂、下"桥"动作等这些需胸肩带部固定的技术动作,采用腹式呼吸,就会消除身体重心不稳定的影响;而另一些技术动作需要腹部的固定,则要转为胸式呼吸,如上固定或下固定时的屈体静止造型动作、"两头起"的静止造型动作等,采用胸式呼吸有助于腹部动作的保持和完成。

2. 呼吸时相与技术动作的配合

通常非周期性的运动要特别注意呼吸的时相,应以人体关节运动的解剖学特征与技术动作的结构特点为依据。

一般在完成两臂上举、外展、外旋、扩胸、提肩、展体或反弓动作时,采用吸气比较有利;

在完成两臂内收、内旋、收胸、塌肩、屈体或团身等动作,采用呼气比较顺当。如:"卧躺推杠铃"练习,杠铃放下过程吸气,推起过程呼气;"仰卧起坐"练习,仰卧时吸气,起坐时呼气;"俯卧撑"练习,俯卧时吸气,撑起过程呼气。但也有例外时(如杠铃负重蹲起时的展体,改为呼气较好),以立足完成技术动作为基础,然后再考虑吸气与呼气的时相协调。

3. 呼吸节奏与技术动作的配合

通常周期性运动采用富有节奏的、混合型的呼吸,会使运动更加轻松和协调,更有利于创造好成绩。如周期性跑步运动,长跑宜采用 2～4 个单步一吸气、2～4 个单步一呼气的方法进行练习;短跑常采用憋气与断续性急促呼吸相结合,即每憋气 2～12 个单步(或更多)后,做一次 1 秒以内完成的急骤深呼吸。周期性游泳运动的呼吸节奏,蛙泳可采用一次划手、一次蹬腿、一次头出水面呼吸的组合;爬泳可采用两侧呼吸,即三次划臂(打腿次数以个人特点而定),完成一次侧换气的组合。

(四)合理运用憋气

或深或浅的吸气后,紧闭声门,作尽力呼气动作,称为憋气。通常在完成最大静止用力的动作时,需要憋气来配合。如大负荷的力量练习、举重运动、角力、拔河、掰手腕等。憋气对运动有益的作用有:①憋气时可反射性地引起肌肉张力的增加,如人的臂力和握力在憋气时最大,呼气时次之,吸气时较小;②可为有关的运动环节创造最有效的收缩条件,如短跑时憋气一方面可控制胸廓起伏,使快速摆臂动作获得相对稳定的支撑点,另一方面又避免腹肌松弛,为提高步频、步幅提供更强劲的牵引力。

憋气对人体也会产生不良影响:①长时憋气压迫胸腔,使胸膜腔内压上升,造成静脉血回心受阻,输出量锐减,血压大幅下降,导致心肌、脑细胞、视网膜供血不全,会产生头晕、恶心、耳鸣、眼黑等感觉,影响和干扰运动的正常进行;②憋气结束,出现反射性的深呼吸,造成胸膜腔内压骤减,原先潴留于静脉的血液迅速回心,冲击心肌并使心肌过度伸展,心输出量大增,血压骤升。这对心力储备差者,十分不利。特别是儿童的心脏因承受能力低而易使心肌过度伸展导致松弛,对老年人因血管弹性差、脆性大而容易使心、脑、眼等部位的血管破损,都会带来不良的后果。

由此看来,憋气对运动有利有弊。有些时候需要通过奋力和憋气才能取胜,那么这样的憋气是有必要的,是不可避免。正确合理的憋气方法:①憋气前的吸气不要太深;②结束憋气时,为避免胸膜腔内压的骤减,使胸膜腔内压有一个缓冲、逐渐变小的过程,呼出气应逐步少许地、有节制地从声门中挤出,即采用微启声门、喉咙发出"嗨"声的呼气;③憋气应用于决胜的关键时刻,不必每一个动作、每一个过程都作憋气。如跑近终点的最后冲刺、杠铃举起、摔跤制服对手的一刹那,可运用憋气。对运动员和健康人来说,一般的憋气也属于生理现象,如排便动作。有时还可以把采用适当的憋气作为提高心肺功能的手段之一,只是要遵守循序渐进的规律而已。

【知识拓展】

EIA、EIB or EILO

一、概述

对于健康的人来说,呼吸系统,尤其是肺部进行有效气体交换的能力通常不会限制运动表现。然而,据估计,多达55％的优秀运动员参加耐力冬季运动和游泳经历了运动诱发性哮喘(EIA)、运动诱发性支气管痉挛(EIB)或两者兼有的症状。

(一)EIA

运动诱发性哮喘(exercise-induced asthma,EIA)是指在有潜在哮喘的个体中,由运动引起的伴有咳嗽、喘息或呼吸困难等症状的下气道阻塞(Kenney et al. 2015)。也有将EIA定义为由运动诱发的哮喘发作,在剧烈运动之后,出现咳嗽、气喘、呼吸困难、胸闷等临床症状,并以瞬间的气道阻力增加及气道高反应性为特征表现(杨安怀,等,2021)。

支气管高反应性(bronchial hyperreactivity,BHR)是指在应对各种特异性或非特异性刺激时,气道反应性异常增高,支气管平滑肌显示出的更易收缩和收缩力更强的一种反应状态,表现为气道平滑肌过早或过强的收缩反应、支气管痉挛和腺体黏液分泌的亢进。BHR是哮喘患者气道功能异常状态的关键指标,并可用于评价哮喘患者的病情和预后,在冬季项目和游泳项目运动员中尤为常见。游泳是BHR患病率最高的水上项目,水上耐力项目患病率高于水上非耐力项目。

EIA可见于一般人群的哮喘患者和运动员哮喘患者,常见于青少年及游泳等耐力项目运动员。

(二)EIB

运动诱发性支气管痉挛(exercise-induced bronchospasm/bronchoconstriction,EIB)是指在运动中或运动后出现的暂时性气道狭窄(石月,等,2018;刘猛,等,2021)。可单独发生,也可伴有呼吸困难、喘息、咳嗽、胸闷、黏液分泌过多或在患者身体状况良好时感到身体不适。

EIB常见于普通人群和运动员群体,这些人群可能并非哮喘患者或并不具有任何呼吸道症状。

EIB在普通人群中的患病率为5％～20％,EIB在哮喘患者中的患病率约为90％。由于长期吸入寒冷、干燥的空气和空气中的污染物,高水平运动员中EIB的患病率高于普通人群。在优秀或奥林匹克水平的运动员中,EIB的患病率为30％～70％(Weiler et al.,2007)。特别是那些参加游泳、跑步、自行车等耐力运动和冬季运动的运动员。

(三)EIA与EIB的区别与联系

术语"运动诱发性哮喘"(EIA)和"运动诱发性支气管痉挛"(EIB)经常互换使用。为了让这个仍有争议的问题更加清晰,由美国国家科学院,美国过敏、哮喘与免疫学院联合开发的实践参数(Weiler et al.,2010)和最近的美国胸外科学会临床实践指南(Parsons et al.,2013)建议放弃术语 EIA(因为运动不是哮喘的原因,而只是引发哮喘的一个因素),并将有哮喘临床症状的 EIB 称为 EIB_A(EIB with asthma),而将无哮喘临床症状的急性气流阻塞称为 EIB_{WA}(EIB without asthma)。

欧洲过敏与临床免疫学学会和欧洲呼吸学会联合工作组将 EIA 定义为剧烈运动后发生的哮喘症状,而 EIB 则是指在标准化运动实验后肺功能的降低(Carlsen KH et al.,2008)。因此,Stefano 等(2015)认为,EIB 为支气管收缩反应,而 EIA 包括 EIB 和哮喘症状。

EIB 可发生在有哮喘或没有哮喘的个体中,并在所有水平的运动员中普遍存在。EIA 仅发生在有哮喘的个体中,即支气管收缩与哮喘症状相关时称为 EIA。EIA 与 EIB 都属于运动引起的急性气道狭窄。

(四)EILO

运动诱导性喉梗阻(exercise-induced laryngeal obstruction,EILO)是指运动诱发的一过性上气道阻塞,通常发生在声门上水平,常伴随声门狭窄,导致劳累性呼吸困难。EILO 是由运动时喉结构的反常吸气内收引起的。

EILO 是年轻人和运动员上气道功能障碍的一个重要原因,可损害运动表现和导致下气道功能障碍,如哮喘和(或)运动诱导的支气管收缩。EILO 被越来越多地认为是运动员和体育活动人群中劳累性呼吸困难的常见原因,可以通过在最大运动测试中连续进行喉镜检查客观地进行评估。

EILO 比较常见,它影响运动表现和生活质量,容易与下气道功能障碍和气道高反应性(AHR)混淆,并被不恰当地诊断或治疗。

总体而言,对不同年龄、性别、种族背景和运动水平的人群中 EILO 的患病率描述甚少。尽管数据显示,在某些人群中的患病率与哮喘和(或)EIB 相当。在青少年中,EILO 的患病率估计为 5%~8%。在对奥林匹克级别运动员进行的最广泛的研究中,EILO 的患病率为 5%。在出现呼吸道疾病的运动员人群中,EILO 的患病率可能更高。

EILO 的原因尚不清楚,但可能与若干危险因素有关。具体来说,哮喘、胃食管反流病(GERD)、鼻部疾病、与上呼吸道相关的解剖因素、行为健康因素和遗传因素被认为是病因或危险因素。

二、EIA/EIB 病理生理机制

关于 EIA/EIB 的发病机制探究主要集中于气道重加温、渗透、上皮细胞损伤、气道炎症和神经元激活等 5 个方面。几种假说在解释 EIA 和 EIB 的发生过程中有着不同的侧重点,但彼此间存在联系。

(一)"热"或"气道重加温"假说

该假说认为,运动后气道的重加温是引发病患的原因。运动过程中高通气量使支气管壁因脱水而冷却,导致局部血管收缩。气道冷却激活胆碱能受体,经过反射通路引起支气管平滑肌张力增加,支气管收缩。运动结束后,呼吸道快速复温,引起气道血管膨胀、血管充血、血管通透性增加和支气管壁水肿等机械效应,从而引发气道狭窄。

(二)"渗透压"假说

该假说认为,剧烈运动时由于通气量增加,吸入的空气不能获得所需的湿度和温度,导致水分蒸发,并在气道表面上皮形成高渗透环境。水从细胞内移动到细胞外液,导致细胞脱水,气道上皮细胞渗透压升高,从而激活细胞机制,刺激肥大细胞释放组胺、白三烯和前列腺素等炎症介质,引起支气管壁的平滑肌纤维收缩,从而导致支气管狭窄,进而出现支气管痉挛。

(三)"上皮细胞微损伤"假说

该假说认为,剧烈运动和气道脱水冷却引起气道特别是小气道上皮微损伤,这种上皮损伤也发生在气道微血管中,导致上皮细胞脱水最大化,释放触发支气管收缩的特殊介质。支持此假说的证据在于气道损伤标志物的血清中克拉氏细胞蛋白(clara cell protein 16,CC16)及痰液中支气管上皮细胞的发现。损伤的气道上皮细胞导致气道中损伤相关分子模式(damage associated molecular patterns,DAMPs)的增多,继而引发一系列炎症反应。这些物质的长期暴露可导致平滑肌收缩特性的改变,使其对支气管收缩介质更为敏感。

(四)"气道炎症"假说

气道炎症是运动性支气管痉挛和哮喘发生、发展的关键,也是所有假说最核心的部分。该假说认为,剧烈运动导致的反复的过度通气、高渗透压及上皮损伤和免疫改变之间的相互作用似乎能够引起多因子支气管炎症反应。对运动员人群气道炎症的大量研究显示,耐力性项目运动员(游泳、越野滑雪、马拉松)气道中的中性粒细胞数量,IL-8、IL-1β、IL-17A、IL-6、肿瘤坏死因子(Tumor Necrosis Factor,TNF)-α 均显著高于普通人群。

除了运动造成气道本身炎症外,近些年还出现了神经源性气道炎症的观点。研究发现,剧烈运动可引起循环神经源性炎症刺激因子 P 物质表达升高。P 物质引起的支气管收缩可能是由胆碱能激活引起的。研究表明,从呼吸道上皮释放的乙酰胆碱可能对气道炎症有刺激作用。

EIB 的特征是中性粒细胞炎症,或中性粒细胞和嗜酸性粒细胞合并炎症。在运动中,EIB 似乎与长时间的机械、渗透和热应激有关,并伴有随后的气道上皮细胞破坏。Couto 等(2018)根据 EIB 相关的主要致病事件:气道渗透改变、上皮损伤、气道炎症和神经元激活,总结了 EIB 病理生理学中的参与者(见图 6-15)。

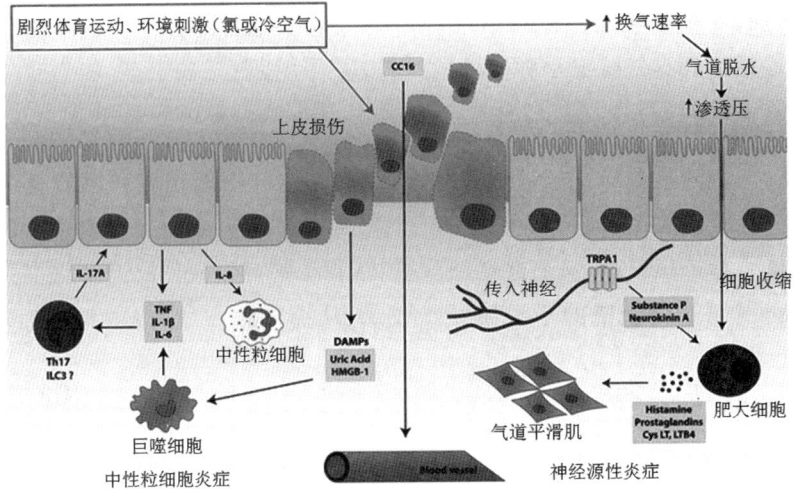

图 6-15　运动诱发性支气管痉挛的新兴机制

(引自 Coutõ M. et al.，2018)

注：P 物质（substance P）；瞬时受体电位通道锚定蛋白 1（transient receptor potential ankyrin 1，TRPA1）；神经激肽 A（neurokinin A）；组胺（histamine）；前列腺素（prostaglandin）；半胱氨酰白三烯（cysteinyl leukotriene，CysLT）；白三烯 B4（leukotriene B4，LTB4）；损伤相关分子模式（damage-associated molecular patterns，DAMPs）；尿酸（uric acid）；高迁移率族蛋白-1（high mobility group box-1，HMGB-1）。

（五）"神经元激活"假说

该假说认为,呼吸道的神经支配主要由副交感神经纤维组成,气道的冷却导致副交感神经刺激,通过迷走神经引起支气管收缩。气道冷却通过刺激专门的温度敏感通道引起副交感神经活动的反射性增加,此外,感觉神经元上这些特殊的温度敏感通道可能会释放本身引起炎症的物质,并发出副交感神经活动增加的信号。副交感神经刺激肺引起支气管缩小和细支气管血管收缩,以保存热量。研究证实,反复大强度训练可以使迷走神经占据支配地位,这不仅可以造成优秀运动员静息心动徐缓,还可引起支气管肌紧张,因而支气管痉挛的易感性随之增加。

【思考题】

1.呼吸的生理意义是什么?

2.呼吸是由哪三个环节组成的? 各个环节的主要作用是什么?

3.呼吸型式有几种? 运动过程中如何随技术动作的变化而改变呼吸型式?

4.胸内负压的成因及其生理意义是什么?

5.肺通气的动力是什么?

6.影响肺换气的因素有哪些?

7. 比较深而慢和浅而快的呼吸,哪一种呼吸效率高,为什么?

8. 试述 O_2 和 CO_2 在血液中的运输过程。

9. 试述氧离曲线的特点和生理意义。

10. 呼吸节律是如何形成的?

11. 试述运动时肺通气的变化及调节。

12. 运动训练对肺通气功能和肺换气功能有何影响?

13. 运动时应如何进行与技术动作相适应的呼吸? 如何合理地使用憋气?

第七章　消化系统机能与运动

第一节　概　　述

人体在生命活动过程中,必须不断地从外界环境中摄取糖类、脂肪、蛋白质、水、无机盐和维生素等营养物质,作为新陈代谢的物质原料和能量来源。营养物质的摄取是由消化系统来完成的。

一、消化系统的组成与功能

消化系统由消化道和消化腺两大部分组成。消化道由口腔至肛门,为粗细不等的弯曲管道,长约 9 m,包括口腔、咽、食管、胃、小肠(分为十二指肠、空肠及回肠)和大肠等部分。临床上通常把从口腔到十二指肠的一段,称为上消化道;空肠到肛门的一段,称为下消化道。消化腺是分泌消化液的腺体,包括大消化腺、小消化腺两种。大消化腺有位于消化壁以外的大唾液腺、肝脏和胰腺;小消化腺则位于消化管壁内,如食管腺、胃腺和肠腺等。

消化系统的主要功能是消化食物,吸收营养,并把食物残渣(粪便)排出体外,另有内分泌和免疫等功能。

消化(digestion)是指食物在消化道内被分解为小分子的过程。消化的方式有两种:一是机械性消化,即通过消化道的运动,将食物研磨与消化液混合、搅拌,并向消化道远端推送的过程;二是化学性消化,即通过消化腺分泌的各种消化酶的作用,将食物中的大分子物质分解为可被吸收的小分子物质的过程。两种消化方式同时进行,互相配合,共同协调完成对食物的消化作用。经过消化的食物,透过消化道黏膜上皮,进入血液和淋巴循环的过程,称为吸收(absorption)。

二、消化道平滑肌的生理特性

消化道平滑肌具有肌组织的一般特性,如兴奋性和收缩性等,同时又有自己的特点。

(一)兴奋性

消化道平滑肌兴奋性较低,收缩缓慢。其收缩的时程较长,且恢复至原有长度的过程也极为缓慢。平滑肌收缩的潜伏期、收缩期和舒张期所占时间都比骨骼肌长。

(二)伸展性

消化道平滑肌有很大的伸展性,需要时可比原来的长度伸长 2～3 倍。如胃进食后的容积可比进食前的容积扩大数倍。

(三)紧张性

消化道平滑肌经常保持一种微弱的收缩状态,使消化道保持一定的张力或紧张性。消化管平滑肌的紧张性是肌肉本身的生理特性,对维持胃肠的形态和位置起重要作用。

(四)自动节律性

消化道平滑肌离体后,放入适宜的环境中,仍能进行节律性收缩,但收缩的节律不如心脏那样规则,且收缩非常缓慢。平滑肌这种自动节律性运动起源于肌肉本身,但在整体情况下是受中枢神经系统调节的。

(五)对理化刺激的敏感性

消化道平滑肌对电以及切割和烧灼刺激不敏感,而对机械牵张、温度变化和化学刺激敏感。如突然的牵拉或迅速地改变温度都可使平滑肌强烈收缩。微量的乙酰胆碱可使平滑肌收缩,而肾上腺素则使其舒张。此外,它对某些化学物质如酸、碱、钡盐、钙盐等刺激也很敏感,这对于引起其内容物推进和排空具有重要的生理意义。

三、消化腺的分泌功能

消化腺存在于消化道的不同部位,包括存在于消化道黏膜的许多腺体和附属于消化道的唾液腺、胰腺和肝脏。人体每天由各种消化腺分泌的消化液总量为 6~8 L。消化液的主要成分有水、无机物和有机物等,其中最重要的成分是具有蛋白质性质的消化酶。消化酶有多种,不同的消化酶可分解不同性质的食物(见表 7-1)。消化液的主要功能有:①分解食物中的各种成分,最后变成适于吸收的物质;②为各种消化酶提供适宜的 pH 环境;③稀释食物,使其渗透压与血浆的渗透压相等,以利于吸收;④保护消化道黏膜,防止物理和化学因素造成消化道损伤。

表 7-1　各种消化液的主要消化酶及其消化作用

消化液	分泌量/(L/d)	pH 值	主要成分	消化作用
唾液	1.0~1.5	6.6~7.1	唾液淀粉酶	淀粉→麦芽糖
胃液	1.5~2.5	0.9~1.5	胃蛋白酶(原)	蛋白质→胨、脒
胰液	1.0~2.0	7.8~8.4	胰淀粉酶	淀粉→麦芽糖→葡萄糖
			胰脂肪酶	脂肪→甘油、脂肪酸
			胰蛋白酶(原)	蛋白质→多肽、氨基酸
			糜蛋白酶(原)	
			肽酶	
胆汁	0.8~1.0	7.4(肝)	胆盐	乳化脂肪
		6.8(胆)		
小肠液	1.0~3.0	7.6	肠淀粉酶	淀粉→麦芽糖→葡萄糖
			肠脂肪酶	脂肪→甘油、脂肪酸
			肠肽酶	多肽→氨基酸
大肠液	0.5	8.3	黏液	

四、消化道的内分泌功能

消化道不仅是消化器官,也是体内最大、最复杂的内分泌器官。现已发现,胃肠黏膜下分布着四十余种内分泌细胞,其总量超过体内所有内分泌腺细胞的总和。这些细胞分泌的具有生物活性的化学物质,统称为胃肠激素。

迄今已发现和鉴定的胃肠激素其化学结构均属肽类,故又称之为胃肠肽。这些激素可通过血液循环或局部组织液扩散(旁分泌)或其他方式,作用于消化器官的靶细胞,从而影响消化液的分泌速度和成分、平滑肌的运动以及上皮生长,有的还作用于内分泌细胞或旁分泌细胞,影响其他激素的释放。胃肠激素对消化功能活动的调节是对神经调节的重要补充,甚至对某些消化器官的活动的调节起主导作用。

胃肠激素的生理作用非常广泛,各种激素的作用也不尽相同,其主要作用可以概括为五个方面。①调节消化道的运动和消化腺的分泌。②调节其他激素的分泌和释放。③刺激消化道组织的代谢和生长(即营养作用)。④影响机体的免疫功能。近年发现,不少胃肠肽对免疫细胞增生、炎症介质与细胞因子的产生或释放、免疫球蛋白的生成、白细胞的趋化和吞噬作用、溶酶体释放及免疫细胞氧化代谢有广泛的影响。⑤调节肠上皮的分泌和吸收,影响水和电解质在肠黏膜上皮的转运等。目前认为对消化器官功能活动影响较大的激素有 5 种:促胃液素、缩胆囊素、促胰液素、抑胃肽及胃动素。

第二节 消 化

消化过程是从口腔开始的,但由于营养物质在消化道各部位停留的时间不同、各部位产生的消化液成分与量以及各部位机械运动程度不同,使得营养物质在消化道各部位的消化程度有很大差异。

一、口腔内消化

食物在口腔中,经过咀嚼被磨碎并与唾液混合形成食团,然后被吞咽入胃,与此同时,唾液中的消化酶对食物有较弱的化学性消化作用。

(一)唾液(saliva)

唾液是由人口腔内的腮腺、下颌下腺、舌下腺和众多散在的小唾液腺分泌的混合液组成,是一种无色、无味、近于中性(pH 值为 6.6～7.1)的低渗液体。其中水分占 99%,其余为唾液淀粉酶、溶菌酶、黏蛋白、球蛋白和少量无机盐等。

唾液的作用有以下几点。①湿润口腔和食物,便于说话及利于咀嚼、吞咽和引起味觉。②消化作用:唾液淀粉酶(最适 pH 值为 7.0)可使食物中的淀粉分解为麦芽糖。③排泄功能:进入体内的某些物质如铅、汞可部分随唾液排出,有些致病微生物(如狂犬病毒)也可从唾液排出。④清洁和保护口腔:可清洁口腔中的残余食物颗粒,当有害物质进入口腔可引起唾液大量分泌,起到中和、冲洗和清除有害物质的作用。⑤杀菌作用:唾液中的溶菌酶、IgA、硫氰酸盐、乳铁蛋白等具有杀灭或抑制细菌和病毒的作用。

(二)咀嚼与吞咽

咀嚼(mastication)是由咀嚼肌协调有序地收缩和舒张而完成的反射性动作。吞咽(deglutition)是食团由口腔经食管进入胃内的过程,是一个复杂的反射活动。

二、胃内消化

食物进入胃后,借胃的运动与胃液混合,形成食糜,在胃内继续消化。

(一)胃液及其分泌

纯净的胃液是无色透明呈酸性的液体,pH 值为 0.9～1.5,正常成人每日分泌量为 1.5～2.5 L。胃液(gastric juice)的成分除水外,主要有盐酸、胃蛋白酶原、黏液、HCO_3^- 和内因子。

1. 盐酸

盐酸由胃底腺的壁细胞分泌,主要作用如下:①激活胃蛋白酶原,使其转变为胃蛋白酶,并为胃蛋白酶提供适宜的酸性环境;②使食物中的蛋白质变性易于分解;③杀死进入胃内的细菌;④有利于铁和钙在小肠内吸收;⑤盐酸进入小肠可促进胰液和胆汁的分泌。盐酸分泌过少,会引起消化不良,使人食欲不振。盐酸分泌过多对胃和十二指肠黏膜有侵蚀作用,是溃疡病发病的重要原因之一。

2. 胃蛋白酶原

胃蛋白酶原由胃底腺的主细胞合成分泌。在盐酸的作用下或在酸性条件下,无活性的胃蛋白酶原转变为有活性的胃蛋白酶。胃蛋白酶为内切酶,可分解蛋白质产生䏧、胨和少量的多肽及氨基酸。胃蛋白酶作用的最适 pH 值为 2.0～3.5,当 pH 值>5 时便失活。

3. 黏液和 HCO_3^-

黏液由胃黏膜的表面黏液细胞和胃腺中的黏液细胞所分泌,可润滑食物。HCO_3^- 主要由胃黏膜表面黏液细胞分泌,可中和盐酸。两者联合作用形成"黏液-碳酸氢盐屏障",该屏障在胃黏膜表面为不可溶性黏液凝胶层,可有效地保护胃黏膜,防止盐酸、胃蛋白酶以及胃内坚硬食物对胃壁的损伤。

4. 内因子

内因子是由胃底腺的壁细胞分泌的一种糖蛋白,它可与食物中的维生素 B_{12} 结合,形成一种复合物,从而促进维生素 B_{12} 的吸收。缺乏这种因子,会引起恶性贫血。

(二)胃的运动

胃运动的功能主要有以下几方面:①容纳进食时摄入的食物;②对食物进行机械性消化;③以适当的速度向十二指肠排出食糜。胃底和胃体的前部(也称头区)运动较弱,主要功能是容纳食物。胃体的远端和胃窦(也称尾区)则有较明显的运动。

1. 胃的运动形式

(1)容受性舒张　当咀嚼和吞咽时,食物对咽和食管处感受器的刺激可通过迷走神经反射引起胃底和胃体肌肉的舒张,胃腔容量增加,这种舒张称为容受性舒张。它适应于摄入大量食物,而胃内压力变化不大。

(2)紧张性收缩　胃壁平滑肌经常保持一定程度的持续性收缩,称为紧张性收缩。这种紧张性收缩有助于保持胃的正常位置和形态,并使胃腔内有一定的压力,有利于消化液渗入食物,以及协助运送食物进入十二指肠。

(3)蠕动　食物入胃后 5 min 左右,胃蠕动开始。胃蠕动是朝幽门方向推进的环形收缩波,每分钟 3 次。一般从胃的中部开始,一个蠕动波到达幽门约需 1 min,因此,常见几个蠕动波相继运行。胃的反复蠕动可将食物与胃液充分混合并推送胃内容物进入十二指肠。

2. 胃排空

食糜由胃排入十二指肠的过程称为胃排空(gastric emptying)。胃的运动加强、胃内压力升高是胃排空的动力;幽门和十二指肠收缩是胃排空的阻力。排空的速度主要取决于胃与十二指肠间的压力差,它与食物的理化性状也有关。一般来说,稀的流质食物比稠的固体食物排空快;等张溶液比高张溶液或低张溶液排空快;在三大物质中,糖类最快,蛋白质次之,脂肪类最慢。混合食物完全排空需 4～6 h。凡能增强胃运动的因素均能使胃内压力升高,加快胃排空;反之,则减慢胃排空。

3. 呕吐

呕吐是将胃及肠内容物从口腔强力驱出的动作。当舌根、咽部、胃、大小肠、胆总管、泌尿生殖器官、视觉和内耳前庭等处的感受器受到刺激时,都可反射性地引起呕吐。呕吐的中枢在延髓。呕吐时,胃和食管下端舒张,膈肌和腹肌猛烈收缩,挤压胃内容物通过食管而进入口腔。同时,小肠发生逆蠕动,使小肠内容物倒流入胃,故呕吐物中常混有胆汁和小肠液。

三、小肠内消化

食糜由胃进入十二指肠后就开始了小肠内的消化,小肠内消化是整个消化过程中最重要的阶段。在这一阶段,食糜受到胰液、胆汁和小肠液的化学性消化,以及小肠运动的机械性消化。食物通过小肠后,消化过程基本完成。许多营养物质也都在这一部位被吸收,食物残渣则从小肠进入大肠。食物在小肠一般停留 3～8 h。

(一)胰液的成分和作用

胰液是无色、无臭的碱性液体(pH 值为 7.8～8.4)。正常成人每日分泌胰液 1～2 L,内含有大量的碳酸氢盐和多种消化酶。碳酸氢盐能中和进入小肠的胃酸,使肠内保持弱碱性的环境,以利于肠内消化酶的活动。主要的消化酶有以下几种。

1. 胰淀粉酶(pancreatic amylase)

胰淀粉酶将淀粉水解为麦芽糖。

2. 胰脂肪酶(pancreatic lipase)

胰脂肪酶在胆汁的协同作用下,能将脂肪分解为甘油和脂肪酸。

3. 胰蛋白酶(trypsin)和糜蛋白酶(chymotrypsin)

两者都以不具有活性的酶原形式存在于胰液中。肠液中的肠致活酶可激活胰蛋白酶原变为具有活性的胰蛋白酶。此外,酸和胰蛋白酶本身也能激活胰蛋白酶原。糜蛋白酶原在胰蛋白酶作用下转化成有活性的糜蛋白酶。胰蛋白酶和糜蛋白酶的作用极为相似,都能将蛋白质分解为胨和胨。当两者共同作用于蛋白质时,则可使蛋白质分解为小分子多肽和氨基酸。

(二)胆汁的成分和作用

胆汁是由肝细胞分泌的,这是一个连续不断的分泌过程,但排放入小肠却是间断性的。胆汁是黏稠而味苦的液体。人的胆汁呈金黄色,胆囊内胆汁因浓缩而颜色变深。成人每日分泌胆汁为 0.8～1 L。胆汁的主要成分为胆盐、胆色素等。其颜色决定于所含胆色素的种类和浓度,肝细胞直接分泌的胆汁称为肝胆汁,为金黄色,呈弱碱性(pH 值为 7.4),胆色素是血红蛋白的分解产物。胆汁的消化功能主要是通过胆盐的作用而实现的。胆盐的作用有以下几点:①加强胰脂肪酶的活性;②和脂肪酸结合形成水溶性复合物,促进脂肪酸和脂溶性维生素 A、D、E、K 的吸收;③促进脂肪的消化,使脂肪乳化成微滴,增加与酶接触的面积,便于脂肪分解。总之,胆汁对于脂肪的消化与吸收具有重要意义。

(三)小肠液的成分和作用

小肠液是由小肠的肠腺及十二指肠腺所分泌的一种弱碱性液体,pH 值约为 7.6。成年人每日分泌量为 1～3 L。大量的小肠液可以稀释消化产物,使其渗透压下降,有利于吸收的进行。小肠液中含有多种消化酶,如肠致活酶、肠肽酶、肠淀粉酶、肠蔗糖酶、肠麦芽糖酶等。由小肠腺分泌入肠腔内的消化酶可能只有肠致活酶一种,它可激活胰蛋白酶原。其他消化酶存在于小肠上皮细胞的刷状缘上或细胞内,可继续对一些进入上皮细胞的营养物质进行消化,从而阻止没有完全分解的消化产物吸收入血。这些酶随脱落的肠上皮细胞进入肠腔内,对肠腔内消化并不起作用。

(四)小肠的运动

1. 紧张性收缩

小肠平滑肌的紧张性收缩是其他运动形式的基础。当紧张性降低时,肠腔易于扩张,肠内容物的混合和转运减慢;相反,紧张性升高,小肠的转运作用加快。

2. 分节运动

分节运动是一种以肠管环形肌为主的节律性收缩和舒张运动。在食糜的刺激作用下,由于多处环形肌同时收缩,将食糜分割形成许多节段。随后在收缩处舒张,在舒张处收缩,使食糜重新分成许多节段,这样反复交替进行。分节运动的作用可使消化液和食糜充分混合,并能增加与肠壁的接触面积,有利于消化、吸收的进行。此外,它还挤压肠壁,有利于血液和淋巴液的回流。

3. 蠕动

蠕动是环行肌和纵形肌都参与的一种波形活动。小肠蠕动始于十二指肠,向大肠方向运行,肠内容物即借此向前推送,但运行速度较慢,每分钟的推送距离为 1～2 cm。每个蠕动波的运行距离可长可短。小肠的蠕动常伴随分节运动的进行,使经过分节运动作用后的食糜推进到一个新肠段,再开始分节运动。此外,小肠还有一种快速的蠕动称为蠕动冲,它可以推进食糜一直到小肠末端,其速度很快,每秒钟的推送距离可达 2～25 cm。

四、大肠内消化

人类大肠内没有重要的消化活动。大肠的主要生理功能是吸收残余的水分、无机盐和暂时贮存粪便。

大肠内有大量的细菌,它们来自空气和食物。粪便中死的或活的细菌占粪便固体重量的 20%～30%。由于大肠内的 pH 环境、温度特别是大肠内容物在大肠滞留的时间较长,很适合于细菌繁殖。大肠内的细菌种类很多,包括厌氧菌和需氧菌。肠道内的细菌对人体的作用较繁杂,包括有益的和有害的作用。其主要作用有以下几方面。①发酵未消化或不消化的碳水化合物(主要是纤维素)和脂类,产生短链脂肪酸和多种气体。②利用肠内的简单物质合成维生素 K、B_1、B_2、B_{12} 和叶酸。③可转化胆红素为尿胆素原;分解胆固醇、药物和某些食物添加剂。④使某些氨基酸脱羧生成胺,包括组胺、酪胺及有臭味的吲哚和粪臭素。细菌对糖和脂肪的分解称为发酵,对蛋白质的分解称为腐败。

第三节 吸 收

食物的成分或其消化后的产物通过上皮细胞进入血液和淋巴的过程称为吸收。消化道的不同部位,对物质的吸收能力和吸收速度明显不同,这主要取决于消化道各部位的组织结构,以及食物在各部位被消化的程度和停留的时间。

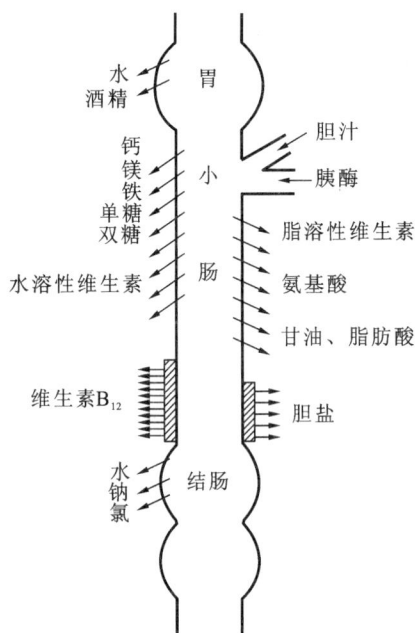

图 7-1 各种营养物质在消化道的吸收部位示意图

食物经消化道的消化之后,不能被吸收的大分子营养物质变成了可被吸收的小分子营养物质,机体对食物消化的最终目的是吸收。

一、吸收的部位

口腔和食管基本上没有吸收的功能。胃的吸收能力也很差,因为胃黏膜无绒毛,且上皮细胞之间又是紧密连接的,所以仅能吸收酒精和少量水分。大肠一般只能吸收水分和无机盐。小肠吸收的物质种类最多、量最大,是吸收的主要部位。各种营养物质在消化道的吸收部位见图 7-1。

二、小肠内吸收

小肠是吸收的主要部位,一般认为,糖类、脂肪和蛋白质的消化产物大部分在十二指肠和空肠吸收,回肠能够吸收胆盐和维生素 B_{12}。

（一）小肠吸收的特点

小肠长约 4 m，黏膜具有环形皱襞，并拥有大量的绒毛，使得小肠的吸收面积比同样长短的简单圆筒的面积增加约 600 倍，达到 200 m²。绒毛是小肠黏膜的微小突出构造，其长度为 0.5～1.5 mm，每条绒毛的外面是一层柱状上皮细胞。在电子显微镜下可见，柱状上皮细胞顶端细胞膜有突起，被称为微绒毛。因此，环形皱襞、绒毛及微绒毛共同作用使得小肠具有巨大的吸收面积（见图 7-2）。此外，食物在小肠停留的时间较长（3～8 h），以及食物在小肠内已被消化为利于吸收的小分子物质，这些有利条件均有助于小肠的吸收作用。

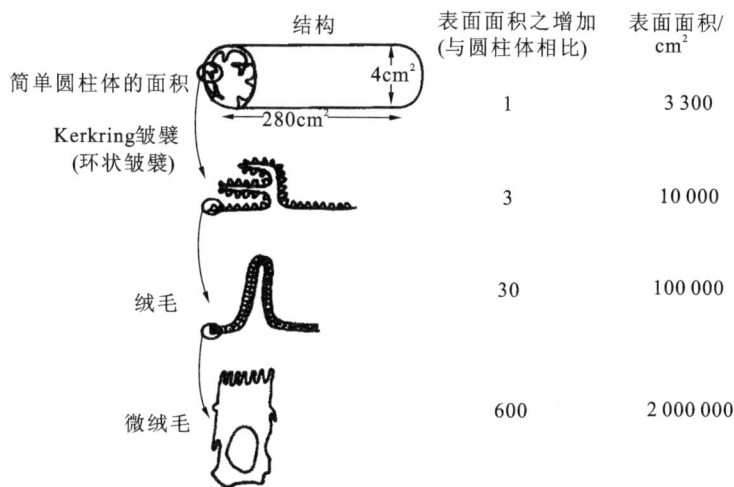

结构	表面面积之增加 （与圆柱体相比）	表面面积/ cm²
简单圆柱体的面积	1	3 300
Kerkring皱襞 （环状皱襞）	3	10 000
绒毛	30	100 000
微绒毛	600	2 000 000

图 7-2　小肠增加吸收面积的三种机制示意图

（二）小肠内主要营养物质的吸收

水、无机盐、维生素可不经消化被小肠直接吸收入血。人体吸收回体内的水分总量可达 8L/d。值得注意的是铁的吸收，食物中的铁绝大部分是三价的高铁形式，但有机铁和高铁都不易被吸收，须还原为亚铁后方能被吸收。亚铁的吸收速度比相同量的高铁要快 2～5 倍。维生素 C 能将高铁还原为亚铁而促进铁的吸收。因此，运动员在大运动量训练期间，补充铁的同时一定要注意补充维生素 C。糖类只有分解为单糖时才能被小肠上皮细胞吸收。蛋白质经消化分解为氨基酸后，几乎全部被小肠吸收。脂肪的消化产物（脂肪酸、甘油一酯及胆固醇等）与胆盐结合形成水溶性复合物，才能被吸收入毛细淋巴管（长链脂肪酸）或是直接进入门静脉（中、短链脂肪酸）。此外，有些未经消化的天然蛋白质或蛋白质分解的中间产物，也可被小肠黏膜吸收，但其量极小。

第四节　运动对胃肠道机能的影响

经常从事体育锻炼,对消化器官的机能有良好的影响,可以使胃肠的蠕动增强,消化液的分泌增多,因而使消化和吸收的能力提高,使人的食欲增加,有利于增强体质。

然而,如果运动进餐的时间安排不当,饭后马上进行剧烈运动,或是在剧烈运动后立即进餐,都对胃肠道机能有不良影响。这是因为剧烈运动时,交感神经高度兴奋,引起骨骼肌血管扩张、血流量增加,内脏血管收缩、血流量减少的效应,因此,胃肠道血流量明显减少(较安静时减少 2/3 左右),导致消化腺分泌消化液量下降;运动应激也可致胃肠道机械运动减弱,故消化能力受到抑制。饱餐后,胃肠道需要血液量较多,此时立即运动,将会影响消化,甚至可能因食物滞留造成胃膨胀,出现腹痛、恶心、呕吐等运动性胃肠道综合征。

为了解决运动与消化机能的矛盾,一定要注意运动与进餐之间的间隔时间。剧烈运动结束后,应经过适当休息,待胃肠道供血量基本恢复后再进餐,以免影响消化吸收机能。

在饭后进行散步或做一些轻缓的活动,可以促进消化器官的血液循环,增进消化腺的分泌和胃肠的运动。进行活动时,呼吸加深、膈肌和腹肌的活动量增大,对胃肠道起到一定的按摩作用,能提高消化与吸收功能。

【知识拓展】
肠道微生物与运动

一、肠道微生物群(gut microbiota)

数以万亿计的微生物寄生在人体,形成了微生物群落,统称为人体微生物群(human microbiota)。人体微生物以细菌为主,也包括真菌、病毒、古生菌和原生生物。微生物遍布除大脑和循环系统外的人体各处,主要分布在内外表面,包括口鼻腔、咽喉、胃肠道、泌尿生殖道和皮肤等。

人体胃肠道居住着人体内最大的微生物群落,有一千多种微生物,形成了一个复杂的生态群落,称为肠道微生物群。据推测,居住在胃肠道的微生物数量为 $10^{14} \sim 10^{15}$ 个(Berg, 1996;Savage, 1977),其中,细菌细胞的数量是人体细胞数量的 10 倍,基因组(microbiome, 微生物组)的数量是人类基因的 150 倍。该微生物组来源于 $1000 \sim 1150$ 种细菌,其中大部分为厌氧菌,90%属于拟杆菌门和厚壁菌门,少数属于变形菌门、放线菌门、梭杆菌门和疣微菌门。然而,一项修正的估计表明,人体细胞与细菌细胞的比例实际上更接近 1∶1(Sender et al. ,2016)。

在人体微生物中,细菌的数量远远超过真核生物和古生菌 $2 \sim 3$ 个数量级,因此,一些研究者有时把人体内的微生物统称为细菌。

细菌在人体不同器官中的分布见表 7-2,从表中可以看出,绝大多数细菌存在于结肠中,

约有 10^{14} 个细菌,其次是皮肤,约 10^{11} 个细菌。结肠的细菌含量比其他器官的细菌含量至少高出两个数量级,而胃和小肠的"贡献"微不足道。定植在人体肠道内并长期与人体相互依存的细菌群,称为肠道菌群(intestinal flora)。

表 7-2　人体不同器官中细菌数量的界限(由细菌浓度和体积得出)

位置	典型细菌浓度/(个/mL)	体积/mL	细菌的数量级界限/个
结肠(大肠)	10^{11}	400	10^{14}
牙菌斑	10^{11}	<10	10^{12}
回肠(下小肠)	10^8	400	10^{11}
唾液	10^9	<100	10^{11}
皮肤	$<10^{11}/m^2$	1.8 m^2	10^{11}
胃	$10^3 \sim 10^4$	$250 \sim 900$	10^7
十二指肠和空肠(小肠上部)	$10^3 \sim 10^4$	400	10^7

注:细菌典型数量级估计是基于测量到的细菌浓度乘以每个器官的体积,值被四舍五入以给出一个数量级的上限;皮肤采用细菌面积密度和总皮肤表面积达到一个上限。

(引自 Sender et al.,2016)

肠道微生物在促进食物消化与营养吸收、代谢、维生素合成、炎症调节和宿主免疫反应等方面发挥着重要作用。

肠道微生物促进胃肠道的蠕动,并参与屏障的强化和维持其内稳态。Toll 样受体(TLRs)对共生菌的识别是刺激上皮细胞增殖,保护上皮表面不受肠道损伤。Paneth 细胞是小肠上皮的分泌细胞,通过 TLRs 的激活感知肠道细菌,并触发各种抗菌因子的表达,这样就可以控制致病菌对肠道屏障的渗透。微生物还与肠道相关淋巴组织(GALT)的发育有关,GALT 促使宿主免疫系统刺激 IgA 分泌和抑制病原体对肠道微生物的定植。

肠道微生物影响免疫系统。肠道微生物通过共生细菌的配体(如脂多糖,LPS)影响黏膜免疫系统的发育和功能,先天免疫系统还可以通过 TLRs 识别被称为病原体相关分子模式(PAMP)的特定分子来识别潜在致病微生物。

肠道微生物影响人体代谢功能。肠道微生物可以发酵不可消化的膳食残渣产生短链脂肪酸(SCFAs,如正丁酸、醋酸和丙酸),调节宿主的能量平衡,提高营养物质的利用率;SCFAs 分泌到肠腔,越过上皮屏障释放到血液中,到达不同的器官,并可能被用作能量代谢的基质,特别是肝细胞使用丙酸进行糖异生;SCFAs 参与肠-脑轴,刺激肽 YY(PYY)和 5-羟色胺(5-HT)的释放;它们还作为信号分子调节免疫和炎症反应,例如,正丁酸调节中性粒细胞的功能和迁移,增加结肠上皮紧密连接蛋白的表达,降低黏膜通透性,抑制炎症细胞因子。SCFAs 还有助于增加血流量、胰岛素敏感性、骨骼肌质量的保存和氧化表型。肠道微生物群中的细菌种类还合成多糖、氨基酸和维生素(如维生素 K、维生素 B12、生物素、叶酸和硫胺素),从而参与宿主代谢。

尽管肠道微生物和人体各器官之间的实际相互作用机制尚未完全了解,但微生物群落的任何变化不仅会导致肠道相关问题,还会影响其他器官相关疾病。肠道微生物群失调与人类多种疾病(如焦虑、抑郁、心血管疾病、慢性阻塞性肺疾病、肥胖、代谢综合症、糖尿病、肝功能障碍、慢性肾脏疾病、炎症性疾病和癌症)相关(见图7-3)。

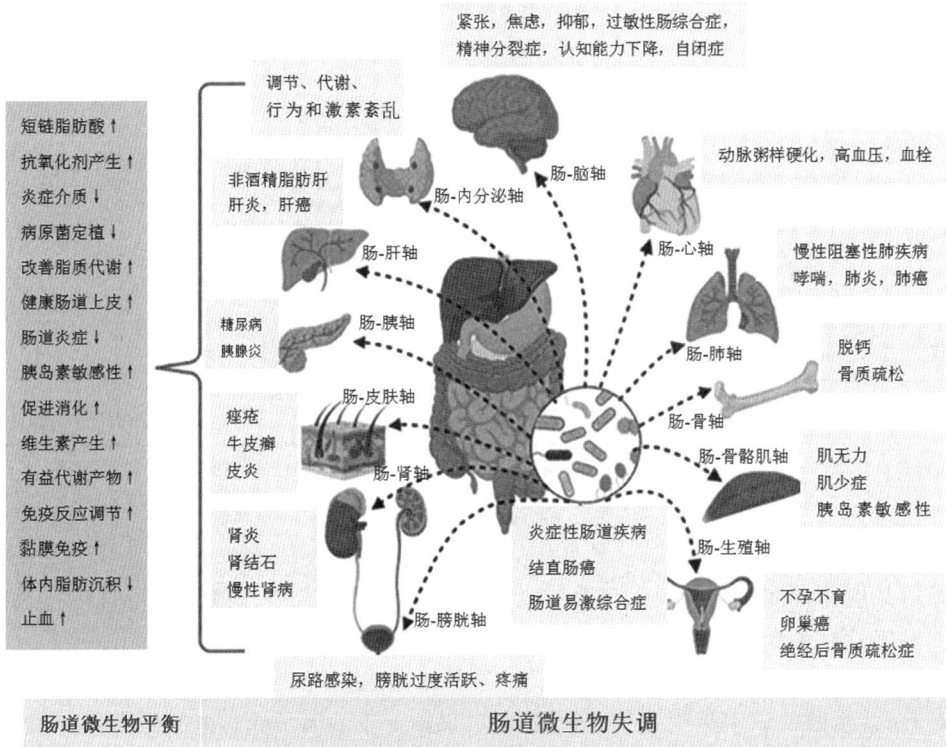

图7-3 肠道微生物与健康和疾病的关系
(编自 Afzaal et al.,2022)

二、运动对肠道微生物的影响

肠道微生物受到多种环境条件的调节,除受饮食影响外,还受到非特异性和特异性宿主因素的影响,包括生活方式、地理位置、手术、吸烟习惯、慢性酒精中毒、外来生物(如重金属)、药物、压力、抑郁等精神状况以及运动。

(一)急性运动对肠道微生物的影响

研究发现,业余跑步者参加半程马拉松,跑步前后各群落的α-多样性差异不大,但某些微生物群成员的丰度存在差异。在门水平上,发现了在人体肠道中功能未知的黏胶球形菌门和酸杆菌门;在种水平上,红蝽菌和琥珀弧菌明显增加。红蝽菌参与人体肠道胆盐和类固醇激素的代谢以及膳食多酚的激活,与15种代谢物呈正相关,提示红蝽菌的代谢可能是运动预防疾病和改善健康结果的潜在机制(Zhou,et al.,2014)。

士兵在为期4天的越野滑雪行军后,微生物群显示α-多样性增加,较劣势菌群的丰度增加,而较优势菌群如拟杆菌属等减少。肠道微生物组成的变化与应激后粪便中 23％的代谢物显著改变有关(Karl, et al.,2017)。

长距离铁人三项极限耐力运动后,微生物来源的脂多糖(LPS)进入了血液循环,LPS 在运动后立即增加,在比赛前 1 小时甚至更高。LPS 与体内增强的细胞因子一起,刺激炎症免疫反应,从而导致胃肠道不适(Scheiman et al.,2019)。

4 名训练有素的男性运动员进行 33 天高强度 5 000 公里跨洋赛艇比赛后,微生物多样性增加,同时产生丁酸盐的物种数量增加,以及其他与改善代谢健康和胰岛素敏感性相关的物种数量增加(Keohane et al.,2019)。

(二)长期运动对肠道微生物的影响

1.适宜的运动对肠道微生物的影响

长期适宜的中低强度运动可以增加有益微生物种类的数量,丰富微生物群的多样性,促进共生菌(如双歧杆菌、乳酸杆菌和阿克曼氏菌)的增加。这些作用对宿主都是有益的,改善了宿主的健康状况。研究表明,优秀橄榄球运动员比久坐不动的人肠道微生物多样性更高,运动员和体重指数低的对照组中,运动员 Akkermansia 属的菌种比例明显更高。研究认为,增加微生物多样性是运动的有益影响之一(Clarke et al.,2014)。

对美国肠道项目志愿者的 1493 份粪便样本的研究表明,适度运动导致微生物群 α-多样性的增加,特别是厚壁菌门中某些种类(普氏栖粪杆菌和来自颤螺菌属、毛螺菌属、粪球菌属的种类),从而有助于形成更健康的肠道环境(McFadzean R.,2014)。

7～18 岁儿童和青少年每日锻炼可增加肠道微生物多样性,增加厚壁菌门菌群(梭菌、罗斯氏菌、毛螺菌和韦荣球菌),产生更多的 SCFAs,增加结肠上皮紧密连接蛋白的表达,以增强肠道屏障的抵抗力,降低黏膜通透性,抑制炎症细胞因子(Bai J. et al.,2019)。

有氧运动已被证明可以通过增加人类和小鼠体内的微生物群多样性和功能代谢来影响肠道。运动改变细菌的形态,并影响肠道细菌产生的副产品,有可能扭转与肥胖、代谢性疾病、不良饮食以及神经和行为障碍相关的状况。6 周有氧运动可以导致体脂较低者和肥胖受试者肠道微生物群多样性和产生 SCFAs 微生物的变化。厚壁菌门中粪杆菌、毛螺菌属、梭状芽孢杆菌和罗斯氏菌属在运动训练后大量增加,并在停止运动后恢复到基线水平(Allen et al.,2018)。12 周健步走有氧运动训练增加健康老年妇女(65 岁及以上)肠道内的拟杆菌,可能与改善心肺功能有关(Morita et al.,2019)。

运动介导肠道微生物群可以提高胆汁酸分泌,通过合成一种称为次级胆汁酸的物质来影响代谢功能。次级胆汁酸通过激活激素受体(如 farnesoid X 受体),调节脂肪在肝脏和肌肉中的沉积。此外,胆汁酸似乎与肌肉能量消耗增加有关。

研究发现,宿主的氧化还原状态与平衡的肠道微生物群组成有关,氧化状态与乳酸菌和双歧杆菌呈负相关,与肠道大肠杆菌呈正相关。运动介入肠道微生物群改变乳酸菌与双歧杆菌丰度,调控抗氧化酶,如超氧化物歧化酶、过氧化氢酶及非酶系统谷胱甘肽的活性,从而调控或消除氧化应激,预防病原体入侵,改善肌肉组织损伤。

研究发现,运动员表现出丰富的 SCFAs,运动可以通过调节肠道微生物群促进 SCFAs

分泌,促进抗炎因子 IL-10 的增加,降低脂多糖(LPS)诱导产生的相关炎症因子,从而提高机体组织抗炎能力,促进宿主健康。

2. 过度运动对人体肠道微生物群的影响

过度的运动和不充分的恢复会导致身体和心理的压力,这些压力是相互关联的,并导致运动表现下降、疲劳、失眠、焦虑、炎症和免疫抑制。从肠道微生物群的角度来看,长时间的运动决定了肠道通透性的增加,改变了肠道屏障功能,促进了细菌从结肠的易位。高强度运动可通过减少胃肠道(GI)血流引起免疫反应的改变,从而增加组织高温和胃肠道上皮壁的通透性。70%的运动员在剧烈运动后可能会出现胃肠道疾病症状,包括腹痛、恶心和腹泻。而优秀运动员出现这种症状的频率高于休闲运动者。过度运动增加肠道的通透性,可能导致细菌及其有毒产物,包括微生物来源的脂多糖(LPS),进入血液并激活全身炎症。易位的 LPS 激活 TLRs,促进 NF-κB 通路的激活和炎症细胞因子的产生,最终可导致内毒素血症,并引发促炎细胞因子分泌到胃肠道,可能影响肠道微生物群并进一步加剧病情。

【思考题】

1. 什么叫消化、吸收? 人体内有哪些消化方式?
2. 试述小肠壁与消化吸收功能相适应的结构特点。
3. 为什么饭后不能从事激烈的运动?
4. 试述运动对胃肠道机能的影响。

第八章　肾脏机能与运动

人体在物质代谢过程中产生的代谢产物、多余的水和进入人体的异物排出体外的生理过程称为排泄（excretion）。排泄途径有四条，即从呼吸器官的呼出气中排出 CO_2、H_2O 和挥发性药物；从消化道排出尿胆素、粪胆素和一些无机盐；从皮肤以汗腺分泌汗的方式排出一部分 H_2O 及少量的尿素和盐；从肾脏以泌尿的形式排出各种代谢尾产物，如尿素、尿酸、肌酐、H_2O 和盐类等。肾排出的物质种类最多、数量最大，因此，肾脏是人体内最主要的排泄器官。

肾脏不仅具有排泄功能，而且还能调节细胞外液量和渗透压、保留体液中的重要电解质（如钠、钾、碳酸氢盐及氯离子等）、排出氢离子，从而维持机体水、电解质及酸碱平衡。肾脏还具有内分泌功能，它可产生多种生物活性物质，如肾素、促红细胞生成素、1,25-二羟维生素 D3 和前列腺素等，参与血压调节、红细胞生成及骨骼生长发育等生理过程。所以，肾脏并非单纯的排泄器官，而是维持机体内环境相对稳定的最重要器官之一。本章重点阐述肾的泌尿机能及其与运动的关系。

第一节　肾的功能单位及血液循环特点

一、肾单位(nephron)

肾单位是肾的基本功能单位。正常人的两肾有 170 万～240 万个肾单位，肾单位由肾小体和肾小管组成(见图 8-1)。

(一)肾小体(renal corpuscle)

肾小体包括肾小球和包在它外面的肾小囊，主要分布于肾皮质。肾小球是入球小动脉所分出的一团毛细血管网，另一端汇集成出球小动脉。肾小囊由两层上皮细胞组成，中间为囊腔，顶端为盲端，内层借助于基膜紧贴着肾小球毛细血管内皮细胞，外层与肾小管相连接。因此，将血浆滤过的结构，即肾小球囊内层上皮细胞、基膜、肾小球毛细血管内皮细胞，三者合称为滤过膜。

(二)肾小管(renal tubule)

肾小管分为近曲小管、髓襻、远曲小管三段，主要分布于肾髓质。在肾小管末端形成的尿汇合到集合管，集合管虽不属于肾单位，但在机能上它和远曲小管有密切联系。集合管又汇入乳头管，开口于肾盂，最后形成的尿液经肾盏、肾盂、输尿管注入膀胱。

肾脏的排泄途径是:肾小球──→肾小囊──→近球小管──→髓襻──→远球小管──→集合管──→肾盏──→肾盂──→输尿管──→膀胱──→尿道。

$$\text{肾单位}\begin{cases}\text{肾小体}\begin{cases}\text{肾小球(毛细血管球)}\\\text{肾小囊(内层、囊腔、外层)}\end{cases}\\\text{肾小管}\begin{cases}\text{近球小管}\begin{cases}\text{近曲小管}\\\text{髓襻降支粗段}\end{cases}\\\text{髓襻细段}\begin{cases}\text{髓襻降支细段}\\\text{髓襻升支细段}\end{cases}\\\text{远球小管}\begin{cases}\text{髓襻升支粗段}\\\text{远曲小管}\end{cases}\end{cases}\end{cases}$$

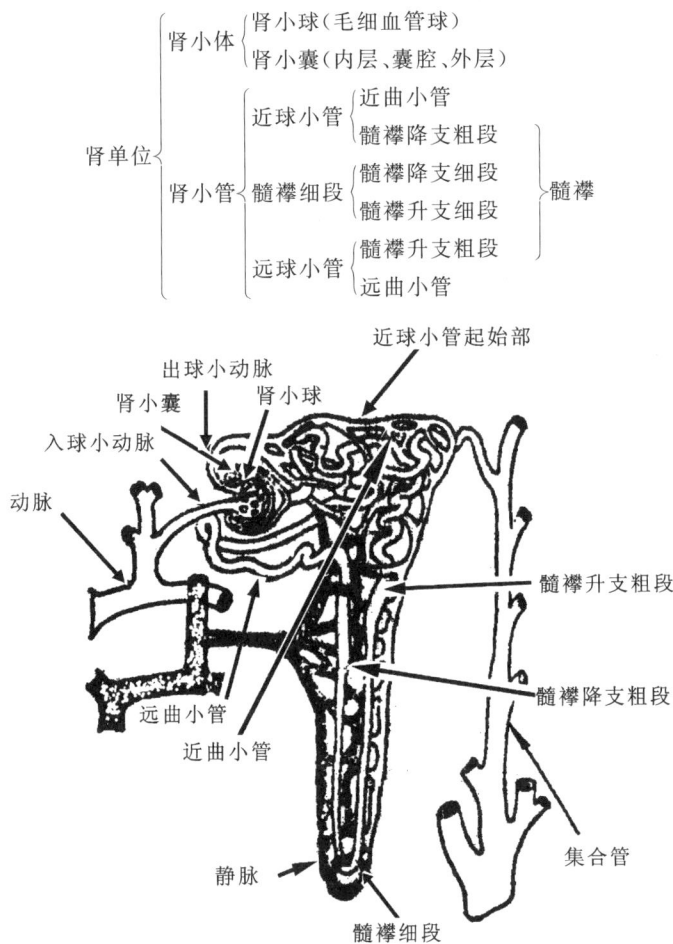

图 8-1 肾单位示意图

二、肾血液循环的特点

(一)血流量大

肾动脉直接起自腹主动脉,血管粗,因此肾的血流量很大,安静时两肾血流量约为 1 200 mL/min,相当于心输出量的 $20\%\sim25\%$,这有利于提高肾小体的有效滤过率,所以肾的血液循环与肾的功能关系极为密切。

(二)血液分布不均匀

进入肾脏的血液有 94% 左右流向皮质,其余在髓质。其中分布在内髓的不到 1%,这与皮质部血管的分布和数量以及髓质部的直小血管细而长等因素有关。

(三)两套毛细血管网的血压差异大

肾内存在两套毛细血管网,即肾小球毛细血管网和肾小管周围毛细血管网。肾小球毛细血管网由入球小动脉分支形成,介于入球小动脉和出球小动脉之间。在皮质肾单位,因入球小动脉粗而短,血流阻力小,流入血量大;出球小动脉细而长,血流阻力大,故肾小球毛细血管的血压高,有利于肾小球的滤过。而肾小管周围毛细血管网由出球小动脉的分支形成,在血流经过入球小动脉和出球小动脉之后,因阻力消耗,肾小管周围毛细血管网的血压降低,有利于肾小管对小管液中物质的重吸收。

第二节　尿的生成过程

尿的生成包括三个环节:①肾小球的滤过作用;②肾小管与集合管的重吸收作用;③肾小管与集合管的分泌与排泄作用。

一、肾小球的滤过作用

血液流经肾小球毛细血管时,血浆中的水和小分子物质经滤过膜进入肾小囊腔形成的滤液,即原尿,其成分与血浆近似,只是不含大分子蛋白质,其渗透压和酸碱度也与血浆相似。单位时间内两肾生成的滤液量称为肾小球滤过率。健康成人的肾小球滤过率为120~130 mL/min,24 h的滤液量约为180 L。

影响肾小球滤过率的主要因素:滤过膜的通透性和面积、有效滤过压、肾血浆流量。

(一)滤过膜的通透性和面积

肾小球滤过膜由三层结构组成(见图8-2):内层、中间层和外层。内层是毛细血管内皮细胞,细胞间有许多直径为50~100 nm的圆形微孔,可阻止血细胞通过,对血浆中的物质几乎无限制作用。中间层是非细胞性的基膜,厚约300 nm,是由水和凝胶形成的纤维网结构,网孔直径为4~8 nm,可允许水和部分溶质通过。外层是肾小囊脏层上皮细胞,伸出许多足突黏附于基膜外面,足突相互交错,形成的裂隙称为裂孔,裂孔上覆盖一层薄膜,膜上有直径为4~14 nm的微孔,可限制蛋白质通过。以上三层结构组成了滤过膜的机械屏障。除机械屏障外,在滤过膜的各层,均覆盖着一层带负电荷的物质(主要是糖蛋白),这些物质可能起着电学屏障的作用。

不同物质通过肾小球滤过膜通透性的能力取决于被滤过物质的分子大小及其所带的电荷。

滤过面积是指肾小球毛细血管的总面积。正常人的200多万个肾单位都经常处于活动状态,因此滤过面积较恒定,总有效滤过面积达1.5 m² 以上。这样大的滤过面积有利于尿的生成(即血浆的滤过)。

(二)有效滤过压(effective filtration pressure)

有效滤过压是肾小球滤过的动力。在滤过膜通透性和肾血浆流量不变时,原尿的生成

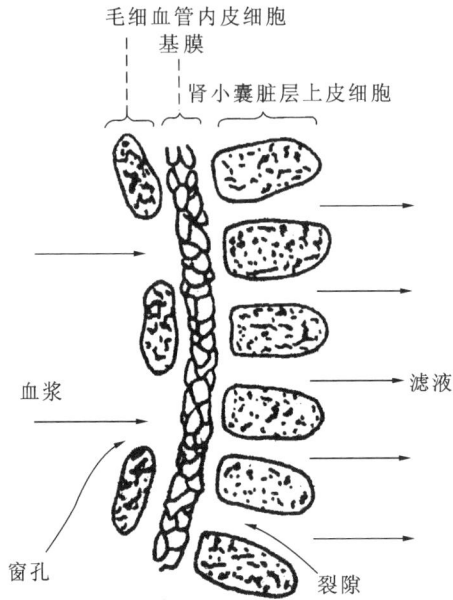

图 8-2　肾小球滤过膜的结构示意图

量主要由有效滤过压来决定。它主要是三部分力量,即肾小球毛细血管压、肾小球毛细血管内血浆胶体渗透压和肾小囊内压的代数之和(见图 8-3)。

　　有效滤过压＝肾小球毛细血管压－(肾小球毛细血管内血浆胶体渗透压＋肾小囊内压)

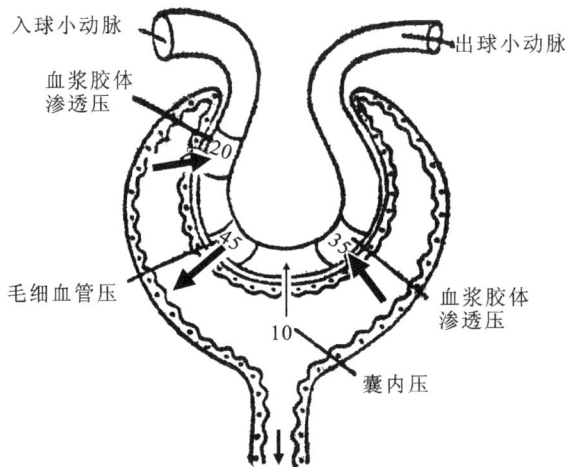

图 8-3　肾小球滤过作用的几种力量

　　(1)肾小球毛细血管压是推动血浆通过滤过膜的主要力量。用微穿刺法直接测得鼠的肾小球毛细血管压平均为 45 mmHg。

　　(2)肾小囊内压是阻止血浆滤过的力量,平均为 10 mmHg。

　　(3)肾小球毛细血管内血浆胶体渗透压是阻止血浆滤过的主要力量,在入球端约为 20

mmHg,随着水分滤出,胶体渗透压不断上升,在出球端约为 35 mmHg(见图 8-3)。

肾小球有效滤过压:

入球动脉端有效滤过压: 45 mmHg-(20+10)mmHg=15 mmHg

出球动脉端有效滤过压: 45 mmHg-(35+10)mmHg=0 mmHg

可见肾小球有效滤过压在入球端较高,以后逐渐降低,在出球端降低为 0 mmHg。虽然有效滤过压有时不高,但因滤过膜的通透性很好,滤过仍然进行得很迅速。

(三)肾血浆流量

肾小球血浆流量是指单位时间内流经肾小球毛细血管的血浆量。在通常情况下,由于肾血流量的自身调节,使肾小球血浆流量能保持相对稳定,肾小球滤过率也基本稳定。但剧烈运动时,由于血液的重新分配使肾血流量大为减少,因而,肾小球滤过率下降,尿量减少。

二、肾小管与集合管的重吸收作用

重吸收(reabsorption)是指滤液(原尿)流经肾小管和集合管时,其中的某些成分全部或部分经肾小管和集合管上皮细胞重新回到血液中去的过程。肾小球每日的滤液量可达 180 L,而每日排出的尿量仅为 1.5~2 L,只占滤液的 1% 左右。

肾小管和集合管的重吸收具有选择性(见表 8-1)。原尿中的葡萄糖、氨基酸全部被重吸收,水和电解质(Na^+、K^+、Cl^- 等)大部分被重吸收,尿素小部分被重吸收,肌酐则完全不被重吸收。此外,不同部位肾小管对物质重吸收的能力及机制不同,其中近端小管重吸收物质的种类多、数量大,是物质重吸收的主要部位。

表 8-1 肾脏对正常血浆成分的滤过量、重吸收量与排泄量

物 质	滤过量/(g/24h)	重吸收量/(g/24h)	排泄量/(g/24h)
Na^+	540	537	3.3
Cl^-	630	625	5.3
HCO_3^-	300	300	0.3
K^+	28	24	3.9
葡萄糖	140	140	0
尿素	53	28	2.5
肌酐	1.4	0	>1.4

肾小管的重吸收能力也有一定限度。正常血糖浓度为 80~120 mg/dL 时,滤出的全部葡萄糖由近曲小管主动重吸收回来,因此,在正常情况下尿中不出现糖。当血糖浓度高于 160~180 mg/dL 时,肾小管便不能将葡萄糖全部重吸收回血液,出现糖尿。我们把尿中不出现葡萄糖的最高血糖浓度称为肾糖阈。正常肾糖阈为 160~180 mg/dL。尿中的其他物质也各有其"肾阈",只是阈值不同而已。

三、肾小管与集合管的分泌与排泄作用

肾小管与集合管上皮细胞将自身新陈代谢的产物分泌到小管液中的过程,称为分泌

作用,如分泌 H^+、NH_3 等物质。肾小管与集合管上皮细胞将血液中某些物质排入小管液中的过程,称为排泄作用,如排泄肌酐、K^+、尿酸等物质。由于分泌和排泄都是通过上皮细胞进行的,而且分泌物和排泄物都进入小管液,所以,两者通常不做严格区分,可以通称为分泌。

分泌和排泄的主要部位在近曲小管,其次在远曲小管和集合管,分泌的方向与重吸收方向相反,远曲小管分泌 H^+、K^+、NH_3,可调节体液的离子浓度和酸碱平衡。近曲小管能分泌肌酐和外来的药物,如酚红、青霉素等。最终被肾小管重吸收后剩下的残留物质、多余的水和无机盐以及肾小管分泌、排泄的物质,综合成为尿(终尿)。血浆、原尿、终尿的成分见表 8-2。

表 8-2 血浆、原尿、终尿的成分

成分	血浆/(g%)	原尿/(g%)	终尿/(g%)	浓缩倍数
水	90～93	97	95	1
蛋白质	7～9	微量	—	—
葡萄糖	0.1	0.1	—	—
尿素	0.03	0.03	2	60
肌酐	0.001	0.001	0.075	75
尿酸	0.004	0.004	0.05	12
Na^+	0.32	0.32	0.35	1
K^+	0.02	0.02	0.15	7
Ca^{2+}	0.008	0.008	0.015	2
Mg^{2+}	0.002 5	0.002 5	0.006	2
Cl^-	0.37	0.37	0.6	2
PO_4^{3-}	0.009	0.009	0.15	16
SO_4^{2-}	0.002	0.002	0.18	60

第三节 肾脏在维持水和酸碱平衡中的作用

一、肾脏在维持水平衡中的作用

水是人体内的重要组成成分。正常人体内含水量占体重的 60%～70%。人体内水分大部分是从食物和饮料中摄取的,小部分在体内物质氧化过程中产生。

水的排出主要是通过肾脏泌尿排出,其次是通过皮肤、肺以及粪便排出。正常人体内水的含量相当恒定,摄水量与排出量经常保持动态的平衡(见表 8-3)。

表 8-3　正常人每昼夜的进出水量

进　水		出　水	
来　源	水量/mL	去　路	水量/mL
		由肾脏排出(尿)	1 500
饮水	1 200	由皮肤排出(水蒸气)	600
食物	1 000	由肺排出(水气)	300
代谢水	300	由大肠排出(粪)	100
共计	2 500	共计	2 500

　　人体有完善的调节和维持水平衡的机制,当体内水平衡发生变化时,机体主要是通过血浆晶体渗透压和循环血量的改变,反射性地引起抗利尿激素分泌量的改变,从而影响远曲小管和集合管对水的重吸收,改变尿量而维持水平衡的。当体内缺水(如出汗较多或失血)时,血浆晶体渗透压升高和循环血量减少,在产生口渴感觉和饮水要求的同时,反射性地引起抗利尿激素分泌增加,使远曲小管和集合管对水的重吸收增加,尿量减少;而体内水过量(如大量饮水或输液)时,则尿量明显增加。尽管中枢神经系统、某些激素(如抗利尿激素、心钠素等)在控制机体水平衡中发挥重要作用,但它们最终都是通过影响肾脏的泌尿活动而改变尿量来实现其作用的。因此,肾脏在维持水平衡中起重要作用。

二、肾脏在维持酸碱平衡中的作用

　　正常人体体液的 pH 值是相对稳定的,为 7.35～7.45,pH 值偏离正常范围将影响细胞的正常功能,从而妨碍正常的生命活动。人体维持体液 pH 值相对稳定,主要是通过血液缓冲系统、呼吸和肾脏的活动来实现的。

　　肾脏在维持体液 pH 值相对稳定中的作用可概括为"排酸保碱",主要过程是肾小管上皮细胞分泌的 H^+ 与小管液中的 Na^+ 交换(即 H^+-Na^+ 交换),这种交换的结果是保持血浆中 $NaHCO_3/H_2CO_3$ 的比率为 20:1。当体内酸性物质增多时,上述过程加强,排酸保碱;而当体内碱性物质增多时,上述过程减弱,促使碱排出。

第四节　运动对肾脏机能的影响

　　运动可引起肾脏机能改变,这些改变可以通过尿量和尿成分变化表现出来,从而为客观评定运动时肾脏机能和人的身体机能状况提供依据。

一、尿量

　　正常人每昼夜排出的尿量为 1～2 L,一般约为 1.5 L。尿量的多少主要取决于每日的摄水量和排水量,如摄水量多尿量就多。运动后尿量主要受气温、运动强度、运动持续时间、泌汗和饮水量等因素影响。如果在夏季进行强度较大、持续时间较长的运动，或者进行强度虽不大但时间较长的运动时，由于大量泌汗，故尿量减少。马拉松比赛时，一般每隔 5 km 设置一个饮水站，以保证运动员水的供给。短时间运动后，尿量不会发生明显变化。此外，运动时由于血液重新分配，肾脏血流量减少，故运动后一段时间内尿量会减少。

高强度、大运动量比赛后，因尿量减少而影响"尿检"的取样，对此，通常在有监督的情况下，让运动员饮用一定的水或常规的等渗溶液，以增加尿量。

激烈运动后尿量减少，使尿成为"浓缩"的尿液。故在观察运动时尿中某一成分的变化时，用收集总尿量并计算该成分总含量，比使用浓度指标更能反映其变化的规律。

二、尿乳酸

正常人尿中乳酸为微量，约为 0.05 mg/dL。运动后尿中乳酸增多，其数量与糖的无氧酵解供能有关。中跑的运动强度较大，以产生乳酸为主，运动中体内缺 O_2，此时糖酵解产生大量乳酸，进入血液后，血乳酸含量增高，可达 140～280 mg/dL，尿乳酸随之增高，可达 230 mg/dL 左右。因此，尿乳酸随血乳酸变化而变化，故尿乳酸可用来衡量运动强度，可作为反映体内糖酵解程度的生理指标。

三、运动性蛋白尿

正常人在运动后出现的一过性蛋白尿称为运动性蛋白尿。正常人安静时尿中只有极微量的蛋白质，为 2 mg/dL 左右，用一般检查尿蛋白的方法不易测出，为阴性。如果尿中蛋白质含量升高时，可通过常规的检测方法测出蛋白质的含量。运动可使运动员尿中的蛋白质含量升高。由运动引起蛋白质含量增多的尿，称为运动性蛋白尿。运动性蛋白尿可作为评定负荷量和运动强度，以及评价运动员身体机能状态的指标。

运动性蛋白尿可在运动后 15～20 min 取尿测定，测定的数值即为尿蛋白。运动强度大、持续时间较长的以无氧供能为主的运动，尿蛋白排出量相应较多。若在运动次日晨测定，则可用于评定机体的恢复状态。虽然运动性蛋白尿有较大的个体差异，但同一个体在完成相近的运动负荷或相同项目比赛时，尿蛋白量相对比较稳定，如果出现尿蛋白增多的现象，往往是身体机能下降的表现。当运动负荷明显提高时，尿蛋白排出量在运动后增多，并一直延续到次日晨或更长时间，这是身体机能不适应或疲劳未消除的表现；当运动后尿蛋白增多，4 h 后或次日晨完全恢复到安静时水平，表示运动负荷对身体有较大刺激，但身体机能状态保持良好，能及时恢复。

关于运动性蛋白尿的产生原因，一般公认是由于运动负荷使肾小球滤过膜的通透性改变而引起的。但对滤过膜通透性改变的原因，解释却不一致。①有些学者通过动物实验证明，由于运动乳酸增多引起血浆蛋白质体积缩小，肾小管上皮细胞肿胀，蛋白质被滤过到尿中；②也有研究证明是酸性物增多导致正电荷增多，促使带正电的蛋白质易透过肾小球带负电的滤过膜，进入滤液中；③也有人认为是由于激烈运动，使肾脏受到机械性损伤引起的;④还有人提出,出现尿蛋白是由于激烈运动时肾血管缩小,引起血流停滞,肾小球毛细血管压升高,从而促使蛋白质滤过;⑤我国的研究人员认为,运动性蛋白尿是由于肾小球毛细血管扩张及被动充血、肾小管上皮细胞变性,造成肾脏血循环障碍,引起缺血、缺氧,毛细血管通透性增加,致使尿中出现尿蛋白。

与病理性蛋白尿不同的是,运动后出现的运动性蛋白尿经过一定时间休息,不需要治疗会自行消失,故认为这种变化是生理性的。运动性蛋白尿的出现与否与运动强度和负荷量、运动训练水平、对运动负荷的适应能力以及运动项目等有关。一般来讲,运动强度越高、负荷量越大、训练水平越低、对运动负荷的适应能力越差,越容易出现运动性蛋白尿。因此,检测运动性蛋白尿在实践中有如下意义:评定负荷量和运动强度、机体对运动负荷是否适应及运动者的训练水平。

四、运动性血尿

正常人在运动后出现的一过性显微镜下或肉眼可见的血尿称为运动性血尿。肉眼观察到的血尿呈褐色或浓红茶色,显微镜下血尿为正常尿色,但可见红细胞。

出现运动性血尿,可能是由于运动时肾上腺素和去甲肾上腺素的分泌增加,造成肾血管收缩,肾血量减少,出现暂时性肾脏缺血、缺氧和血管壁的营养障碍,从而使肾的通透性提高,使原来不能通过滤过膜的红细胞也发生了外溢,形成运动性血尿。另外,运动时肾脏受到挤压、打击,肾脏下垂,造成肾静脉压力增高,也能导致红细胞渗出,产生血尿。也有研究表明,运动引起的自由基含量增加也可以造成运动性血尿。因此,运动性血尿可能是综合因素作用的结果。

运动性血尿多出现在激烈运动后,人并无其他症状和不适感。血尿持续时间一般不超过三天,最长不超过七天。出现血尿时,可适当调整运动量,服用一些止血药或中药,通常预后情况均良好。

运动性血尿受运动项目、负荷量和运动强度、身体适应能力和环境等因素的影响。跑步、跳跃、球类、拳击运动后,血尿的发生率较高;负荷量和运动强度加大过快时,如冬训、比赛开始阶段,血尿也多容易出现;身体适应能力下降,如过度训练,也会有大量的血尿产生;在严寒条件(冬泳)和高原条件下的训练,也容易造成运动性血尿。

五、尿十项检测的临床意义

尿十项检测所包含的指标有尿葡萄糖(GLU)、尿蛋白(PRO)、尿胆红素(BIL)、尿胆原(UBG)、尿酸碱度(pH)、尿比重(SG)、尿潜血(BLD)、尿酮体(KET)、尿硝酸盐(NIT)、白细胞(LEU)等十项,能够比较全面、客观地反映运动负荷对泌尿系统的刺激及机体供能物质的代谢情况。由于其为无创性采样,检测方法快捷,因此能够及时、有效地评价训练负荷,因此该检测可防止在训练中造成过度疲劳,保护青少年运动员的身体健康。

【知识拓展】

慢性肾疾病与运动

一、慢性肾疾病相关运动不耐受的潜在生理因素

慢性劳力性疲劳(chronic exertional fatigue)被定义为一种难以承受的、使人衰弱的持续疲劳感,影响日常生活活动的能力。慢性劳力性疲劳是慢性肾病(chronic kidney disease, CKD)和终末期肾病(end-stage renal disease, ESRD)最常见的症状之一。疲劳在 CKD 的早期阶段变得明显,随着疾病的发展,其患病率和严重程度都在增加,高达 97% 的 ESRD 患者报告有此症状。CKD 相关疲劳的流行是值得注意的,因为它对虚弱的增加和与健康相关的生活质量恶化具有重大影响。此外,据报道,疲劳是 CKD 相关心血管疾病的预测因子,并与肾移植的可能性降低和死亡风险增加有关。

疲劳是一种多维度的症状,有许多亚型,其中一种亚型是劳力性疲劳。尽管疲劳在传统上被认为是一种患者报告的主观症状,但劳力性疲劳的发生率反映在运动能力和身体功能的客观指标的大幅下降。

运动不耐受(exercise intolerance)的流行在临床上是值得注意的,因为它导致虚弱增加,生活质量恶化,死亡风险增加。运动不耐受的生理基础是多方面的,仍然没有被完全了解。肾脏疾病相关运动不耐受的多层面病理生理机制见图 8-4。

图 8-4　肾脏疾病相关运动不耐受的多层面病理生理机制

(引自 Danielle L. Kirkman et al. ,2021)

二、运动对慢性肾疾病的影响

慢性肾脏疾病(CKD)患者最常见的健康问题之一是缺乏体育活动,这导致这些患者的运动能力较低。大多数维持性血液透析(MHD)患者根本不运动。慢性肾病(CKD)是肾脏结构和功能紊乱的统称。CKD是死亡的主要原因之一,全球估计患病率为13%(11%～15%)。CKD表现出多种症状,包括昼夜节律性睡眠障碍、心血管问题、肌肉质量严重减少、抗氧化能力下降、氧化还原平衡破坏和高血压。

运动对CKD患者有多种健康益处,包括改善血压控制,改善睡眠,提高身体功能,减少焦虑和抑郁。生活方式的改变,如药理方法、饮食改善、服用抗高血压药物、运动等,其中最重要的是运动,是预防和治疗CKD的主要策略之一。

不同类型的运动对肾功能影响的可能机制如图8-5所示。

图 8-5　不同类型的运动对肾脏疾病的影响示意图

(引自 Hamid Arazi,2022)

注:MICT:moderate-intensity continuous training,中等强度持续训练;HIIT:high-intensity interval training,高强度间歇训练。

综合大多数研究表明:①各种类型的运动对不同的肾脏疾病都有有益的影响,无论是在透析期间还是透析期间之外;②如果同时考虑安全因素,慢性有氧、抗阻或综合训练对CKD患者似乎有许多好处,如改善肾小球滤过,减少心血管危险因素,增加最大摄氧量,改善肌肉蛋白质合成,增加或保持力量,改善身体成分,提高生活质量和其他健康相关因素;③在制定任何运动计划前,应考虑肾脏疾病的类型、阶段和病人的病情;④CKD 患者的运动处方应基于个体化、特异性、适应性、恢复性、可逆性、超负荷等运动训练原则;⑤运动负荷是所进行运动的频率、强度和持续时间的组合,任何处方都必须考虑。

【思考题】

1. 简述肾脏的血液循环特点及其生理意义。

2. 试述肾脏的泌尿功能在维持机体内环境稳定中的作用。

3. 体循环血压明显降低时对尿液生成有何影响?

4. 尿是如何生成的? 简述其生成的基本过程。

5. 影响肾小球滤过作用的因素有哪些?

6. 运动性血尿产生的主要原因是什么? 如何防止?

第九章 感觉器官机能与运动

感觉是客观事物在人脑中的主观反映。感觉的产生过程：首先是通过机体的感受器或感觉器官接受内外环境的刺激，然后转变为相应的神经冲动，再沿一定的神经传导通路到达大脑皮层的特定部位，才能产生相应的感觉。可见，感觉是由感受器或感觉器官、神经传入通路和感觉中枢三个部分共同活动产生的。

第一节　概　　述

感受器（receptor）是指分布在体表或组织内部的一些专门感受刺激的结构或装置。其作用是把机体内、外环境变化的各种信息转换为相应的传入神经冲动。感受器根据其特化的程度、所在的部位和所接受刺激的来源一般分为四类：外感受器，分布在皮肤、黏膜处，如触觉、温度感受器等；内感受器，分布在内脏和心血管等处，如颈动脉窦、颈动脉小球；本体感受器，分布在肌腹、肌腱、关节等处，如肌梭、腱梭；特殊感受器，仅分布在头部的能产生嗅觉、味觉、视觉、听觉和平衡觉的感受器。

感觉器官（sense organ）是指感受器与其附属装置共同构成的器官，如眼、耳、鼻等。

感受器种类多样，但都具有以下基本生理特征。

1. 适宜刺激（adequate stimulus）

感受器最敏感的刺激就是该感受器的适宜刺激。例如：视觉感受器的适宜刺激是 $370\sim740$ nm 的光波；听觉感受器的适宜刺激是 $16\sim20\,000$ Hz 的声波等。

2. 换能作用（transducer function）

感受器接受适宜刺激后，可将其所接受的各种形式的刺激能量转换为神经冲动，这种作用称为换能作用。

3. 编码作用（coding function）

感受器在把外界刺激能量转变成神经动作电位时，不仅进行能量形式的转换，还能将刺激包含的环境变化的信息也转移到动作电位的序列中，这种作用称为编码作用。

4. 适应现象

以一定强度的刺激作用于感受器时，其感觉神经产生的动作电位频率随刺激作用时间的延长而逐渐减少的现象称为感受器的适应现象。感受器不同，其适应的快慢速度也不同。例如：皮肤触觉感受器属于快适应感受器；肌梭、颈动脉窦压力感受器等属于慢适应感受器。

第二节　视　觉

眼是视觉的外感受器官,其基本结构如图 9-1 所示,由眼球和附属装置(眼睑、结膜、泪器、眼肌等)构成,其功能是接受光的刺激,产生神经冲动,通过视神经传入到大脑皮层视觉中枢,产生视觉。

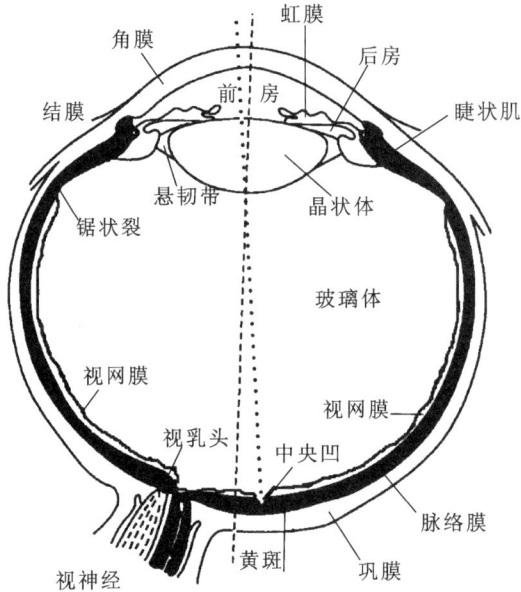

图 9-1　眼球的水平切面(右眼)示意图

一、眼的折光机能

眼球的内容物大部分是透明的胶状物质,自前向后分别为房水、晶状体和玻璃体,它们与角膜一起,共同组成眼的折光系统。它们都是无血管分布的透明结构,具有折光功能。

光线通过眼的折光系统时发生折射,使物体在视网膜上形成清晰的物像,这与光线在光学仪器中发生折射的规律相同。

(一)眼的折光及成像

光线由一种介质进入另一种折射率不同的单球面折光体时,只要不与折光体界面垂直,光线便会产生折射。人眼的折光系统是由多个折光体界面组成的复杂光学系统。通常将人眼设计为一个单球面折射系统,其折光原理与实际眼的折光效果基本相同,称为简化眼(reduced eye,见图 9-2)。简化眼假定眼球的前后径为 20 mm,折光指数为 1.333。光线入眼时只在角膜前球形界面折射一次,节点在角膜后方 5 mm 处。此模型和正常安静时的人眼一样,6 m 以外的物体 A、B 两点发出的光线,经过节点不折射。这两个光线在节点交叉,

在视网膜上形成 a、b 两点,成为物体的一个倒立实像。在视网膜上所成的倒立实像,并不感觉是倒立的,那是因为生活经验的积累,经大脑皮质的矫正,因而产生了正立像的感觉。

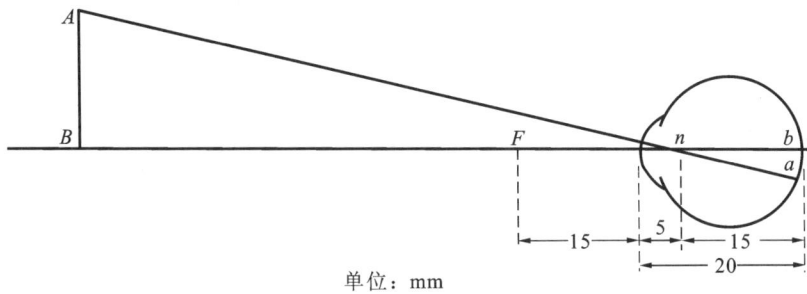

单位：mm

图 9-2　简化眼及其成像示意图

(二)视调节

正常眼看无限远(6 m 以外)时,进入眼内的光线近似平行,经折射后恰好聚焦在视网膜上,所以人能清晰地看见物体。假如物体距离眼很近(6 m 以内),物体发出的光线入眼后,其焦点就落在视网膜之后,物像就会模糊不清。正常人的眼球折光系统的折光能力,能够随物体的移近而相应增强,使物像落在视网膜上而看清物体,这一调节过程称为视调节。

1. 晶状体的调节

晶状体是一个富有弹性的组织,形似双凸透镜。大约有 70 根悬韧带附在晶状体四周,把晶状体边缘拉向睫状体,睫状体内平滑肌的收缩与舒张活动通过悬韧带放松或拉紧改变晶状体的曲率,从而达到视调节的目的。当看近物时,睫状肌收缩,悬韧带松弛,晶状体向前后凸出,增加曲率,使物像前移到视网膜上(见图 9-3);当看远物时,睫状肌松弛,睫状体后移,此时悬韧带被拉紧,晶状体曲率减小,物像后移至视网膜上。

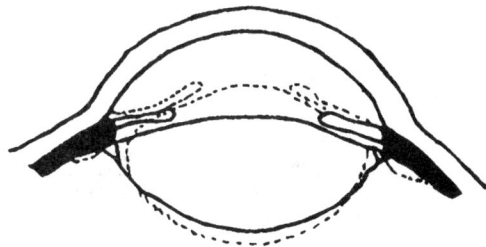

图 9-3　视近物晶状体和瞳孔的调节作用示意图
(虚线表示调节时晶状体和虹膜的位置)

2. 瞳孔调节

瞳孔是光线进入眼内的门户,一般人瞳孔直径为 1.5～8.0 mm。看近物时,除晶状体的变化外,同时还可反射性地引起瞳孔的缩小,称为瞳孔调节反射。

在生理状态下,引起瞳孔调节有两种情况:一种是由所视物体的远近引起的调节;另一种是由进入眼内光线强弱引起的调节。瞳孔缩小可减少进入眼的光线量(物体移近时将有较强光线到达眼球)并减少折光系统的球面像差和色像差,使视网膜成像更为清晰。

当用不同强度的光线照射眼时,瞳孔的大小可随光线的强弱而改变,强光下瞳孔缩小,弱光下瞳孔放大,这种现象称为瞳孔对光反射。其反射过程是,当强光刺激视网膜感受细胞后,冲动经视神经传入中枢,到达中脑动眼神经核,再经动眼神经中的副交感神经传出,使瞳孔括约肌收缩,瞳孔缩小,以防止强光对视网膜的刺激。相反,在暗环境中瞳孔会反射性扩

201

大。临床上有时可见到瞳孔对光反射消失、瞳孔左右不等大、互感性瞳孔反射消失等异常情况,常常是由于与这些反射有关的反射弧某一部分受损的结果,因而常把它作为判断中枢神经系统病变的部位、全身麻醉的深度和病情危重程度的重要指标。在运动中,情绪过度紧张可使瞳孔放大,这是由于交感神经作用的结果,对运动有不良的影响。

3. 双眼球会聚

当眼看近物时,发生两侧眼视轴向鼻中线的会聚,这种现象称为双眼球会聚。它主要是由眼球的内直肌收缩所致,也称为辐辏反射。这种反射可使物像落在两眼视网膜相对应的位置上,从而产生清晰的视觉,避免复视。

眼的最大调节能力可用在白昼所能视物的最近点来表示,这个能看清物体的最近点称为近点。近点越近,晶状体的弹性越好。一般 10 岁左右的儿童的近点平均约为 8.8 cm,20 岁左右的人约为 10.4 cm,到 60 岁时增大到 83.3 cm。

(三)眼的折光异常

正常眼的折光系统在无须进行调节的情况下,就可使平行光线聚焦在视网膜上,因而可看清远处的物体;经过调节的眼,只要物体的距离不小于近点的距离,也能在视网膜上形成清晰的像,此称为正视眼。若眼的折光能力异常,或者眼球的形态异常,使平行光线不能在视网膜上成像,则称为非正视眼,包括近视眼、远视眼和散光眼(见图 9-4)。

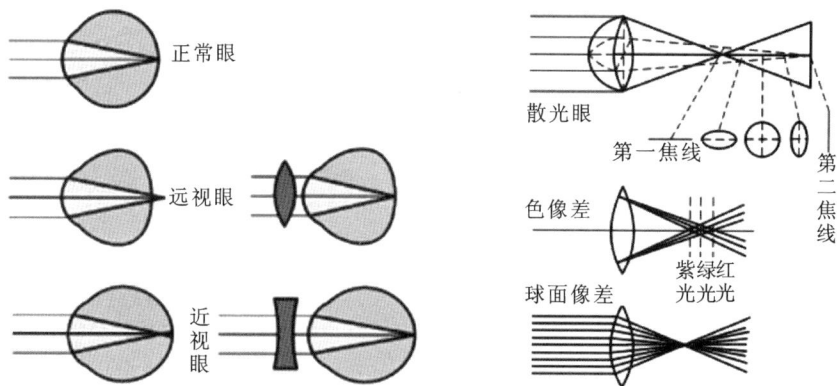

图 9-4　正视、近视、远视和散光成像及纠正示意图

1. 近视(myopia)

由于眼球前后径过长,也可由于角膜或晶状体曲率过大,折光力过强,致使远处物体射来的平行光线聚焦于视网膜之前,所以看远物时,物像模糊,只能将物体移近才能在视网膜上成像,以看清物体,因而称之为近视。

纠正近视眼最常见的方法是在眼前增加一个合适的凹透镜。高度近视多与遗传有关(先天性眼球过长),但多数的近视眼主要是因后天用眼不当造成的。

2. 远视(hyper metropia)

由于眼球的前后径过短或折光系统的折光力过弱,使远方物体射来的平行光线聚焦于视网膜后面,因而看远物时物像模糊;而近处物体发出的辐射光线,眼需作更大程度的调节,才能使光线聚焦在视网膜上而看清物体。远视需用适度的凸透镜加以矫正。

远视眼与老花眼虽然均用凸透镜矫正,但两者属于不同的概念,其主要区别在于,老花眼的晶状体弹性下降,而远视眼的晶状体弹性正常。因此,老花眼只是在看近物时才需要用凸透镜矫正;而远视眼不管看近物,还是看远物,均需用凸透镜矫正。

3. 散光(astigmatism)

正常眼折光系统的折光面都是由正圆形的圆面构成的,也就是折光面的每一条经纬线的曲率都是一致的,因而从整个折光面射来的光线都聚焦于视网膜上。散光眼多数由于角膜不是正圆形的球面,而是卵圆形,即上下径和左右径的曲率不一致所引起的。需用柱镜片加以矫正。

4. 像差

正常眼的折光,波长越短,折射越强,以致发生色像差。钴玻璃能吸收黄光、绿光,所以,若透过钴玻璃看电灯时,就会看到灯丝的边缘带有红色和紫色。另外,离光轴越远,入射光线的折光程度越大,因而发生球面像差。但是,角膜及晶状体的曲率是越接近边缘越小,故可抵消球面像差。

(四)房水和眼内压

房水指充盈于眼的前、后房中的液体,其成分类似血浆,但蛋白质含量较血浆低得多,而HCO_3^-和Na^+含量较高,因而房水的总渗透压也较血浆为高。房水不断生成又不断回收入静脉,使它在后房和前房之间流动不息,房水对角膜和晶状体起着营养作用。

眼内房水量保持恒定,使其中静水压(即眼内压)也保持相对的稳定。眼内压的相对稳定,对保持眼球特别是角膜的正常形状和折光能力有重要的意义。当眼球被刺穿时,可能导致房水流失,眼内压下降,引起眼球变形,角膜也不能保持正常的曲度。人眼的总折光能力与眼内各折光体都有一定关系,但最主要的折射发生在空气与角膜接触的界面上,这约占总折光能力的80%。因此,角膜的曲度和形状的改变将显著地影响眼的折光能力,严重地影响视力。房水发生循环障碍时会造成眼内压过高,临床上称为青光眼,可导致角膜、晶状体以及虹膜等结构的代谢障碍,严重时会造成角膜混浊、视力下降。

二、眼的感光机能

眼的折光机能只是使视网膜上形成清晰的物像。然而,还需要视网膜把物像的光能转变成神经冲动,再经视神经把冲动信息传入中枢神经系统,到达大脑皮质,才能产生视觉。

(一)视网膜的结构特点

视网膜是眼的感光部分,是一层透明的神经组织膜,厚度只有 0.1～0.5 mm,其结构十分复杂,细胞种类很多,其中细胞通过突触相互联系。按主要细胞层次,视网膜从外向内分别是色素上皮层、感光细胞层、双极细胞层和神经节细胞层(见图 9-5)。

感光细胞层存在两种感光细胞,即视锥细胞(cone cell)和视杆细胞(rod cell),它们都含

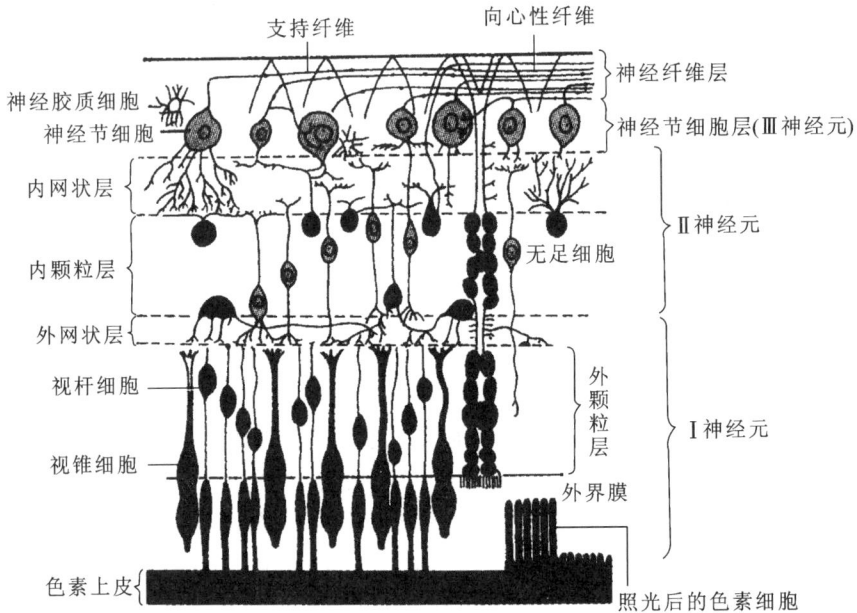

图 9-5　人视网膜结构示意图

有特殊的感光色素,是真正的光感受器细胞。视锥细胞和视杆细胞在形态上可分为四部分,由外到内依次为外段、内段、胞体和终足,其中外段是视色素集中的部位,是进行光-电转换的关键部位,在感光换能中起重要作用。

视锥细胞主要分布在视网膜的中央凹处,能接受强光刺激,形成明视觉和色觉,并能看清物体表面的细节与轮廓,有很强的空间分辨能力。视杆细胞主要分布在视网膜的周围部分,对光的敏感度高,能接受弱光刺激,形成暗视觉。

比较解剖学发现,有些只在白天活动的动物如地松鼠的视网膜上只有视锥细胞,有些只在晚上活动的动物如大白鼠的视网膜上只有视杆细胞。人、猴等的视网膜是混合网膜,既有视锥细胞又有视杆细胞。

(二)视网膜的感光机能

在光的作用下,视锥细胞和视杆细胞内部都会发生一系列化学反应,称为光化学反应。其中对视杆细胞的光化学反应研究得较多,了解也较深入。

1. 视杆细胞的光化学反应

视杆细胞内的感光色素是视紫红质,其分子组成是视蛋白与视黄醛。在光的作用下,视紫红质(rhodopsin)经过一系列化学反应,可迅速分解为全反视黄醛与视蛋白。在这个分解过程中,视杆细胞产生超极化型感受器电位,以电紧张性扩布到达终足(相当于轴突末梢),并影响终足处的递质释放,并产生神经冲动,神经冲动沿视神经传到大脑枕叶,产生视觉。反视黄醛在视黄醛酶的作用下,还原成维生素 A,经眼内和肝脏有关酶的催化而变成 11-顺视黄醛,一旦 11-顺视黄醛生成就会与视蛋白合成视紫红质。视紫红质在分解与合成的过程中,消耗一部分视黄醛,需要体内贮存的维生素 A 来补充。如果维生素 A 补充不足,就会影响人在暗处的视力,即引起夜盲症(nyctalopia)。

2. 视锥细胞的光化学反应和颜色视觉

视锥细胞外段中含有感光色素,称视锥色素。在人的视锥细胞中有三种不同的视锥色素,各存在于不同的视锥细胞中。三种视锥色素都含有同样的 11-顺型视黄醛,只是视蛋白的分子结构稍有不同。正是视蛋白分子结构中的微小差异,决定了同它结合在一起的视黄醛分子对何种波长的光线最为敏感,因而才可以区分出三种不同的视锥色素。当光线作用于视锥细胞外段时,在它们的外段膜两侧也发生了同视杆细胞类似的超级化型感受器电位,作为光-电转换的第一步,最终在相应的神经节细胞上产生动作电位。

视锥细胞功能的重要特点是它有辨别颜色的能力。颜色视觉是一种复杂的物理-心理现象,颜色的不同,主要是不同波长的光线作用于视网膜后在人脑引起的主观印象。正常人眼可区分波长在 380～760 nm 之间的约 150 种颜色,但主要是红、橙、黄、绿、青、蓝、紫七种颜色。

人眼区别不同颜色的机理,目前仍用 Young 与 Helmhlotz 提出的三原色学说来解释。三原色学说认为视网膜上有三种视锥细胞,分别含有对红、绿、蓝三种色光敏感的感光色素。不同波长的光线对三种感光物质的刺激程度不同,故可引起不同的颜色。凡不能识别三原色中的某一种颜色者均称色盲。而对某种颜色辨别能力较正常人差者,称为色弱。色盲病人绝大多数是由遗传因素决定的,多因先天缺乏含某种感光色素的视锥细胞所致。色盲和色弱的患者,不适宜从事与颜色有关的职业。

三、与视觉有关的生理现象

1. 暗适应(dark adaptation)与明适应(light adaptation)

人从亮处突然进入暗处时,最初看不清楚任何东西,经过一定时间,随着视觉敏感度逐渐增加,恢复了在暗处的视力,称为暗适应。当从暗处突然来到光亮处,最初感到一片耀眼的光亮,不能看清物体,稍待片刻才能恢复视觉,称为明适应。

2. 视敏度(visual acuity)

视敏度也称视力,是指眼对物体微细结构的分辨能力。通常以分辨两点(或两平衡线)之间的最小距离为标准。视力与中央凹处视锥细胞的大小、眼的折光能力、视觉中枢分析能力及光源、背景等因素有关。在体育运动中,良好的视力是运动员判断人和运动器械的空间位置、速度快慢、距离远近、运动方位的主要条件。

3. 视野(visual field)

单眼注视正前方一点不动时,该眼能看到的空间范围称为视野。视野大有助于观察空间的范围和物体的运动方位,增强洞察力。正常人的视野范围大小受到面部结构和背景颜色等因素的影响。可以用视野计来测定视野的范围,人的正常视野上方为 60°～70°,下方为 80°,左右各为 100°(见图 9-5)。不同颜色的视野也不一样,白色视野最大,黄色、蓝色次之,再次为红色,绿色视野最小,不同项目运动员的视野不同,足球运动员的绿色视野比一般人的大(见图 9-6)。

4. 双眼视觉(binocular vision)

双眼视觉指双眼同时视物时,双眼视野的重叠部分引起的视觉。双眼视觉扩大了视野,

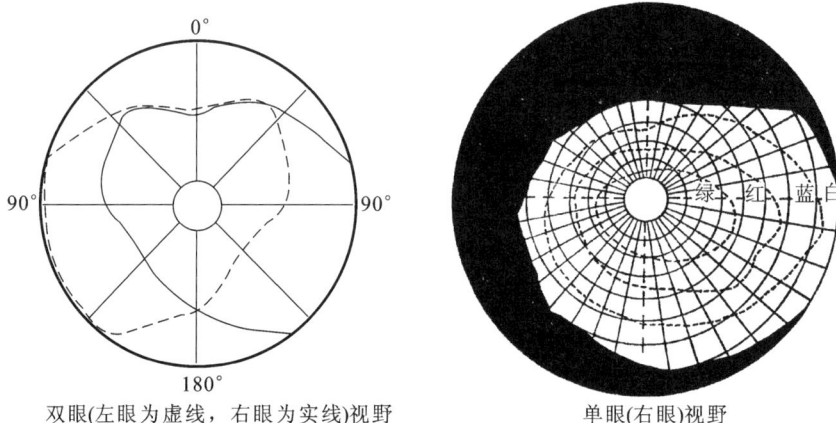

双眼(左眼为虚线，右眼为实线)视野   单眼(右眼)视野

图9-6　视野示意图

能观察到物体的三维空间(高度、宽度和长度)，产生立体视觉，可增加判断物体大小和距离的准确性。立体视觉在各种体育活动中，特别是对需要精确判断运动物体速度、方位与距离的运动项目(如球类)更为重要。经常从事这些项目的练习，可以提高人的立体视觉。

5. 视后像和融合现象

若先给视网膜以光刺激，然后撤除，给光所引起的光感在撤光后仍可残留短暂时间。这种主观的视觉后效应称为视后像，分正后像和负后像。注视一个光源或较亮物体后闭上眼睛，这时可以感到一个光斑，其形状和大小均与该光源或物体相似，后像的品质与刺激物相同。例如，注视亮着的电灯几秒钟后，闭上眼睛，眼前会出现一个亮着的灯的形象位于暗的背景上，这是正后像；随后可能看到一个黑色的形象位于亮的背景上，这是负后像。彩色视觉常常有负后像。通常情况下，视后像仅持续几秒或几分钟，如果光刺激很强，视后像的持续时间也较长。

融合现象指用闪光刺激人眼时，若刺激频率较低，产生一闪一闪的光感，当刺激频率逐渐增高到超过一定界限后，人眼可产生连续光感的现象。能引起连续光感的最低闪光频率称为临界融合频率或闪烁值。有研究认为，闪烁值可以作为判断大脑功能兴奋水平和运动疲劳的一个指标。运动时闪烁值的变化，一般是运动开始后在一段时间内逐渐增大，随后开始下降。运动负荷量越大，闪烁值下降的速度、幅度越大。

四、眼球的运动装置与眼肌平衡

眼球的运动受三对肌肉控制，即受上、下直肌，内、外直肌和上、下斜肌控制。眼肌运动时所起的生理作用，不仅仅是实现眼球的灵活转动，同时也是本体感觉非常重要的外周装置。

一个人眼肌是否平衡，取决于全部眼肌的紧张和松弛是否协调。当眼注视正前方时，若对称眼肌紧张度相等，则眼球瞳孔在正前方，称为正视。如果其中一条肌肉紧张度大，则一侧瞳孔偏向一方，称为斜视。但有的人一条眼肌紧张度虽然稍大，在平时能由其对抗肌紧张度的加强予以补偿，瞳孔仍然保持在正中，称为隐斜。由于隐斜患者的眼肌经常处于紧张状态，容易产生疲劳，特别是在运动过程中更容易疲劳，疲劳后眼肌的调节能力下降，会出现斜视。青少年时期,要注意有无眼肌不平衡的现象出现,如果发现眼球有偏斜的现象,要及时进行治疗或眼肌训练。平时要多参加保持眼肌力平衡的有关运动,如打乒乓球、打篮球等。

运动时维持眼肌的平衡,对在运动中准确判断器械的空间位置、距离大小、运动员动向以及球运动的速度等都十分重要,特别是对球类运动项目更有意义。

五、视觉在体育运动中的作用

人类的视觉器官十分敏感,能分辨各种物体的大小、形状、明暗、距离和在空间里的相互作用。视觉是在体育活动时所发生的各种综合感觉分析中的一种主要成分。如运动员在掌握动作技能的过程中,没有熟练地掌握动作技能之前,视觉是起主导的作用。视觉机能对运动员在运动时掌握环境状况、产生空间感觉、控制本身的动作,以及观察竞赛场上的变化具有非常重要的意义。在对抗性运动项目中,如击剑、拳击、摔跤等,就要求运动员有敏锐的视力,在球类运动中对抗比赛时,运动员要有良好的立体视觉和广阔的视野,才能发挥高超的运动技术水平。

第三节　听觉与位觉

耳既是听觉感受器官,也是位觉和平衡感受器官。

一、耳的基本结构与功能

耳分为外耳、中耳、内耳三部分(见图 9-7)。外耳和中耳是声波的传导器官。内耳又称迷路,包括耳蜗、椭圆囊、球囊和三个半规管。耳蜗中有接受声波的听觉感受器;前庭器官中有接受头部位置改变和加减速运动刺激的感受器。内耳是听觉器官、位觉器官的主要部分。

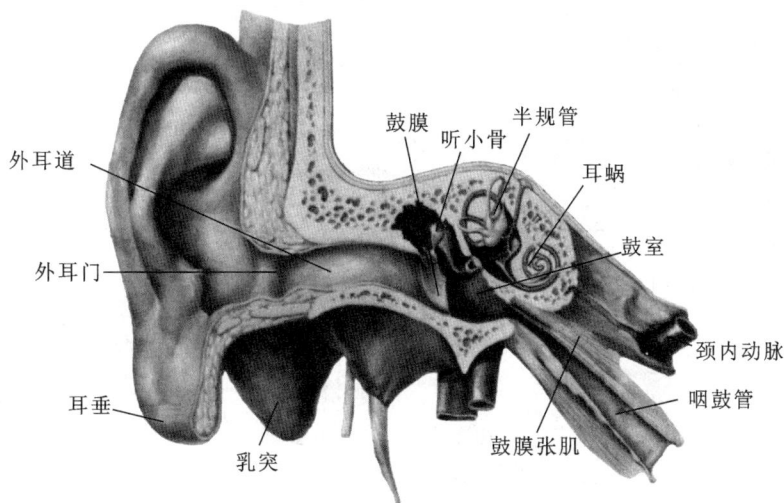

图 9-7　耳的结构示意图

外耳包括耳郭和外耳道。耳郭的形状有利于收集声波,有集音作用;外耳道是声波传导的通路,其一端开口于耳郭,一端终止于鼓膜,有共鸣腔作用。根据物理学原理,充气的管道可与波长4倍于管长的声波产生最大的共振作用。外耳道长约2.5 cm,据此计算,它作为一个共鸣腔的最佳共振频率约在3 500 Hz,这样的声音由外耳道传到鼓膜时,其强度可以增大10倍。

中耳包括鼓膜和鼓室。鼓室中三块听小骨(锤骨、砧骨、镫骨)及其相连的听小骨肌连成一杠杆系统;还有一条通向咽部的咽鼓管。鼓膜是一个压力承受装置,具有较好的频率响应和较小的失真度,它的振动可与声波振动同步,而且它的形状有利于把振动传递给锤骨柄。当鼓膜振动时,听小骨也随之振动。镫骨底板推动前庭窗引起内耳的淋巴振动,将声波传到内耳。咽鼓管是连通鼓室和鼻咽部的小管道,开放时可以平衡鼓室内空气和外界大气之间有可能出现的压力差,这对于维持鼓膜的正常位置、形状和振动性能有重要意义。通常情况下,其鼻咽部的开口处于闭合状态。在吞咽、打哈欠或打喷嚏时,可使管口暂时开放,有利于气压平衡。如果咽鼓管因炎症等发生阻塞,鼓室内的空气被组织吸收而使压力降低,会引起鼓膜内陷并产生耳鸣、影响听力等。

内耳中的耳蜗是感音器官,耳蜗是个盘旋的管道系统,它有并排盘旋的三个管道,即前庭阶、蜗管和鼓室阶(见图9-8)。在耳蜗内有一条基底膜,在基底膜的表面有科蒂器的结构,它含有一些对机械刺激很敏感的细胞——毛细胞。毛细胞的顶部有上百条排列整齐的听纤毛。听纤毛与盖膜直接接触或埋植在盖膜的胶状物质中。基底膜振动时听纤毛弯曲,使毛细胞产生神经冲动。

内耳中的椭圆囊、球囊和三个半规管构成前庭器官,它们是位觉和平衡器官。

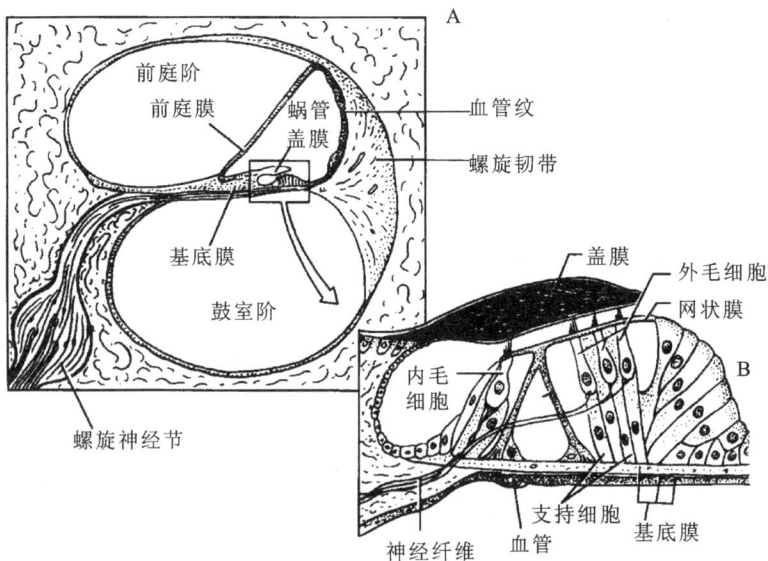

图9-8　耳蜗的结构示意图
(A:耳蜗管的横断面;B:科蒂器)

二、声波传入内耳的途径

声波是通过气传导和骨传导两种途径传入内耳的,正常情况下以气传导为主。

1. 气传导

声波经外耳道引起鼓膜振动,再经听骨链和前庭窗膜传入耳蜗,这种传导方式称为气传导,是引起正常听觉的主要途径。此外鼓膜的振动也可引起鼓室内空气的振动,再经前庭窗膜传入耳蜗。但这一方式在正常情况下并不重要,只有当听骨链运动发生障碍时,方可发挥一定的传音作用,但这时的听力会大为降低。

2. 骨传导

声波直接引起颅骨的振动,再引起位于颞骨骨质中的耳蜗内淋巴的振动,这种传导方式称为骨传导。在正常情况下,骨传导的效率比气传导的效率低得多,敏感也不够,几乎不能感到它的存在。在平时,我们接触到的一般声音不足以引起颅骨的振动,只有较强的声波,或者是自己的说话声,才能引起颅骨较明显的振动。能察知骨传导存在的一种方法是,把一个振动着的音叉的柄直接和颅骨接触,这时人会感到一个稍有异样的声音,当这个声音减弱到听不到以后,再把音叉迅速移到耳郭前方,这时又能听到声音的存在。这个简单实验说明了骨传导的存在,也说明正常时气传导较骨传导灵敏。骨传导在正常听觉的引起中其作用甚微。

三、听觉及其在体育运动中的作用

听觉的适宜刺激是声波。外界的声波振动经耳郭、外耳道收集,通过鼓膜、听骨链,引起外、内淋巴振动,当内淋巴振动时,盖膜与毛细胞上的听纤毛接触,听纤毛弯曲,使毛细胞受到刺激而兴奋,声音刺激的机械能通过毛细胞转换成电能,引起蜗神经兴奋,传导至大脑皮层的听觉中枢产生听觉。

在体育运动中,运动员在运动训练时使用音乐对听觉的刺激,教练员认为是提高训练效果的一种手段,能促进运动员的生理机能调节活动,促进大脑皮质兴奋,减轻大脑神经细胞的疲劳。在体育教学和运动训练中,使用口令,利用语言讲解,使学生通过听觉领会动作要领,有助于学生保持队列整齐,更快掌握动作技能。所以在体育教学和训练中,应注意合理使用口令、语言信号。无论音调、音量、语言内容,都要认真考虑,才能应用于运动实践中,如讲解的语言要生动、简练、准确,音量、音响、声调对声音感受器刺激要适宜,才会使大脑皮质听觉中枢的兴奋性集中起来,更快形成条件反射。

四、位觉

身体进行各种变速运动(包括直线加速运动和角加速运动)时会引起前庭器官中的位觉感受器兴奋并产生的感觉,称为位觉(或前庭感觉)。其感受器位于颞骨岩部迷路内,由椭圆囊、球囊和三个半规管构成。

(一)前庭器官的结构

前庭器官由球囊、椭圆囊和三个半规管构成。椭圆囊和球囊内有囊斑,其中有感受性毛细胞,其纤毛的游离端插入耳石膜内。耳石膜表面附着的许多小碳酸钙结晶称为耳石。

三个半规管互相垂直,分别称为前半规管、后半规管和水平半规管(见图 9-9)。在人体直立姿势条件下,如头部前倾 30°,则水平半规管的平面恰好与地面平行,这时前半规管分别与后半规管和地面成垂直关系。每个半规管均有膨大端,称为壶腹。壶腹内有一隆起的地方,称为壶腹嵴,内有感受性毛细胞,其纤毛较长并互相黏集成束,包埋于圆顶形胶体的终帽内。

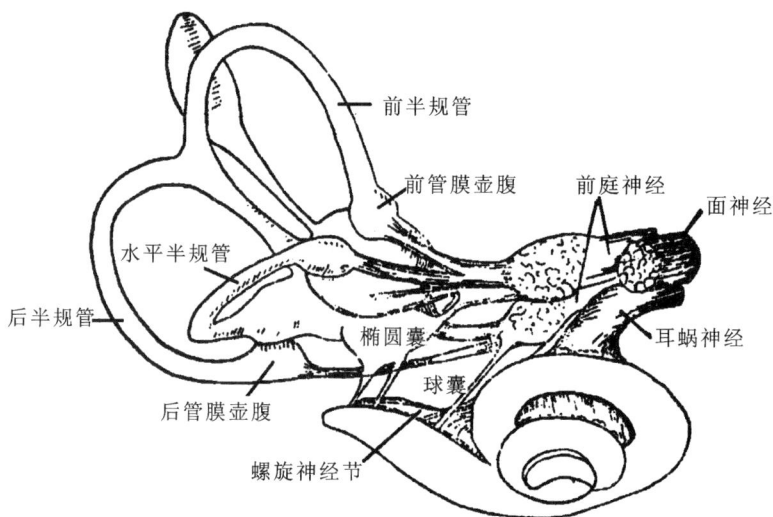

图 9-9 前庭及耳蜗器官模式图(右侧)

(二)前庭器官的适宜刺激

椭圆囊与球囊内的囊斑的适宜刺激为耳石重力作用及直线运动的加减速度变化。当头部位置改变,如头前倾、后仰或左、右两侧倾斜时,由于重力对耳石的作用方向改变,耳石膜与毛细胞之间的空间位置会发生改变。从而牵拉毛细胞使之兴奋,神经冲动经前庭神经传到前庭神经核,反射性地引起躯干与四肢有关肌肉的肌紧张变化,从而维持了身体的平衡。同时,冲动传入大脑皮质前庭感觉区,产生头部空间位置改变的感觉及变速感觉。

半规管中壶腹嵴毛细胞的适宜刺激是旋转运动的加减速度变化。当旋转运动开始、停止或突然变速时,由于内淋巴的惯性作用,使终帽弯曲,刺激毛细胞使之兴奋,神经冲动经前庭神经传入中枢,产生旋转运动的感觉。在内耳迷路中,水平半规管主要感受绕垂直轴左右旋转的变速运动的刺激,而前、后半规管主要感受绕前后轴和横轴旋转的变速运动的刺激。因此,人们可以感受任何平面上不同方向旋转变速运动的刺激,并做出准确的反应。

(三)前庭反应与前庭机能稳定性

1.前庭反应

当前庭器官受刺激而兴奋时,其传入冲动到达有关的神经中枢后,除引起一定的位置觉、运动觉以外,还能引起各种不同的骨骼肌和内脏功能的改变,这种现象称为前庭反应。

1)前庭器官的姿势反射

当进行直线变速运动时,可刺激椭圆囊和球囊,反射性地改变颈部和四肢肌紧张的强度。

例如,猫由高处跳下时,常常头部后仰而四肢伸直,作准备着地的姿势;而它一着地,头前倾,四肢屈曲。又如,当动物被突然上抬时,出现头前倾,四肢屈曲;而上抬停止时,则头后仰,四肢伸直。人们在乘电梯升降的过程中,电梯突然上升时,会出现肢体的伸肌抑制而腿屈曲;电梯突然下降时伸肌收缩而肢体伸直。这些都是直线变速运动引起的前庭器官的姿势反射。

同样,在作旋转变速运动时,可刺激半规管,反射性地改变颈部和四肢肌紧张的强度,以维持姿势的平衡。例如,当人体向左侧旋转时,可反射性地引起左侧上、下肢伸肌和右侧屈肌的肌紧张加强,使躯干向右侧偏移,以防歪倒;而旋转停止时,可使肌紧张发生反方向的变化,使躯干向左侧偏移。

从上述例子可以看到,当发生直线变速运动或旋转变速运动时,产生的姿势反射的结果,常与发动这些反射的刺激相对抗,其意义在于有利于使机体尽可能地保持在原有空间位置上,以维持一定的姿势和保持平衡。

2)前庭自主神经反应

人类前庭器官受到过强或过久的刺激,或者刺激未过量而前庭功能过敏时,通过前庭核与网状结构的联系,常可引起自主神经系统的功能改变,表现出一系列相应的内脏反应,如头痛、冒冷汗、眩晕、面色苍白、心率加快、血压下降甚至恶心、呕吐等不适症状,称为前庭自主神经反应,也称晕动症。如果情况严重的话,患者会完全失去协调性。这种症状多在乘坐车、船、飞机等运载工具时出现(晕车、晕船或晕机)。前庭自主神经反应产生的原因主要是其前庭器官功能过于敏感的缘故。当运载工具震动过度,内耳前庭、眼睛及感觉神经会将混乱的感觉信息输送给中枢,当中枢发现内耳所接收到的讯息与眼睛所接收到的信息有出入时,便会发生上述症状。女性较男性更容易患此症,两岁以下的儿童及老年人通常不易产生此症状。

3)眼震颤

躯体做旋转运动时,可引起眼球作往返运动,这种现象称为眼震颤。眼震颤主要是由于半规管受到刺激,反射性地引起眼外肌肉的规律性活动,从而造成眼球的规律性往返运动。眼震颤的形式有多种,以水平震颤最为常见。水平震颤包括两个运动时相:先是两眼球向一侧缓慢移动,当到达眼裂的顶端时,再突然快速地返回到眼裂的中心位置。前者称为慢动相,后者称为快动相。例如,当头部保持前倾30°的姿势,人体以垂直方向为轴向左进行旋转,开始时因内淋巴的惯性滞后移位使左侧壶腹嵴的毛细胞受到刺激而兴奋,右侧则相反,于是出现两侧眼球先缓慢向右侧移动,然后突然返回到眼裂正中,接着又出现新的震颤。当继续匀速旋转时,由于内淋巴的惯性滞后作用消除,眼球不再震颤而居于正中。当旋转减速或停止时,内淋巴因惯性而不能立刻停止运动,使壶腹嵴产生与旋转开始时相反的压力变化,此时又可出现与旋转开始时方向相反的眼震颤(见图 9-10)。

2. 前庭机能稳定性

由于刺激前庭感受器,产生神经冲动引起机体的各种前庭反应的程度,称为前庭机能稳定性。前庭机能稳定性较好的人,在前庭器官受到刺激时所产生的反应就较弱,反之就较强。一些人晕车、晕船和晕机的原因是前庭感受器受到车、船和飞机的突然加速、颠簸、左右摇摆、振荡等过强或过久的刺激,超出个体的耐受限度,引起强烈而频繁的神经冲动,经前庭神经核在延髓扩散,并传向小脑和下丘脑,引起全身肌张力的正常关系失调,出现空间定向错觉和明显的一系列植物性功能紊乱反应,影响人体的工作能力。

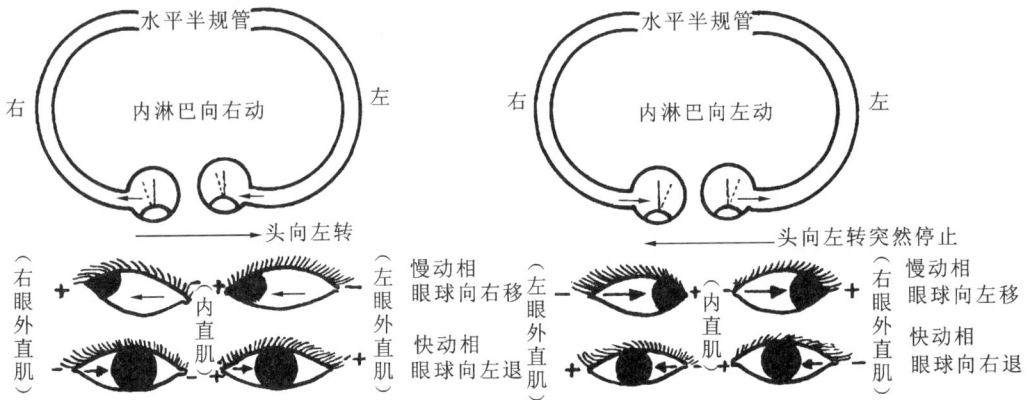

图 9-10　旋转运动时眼球震颤的产生机制及眼球运动方向示意图

　　前庭机能稳定性可以在运动训练过程中逐渐地改善,经常参加体育锻炼的人,前庭机能稳定性比一般人要好,体育运动实践经验证明,从幼年就开始训练前庭器官,则会使其稳定性发展更迅速。在体育运动中,赛艇、划船、跳伞、跳水、滑雪、体操、武术、链球、投掷及各种球类运动项目,其运动员的前庭机能稳定性较高。所以,经常参加这类体育运动的训练,有利于提高前庭机能稳定性。

3. 前庭习服

　　某一特定性质的刺激反复、长期地作用于前庭器官,经过一段的时间后,前庭器官对刺激引起的反应逐渐减小的现象称为前庭习服。研究表明,经常从事赛艇、划船、跳水、跳伞、滑雪等各种体育运动,有利于提高前庭机能的稳定性,使前庭器官对刺激引起的反应逐渐减小或消失。

(四)超重、失重对前庭机能的影响

1. 失重对前庭机能的影响

　　失重影响最大的是感觉功能,特别是视觉和位觉功能。失重时人体内部任何部分的重量等于零。在失重状态下,位觉砂不起作用,不能保持身体的平衡;维持眼球运动的肌肉也不需很大的紧张度,紧张度的改变可导致视觉定位紊乱,易产生空间定向错觉,特别是远近的感觉发生异常。失重对人的飞行能力有一定影响,不过影响大部分是暂时的,经一定时间习服和适应之后是可以克服的。正常人都有充分的适应能力。

2. 超重对前庭机能的影响

　　超重是指机体在外力作用下的某一时间内,组织器官出现了大于地面常态重力(重力的增大)的状态。超重时,位觉砂的重量增加,作用于毛细胞的机械压力增大,囊斑传入神经发放的神经冲动增加,容易引起植物性神经反应和肢体肌肉紧张度增加。一般在体育活动中和日常生活中所感到的超重数值较小、时间较短,人不会感到难受。运输机和民航机的超重主要是在起飞和着陆时出现,其数值较小,一般人都能耐受。

　　宇航员经过特殊的训练,对失重与超重具有超常的适应能力。

第四节 本体感觉

肌肉、肌腱和关节囊中分布有各种各样的感受器,统称为本体感受器。它们能分别感受肌肉被牵拉的程度以及肌肉收缩和关节伸展的程度。这种本体感受器受到刺激所产生的躯体运动觉,称为本体感觉。本体感受器主要包括肌梭和腱梭。

一、肌梭的结构与功能

肌梭(muscle spindle)是位于骨骼肌内的一种梭形小体。肌梭由一些特殊的肌纤维、神经末梢和被囊组成(见图 9-11)。肌梭内含有 6～12 条细小的、特殊的肌纤维,称为梭内肌纤维。肌梭外的肌纤维称为梭外肌纤维。梭内肌纤维的中间部分被结缔组织包裹,两端固着在梭外肌的肌膜上。肌梭的感受器部分接受两种不同类型的感觉神经(γ 神经元和 α 神经元)的支配。

肌梭是一种长度感受器,能感受动力工作中肌肉长度的变化。当牵拉肌肉时,梭外肌纤维被拉长,同时也牵拉了肌梭,便会产生兴奋传递感觉信号,肌梭与梭外肌纤维是"并联"的,容易因肌肉牵拉而机械地被牵拉,接受刺激产生兴奋,冲动传入中枢产生本体感觉。

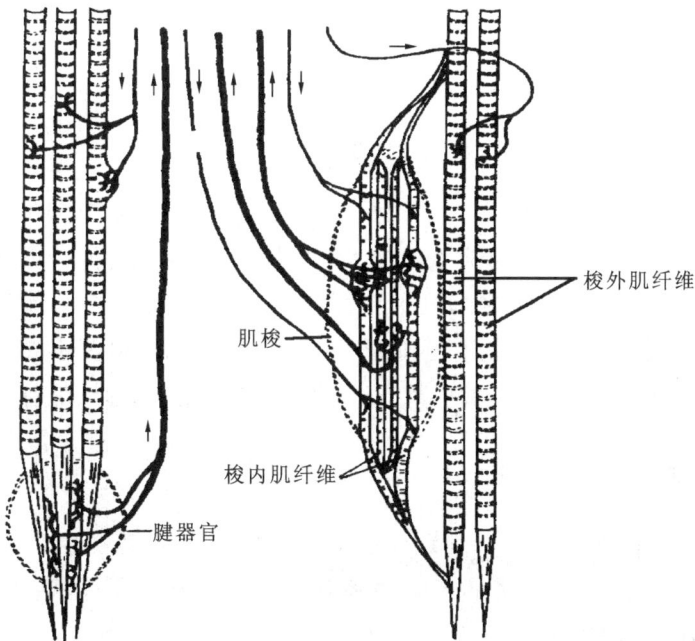

图 9-11 肌梭与腱器官模式图

213

二、腱梭的结构与功能

肌腱内部紧靠其附着肌纤维的起源地方,也有与肌梭相类似的感受器,称为腱梭(tendon spindle)。腱梭与梭外肌纤维串联,是一种肌肉张力感受器,能感受静力工作中肌肉张力的变化。当肌肉收缩张力增加时,腱梭因受到刺激而发生兴奋,冲动沿着感觉神经传入中枢,产生本体感觉。

三、本体感觉在体育运动中的作用

运动员的一切运动技能都是在本体感受的基础上形成的。借助本体感受器就能感知每一动作中肌肉、肌腱、关节和韧带的缩短、放松和拉紧的不同状况,为大脑皮质运动行为进行复杂的综合分析创造条件。人体经常参加体育训练,不仅使本体感受器的机能得到提高,而且使肌肉运动的分析能力、动作时间的判断精确性均得到发展。例如,不同训练水平的篮球运动员运球快速进攻时,训练水平高的运动员其控球能力强,失球次数少,而且运动速度快,表现出本体感受器具有较高的敏感性。

肌肉活动时发生的本体感觉往往被视、听和其他感觉遮蔽,故本体感觉也称为暗淡的感觉。运动员的本体感觉能力,必须经过长时间训练,才能在意识中比较明显而精确地反映出自己的运动动作。

【知识拓展】

本体感觉测试

人们提出了30多种不同的测试方法来检查人体的本体感觉功能,但没有一个单一的金标准测试来评估个体的所有本体感觉功能。每个测试评估每个位置的特定本体感觉功能:对身体某个部位的静态位置或身体运动的感觉。本体感觉的检测主要有三种测试方法(Han et al. 2106):被动运动阈值检测、关节位置再现和主动运动程度辨别。

一、关节位置再现(joint position reproduction,JPR)

在JPR测试(见图9-12至图9-15)中,受试者肢体关节在被动或主动条件下进行标准运动和再现运动,涉及同侧或对侧肢体运动,在本体感觉评估中描述了三种类型的JPR任务:同侧JPR(ipsilateral JPR,IJPR)和两种对侧JPR(contralateral JPR,CJPR)方法。

在IJPR测试中,将预定的目标关节位置被动或主动地呈现给受试者几秒钟,之后,受试者被动或主动地恢复关节到初始位置。受试者被要求在关节被动移动到相同范围时按下停止按钮来指示目标位置,或主动将关节移动到目标位置来再现之前经历过的目标关节位置。也就是说,参与者需要记住目标位置,并使用相同的肢体再现该位置。

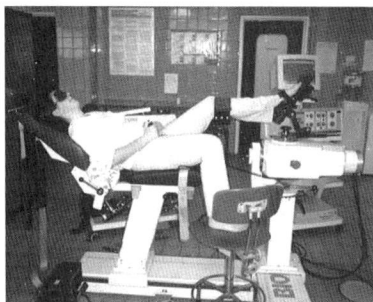

图 9-12　踝关节位置主动或被动 JPR

（引自 Willems et al. ,2002）

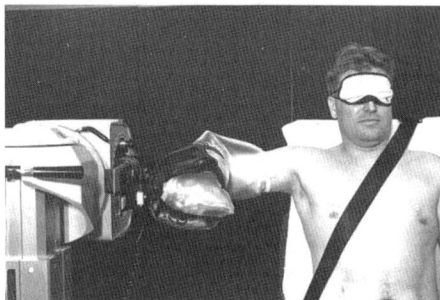

图 9-13　肩关节位置被动 JPR

（引自 Janwantanakul et al. ,2001）

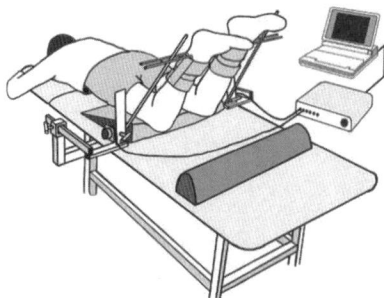

图 9-14　俯卧位膝关节主动 JPR

（引自 Larsen et al. ,2005）

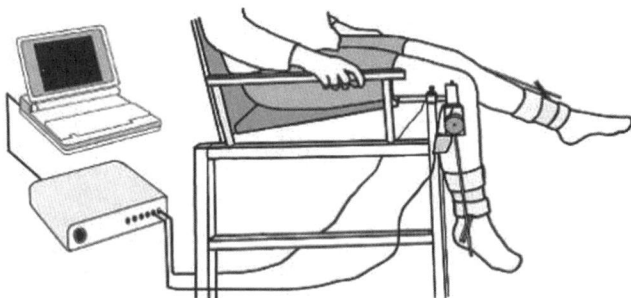

图 9-15　坐姿膝关节主动 JPR

（引自 Larsen et al. ,2005）

在两种 CJPR 测试中,其中一个过程在体验目标关节位置方面与 IJPR 测试方法相同,但不同之处在于受试者被要求使用对侧肢体重现关节位置。也就是说,受试者需要记住目标关节的位置,并使用对侧的肢体再现该位置。第二个 CJPR 测试的不同之处在于,一旦一个关节被移动到目标位置,它就会保持在该位置,并且需要对侧肢体重现目标关节的位置。也就是说,测试时不需要对目标位置记忆,相反,受试者可以在位置任务中使用这种"在线"信息来帮助他们在对侧复制位置。

二、被动运动阈值检测

被动运动阈值检测(threshold to detection of passive motion,TTDPM) 方法能应用于整个身体的各个关节。被动运动阈值是受试者在给定的平面和运动方向上所能感知到的最小运动。在 TTDPM 测试中(见图 9-16 至图 9-18),受试者或坐或躺,研究人员控制的机器以不同的速度沿预定的方向移动一个独立的身体部位。通过束缚相邻的身体部位(如上半身)将被测试的身体部位隔离开来,其他外围信息,如触觉、视觉和听觉信息,通常被气垫、眼罩和耳机屏蔽。在所有这些变量被约束的情况下,被研究的身体部位被动地向预定的方向移动。受试者被指示一旦感知到移动和方向就按下停止按钮,然后报告感知到的肢体移动方向。如果报告的方向错误,则放弃试验,继续进行测试,直到获得3~5个正确的判断。

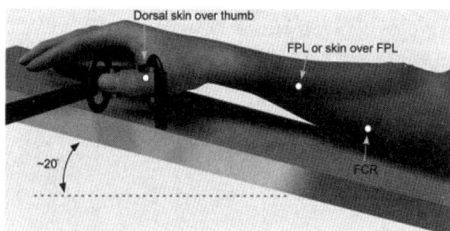

图 9-16 拇指指间关节 TTDPM

(引自 Weerakkody et al.,2008)

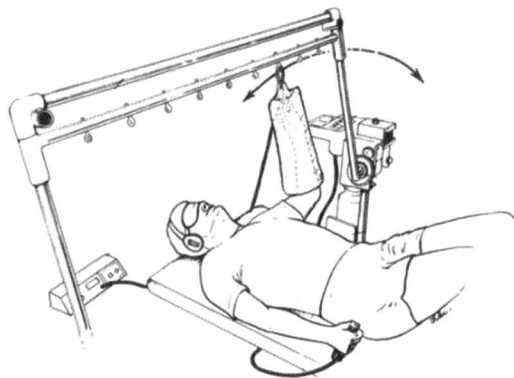

图 9-17 肩关节 TTDPM

(引自 Lephart,et al.,1994)

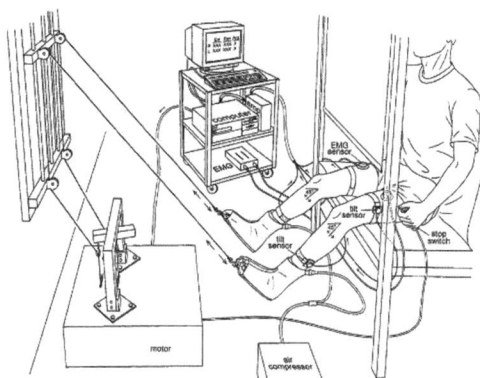

图 9-18 膝关节 TTDPM

(引自 Beynnon et al.,1999)

三、主动运动程度辨别

主动运动程度辨别(active movement extent discrimination,AMED)测试(见图9-19)使用主动运动进行。在数据收集开始之前,每个受试者都给予了一个使用 AMEDA 设备的熟悉环节。在此期间,他们被告知并将经历各个试验环节,例如,5个移动位移距离,从最小的(移动到位置1)到最大的(移动到位置5),每个移动熟悉3次,共15次移动。通常受试者随后要进行50次测试,在测试中,所有5个位置都以随机顺序各出现10次。在 AMEDA 测试的每次试验中,只允许以稳定的速度向目标位置移动一次,然后返回到起始位置。在体验了一个位置并回到开始的位置后,受试者被要求对每个测试动作的位置编号(1、2、3、4或5)

做出判断,在每次测试中对做出的判断的正确性不给予反馈。也就是说,受试者必须在熟悉试验时对五种运动程度进行记忆,能够识别每个刺激,从而在每个感知刺激出现后做出数字判断(1、2、3、4 或 5)。因此,该任务是一个单一刺激或绝对判断任务,即在每次试验中呈现单一刺激,作出单一反应。

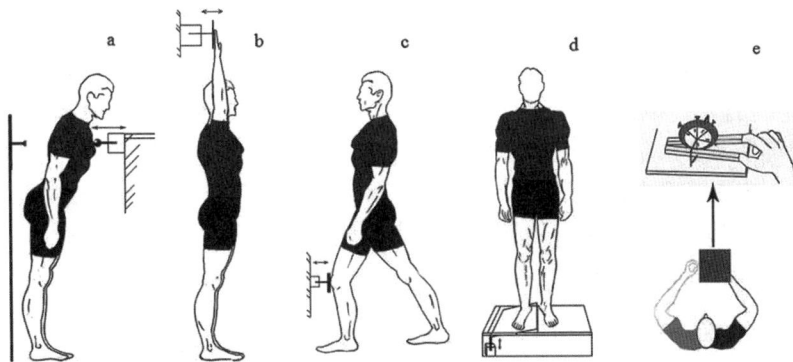

图 9-19　身体 5 个部位 AMEDA 测试

(a:脊柱屈曲;b:肩膀屈曲;c:膝关节屈曲;d:踝关节内翻;e:指尖捏)

(引自 Symes et al.,2013)

本体感觉功能的评估在临床和运动技能研究中受到越来越多的关注。本体感觉在人体运动控制中起着至关重要的作用,是日常体力活动和运动的基础。人体从站立到完成高难度的运动动作都离不开本体感觉信息。本体感觉信息对促进运动学习和再学习非常重要。当本体感觉退化或丧失时,通常会导致运动控制的丧失,这时必须依靠视觉或其他感觉输入进行前馈和反馈过程。这可能会导致学习新动作的困难,也会导致在一系列重复中提高动作质量或保持质量的困难,因为缺乏适应和技能改进的反馈。

在临床上,本体感觉减退与中风、与年龄有关的摔倒、周围神经疾病以及运动障碍(如帕金森病、亨廷顿舞蹈病和局限性肌张力障碍)的关系最为明显。据报道,在诸如慢性腰背痛、持续性颈部扭伤和相关疾病等疼痛状态中,以及在诸如发育协调障碍、多动综合征和阿斯伯格综合征等其他各种疾病中,本体感觉不良都有发生。

【思考题】

1. 感受器一般有哪些生理特性?

2. 眼视近物时是如何调节的?

3. 近视、远视和散光患者的眼折光系统发生了什么异常? 如何矫正?

4. 简述视网膜两种感光细胞的分布及其功能特征。

5. 简述肌梭的结构与功能。

6. 什么是前庭反应? 如何提高前庭机能稳定性?

第十章　神经系统机能与运动

神经系统是人体主要的机能调节系统,人体各器官、系统的活动都是直接或间接地在神经系统的控制下进行的。神经系统由中枢神经系统和周围神经系统组成。中枢神经系统包括脑和脊髓;周围神经系统由脑和脊髓所发出的神经组成,如脑神经和脊神经。神经系统的功能十分复杂,概括起来有三个方面:一是协调功能,使有机体内各系统成为一个对立统一的整体;二是适应功能,使有机体内各系统与外界环境保持相对平衡;三是思维和意识活动。

第一节　神经元与神经胶质细胞功能

神经组织由神经细胞和神经胶质细胞组成。神经细胞是神经系统的基本结构和功能单位,又称神经元。人类中枢神经系统内约有 1 000 亿个神经元。一个神经元可以与成千上万个其他神经元构成联系,形成极为复杂的神经网络系统。

一、神经元(neuron)

神经元的形态多种多样,但都可分为胞体和突起两部分,胞体的构成有细胞膜、细胞质和细胞核,突起分为轴突和树突(见图 10-1)。

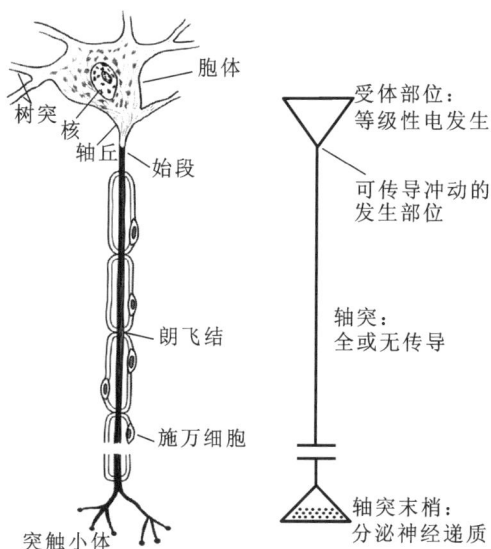

图 10-1　神经元结构及功能分段模式图

1. 胞体（soma）

细胞膜：为可兴奋膜，在接受刺激、传导神经冲动中起重要作用。

细胞质：除含有一般的细胞器外，主要含有尼氏体和神经元纤维。尼氏体又称嗜染质，为散在胞体和树突内的小块状或颗粒状结构，具有合成神经递质、酶和蛋白质的功能。神经原纤维形成神经元的细胞骨架并参与细胞内物质运输。

细胞核：大而圆，染色浅淡，核仁明显。

2. 突起（neurite）

轴突：每个神经元只有一根轴突，轴突细长均匀，末端常有大量分支，每个分支的末端膨大成为小球构造，称为轴突末梢或突触小体，这些末端或小体内有许多囊泡，囊泡中充满了许多化学分子称为神经递质，用于神经元和另一细胞的联系。轴突的主要功能是通过轴膜将神经冲动传递到下一个细胞。

树突：一个神经元可形成多个树突，树突短而分枝多，末端可有很多短小突起，称为树突棘，树突棘是神经元之间形成突触的主要部位。树突有受体，能接受神经冲动。

二、神经胶质细胞（neuroglia cell）

神经胶质细胞广泛分布于中枢和周围神经系统，其数量比神经元的数量大得多。神经胶质细胞与神经元一样具有突起，但其胞突不分树突和轴突，没有传导神经冲动的功能。

1. 支持作用

星形胶质细胞以其长突起在脑和脊髓内交织成网而构成支持神经元的支架。

2. 修复和再生作用

如脑和脊髓受伤时，小胶质细胞能转变成巨噬细胞，清除变性的神经组织碎片；而星形胶质细胞则能依靠增生来充填缺损，但过度增生则可能形成脑瘤。

3. 免疫应答作用

星形胶质细胞可作为中枢的抗原呈递细胞，其细胞膜上存在特异性的主要组织相容性复合物Ⅱ类蛋白分子，后者能与处理过的外来抗原结合，将其呈递给 T 淋巴细胞。

4. 物质代谢和营养性作用

星形胶质细胞一方面通过血管周足和突起连接毛细血管与神经元，对神经元起运输营养物质和排除代谢产物的作用；另一方面还能产生神经营养因子，以维持神经元的生长、发育和功能的完整性。

5. 绝缘和屏障作用

少突胶质细胞可形成神经纤维髓鞘，起一定的绝缘作用。星形胶质细胞的血管周足是构成血-脑屏障的重要组成部分。

6. 稳定细胞外的 K^+ 浓度

星形胶质细胞细胞膜上的钠泵活动可将细胞外过多的 K^+ 泵入细胞内，并通过缝隙连接将其分散到其他神经胶质细胞，以维持细胞外合适的 K^+ 浓度，有助于神经元电活动的正常进行。当神经胶质细胞受损而过度增生时，其将 K^+ 泵入细胞内的能力减弱，可导致细胞外高 K^+，使神经元的兴奋性增高，从而形成局部癫痫病灶。

7. 参与某些递质及生物活性物质的代谢

星形胶质细胞能摄取神经元释放的谷氨酸和 γ-氨基丁酸,再转变为谷氨酰胺而转运到神经元内,从而消除氨基酸递质对神经元的持续作用,同时也为神经元合成氨基酸类递质提供前体物质。星形胶质细胞还能合成和分泌多种生物活性物质,如血管紧张素原、前列腺素、白细胞介素,以及多种神经营养因子等。

第二节　神经元的信息传递

神经动作电位可以从一个神经元传递到另一个神经元,然而神经元之间在结构上并无直接的联系,而是通过一种特殊的结构——突触(synapse)来完成的。突触是前一个神经元的轴突末梢分支与后一个神经元的胞体或突起相互接触的部位。通过突触,信息从前一个神经细胞传递给后一个神经细胞,这一信息传递过程称为突触传递。

一、经典突触的微细结构

经典突触即经典的定向化学性突触,由突触前膜(presynaptic membrane)、突触间隙(synaptic cleft)与突触后膜(postsynaptic membrane)三部分(见图 10-2)组成。

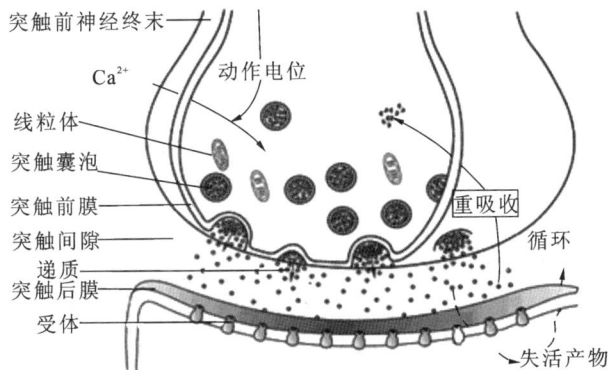

图 10-2　化学性突触结构模式图

一个神经元的轴突末梢首先分成许多小支,每个小支末梢部分膨大,形成突触小体,黏附另一神经元的表面。突触小体的膜称为突触前膜,与突触前膜相对的另一神经元的胞体或突起膜称为突触后膜,突触前膜与后膜之间有一约 20 nm 的间隙,称为突触间隙。在突触小体的轴浆内,含有较多的线粒体和大量聚集的突触囊泡(synaptic vesicle)。突触囊泡内含有高浓度的化学递质,线粒体可以提供合成新递质所需的能量 ATP。不同类型神经元的突触囊泡的形态和大小不完全相同,并且所含递质也不相同,有些递质是兴奋性的,有些是抑制性的。突触后膜上存在一些特殊的蛋白质结构,称为受体。受体能与一定的递质发生特异性结合,从而改变突触后膜离子的通透性、激起突触后神经元产生电位的变化。此外,在后膜上还存在能分解递质使其失活的酶。

二、突触的分类

(1)根据突触接触部位不同将突触分为轴-胞突触、轴-树突触、轴-轴突触(见图 10-3)。此外,还有较少见的树-树突触、树-轴突触、树-胞突触、胞-树突触、胞-胞突触和胞-轴突触等。

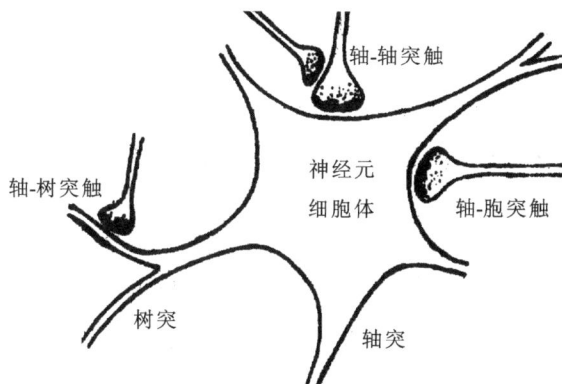

图 10-3　常见不同接触部位突触模式图

(2)根据突触传递媒介物性质将突触分为化学性突触和电突触。前者的信息传递媒介物是神经递质,而后者的信息传递媒介物则为局部电流。根据突触前、后成分之间有无紧密的解剖学关系,化学性突触又可分为定向突触和非定向突触两种模式。

(3)根据化学性突触与电突触的组合形式将突触分为缝隙连接突触、混合性连接突触、串联性连接突触和交互性连接突触(见图 10-4)。

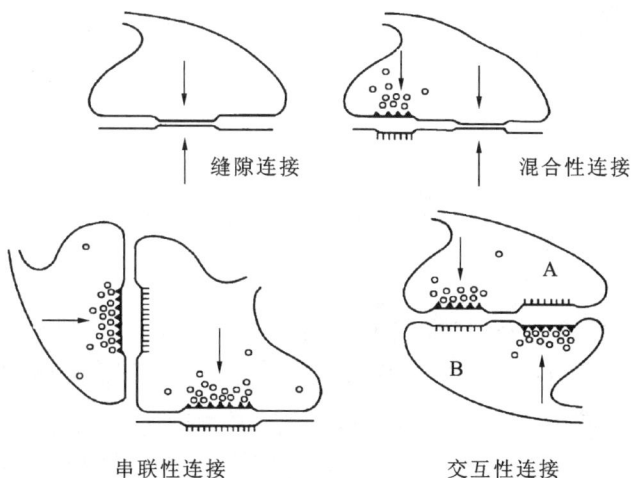

图 10-4　突触不同组合形式模式图

(4)根据突触对下一个神经元引起的效应将突触分为兴奋性突触和抑制性突触。前者使突触后神经元产生兴奋性效应,后者使神经元产生抑制性效应。

三、突触传递过程

(一)定向化学性突触传递

定向化学性突触传递主要包括突触前膜神经递质的释放、递质与突触后膜受体的结合、递质的失活以及突触后神经元活动状态的改变等环节。当神经冲动传导至轴突末梢时,突触前膜去极化,其通透性发生变化,对 Ca^{2+} 的通透性增加。Ca^{2+} 由突触间隙进入突触前膜内。Ca^{2+} 是促发突触囊泡中递质释放的重要偶联因子。在 Ca^{2+} 的促发作用下,突触囊泡向前膜移动并与突触前膜紧密融合,突触前膜出现裂口,把突触囊泡内所含的化学递质释放到突触间隙中去(胞吐)。递质经弥散通过突触间隙到达突触后膜,立即与突触后膜上的特异受体结合,改变突触后膜对离子的通透性,使突触后膜上某些离子通道开放,引起突触后膜的膜电位发生变化,产生局部的突触后电位(见图 10-5(a))。

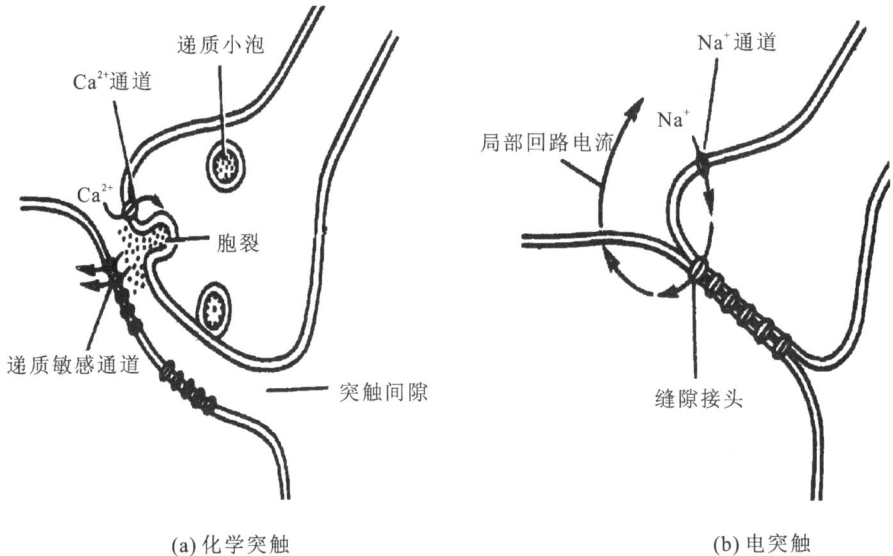

| (a) 化学突触 | (b) 电突触 |

图 10-5　定向化学性突触与电突触模式图

(二)电突触传递

构成电突触的两神经元的对应膜均不增厚,膜内侧无囊泡,突触间隙仅 2 nm,因此也称缝隙连接。电突触的两膜相对应的部位,横架有一些整齐的蛋白质结构,它们围成细胞间的通道。这些通道是亲水的,对离子通透性大,电阻低。两膜的电位变化可通过此通道进行电紧张扩布,以传递信息(见图 10-5(b))。因此电突触的传递可以是双向性的。由于两神经元间的电阻抗低,兴奋越过电突触的速度极快。人类大脑皮层的星形细胞、小脑皮层篮状细胞、海马、下丘脑、脊髓等处均存在电突触。

(三)非定向化学性突触传递

交感神经肾上腺素能神经元的轴突末梢有许多分支,在分支上有大量的念珠状曲张体

（见图 10-6）。曲张体内含有大量的小泡,是递质释放的部位。曲张体并不与效应细胞形成经典的突触联系,而是处在效应细胞附近。当神经冲动抵达曲张体时,递质从曲张体释放出来,通过弥散作用到达效应细胞的受体,使效应细胞发生反应。

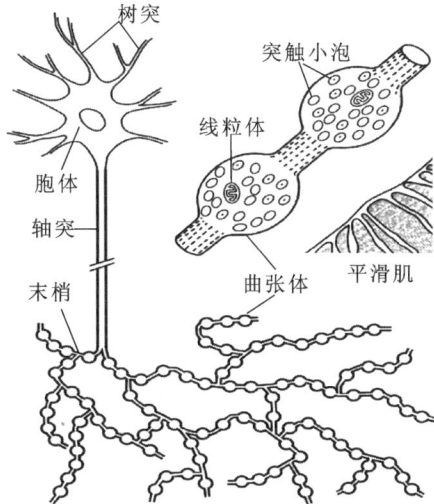

图 10-6 交感神经肾上腺素能神经元模式图

四、突触后电位

化学性突触中信息的传递是通过突触前膜释放递质后进入突触间隙,经过扩散到达突触后膜,与突触后膜上特异性受体结合,引起突触后膜离子通透性改变,从而引起突触后膜的膜电位发生去极化或超极化,这种突触后膜上的电位变化称为突触后电位。根据突触后膜的膜电位发生去极化或超极化,可将突触后电位分为兴奋性突触后电位和抑制性突触后电位。

(一)兴奋性突触后电位(excitatory post-synaptic potential,EPSP)

突触后膜在兴奋性递质的作用下发生去极化,使该突触后神经元的兴奋性增高,这种电位变化称为兴奋性突触后电位。

神经轴突的兴奋冲动传至神经末梢,引起突触前膜兴奋并释放兴奋性递质,递质经突触间隙扩散并作用于突触后膜相应的受体,导致突触后膜对一价正离子(包括 Na^+ 和 K^+,尤其是 Na^+)的通透性升高,导致去极化,出现 EPSP,EPSP 在突触后神经元初始段转化成锋电位,爆发扩布性兴奋传至整个神经元。

(二)抑制性突触后电位(inhibitory post-synaptic potential,IPSP)

突触后膜在抑制性递质的作用下发生超极化,使该突触后神经元的兴奋性降低,这种电位变化称为抑制性突触后电位。

突触前膜释放抑制性递质,导致突触后膜对 Cl^- 的通透性升高,引发超极化,出现 IPSP,变化方向恰相反。可以设想突触后膜在超极化状态下,轴突初始段将出现内向电流,造成该处不易爆发动作电位。

(三)慢突触后电位

在自主神经节和大脑皮层的神经元中常可记录到慢 EPSP 和慢 IPSP,其潜伏期通常为 $100\sim500$ ms,并可持续数秒钟。一般认为,慢 EPSP 由膜的 K^+ 电导降低导致,而慢 IPSP 则由 K^+ 电导增高而引起。此外,在交感神经节的神经元中还发现一种迟慢 EPSP,其潜伏期为 $1\sim5$ s,持续时间可达 $10\sim30$ min。这种迟慢 EPSP 的形成可能部分由膜的 K^+ 电导降低所致。引起这种迟慢 EPSP 的递质可能是促性腺激素释放激素。

五、递质与受体

(一)神经递质与神经调质

神经递质(neurotransmitter)是指由突触前神经元合成并在末梢处释放,经突触间隙扩散,特异性地作用于突触后神经元或效应器细胞上的受体,引致信息从突触前膜传递到突触后膜的一些化学物质。

神经递质可分为以下三类。

(1)胆碱类:乙酰胆碱。

(2)单胺类:多巴胺、去甲肾上腺素、肾上腺素和 5-羟色胺。

(3)氨基酸类:谷氨酸、甘氨酸、γ-氨基丁酸和门冬氨酸。

根据神经递质对突触后神经元作用的性质,神经递质可分为兴奋性递质和抑制性递质两种类型。公认的兴奋性递质为谷氨酸和门冬氨酸,抑制性递质为 γ-氨基丁酸和甘氨酸。

神经调质是指神经元产生的另一类化学物质,它能调节信息传递的效率,增强或削弱递质的效应。神经调质的相对分子质量较大,一般为多肽,如血管活性肠肽、P 物质、神经肽 Y 等。神经调质的含量极低,它本身对主递质起调节作用,一般不参与信号传递。

(二)受体(receptor)

受体是在突触后膜、前膜或效应细胞上能与某些化学物质(如递质、调质、激素等)发生特异性结合并诱发生物效应的特殊生物分子。受体的实质是一种具有特殊功能的蛋白质。受体不仅可存在于突触前膜或突触后膜上,有些受体还存在于细胞内的胞浆或细胞核内。分布在突触前膜上的受体称为突触前受体,分布在突触后膜上的受体称为突触后受体。

与受体结合后能引起生物学效应的化学物质称为激动剂;有些非递质类物质,由于其化学结构和空间构型与递质具有一定的相似性,也能与受体结合,但并不产生生物学效应的化学物质称为受体拮抗剂。两者统称为配体。受体一般都根据与其进行特异性结合的配体的名称来命名,如乙酰胆碱受体、肾上腺素受体、多巴胺受体,5-羟色胺受体等。

第三节   反射活动的一般规律

一、反射(reflex)

反射是指在中枢神经系统参与下,机体对内外环境刺激的规律性应答。

二、反射弧(reflex arc)

反射活动的结构基础称为反射弧。机体中的任何反射活动都是在反射弧的基础上实现的,一个完整的反射弧包括感受器、传入神经、神经中枢、传出神经和效应器(见图 10-7)。

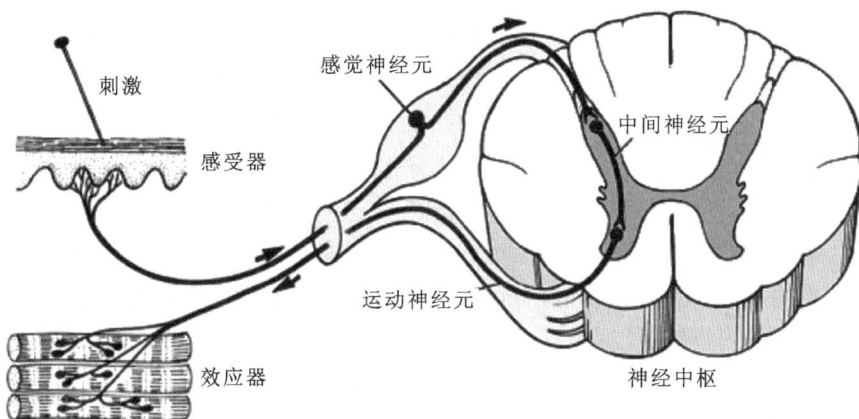

图 10-7   反射弧结构模式图

三、中枢神经系统兴奋传递过程的特征

在每一个反射活动中,中枢神经系统内的兴奋过程都必须以神经冲动的形式从一个神经元通过突触传递给另一个神经元。因此,兴奋通过突触时的传递特征就基本上成为反射活动的特征。

1. 单向传递

兴奋在中枢内的传递只能由传入神经元向传出神经元的方向进行,而不能逆向传递,这是由突触在结构和功能上的特性所决定的。由于递质的释放只能从突触前末梢释放,作用到突触后神经元上,使兴奋只能沿一定的方向传递,保证了神经系统的活动能够有规律地进行。

2. 中枢延搁

突触传递时,需经历递质的释放、扩散、与后膜受体结合、总和等电-化学-电反应转换过程,因此需时较长,称为中枢延搁。兴奋通过一个突触需 $0.5\sim0.9$ ms。因此,在一个反射弧中,通过中枢的突触数越多,中枢延搁所需的时间就越长。

3.总和

由单根传入纤维传入的一次冲动,一般不能引起反射性反应,但却能引起中枢产生阈下兴奋。如果由同一传入纤维先后连续传入多个冲动(时间总和),或者许多条传入纤维同时传入冲动(空间总和)至同一神经中枢,则阈下兴奋可以总和起来,达到一定水平就能发放冲动,这一过程称为兴奋总和。

在一个神经元的胞体和树突表面,存在成千上万个突触,有的是兴奋的,有的是抑制的,所以,一个突触后神经元的活动状态将取决于与其作用的突触活动的总和。对于控制某一功能的神经中枢也一样,其输出的效应取决兴奋性和抑制性输入的总和,只不过前者的总和发生在细胞水平,后者的总和发生在核团或中枢水平。

4.后放

当刺激的作用停止后,中枢兴奋并不立即消失,反射常会延续一段时间,这种现象称为中枢兴奋的后放。在一定限度内,刺激越强或刺激作用时间越久,则后放就延续得越长。后放发生的机制之一在于反射中枢内存在兴奋性神经元的环路联系。

四、中枢神经元的联系方式

人体中枢神经系统的传出神经元的数目总计为数十万;传入神经元较传出神经元多1~3倍;而中间神经元的数目最大,单就以中间神经元组成的大脑皮层来说,就估计约有140亿,这说明了中间神经元具有重要的生理作用。中枢神经系统内的神经元之间的联系错综复杂,但却有一定的规律性,了解神经元间的相互连接方式,对理解神经中枢活动的调节机制具有重要意义。下面为中枢神经元相互联系的几种主要方式。

1.辐散(divergence)

一个神经元轴突可通过其末梢分支与许多神经元建立突触联系,此种联系称为辐散(见图10-8)。辐散的意义:一个神经元的兴奋可引起许多神经元的同时兴奋或抑制,从而扩大了反应的空间范围,多见于传入通路中。

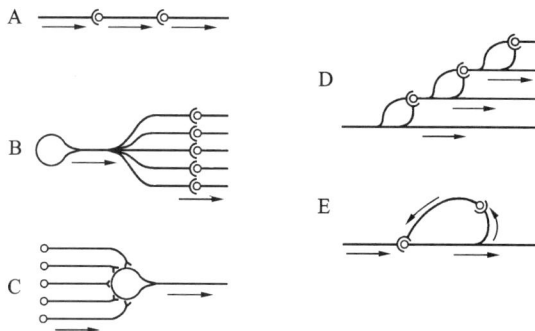

图 10-8　神经元联系方式模式图

(A为单线式,B为辐散式,C为聚合式,D为链锁式,E为环路式)

2. 聚合（convergence）

一个神经元的胞体和树突可接受许多来自不同神经元的突触联系，这种方式称为聚合（见图 10-10）。由于许多神经元的传出冲动会聚在一个神经元上，有的施以兴奋性影响，有的施以抑制性影响，它能使多个神经元的兴奋会聚到少数几个神经元上，呈现出协调的反射活动。这种形式的连接常出现在传出神经元中。

3. 链锁状与环状联系

在中枢神经系统内，中间神经元互相联系方式可呈链锁状或环状（见图 10-8）。在链锁状与环状联系中，辐散与聚合方式都是同时存在的。兴奋通过中间神经元的链锁状联系，可以在空间上加强或者扩大其作用范围；兴奋通过神经元的环状联系，则由于这些神经元的性质不同，而可能表现出不同的生理效应。

五、反射活动的协调

反射活动之所以能协调一致，是由于中枢神经系统内部的兴奋过程与抑制过程存在着有规律的相互影响和相互制约的缘故。因此，有些反射互相协同和加强，有些反射互相拮抗和削弱，反射协调表现的主要方式如下。

1. 交互抑制（reciprocal inhibition）

当一组肌肉收缩时，与它作用相反的颉颃肌则舒张，两者相互配合才得以完成某一动作。例如，当一刺激所引起的传入冲动到达中枢，引起屈肌中枢发生兴奋时，另一方面却使伸肌中枢发生抑制，结果屈肌收缩，与其颉颃的伸肌舒张，这种现象称为交互抑制。交互抑制的反射中枢在脊髓。人步行时，左右腿交互屈伸，就涉及中枢神经元的交互抑制。在整体上，交互抑制还受高级中枢的控制，以保持全身性活动的协调。交互抑制不仅体现在机体对骨骼肌的支配方面，还体现在对内脏活动的支配方面。例如，支配心脏的迷走神经和交感神经就是一对颉颃神经，前者的兴奋使心跳减慢，后者的兴奋使心跳加速。

2. 扩散（irradiation）

扩散为反射活动协调的另一重要方式。某一个中枢的兴奋或抑制通过突触联系扩布到其他中枢的过程，称为扩散。神经元辐散式排列是中枢扩散活动的结构基础。扩散的范围取决于刺激的强度与中枢不同的功能状态。例如，刺激一侧下肢趾端皮肤引起踝关节发生屈曲；如逐渐增加刺激强度，兴奋将在中枢内逐步扩散，可使膝关节及髋关节也发生屈曲；如使刺激进一步增强，兴奋还可扩散到对侧中枢，引起对侧下肢伸直。这样，一侧下肢屈曲，对侧下肢伸直，就完成一个协调的姿势反射动作。

3. 反馈（feedback）

反馈为中枢常见的一种反射协调方式，包括正反馈和负反馈。中枢内某些中间神经元形成环状的突触联系即为反馈作用的结构基础。反馈联系的生理意义在于提高控制系统的稳定性，使反射活动的调节变得精确化和自动化。

第四节　神经系统的感觉分析功能

一、感觉传导通路

感受器接受体内外各种刺激后,产生神经冲动沿一定的传导途径到达中枢,经过多次的更换神经元,最后到达大脑皮质的特定区域形成相应的感觉。感觉传导通路包括特异性投射系统和非特异性投射系统。

1.特异性投射系统

特异性投射系统是指感觉神经冲动沿特定的感觉传导通路传送到大脑皮质的特定部位进而产生特定感觉的传导路径。

各感受器传入的神经冲动都要经脊髓或脑干,上行至丘脑换神经元,并按排列顺序,投射到大脑皮质特定区域,引起特定的感觉,故称为特异性投射系统(见图 10-9)。每种感觉的传导投射系统都是专一的,并具有点对点的投射关系。特异性传入系统的功能除了引起特定的感觉外,还可激发大脑皮质发出神经冲动。

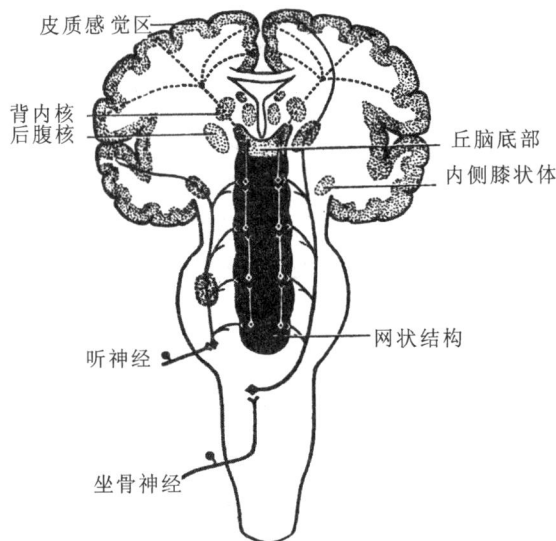

图 10-9　感觉投射系统示意图
(黑色区代表脑干网状结构,实线代表特异性投射系统,
虚线代表非特异性投射系统)

2.非特异性投射系统

上述特异投射传入系统的神经纤维经脑干时,发出侧枝与脑干网状结构的神经元发生突触联系,通过多次更换神经元之后,上行抵达丘脑内侧部再交换神经元,发出纤维弥散地投射到大脑皮质的广泛区域,此投射途径称为非特异性投射系统(见图 10-9)。非特异性投

射系统不具有点对点的投射关系,并失去了专一的特异传导功能,是不同感觉的共同上传途径。其主要功能是维持和改变大脑皮质的兴奋状态,对保持机体觉醒具有重要作用,但不能产生特定的感觉。

二、大脑皮层的感觉分析功能

大脑皮质是人体各种活动的最高中枢,由大量的神经元、神经纤维和神经胶质组成。机体各种机能的最高中枢在大脑皮质上均有一定的代表区域,即大脑皮质不同区域在机能上具有不同的分工,这称为大脑皮质的机能定位。最常见的大脑分区图为 Brodmann 分区图(见图 10-10),大脑皮质被分为 52 区,并以数字表示。

大脑皮质的神经元是以分层方式排列的,除大脑个别区域外,一般分为 6 层,从表层至深层的结构如下。

(1)分子层　神经元小而少,主要是水平细胞和星形细胞,还有许多与皮质表面平行的神经纤维。

(2)外颗粒层　主要由许多星形细胞和少量小型锥体细胞构成。

(3)外椎体细胞层　此层较厚,由许多中、小型锥体细胞和星形细胞组成。

(4)内颗粒层　细胞密集,多数是星形细胞。

(5)内椎体细胞层　主要由中型和大型椎体细胞组成。

(6)多形细胞层　以梭形细胞为主,还有椎体细胞和颗粒细胞。

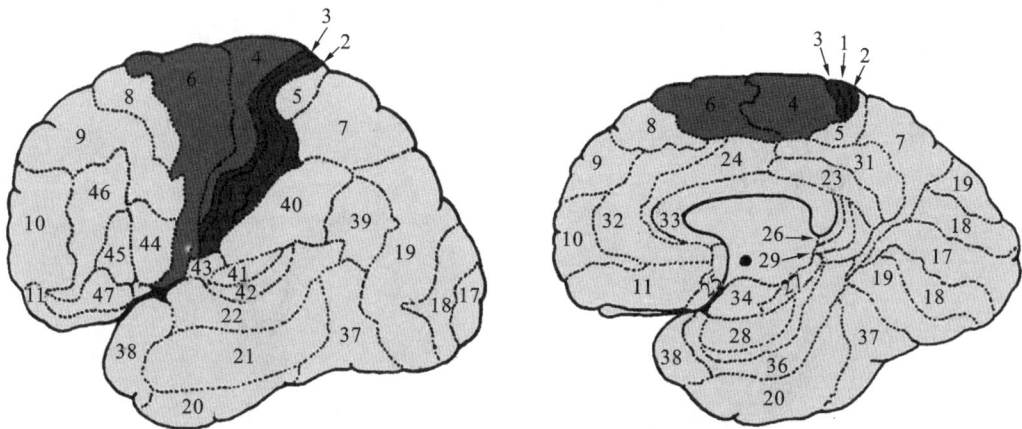

图 10-10　Brodmann 分区示意图
(左:大脑半球外侧面　右:大脑半球内侧面)

大脑皮质 1~4 层主要接受传入冲动,传出纤维发自于 5~6 层。对大脑体表感觉区皮层结构和功能的研究指出,皮层细胞的纵向柱状排列构成大脑皮层的最基本功能单位,称为感觉柱。同一柱状结构内的神经元都具有同一种功能,例如都对同一感受器的同一类型感觉刺激起反应。一个柱状结构是一个传入-传出信息整合处理单位,传入冲动先进入第 4 层,并由第 4 层和第 2 层细胞在柱内垂直扩布,最后由第 3 层、第 5 层、第 6 层细胞发出传出冲动离开大脑皮层。第 3 层细胞的水平纤维还有抑制相邻细胞柱的作用。因此一个柱发生兴奋活动时,其相邻细胞柱就受抑制,形成兴奋和抑制镶嵌模式。这种柱状结构的形态功能特点,在第二感觉区、视区、听区皮层和运动区皮层中也一样存在。

(一)体表感觉区

全身体表感觉区主要位于中央后回,相当于 Brodmann 分区的 3－1－2 区,又称第一感觉区。通过在灵长类动物皮层诱发电位的引导研究,发现中央后回的感觉投射具有如下特点。

(1)躯体感觉传入冲动向皮层投射具有交叉的性质,即一侧传入冲动向对侧皮层投射,但头面部感觉的投射是双侧性的。

(2)总的空间投射是倒置的,下肢代表区在中央后回的顶部,上肢代表区在中央后回的中间部,头面部代表区在中央后回的底部。但头面部代表区内部的安排是正立的。

(3)投射区域的大小与躯体各部分的面积不成比例,而是与不同体表部位的感觉灵敏程度、感受器的密集程度、传导感受器冲动的传入纤维数量有关(见图 10-11)。

此外,还有第二感觉区,它位于中央前回与脑岛之间。

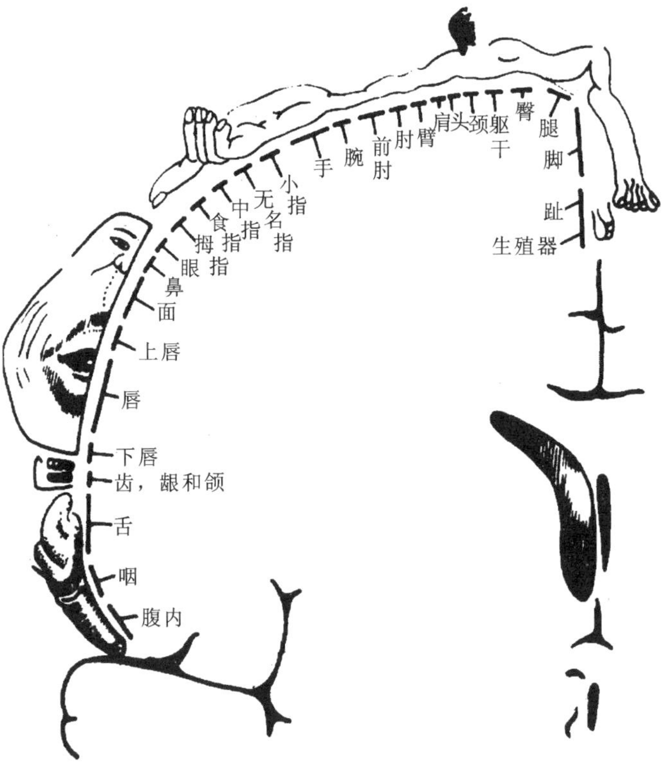

人大脑皮层感觉区

图 10-11 大脑皮质体表感觉定位示意图

(二)运动感觉区

中央前回(4 区)是运动区,也是肌肉本体感觉投射区。

（三）视觉区

枕叶距状裂上、下缘皮质（17、18 区）是视觉的投射区域。左侧枕叶皮质接受左眼颞侧视网膜和右眼鼻侧视网膜传入纤维的投射。右侧枕叶皮质接受右眼颞侧视网膜和左眼鼻侧视网膜传入纤维的投射。电刺激人脑距状裂上、下缘时，可使受试者产生光感觉。

（四）听觉区

皮层颞叶的颞横回和颞上回（41、42 区），接受内侧膝状体发出的传导两耳听觉信息。因此，一侧听觉区受损，可引起双耳听力下降，但不致全聋。

（五）嗅觉和味觉区

随着动物的进化，嗅觉在大脑皮质的投射区渐趋缩小，在高等动物中只有边缘叶的前底部区域与嗅觉有关。

（六）内脏感觉

内脏也分布有感受器，由内脏感受器的传入冲动所产生的感觉称为内脏感觉。内脏感觉在皮层也有一定的代表区，但相对比较分散，如第一感觉区和第二感觉区都有。此外，边缘系统的皮质部位也有其投射区域。

第五节　神经系统对躯体运动的调控

人体的各种运动和姿势都是骨骼肌在神经系统的控制下完成的。神经系统对躯体运动的调节是复杂的反射活动。

一、脊髓对躯体运动的调控

脊髓是实现躯体运动的最低级的中枢，具有介导各种反射的神经元网络，由感觉传入纤维、各类中间神经元和运动神经元组成。脊髓能将外周感受器的传入信息进行初步整合，向上传递至各级中枢以辅助各种复杂的随意运动精确、顺利地执行，也能完成许多重要的反射性运动，如牵张反射、屈肌反射等，在维持正常的姿势和运动方面具有重要的作用。

（一）牵张反射（stretch reflex）

当骨骼肌受到外力牵拉而伸长时，反射性地引起受牵拉的肌肉收缩，这种反射称为牵张反射。牵张反射有两种类型：一种为腱反射，也称为位相性牵张反射；另一种为肌紧张，也称为紧张性牵张反射。

1. 腱反射（tendon reflex）

腱反射是快速牵拉肌腱时发生的牵张反射。如叩击膝关节以下的股四头肌肌腱，股四头肌发生一次快速收缩，称为膝跳反射；又如叩击跟腱使小腿腓肠肌发生一次快速收缩，称为跟腱反射。运动起跳前的快速屈膝下蹲动作，就是利用下肢各关节的屈曲快速牵拉髋关节伸肌群、膝关节伸肌群与踝关节屈肌群，通过牵张反射的增力效应与弹性势能的储备，增强被牵拉肌肉的收缩力量。

腱反射是单突触反射,所以反射时间很短,耗时约 0.7 ms。临床上常检查腱反射来了解脊髓的功能状态,如果某一腱反射减弱或消失,则提示相应节段的脊髓功能受损;如果反射亢进,则提示相应节段的脊髓失去了高位中枢的制约。常用的腱反射见表 10-1。

表 10-1   临床检查常用的腱反射

名 称	检 查 方 法	中 枢 部 位	效 应
肘反射	叩击肱二头肌腱	颈 5~7	肘部屈曲
膝跳反射	叩击髌韧带	腰 2~4	小腿伸直
跟腱反射	叩击跟腱	腰 5~骶 2	脚向足底方向屈曲

2. 肌紧张(muscle tonus)

肌紧张指缓慢而持续地牵拉肌肉时所发生的牵张反射。它表现为骨骼肌持续地轻微地处于收缩状态。肌紧张是维持姿势反射最基本的反射活动,是姿势反射的基础。

牵张反射主要生理意义在于维持身体姿势,增强肌肉力量。例如人直立时,由于重力的作用,头将前倾背呈弓状,同时下肢关节屈曲,但可反射性地引起骶棘肌、颈部某些肌群及下肢肌群等紧张性增强,从而引起抬头、挺胸、伸腰、直腿、保持直立的姿势。投掷前的引臂和起跳前的膝屈动作,都是利用牵张反射原理牵拉投掷和跳跃的主动肌,使其收缩更有力。

(二)屈肌反射与对侧伸肌反射

肢体皮肤受到伤害性刺激时,引起受刺激一侧的肢体屈肌反射性收缩,称为屈肌反射(flexor reflex,见图 10-12)。

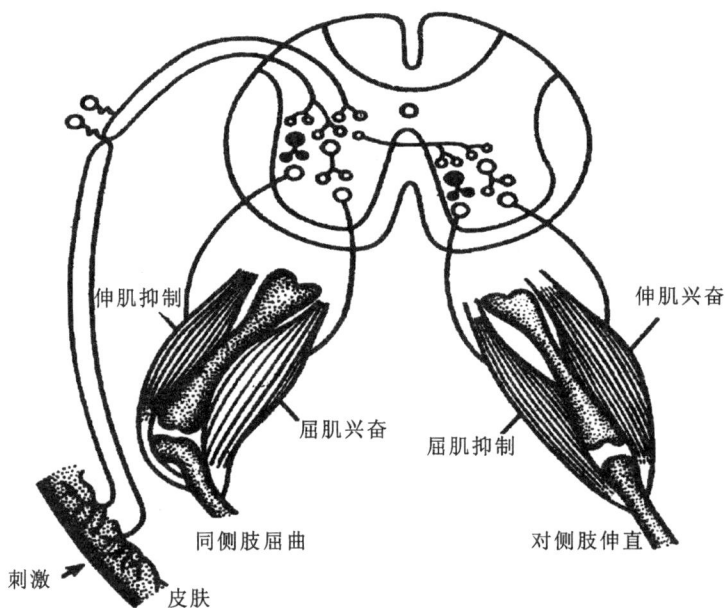

图 10-12   屈肌反射和对侧伸肌反射示意图
(黑体小结表示抑制性突触,白色小体表示兴奋性突触)

屈肌反射的表现及其生理意义：①肢体某一局部皮肤和皮下组织的感受器接受触、压、热、冷刺激后，引起肢体的轻度回缩；②强烈疼痛或伤害刺激引起肢体屈肌群的收缩，使肢体产生迅速背离伤害源的回缩，这是为了保护肢体免受进一步的伤害和损伤。如果刺激增强，则在脊髓的对侧，连合中间神经元能引起对侧伸肌运动神经元的兴奋和对侧屈肌运动神经元的抑制，出现对侧肢体伸直反射，称为对侧伸肌反射（crossed extensor reflex）。

(三)脊髓休克(spinal shock)

脊髓休克是指人和动物在脊髓与高位中枢之间离断后反射活动暂时丧失而进入无反应状态的现象。当脊髓被横断时，断面以下节段所支配的骨骼肌和内脏反射活动完全抑制或减弱。主要表现为：横断面以下节段所支配骨骼肌紧张性降低或消失，外周血管扩张，血压下降，直肠和膀胱内粪尿潴留。脊髓休克是暂时现象，以后各种反射可逐渐恢复，但随意运动和感觉则不能恢复。动物越高级，脊髓休克持续时间就越长，蛙的脊髓休克仅持续数分钟，而人会持续数周甚至数月以上。

脊髓休克的产生与恢复，说明了脊髓可以完成某些简单的反射活动，但正常时它们是在高位中枢调节下进行活动的。正常情况下，高级中枢如大脑皮质、脑干网状结构和前庭核，通过下行纤维与脊髓运动神经元构成突触联系，使之保持一种阈下的兴奋状态，称为易化作用。

二、脑干对躯体运动的调控

(一)脑干网状结构对肌紧张的调控

在脑干广大的区域中，神经细胞和神经纤维交织在一起呈网状，称为网状结构。刺激动物脑干网状结构的中央区域，可使肌紧张加强，这一区域称为易化区（见图10-13）。刺激脑干网状结构的腹内侧部分，可抑制肌紧张，这一区域称为抑制区。它们分别对脊髓的运动神经元具有易化与抑制作用。

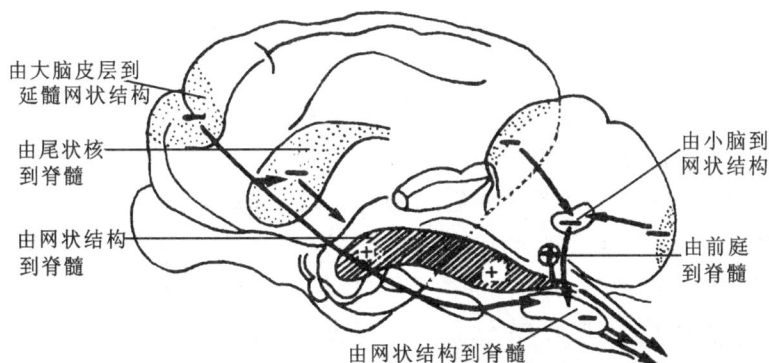

图 10-13　猫脑内各部位调节肌紧张的抑制区、易化区及其作用途径

（＋代表易化区，－代表抑制区）

电刺激易化区，可使正在进行中的四肢牵张反射大大加强。而刺激抑制区时，会抑制肌肉的牵张反射。从活动的强度上看,易化区活动比较强,抑制区的活动比较弱,两者相互拮抗,调节肌紧张的平衡。

在正常情况下,脑干网状结构接受来自大脑皮层、小脑、纹状体和丘脑下行信息的影响,再以其活动影响脊髓的反射活动。在实验室中,如果在动物中脑四叠体上、下丘之间切断脑干,造成去大脑动物,此时动物全身伸肌的紧张性立即显现亢进,表现为四肢僵直,颈背部肌肉过度紧张,以致头尾呈背弓反张状态,这一现象称为去大脑僵直。

(二)姿势反射

人体经常保持常态姿势,一旦常态姿势受到破坏后,身体肌肉张力即会重新调整,以维持身体的平衡或恢复正常姿势。动物和人为维持身体基本姿势而发生肌张力重新调配的反射活动统称为姿势反射。姿势反射可分为状态反射、翻正反射、旋转运动反射和直线运动反射。

1. 状态反射(attitudinal reflex)

状态反射是头部位置改变时反射性地引起四肢肌张力重新调整的一种反射活动。状态反射包括迷路紧张反射与颈紧张反射两部分。迷路紧张反射是指内耳迷路的椭圆囊和球囊的传入冲动对躯体伸肌紧张性的调节反射。颈紧张反射是指颈部扭曲时,颈椎关节、韧带或肌肉受刺激后,对四肢肌肉紧张性的调节反射(见图 10-14)。头部后仰引起上下肢及背部伸肌紧张性加强;头部前倾引起上下肢及背部伸肌紧张性减弱,屈肌及腹肌的紧张性相对加强;头部侧倾或扭转时,引起同侧上下肢伸肌紧张性加强,对侧上下肢伸肌紧张性减弱。

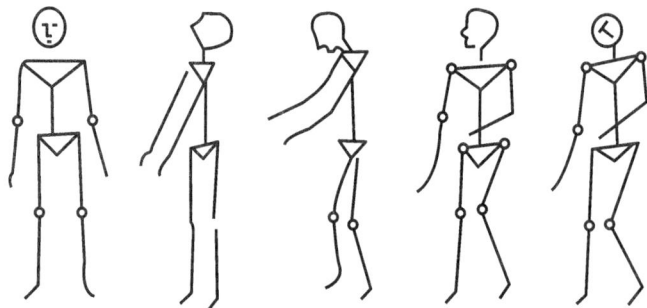

图 10-14　状态反射规律示意图

状态反射在人类日常生活、劳动和运动过程中有重要作用,一旦人体头部的位置发生改变,则相关的肌群张力反射性地发生变化,使身体得以保持平衡。

状态反射在完成某些运动技能时起着重要作用。例如,体操运动员进行后手翻、空翻及跳马等动作时,若头部位置不正,就会使两臂用力不均衡,身体偏向一侧,常常导致动作失误或无法完成。短跑运动员起跑时,为防止身体过早直立,往往采用低头姿势。这些都是运用了状态反射的规律。但是,在运动中也有个别动作需要使身体姿势违反状态反射的规律。例如,有训练的自行车运动员在快速骑车时,做出头后仰而身体前倾的姿势。

2. 翻正反射(righting reflex)

当人和动物处于不正常体位时,通过一系列动作将体位恢复常态的反射活动称为翻正反射。如将动物四足朝天从空中抛下，可清楚地观察到动物在下降过程中，首先是头颈扭转，然后前肢、躯干和后肢依次扭转过来，当下降到地面时由四肢着地。翻正反射包括一系列反射活动，最先是由于头部位置不正常，视觉与内耳迷路感受刺激，从而引起头部的位置翻正。头部翻正以后，头与躯干的位置关系不正常，使颈部关节韧带或肌肉受到刺激，从而使躯干的位置也翻正（见图 10-15）。

在体育运动中，很多动作是在翻正反射的基础上形成的。例如，体操运动中的空翻转体，跳水运动中的转体及篮球运动中的转体过人等动作，都要先转头，再转上半身，然后转下半身，使动作优美、协调且迅速。

图 10-15　翻正反射示意图

3. 旋转运动反射

人体在进行主动或被动旋转运动时，为了恢复正常体位而产生的一种反射活动，称为旋转运动反射。当身体向任何一侧倾倒时，前庭感受器将受到刺激产生兴奋，通过传入神经到达中脑和延髓，反射性地引起全身肌肉张力重新调整，维持身体平衡。例如，在弯道上跑步时，身体向左侧倾斜，将反射性地引起躯干右侧肌张力增加。

4. 直线运动反射

人体在主动或被动地进行直线加、减速运动时，即发生肌张力重新调配恢复常态现象，这种反射称为直线运动反射。它包括升降反射和着地反射两种形式。

人体沿垂直方向进行直线加速或减速运动时，耳石受到刺激，反射性地引起肌张力重新调整的活动称为升降反射。人体从高处跳下时，在着地的一刹那，上肢紧张性加强而下肢两脚分开顺势弯曲，以保持身体重心减少震动，这种反射称为着地反射。例如，人从体操器械上掉下来时用手撑地就是一个明显的例子。但这种着地姿势容易引起尺骨鹰嘴骨折，因而在体育运动中应克服这种先天的非条件反射，即当身体从高处落下时做滚翻动作，才能起保护作用而避免出现伤害事故。

三、小脑对躯体运动的调控

小脑由表面的灰质和白质及其内部的四对小脑核组成，两个半球部接蚓部相连。小脑按功能可分为脊髓小脑、前庭小脑和皮质小脑。它的主要功能是调节肌紧张、维持身体平衡、协调随意运动。

1. 调节肌紧张

脊髓小脑具有调节肌紧张的功能，小脑对肌紧张的调节具有抑制和易化双重作用，分别通过脑干网状结构抑制区和易化区而发挥作用。在进化过程中,小脑抑制肌紧张的作用逐渐减弱,而易化作用逐渐增强。

2. 维持身体平衡

前庭小脑的主要功能是控制躯体平衡和协调眼球运动。由于前庭小脑主要接受前庭器官传入的有关位置改变、直线或旋转变速运动情况的平衡感觉信息,传出冲动主要影响躯干和四肢近端肌肉的活动,因而具有控制躯体平衡的作用。

3. 协调随意运动

小脑与大脑皮质存在着双向性联系,形成大脑与小脑之间的反馈联系。这一反馈联系对大脑皮质发动随意运动具有重要的调节作用。小脑半球能协助大脑皮质对正在进行的随意运动进行适时的调节,使随意运动的力量、方向、速度和范围得到很好的控制,以协调随意运动。当小脑半球损伤后,患者出现指物不准、走路摇摆、不能做迅速交替的运动等症状,称为共济失调。

皮质小脑的主要功能是参与随意运动的设计和程序的编制。完成一个随意运动,通常需要组织多个环节同时完成相应的动作,这种协调动作的执行需要脑的设计,以及脑在设计和执行之间进行反复的比较,并经过反复的训练才能准确、协调地完成动作。

四、基底核对躯体运动的调节

基底神经节包括尾(状)核、壳核、苍白球、丘脑底核、黑质和红核。其主要功能是调节肌紧张,协调姿势反射,以配合随意运动的进行,使运动平稳灵活。基底神经节受到损伤,常导致运动障碍。一类表现为运动过多和肌紧张低下,如手足徐动症。研究证明,该症是由于纹状体中胆碱能神经元和 γ-氨基丁酸能神经元病变,功能减退,而黑质的多巴胺能神经元功能相对亢进所致。另一类表现为运动过少和肌肉紧张亢进,如震颤麻痹症(又称帕金森症)。研究表明,该症是由于黑质中多巴胺能神经元病变,从而使纹状体中胆碱能神经元功能亢进所致。

五、大脑皮质对躯体运动的调控

大脑皮质控制躯体运动的区域称为皮质运动区,主要包括主要运动区(中央前回,4区)、运动前区(6区)和运动辅助区(位于4区前方,两半球纵裂侧壁)等。运动区有下列功能特征。

(1)除面上部肌、咀嚼肌、呼吸肌及躯干、会阴肌受双侧运动区控制以外,对躯体运动的调节支配具有交叉的性质,即一侧皮层主要支配对侧躯体运动。

(2)具有精细的机能定位,即一定部位皮层的刺激引起一定肌肉的收缩。功能代表区的大小与运动的精细复杂程度有关。运动越精细而复杂的肌肉,其代表区越大,手与五指所占的区域几乎与整个下肢所占的区域大小相等。

(3)从运动区的上下分布来看,其局部定位关系呈倒置的人形。

(4)以适当强度的电流刺激运动代表区的某一点,只会引起个别肌肉收缩或某块肌肉收缩,而不是肌肉群的协同收缩。

(5)运动区的神经细胞与感觉区一样,呈柱状纵向排列,称为运动柱。一个运动柱可以控制同一关节的几块肌肉,而同一块肌肉又可接受几个运动柱的控制(见图 10-16)。

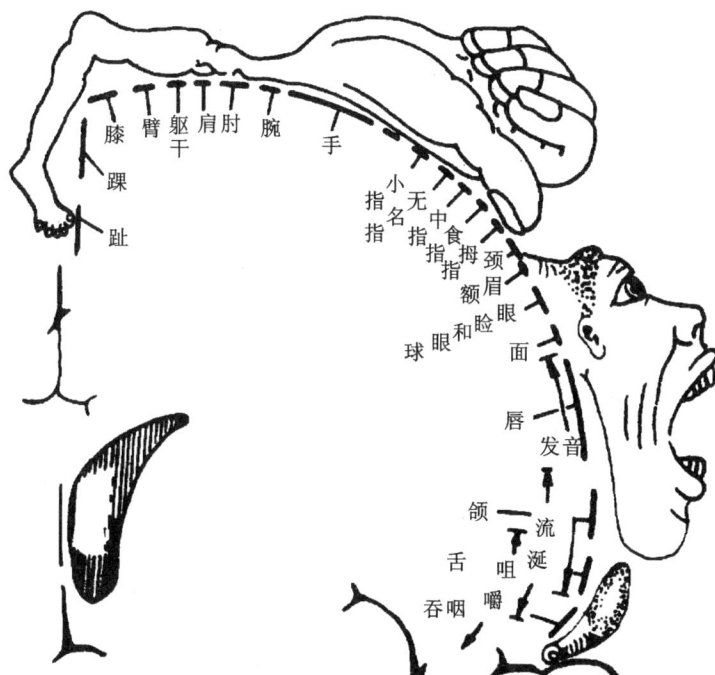

图 10-16　大脑皮质中央前回躯体运动代表区示意图

　　大脑皮层对躯体运动的调控主要是通过锥体系与锥体外系两个系统,以及与各种感觉信息的收集、整合和处理有关的系统得以实现的,运动系统与感觉系统对于躯体运动调控都具有重要意义,统称为感觉运动系统。

第六节　神经系统对内脏活动的调节

　　调节内脏活动的神经系统称为自主神经系统(autonomic nervous system)或内脏神经系统。自主神经系统也受中枢神经系统的控制,它包括交感神经系统和副交感神经系统两部分。

一、自主神经系统的结构和功能特征

(一)自主神经系统的结构特征

　　交感神经系统起源于脊髓胸腰段(T1-L3)灰质侧角;副交感神经系统起源于脑干的副交感神经核和脊髓骶段(S2-4)灰质相当于侧角的部位。

　　自主神经与躯体运动神经的主要区别如下。①交感神经与副交感神经自低位中枢发出后,必须在交感神经与副交感神经节换元后,再到达其支配的效应器官;其纤维可分为节前与节后纤维;交感神经节远离效应器官,因此其节前纤维短,节后纤维较长;副交感神经节位于效应器官旁或器官壁,因此其节前纤维长,节后纤维较短。②人体内的大多数内脏器官都接受交感和副交感神经的双重支配,但交感神经的分布要比副交感神经广泛得多,有些器官如大部分血管、一般的汗腺、竖毛肌、肾及肾上腺髓质只受交感神经的支配。

(二)自主神经系统的功能特征

自主神经系统的功能在于调节心肌、平滑肌和腺体(消化腺、汗腺、部分内分泌腺)的活动。交感神经与副交感神经的主要功能见表10-2。

自主神经系统对内脏活动的调节具有如下特点。

1.内脏的双重神经支配

绝大部分内脏器官既接受交感神经,又接受副交感神经的支配,形成双重神经支配。仅有少数内脏和组织如汗腺、竖毛肌、皮肤和骨骼肌内的血管,只受交感神经的支配。在双重神经支配的器官中,交感和副交感效应往往是拮抗的。当交感神经活动使某一脏器的活动加强时,副交感神经的影响则是使其减弱,反之亦然。例如,刺激心交感神经使心搏加速,而刺激迷走神经则使心搏减慢。一般说来,交感神经兴奋导致血压升高、心率加快、骨骼肌血流加快、瞳孔扩大等效应,有利于机体进行紧张性活动;而副交感神经兴奋导致胃肠消化吸收功能增强、心跳和血流减慢等,有利于机体能量的贮备。正是由于交感神经系统和副交感神经系统的不同作用和双重支配,内脏器官的功能才能保持稳定,从而有利于机体整体对环境的适应。

表 10-2 交感神经与副交感神经的主要功能表

器　　官	交　感　神　经	副交感神经
循环器官	心率加快、心肌收缩力加强 腹腔内脏、皮肤血管显著收缩,外生殖器、唾液腺的血管收缩,对骨骼肌血管则有的收缩(肾上腺素能),有的舒张(胆碱能)	心跳减慢、心房收缩减弱,冠状动脉收缩;外生殖器血管扩张
呼吸器官	支气管平滑肌舒张	支气管平滑肌收缩;促进黏膜腺分泌
消化器官	抑制胃、肠道蠕动;分泌黏稠唾液;抑制括约肌收缩;抑制肝、胰分泌与胆囊活动	促进胃、肠道蠕动;唾液腺分泌稀薄唾液;括约肌舒张;促进肝、胰分泌与胆囊活动
泌尿生殖器	膀胱平滑肌弛缓;尿道括约肌收缩贮尿	促进膀胱逼尿肌收缩,尿道内括约肌舒张,促进排尿
视觉器官	瞳孔开大,睫状肌松弛,上眼睑平滑肌收缩	瞳孔缩小,睫状肌收缩,促进泪腺分泌
皮肤	汗腺分泌增加;竖毛肌收缩	
代谢	促糖原分解;促进肾上腺髓质分泌	促进胰岛素分泌

2.自主神经中枢的紧张性

自主神经对效应器的支配具有紧张性活动,即经常有低频的神经冲动传出至效应器。

例如,切断支配心脏的迷走神经,心率就加快;反之,切断支配心脏的交感神经,心率就变慢,说明两种神经对心脏的支配均有紧张性活动。自主神经的紧张性来源于中枢,而后者的活动又与外周传入冲动作用及中枢附近的体液因素作用有关。

3.交感中枢和副交感中枢的交互抑制

交感神经和副交感神经的功能拮抗作用不仅表现在外周,在交感中枢与副交感中枢之间,也存在交互抑制关系,即交感中枢紧张性增强时,副交感中枢紧张性就减弱,反之亦然。在正常情况下,这种拮抗关系表现为一种协调活动,保证内脏器官生理功能的正常运行。

4.对整体生理功能调节的意义

在环境急骤变化的条件下,交感神经系统可以动员机体许多器官的潜在功能以适应环境的急变。例如,在剧烈肌肉运动、窒息、失血或寒冷环境等情况下,机体出现心率加快、皮肤与腹腔内脏血管收缩、血液贮存库排出血液以增加循环血量、红细胞计数增加、支气管扩张、肝糖原分解加速以致血糖浓度上升、肾上腺素分泌增加等现象。副交感神经系统的活动相对比较局限。其整个系统的活动主要在于保护机体、休整恢复、促进消化、积蓄能量以及加强排泄和生殖功能等方面。例如,机体在安静时副交感神经活动往往加强,此时心脏活动抑制、瞳孔缩小、消化功能增强以促进营养物质吸收和能量补充等。

二、各级中枢对内脏活动的调节

(一)脊髓

全部交感神经和副交感神经骶部起源于脊髓,可以认为脊髓是自主神经的初级中枢。脊髓的交感神经中枢可以完成基本的血管张力反射,以维持血管的紧张性,保持一定的外周阻力。但这种调节功能是初级的,不能很好地适应人体生理功能的需要,尤其是运动过程中的调节。副交感神经起源于脊髓灰质的骶段,是实现生殖器血管扩张反射(勃起)、排尿与排便反射的初级中枢。

(二)脑干

由延髓发出的内脏运动神经支配头部的全部腺体、心脏、支气管、喉头、食管、胃、胰、肝与小肠等器官。循环与呼吸等许多生命现象的反射调节,在延髓水平已能基本完成。延髓中有心血管、呼吸与消化等功能的反射调节中枢,是维持必须生命活动的基本中枢,损伤延髓即可致死,故称延髓为基本生命活动中枢。脑桥中的副交感神经核调节唾液腺的分泌活动,中脑是调节瞳孔对光反射的中枢部位。

(三)下丘脑

下丘脑是自主神经的较高级中枢所在的部位,能将内脏活动与其他生理活动联系起来,具有调节体温、摄取营养、内分泌和情绪反应,维持水平衡等重要生理过程的功能。

(四)大脑皮层

大脑新皮层与内脏活动有关。电刺激新皮层的某些区域,除了引起躯体运动外,还可以引起内脏活动的变化,如膀胱、直肠运动改变、上下肢血管舒缩反应、唾液分泌、呼吸运动改变、竖毛与出汗改变等。

大脑半球内侧面的扣带回、海马回与海马回钩合称边缘叶,是调节内脏运动的高级中枢。边缘叶与其附近的岛叶、颞极与眶回等大脑皮层,以及皮层下的杏仁核、膈区、下丘脑与丘脑前核等结构在结构与功能上密切相关,构成功能上的统一体称为边缘系统。边缘系统对情绪反应、摄食行为、记忆、血压、心率、呼吸、胃肠运动与瞳孔反应等内脏的功能活动均具有较高级的调节作用。

第七节　中枢神经系统的高级机能

在中枢神经系统的机能中除了产生感觉、协调躯体运动和内脏活动外,还有一些更为复杂的高级机能,如条件反射、学习和记忆、睡眠与觉醒、动机行为等。近年来,将电生理方法、神经化学方法、形态学方法及药理学方法等结合起来,从分子水平、细胞水平和整体水平对脑的功能进行综合研究,大大促进了人们对高级神经活动的认识。

一、条件反射(conditioned reflex)

二十世纪初,巴甫洛夫根据笛卡儿的反射概念,以动物唾液腺分泌唾液的条件反射实验方法为客观依据,研究大脑皮质的机理,创立了高级神经活动学说。

巴甫洛夫认为,动物和人的重要生理活动,主要是通过反射的方式进行,他把反射分为两大类:非条件反射和条件反射。

(一)非条件反射与条件反射

非条件反射是指人生来就有的先天性反射。非条件反射是一种比较低级的神经活动,由大脑皮层以下的神经中枢参与即可完成,是人类和动物在种族发展中固定下来的,它有着固定的反射途经,不容易因外界条件的改变而改变。如防御性反射、食物性反射(吸吮、吞咽和消化液分泌等)以及肌紧张、姿势反射等。

条件反射是在后天学习、训练而建立起来的反射。条件反射是反射的高级形式,是动物和人类在生活过程中形成的,其中枢主要在大脑皮质,它的反射途经不是固定的,而是在大脑皮质中的有关神经中枢间建立一种暂时性的机能联系。这种联系容易因条件的改变而改变。

非条件反射是形成条件反射的基础,而条件反射的形成又影响着非条件反射的进行。两者经常互相联系,但又是本质上不同的反射活动。非条件反射与条件反射的异同点见表10-3。

表 10-3　非条件反射与条件反射的异同

	非条件反射	条件反射
不同点	1.先天的、遗传的 2.种族所有的 3.任何条件下发生的 4.固定的神经联系 5.大脑皮质下部位可实现	1.后天的 2.个体所有的 3.在一定条件下形成的 4.暂时性神经联系 5.高等动物主要通过大脑皮质实现
相同点	1.都是反射活动；2.都有完整的反射弧	

(二)条件反射的建立

1.经典条件反射

经典条件反射是巴甫洛夫创立的。例如,给狗吃食物会引起唾液分泌,这是非条件反射,食物刺激是非条件刺激。给狗听铃声则不会引起唾液分泌,这时铃声为无关刺激,因为铃声与食物无关。但是每次给狗吃食物以前先出现一次铃声,这样经过多次后,当铃声一出现,不给食物,狗也会分泌唾液,这时铃声也成了引起唾液分泌的条件刺激,由它引起的唾液分泌的反射即为条件反射(见图 10-17)。可见,条件反射形成的基本条件是无关刺激与非条件刺激在时间上的结合,即在给予无关刺激后,接着就给予非条件刺激,这种过程称为强化。任何无关刺激与非条件刺激通过多次结合都可形成条件反射。

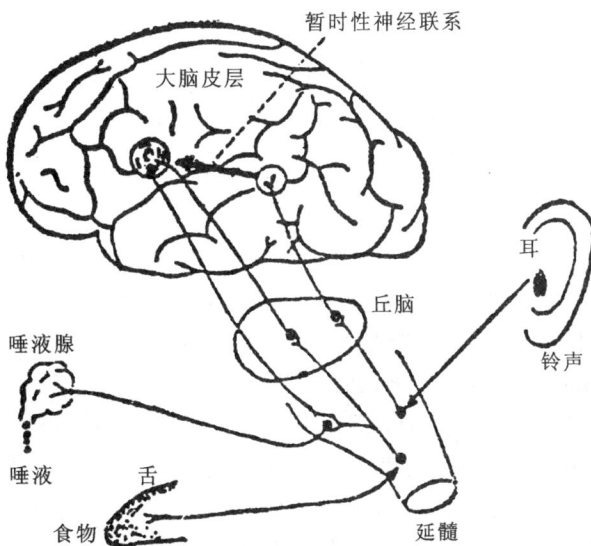

图 10-17　条件反射形成机制示意图

2.操作式条件反射

操作式条件反射属于运动性条件反射,比较复杂,要求动物完成一定的操作。例如,大鼠在实验箱内由于偶然踩在杠杆上而得到食物,如此重复多次,则大鼠学会自动踩杠杆而得到食物。在此基础上进一步训练,只有当某种信号(如灯光)出现时大鼠踩杠杆才会得到食物。它的特点是,动物必须通过自己的某种运动或操作才能得到强化,所以称为操作式条件反射。

(三)暂时性神经联系

暂时性神经联系的机制是条件反射学说的一个基本理论问题,也是一个尚未完全解决的问题。一般认为,条件反射的建立是由于条件刺激与非条件刺激的反复结合,使得条件刺激的传入神经通路与非条件刺激的神经通路之间产生了一种新的暂时性神经联系。巴甫洛夫曾提出这种暂时性神经联系的接通发生在条件刺激与非条件刺激在大脑皮质所建立的兴奋灶之间。后来发现,这种暂时联系的接通并非简单地发生在大脑皮质的两个兴奋灶之间,而是与脑内各级中枢的协同活动有关。

(四)条件反射的抑制

兴奋和抑制是中枢神经系统最基本的神经过程。条件反射的抑制可分为非条件性抑制和条件性抑制。

1.非条件性抑制

非条件性抑制是先天就具有的抑制,是中枢神经系统各部位共有的一般性的抑制过程。非条件性抑制又可分为外抑制和超限抑制。

(1)外抑制 一切外来的新异刺激都会引起大脑皮质某一点的兴奋,这一兴奋点会引起正在进行中的反射性行为的抑制。这样的抑制称为外抑制。例如,动物正在形成条件反射时,忽然出现一个新异刺激(如杂音、强光等),条件反射就会消失,即出现了外抑制。

(2)超限抑制 当条件刺激的强度超出一定限度时,往往使条件反射不出现,即引起抑制,称为超限抑制。例如,某种突然出现的超强刺激可使动物或人呈呆滞状甚至引起休克。这是一种保护性抑制,其生理学意义在于避免脑细胞由于超强刺激可能引起的损伤。

2.条件性抑制

条件性抑制又称内抑制,是后天在一定条件下形成的抑制,是中枢神经系统高级部位所特有的抑制。条件性抑制主要包括消退抑制、分化抑制和延缓抑制。

(1)消退抑制 消退抑制是内抑制最基本、最简单的形式。如果条件刺激重复出现而不用非条件刺激强化,则条件反射会逐渐减弱,乃至对条件刺激完全不发生反应。这是由于原来引起兴奋性反应(阳性条件反射)的条件刺激,转化成为引起抑制性反应(阴性条件反射)的条件刺激所致。消退抑制在体育教学与训练中具有重要的意义。例如,对已经掌握的动作,如果不再进行练习(相当于不强化),该动作会变得生疏以至不能完成。

(2)分化抑制 在条件反射形成的初期,除条件刺激外,那些与条件刺激相近似的刺激也或多或少地具有条件刺激的效应,这种现象称为条件刺激的泛化。如果以后只在条件刺激出现时给予强化,而对近似的刺激不予强化,结果只有得到强化的条件刺激仍保持阳性效应,那些得不到强化的近似刺激就不再引起反应,这种现象称为条件反射的分化。这样引起的抑制称为分化抑制。条件反射的泛化与分化是大脑皮质分析功能的基础。在学习运动动作时,通过对正确动作的强化(肯定)和对错误动作不强化(否定),可加速正确动作的掌握。

(3)延缓抑制 在条件反射实验中,一般条件刺激出现 20 s 左右的非条件刺激强化。如果将条件刺激与非条件刺激相结合的时间间隔延长,例如,最后达 3 min,则将形成延缓条件反射。条件反射将在条件刺激出现相当长的时间后才出现。例如,唾液分泌条件反射,在条件刺激出现一分半钟后才开始流唾液,到第三分半钟后唾液分泌才达最高峰。前面一分半钟不分泌唾液,是由于此时皮质内发生了抑制过程,称为延缓抑制。

(五)人类条件反射的特征

人类不仅对具体的刺激可建立条件反射,还可对抽象的语言和文字建立条件反射。这是人类与一般动物的主要区别之一。

第一信号是指现实的具体的信号,如声、光、味、触等。第二信号是现实的抽象信号,是表达具体信号的信号,如表示某物体的词语等。对第一信号刺激发生反应的皮质系统,称为第一信号系统,对第二信号刺激发生反应的皮质系统称为第二信号系统。人类的第二信号系统是在第一信号系统活动的基础上建立起来的。人类通过词语可对一切现实事物和现象进行抽象概括,借助词语来表达思维。由于人类第二信号系统的发生和发展,词语信号就成为人类的主导信号。这就使人类的认识能力与适应能力大大提高,从而能更深刻地认识世界,发现并掌握它们的规律。在体育教学和运动训练中,教师的示范动作可以作为第一信号,语言讲解则被认为是第二信号。正确地运用动作示范和语言讲解,充分发挥第一、第二信号系统的作用,可产生良好的教学效果。

二、学习和记忆

学习和记忆是脑的重要功能之一。学习指人或动物通过神经系统接受外界环境信息而影响自身行为的过程。记忆则是将学习获得的信息或经验贮存和提取(再现)的神经活动过程。条件反射的建立是一种简单的学习和记忆过程。

(一)学习形式

1. 非联合型学习

非联合型学习是对单一刺激做出行为反应的过程,分为习惯化和敏感化。习惯化使个体学会忽略无意义的刺激,例如,室外放置的电话响了,你去接听,却不是找你的,反复多次后,你对电话铃声就没有反应了。敏感化则使个体学会对所有刺激的反应均加强,如当你夜晚行走在灯火通明的大街上,突然一片漆黑,身后响起脚步声,此时你的反应会大大增强。

2. 联合型学习

联合型学习是对时间上非常接近且重复发生的两个事件建立联系的过程。联合型学习分为两种类型:经典的条件反射和操作式条件反射。条件反射是联合型学习的典型例证。

(二)记忆的形式与过程

1. 记忆的形式

根据信息在脑中储存和回忆的方式,记忆分为陈述性记忆和非陈述性记忆两类。

陈述性记忆编码的信息主要包括亲历事件、客观事实等,它们可用语言文字清楚地表达出来,与意识有关。例如,"去年夏天到海南旅游"的经历可以用文字表述出来。

非陈述性记忆是一个需要反复尝试、缓慢积累的记忆过程,主要通过熟练的行为活动来表达,而不是文字,它与意识无关,也不涉及记忆信息在海马的滞留时间,如某些技巧性的动作、习惯的行为和条件反射等。

2. 记忆的过程

通过感觉器官进入大脑的信息量是很大的,但估计仅有 10% 的信息能被较长期地贮存记忆,而大部分却被遗忘。能被长期贮存的信息都是对个体具有重要意义的,而且是反复作用的信息。因此,在信息贮存过程中必然包含着对信息的选择和遗忘两个方面。信息的贮存需经过多个步骤,但简略地可把记忆划分为两个阶段,即短时性记忆和长时性记忆。人类的记忆过程可细分成四个阶段,即感觉性记忆、第一级记忆、第二级记忆和第三级记忆,前两个阶段相当于短时性记忆,后两个阶段相当于长时性记忆。短时记忆时间很短,平均为几秒钟;长时性记忆时间较长,一般不容易遗忘,如经常操作的手艺或动作,通过长年累月的运用,是不易遗忘的。

3. 学习和记忆的机制

早年根据巴甫洛夫提出的"暂时性联系接通"的概念,提出脑的不同部位建立了新的功能联系是学习和记忆的神经基础。近年来根据对突触的研究提出突触的可塑性变化是学习和记忆的神经基础。突触的可塑性变化包括突触结构可塑性和传递可塑性。即在学习过程中,由于强刺激作用,突触在形态和功能上发生改变(可塑性),突触的效能发生了改变,产生了突触传递的易化作用。目前认为短时性记忆和长时性记忆的神经机制不同。短时性记忆可能与神经元生理活动、神经元之间的环路联系、神经递质等有关;长时性记忆可能与新突触关系的建立有关,并且有赖于脑内 RNA 和新蛋白质的合成。

第八节 脑电图在运动实践中的应用

一、大脑皮质的电活动

大脑皮质的神经元具有生物电活动。脑电活动来源于神经元本身的膜电位及变化、神经冲动的传导和突触传递过程中产生的后电位。脑电活动有自发脑电和皮质诱发电位两种形式。

(一)自发脑电活动

在没有任何明显的外界刺激条件下,大脑皮质经常性地自发地产生节律性的电位变化,称为自发脑电活动。在头皮表面安置引导电极,便可以通过脑电图仪记录到皮质自发脑电活动波,称为脑电图(electroencephalogram,EEG)。在颅骨打开时将引导电极直接安置在大脑皮质表面,记录皮质自发脑电活动,称为皮质电图。脑电图和皮质电图的脑电波形基本相同,但由于颅骨和头皮等组织的衰减作用,从头皮记录到的电位只有皮质表面电位的 1/5～1/10。

(二)皮质诱发电位(evoked cortical potential)

外加刺激(可以是感觉器官、感觉传入神经或感觉传导途径上任意一点)引起的感觉传入冲动也可以在大脑皮质的一定区域产生较为局限的电位变化,则称为皮质诱发电位。在头皮表面也可以记录到大脑皮质诱发电位,通常记录的诱发电位夹杂在自发脑电波之中,很难给予分辨,因此采用电子计算机使自发电位相互抵消,而诱发电位经过多次叠加后即可显示出来。以这种方法记录到的诱发电位称为平均诱发电位。

皮质诱发电位有两个成分,分别称为主反应和后发放。前者为先正后负的电位变化,波幅较大,潜伏期一般为 5～12 ms。主反应为大锥体细胞的综合电位。后发放在主反应之后,是一系列波幅较小的正电位,频率为每秒 8～12 次,它是皮层与丘脑接替核之间环路电活动的表现。平均诱发电位的研究已成为研究人类感觉功能、神经系统疾病、行为与心理活动以及运动与中枢疲劳的一种方法。

(三)正常脑电波波形

通常根据波形的频率,将脑电波划分成 4 种基本类型,即 α 波、β 波、θ 波和 δ 波(见图 10-18)。4 种波形的频率、幅度以及起源和功能均不相同(见表 10-4)。

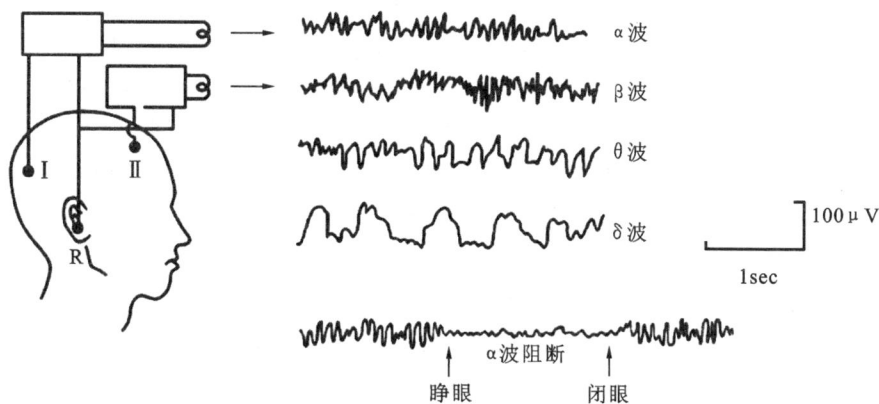

图 10-18　脑电波的波形及 α 波阻断

表 10-4　正常脑电图各种波形的特征、常见部位和出现条件

脑电波	频率/Hz	幅度/μV	常见部位	出现条件
α	8～13	20～100	枕叶	成人安静、闭眼、清醒时
β	14～30	5～20	额叶、顶叶	成人活动时
θ	4～7	100～150	颞叶、顶叶	少年正常脑电,或成人困倦时
δ	0.5～3	20～200	颞叶、枕叶	婴幼儿正常脑电,或成人熟睡时

注:在表中所列各波的频带范围内,有时(如睡眠时)还可出现另一些波形较为特殊的正常波,如驼峰波、σ 波、λ 波、κ-复合波、μ 波等。

脑电图的波形可随大脑皮质功能活动状态的改变而改变,当大脑皮质神经元的电活动趋向步调一致时,则出现低频率高振幅的波形,称为同步化,如 α 波就是一种同步化波;当大脑皮质神经元的电活动不一致时,则出现高频率低振幅的波形,称为去同步化,如 β 波就是一种去同步化波。由高振幅慢波变为低振幅快波,常表现为大脑皮质兴奋性增强;相反,则表示大脑皮质向抑制过程发展。

二、脑电图在运动实践中的应用

随着学者们对体育运动相关研究的深入,在医学界被广泛运用的脑电图技术逐渐被引入体育相关学科的研究中。随着科学技术手段的发展创新,为了进一步研究脑电信号的生理、病理与心理学意义,一些学者发明了脑波处理技术,其技术的核心是将不同的脑波信号转变成图像显示,可以比较直观地显现大脑的功能状态。如脑电地形图(BEAM)技术、脑涨落图(ET)和脑像图(EEQG)技术等。

(一)运动实践中常用的诱发方法

为了更好地研究运动员中枢神经系统的机能状态,在运动实践中除了测试运动员安静状态及运动后的脑电图,还会用一些特定的方法激发运动员产生诱发脑电波来反映运动员大脑的机能状态,主要的诱发方法如下。

1. 闪光刺激

不同频率(6、8、10、12……24 和 30 次/秒)的闪光刺激能够使运动员大脑枕区视觉皮质产生不同节律的同步化反应脑波。一般情况下,运动员只对 8～16 次/秒的闪光有同步化反应,如训练程度不足或疲劳,则只对每秒数次的刺激具有同步化反应,然而在良好的训练状态中,大多数运动员同步化的范围可增大至 24 次/秒。过度疲劳者,随着闪光刺激频率的升高将不出现同步化的增高,有时甚至降低。对闪光刺激频率同步化的增高,认为是大脑皮质神经细胞的灵活性好,也反映出中枢神经的机能状态。

2. 过度换气

要求受试者以 25～30 次/分的频率大口呼吸 3 min,同时描记脑电图。过度换气会导致动脉 PCO_2 降低,当 PCO_2 从正常值下降 1 mmHg 就会使脑血管收缩而使脑血流减少,此时脑组织对短暂缺氧不易耐受而诱发出大量慢波。过度换气诱发的大量慢波或高波幅慢波,在过度换气 30 s 后仍然持续出现者,临床上认为有病理意义。实验证明,在严重缺氧情况下,运动员在脑电图上出现的慢波比不经常进行体力锻炼的人少。

3. 运动表象

运动表象是在运动感知的基础上,在人的头脑中重现出来的动作形象。运动员安静闭目后,让其想象能代表自己运动水平的一次运动或竞赛,并记录此时的脑电波活动。由于大脑皮质具有记忆及思维等高级功能,以往的运动过程可以在大脑中进行储存,通过表象能使以前被储存的运动信息进行再现。以运动表象时的大脑皮质电活动代表运动过程中的脑电波的变化,以此来反映该运动员运动时大脑的反应类型、唤醒水平、应激水平等大脑机能状态。

(二)脑电图在运动实践中的应用

1. 监测脑外伤

体育运动,特别是对抗性较强的运动项目,如拳击、摔跤、柔道、足球、自行车、橄榄球等,脑部损伤是经常出现的。有资料显示:职业拳击运动员在比赛前后的脑电图对比,40%～60%出现异常,短期内拳击多次更为明显。针对这些容易引起头部损伤的体育项目,及时进行脑电图检查将给运动员提供脑部健康状况的依据,有助于快速地发现及治疗运动脑损伤。但脑电图不能作为单一的检查手段,来评定这些项目运动员大脑机能状态与器质性改变。要在分析脑电图的同时,全面了解运动员的自觉症状及体征,定期检查监测,才能做出正确的诊断。

2. 运动选材

张振民在对中国乒乓球世界冠军运动员脑电图及脑电地形图做出研究后认为,脑功能特征与神经元代谢方式和乒乓球的技术打法相关联。脑电波的频率代表大脑神经元代谢的速度,波幅代表大脑神经元代谢的强度。并把运动员大脑神经元代谢分为速度型、速度强度型或强度速度变换型、强度型。快攻打法运动员 EEG 为速度型,在训练中表现出速度爆发力占优势;弧圈结合快攻打法运动员 EEG 为速度强度性或强度速度变换型,训练中表现出速度力量占优势;削球打法运动员 EEG 为强度型,训练中表现为力量占优势。这一结果将给乒乓球科学选材和打法配合提供客观依据。在运动表象时通过测试运动员 α 波被抑制的百分比(α%)来反映运动员的注意力(目前常以 α% 表示大脑唤醒水平),认为此指标低于17%代表注意力不佳、46%～50%表示紧张、高于 50%表示疲劳,这将为预测运动员的竞技表现及选材提供参考。

3. 评价运动员的竞技状态

在运动中运动员良好的大脑唤醒水平及应激水平将给运动员提供最佳的竞技状态,而运动中的竞技状态无法测试。在实践研究中,张振民等学者以运动员运动表象时 α 波被抑制的百分比(α%)代表大脑唤醒水平,而以脑电功率谱能量比值(δ/α 或 θ/β)反映运动员对训练强度的应激能力。认为运动员脑电功率谱能量比值与脑电 α 波被抑制的程度一致,不同的脑电功率谱能量比值与脑电 α 波被抑制的程度反映出不同的竞技状态。周未艾认为大脑唤醒水平在一定程度上反映出运动强度对大脑的刺激,而能量比值在一定程度上反映了大脑所承受的训练量的刺激。不同竞技状态对应不同的唤醒水平及能量比值(见表 10-5)。

表 10-5　运动员竞技状态评定

竞 技 状 态	唤醒水平(α%)	能 量 比 值
良好	35.56±1.74	1.14±0.11
最佳	41.62±1.49	1.35±0.32
警戒	45.92±1.35	1.82±0.51
先兆疲劳	57.63±6.41	3.10±0.33
疲劳	22.19±2.83	0.71±0.10

(引自张振民等,2004)

警戒状态是运动员神经调节机能的关键,此刻显示运动员的状态尚无消极因素,积极上调是提高成绩的突破点,反之则导致紧张进而产生中枢疲劳。由于紧张产生先兆疲劳,兴奋水平过高是过度唤醒及抑制状态的先兆。疲劳状态使兴奋水平显著降低,唤醒被抑制,反应迟钝,注意力涣散。中枢疲劳时大脑神经元的唤醒水平过高或过低,都反映中枢神经处于抑制活动加强、兴奋水平下降的状态。功率谱能量比值反映应激能力,以及运动员大脑皮质神经元对训练负荷的承受能力。

这些指标已被广泛应用于乒乓球、短道速滑、橄榄球、射击等项目,但射击项目中相同等级水平运动员大脑唤醒水平及应激水平比以上各项目的低,这或许是由于射击运动是静力性运动项目的特点所致。

4. 指导运动训练

青少年运动员的脑电图与成人相比,大脑皮质机能灵活性和兴奋性较高,在提高身体素质时,应优先发展速度素质而不是力量和耐力素质,在速度素质发展的基础上发展其他素质。运动员进行安静及运动表象脑电图或脑电地形图测试时,通过对左右脑对应区域各指标的对比分析反映大脑的均衡性,如不均衡提示左右肢体运动时不协调,而运动中对协调性要求高或涉及空中转体动作的项目,技术动作会受影响,训练中应注意。运动表象中反映的大脑唤醒水平及能量功率比值可以反映出运动训练对运动员的刺激程度及运动员的承受能力。可以通过唤醒水平及能量功率比值的改变有针对性地调整训练计划及训练强度。

5. 判断运动性疲劳

在运动实践中采取常规方法测算脑电图中各波的指数、波幅、频率、节律的调节、左右对称性、各脑区出现不同时相波的规律性等来判断中枢疲劳。在综合诊断上参考临床分类法,定为正常、正常范围、边缘状态、轻度不正常、中度不正常及重度不正常诸多等级,以此等级诊断运动疲劳及过度训练的阳性率。

目前运用过度换气来诱导运动员大脑出现慢波,而以过度换气停止后 30 s 内的慢波消失的指数来判断运动性疲劳,能提高常规脑电图检测运动疲劳的阳性率。

通过闪光刺激诱发脑电波,分析潜伏期及恢复期的时间是否在正常范围内来评定疲劳。临床医学中正常成年人的潜伏期为 0.7～0.9 s,恢复期为 1.0～1.5 s。运动疲劳的运动员在闪光刺激测试中潜伏期、恢复期都会延长,过度训练运动员会超过正常范围。以闪光刺激诱发脑电波实验同样可以提高运动疲劳及过度训练检测的阳性率。

【思考题】

1. 简述神经元之间联系的结构、方式与中枢突触传递的特征。
2. 牵张反射在运动实践中有什么意义?
3. 简述条件反射与非条件反射的异同点。
4. 状态反射的规律是什么? 举例说明它在完成一些运动技能时所起的作用。
5. 大脑、基底神经元和小脑在调控躯体运动过程中是如何协调进行的?
6. 试述正常脑电图各波的频率范围和功能意义。
7. 简述脑电图在运动实践中的应用。

第十一章 内分泌与运动

第一节 概 述

一、内分泌与内分泌腺

内分泌(endocrine)是指细胞所分泌的物质直接进入血液或其他体液的过程。内分泌系统(endocrine system)是由内分泌腺和分散存在于某些组织器官中的内分泌细胞组成的一个体内信息传递系统,它与神经系统密切联系,相互配合,共同调节机体的各种功能活动,维持内环境的相对稳定。

机体内具有内分泌功能的细胞称为内分泌细胞。由内分泌细胞组成的细胞群或具有内分泌功能的组织称为内分泌组织。内分泌组织可参与形成器官,如果此器官主要施行内分泌功能就称为内分泌腺(见图 11-1)。

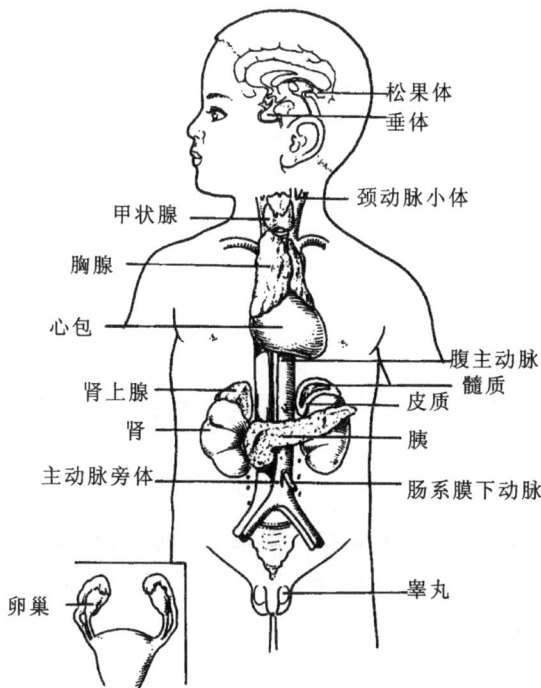

图 11-1 人体内分泌腺的分布示意图

内分泌与外分泌的不同之处在于该系统没有导管,分泌物直接进入血液、淋巴液或组织液中,而后由血液运至全身。由于这种方式并未借助导管的输送作用,故将其称为内分泌。由于内分泌的调节作用需要通过体液(血液、淋巴液和组织液等)的传递才能完成,故一般也将内分泌调节称为体液调节。

人体内由内分泌组织形成的内分泌腺有垂体、甲状腺、甲状旁腺、肾上腺、胰岛、性腺、松果体和胸腺等。许多内分泌细胞还散在于组织器官,如消化道黏膜、心、肾、肺、皮肤、胎盘等部位均存在各种各样的内分泌细胞。此外,在中枢神经系统内,特别是下丘脑也存在着兼有内分泌功能的神经细胞。

二、激素(hormone)

由内分泌腺或散在的内分泌细胞分泌的、经体液运输到某器官或组织而发挥其特定调节作用的高效能生物活性物质称为激素。

(一)激素的分类

激素的种类繁多,来源复杂。目前最常用的方法是按其化学结构将激素为两大类:第一类是含氮类激素,这类激素又可分为胺类、肽类和蛋白质类激素,如肾上腺素是胺类激素、血管升压素是肽类激素、胰岛素是蛋白质类激素;第二类是类固醇类激素,如肾上腺皮质激素和性激素。

(二)激素的生理作用

激素可对机体的生理作用起加强或减弱的作用,具体可归纳为以下六个方面。

(1)调节三大营养物质及水盐代谢,参与维持内环境的相对稳定。

(2)促进细胞分裂、分化,调控机体生长、发育、成熟和衰老过程。

(3)影响神经系统发育和活动,调节学习、记忆及行为活动。

(4)促进生殖系统发育成熟,影响生殖过程。

(5)调节机体造血过程。

(6)与神经系统密切配合,增强机体对伤害性刺激和环境激变的耐受力和适应力,参与机体的应激反应。

(三)激素作用的一般特征

激素虽种类繁多,作用复杂,但在对靶组织发挥调节作用的过程中,具有某些共同的作用特征。

1.生物信息传递作用

激素可将某种信息以化学方式传递给靶细胞,从而加强或减弱其代谢过程和功能活动。在此过程中,它既不产生新的功能,也不提供能量,只是作为细胞间的信息传递者,在完成信息传递后即被分解而失活。

2.相对特异性

激素随血液被运送到全身各处,与组织细胞广泛接触,但它们却选择性地作用于某些器官、组织和细胞,此种特性称为激素作用的特异性。被激素选择性作用的器官、组织和细胞,分别称为靶器官、靶组织和靶细胞。有些激素作用的特异性很强,只作用于某一特定靶腺,如促甲状腺激素只作用于甲状腺,促肾上腺皮质激素只作用于肾上腺皮质,垂体促性腺激素只作用于性腺等。有些激素没有特定的靶腺,其作用比较广泛,如生长激素、甲状腺激素等,它们几乎对全身组织细胞的代谢过程都可发挥调节作用。

激素作用的特异性与靶细胞上存在能与该激素发生特异性结合的受体有关。肽类和蛋白质激素的受体存在于靶细胞膜上,而类固醇激素与甲状腺激素的受体则位于细胞浆或细胞核内。激素与受体相互识别并发生特异性结合,经过细胞内复杂的反应,产生特定的生理效应。

3. 高效能生物放大作用

激素在血液中的浓度都很低,一般为 10^{-12} ～10^{-7}mol/L,但其作用效能却很高。激素与受体结合后,在细胞内会发生一系列酶促放大作用,产生逐级放大效果,形成一个效能极高的生物放大系统(见图 11-2)。例如,1 分子的胰高血糖素,通过 cAMP-蛋白激酶等逐级放大,最后可激活 1 万分子的磷酸化酶;1 分子的促甲状腺素释放激素,可使腺垂体释放 10 万分子的促甲状腺激素。1 分子的肾上腺素,可使肝细胞产生 1 亿分子的 1-磷酸葡萄糖。

4. 激素间相互作用

当多种激素共同参与某一生理活动的调节时,它们的相互关系主要表现在以下几个作用。

(1)协同作用(synergistic action)　如生长激素、肾上腺素、糖皮质激素及胰高血糖素,虽然各自的作用有所侧重,但均能提高血糖。

(2)拮抗作用(antagonistic action)　如胰岛素则可降低血糖,肾上腺素则升高血糖。

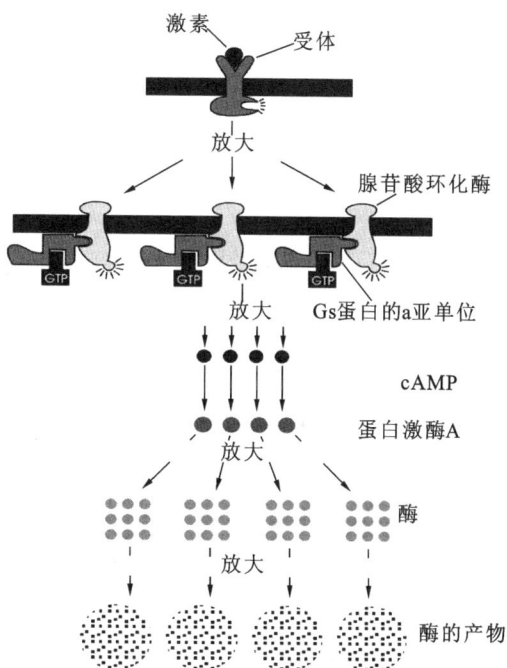

图 11-2　激素放大作用示意图

(3)允许作用(permissive action)　有些激素本身并不能直接对某些器官、组织或细胞产生生理效应,然而在它存在的条件下,可使另一种激素的作用明显增强,即对另一种激素的调节起支持作用,这种现象称为允许作用。如糖皮质激素对心肌和血管平滑肌并无收缩作用,但必须有糖皮质激素的存在,儿茶酚胺才能很好地发挥对心血管的调节作用。

(四)激素传递信息的方式

1. 远距分泌

大多数激素分泌入血后经血液运输到距离较远的细胞发挥生理作用。

2. 旁分泌

有的激素分泌后经组织液弥散于邻近细胞而发挥作用。

3. 自分泌

激素作用于分泌它的自身细胞。

4. 神经分泌

下丘脑某些核团的神经细胞,不仅具有神经元的结构与功能,而且还兼有合成与分泌激素的功能,这些神经细胞分泌的激素经神经纤维轴浆流动运送至末梢释放,这类细胞称为神经内分泌细胞,它们产生的激素称为神经激素。

激素传递信息的方式示意图见图 11-3。

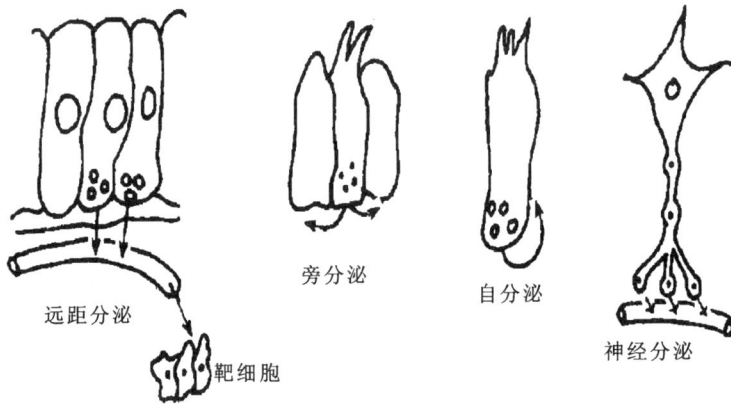

图 11-3　激素传递信息的主要方式示意图

5. 腔分泌

激素直接释放到管腔中发挥作用,如有些胃肠激素(如促胃液素、胰多肽)可直接分泌到人胃肠腔内而发挥作用。

6. 胞内分泌

胞内分泌是指内分泌细胞的信息物质不分泌出来,原位作用在该细胞质内的效应器上的现象。如血液循环中的无活性激素前体,在该激素所作用的靶细胞中转化成为活性激素的形式并发挥作用。肿瘤细胞中的芳香化酶能使血循环中的雄激素转化为雌激素,这些原位转化给治疗雌激素依赖性肿瘤带来困难。

(五)激素的作用机制

因激素的化学本质不同,按其作用机理可分为含氮类激素(nitrogenous hormone)和类固醇类激素(steroid hormone)。

1. 含氮类激素的作用机理——第二信使学说(second messengers hypothesis)

含氮类激素的作用机制与过程见图 11-4。

其作用过程大致分为如下五步。第一步,激素(第一信使)到达细胞后,与细胞膜表面的受体结合,形成激素-受体复合物;第二步,激素-受体复合物激活了细胞膜上的腺苷酸环化酶;第三步,在腺苷酸环化酶作用下,ATP 分解为 cAMP(第二信使);第四步,cAMP 激活蛋白激酶;第五步,蛋白激酶再诱导出一系列的继发性、特异性生理反应,包括以下几个方面。

(1)激活细胞内的酶。

(2)改变细胞膜的通透性。

(3)促进蛋白质合成。

(4)改变细胞代谢。

(5)刺激细胞分泌。

2. 类固醇类激素的作用机理——基因表达学说(gene-expression hypothesis)

类固醇类激素的作用机制与过程见图 11-5。其作用过程大致分为如下四步。第一步,激素到达细胞后,穿过细胞膜进入细胞内部,在细胞内与受体结合构成激素-受体复合物;第二步,激素-受体复合物进入细胞核,与细胞的 DNA 结合,激活某些基因,此过程称作直接基因激活或直接基因活化;第三步,在这个基因活化过程中,在细胞核内合成 mRNA;第四步,mRNA 进入细胞浆,促进蛋白质类物质的合成,并诱发继发性的生理反应。

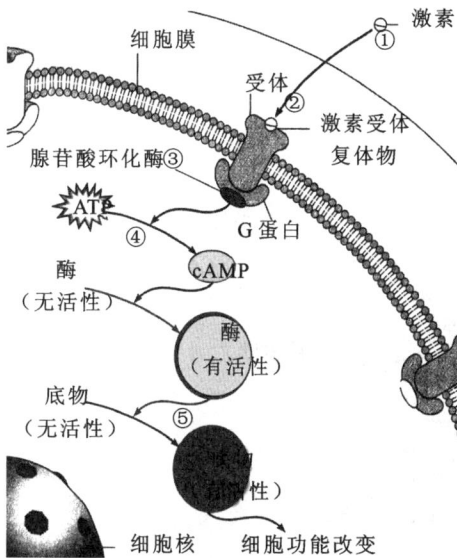

图 11-4　含氮类激素的作用机制与过程示意图　　**图 11-5　类固醇类激素的作用机制与过程示意图**

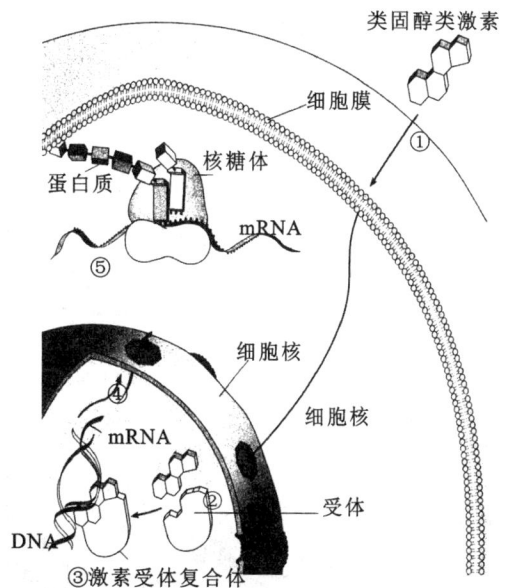

这些蛋白质可能包括以下几类。

(1)酶类:对细胞的各种生理活动产生影响。

(2)结构蛋白质:广泛地用于组织的生长与修复。

(3)调控蛋白质:改变相关酶的活性,影响生理过程。

第二节　人体主要内分泌腺及其作用

一、下丘脑-垂体

（一）下丘脑-垂体的联系

1. 下丘脑-腺垂体系统

一般认为下丘脑与腺垂体之间，没有直接的神经纤维联系，而是通过特殊的血管系统——垂体门脉系统发生功能联系，构成了下丘脑-腺垂体系统。现在认为在下丘脑基底部存在一个"促垂体区"，主要包括正中隆起、弓状核、视交叉上核、腹内侧核、室周核等核团。这些核团的肽能神经元体积较小，故又称为小细胞神经元，分泌下丘脑调节肽通过门脉系统到达腺垂体，调节腺垂体的内分泌活动。

2. 下丘脑-神经垂体系统

下丘脑与神经垂体之间的功能联系是通过下丘脑-垂体束来实现的。下丘脑视上核和室旁核等核团的神经元发出的无髓神经纤维，经垂体柄下行至神经垂体，终止于神经垂体内的毛细血管壁上，这些神经纤维称为下丘脑-垂体束。

下丘脑与垂体间的联系见图 11-6。

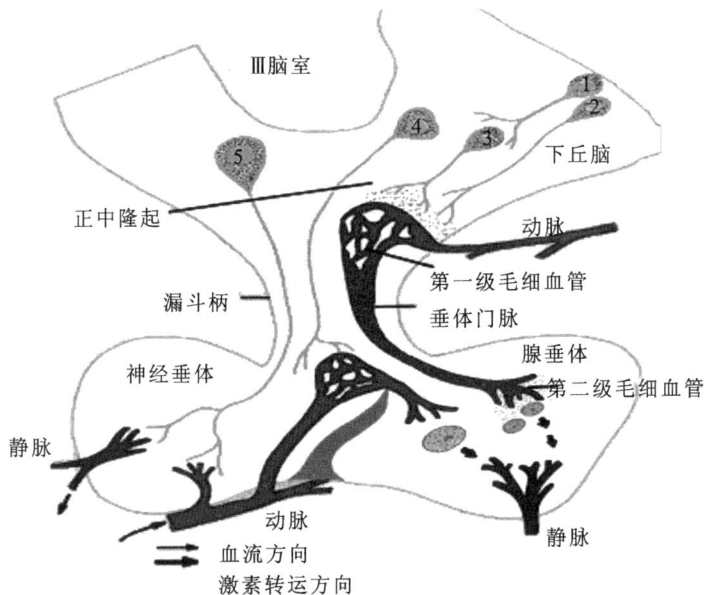

图 11-6　下丘脑与垂体间的联系示意图

(二)下丘脑肽能神经元的分泌功能

1.下丘脑调节肽

下丘脑"促垂体区"肽能神经元分泌的肽类激素,主要对腺垂体发挥调节作用。它们的化学结构为多肽,所以统称为下丘脑调节肽,已知的下丘脑调节肽共有九种。它们的主要生理作用见表11-1。其中前五种的化学结构已阐明,称为激素。后四种化学结构尚未清楚的暂称为因子。

表 11-1　下丘脑分泌的激素及主要生理作用

内分泌腺	激 素 名 称	缩写	化学性质	主要生理功能
下丘脑	促肾上腺皮质激素释放激素	CRH	四十一肽	促进腺垂体分泌促肾上腺皮质激素
	促甲状腺素释放激素	TRH	三肽	促进腺垂体分泌促甲状腺激素
	生长激素释放激素	GHRH	四十四肽	促进腺垂体分泌生长激素
	促性腺激素释放激素	GnRH	十肽	促进腺垂体分泌促性腺激素
	生长抑素	SS	十四肽	抑制腺垂体分泌生长激素
	催乳素释放因子	PRF	肽	促进催乳素释放
	催乳素释放抑制因子	PIF	多巴胺	抑制催乳素释放
	促黑激素释放因子	MRF	肽	促进促黑激素释放
	促黑激素释放抑制因子	MIF	肽	抑制促黑激素释放

2.调节下丘脑肽能神经元活动的递质

下丘脑实际上是一个信息传递的枢纽,它接受来自边缘系统、大脑皮质、丘脑及脊髓等各方面传来的神经信息,经多突触联系及多种神经递质的调节后,引起下丘脑肽能神经元发放激素信息,例如激素释放激素,控制垂体的活动。调节肽能神经元的神经递质种类繁多,大致分为两类。

一类是肽类物质,如脑啡肽、P物质、神经降压素、β-内啡肽、血管活性肠肽及胆囊收缩素等。

另一类是单胺类物质,如多巴胺(DA)、去甲肾上腺素(NE)、5-羟色胺(5-HT)。

单胺能神经元对下丘脑的肽能神经元构成直接或多突触联系,影响下丘脑调节肽的分泌。

(三)垂体的内分泌功能

垂体分为腺垂体和神经垂体两部分,垂体的内分泌功能示意图见图11-7。

1.腺垂体激素

腺垂体来自早期胚胎的口凹外胚层上皮,其中含有六种腺细胞,分别分泌不同的激素,腺垂体是体内最重要的内分泌腺,它分泌七种激素,主要生理作用见表11-2。

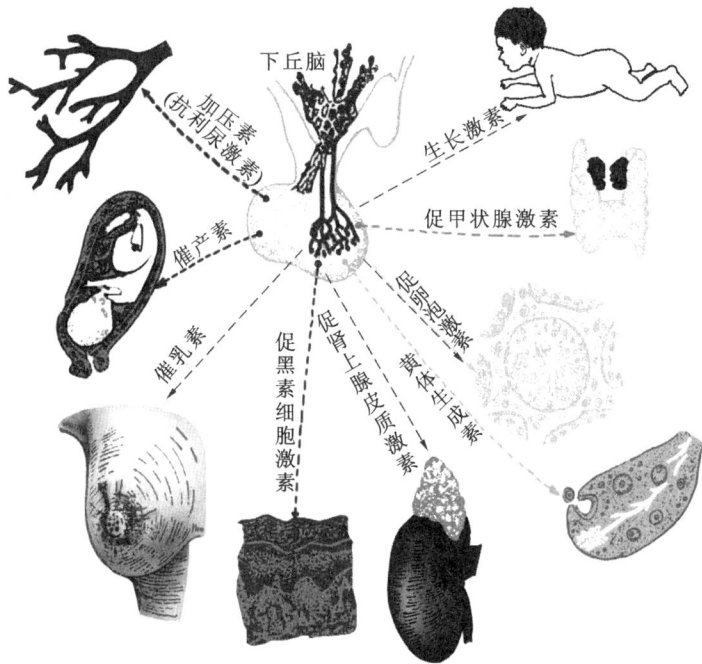

图 11-7　垂体的内分泌功能示意图

表 11-2　腺垂体分泌的激素及主要生理作用

内分泌腺	激素名称	缩写	靶器官	主要生理功能
腺垂体	生长激素	GH	身体所有细胞	促进身体组织发育成长成熟；增加蛋白质合成；增加脂肪转运速度与脂肪供能比例；减少糖的利用
	促甲状腺激素	TSH	甲状腺	控制甲状腺生成、释放 T_3 与 T_4
	促肾上腺皮质激素	ACTH	肾上腺皮质	调控肾上腺皮质激素的分泌活动
	催乳素	PRL	乳房	刺激乳房的发育，乳汁分泌
	促卵泡激素	FSH	卵巢、睾丸	加速卵巢、卵泡的发育；促进卵巢分泌雌激素；促进睾丸、精子的发育
	黄体生成素	LH	卵巢、睾丸	促进雌激素和孕激素的分泌；引起卵泡破裂释放卵细胞；引起睾丸分泌睾酮
	促黑素细胞激素	MSH	皮肤、毛发、虹膜等	刺激黑色素细胞合成黑色素

1）生长激素的主要生理作用

生长激素（growth hormone，GH）是含有 191 个氨基酸的多肽，主要作用是促进骨和软骨的生长。生长激素通过诱导肝产生一种生长激素介质发挥作用。生长激素介质是一种多肽类物质，其化学结构与胰岛素相似，又称为胰岛素样生长因子，促进硫酸盐及氨基酸等物质进入软骨细胞，加强 RNA、DNA 及蛋白质合成,促进软骨细胞分裂增殖及骨化,使长骨增长,机体长高。

人在幼年时期若生长激素分泌不足,则可导致身材矮小而出现智力正常的"侏儒症"(dwarfism);或生长激素分泌过多,则形成骨骼生长发育过快而出现"巨人症"(gigantism)。成年人若生长激素分泌过多,因骨骺已闭合,则只能促进短骨的生长而出现"肢端肥大症"。

生长激素还具有促进机体代谢的作用,如加速组织蛋白质合成,利于组织修复与生长;抑制外周组织对葡萄糖的氧化利用,增加肝糖原的分解释放,升高血糖,若生长激素分泌增多时可出现糖尿,称为垂体性糖尿;促进脂肪分解,使脂肪组织量减少,特别是肢体的脂肪减少,使脂肪酸氧化为机体提供能量,生长激素过多时血中脂肪酸和酮体会增多。

2)生长激素对运动的反应与适应

运动时,血液中生长激素的浓度升高,且运动强度越大,生长激素升高幅度越大(见图11-8)。令受试者在功率自行车上以轻、中、重三种不同强度运动 20 分钟。以小负荷(300 kg·m/min)运动时,血中生长激素水平几乎没有变化;然而当工作负荷达到 900 kg·m/min 时,血中生长激素水平增加到安静水平的 35 倍之多。

运动时生长激素的升高同运动员的训练水平有关。在完成相同强度负荷时,训练水平较低者血液中的生长激素水平高于训练水平高者。力竭性运动后,训练水平较高者血中生长激素的下降速度快于训练水平较低者。

运动身体训练对安静时血浆生长激素水平没有影响,但运动时受过训练者血浆生长激素升高幅度比未受训练者小。

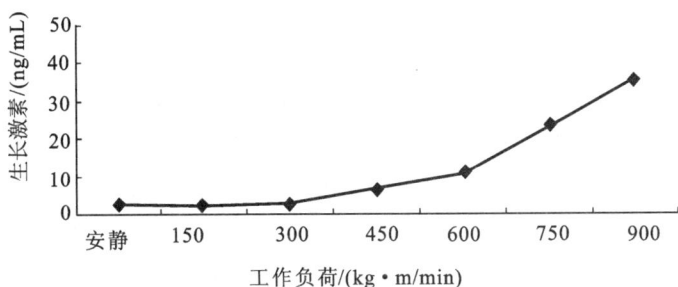

图 11-8　运动过程中生长激素的变化

(引自王瑞元主编《运动生理学》,2002)

2. 神经垂体激素

神经垂体无内分泌功能,只是一个贮存激素的场所。它所贮存的激素有两种。一种是血管升压素(又称抗利尿激素,可促使肾远端小管和集合管对水分的重吸收,使尿量减少),可引起机体任何部位血管的收缩,使血压升高。另一种是催产素,作用于平滑肌,使子宫平滑肌收缩和输乳管排乳。

二、甲状腺

甲状腺位于气管上端甲状软骨两侧,左右各一个,呈椭圆形,中间以峡部相连,腺体重 20~40 g,女性的较男性的重,甲状腺由很多囊状小泡构成,小泡中空,泡壁为一层立方形上皮细胞,即为分泌细胞,甲状腺有丰富的血管和神经。甲状腺分泌的激素为甲状腺素。目前知道有两种:一种是甲状腺素,又称四碘甲腺原氨酸(T_4);另一种是三碘甲腺原氨酸(T_3)。在腺体或血液中,T_4含量占绝大多数,但T_3的生物活性比T_4强约5倍。它们都是酪氨酸的碘化物,因此,甲状腺的活动与碘代谢有密切关系。

(一)甲状腺激素的生理作用

1. 调节基础代谢

甲状腺激素的基本作用是加速体内各种物质的氧化过程,提高能量代谢水平,增加组织的耗氧量和产热量。1 mg甲状腺激素可使人体产热量增加1 000 kcal。甲状腺激素分泌过多(甲亢)的病人因产热增加而怕热喜凉、多汗,基础代谢率常超过正常值的50%～100%。甲状腺激素分泌低下的病人则产热量减少,喜热畏寒,基础代谢率可低于正常值的30%～45%。

2. 调节物质代谢

甲状腺激素能增进小肠对单糖的吸收和肝糖原的分解,以及组织对糖的利用,使血糖升高;促进脂肪的氧化分解和胆固醇的合成、转化和排泄。生理剂量的甲状腺激素可促进蛋白质的合成,与儿童少年生长发育有关;大剂量的甲状腺激素则促进蛋白质分解。甲状腺激素分泌不足时,蛋白质合成减少;甲状腺激素分泌过多时,蛋白质分解明显高于正常状态,可出现负氮平衡,肌肉蛋白分解的增加可引起肌无力。

3. 促进生长发育

甲状腺激素主要影响脑和长骨的生长发育。甲状腺激素除本身对长骨的生长发育有促进作用外,还促进腺垂体分泌生长激素,间接地促进长骨生长发育。一个先天性甲状腺功能不全的婴儿,出生时身长与发育基本正常。如在4个月内得不到甲状腺激素的补充,则将由于脑与长骨生长的发育障碍而出现智力低下、身材矮小等现象,称为呆小病。

4. 提高中枢神经系统的兴奋性

甲状腺激素能提高中枢神经系统的兴奋性。因此,甲亢病人有烦躁不安、多言多动、喜怒无常、失眠多梦等症状;而甲状腺功能低下的病人则有言行迟钝、记忆减退、淡漠无情、少动思睡等表现。

5. 促使心血管系统机能增强

甲状腺激素可使心搏加快,心缩力加强,心输出量增加,外周血管扩张,收缩压升高。甲亢病人可因心脏做功量增加而出现心肌肥大,最后可导致充血性心力衰竭。

(二)甲状腺激素对运动的反应与适应

运动时,垂体前叶释放的促甲状腺激素、甲状腺激素分泌量增加。运动可以增加血浆甲状腺激素的浓度,但在运动时TSH浓度增加后,会有一段时间的延迟,甲状腺激素的浓度才会增加。而且,在长时间的次最大强度运动时,甲状腺激素的浓度在运动开始后快速增长,但到达一定水平后即进入平台期,浓度将保持在该水平上,而三碘甲腺原氨酸的浓度在此时会出现下降的趋势。

一次运动后,甲状腺激素总浓度没有变化,但游离 T_4 的浓度提高 35%。99.96% 的 T_4 与血浆蛋白结合,无生物活性;游离的 T_4 仅占 T_4 总量的 0.04%。因此,游离部分的提高可能具有重要性。游离 T_4 的升高是由于血浆蛋白质与 T_4 结合减少引起的,也可能是因为运动时易与 T_4 结合的蛋白质减少所致。

长期的运动训练对甲状腺激素分泌活动影响不大。受过训练者,安静时 T_4 的总浓度稍有下降,但游离 T_4 的浓度稍有升高。

三、甲状旁腺和降钙素

甲状旁腺是位于甲状腺背面,呈棕色的椭圆形小球。甲状旁腺一般有四个,上下各一对,总重量约 0.1 g,甲状旁腺的血液供应异常丰富,但分布的神经较少。甲状旁腺分泌的激素称为甲状旁腺素,是由甲状旁腺主细胞所合成的含有 84 个氨基酸的直链多肽。

(一)甲状旁腺素(parathyroid hormone,PTH)

甲状旁腺素具有升高血钙、降低血磷的作用。

(1)甲状旁腺素能刺激破骨细胞,使骨组织的钙进入血液,向机体内注射过多的甲状旁腺素,可使血钙升高。在过多的甲状旁腺素的长期作用下,骨骼由于严重脱钙而松脆容易折断。

(2)甲状旁腺素还有减低肾小管对无机磷的重吸收作用,从而促进肾脏对磷的排泄,使尿磷增多,血磷减少。

(3)甲状旁腺素对肾的另一重要作用是激活 1,25-羟化酶,此酶可促进维生素 D_3 转化成 1,25-二羟维生素 D_3。人体内维生素 D_3 除来自食物外,相当一部分是皮肤中的 7-脱氢胆固醇经日光照射转化而来的。但来自食物和皮肤内生成的维生素 D_3 活性很低,必须在肝内变成 25-羟维生素 D_3,再在肾内进一步变成 1,25-二羟维生素 D_3,才具有活性。1,25-二羟维生素 D_3 的主要作用是促进小肠上皮细胞对钙的吸收,使血钙升高;同时它在骨钙动员和骨盐沉着两方面均有作用,是骨更新重建的重要因素。缺乏维生素 D_3,于儿童可引起佝偻病,于成人可引起骨软化症。

(二)降钙素(calcitonin,CT)

降钙素是甲状腺腺泡旁细胞(又名"C"细胞)所分泌的,其生理作用主要是抑制原始骨细胞向破骨细胞转化,并促进破骨细胞转化为骨细胞,同时抑制破骨细胞的活动,故降钙素能使血钙浓度降低。降钙素还能抑制肾小管对钙、磷、钠、氯的重吸收和抑制胃酸的分泌。

四、肾上腺

肾上腺位于肾脏上端,为三角形扁平体,左右各一个(见图 11-9)。肾上腺包括肾上腺皮质和肾上腺髓质,两者的形态、结构、胚胎发生、生理作用以及功能的调节都完全不同,是两个独立的内分泌腺。

(一)肾上腺皮质

肾上腺皮质可以分泌 30 多种不同的类固醇激素(steroid hormones),它们统称为皮质

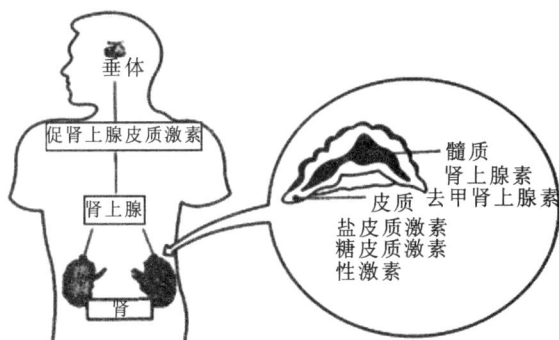

图 11-9　肾上腺示意图

类固醇激素。这些激素可以分为三大类:糖皮质激素、盐皮质激素(将在本章的稍后部分讨论)和性腺皮质素(性激素)。它们之间生理作用与活性的差异在于不同位置碳上的基团和侧链的不同。

1.糖皮质激素的生理作用

皮质醇(cortisol),又称氢化可的松,是主要的一种肾上腺皮质类固醇激素。糖皮质激素在体内95%的活动是由皮质醇完成的。皮质醇的主要功能包括以下几个方面。

1)调节物质代谢

皮质醇能促使肝糖原异生,增加糖原的贮存,同时有抗胰岛素作用,使外周组织对糖的摄取和利用减少,因而使血糖浓度升高。

皮质醇有促进蛋白质分解、抑制其合成的作用,使蛋白质分解生成的氨基酸在血中的含量增加,并成为糖异生的原材料。

皮质醇可促进脂肪组织中的脂肪分解,使血中游离脂肪酸增加。由于它抑制外周组织对葡萄糖的利用,所以又能间接地促进脂肪的氧化。皮质醇对脂肪代谢的另一重要作用是使体内脂肪的分布发生变化:四肢脂肪减少,面部和躯干脂肪增加,出现所谓的“向中性肥胖”或“向心性肥胖”。

2)抗有害刺激

当人体突然受到创伤、手术、冷冻、饥饿、疼痛、感染、惊恐和剧烈运动等不同的刺激时,血液中促肾上腺皮质激素(ACTH)浓度的急剧增高和糖皮质激素的大量分泌,塞里(Hans Selye)把这种非特异性反应称为“应激反应”(stress response)。

通过长期的训练,人体可产生局部或全身的应激,人类日常生活中比较鲜见的强烈刺激所引起的反应及恢复过程(不包括病理过程)特征总称为生理应激。

生理应激的整个过程大约分为三个阶段:

①第一阶段是机体对刺激的直接反应及代偿反应,如运动时立即出现呼吸频率和心率加快、血压升高。

②第二阶段是机体对刺激的部分出现全适应,表现为某些功能提高以适应所接受的刺激。

③第三阶段是刺激停止后的恢复阶段,应激反应和适应性反应逐渐消失,机体恢复到运

动前状态。

在应激反应中,除了促肾上腺皮质激素、糖皮质激素分泌增加外,其他许多激素如生长素、催乳素、抗利尿激素、醛固酮等分泌亦增加,交感-肾上腺髓质系统的活动也大大增强,血中儿茶酚胺含量也相应增加,说明应激反应是多种激素参与的一种非特异性全身反应。

3)其他作用

皮质醇能增强骨髓造血功能,使血液中红细胞和血小板数量增多,中性粒细胞增多,淋巴细胞数量减少,嗜酸性粒细胞数量减少。皮质醇可使肾上腺素和去甲肾上腺素的灭活减慢、减少,这对血管保持正常的紧张性有重要意义。皮质醇有提高中枢神经系统兴奋性的作用。

2. 盐皮质激素的作用

盐皮质激素的作用主要是调节人体的水盐代谢,故由此得名。它的作用主要是促进肾远曲小管和集合管对钠离子的主动重吸收和对钾离子的分泌。当它缺乏时,一方面毛细血管通透性增加,水分排出量增多,血液变浓,血量减少,因而妨碍循环系统的活动;另一方面肾小管对钠盐的重吸收减少,很多钠盐从尿排出,对钾盐的重吸收增多,因此血中钠少钾多,血中离子平衡发生紊乱,会影响人的正常生命活动。

3. 性激素

正常时由肾上腺皮质分泌的性激素量不大,作用不显著。如分泌功能亢进,可出现男孩的性早熟或女性男性化的现象,偶尔也可见男性女性化的现象。

• 肾上腺皮质激素对运动的反应与适应

运动中肾上腺皮质激素的研究主要是对糖皮质激素的研究(见图 11-10),糖皮质激素分泌增多是机体对运动刺激发生应答性变化的一般反应。它的分泌活动与运动刺激的强度呈正相关关系,在完成小强度负荷时,由于该运动负荷对机体的刺激作用非常小,因而血中糖皮质激素水平不会发生明显变化,但在完成力竭性运动期间,由于刺激几乎达到最大,糖皮质激素水平也就会升高。糖皮质激素升高对运动的重要作用之一,在于它能促进肝脏糖异生活动,促进体内的非糖物质(如蛋白质)加速生成葡萄糖,使得运动时可供机体利用的能量底物增多。

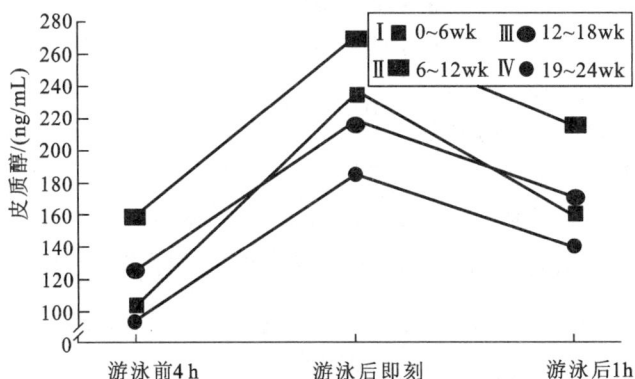

图 11-10 运动对皮质醇分泌活动的影响

(引自 Bonifazi M. et al.,1994)

(二)肾上腺髓质

肾上腺髓质起源于外胚层,能分泌和贮存肾上腺素(epinephrine,E)和去甲肾上腺素(norepinephrine,NE),两者都是儿茶酚的单胺类化合物,故统称儿茶酚胺(catecholamine)。髓质中肾上腺素与去甲肾上腺素的比例约为 4∶1。肾上腺素和去甲肾上腺素的主要生理作用如表 11-3 所示。

表 11-3　肾上腺素与去甲肾上腺素的主要生理作用

	肾 上 腺 素	去 甲 肾 上 腺 素
心脏	心率加快,收缩力明显增强,心输出量增加	心率减慢
血管	皮肤、胃肠、肾血管收缩;冠状动脉、骨骼肌血管舒张	冠状动脉舒张,其他血管均收缩
血压	上升(主因心输出量增加)	明显上升(主因外周阻力增加)
支气管平滑肌	舒张	稍舒张
脂肪代谢	分解	分解
糖代谢	血糖明显升高	血糖升高

肾上腺髓质直接受交感神经节前纤维的支配,交感神经兴奋时,髓质激素分泌增多。肾上腺髓质激素的作用与交感神经兴奋时的效应相似,因此,把交感神经与肾上腺髓质在结构和功能上的这种联系,称为交感-肾上腺髓质系统。当人体遭遇紧急情况时,如恐惧、焦虑、剧痛、缺氧、脱水、大出血和剧烈运动时,肾上腺髓质激素大量分泌,中枢神经系统兴奋性增高,使人体处于警觉状态,反应灵敏;心率加快,心肌收缩力增强,心输出量增多,血压升高;呼吸加深加快,肺通气量增大;代谢增强,血糖升高等,这些都有利于人体克服环境因素急变所造成的"困难"。这种在紧急情况下,通过交感-肾上腺髓质系统活动增强,所发生的适应性变化称为应急反应(emergency reaction)。

引起"应激反应"和"应急反应"的刺激是相同的,但反应的途径是不同的,前者是下丘脑-垂体-肾上腺皮质系统活动的增强,后者是交感-肾上腺髓质系统活动的增强。两者相辅相成,共同提高机体的应答相适应能力。

• 儿茶酚胺对运动的反应与适应

在运动应激状态下,交感神经系统被激活,所以在运动期间儿茶酚胺必然升高,且升高的程度与运动强度密切相关,即运动强度越大,升高的幅度相应也越大。但去甲肾上腺素与肾上腺素的升高程度及运动后恢复状况均不同步:图 11-11(a)表明了 $50\%\dot{V}O_{2max}$ 强度时去甲肾上腺素即显著升高,肾上腺素在 $60\%\sim70\%\dot{V}O_{2max}$ 强度也开始升高,但升高程度不如前者明显;从图 11-11(b)可以得知以 $60\%\dot{V}O_{2max}$ 强度运动 3 h,血浆去甲肾上腺素与肾上腺素都升高,运动后肾上腺素仅数分钟即可恢复至安静水平,但去甲肾上腺素的恢复则需数小时。

儿茶酚胺的分泌对长期运动训练有适应性。这种适应性表现为随运动训练水平的提高,对同一运动强度,儿茶酚胺分泌的增高幅度越来越小(见图 11-12)。经过一段时间运动训练后,完成同等运动负荷时儿茶酚胺的反应降低(升幅变小),表明运动能力改善,机体对同样负荷刺激的"总的"刺激变小,从而不需要发生如同过去那样强烈的应答性变化。

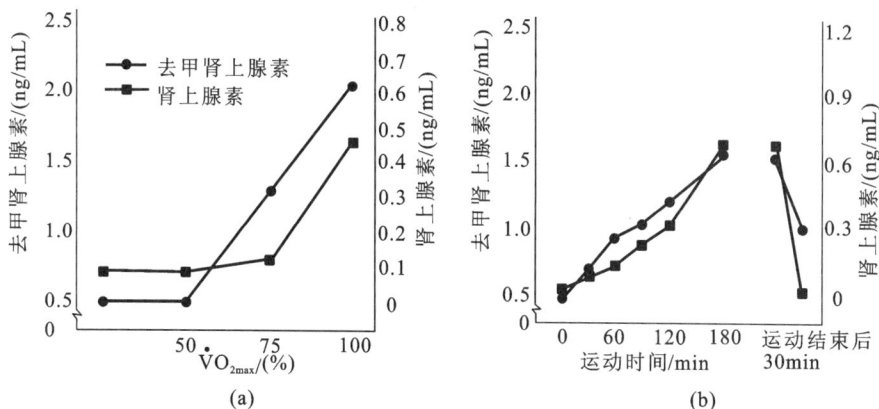

图 11-11   运动中血浆儿茶酚胺水平的变化

(引自王步标、华明主编《运动生理学》,2006)

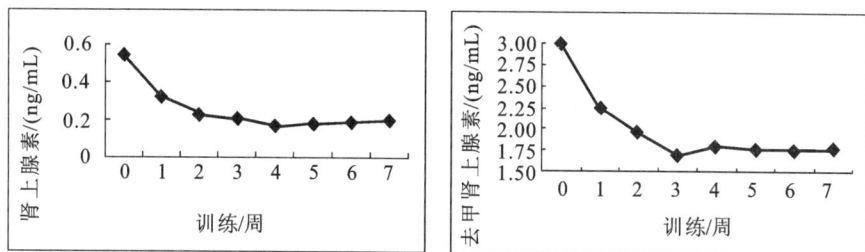

图 11-12   长期运动过程中肾上腺素和去甲肾上腺素的变化

(引自王瑞元主编《运动生理学》,2002)

五、胰岛

胰岛是散在于胰腺外分泌细胞之间的许多内分泌细胞群的总称(见图 11-13)。人类胰岛细胞主要有 A 细胞(α 细胞)、B 细胞(β 细胞)、D 细胞(δ 细胞)和 PP 细胞。A 细胞约占胰岛细胞的 20%,分泌胰高血糖素;B 细胞约占 75%,分泌胰岛素;D 细胞占 5% 左右,分泌生长抑制素;PP 细胞约占 1%,分泌胰多肽。

(一)胰岛素(insulin)

胰岛素是由 51 个氨基酸组成的小分子蛋白质。B 细胞首先合成大分子的前胰岛素原,然后加工成胰岛素原(有 86 个氨基酸),再进一步加工成胰岛素。

胰岛素的生理作用是调节糖、脂肪和蛋白质的代谢。

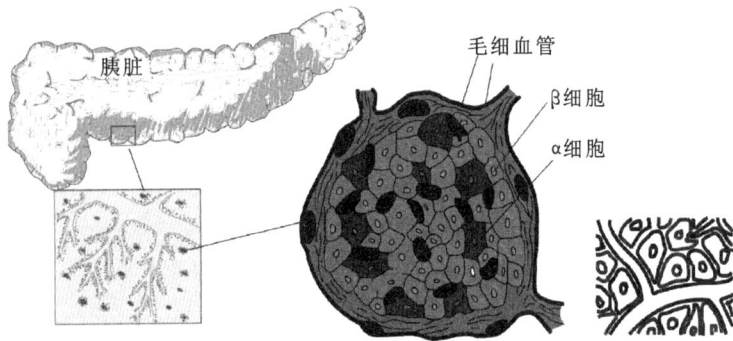

图 11-13　胰岛细胞群示意图

1.调节糖代谢

胰岛素的主要作用是降低血糖。它一方面促进全身组织对葡萄糖的利用,并使葡萄糖合成糖原和转变为脂肪,另一方面抑制糖原分解和糖异生,因而能使血糖降低。胰岛素分泌不足最明显表现为血糖升高,超出肾糖阈,糖随尿排出,称为糖尿病。糖尿病患者使用适量胰岛素,可使血糖维持正常浓度。

2.调节脂肪代谢

胰岛素可促进脂肪的合成与贮存,使血中游离脂肪酸减少,同时抑制脂肪的分解氧化。胰岛素缺乏可造成脂肪代谢紊乱,脂肪的贮存减少,分解加强,血脂升高,引起动脉硬化,进而导致心血管和脑血管系统的严重疾患。与此同时,由于脂肪酸分解增多,生成大量酮体,导致酸中毒,甚至使人昏迷。

3.调节蛋白质代谢

胰岛素一方面能促进细胞对氨基酸的摄取和蛋白质合成,另一方面抑制蛋白质的分解,因而有利于生长。同时,腺垂体生长激素的促蛋白质合成的作用,必须在有胰岛素存在的情况下才能表现出来。因此,对机体的生长来说,胰岛素也是不可缺少的激素之一。

(二)胰高血糖素(glucagon)

胰高血糖素为 29 个氨基酸组成的多肽,也是由一个人的蛋白质前身物质分裂而来。胰高血糖素的生理作用与胰岛素相反,是一种促进分解代谢的激素。它具有很强的促进糖原分解以及糖异生的作用,因而使血糖升高的效应非常明显。它还能促进贮存脂肪的分解和脂肪酸的氧化,使血液酮体增多,并能使氨基酸迅速进入肝细胞,脱去氨基,异生为糖。它对蛋白质也有促进分解和抑制合成的作用。

(三)胰岛素与胰高血糖素分泌的调节

胰岛素与胰高血糖素的分泌主要受血糖浓度的调节。血糖升高时,β 细胞分泌的胰岛素增多,α 细胞分泌的胰高血糖素减少,使血糖降低。血糖浓度降低时,作用相反。(见图 11-14)

迷走神经和交感神经也影响它们的分泌,迷走神经兴奋时,引起胰岛素分泌增多,而胰高血糖素分泌减少,使血糖降低;交感神经兴奋时,胰岛素分泌减少,而胰高血糖素分泌增

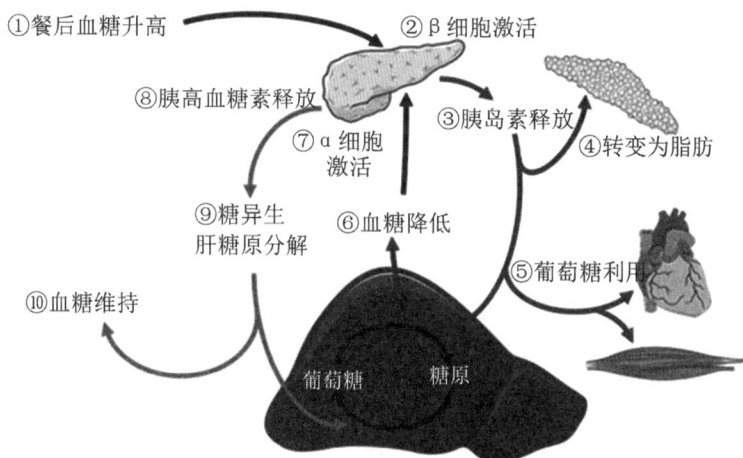

图 11-14   胰岛素和胰高血糖素对血糖浓度的调节

多,使血糖升高。

• 血糖、胰岛素与胰高血糖素对运动的反应与适应

运动时,胰岛素浓度降低而胰高血糖素浓度升高。研究发现在长时间的次最大强度运动中,尽管血浆葡萄糖浓度和肌肉摄取葡萄糖的水平有轻微的上升,但是血浆胰岛素浓度却趋于下降(见图 11-15)。

血浆胰岛素水平和肌肉对葡萄糖的需求所表现出的矛盾现象,提示激素活性的下降不仅取决于其在血液中的浓度,还取决于细胞对这种激素的敏感性。也就是说,细胞对胰岛素的敏感性与循环血中激素含量同样重要。运动能加强肌细胞上胰

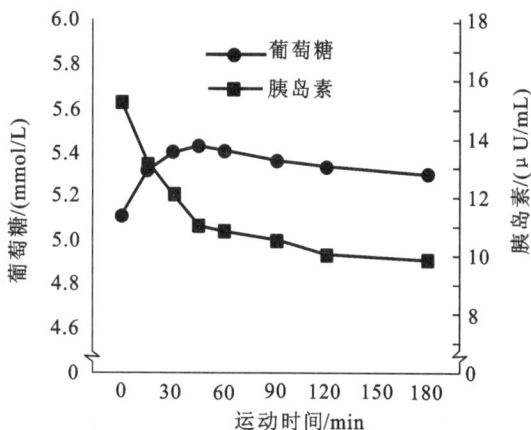

图 11-15   长时间运动中血浆葡萄糖和胰岛素水平变化(运动强度:$65\% \sim 75\% \dot{V}O_{2max}$)

(引自王瑞元、汪军译《运动生理学》,2011)

岛素与其受体的结合能力,从而降低转运葡萄糖通过细胞膜进入肌细胞的胰岛素的浓度。

研究表明,训练程度高者和训练程度低者(未训练者)完成 3 h 的中等强度运动时,训练程度低者血糖水平持续下降,而训练程度高者一直未见降低反而略有升高(见图 11-16(a))。在运动开始 20 min 期间,两者胰岛素水平同步降低,但随后,训练程度高者胰岛素水平不再明显降低,而训练水平低者一直持续降低(见图 11-16(b))。训练程度高者胰高血糖素水平在运动开始 20 min 期间明显上升(可达安静时的两倍左右),而训练程度低者开始阶段反而略有降低,尽管随后有所回升,但仍一直在安静水平左右徘徊(见图 11-16(c))。

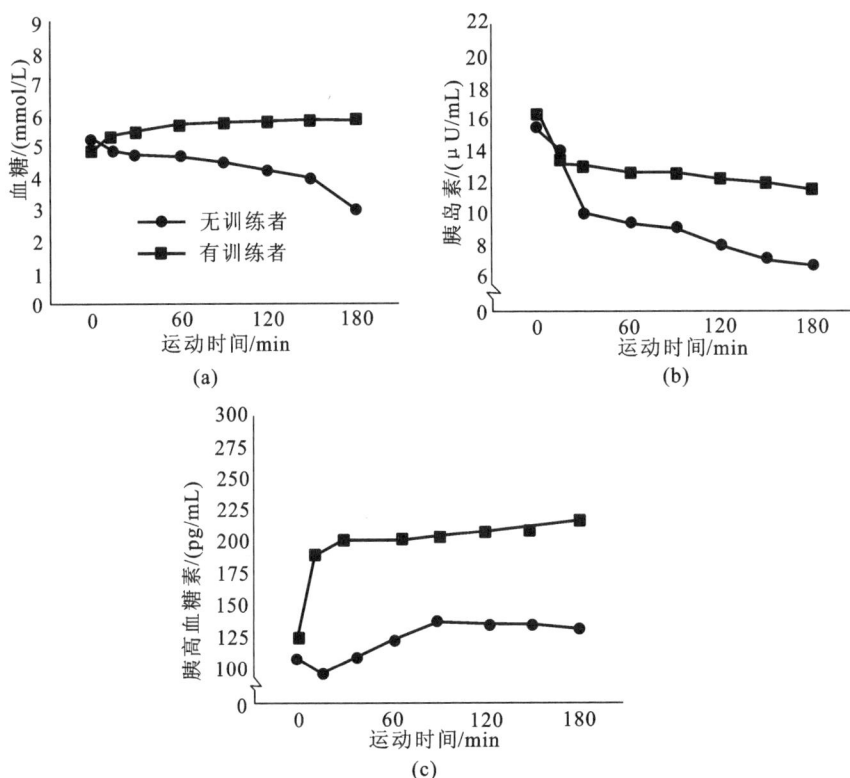

图 11-16　运动中不同训练水平者血浆葡萄糖、胰岛素及胰高血糖素水平变化

（运动强度：65％～75％$\dot{V}O_{2max}$。引自王步标、华明主编《运动生理学》,2006）

六、性腺

男性的性腺器官是睾丸,它具有双重功能,既是男性的生殖器官,又是分泌雄激素的内分泌腺。睾丸分泌的主要激素是睾酮。女性的性腺器官是卵巢。卵巢也具有双重功能,它可产生卵子,并可分泌多种激素,其中主要是雌激素和孕激素,还有少量雄激素。

(一)睾酮的生理作用

1.促进男性附性器官的发育和副性征的出现

睾酮能刺激前列腺、阴茎、阴囊和尿道等的发育和生长,并促进青春期后男性副性征或第二性征出现,主要表现有生胡须、嗓音低沉、喉头突出、毛发呈男性型分布、骨骼粗壮、肌肉发达等,这些都是在睾酮刺激下发生并维持的。

2.促进体内蛋白质合成

睾酮能促进体内的蛋白质的合成代谢,特别是肌肉、骨骼肌等器官内的蛋白质合成,出现正氮平衡。

(二)雌激素的生理作用

1. 促进女性附性器官的发育和副性征的出现

雌激素可促进女性的附性器官如子宫、输卵管、阴道和外生殖器的发育,可促进乳房发育、刺激乳腺导管系统增生、产生乳晕并使脂肪和毛发分布、音调、体形等表现出一系列女性副性征,并使之维持于成熟状态。

2. 对代谢的影响

雌激素可影响钙磷代谢,刺激成骨细胞的活动,有利于水和钠在体内保留,促进肌肉蛋白质的合成,故对青春期发育与成长起重要的促进作用。

(三)孕激素的生理作用

孕激素的主要作用是为受精卵在子宫内着床和保证妊娠做准备,它通常要在雌激素作用的基础上才能发挥作用。

(1)孕激素使子宫内膜进一步增生变厚,且有腺体分泌,以利于受精卵着床。与此同时,它能抑制子宫平滑肌的活动,保证胚胎有一个比较安静的环境。

(2)促进乳腺腺泡和导管的发育,为分娩后泌乳准备条件。

第三节　运动引起内分泌系统变化的基本特点

一、运动引起激素变化的一般规律

(一)激素对运动的应答反应

激素对运动的应激反应可表现为升高、降低与不确定。大多数激素对运动的反应表现为升高,如生长激素、促甲状腺激素(TSH)、促肾上腺皮质激素(ACTH)、催乳素(PRL)、内啡肽(endorphin)、抗利尿激素(ADH)、皮质醇(cortisol)、醛固酮、儿茶酚胺(肾上腺素、去甲肾上腺素)、甲状腺素、三碘甲腺原氨酸、甲状旁腺素、雌激素、孕激素(progestogen)、睾酮、心钠素(atrial natriuretic factor,ANF)等。在各种形式的运动中,胰岛素几乎都表现为下降,黄体(LH)、促卵泡激素(FSH)等激素的变化不确定。

(二)运动引起激素变化的类型

运动引起血液中不同激素出现波动的时间不尽相同,主要有以下三种类型。

1. 快速应答型

在运动开始后几分钟内激素就出现升高变化,并在短时间内达到高峰。这些激素出现变化反应快,负荷强度对它们的影响大。如儿茶酚胺、皮质醇、促肾上腺皮质激素、睾酮等。

2. 缓慢应答型

运动开始后,激素会出现变化,但变化缓慢、持续时间长,激素水平随运动时间的延长而逐步升高,这种变化能持续到运动结束后。这些激素出现变化反应慢,它们的变化受运动持续时间影响大。这种应答的代表有肾素-血管紧张素-醛固酮系统激素、甲状腺素、抗利尿激素。

3. 滞后应答型

运动开始阶段,激素并不立即出现明显变化,似有一个停滞反应阶段,运动持续十几分钟或几十分钟后激素才会缓慢出现变化。会出现这种反应的激素有生长激素、胰高血糖素、胰岛素。由于这种激素反应只在部分人中出现,因此,还不能肯定这类反应是否就是一种激素反应的普遍现象,比如,生长激素和胰高血糖素在许多受试者体内表现为快速应答型反应。

(三)运动负荷与激素变化

研究表明,一些激素对运动应激的反应与运动负荷的强度有关。当运动负荷达到一定强度才能激发出激素的明显变化,这种一定负荷强度被称作激素反应的阈强度。从表11-4中可以看出,雌激素和胰岛素对低强度的运动就会出现反应,雄激素出现升高反应较晚。儿茶酚胺出现反应的负荷接近无氧阈负荷。

表11-4　引起一些激素水平明显变化的运动负荷强度

激　素	负荷阈强度/(最大强度%)
去甲肾上腺素	50～70
肾上腺素	50～70
生长激素	50～60
皮质醇	60～70
雄激素	60～70
雌激素	30～35
β-内啡肽	60～70
促肾上腺皮质激素	60～70
胰岛素	40～70

(引自王正朝等《运动生理学》,2019)

由于受到个体差异、营养状态、激素分泌的周期性与节律性变化等因素的影响,以及机体内分泌系统对不同的运动的方式、强度、密度等反应不同,运动引起激素的变化是非常复杂的。

二、运动对激素调控及其代谢的影响

(一)反馈调节的变化

生理条件下,机体内分泌环境的相对稳定,有赖于内分泌轴的负反馈,内分泌细胞的自分泌、旁分泌等机制的调节,激素间的相互调节。当机体进行剧烈运动或从事长期训练时,激素的调控也会发生变化。

1.激素调节变化

运动影响激素的调节机制研究多集中在下丘脑-垂体-靶腺轴。

在生理状态下,下丘脑-垂体-靶腺轴是调节靶腺细胞激素合成与释放的主要因素。健身活动、小负荷训练一般不损害下丘脑-垂体-靶腺轴的调节功能,但大负荷训练,尤其是持续较长时间的大负荷训练往往会造成下丘脑-垂体-靶腺轴的功能抑制。相对而言,下丘脑-垂体-靶腺轴对大负荷训练较为敏感,容易出现调节功能的降低,而下丘脑-垂体-肾上腺皮质轴的调节功能因运动而出现降低发生较晚。运动引起下丘脑-垂体-靶腺轴功能降低时,在调节过程的不同层次(下丘脑、垂体、靶腺)、不同环节(受体、激素合成与释放)出现障碍。

2.调节物作用的变化

在生理条件下,胰岛素的分泌主要受血糖浓度的调节。然而,Galbo 等人的一项研究证明,受试者完成长时间力竭性运动时,机体出现血糖和血胰岛素同时降低的情况。当给受试者静脉输液补充葡萄糖,并使之处于高血糖状态时,血胰岛素仍然处于较低水平,并没有表现出明显的反馈性升高,说明生理条件下的血糖调节胰岛素分泌的作用在运动过程中发生了变化。

3.受体的变化

糖皮质激素是应激性激素,即在运动时往往出现血液中糖皮质激素的升高。有研究表明,短时间剧烈运动或长期训练,都会导致糖皮质激素受体下调,这一现象在白细胞、肝细胞、胸腺细胞等细胞膜能观察到,而经停训几个月后,这种下调会逆转。运动往往引起血胰岛素降低,但运动训练能使胰岛素受体增加,从而会提高外周组织对胰岛素的敏感性。

(二)激素代谢的变化

运动可使激素在血中的半衰期缩短。如 Irvine 等对运动员和普通人的甲状腺激素代谢进行了比较研究,发现运动员在完成运动训练时,甲状腺激素(T4)的半衰期为 4.12 天,而对照组的 T4 半衰期为 6.93 天。

运动可使激素的代谢发生变化。在生理条件下,人体的尿液中几乎检测不到 19-去甲基诺龙,当运动员进行剧烈运动后,尿液中会出现少量的 19-去甲基诺龙。

除运动本身外,身体的健康状态、机能状态、营养状态、水合状态等许多因素都会影响到运动员的激素代谢水平。

第四节 激素对运动中代谢及水盐平衡的调节

在长时间的运动中,糖和脂肪是维持肌肉运动的主要能量来源。为确保肌肉对葡萄糖和脂肪酸的需求,多种激素需共同发挥调节作用。

一、激素对运动中糖代谢的调节

葡萄糖以糖原的形式储存在体内，主要存在于肌肉和肝脏中。葡萄糖必须从糖原中释放出来，因此要求糖原分解加强。肝糖原分解释放的葡萄糖，通过血液循环被活动组织所吸收，也可以通过糖异生来升高血糖浓度。

体内升高血糖浓度的激素有四种：①胰高血糖素；②肾上腺素；③去甲肾上腺素；④皮质醇。

运动过程中，血糖的浓度取决于运动肌肉对葡萄糖的摄取量和肝脏释放的葡萄糖量之间的平衡。安静状态下，胰高血糖素促使肝脏释放葡萄糖，其不仅促进肝糖原的分解，同时还促进了氨基酸异生为葡萄糖。运动时，胰高血糖素的分泌增加，同时也促进肾上腺髓质释放儿茶酚胺（肾上腺素和去甲肾上腺素），这些激素与胰高血糖素协同作用促进糖原分解。运动中皮质醇的浓度也有所升高，皮质醇促进蛋白质的分解代谢，也促进氨基酸在肝脏中的糖异生。因此，这四种激素都能通过加速糖原分解和糖异生（非糖物质转化为葡萄糖）来提高血糖浓度。除了这四种激素外，生长激素促进游离脂肪酸释放，降低细胞对葡萄糖的摄取，因而减少了细胞对葡萄糖的利用（维持循环血液中较高的葡萄糖浓度）。同时，甲状腺激素能促进葡萄糖的分解和脂肪的代谢。

肝脏释放葡萄糖的量取决于运动强度和时间。随着运动强度的增加，儿茶酚胺的释放速率也随之增加，结果造成肝脏释放葡萄糖的量多于运动肌肉的摄取量。在一次短距离的全力跑过程中及运动后即刻，血糖浓度可能比安静水平高 40%～50%。

运动强度越大，儿茶酚胺释放得就越多，这会使得糖原分解率显著增加。这一过程不仅发生在肝脏中，也发生在肌肉中。肝脏释放的葡萄糖入血后能够被肌肉利用，但肌肉有其更便捷获取葡萄糖的来源，即肌糖原。在爆发性短距离的运动过程中，肌肉在摄取血糖之前，会优先利用自身所储存的糖原。肝脏释放出来的葡萄糖没有被立即使用，因而能保留在血液循环内，增加血糖。运动后，血糖浓度下降，葡萄糖进入肌肉，以弥补减少了的肌糖原。

持续数小时的运动中，肝脏释放葡萄糖的速率更加接近肌肉对葡萄糖的需求，使得血糖维持或稍高于安静时的浓度。随着肌肉摄取葡萄糖的增加，肝脏释放的葡萄糖也随之增加。在多数情况下，血糖在长时间运动末期，肝糖原耗竭时才开始下降，同时胰高血糖素开始增加。胰高血糖素与皮质醇共同促进糖原的分解，为肌肉提供更多的能源物质。

图 11-17 描述 3 h 自行车运动过程中血液肾上腺素、去甲肾上腺素、胰高血糖素、皮质醇与葡萄糖浓度的变化。长时间运动中，葡萄糖在激素调节下保持不变，但此时肝糖原也将消耗殆尽。因此，肝脏释放葡萄糖的速率可能就跟不上肌肉对葡萄糖的摄取速度。此时，即使有激素调节，血糖仍有可能会下降。因而，运动中摄取葡萄糖成为维持血糖浓度非常重要的方式。

二、激素对运动中脂代谢的调节

虽然运动时肌肉的能量来源主要是糖，也有少量来自脂肪，但耐力运动中游离脂肪酸的

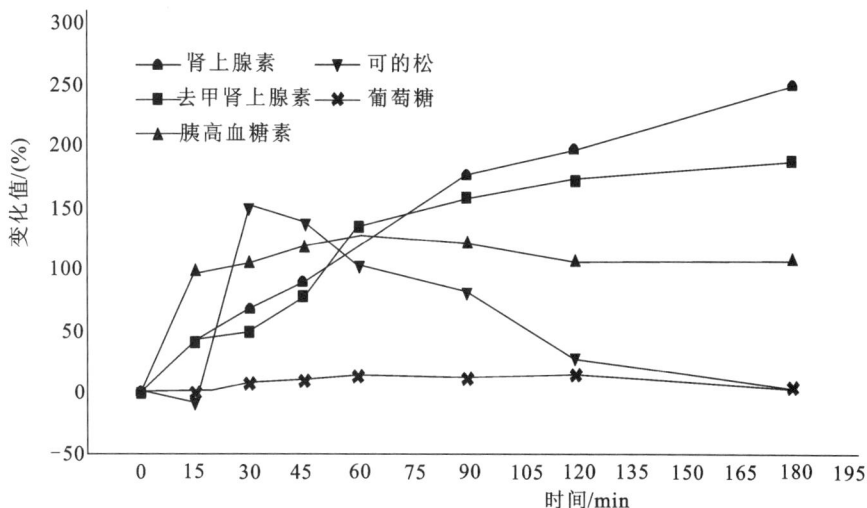

图 11-17　长时间运动中血浆儿茶酚胺、胰高血糖素、皮质醇和血糖水平的变化

(运动强度:65%$\dot{V}O_{2max}$。引自王瑞元、汪军译《运动生理学》,2011)

释放及氧化可决定运动表现。长时间运动时,糖会逐渐耗尽,肌肉的能量来源将逐渐依赖脂肪的氧化。当低血糖或肝糖原减少时,内分泌系统即会促进脂肪分解,以确保肌肉运动的能量需求。

游离脂肪酸以甘油三酯的形式储存在脂肪细胞和肌细胞内。脂肪组织中的甘油三酯必须分解释放出游离脂肪酸,游离脂肪酸将被转运到肌细胞中进行代谢。运动肌肉对游离脂肪酸摄取的速率与血浆游离脂肪酸浓度紧密相关。血浆游离脂肪酸的浓度增加,能提高肌细胞对其的摄取。在运动中,甘油三酯的分解速率在一定程度上取决于肌肉将其作为能源物质的比例。

体内脂肪分解的速率至少受以下五种激素的调控:①胰岛素;②肾上腺素;③去甲肾上腺素;④皮质醇;⑤生长激素。

运动中脂肪分解的加强,主要是由血液中的胰岛素浓度降低所致。肾上腺素和去甲肾上腺素浓度的增加也可促进脂肪分解。除了糖异生作用外,皮质醇在运动中可加速游离脂肪酸的动员和利用。血浆皮质醇浓度的峰值出现在运动后 30~45 min,随后下降至接近正常水平。但运动中血浆游离脂肪酸不断升高,意味着脂肪分解酶被其他激素(儿茶酚胺和生长激素)持续激活。甲状腺激素也能不断地动员和促进游离脂肪酸代谢,但所占比例很小。

综上所述,内分泌系统在调控运动过程中对 ATP 的产生,以及维持糖与脂肪代谢的平衡中发挥着重要的作用。

三、激素对运动中体液和电解质平衡的调节

运动过程中,体液平衡对于机体代谢、心血管功能和体温调节等非常重要。在运动刚开始时,水会从血浆转移到组织间隙和细胞间隙内,转移的程度依照运动肌肉的多少和运动强度决定。代谢产物会堆积在肌纤维内及肌纤维之间,使此部位的渗透压升高,使水分通过扩散方式流向细胞外。同时,肌肉活动可使血压升高,也可导致水分从血液中溢出,以致运动

中的排汗量也是增加的。上述诸因素使肌肉和汗腺消耗了大量的血浆。比如,以75%左右 $\dot{V}O_{2max}$ 强度跑步训练时,血浆量会减少5%～10%,而当血容量减少的时候,血压会降低,同时流向皮肤和肌肉的血流量会减少。这些因素都会影响运动员的运动能力。

(一)垂体后叶参与体液和电解质平衡调节

垂体后叶释放的抗利尿激素(ADH)通过增加肾脏对水的重新吸收来促进水的保存,因此,尿液中排出的水分就会减少,从而产生"抗利尿"效果(见图11-18)。

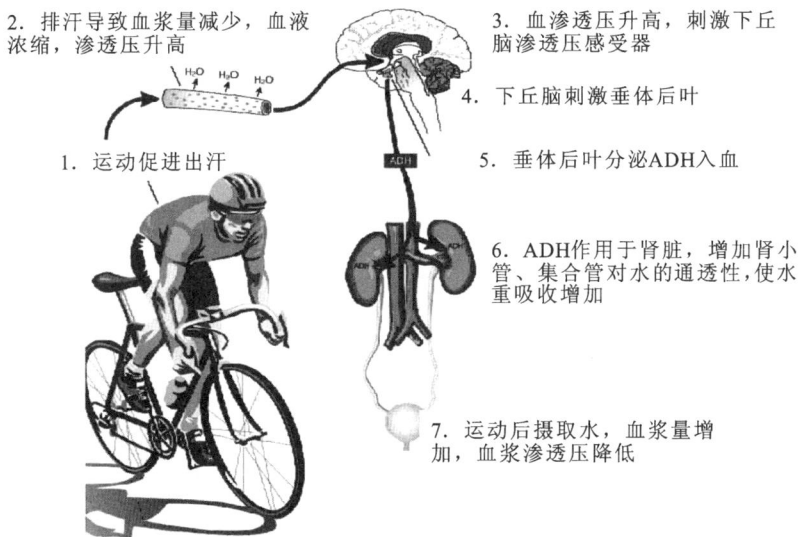

图 11-18 抗利尿激素增加机体水潴留的机制
(引自王瑞元、汪军译《运动生理学》,2011)

血浆渗透压的增加是ADH释放的主要生理刺激,下丘脑的渗透压感受器感知到渗透压的增加。ADH释放的第二个相关刺激因素是心血管系统压力感受器感知的低血浆容量。对于这两种刺激,下丘脑向垂体后叶发送神经冲动,刺激抗利尿激素的释放。抗利尿激素进入血液,到达肾脏,促进水潴留,努力稀释血浆电解质浓度使其回到正常水平。这种激素在保护身体水分方面的作用最大限度地减少了水分流失的程度,从而减少了在剧烈运动期间严重脱水的风险。

(二)肾脏参与体液和电解质平衡调节

肾脏除具有排泄功能外,还具有内分泌功能。肾脏能分泌调节体液和电解质平衡的两种激素:肾素和血管紧张素。

当血压或血浆容量下降时,流向肾脏的血液就会减少。通过交感神经系统的激活,肾脏释放肾素。肾素是一种被释放到血液循环中的酶,它将一种叫作血管紧张素原的分子转化为血管紧张素Ⅰ。随后,血管紧张素Ⅰ在血管紧张素转换酶(ACE)的帮助下,在肺部转化为其活性形式——血管紧张素Ⅱ。血管紧张素Ⅱ刺激肾上腺皮质释放醛固酮,促进肾脏吸收钠和水。如图11-19显示了肾脏控制血压的机制:肾素-血管紧张素-醛固酮机制。除了刺激肾上腺皮质的醛固酮释放外,血管紧张素Ⅱ还会导致血管收缩。因为 ACE 催化血管紧张素Ⅰ转化为血管紧张素Ⅱ,而血管放松会降低血压,所以 ACE 抑制剂有时用于高血压患者。

(三)肾上腺皮质参与体液和电解质平衡调节

由肾上腺皮质分泌的一组激素称为盐皮质激素,维持细胞外液的电解质平衡,特别是钠(Na$^+$)和钾(K$^+$)的平衡。醛固酮是主要的盐皮质激素,负责至少 95％的盐皮质激素活性。它的工作原理主要是促进肾脏对钠的再吸收,从而使身体保留钠。当钠被保留时,水也被保留。因此,醛固酮和 ADH 一样,会导致水分潴留。钠潴留也会促进钾的排泄,所以醛固酮在钾平衡中也起着作用。由于这些原因,醛固酮的分泌受到多种因素的刺激,包括血浆钠降低、血容量减少、血压降低、血浆钾浓度升高。

1. 肌肉活动,排汗增多,血压升高

2. 排汗使血浆量减少,肾血流量减少

3. 刺激肾分泌肾素,肾素促使血管紧张素Ⅰ生成,并转化为血管紧张素Ⅱ

4. 血管紧张素Ⅱ促使肾上腺皮质释放醛固酮

5. 醛固酮促进肾小管对钠离子与水的重吸收

图 11-19　运动时血浆中水的丢失,能引起肾脏保钠和保水,使尿量减少;在运动后的数小时内,醛固酮浓度增加引起细胞外液和血浆量增加

(引自王瑞元、汪军译《运动生理学》,2011)

【思考题】

1. 简述激素作用的一般特征。

2. 生长激素的生理作用主要有哪些?

3. 胰岛素的生理作用主要有哪些?

4. 简述运动过程中代谢的激素调节。哪些激素在其中发挥作用? 持续数小时的运动中,激素是如何影响糖或脂肪供应能量的?

5. 简述运动中体液平衡的激素调节。

第十二章　运 动 技 能

一、运动技能概念

运动技能是指人体在运动中掌握和有效地完成专门动作的能力。这种能力包括大脑皮质主导下的不同肌肉间的协调性。换言之,运动技能也就是指在准确的时间和空间里大脑精确支配肌肉收缩的能力。这需要用精确的力量和速度依一定的次序和时间去完成所需要的动作。运动技能的发展和提高,有赖于人们对人体机能客观规律的深刻认识和自觉运用。

二、运动技能的分类

美国学者将运动技能划分为闭式技能和开式技能两类。

闭式技能特点如下:①完成闭式技能动作时,基本上不因外界环境的改变而改变自己的动作;②闭式技能动作几乎是千篇一律的重复动作;③完成闭式技能动作时,反馈信息只来自本体感受器。如田径、游泳、自行车运动等。

开式技能特点如下:①完成开式技能动作时,往往随外界环境的改变而改变自己的动作;②开式运动技能动作是多种多样的;③完成开式技能动作时,由多种分析器参与工作,其中视觉分析器往往起主导作用,并综合总的反馈信息。如球类、击剑、摔跤等。

多数单人项目属于闭式技能,如田径、游泳、自行车等项目;对抗性项目属于开式技能,如球类、击剑、摔跤等项目。一般来说开式技能比闭式技能的动作复杂。

三、运动技能的生理本质

(一)人体随意运动的反射本质

谢切诺夫提出"一切随意运动,严格地讲,都是反射。脑的活动的一切外部表现,确实都归结为肌肉运动。"其生理机制被认为是:人的随意运动是从感觉开始,以心理活动为中继,以肌肉的效应活动而告终的一种反射。巴甫洛夫在《所谓随意运动的生理机制》一文中,从理论上阐明:随意运动的生理机制是暂时性神经联系。他用狗建立食物-运动条件反射证明,大脑皮层动觉细胞可与皮质所有其他中枢建立暂时性神经联系,包括内、外刺激引起皮质细胞兴奋的代表区在内。随意运动的生理机制是以大脑皮质活动为基础的暂时性神经联系。因此,学习和掌握运动技能,其生理本质就是建立运动条件反射的过程。

(二)人体运动条件反射形成的生理机制

人体形成运动条件反射的过程是通过许多简单的非条件反射活动,如食物反射、防御反射等,随着大脑和各器官的发育,在这些非条件反射的基础上,通过视觉、听觉、触觉和本体感觉与条件刺激物多次结合,就形成了简单的运动条件反射。在大脑中,与条件反射相关的中枢之间建立起了暂时的神经联系。

研究证明,运动技能的形成,有别于建立一般运动条件反射。其不同点有下列三个方面:①复杂性,参与形成运动条件反射活动的中枢不是一两个,而是许多个,既有运动中枢,又有视、听、皮肤感觉和内脏活动中枢参与活动,这种反射是复杂的;②连锁性,反射活动不是单一的,而是一连串的,一个接一个,前一个动作的结束便是后一动作的开始,具有严格的时序特征;③本体感受性,在条件反射过程中,肌肉的传入冲动(本体感受性冲动)起到重要作用,没有这种传入冲动,条件刺激得不到强化,使运动中枢发放神经冲动传至肌肉效应器官引起活动,这个复杂过程条件反射就不能形成,运动技能就不能掌握。

由此可见,人体形成运动技能就是形成复杂的、连锁的、本体感受性的运动条件反射。在学会运动技能以后,大脑皮质运动中枢内支配的部分肌肉活动的神经元在机能上进行排列组合,兴奋和抑制在运动中枢内有顺序地、有规律地、有严格时间间隔地交替发生,形成了一个系统,成为一定的形式和格局,使条件反射系统化。大脑皮质机能的这种系统性就称为运动动力定型。运动动力定型后,能使肌肉的收缩和放松有顺序、有规律、有严格时间间隔地进行,并符合动作要求的规格。因此可以更确切地说,运动技能的形成就是建立运动动力定型的结果。

运动动力定型越巩固,就越能轻松自如地完成动作。运动动力定型建立得越多,动力定型的改建就越容易,大脑皮质的机能灵活性也越高。大脑机能的可塑性表现为,在一定的条件下,新的运动动力定型可以取代旧的运动动力定型。运动实践证明,基本技术掌握得越多,越熟练,则不仅学习新的运动技能越快,而且战术运用越自如,在实践中才会有丰富的创造力,形成独特的技术风格。

四、运动技能形成的过程

运动技能的形成,是由简单到复杂的建立过程,并有其建立、形成、巩固和发展的阶段性变化和生理规律。依据运动技能形成时的生理变化特点将其划分为相互联系、完整统一的三个阶段或称三个过程。

(一)泛化过程

1.产生原因及动作表现

在学习任何运动动作的初期,通过教师的讲解、示范和自己的实践,学习者只能对该技能获得一种感性认识,对其内在规律并不完全理解和掌握,往往会出现泛化现象。这是由于新动作练习引起的一系列新异刺激,通过各种感受器(尤其是本体感受器)上传到大脑皮质,引起大脑皮质有关中枢产生强烈兴奋,但此时内抑制过程尚未建立,条件反射的暂时性神经联系尚不稳定,因此大脑皮质有关中枢的兴奋与抑制过程都呈现扩散状态,进而出现泛化现象,导致不该兴奋的中枢产生兴奋,不该收缩的肌肉产生收缩。

这个过程在肌肉上的表现往往是动作僵硬、不协调,多余动作及错误动作多,动作不连贯及节奏紊乱,而且做动作很费力等。同时,由于两个信号系统之间的暂时联系尚未接通,所以练习动作后一般难以用语言描述动作,并且动作易受干扰。

2. 教学要求

该阶段的学习任务是建立动作表象,获得感性认识,了解动作的基本要领和做法,进而通过模仿和尝试性练习,能够粗略地掌握动作。因此,教师在该阶段教学中应抓动作的主要环节和学生掌握动作中存在的主要问题,不要过多强调动作细节。教师应通过简练和形象的讲解及正确的示范指导学生实践,使学生建立正确动作的概念,体会完成动作的肌肉感觉。

(1)多采用直观教学。

由于初学者对动作内在规律理解不深,所以教学中不宜过多地讲解,而应以各种直观展现和模仿练习为主,精讲多练。可通过示范动作、影像、图片及对镜练习等直观教学法,充分发挥视觉与本体感觉之间的相互作用,充分发挥第一信号系统的作用,以强化正确的动作。还可利用各种标志物、限制物等,帮助初学者建立正确动作。例如在跳远起跳点设置标志物,可以强化起跳时间。

(2)采用分解教学等方法,适当降低动作难度。

在学习动作的初期,可采用分解教学法,将运动技能的各环节拆散开进行教学,先分解后综合。还可以适当降低动作难度,如高低杠中高杠的动作可先在低杠上练习,跨栏的栏架高度可适当降低等。这样做有助于初学者消除恐惧心理和防御性反射对技能学习的干扰。在学习某些高难度动作(如体操器械)时,可利用保护帮助等方法,使学生在不能独立完成动作时借助保护帮助,建立完成动作时的正确肌肉感觉。

此外,教学内容的安排应符合学生特点和接受能力,遵循循序渐进、由易到难和由简到繁的原则。

(二)分化过程

1. 产生原因及动作表现

随着学习者对所学动作的反复实践,运动技能会逐步改进和完善。此时大脑皮质有关中枢的兴奋和抑制过程日趋分化和完善,抑制过程得到加强,特别是分化抑制的建立,使大脑皮质有关中枢的兴奋和抑制过程逐渐集中,条件反射活动也由泛化进入了分化。此时不该收缩的肌肉会得到放松,多余动作会逐渐消除,错误动作会得到纠正,能够比较顺利地完成技术动作,并初步形成动力定型。但这种动力定型还不够稳定,遇到新异刺激(如有外人参观)或较强刺激(如进行比赛)时,错误动作可能还会重新出现。

2. 教学要求

在该阶段中,教师应重点加强对动作细节的要求,促进分化抑制的建立和发展,使动作日趋准确。

(1)加深对动作内在规律的认识,建立完整动作的概念。

教师细致的讲解和学生的学习实践使学生加深对动作各环节之间的联系及内在规律的认识和理解,并从感性认识上升到理性认识,以形成正确动作的概念。在教学安排上应从泛化阶段的分解练习逐步过渡到完整动作的练习,以加速形成正确动作的概念,建立完整的技术动作。

（2）强化正确动作，及时纠正错误动作。

随着完整动作的形成，以及两个信号系统之间联系的建立，教学中可以借助语言刺激进行强化，帮助建立正确动作。例如，当学生动作做得较好时，教师应用"做得对""正确"等语言加以肯定和鼓励。还可以采用"正误对比""想练结合"等方法，加快正确动作形成动力定型。

在该阶段中，教师尤其要注意及时指出和纠正错误动作，避免错误动作形成动力定型。因为错误动作的条件反射建立越久，越巩固，则越不容易消退。

（3）加大动作难度，建立更精细的分化抑制。

在体育教学中可利用小篮圈、窄平衡木等做练习，以加大动作难度。也可以在动作练习时制造干扰因素，如对进攻者加强防守或运用竞赛的手段，以便对动作细节建立更精细的分化抑制，加速运动技能的熟练掌握。

（三）巩固过程

1. 产生原因及动作表现

在分化阶段后，学习者通过进一步反复练习，运动技能日趋巩固和完善，大脑皮质相关中枢的兴奋与抑制在时间上和空间上都更加精确和集中。此时，不仅动作完成得更加准确、协调和优美，而且动作的某些环节还可出现自动化现象，即不必大脑皮质有意识地进行控制就能顺利完成动作。在环境条件变化时，动作技术也不易受破坏。同时，由于内脏器官的活动与动作配合得很好，完成练习时也感到省力和轻松自如。

2. 教学要求

（1）对学生提出进一步要求，不断提高动作质量。

动作技能已达到巩固程度时，教师应指导学生进行技术理论学习，加深对动作内在规律的认识和理解，不断提高动作质量，促进动作达到自动化。

（2）坚持练习、巩固持久。

由于运动条件反射的形成是有关中枢建立起暂时性神经联系，如果长期不强化，那么已建立的暂时联系还会中断，已获得的技能也会消退。越是难度大、技术复杂的动作和掌握不熟练的新动作越容易消退。因此，即使运动技能已经发展到巩固和自动化程度，仍应坚持练习、不断强化，使其保持得更加持久。

综上所述，依据运动技能学习过程中的不同特征将其划分为三个阶段，但在教学实践中各阶段并不是截然分开的，而是逐渐过渡的，各阶段的出现及持续时间的长短受许多因素的影响。其中，如何从泛化阶段尽快过渡到分化阶段是运动技能形成过程中最重要的环节。分化抑制建立得越快越精确，运动技能掌握得越快。

（四）动作自动化现象及其生理机理

1. 产生原因及动作表现

随着运动技能的巩固和发展，暂时联系达到非常巩固的程度以后，动作即可出现自动化现象。所谓自动化，就是练习某一套动作时，可以在无意识的条件下完成。其特征是，对整个动作或者是对动作的某些环节，暂时变为无意识的。

关于有意识和无意识的生理机理,巴甫洛夫认为,只有在当时最适宜条件下兴奋的皮质部位所完成的活动才是有意识的,通过这种部位最容易建立新的暂时联系。而无意识的自动化动作可由大脑皮质兴奋性较低的区域来完成。由此看来,所谓"无意识"的自动化动作仍然没有脱离大脑皮质的支配,只不过是大脑皮质兴奋性较低的部位实现的活动(或称低意识控制的活动)。当外界环境变化时,这种无意识活动可立刻转变为有意识活动。如日常走路是自动化的无意识动作,但若在悬崖边或钢丝上行走,就成了有意识活动。篮球运动员运球动作达到自动化后,若遇到防守等阻碍,也需要通过大脑皮质对动作进行有意识的控制和调整。

当动作出现自动化现象时,第一信号系统的活动已经从第二信号系统的影响下相对地"解放出来"。完成自动化动作时,第一信号系统的兴奋不向第二信号系统传递,或者只是不完全地传递,这时的动作是无意识的,或是意识不完全的。

2. 教学要求

要想提高运动成绩,必须使动作达到自动化程度,但不应认为动作达到自动化后,质量就得到保证。虽然动力定型已经非常巩固,但由于进行自动化动作时第一信号系统的活动经常不能传递到第二信号系统中去,因此,如果动作发生少许变动,也可能一时未觉察,等到觉察,可能变质的动作已因多次重复而巩固下来。所以,动作达到自动化以后,仍应不断检查动作质量,精益求精。

五、运动技能形成过程中应注意的问题

(一)注意有效信息输入

运动技能的形成首先要使学生对所完成的动作有一个初步的概念。概念的形成是通过人体的感受器将各种信息转换为动作电位后,传入大脑皮质,经过大脑的分析综合而产生的。从信息处理过程来看,将人看成是信息处理器,人对外界环境的刺激到发生反应,就是信息处理过程。运动技能的学习也可以看成是这一过程(见图 12-1)。

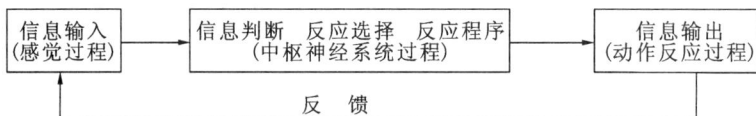

图 12-1 信息的输入至输出过程模式图

(引自 Pleasant,1981)

因此,在体育教学中,教师必须考虑采用适合于学生接受的信息源(包括信息的形式、强度和数量等)和不同的传输手段(如讲解、示范和录像等),并使之成为引起学生形成和再现运动技能有效的传入信息来源。

(二)善于调整学生的动机状态

人的一切行动都是有目的的,都是受一定目的支配的,这种支配人们行为的目的,就称为动机(其他说法有要求、抱负、意愿、志向、需要、理想、向往等)。动机与运动机能之间成倒U 字形的曲线(见图 12-2)。在学习与比赛条件相同的情况下,学生如果处于最佳动机水平,

所取得的学习效果与比赛成绩最好。否则,就不能取得理想的结果。

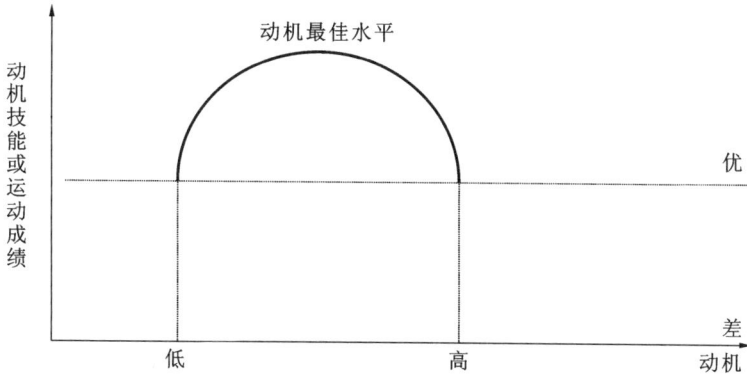

图 12-2 动机和运动技能形成的关系图

(引自 Morgan,1966)

(三)注意信息反馈的调节

反馈就是效应器在反应过程中产生信息又传回控制部分,并影响控制部位的功能,使传出的信息更精确。生理学根据反馈效果将反馈划分为正反馈和负反馈。正反馈的作用是通过反馈信息加强控制部位的活动;负反馈的作用是通过反馈信息抑制反馈部位的活动。

在运动技能形成的反馈通道中,小脑起着耦合器的作用,肌肉收缩时本体感受器将肌肉收缩的情况及时传向小脑,与此同时大脑皮层的指令信息也到达小脑,在小脑耦合,两种信息通过比较,了解实际完成的动作偏离目标的程度,然后由小脑红核发出信息,经丘脑外侧核,返回到大脑皮层发出指令的代表点,从而及时发出纠正动作的指令信息(见图 12-3)。因此在体育教学训练中,首先必须使学生建立正确的动作概念。

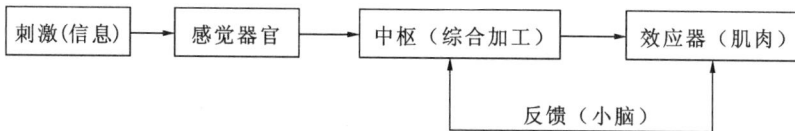

图 12-3 运动技能形成过程的信息反馈通道

反馈具有以下三方面的作用。

1. 提供信息

最初给小脑提供一个反馈信息,经小脑调整后产生了一个新的信息,然后再通过新的信息去纠正错误动作,提高动作质量,做出正确应答(见图 12-4)。

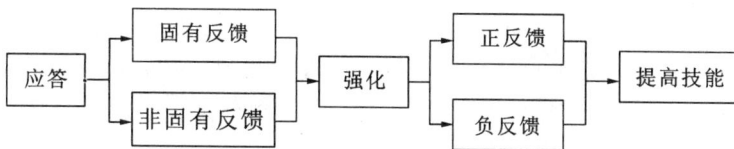

图 12-4 提供信息从而提高动作质量的作用

(引自 Rusia,1972)

2. 强化作用

这种强化作用可以是阳性的,也可以是阴性的。阳性强化是通过一些鼓励的语言或措施,达到增强或提高效果的作用;阴性强化是通过一些批评的语言或措施,达到减弱或降低效果的作用(见图12-5)。

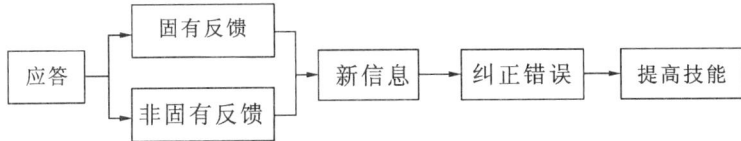

图 12-5 强化作用对提高动作质量的作用

(引自 Rusia,1972)

3. 激发动机

在运动实践中通过反馈可以激发学生的学习情绪或增强运动的必胜信心。

在运动技能学习过程中,教师应根据不同情况,科学合理地运用反馈原理,形成教师与学生之间双向反馈的教学模式(见图12-6)。教师在教的过程中有意识地通过观察、提问、检查等方法,不断发现学生在学习中出现的问题,了解学生的困难和学生的接受能力,从而调整自己的教学进度和方法;而学生也可以从教师的表情及教师对自己学习的检查、评价中获得反馈信息,了解自己的学习情况,调整自己的学习行为。这样在整个教学过程中教师与学生都是相互协作、息息相通的,可以把它看成是一种启发式的教学。

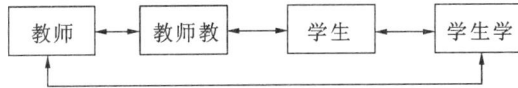

图 12-6 双向反馈的教学实践模式图

(引自 Pleesnu,1980)

(四)充分利用各感觉机能间的相互作用

运动技能的形成过程,就是在多种感觉机能参与下同大脑皮质动觉细胞建立暂时的神经联系。特别是本体感觉,对形成运动技能尤其有特殊意义。人体各种感觉都可帮肌肉产生正确的肌肉感觉,没有正确的肌肉感觉就不可能形成运动技能。所以在运动实践中只有勤学苦练,反复实践,建立精确的分化,区别正确动作和错误动作的肌肉感觉,才能巩固正确动作,消除错误动作。

在体育教学和运动训练中,充分发挥视觉与本体感觉之间的相互作用,能强化正确动作,消除错误动作。如在体操、举重和武术项目中,学习某些动作可以看着镜子练习,以便及时纠正错误动作,强化正确动作。在有些田径项目中,为了建立正确动作出现的时间,往往采用附加标记的方法。如在跳远的起跳点附近设置明显的标记,以强化合理的起跳时间。在跨栏跑练习中,在过栏时要求运动员在适当的位置开始做上体下压动作,也可以设置明显标记,以掌握做下压动作的时间,尽快掌握合理技术。

在体育教学和运动训练中,应充分发挥听觉与本体感觉间的相互作用,建立正确动作的频率和节奏感。例如:中长跑运动员在练习中,常常随着有节奏的声响调节跑的频率,建立跑的正确节奏;体操运动员常用音乐伴奏,以增强体操运动员的节奏感和韵律感,以利于掌握动作。

在体育教学和训练中要充分发挥位觉与本体感觉间的相互作用。随着运动技术的提高,运动员在空中完成翻腾或旋转动作时,对位觉空间三度(上下、左右、前后)的适应能力要求很高,只有本体感觉对时间和空间的感知具有精确的分化,才能在空中完成复杂的动作。如体操、跳水运动员为尽快掌握空中动作,往往先降低高度或使用保护带,反复练习,使运动员体会和建立空间三度感觉,来增强位觉机能敏感性。

在体育教学和训练中也要充分发挥皮肤感觉与本体感觉间的相互作用,以建立正确的动力定型。如初学爬泳者下肢打水的幅度不是过大,就是过小,为了尽快掌握正确的动作幅度,可用一个限制圈控制下肢打水的幅度,通过皮肤的触觉,消除下肢动作幅度过大或过小,强化正确的本体感觉。又如推铅球在做出手动作时容易出现左肩后撤的错误动作,这时教师可在学生推球出手的瞬间,用手顶住学生的左肩,以帮助学生体会正确的肌肉感觉,形成正确的动作。如果练习的难度较大,学生不能独立完成,教师可以用助力帮助学生完成动作,使学生获得完成动作时的肌肉感觉。有时采用减小难度的方法,如高杠上的体操动作完不成,可先在低杠上做,学生能在低杠上完成动作获得正确的肌肉感觉后,再到高杠上就容易掌握了。因此,在练习中设法使学生获得正确的肌肉感觉,对建立运动条件反射起着有力的强化作用。

如上所述,在形成运动技能时,除视觉、听觉、位觉、皮肤感觉起重要作用外,同时也与内脏感觉机能有着密切的联系。在完成任何动作时各感觉机能都同时起作用,只不过根据运动项目的特点,对某一种感觉机能要求更高一些。所以在运动实践中,要尽量多实践,充分发挥各感觉机能作用,以便有效地加快运动技能的形成。

(五)强调身脑并用

在形成技能的过程中,只有通过不断的身体练习,才能使运动条件反射得到强化。但除了身体练习外,一定要强调多思考,自我分析和检查动作的正确与错误,还可以通过想象和回忆练习提高教学效果。想象练习虽然只是在头脑中进行,但同样可以使这一运动技能的暂时联系再接通一次,即等于接受了一次强化,因此,可促进运动技能的发展。

(六)消除防御性反射

在教学中,初学者,特别是一些胆怯的学生,对一些难度较大的运动技能,经常会有害怕心理而产生防御性反射。初学者可适当降低动作难度或高度,消除害怕心理。通过逐步过渡,在学生对动作有了初步体验后再进入动作要求的练习。有些具有一定难度的动作要加强保护措施,消除学生害怕心理,增强完成动作的信心。

(七)充分利用运动技能间的良好影响

在运动技能的学习中,要充分利用运动技能间的相互良好影响,而尽力消除不良影响,加速运动技能的形成。运动技能之间的相互良好影响,表现为原有的运动技能可以促进新的运动技能形成,当同时学习几种运动技能时可以彼此促进,新的运动技能的形成有助于原有运动技能的巩固和完善;相反,运动技能的不良影响,表现为前一动作的学习将妨碍后一动作的掌握。例如:学习单杠前上技术,对双杠屈伸上技术就有良好作用;初学滑冰的新手,开始时往往用冰刀的前端蹬冰,这是受走路技能的影响;学会了自由泳后再去学蛙泳,原来所掌握的自由泳双腿打水技术就会妨碍蛙泳蹬水动作的掌握。

运动技能的相互影响,对安排动作教学顺序是有意义的。例如,学游泳时,先学爬泳,后学仰泳就比较快,原因是爬泳姿势比较接近人在生活中的基本动作,同时具备其他几种姿势的某些基本环节。

【思考题】

1.试述运动技能的形成过程及各阶段的动作表现和教学要求。

2.反馈对形成运动有哪些作用?

3.运动技能形成过程中应注意哪些方面的问题?

第十三章　有氧与无氧工作能力

人体运动时的能量代谢包括有氧代谢和无氧代谢,从生理学角度根据运动时能量供应特点,可以把人体的运动能力分为有氧工作能力和无氧工作能力。

第一节　概　　述

一、需氧量和摄氧量

(一)需氧量(oxygen requirement)

需氧量是指人体为维持某种生理活动所需要的氧量。通常以每分钟为单位计算,正常成人安静时需氧量约为 250 mL/min。

运动时需氧量随运动强度而变化,并受运动持续时间的影响。运动时随着运动强度的增大,每分需氧量则相应增加。运动强度越大,持续时间越短的运动项目,每分需氧量则越大。反之,运动强度较小,持续时间长的运动项目,每分需氧量较少,但运动的总需氧量却很大。例如,从 100 米赛跑计算出的每分需氧量可高达 40 L/min,其总需氧量只有 7 L 左右;而中等程度的马拉松跑时每分需氧量为 2~3.5 L/min,但由于运动持续时间长(2 h 以上),其总需氧量可达 700 L 以上。可见,运动时的每分需氧量反映了运动强度的大小。

(二)摄氧量(oxygen uptake,VO_2)

单位时间内,机体摄取并被实际消耗或利用的氧量称为摄氧量。有时把摄氧量也称为吸氧量(oxygen intake)和耗氧量(oxygen consumption)。通常以每分钟为单位计量摄氧量。安静时,机体代谢水平低,能量消耗少,每分摄氧量与每分需氧量是平衡的。运动时,随着运动强度的增加,每分需氧量成比例增加,摄氧量能否满足需氧量,取决于运动项目的特点。在持续时间短、强度大的运动中以及低强度运动的开始阶段,摄氧量均不能满足需氧量,出现氧亏。

二、氧亏与运动后过量氧耗

(一)氧亏(oxygen deficit)

在运动过程中,当机体摄氧量不能满足实际所需要的氧量时,造成体内氧的亏欠称为氧亏。

在进行强度大、持续时间短的剧烈运动中,即使氧的运输系统功能已经达到最高水平,但摄氧量仍不能满足需氧量从而出现氧亏。同样,在低强度运动的开始阶段,由于内脏器官的生理惰性大,氧运输系统的功能不能立即提高到应有的水平,其摄氧量亦不能适应运动的需要。所以,在低强度运动的开始阶段也会出现氧亏(见图 13-1)。

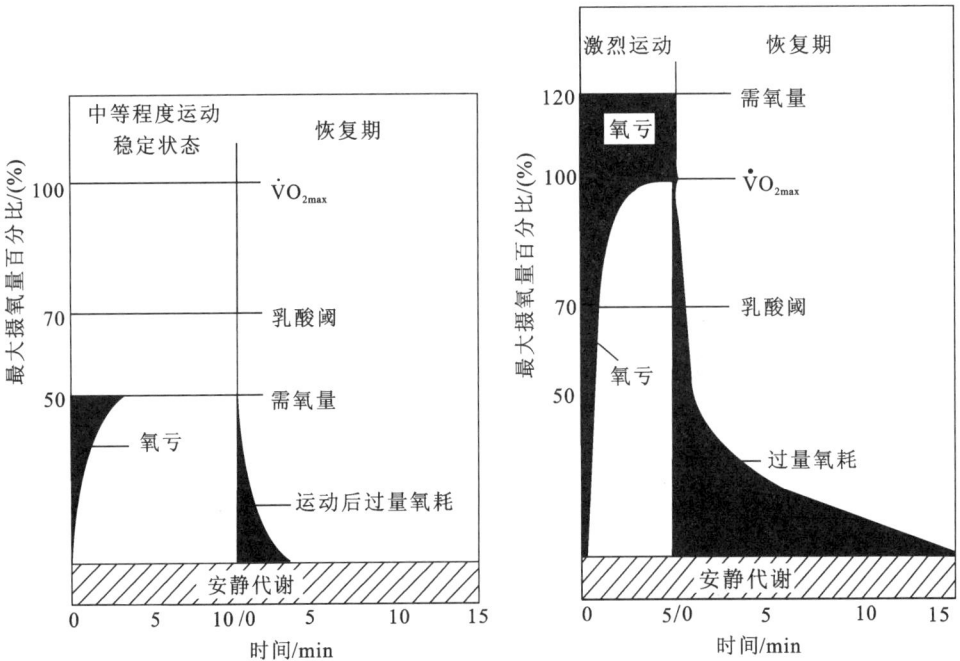

图 13-1　氧亏和运动后过量氧耗示意图
(引自 Noble B. J. ,1986)

(二)运动后过量氧耗(exercise post-exercise oxygen consumption,EPOC)

运动结束后,肌肉活动虽然停止,但机体的耗氧量并不能立即恢复到运动前相对安静的水平。运动后恢复期为偿还运动中的氧亏及运动后使处于高水平代谢的机体恢复到安静水平消耗的氧量称为运动后过量氧耗(EPOC)。

运动后过量氧耗的机制目前仍不明确。运动后氧储备的恢复、磷酸原再合成、乳酸清除,运动后仍高于运动前水平的通气量、心输出量及体温均可能是导致运动后过量氧耗的原因。

实验证明,运动后过量氧耗与多种因素有关。第一,体温升高的影响。Brooks(1977)通过实验证明,运动时最主要的代谢废物是热。运动时产生的热一部分可通过皮肤散发到体外,未能散发出去的热在体内堆积,使体温升高。体温每升高 1℃,身体的代谢率可提高13%。赫勃格(Hegberg)通过研究指出,从运动后恢复期的耗氧成分分析,耗氧量恢复曲线的慢成分有 60%～70%是由于肌肉温度升高造成的。有实验证明,体温和肌肉温度与运动后恢复期耗氧量的曲线是同步的。第二,儿茶酚胺的影响。运动使体内儿茶酚胺浓度增加,运动后恢复期儿茶酚胺浓度仍保持在较高水平,因而消耗一定的氧。第三,磷酸肌酸再合成的影响。在运动过程中,磷酸肌酸(CP)逐渐减少以致排空,在运动后 CP 需要再合成。在运动后恢复期 CP 的再合成需要消耗一定氧。第四,Ca^{++} 的影响。运动使肌肉细胞内 Ca^{++} 的浓度增加,运动后恢复细胞内外 Ca^{++} 的浓度需要一定时间,Ca^{++} 有刺激线粒体呼吸的作用,由于 Ca^{++} 的刺激作用使运动后的额外耗氧量增加。第五,甲状腺素和肾上腺皮质激素的影响。甲状腺素和肾上腺皮质激素可促进细胞膜钠-钾泵活动加强,同时在运动后恢复期的一定时间内,其浓度仍然保持在较高水平,因而消耗一定量的氧。

三、最大摄氧量(maximal oxygen intake,$\dot{V}O_{2max}$)

(一)最大摄氧量的概念

最大摄氧量是指人体在进行有大量肌肉群参加的长时间剧烈运动中,当心肺功能和肌肉利用氧的能力达到本人极限水平时,单位时间内(通常以每分钟为计算单位)所能摄取的氧量称为最大摄氧量($\dot{V}O_{2max}$)。它反映了机体吸入氧、运输氧和利用氧的能力,是评定人体有氧工作能力的重要指标之一。

$\dot{V}O_{2max}$ 的表示方法有绝对值和相对值两种。绝对值是指机体在单位时间内所能吸入的最大氧量,通常以升/分(L/min)为单位;相对值则是按每千克体重计算的最大摄氧量,以毫升/每千克体重/分(mL/kg/min)为单位。人体的身高、体重的差异较大,因此,用最大摄氧量的绝对值进行个体间的比较是不适宜的,而相对值消除了体重的影响,在个体间进行比较中更有实际意义。我国正常成年男子最大摄氧量为 3.0～3.5 L/min,相对值为 50～55 mL/kg/min;女子较男子略低,其绝对值为 2.0～2.5 L/min,相对值为 40～45 mL/kg/min。$\dot{V}O_{2max}$ 受遗传因素的影响较大,并依年龄、性别和训练等因素的不同而有所差异。

(二)最大摄氧量的测定方法

1. 直接测定法

直接测定法通常在实验室条件下进行,让受试者在一定的运动器械上进行逐级递增负荷运动试验,记录各级负荷的通气量,并分析其吸入 O_2 和呼出 CO_2 的含量,计算出各级负荷运动时的摄氧量。当进一步增加运动负荷而吸氧量不再随运动负荷的增加而增加,或增加甚少(2 mL/kg/min),或略有下降,此时的摄氧量即为 $\dot{V}O_{2max}$。常用的运动方式为跑台跑步、蹬踏功率自行车或一定高度的台阶试验。

在直接测定 $\dot{V}O_{2max}$ 时,通常采用以下标准来判定受试者已达到本人的最大摄氧量:①心率达180 次/分(儿少达 200 次/分);②呼吸商(RQ)达到或接近 1.15;③摄氧量随运动强度增加而出现平台(继续运动时,相邻两次负荷摄氧量的差别在 150 mL/min 以下或 2 mL/kg/min 以下)或下降;④受试者已发挥最大力量并无力保持规定的负荷即达精疲力竭。一般情况下,符合以上四项标准中的三项即可判定达到 $\dot{V}O_{2max}$。

2. 间接推算法

用直接测定法测定的试验数据可靠,重复性好,但必须要有相应的设备条件,如跑台、功率自行车、收集和分析气体的仪器或心肺功能测试仪,对受试者要求达到最大或力竭运动。直接测定最大摄氧量对体弱和老年人有一定的危险性。因此,许多学者致力于用间接法来推算 $\dot{V}O_{2max}$。国内外使用较普遍的间接推算法是瑞典学者提出的 Astrand-Ryhmin 列线图法(见图 13-2),即根据亚极量负荷时测得的摄氧量与心率的线性关系绘制的推测 $\dot{V}O_{2max}$ 列线图。

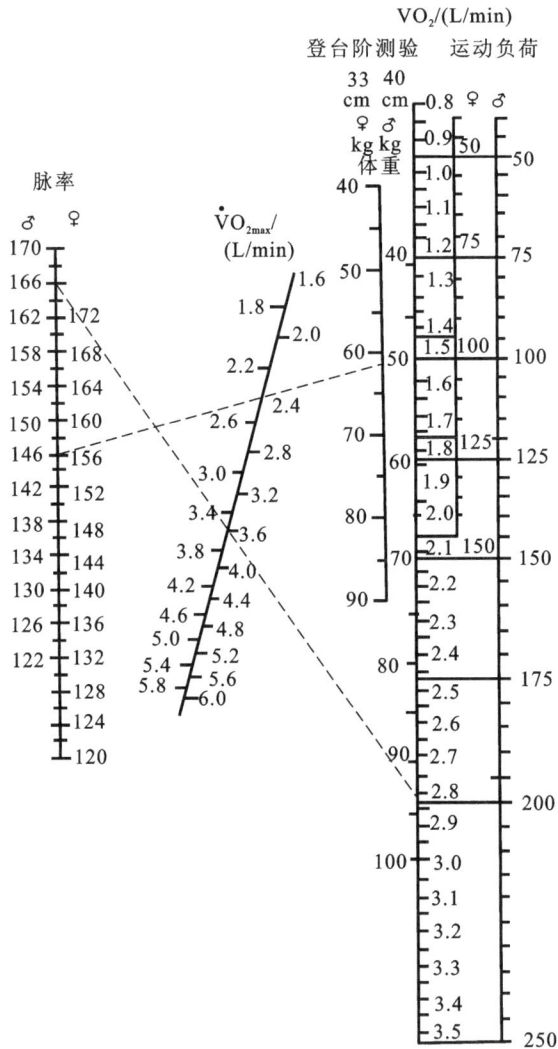

图 13-2　用亚极量运动后的心率预测 $\dot{V}O_{2max}$ 的列线图

(引自 Astrand,1977)

使用该列线图推算 $\dot{V}O_{2max}$ 的具体方法如下。

(1)台阶试验。男性被试者在 40 cm 高的台阶上,女性被试者在 33 cm 高的台阶上,以每分 22.5 次的频率(左腿上、右腿上、左腿下、右腿下四步为一次)上下台阶,连续做 5 min,

结束后测第一个 10 s 的心率,乘以 6,作为恢复期第 1 分钟的心率,在列线图上把被试者的体重标点和心率标点连线,与列线图中间斜线的交点,即为其最大摄氧量。例如,某女青年体重 61 kg,台阶测试后第 1 分钟的心率为 156 次/分,连接两点,读出中间斜线相交点上的数值,该青年的最大摄氧量为 2.4 L/min。

　　(2)功率自行车运动测验。根据具体情况,受试者以每分钟 50 转或 60 转的速度蹬车,在一分钟内逐渐将负荷功率加到 150~200 W(900~1 200 kg·m/min)连续蹬车 3~5 min,使心率达到稳定状态,记录稳定状态的心率。根据被试者在功率自行车上运动时的功率以及心率两点,用虚线相连,与中间斜线的交点,即为被试者的最大摄氧量。例如,某男性被试者,在自行车上运动当负荷功率加至 200 W 时,其心率为 166 次/分,交点为 3.6 L,即该青年的最大摄氧量为 3.6 L/min。

　　阿斯特兰德经过进一步研究,又提出了根据不同年龄和最大心率的修正系数对最大摄氧量的推测值进行修正的方法,即实际最大摄氧量等于推测值乘以年龄或最大心率的修正系数(见表 13-1)。

表 13-1　推测最大摄氧量的年龄与最大心率修正系数表

年龄	修正系数	最大心率	修正系数
15	1.10	210	1.12
25	1.00	200	1.00
35	0.87	190	0.93
40	0.83	180	0.83
45	0.78	170	0.75
50	0.75	160	0.69
55	0.71	150	0.64

(三)限制最大摄氧量的因素

　　运动科学家曾提出限制最大摄氧量的最重要的生理因素和真正影响最大摄氧量的系列因素,结果提出了两种对立的理论。

　　第一种理论认为限制有氧耐力的原因是线粒体内缺乏足够浓度的氧化酶。耐力训练可以提高这些氧化酶,让活动组织使用更多可利用的氧,导致了较高的最大摄氧量。另外,耐力训练也会增加肌肉线粒体的体积与数量。因此,该理论认为最大摄氧量的主要限制因素是线粒体无法以特定的高速率使用氧,此理论被认为是利用理论。

　　第二个理论是中枢和外周的循环因素限制了有氧耐力。这些循环因素阻止充足的氧气运送到活动组织。根据此理论,耐力训练后最大摄氧量提高是因为血量增加、心输出量增加(通过每搏输出量)和肌肉活动较好的血液灌流所致。

　　研究证据强力支持第二个理论。有研究指出,受试者在运动至力竭中摄取混合的一氧化碳(强制与血红蛋白结合后会限制血红蛋白的携氧能力)和空气,发现最大摄氧量因吸入一氧化碳而降低,而一氧化碳分子结合血红蛋白的含量约 15%,此百分数与最大摄氧量的降低比例一致。在另一项研究中,受试者的总血量几乎被移除 15%~20%,也接近最大摄氧量的下降值。将分离的红细胞再注入受试者体内,4周后对照组最大摄氧量的增加大于基础值。在这两篇研究中,血液的携氧量下降是因为阻止血红蛋白与氧气结合或移除全血,从而导致运输至活动组织的氧气,进而降低最大摄氧量。同样,研究显示呼吸富氧的混合气,因为吸入气体中的氧分压有所增加,所以提高了耐力。

Rowell(1986)在他的《人体身体应激时的循环调节》一文中,讨论了限制 $\dot{V}O_{2max}$ 的潜在因素(见图13-3)。

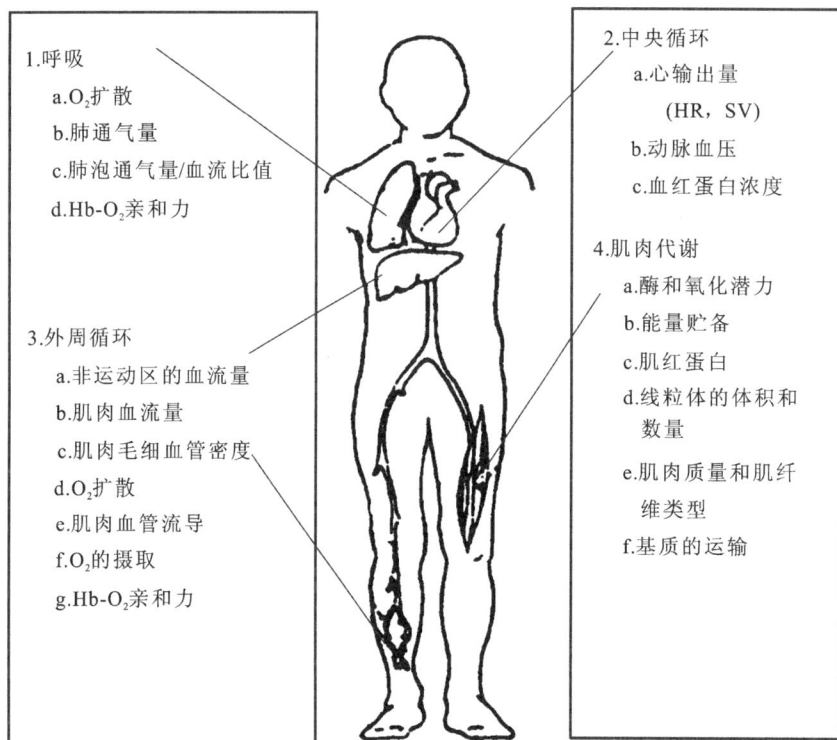

图 13-3　限制最大摄氧量的潜在因素
(引自 Rowell,1986)

(四)影响最大摄氧量的其他因素

1. 遗传因素

通过对双生子最大摄氧量的研究表明,$\dot{V}O_{2max}$ 受遗传因素的影响较大。Kessouras(1972)等研究了25对双生子(15对单卵,10对双卵),发现 $\dot{V}O_{2max}$ 的遗传度为93.4%。Bouchard(1986)等发现,遗传在影响 $\dot{V}O_{2max}$ 值的变化因素中占25%～50%,这意味着在所有影响最大摄氧量的因素中,单是遗传因素就占了总影响因素的1/4～1/2。停止耐力训练的世界级运动员在久坐不动的条件下,会持续多年保持较高的 $\dot{V}O_{2max}$ 值。

遗传可以解释为什么有些人即使没有经过耐力训练,但也会具有相对较高的最大摄氧量。因此,遗传和环境因素都影响最大摄氧量。遗传因素可能使运动员的 $\dot{V}O_{2max}$ 限定在一定的变动范围内,但是耐力训练可以推进 $\dot{V}O_{2max}$ 到范围的上限。

2. 年龄、性别因素

$\dot{V}O_{2max}$ 在少儿期间随年龄增长而增加,并于青春发育期出现性别差异,男子一般在 18 岁～20 岁时最大摄氧量达峰值,并能保持到 30 岁左右;女子在 14 岁～16 岁时即达峰值,一般可保持到 25 岁左右。以后,$\dot{V}O_{2max}$ 将随年龄的增加而递减(图 13-4)。若坚持体育锻炼,$\dot{V}O_{2max}$ 随年龄增加而递减的幅度减小。

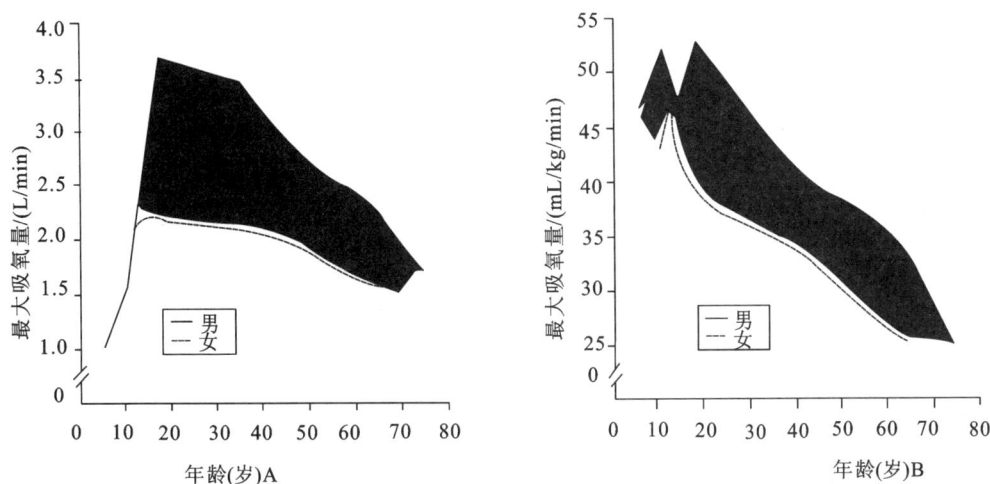

图 13-4 $\dot{V}O_{2max}$ 的年龄、性别变化示意图

(引自 McArdle,1991)

研究发现,女子的最大摄氧量要显著低于男子(低 20%～25%)。高水平的女子耐力运动员的最大摄氧量和高水平的男子耐力运动员的最大摄氧量相当接近(只低约 10%)。关于 $\dot{V}O_{2max}$ 出现性别差异的原因一般认为女子每千克体重的血液、心容积、血红蛋白含量、心输出量等均比男子的低。睾酮对最大摄氧量有明显影响,也成为男子比女子的 $\dot{V}O_{2max}$ 水平高的原因之一。此外,女子身体脂肪比男子多,其身体组成的特点也决定了女子 $\dot{V}O_{2max}$ 低于男子。

不同年龄、性别、运动项目的运动员和非运动员的 $\dot{V}O_{2max}$ 见表 13-2。

表 13-2　非运动员和运动员的最大摄氧量值　　单位:mL/kg/min

运 动 组 别	年　　　龄	男　　性	女　　性
非运动员	10～19	47～56	38～46
	20～29	43～52	33～42
	30～39	39～48	30～38
	40～49	36～44	26～35
	50～59	34～41	24～33
	60～69	31～38	22～30
	70～79	28～35	20～27

运动组别	年　　龄	男　　性	女　　性
棒球/垒球	18~32	48~56	52~57
篮球	18~30	40~60	43~60
自行车	18~26	62~47	47~57
皮划艇	22~28	55~67	48~52
足球	20~36	42~60	—
体操	18~22	52~58	36~50
冰球	10~30	50~63	—
马术	20~40	50~60	—
定向越野	20~60	47~53	46~60
壁球	20~35	55~62	50~60
划船	20~35	60~72	58~65
高山滑雪	18~30	57~68	50~55
越野滑雪	20~28	65~94	60~75
跳台滑雪	18~24	58~63	—
足球	22~28	54~64	50~60
速度滑冰	18~24	56~73	44~55
游泳	10~25	50~70	40~60
田径(铁饼)	22~30	42~55	—
田径(跑步)	18~39	60~85	50~75
	40~75	40~60	35~60
田径(铅球)	22~30	40~46	—
排球	18~22	—	40~56
举重	20~30	38~52	—
摔跤	20~30	52~65	—

(引自 Wilmore et al.，2008)

3. 训练因素——应答者和非应答者

许多研究者发现,有氧训练提高最大摄氧量的变化范围较大。Kohrt(1991)等对老年男子和女子进行 9~12 个月耐力训练的研究证实,所有受试者完成完全一样的训练计划,但机体提高的最大摄氧量的范围可从 0% 到 43%。

过去,运动生理学家猜想这些变化是由于对训练计划应答程度不同造成的。好的应答者提高百分比最高;而较差的应答者提高很少或完全没有提高。然而,即使给予相同的训练刺激和完全依从训练计划,不同的人其最大摄氧量提高的百分比还是有很大的差异。

Bouchard(1990)明确指出,对训练计划的应答是由遗传决定的。图 13-5 所示为 10 对同卵双胞胎完成 20 周的耐力训练计划。每对双胞胎的最大摄氧量的提高用 mL/kg/min 和 % $\dot{V}O_{2max}$ 的变化表示,每一个点代表一对双胞胎:双胞胎 A 在 X 轴,双胞胎 B 在 Y 轴,可以看到每一对双胞胎的应答相似。但即使是同卵双胞胎,最大摄氧量提高的变化范围也从 0% 到 40%。本结果结合其他的研究表明,执行同一训练计划的不同组间,存在着应答者(提高较大)和非应答者(很少或没有提高)两种现象。

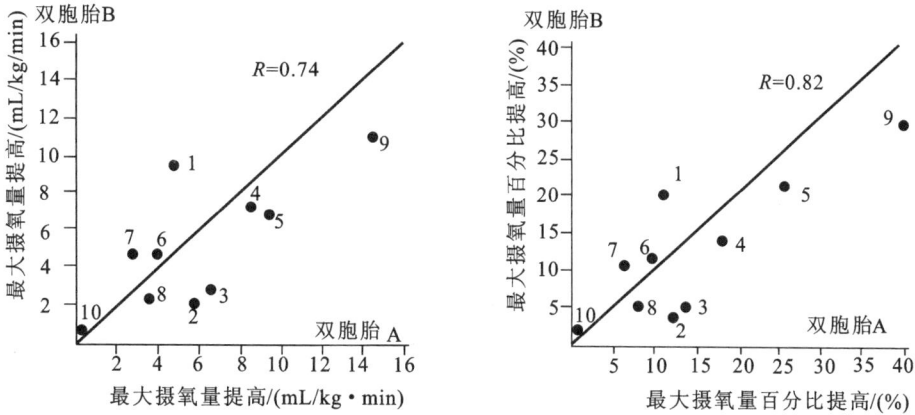

图 13-5　同卵双胞胎 20 周相同训练计划后的 $\dot{V}O_{2max}$ 的差异

(引自 Bouchard,1990)

Bouchard(1999)等对家庭遗传研究结果也支持耐力训练后最大摄氧量的提高幅度受遗传成分的影响(见图 13-6)。参与研究的家庭成员,包括生母、生父和三个或更多的小孩,训练 20 周,每周 3 天。最初以相当于最大摄氧量 55% 的心率运动,每天运动 35 min;14 周后以相当于最大摄氧量的 75% 的心率运动,每天运动 50 min,持续 6 周。结果表明,最大摄氧量平均增加约 17%,但是变化从 0% 至超过 50%。研究显示,每一个家庭的每一位受试者最大摄氧量提高的情况,最大遗传力估计为 47%,而且也显示出高应答的受试者倾向于聚集在同一个家庭,低应答者也是如此。

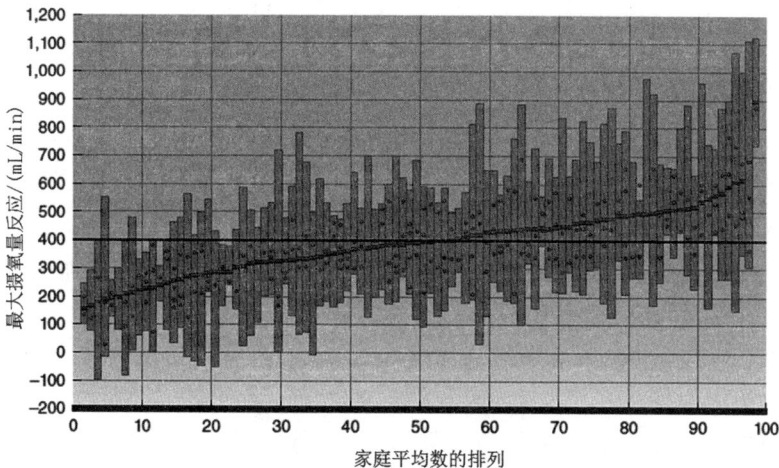

图 13-6　家庭经过 20 周耐力训练后提高最大摄氧量的变化

(引自 Bouchard C. et al.,1999)

注:最大摄氧量变化的单位是 mL/min,平均提高了 393 mL/min。每一个家庭的数据以柱状表示,每一个家庭成员的数值以柱内小圆点表示。

很明显这是一种遗传现象,而不是适应或不适应的问题。在进行训练研究时和设计训练计划时必须记住,个体的差异造成受试者对训练计划应答的差异,即使是同一训练计划,不是所有人的应答都是一样的,个体差异必须纳入考虑范畴。

(五)$\dot{V}O_{2max}$在运动实践中的意义

1. 作为评定心肺功能和有氧能力的客观指标

$\dot{V}O_{2max}$是反映心肺功能的综合指标。许多学者对$\dot{V}O_{2max}$与有氧能力之间的关系进行了研究,发现耐力性项目的运动成绩与$\dot{V}O_{2max}$之间具有高度相关的关系。如800米游泳成绩与$\dot{V}O_{2max}$相关系数为-0.75;5000米跑成绩与$\dot{V}O_{2max}$相关系数为-0.81。因而有学者提出可以根据$\dot{V}O_{2max}$预测耐力项目的运动成绩。大量研究结果充分表明,$\dot{V}O_{2max}$水平的高低是耐力性项目取得优异成绩的基础和先决条件之一。因此,如何在先天因素的基础上最大限度地提高一个人的最大吸氧水平也是耐力性项目取得优异成绩的重要因素之一。

2. 作为选材的生理指标

如前所述,$\dot{V}O_{2max}$有较高的遗传度,故可作为选材的生理指标之一。有学者指出$\dot{V}O_{2max}$尤其可作为儿童少年心肺功能最好的选材指标。

3. 作为制定运动强度的依据

将$\dot{V}O_{2max}$强度作为$100\%\dot{V}O_{2max}$强度,然后根据训练计划制定不同百分比强度,使运动负荷更客观、实用,为运动训练服务。

虽然$\dot{V}O_{2max}$在运动实践中有较高的应用价值,但它具有一定的局限性,如受实验设备等条件限制难以普遍推广和应用;其数值有时并非与运动成绩的提高相平行等。因此,$\dot{V}O_{2max}$只是诸多影响运动员运动能力的因素之一。

四、乳酸阈与通气阈

(一)乳酸阈(lactate threshold,LT)

1. 乳酸阈概念

在渐增负荷运动中,血乳酸浓度随运动负荷的递增而增加,当运动强度达到某一负荷时,血乳酸出现急剧增加的那一点(乳酸拐点)称为"乳酸阈"(见图 13-7)。它反映了机体内的代谢方式由有氧代谢为主过渡到无氧代谢为主的临界点或转折点。乳酸阈通常以血乳酸急剧增加的起始点所对应的运动强度来表示。

乳酸阈的生理机制:人体在运动中随着运动强度的增大,由于肌肉中氧供应不足,机体能量的供给从有氧代谢供能为主过渡到无氧代谢供能为主,糖酵解供能比例增大,血乳酸浓度明显增加,从而出现乳酸阈。

乳酸阈是和有氧耐力能力关系密切的生理指标,乳酸阈越高有氧能力就越好。训练可以改善代谢能力,使乳酸阈值得到较大幅度的提高。图 13-7(a)显示耐力训练者和未受过训练者的乳酸阈的变化。本图准确地反映了乳酸阈在 6~12 个月耐力训练计划期间的改变情

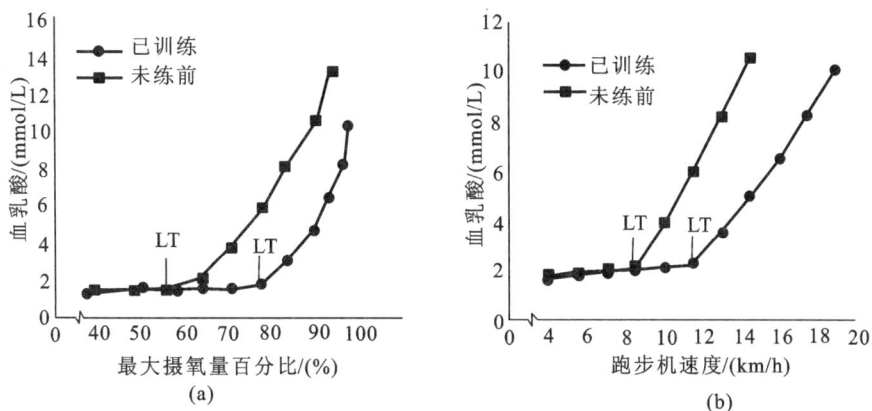

图 13-7　训练前后乳酸阈的变化

（引自 Wilmore et al. ,2008）

况。在训练状态,乳酸开始在血液中堆积之前,机体可以较高的最大摄氧量百分比进行运动。因为有氧耐力项目的跑步速度与乳酸阈关系密切,可将它转换为更快的跑步速度(见图 13-7(b))。在特定的工作负荷下,乳酸值的降低是乳酸产生减少和乳酸清除增加协同作用完成的。

$\dot{V}O_{2max}$ 反映人体在运动时所摄取的最大氧量,而乳酸阈则反映人体在渐增负荷运动中血乳酸开始积累时的 $\dot{V}O_{2max}$ 百分利用率,其阈值的高低是反映人体有氧能力的又一重要生理指标。乳酸阈值越高,其有氧能力越强,在同样的渐增负荷运动中动用乳酸供能则越晚。

以往的研究认为,在渐增负荷运动中,当血乳酸水平达 4 mmol/L 时乳酸浓度急剧增加。但更多的研究资料表明,乳酸代谢存在较大的个体差异,渐增负荷运动时血乳酸急剧上升时的乳酸水平在 1.4～7.5 mmol/L 之间。因此,将个体在渐增负荷中乳酸拐点定义为"个体乳酸阈"(individual lactic acid threshold,简称 ILAT)。个体乳酸阈更能客观、准确地反映机体有氧能力的高低。用个体乳酸阈指导运动训练已被教练员和运动员广泛接受,并成为运动生理学和运动生物化学重要的研究课题。

2.乳酸阈在体育运动实践中的应用

1)评定有氧能力

如前所述,$\dot{V}O_{2max}$ 和 LT 是评定人体有氧能力的重要指标。前者主要反映心肺功能,后者主要反映骨骼肌的代谢水平。从训练对 $\dot{V}O_{2max}$ 和 LT 的影响来看,许多研究报道,通过系统训练来提高 $\dot{V}O_{2max}$ 的可能性较小,它受遗传因素的影响较大。而 LT 较少受遗传因素影响,其可训练性较大,训练可以大幅度提高运动员的个体乳酸阈。显然,以 $\dot{V}O_{2max}$ 来评定人体有氧能力的增进是有限的,而乳酸阈值的提高是评定人体有氧能力增进更有意义的指标。

2)制定有氧训练的适宜强度

理论与实践证明,个体乳酸阈强度是发展有氧耐力训练的最佳强度。其理论依据是,用个体乳酸阈强度进行耐力训练,既能使呼吸、循环系统机能达到较高水平,最大限度地利用有氧供能,同时又能在能量代谢中使无氧代谢的比例减少到最低限度。研究表明,优秀耐力运动员有较高的个体乳酸阈水平。对训练前后的纵向研究也表明,以个体乳酸阈强度进行耐力训练,能有效地提高个体的有氧能力。

(二)通气阈

在渐增负荷运动中,将肺通气量变化的拐点称为"通气阈"(ventilatory threshold,简称VT)。通气阈是无损伤测定无氧阈常用的指标。研究表明,在渐增负荷运动中,气体代谢各项指标随运动强度的增加而发生相应的变化,当乳酸急剧增加时,肺通气量、二氧化碳呼出量等指标出现明显的变化,可以此来判定通气阈。

1. 第一通气阈(first ventilatory threshold ,1stVT)

在低强度到中等强度的递增负荷心肺运动试验中,有氧代谢几乎满足了身体所有的能量需求,血乳酸没有(或只是略微)高于静息值。随运动强度增大,当有氧代谢产生的能量满足不了需求时,糖酵解供能比例增大,而使血乳酸浓度增加。此时,机体将动用碳酸氢盐缓冲系统来缓冲乳酸,生成乳酸钠和碳酸,产生超过有氧代谢产生的二氧化碳,致使二氧化碳产生量增加。VCO_2 与 VO_2 关系的曲线变得更加陡峭,其关系斜率从小于 1 到大于 1 的过渡点,即为 1stVT(见图 13-8(a))。超过这个阈值,血乳酸和 pH 值分别开始增加和减少。与此同时,VE/VO_2(氧通气当量)在 VE/VCO_2(CO_2 通气当量)持续下降或恒定的情况下,其趋势发生了逆转,这使得 1stVT 也可识别为 VE/VO_2 与功率关系的最低点(见图 13-8(b))。

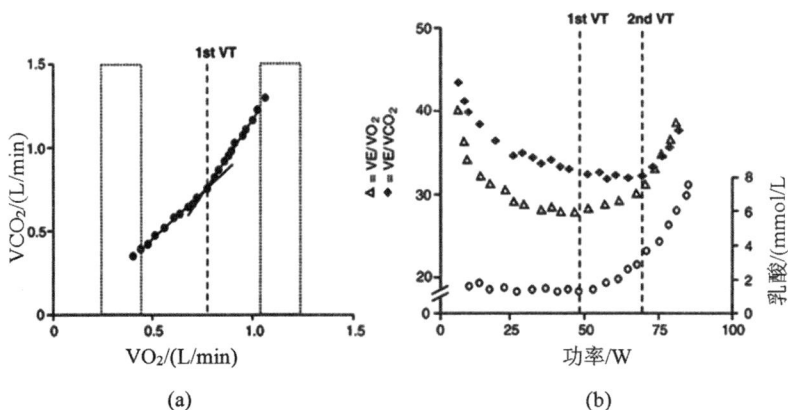

图 13-8　渐增负荷运动过程中通气阈的判断

(引自 Mezzani et al. ,2013)

注:(a)在渐增负荷运动中,二氧化碳产生量(VCO_2)作为摄氧量(VO_2)的函数,运动的最初和最后阶段(图中垂直虚线矩形)的运动数据通常被排除在分析之外。(b)在渐增负荷强度运动中,O_2 和 CO_2 的通气当量作为功率的函数。VE/VO_2 的最低点为 1stVT,而 VE/VCO_2 的最低点为 2ndVT。

1stVT 标志着低到中等强度和中等到高强度工作域之间的界限,在摄氧量(VO_2)峰值的 $50\%\sim60\%$ 或心率(HR)峰值的 $60\%\sim70\%$ 时达到。

2. 第二通气阈(second ventilatory threshold ,2ndVT)

随着运动强度的增加,超过 1stVT 时乳酸产量持续增加,当细胞内的碳酸氢盐不再能够充分抵消运动诱导产生的代谢性酸时,通气量(VE)增加,超过 VCO_2,VE/VCO_2 比值下降趋势发生了逆转,此转折点即为第二通气阈。2ndVT 可识别为 VE/VCO_2 与功率关系的最低点(见图 13-8(b))。

2ndVT 的出现可能在很大程度上取决于机体对酸性代谢产物的化学感受性反射效应的增加。由于不同受试者之间可能有所不同,因此使 2ndVT 的识别存在潜在困难。当可识别时,2ndVT 通常在递增负荷运动中 VO_2 峰值的 70%～80%或 HR 峰值的 80%～90%时达到。有人提出它与所谓的"临界功率"(critical power,CP)有关,即长时间有氧运动的强度上限。不过,2ndVT 和 CP 之间的机制联系尚未得到证实。

五、最大摄氧量平台(maximal oxygen uptake peak duration,$\dot{V}O_{2max}$ PD)

最大摄氧量平台是指人体在最大摄氧量峰值水平能够维持的运动时间。研究发现,$\dot{V}O_{2max}$ 平台与耐力项目的运动成绩有密切关系,与 3 000 m 跑的相关系数很高($r=0.7,P<0.01$)。

第二节　有氧耐力

有氧耐力(aerobic endurance)是指人体长时间进行以有氧代谢(糖和脂肪等有氧氧化)供能为主的运动能力。有时也称作有氧能力(aerobic capacity)。

一、有氧耐力的生理学基础

运动时人体内贮存的糖、脂肪类能源物质是相对充足的,但是否能进行有氧供能,关键在于有无足够的氧供应给肌细胞,以及肌细胞能否利用所供给的氧来氧化上述能源物质。有氧耐力受机体氧运输系统(心肺)的机能、肌肉利用氧的能力、神经调节能力和能量供应特点等因素影响,其中心肺功能是影响有氧耐力的中枢机制,而肌肉利用氧的能力是影响有氧耐力的外周机制。

(一)氧运输系统的机能

氧运输系统包括呼吸系统、血液系统和心血管系统。

1. 呼吸系统机能

肺的通气与换气机能影响人体的吸氧能力。空气中的氧通过呼吸器官的活动吸入肺,并通过物理弥散作用与肺循环毛细血管血液之间进行交换,肺通气量特别是肺泡通气量越大,吸入肺泡进行肺换气的氧就越多。优秀耐力专项运动员肺的容积、肺活量均大于同性别、同年龄的非耐力专项运动员和无训练者,肺的通气机能和气体扩散能力也大于一般人,肺功能的改善为运动时氧的供给提供了先决条件。

2. 血液系统机能

血液中红细胞的数量及血红蛋白的总量影响有氧耐力。肺换气扩散入血液的氧主要由红细胞所含的血红蛋白携带并运输。运动员若血红蛋白含量下降 10%，就会引起运动成绩下降。

3. 心血管系统机能

心脏的泵血功能与有氧耐力密切相关。血液中的氧要在心脏泵血的推动下才能运输到达活动肌肉。心输出量越大，运输到活动肌的氧就越多，可见心脏泵血功能是限制有氧耐力非常重要的因素。

研究证明，运动训练对最高心率影响不大，所以，有训练者与无训练者在从事最大负荷工作时心输出量的差异主要是由每搏输出量造成的，后者取决于心肌收缩能力和心容积的大小。优秀耐力专项运动员在系统训练的影响下出现安静心率减慢、左心室容积增大、每搏输出量增加，而最大运动时心输出量远高于一般人，表明心脏的泵血机能和工作效率提高，以适应长时间持续运动的需要。另外，心脏功能增强，运动时右心室泵血量也相应增强，使肺血流量增加，通气/血流比值仍可维持在 0.84，氧扩散容量增大，有利于气体交换。

(二)肌组织利用氧的能力

研究发现，慢肌纤维的百分比组成与 $\dot{V}O_{2max}$ 有密切关系，从事不同项目的运动员的最大摄氧量有明显的项目特征(见图 13-9)，越野滑雪、长跑等耐力性项目的运动员最大摄氧量最大，明显高于非耐力性项目运动员和无训练者。优秀的耐力专项运动员慢肌纤维百分比高并出现选择性肥大现象，使其摄氧和利用氧的能力增加，有氧耐力成绩也好。

肌组织的有氧代谢机能影响有氧耐力。慢肌纤维具有丰富的毛细血管分布，肌纤维中的线粒体数量多、体积大且氧化酶活性高，肌红蛋白含量也较高，贮氧能力强，其有氧代谢能力强。肌组织利用氧的能力越强，则从血液中摄取的氧越多，动静脉氧差就越大，氧利用率就越高。

因此，肌组织利用氧的能力主要与肌纤维类型及其代谢特点有关。

(三)中枢神经系统调节机能

在进行较长时间的肌肉活动中，要求神经过程的相对稳定性以及各中枢间的协调性要好，表现为在大量的传入冲动作用下不易转入抑制状态，从而能长时间地保持兴奋与抑制有节律地转换。长期进行耐力训练，不仅能够提高大脑皮层神经细胞对刺激的耐受力和神经过程的稳定性，而且能够改善各中枢间的协调关系，表现为运动中枢的兴奋与抑制过程更加集中，肌肉的收缩与放松更加协调；各肌群(主动肌、对抗肌、协调肌)之间的配合更趋完善；内脏器官的活动(即氧运输系统的功能)能更好地与肌肉活动相适应。由于神经调节能力的改善，可以提高肌肉活动的机械效率，节省能量消耗，从而保持长时间的肌肉活动。

(四)能量供应特点

糖和脂肪在有氧条件下能保持长时间供能的能力是影响有氧耐力的重要因素之一。耐

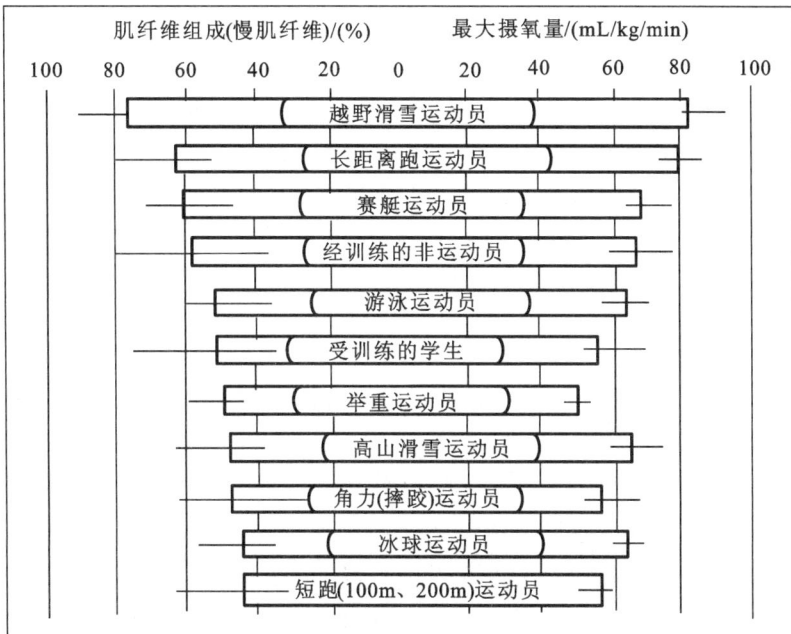

图 13-9 不同项目运动员慢肌纤维百分比(左侧)和 $\dot{V}O_{2max}$(右侧)

(引自 McArdleW D. et al. ,1991)

力性项目运动持续时间长,强度较小,运动中的能量绝大部分由有氧代谢供给。在长时间耐力练习中,随着运动时间的延长,脂肪供能的比例逐渐增大,糖原的利用减少。人体动员脂肪供能的能力,可以从血浆中自由脂肪酸的含量来判断(见表 13-3)。系统的耐力训练,可以提高肌肉有氧氧化过程的效率、各种氧化酶的活性以及机体动用脂肪供能的能力。

表 13-3 不同持续时间中糖和脂肪的供能比例

运动时间/min	0~30	30~60	60~90	90~120
需氧量/(L/min)	2.48	2.51	2.52	2.61
糖供能比例/(%)	71	66	63	56
脂肪供能比例/(%)	29	34	37	44

二、有氧耐力训练方法的生理学分析

目前,用于发展有氧能力的训练方法主要有持续训练法、间歇训练法、乳酸阈强度训练法和高原训练法。

(一)持续训练法

持续训练法是指没有休息间歇的持续运动。根据持续运动速度的变化分为匀速持续训练和变速持续训练。

1. 匀速持续训练

1）长距离慢速训练

在 20 世纪 60 年代,长距离慢速训练(LSD 训练)变得非常的盛行。运动员通常会以相对较低的强度进行训练,其强度介于 $60\% \sim 80\% HR_{max}$,等于 $50\% \sim 75\% \dot{V}O_{2max}$,距离是主要的目标,而不是速度。长距离跑步运动员可能会应用 LSD 技术进行每天 $24 \sim 48$ km 的训练,而使用每周累积训练方法的跑步速度会远低于跑者的最大速度,对于心血管系统与呼吸系统的刺激较小。再者,优秀跑步运动员必须在有规律的基础上,进行比赛速度或接近比赛速度的训练,以促进腿部肌肉速度与力量。因此,大部分的跑步运动员会让他们每天、每周与每月的训练计划多样化。

强度较低、持续时间较长且不间歇地进行训练的方法,主要用于提高心肺功能和发展有氧代谢能力。长时间持续运动对人体生理机能产生诸多良好的影响,主要表现在:能提高大脑皮层神经过程的均衡性和机能稳定性,改善参与运动的有关中枢间的协调关系,并能提高心肺功能及 $\dot{V}O_{2max}$,引起慢肌纤维出现选择性肥大,肌红蛋白也有所增加。对发育期的少年运动员及训练水平低者尤其要以低强度的匀速持续训练为主。

对于仅想要获得和维持健康体型的非运动员而言,长距离慢速训练可能是最受欢迎且最安全的有氧耐力训练方式。对于团体项目运动员来说,长距离慢速训练是训练中期与训练后期阶段维持有氧耐力的良好训练课程。

2）高强度持续训练

高强度持续训练通常是指运动员在强度 $85\% \sim 95\% HR_{max}$ 时的持续训练。越来越多的证据显示,持续的高强度训练,是提高运动员特别是高水平运动员最大摄氧量与乳酸阈的良好方式。对于游泳、径赛与越野运动员来说,这种强度可能是高于或接近比赛速度,这个速度可能会等于或超过运动员乳酸阈的速度。科学证据明确指出,马拉松跑者通常会以乳酸阈强度或非常接近于乳酸阈强度的速度进行比赛。

2. 变速持续训练(Fartlek 训练)

这种训练方式发展于 20 世纪 30 年代的瑞典,利用森林和原野的自然地形,采用适宜的速度和变速持续跑,主要适用于长距离跑步运动员。运动员可根据起伏不平的上下坡度,自行决定速度,速度的范围从高速到低速不等,这是一种很自由的训练。主要目的在于培养运动乐趣,对于距离与时间甚至不做考虑。由于 Fartlek 在正常训练中提供了很大的灵活性,因此,许多教练已运用这种训练法来弥补高强度持续训练或间歇训练的不足。

(二)间歇训练法

间歇训练法是指在两次练习之间有适当的间歇,并在间歇期进行强度较低的练习,而不是完全休息的训练。设计间歇训练课程时,要考虑间歇训练的强度、距离、运动与休息期时间、每一次训练计划的重复次数和组数、每周训练的频率等。

1. 高强度间歇训练(high-intensity interval training, HIIT)法

传统上,运动生理学家推荐以下三种方法来提高有氧能力:持续进行中等到高强度的运动;长时间、缓慢(低强度)的运动;间歇训练。然而,越来越多的研究表明,高强度间歇训练

(HIIT)是一种效率高的方法,可以诱导许多与传统耐力训练相关的适应性。一个典型的 HIIT 训练包括 4～6 次 30 秒的全力运动,间隔几分钟的恢复时间。因此,总运动时间只有 2～3 分钟,分散在 20 分钟的总时间内。多项研究证实,在两周的时间内进行六次左右的间歇训练,从未接受过训练的人的有氧能力可以显著提高。对于忙碌的锻炼者来说,这种训练的最大特点是在 2.5 小时的总时间内,只需要全力以赴地运动 15 分钟。

越来越多的证据表明,将 HIIT 融入已经大量进行的传统有氧训练项目中,可以进一步提高运动成绩。例如,当一组训练有素的自行车手用 HIIT 占用他们正常训练时间的 15% 时,他们在 4 公里的时间测试中提高了其峰值功率和速度。这种改善只在 4 周的时间内加入 6 次 HIIT 训练后就可以看到。Gibala 和 Jones(2013)建议,对于耐力运动员来说,75% 的总训练量应在持续的低强度下进行,10%～15% 采用高强度间歇训练。

2. 10-20-30 间歇训练法

HIIT 训练的一种类型被称为 10-20-30 间歇训练:低速 30 秒、中速 20 秒和高速(>最大速度的 90%)10 秒之间交替进行,每隔 5 分钟进行一次。哥本哈根的调查人员研究发现,一组受过中等强度训练的年轻受试者进行了 7 周 10-20-30 的间歇训练,7 周后 $\dot{V}O_{2max}$ 增加了 4%,其血液总胆固醇、胆固醇成分和静息血压也有显著降低。1500 米和 5 公里跑的成绩都有所提高,而总训练时间减少了约 50%。这些结果表明,使用 10-20-30 间歇训练能够提高有训练经历的个体的 $\dot{V}O_{2max}$、运动表现和心血管健康的总体指标。

从生理学角度分析,间歇训练主要有以下一些特点。

1)完成的总工作量大

间歇训练法比持续训练法能完成更大的工作量,并且用力较少,而呼吸、循环系统和物质代谢等功能得到较大的提高。阿斯特兰德发现,让受试者用两种不同的方法完成 2 160 千克米/分(kg·m/min)的工作,如果持续工作,只能进行 9 分钟,完成的总工作量为 19 440 千克米;如果用同样的负荷强度,每活动 30 秒后休息 30 秒,则可以坚持 1 小时,总工作量为 64 800 千克米。对于发展有氧代谢能力来说,总的工作量远比强度更为重要。

2)对心肺机能的影响大

间歇训练法是对内脏器官进行训练的一种有效手段。在间歇期内,运动器官(肌肉)能得到休息,而心血管系统和呼吸系统的活动仍处于较高水平。如果运动时间短,练习期肌肉运动引起的内脏机能的变化,都是在间歇期达到较高水平。无论在运动时还是在间歇休息期,可使呼吸和循环系统均承受了较大的负荷。因此,经常进行间歇训练,能使心血管系统得到明显的锻炼,特别是能使心脏工作能力以及最大摄氧能力得到显著提高。

目前,在许多项目的训练中,都大量采用了间歇训练法。其方法运用成功与否的关键是要根据不同年龄、训练水平及不同项目的特点,科学合理地安排每次练习的距离、强度及间歇时间。

(三)乳酸阈强度训练法

以个体乳酸阈强度进行耐力训练,能显著提高有氧代谢能力。目前,在田径中长跑、自行车、游泳及划船等训练中,已广泛采用个体乳酸阈强度进行训练。

有氧能力提高的标志之一是个体乳酸阈提高。由于个体乳酸阈的可训练性较大,有氧耐力提高后,其训练强度应根据新的个体乳酸阈强度来确定。一般无训练者,常以其50% $\dot{V}O_{2max}$ 的运动强度进行较长时间的运动,而血乳酸几乎不增加或略有上升,经过良好训练的运动员可达到 60%～70% $\dot{V}O_{2max}$ 强度,而优秀的耐力专项运动员(马拉松、滑雪)可以 85% $\dot{V}O_{2max}$ 强度进行长时间运动。这表明,随运动员训练水平的提高,有氧能力的百分利用率明显得到提高。在具体应用乳酸阈指导训练时,常采用乳酸阈心率来控制运动强度。

(四)高原训练法

随着运动水平的不断提高,人们在谨慎加大运动负荷的同时,着眼于提高训练难度,给予机体更强烈的刺激,以调节人体的最大潜力。高原训练法就是基于这种设想逐渐开展起来的一种训练方式。在高原训练时,人们要经受高原缺氧和运动缺氧两种负荷,对身体造成的缺氧刺激比平原上更为深刻,可以大大调动身体的机能潜力,使机体产生复杂的生理效应和训练效应。研究表明,高原训练能使红细胞和血红蛋白数量及总血容量增加,并使呼吸和循环系统的工作能力增强,从而使有氧耐力得到提高。

第三节　无氧工作能力

无氧工作能力是指运动中人体通过无氧代谢途径提供能量进行运动的能力。它由两种途径提供能量,即由 ATP-CP 分解供能(非乳酸能)和糖无氧酵解供能(乳酸能)。ATP-CP 是无氧功率的物质基础,一切短时间、高功率运动如冲刺、短跑、投掷、跳跃和足球射门等活动能力均取决于 ATP-CP 供能的能力,而乳酸能则是速度耐力的物质基础。

一、非乳酸能无氧能力

(一)非乳酸能无氧能力的生理学基础

1. ATP 和 CP 的贮量

肌纤维中 ATP、CP 的贮量是影响和决定人体速度力量型运动能力的最重要的生理基础。一般来说,人体每千克肌肉中含 ATP 和 CP 在 15～25 毫克分子之间,在极限强度运动中,肌肉中的 ATP 和 CP 在 10 秒内就几乎耗竭。研究发现,速度力量型运动训练,可以提高肌纤维中 ATP、CP 和肌糖原的贮量(见表 13-4)。

表 13-4　5 个月抗阻训练对肌纤维中 ATP、CP 与肌糖原贮备的影响

单位:mmol/g 肌肉湿重

	训练前	训练后	增进率/(%)
ATP	5.07	5.97	+17.8
CP	17.07	17.94	+5.1
肌糖原	86.28	113.90	+32

(引自 McArdle,1991)

2. CK 酶的活性

人体在运动中 ATP 和 CP 的供能能力主要取决于 ATP 和 CP 的贮量,以及通过 CP 再合成 ATP 的能力。而 CP 再合成 ATP 是在肌酸激酶(CK)的催化作用下完成的,CK 酶的活性提高,可以更快地催化 CP 水解,使 ADP 更迅速地再合成 ATP,当然有利于速度力量型运动能力的提高。

3. 快肌纤维百分组成

快肌纤维中 ATP 和 CP 的贮量多于慢肌,快肌纤维中 CK 酶的活性也高于慢肌纤维,因此,肌肉中快肌纤维百分比组成高者有利于速度力量型运动。

(二)非乳酸能无氧能力的测评

1. 萨扎特(Sargent)纵跳试验法

1921 年萨扎特首次提出了纵跳法测定人体的无氧功率,用以下公式推算:

$$P = \sqrt{4.9} \times W \times \sqrt{H}$$

其中:P＝无氧功率;W＝体重;H＝纵跳高度。

这种方法简便易行,但精确性较差。

2. 30 m 跑试验法

做 3×30 m 跑、4×30 m 跑、5×30 m 跑三组运动,每次间歇 2 min,组间休息 5 min,记录每组最后一次 30 m 跑的成绩,并分别测定每组最后一次 30 m 跑后恢复期第一分钟血乳酸值(并以此计算平均血乳酸值)。

评价:跑速快而平均血乳酸值低者,表明 ATP-CP 供能系统能力较强,即非乳酸无氧供能能力强。

3. 玛加利亚(Margaria)跑楼梯(或台阶)试验法

1966 年玛加利亚(Margaria)创建了跑楼梯测无氧功率的方法,人体以最快速度使自身上升到一定高度,记录跑楼梯的时间,并计算出这段时间内做功的大小。1968 年卡拉门(Kalamen)对玛加利亚试验法进行了修订,两人共同制定了玛加利亚-卡拉门(Margaria-Kalamen)跑楼梯动力试验法。受试者从助跑线(6 m)起跑,以三阶为一步,以最快速度跑上九层台阶,记录第三层至第九层台阶所需的时间(见图 13-10)。按以下公式计算其功率输出:

$$无氧功率(kg \cdot m/s) = \frac{体重(kg) \times 第三至第九级台阶垂直距离(m)}{第三至第九级登台阶时间(s)} \times 100\%$$

如体重为 60 kg 的男子,以 0.52 s 跨上最后六级台阶,台阶高度为 1.05 m,其无氧功率为:

$$无氧功率(kg \cdot m/s) = \frac{60 \text{ kg} \times 1.05 \text{ m}}{0.52 \text{ s}} \times 100\% = 121.10 \text{ kg} \cdot m/s$$

表 13-5 是根据 Margaria 测验而提出的无氧功率评分标准。该试验的运动形式简便且不会导致受试者精疲力竭,可较精确地了解 ATP-CP 供能的能力。其缺点是对年幼和部分妇女或老年人不太适宜,并在一定程度上受主观努力程度和身高与腿长的影响。为了进一步验证该试验的准确性和实用性,黄彬彬(中国台北,1980)和不少学者还提出了两步一阶、两步助跑等的修正方法。

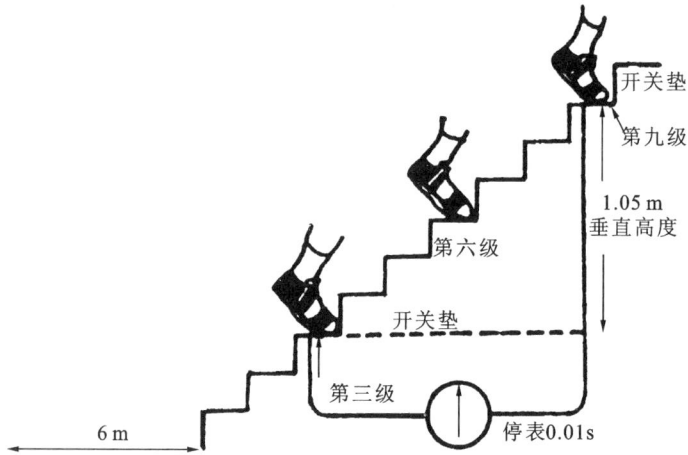

图 13-10 跨登台阶试验

表 13-5 根据 Margaria 测验评价磷酸原系统功率输出能力分级表 单位:kg・m/s

级别	性别	年　　龄				
		15~20	20~30	30~40	40~50	>50
差	男	<113	<106	<85	<65	<50
	女	<92	<85	<65	<50	<38
一般	男	113~149	106~139	85~111	65~84	50~65
	女	92~120	85~111	65~84	50~65	38~48
中等	男	150~187	140~175	112~140	85~105	66~82
	女	121~151	112~140	85~105	66~82	49~61
良好	男	188~224	176~210	141~168	106~125	83~98
	女	152~182	141~168	106~125	83~98	62~75
优秀	男	>224	>210	>168	>125	>98
	女	>182	>168	>125	>98	>75

(引自 McArdle,1991)

(三)发展 ATP-CP 供能能力的训练

目前,在发展磷酸原系统供能能力的训练中,主要是采用无氧低乳酸的训练。其原则如下:①最大速度或最大练习时间不超过 10 s;②每次练习的休息间歇不能短于 30 s,当短于 30 s 时,ATP、CP 在运动间歇中的恢复数量(即恢复量不到运动前的一半)不足以维持下一次练习对于能量的需求,故间歇时间一般选用长于 30 s,以 60 s 或 90 s 的效果更好;③成组练习后,组间的练习不能短于 3~4 min,因为 ATP、CP 完全恢复至少需要 3~4 min。

与其他供能物质相比,磷酸原的恢复速度较快。剧烈运动后被消耗掉的磷酸原在 20~30 s 内合成一半,2~3 min 可完全恢复。因此,发展磷酸原系统的训练,一般采用短时间、高强度的重复训练。

此外,需要指出的是,在短跑、跳跃、投掷、举重等项目比赛中,运动员要在 10 s 内以最大功率输出完成运动,从理论上来看,其能量主要由 ATP-CP 系统供应,但在能量供应过程中,相邻的供能系统也参与供能,且占一定的比重。研究发现,我国运动员 100 m 跑后血乳酸为 9.46±1.33 mmol/L。所以,短时间、高强度运动项目的训练中,在注意磷酸原系统供能能力训练的同时,也应注意加强糖酵解系统供能能力的训练,即应有一定比例的大于 10 s 的无氧训练。

二、无氧耐力(anaerobic endurance)

无氧耐力是指机体在无氧代谢(糖无氧酵解)的情况下较长时间进行肌肉活动的能力,也称无氧能力。提供无氧耐力的训练称为无氧训练。

(一)无氧耐力的生理学基础

进行强度较大的运动时,体内主要依靠糖无氧酵解提供能量。无氧耐力的高低,主要取决于肌肉内糖无氧酵解供能的能力、缓冲乳酸的能力、肌纤维类型以及脑细胞对血液 pH 值变化的耐受力。

1. 肌肉内糖无氧酵解供能的能力

肌肉内糖无氧酵解供能的能力主要取决于肌糖原的含量及其无氧酵解酶的活性。Costill 等发现,优秀赛跑运动员腿肌中慢肌纤维百分比及乳酸脱氢酶(参与无氧酵解的酶)活性随项目的不同而异,长跑运动员的慢肌纤维百分比高、中跑运动员的居中、短跑运动员的最低;而乳酸脱氢酶和磷酸化酶的活性却相反,短跑运动员的最高、中跑运动员的居中、长跑运动员的最低(见表 13-6)。

表 13-6　不同径赛运动员肌纤维组成及酶的活性比较

项　目	人数	ST%	乳酸脱氢酶活性 /(μEq·g·min)	磷酸化酶活性 /(μEq·g·min)
男短跑	2	24.0	1 287	15.3
男中跑	7	51.9	868	8.4
男长跑	5	69.4	764	8.1
女短跑	2	27.4	1 350	20.0
女中跑	7	60.0	744	12.6

(引自 Costill,1976)

2. 缓冲乳酸的能力

肌肉无氧酵解过程产生的乳酸进入血液后,将对血液 pH 值造成影响。但由于缓冲系统的缓冲作用,使血液的 pH 值不至于发生太大的变化,以维持人体内环境的相对稳定性。机体缓冲乳酸的能力,主要取决于碳酸氢钠的含量及碳酸酐酶的活性。一些研究表明,经常进行无氧耐力训练,可以提高血液中碳酸酐酶(促进碳酸分解的酶)的活性。

3. 肌纤维类型

快肌纤维百分比组成占优势的人,无氧耐力运动能力强。

4.脑细胞对血液 pH 值变化的耐受力

尽管血液中的缓冲物质能中和一部分进入血液的乳酸,减弱其强度,但由于进入血液的乳酸量大,血液的 pH 值还会向酸性方向发展,加上因氧供不足而导致代谢产物的堆积,都将会影响脑细胞的工作能力,促进疲劳的发展。因此,脑细胞对这些不利因素的耐受能力,无疑也是影响无氧耐力的重要因素。

经常进行无氧耐力训练的运动员,脑细胞对血液中代谢产物堆积的耐受力会得到提高。如短跑和短泳运动员对静脉血 CO_2 含量增多的耐受力比长跑和长泳运动员强,这也是短跑和短泳运动员对长期无氧训练产生的适应结果。

(二)无氧耐力的测评

1.温盖特(Wingate)无氧功率试验

1977 年以色列 Wingate 体育学院运动医学系研究并提出了以最快速度完成 30 s 全力蹬踏功率自行车(车的阻力是 0.075 kP/净体重 kg)的运动并以此测定出最大无氧功率、平均无氧功率及无氧功率递减率,从能源供应的角度可以了解到 ATP-CP 和无氧酵解供能的状况。该试验方法的试验过程是先测定受试者身高、体重、肺活量、皮脂厚度,然后让受试者以 0.075 kg/净千克体重为负荷,以最快速度全力蹬车 30 s,同时记录蹬踏圈数和功率,并将每 5 s 的蹬车圈数代入下面公式,单位是瓦(W)。

$$无氧功率=负荷阻力(千克)\times 圈数\times 11.765$$

此公式适用于摩纳克(Monark)功率自行车,其他型号的功率自行车则采用下列公式计算更为适宜。

评定:

最大无氧功率(第 1 个 5 s)=5 s 最大蹬车圈数×前车轮周长×阻力×6.11。最大无氧功率的能量来源于 ATP 及 CP 的分解。

平均无氧功率:将 6 个 5 s 车轮转的圈数相加除以 6。其能量来源于 ATP、CP 的分解及无氧糖酵解。

$$无氧功率递减率(\%)=\frac{最大无氧功率-最小无氧功率}{最大无氧功率}\times 100\%$$

该指标代表在无氧供能条件下疲劳程度的指数。

多年来的研究认为,Wingate 无氧功率试验是反映无氧能力较理想的试验,表现在其平均输出功率与速度性项目的运动成绩之间存在较密切的相关关系。但研究也同时指出,通过 Wingate 无氧功率试验检测与评估无氧代谢能力尚存在以下不足:①30 s 的全力运动尚不足以最大限度激活糖原的无氧酵解供能;②所耗能量的 9%~19%来自有氧代谢。近期的研究认为,传统的 Wingate 无氧功率试验持续时间以 40 s 为佳。

除上述无氧功率试验外,研究学者还提出了与此属同一类的、持续时间介于 40~120 s 间的全力运动负荷试验。目前认为,评价糖酵解能力的最佳运动持续时间应为 40 s。

2.60 s 最大负荷测评

测试方法:先测定运动前安静时的血乳酸值,经过准备活动后,令受试者在田径场全力跑 400 m 或在活动跑台上全力跑 60 s,记录跑的成绩和运动后的血乳酸值。

评定:运动后血乳酸水平较高者,通常可达 14～18 mmol/L,表明其糖酵解供能的能力较强。经一个阶段训练后,如果运动成绩提高,且血乳酸值也提高,则说明糖酵解供能能力提高,训练效果良好。

3. 恒定负荷试验

测试方法:受试者在相应的运动器械上维持恒定功率负荷的运动,直至不能维持运动为止。最常用的是"无氧跑速试验",即要求受试者在 20％坡度的跑步机上以约 13 km/h 的速度跑步,以受试者能够维持运动的时间长短来判定无氧做功能力。研究表明,训练有素的短跑运动员无氧做功能力明显大于耐力性项目的运动员。并且无氧做功能力与 400 m 跑成绩有较好的相关性。但如何准确判断受试者力竭始终是难以解决且影响检测结果的一个重要因素。

另外,通过实验室运动时测得的最大氧亏积累和最大血乳酸水平等生理指标也可以反映无氧能力的大小。

(三)提高无氧耐力的训练

1. 最大乳酸训练

最大乳酸训练是指机体在运动中达到最高血乳酸水平的训练,其目的是使糖酵解系统供能达到最高水平。研究表明,血乳酸在 12～20 mmol/L 是糖最大无氧代谢训练所敏感的范围。采用 1 min 超极量强度跑、间歇 4 min 共重复 5 次的间歇训练,可使血乳酸浓度积累达到一个很高的水平,最高值可达 31.1 mmol/L(见图 13-11),要比 1 min 全力跑血乳酸值高 1 倍。表明 1 min 超极量强度、间歇 4 min 的多次重复运动可以使身体获得最大的乳酸刺激,是提高最大乳酸能力和发展糖酵解供能水平的有效训练方法。

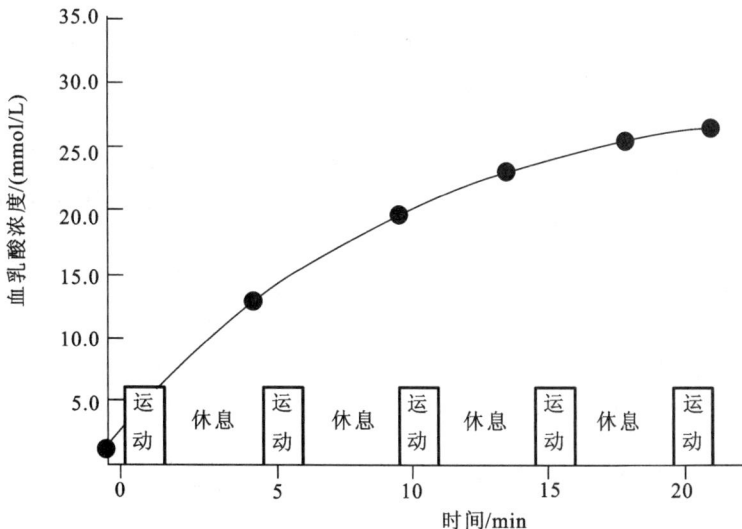

图 13-11　5 组间歇训练(跑 1 分钟,休息 4 分钟)后血乳酸浓度的变化

该方法关键是掌握好负荷强度和适宜的间歇时间。为使运动中能产生高浓度的乳酸,练习强度和密度要大,间歇时间要短。练习时间一般应大于 30 s,以 1～2 min 为宜。以这

种练习强度和时间及间歇时间的组合,能最大限度地动用糖酵解系统供能的能力,提高机体产生乳酸的能力和最大限度地激活乳酸脱氢酶的活性。在运动中血乳酸值越高,说明运动员产生乳酸的能力越强,其无氧耐力则越好。

2. 乳酸耐受能力训练

乳酸耐受能力是指在机体处于较高乳酸水平时仍能坚持较高强度运动的能力。一般认为在乳酸耐受能力训练时以血乳酸在 12 mmol/L 左右为宜,这一乳酸水平是糖无氧代谢训练最敏感的范围。在重复训练时维持血乳酸在这一水平上,以刺激身体对这一血乳酸水平的适应,提高缓冲能力和肌肉中乳酸脱氢酶的活性,可有效地提高运动员在较高乳酸水平下坚持较长时间较高强度运动的能力,从而提高无氧耐力。

3. 缺氧训练

缺氧训练是指在减少吸气或憋气条件下进行的训练,其目的是造成体内缺氧以提高无氧耐力。缺氧训练不仅可以在高原自然环境中进行,而且在平原特定环境条件下模拟高原训练,同样可以获得一定的训练效果,如利用低氧口嘴、低氧面罩及低氧舱等进行训练,将有助于提高无氧耐力。

【思考题】

1. 试述最大摄氧量的限制因素及其影响因素。

2. 最大吸氧量和乳酸阈是反映人体有氧能力的指标,试从生理学的角度分析它们的异同点。

3. 试述个体乳酸阈在体育运动中的理论与实践意义。

4. 试述有氧耐力的生理学基础。

5. 有氧耐力的生理学基础能否可以理解为是最大摄氧量的生理机制?为什么?

6. 提高人体有氧耐力的训练方法有哪些?请从生理学角度进行分析。

7. 试述无氧耐力的生理基础。

8. 请你设计一个简单而可操作的全班 60 名学生的有氧耐力的评估体系,并写出报告。

9. 请你设计一个简单而可操作的全班 60 名学生的无氧耐力的评估体系,并写出报告。

第十四章 身体素质的生理学基础

人的日常生活、生产劳动和体育运动等,都是在神经系统支配下所实现的不同形式的肌肉活动。这些活动的基本能力可以表现在很多方面,如肌肉收缩力量的大小、收缩速度的快慢、持续时间的长短、关节活动范围的大小以及动作是否灵敏和协调等。通常人们把人体在肌肉活动中所表现出来的力量、速度、耐力、灵敏及柔韧等机能能力统称为身体素质。

良好的身体素质是掌握运动技能、提高运动成绩以及进行其他特殊专业训练(如舞蹈演员、戏曲演员、飞行员以及消防队员等的训练)的基础。因此,在体育教学和运动训练中都十分重视身体素质的训练与提高。

第一节 力量素质的生理学基础

力量素质是指人体肌肉收缩克服和对抗阻力完成运动的能力,是速度、耐力、灵敏和柔韧等素质的基础。

一、力量分类

肌肉力量有多种表现形式,可以根据不同的分类标准划分为不同的类型。根据力量与专项的关系分为一般力量、辅助专项力量和专项力量;根据力量的收缩形式可分为静力性力量和动力性力量(包括向心力量、离心力量、等动力量和超等长力量);根据肌肉的工作方式可分为离心性力量、向心性力量、等长性力量和超长性力量;根据力量的训练特征可分为最大力量、快速力量(包括启动力量、反应力量和爆发力)、力量耐力(包括最大力量耐力和快速力量耐力);根据力量与体重的关系可分为绝对力量和相对力量。

二、力量素质的生理学基础

影响肌肉力量的生理学因素很多,主要有肌肉的生理横截面积、肌纤维类型、肌肉收缩时的初长度和肌拉力角、神经调节、性别、年龄、激素和体重等方面。

(一)肌肉生理横截面积

肌肉的形状有梭形、羽状或半羽状等,肌肉收缩的力量大小取决于一块肌肉中所有肌纤维一起收缩时产生力量的大小,因此,衡量一块肌肉发达程度的指标是肌肉的生理横截面积(cross sectional area,CSA)。日本人猪饲和福永(1968)利用超声波技术研究发现男女青少年上肢屈肌的肌力和横截面积之间呈线性关系(见图14-1),而且这种关系不受年龄、性别的影响。他们的研究还发现，力量训练 100 天后，上臂屈肌横截面积增加 23％时，肌力增加 92％。说明肌肉的生理横截面积越大，该肌肉越发达，肌肉力量也越大。

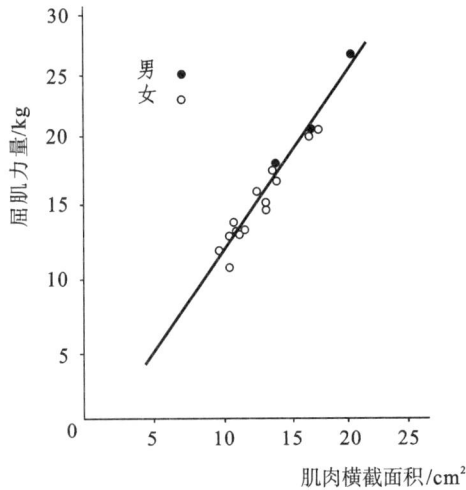

图 14-1　屈肌力量与肌肉横截面积的关系

（引自猪饲和福永，1968）

肌肉生理横截面积增大的两种机制：肌纤维增粗和肌纤维增生。

1.肌纤维增粗

早期研究认为，每个人肌肉中的肌纤维数量在出生时或此后不久就已经确定，且此数量将保持一生不变。力量训练可引起肌肉生理横截面积增大，增大的因素包括肌纤维增粗、肌结缔组织增厚、肌毛细血管网增生和肌纤维内其他内含物（肌红蛋白、CP、肌糖原等）增多，其中肌纤维增粗是主要因素。

实验证明，肌纤维增粗主要是肌纤维中收缩成分增加的结果。肌纤维中收缩成分的增加，是由于激素和神经调节对运动后骨骼肌收缩蛋白的代谢活动发生作用，使蛋白质的合成增多。研究证明训练引起的肌肉中蛋白质增加，主要是使肌球蛋白增加（见表 14-1）。

表 14-1　不同训练对家兔肌肉中肌球蛋白含量的影响

实 验 条 件	肌球蛋白含量/（％）
未经训练	4.70
"速度性"训练	6.00
"力量性"训练	6.88

2.肌纤维增生

对动物的研究表明，肌肉增生，即肌肉中肌纤维总数的增加，也可能是整个肌肉肥大的一个因素。

对猫的研究已经明确显示，极大负荷力量训练可使肌纤维发生分裂。猫被训练用前爪移动重物以获取食物，此训练方式使得猫的前肢产生相当大的力量。通过这一强化力量训练，肌纤维似乎被分成了两半，且每一半的体积随后都增长到了原有的纤维的程度。但随后的研究显示长期运动负荷导致的鸡、大鼠和小鼠的肌肉肥大仅仅是由现有肌纤维的肥大所造成的,并未发生纤维分裂。

一项纵向研究发现,针对有训练经验的 12 名男性受试者进行以休闲为目的的 12 周抗阻强化训练后,有数名受试者肱二头肌的肌纤维数量明显增加。综上所述,肌纤维增生在人类和动物中均可能发生。

(二)肌纤维类型

快肌纤维收缩速度快,而且产生的力量大,因此,肌肉中快肌纤维百分比高及其横截面积大的人,肌肉收缩力量也大。

(三)肌纤维收缩时的初长度和肌拉力角

1.肌肉初长度

肌肉力量的大小与肌肉收缩前的初长度有关。在一定范围内增加肌肉的初长度,除能增加肌肉收缩的速度和幅度外,还能增加肌肉的收缩力量。

肌肉初长度影响肌力大小的机理如下。①加大了肌肉的作用幅度。在一定范围内,肌肉收缩前的初长度越长,肌肉的作用幅度(收缩距)越大;收缩距越大,肌肉收缩加速度越大。②预先拉长肌肉的初长度刺激了肌梭,引起牵张反射,反射性地增加了肌肉的收缩力。③肌肉的黏弹性体,预先拉长肌肉,增加了反抗变形的内聚力,间接地增加了肌肉的收缩力。

2.肌拉力角

肌肉力量随肌拉力角的变化而改变,肌拉力角则随关节运动角度的改变发生变化,肌肉在关节的不同运动角度收缩时产生的力量不同。如图 14-2 所示,肘关节屈伸的角度为115°时,肱二头肌对前臂产生的牵拉力量最大(转动分力最大),大于或小于115°时,力量均减小。

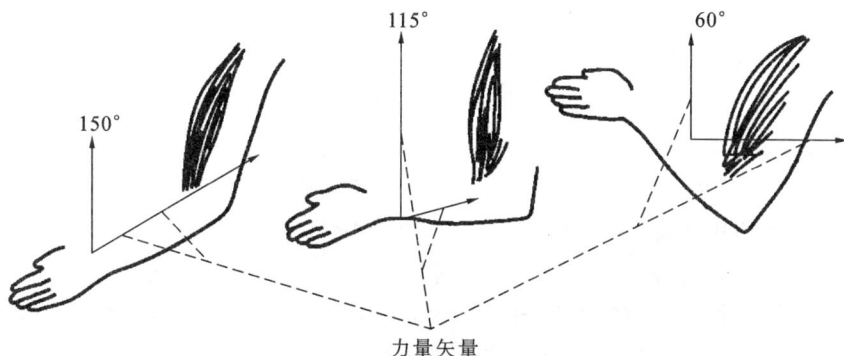

图 14-2　肘关节屈伸的角度不同时,肱二头肌收缩力量的变化

(引自 Lamb,1978)

(四)神经调节

1.中枢激活

中枢激活(central activation,CA)是指中枢神经系统动员肌纤维参加收缩的能力。中枢神经系统可以通过两种方式影响肌肉力量:其一是改变参与工作的运动单位数量及其同

步化程度;其二是改变支配骨骼肌的运动神经冲动发放频率。

研究发现,训练水平低的人只能动员肌肉中60%的肌纤维同时参与收缩,而训练水平良好的人可动员收缩的肌纤维达90%。可见,通过训练可改善神经系统募集运动单位的机能能力,动员更多的肌纤维共同参与收缩,势必使力量增大。

研究证明,如用本人最大力量的20%～80%进行肌肉收缩时,力量的增加是靠神经系统不断募集更多的运动单位来实现的。如果用最大力量的80%以上的力量时,主要靠增加神经中枢发放冲动的频率来实现。

2. 中枢神经对肌肉活动的协调和控制能力

人体完成任何动作,即使是最简单的动作也需要多块肌肉或多群肌肉共同工作来实现。不同的肌群接受不同神经中枢的支配,不同神经中枢之间的协调关系得到改善,可以提高原动肌、对抗肌、协同肌与固定肌之间的协调能力,使其在动作完成过程中能共同参与、协调配合一致,发挥更大的收缩力量。研究表明,受力量训练的影响,中枢神经系统还可提高原动肌运动单位活动的同步化程度,从而使肌肉收缩产生更大的力量。

3. 自发性抑制

神经肌肉系统的抑制性机制是必需的,如高尔基腱器可以防止对肌肉产生大于骨与结缔组织所能承受的力量,而这一控制即被认为是自发性抑制。在发挥超常力量的过程中,主要损伤通常就发生于这些结构,提示这一保护性抑制机制受到了限制。

当肌腱和内部结缔组织的张力超过了高尔基腱器的阈值时,支配肌肉的运动神经元受到抑制即发生了自发性抑制。脑干的网状结构和脑皮质均能产生和传导抑制性冲动。训练可逐渐减少或对抗这些抑制性神经冲动,使得肌肉能够达到更高的力量水平。因此,力量增长可通过降低神经抑制而实现。它部分解释了在不发生肌肉肥大时的超常力量发挥和力量增长现象。

4. 神经系统的兴奋状态

中枢神经系统兴奋性提高,即情绪激动时,会导致肾上腺素、乙酰胆碱等其他一些生物活性物质大量释放,成为影响肌肉力量的重要因素。人在极度激动或危急情况下,发挥超大力量的现象已众所周知。生理学家认为,这种现象可能是因为情绪在极度兴奋时,肾上腺素分泌大量增加,使肌肉的应激性大幅度提高;同时更重要的是中枢发放强而集中的神经冲动,迅速动员"贮备力量",从而使运动单位成倍地同步动员并投入工作。

在力量训练中,神经调节对力量增长的影响主要表现在儿童少年时期和力量训练适应过程中。研究发现,儿童少年时期肌肉体积增长速度落后于肌肉力量的增加速度。儿童少年运动员在力量训练引起肌肉力量增大的同时,肌肉体积没有产生相同程度的变化。此外,力量训练早期,肌肉力量增加的同时并不伴有肌肉体积明显增加,而在后期力量的增加则更大程度上受肌肉体积的影响(见图14-3)。

（五）其他因素

1. 年龄与性别

肌肉力量从出生后随年龄的增加而发生自然增长,通常在20～30岁时达到最大,以后

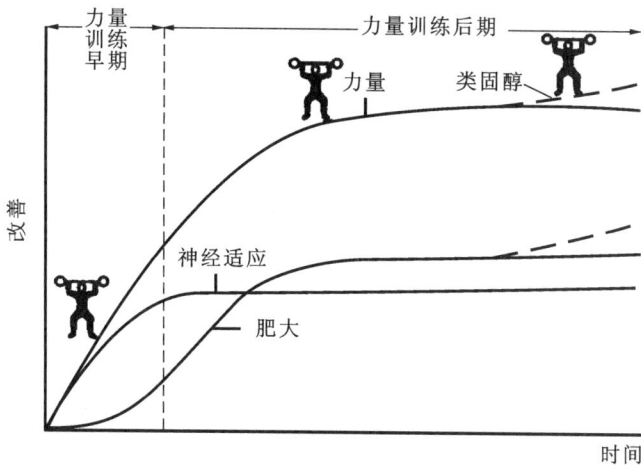

图 14-3　力量训练过程中肌肉力量增长与神经控制和肌肉肥大之间的关系

（引自 McArdle,1994）

逐渐下降（见图 14-4）。身体发育成熟以后,只有经过超负荷训练才能使肌肉力量增加。如果不进行力量训练,随着年龄的增长,肌肉力量会同其他器官系统功能一样开始减弱。如果继续进行超负荷训练,可使力量显著增大,超过刚成年时的力量水平。但是,如果肌肉只承担较小的负荷,力量将随着年龄的增加而持续下降,到 65 岁时力量约下降 20%。

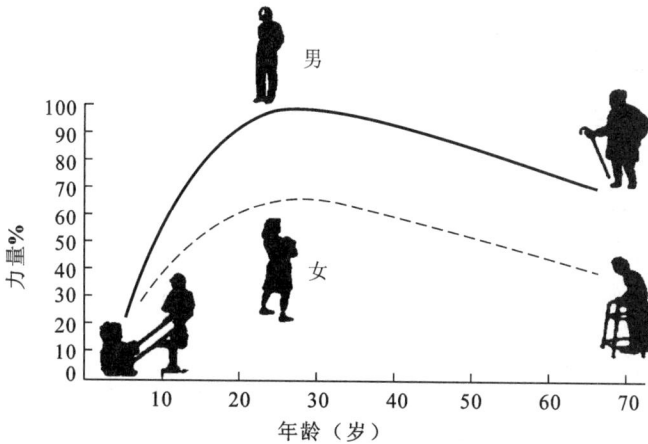

图 14-4　不同年龄与性别的肌肉力量

（引自 Sharkey,2002）

　　10 岁以下的儿童,男孩的力量仅比女孩略大。进入青春期后,力量的性别差异加大,由于雄性激素分泌的增多,有效地促进了男孩肌肉和骨骼体积的增大,使其力量明显大于女孩。成年女子由于性激素等原因,其肌肉发达程度远较男性差,故肌肉平均力量大约仅为男性肌力的 2/3,但不同肌群力量差异不同。如女子前臂屈、伸肌群的力量只有男子的 50%,而大腿屈、伸肌群的力量是男子的 80% 左右。

　　造成男女力量差异的另一原因是后天参加的体力活动有所不同。男子经常参加一些能发展力量和爆发力的体育活动,使他们比女子更接近自己潜在的最大力量水平。而女子一般多从事力量水平低的活动,因此距其潜在的最大力量水平甚远。虽然女子的绝对力量水平低于男子,但经过训练,男女之间的差别会逐渐减小。如女大学生经过十周的力量训练后,她们的力量提高相对值较同龄的男子要大。

2. 激素

肌肉力量的年龄、性别和个体差异在很大程度上是受激素作用的结果。睾酮是肌肉生长最直接的刺激因素,男性由睾丸和肾上腺皮质分泌,女性的肾上腺皮质和卵巢也有少量分泌。睾酮通过促进肌肉蛋白质的合成,促进肌肉肥大,使肌肉力量增大。由于睾酮在人体内的分泌量不同,在一定程度上造成不同年龄、性别人群肌肉的力量不同。另外,甲状腺素、生长素和胰岛素也是促进肌肉生长和肌力发展的重要因子。其中,生长激素是改变肌纤维类型的强力调节因子。

3. 体重

体重大的人一般绝对力量较大,而体重较轻的人的相对力量较大。在图 14-5 中表示的是总体力量平均值与体重之间的关系。总体力量包括最大弯举、直立提拉、站立推举、卧推、仰卧提拉、仰卧起坐和深蹲起的总和。

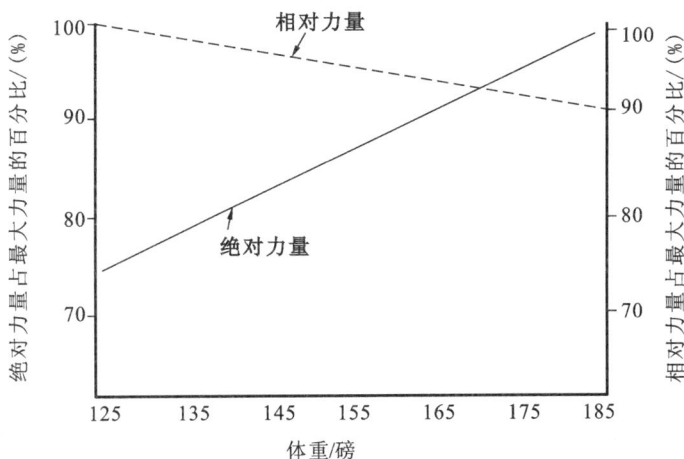

图 14-5　大学年龄男子体重与绝对和相对力量的关系

(数据来自 7 种 1-RM 测定的总和,引自 Richard A. Berger,1982)

从图中可以看到,随着体重的增加,绝对力量直线增加。同时还可以看到,当用相对力量表示总体力量时,力量和体重的关系成反比,说明随着体重的增加,相对力量下降了。这些关系有助于解释为什么身材较小的体操运动员往往能取得较好的成绩,以及为什么体操运动员的身材要比投掷运动员小得多。这是因为成功地完成体操动作需要运动员具有较高水平的相对力量。而投掷运动员则需要具备较高水平的绝对力量,才能将器械投掷得更远。一般说来,对仅需要克服体重但对速度、灵敏和协调要求较高的运动项目,运动员的身材往往较小,相对肌肉力量较大;而那些必须克服外部阻力的项目(如投掷、摔跤、举重等项目),运动员的身材一般都较大,绝对力量也较大。

除了上述因素,肌糖原和肌红蛋白含量及毛细血管分布密度也会影响肌肉力量。肌糖原和肌红蛋白是分布在肌浆中的能量物质和氧贮备物质,其含量的增加有助于肌肉长时间进行较低强度收缩时的能量和氧供应。肌肉毛细血管数量的增加有助于肌肉运动所产生的酸性物质和 CO_2 等代谢产物的运输与氧气和营养物质的供应。这些因素都与肌肉的耐力有关。

三、力量训练一般原则的生理学分析

(一)超负荷原则(overload principle)

超负荷不是指超过本人的最大负荷,而是指力量训练的负荷应不断超过平时采用的负荷,其中包括负荷强度、负荷量和力量训练频率。由于肌肉内各运动单位的兴奋性不同,当阻力负荷较小时,中枢只能调动兴奋性高的运动单位参加收缩,随着阻力的加大,参与收缩的运动单位逐渐增多。足够大的负荷对中枢神经系统的刺激大,能使运动中枢发出更强的信号,从而调动更多的运动单位参加同步收缩,肌肉表现出更大的肌张力。通常低于最大负荷 80% 的力量练习对提高最大肌力的作用不明显(见图 14-6)。

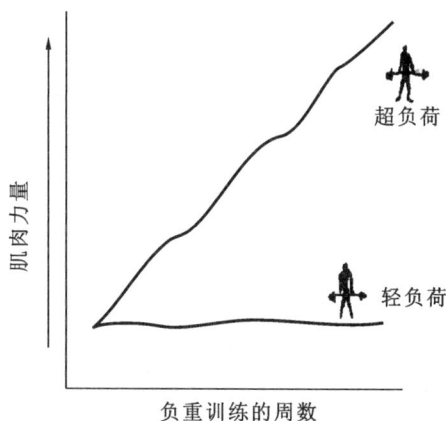

图 14-6   轻负荷与超负荷对肌肉力量增长的影响

(二)渐增超负荷原则(progressive overload principle)

此原则是指在力量训练过程中,随着训练水平的提高,肌肉所克服的阻力也应随之增加,才能保证最大肌力的持续增长。在力量训练的过程中,遵守“超负荷→适应→新的超负荷→再适应”的规律安排训练。

在进行力量训练时,负荷的增加必须是渐进的。如何确定负荷以及何时增加负荷是人们经常关心的问题,福克斯(Fox)指出,以 8-RM 负荷为例,当随着力量的增加 8-RM 的负荷逐步变成可重复 8 次以上,直至受训练者能使 8-RM 负荷重复 12 次,即这一负荷变成 12-RM 时,就要考虑增加训练的负荷,使新增加的负荷又成为 8-RM,这就是所谓的“负荷到 8,训练到 12”。当然,渐增负荷的标准也要区别对待,如在训练的开始阶段,或是力量较弱者,可以采用“负荷到 10,训练到 15”或“负荷到 15,训练到 20”等。为了发展绝对肌肉力量,也可采用“负荷到 1,训练到 5”的训练原则。

(三)专门性原则(technicality principle)

专门性原则是指所从事的肌肉力量练习应与相应的运动项目相适应。主要表现在以下几个方面。

1. 肌肉力量发展的针对性

力量练习中应含有直接用来完成专项动作的肌肉或肌群,还要有意识地发展相关的薄弱肌群的力量。

2. 运动形式的一致性

力量练习要表现出专项技术的特性,也就是尽可能地模拟专项技术的实际运动样式。如负重高抬腿跑,大腿应尽可能抬高;手持哑铃要求前后摆臂。再如,同样进行杠铃练习,对投掷运动员来说,以抓举、挺举比较合适;跳跃运动员以负杠铃蹲起为宜;而摔跤运动员则以慢动作的推举为宜。

3. 发力特点的相似性

运动技术的掌握过程也就是建立运动性动力定型的过程,而运动性动力定型的形成在一定程度上归因于该专项所要求的一种专门专项特点的力量-速度关系。

(四)负荷顺序原则

负荷顺序原则是指力量练习过程中应考虑前后练习动作的科学性和合理性。总的来说应遵循先练大肌肉,后练小肌肉,前后相邻运动避免使用同一肌群的原则。其生理机制为,大肌肉在训练时运动中枢的兴奋面广,兴奋程度高,在提高自身力量的同时,由于兴奋的扩散作用,练习过程对其他肌肉也有良性刺激作用。此外,由于大肌肉相对不易疲劳,可延长练习时间,而小肌肉练习很易疲劳,将影响大肌肉练习动作的完成。前后相邻动作若使用同一肌群,由于前一动作练习已经使该肌群疲劳,所以完成后一动作时,既不能保证动作质量,又容易出现肌肉过度疲劳和肌肉损伤,而使用不同肌群甚至相拮抗的肌群,由于交互抑制的原因,一个中枢兴奋,将对其拮抗中枢产生抑制,使前一运动致疲劳的肌群的运动中枢受到抑制,从而使疲劳肌群通过"积极性休息"而放松。

(五)负荷强度的目的性原则

根据一般力量的外部表现形式可将其分为最大力量、速度力量和力量耐力三种类型,通常负荷手段及强度的选用取决于力量训练课的类型和目的。

(1)发展动力性最大力量必须采用次极限或极限负荷强度(85%～100%)进行练习。因为重量越大,传入中枢系统的冲动就越强越快,中枢系统作应答性反应传出的冲动也就越强越快,从而能同时动员起更多的运动单位进行收缩,使更多的肌肉同时得到锻炼,还能有效地发展肌肉协调能力。

(2)发展速度力量或爆发力,在实践中往往采用综合力量训练办法,所采用的负荷手段大致分为三类:一类是采用大重量负荷(85%以上)来提高绝对力量,这在水平比较高、有一定接受能力的运动员训练中比重较大;第二类是采用中、小负荷快速练习的方法来提高动作速度,此类手段对于低水平或处于初级训练阶段的运动员训练比较好;第三类是采用比赛的动作,实际的负荷(与器械重量相当或采用器械本身)来练习,这有利于在大重量负荷之后将获得的力量能迅速地向专项转化。

(3)发展力量耐力,采用的负荷低于最大力量的50%。对于初级运动员,这个负荷还要小,负荷不大,肌肉就不易疲劳,工作的持续时间就可以延长。肌肉活动的次数多,就可以使肌肉代谢过程加强,更有效地增加肌肉中相关蛋白质的含量,如线粒体蛋白与肌红蛋白含量,从而提高肌肉的有氧氧化能力。尤其是对处于初级训练阶段的运动员,他们进行力量训练的主要目的是改善肌肉的结构,因此,小负荷的多次重复训练应占相当的比重。

(六)合理训练间隔原则

合理训练间隔原则就是寻求两次训练课之间的适宜间隔时间,使下次力量训练在上次训练出现的超量恢复期内进行,从而使运动训练效果得以积累。训练间隔时间与训练强度和训练量有密切的关系,训练强度和训练量大,间隔时间应长。通常较小的力量训练在第2天就出现超量恢复了,中等强度的力量训练应隔天进行,而大强度力竭训练一周进行1~2次即可。值得提出的是,完成定量负荷,训练水平高者出现超量恢复的时间较早,超量恢复的幅度较小,其训练间隔应较短;但同样进行力竭训练后,高水平者因完成的绝对负荷量大,故其超量恢复较晚出现,超量恢复的幅度较大,持续时间较长,训练间隔时间应稍长。

四、常见几种力量练习方法的生理学分析

(一)静力性练习(isometric exercise)

静力性练习又称等长练习,指肌肉收缩对抗阻力时长度不变的练习。进行等长力量练习时,神经细胞长时间保持兴奋,有助于提高神经细胞的工作能力;肌肉对血管的压力增大,影响肌肉的血液和氧气供应,对肌肉无氧代谢能力的提高、肌红蛋白含量的增加和肌肉毛细血管的增生均有良好影响。其优点是肌肉能够承受的运动负荷重量较大,是发展最大肌肉力量的常用方法,特别是发展核心稳定和加强抓握力量训练。此外,在术后康复中,当肢体被固定,无法进行动力性收缩时,静力收缩有助于减少制动引发的肌肉萎缩和力量损失,从而帮助患者更好地恢复。

(二)动力性练习(dynamic exercise)

动力性收缩可以使用等张练习、可变阻力练习、等动练习、离心练习与超等长练习等练习方式。

1. 等张练习(isotonic exercise)

等张练习是指肌肉张力在肌肉开始缩短后即不再增加,直到收缩结束的力量练习方法。等张练习的优点是肌肉运动形式可与专项的运动特点相一致,在增长力量的同时可以提高神经肌肉的协调性。缺点是在力量练习中肌肉张力的变化具有"关节角度效应",即用来训练肌肉的阻力或重量会受到动作范围中最弱位置的限制。如图14-7所示,人在最佳角度为100°时可举起45 kg的杠铃,而在180°完全伸展的位置,只能举起32 kg的杠铃,因此,如果他开始举的杠铃重量是32 kg,从完全伸展位置开始时,仅能勉强地移动杠铃,但是,一旦移

动到 100°时,所举的重量仅是他在该角度所能举起最大重量的 70% 而已。

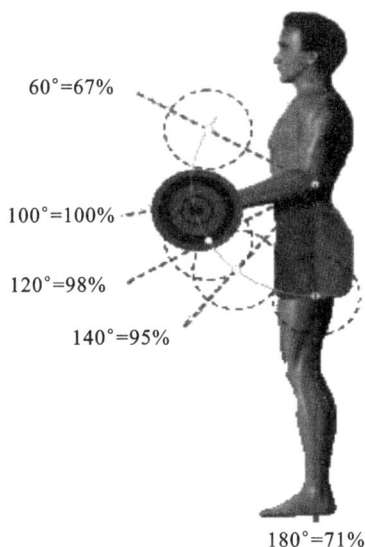

60°=67%
100°=100%
120°=98%
140°=95%
180°=71%

图 14-7 在双臂弯举过程中不同角度对应的不同力量

2. 可变阻力(variable resistance)练习

可变阻力练习是指借助可变阻力器材进行的力量练习方法。特点是在整个关节活动范围中,肌肉或肌群产生的力随关节运动角度的改变而变化。其理论基础是在动作范围的每一位置上,如果肌肉能以固定较高的最大肌力百分比施力时,肌肉将可受到较完整的训练。

3. 等动练习(isokinetic exercise)

等动练习又称等速练习,是利用专门的等速力量训练器进行肌肉力量练习的方法。不论是对个体施以非常轻的力量,还是做力竭性的最大肌肉收缩,动作的速度始终不变,它是发展动力性力量较好的练习方法之一。练习时,等速力量所产生的阻力与用力的大小相适应,肌肉可在动作范围的所有位置上做最大力量的肌肉收缩,并以恒定的速度进行运动。

4. 离心练习(eccentric exercise)

离心练习又称退让练习,指肌肉收缩产生张力的同时被拉长的练习方法。研究发现,肌肉在进行离心收缩时所产生的最大离心张力比最大向心张力大 30% 左右,因此,离心练习能够对肌肉产生更大的刺激,更有利于发展肌肉力量和横截面积。

5. 超等长练习(plyometric)

超等长练习是指肌肉工作时先做离心式拉长,继而做向心式收缩的一种复合式练习方法。在离心收缩(伸展)时,它也同时在肌肉的弹性成分与收缩性成分中储存了能量,这些能量会在向心收缩时获得释放。例如,在发展伸肌肌力时,个体从站立姿势开始到深蹲姿势(离心收缩),然后跳上一个箱子(向心收缩),以蹲姿落于箱子上。随后,这个人再跳离箱子至地面上,以蹲姿落地,并重复上述流程到下一个箱子。(见图 14-8)

图 14-8　超等长跳箱练习

(三)电刺激法训练(electrical stimulation training)

电刺激法是指借助电刺激仪采用一定频率和强度的电流直接作用在肌肉或肌肉的运动神经上来刺激肌肉的方法。在临床上已证实,在打石膏固定的时期,电刺激训练可以有效地减少肌力与肌肉体积的流失。因此,此法可作为运动员伤后恢复期不能进行正常训练时的辅助力量训练手段。不足之处是其所引起的肌肉收缩,可以干扰和破坏机体自身的感受器的自身调节和保护功能,对协调性产生不良影响,同时大量使用还会导致肌肉过度疲劳和容易造成微细损伤。

(四)震动训练(vibration training)

震动力量训练是近年来发展和建立起来的通过给予人体施加一定频率(25～60 Hz)和强度的机械震动,保持和提高肌肉力量的训练方法。一种放置于地面上的专门震动台(可供双脚或单脚站立、双手支撑和坐)产生的冲击性震动刺激通过肢体传递到肌群上,进而提高主动肌的激活程度并增加了高阈值运动单位的活性,引起参与运动单位以高频率放电,从而达到神经肌肉系统兴奋性提高的训练效果。震动对人体的影响主要是机械性效应,弱的震动主要是引起组织和器官的移位、挤压,从而影响其功能。人体对震动的反射反应和代偿反应是震动生理效应的一个重要方面。该法常作为附加或辅助手段与一般的力量练习同步进行。

五、力量训练要素

力量训练的效果与力量练习的强度、次数和组数等多种负荷因素有关。

(一)负荷强度

常用最大重复次数(RM)来表示力量训练的负荷强度,也可以用最大肌力的百分比来表示。最大重复次数是指肌肉收缩所能克服某一负荷的最大次数。如 1RM 表示进行 1 次本人最大负荷重量的练习,20RM 表示进行 20 次相对较小的负荷重量的练习。采用不同的

RM，可使不同类型的肌肉力量得到优先发展（见表 14-2）。

表 14-2 不同负荷强度对肌肉力量、速度和耐力的影响

负荷强度	效　果	适 用 项 目
5RM	肌纤维增粗、力量增加、动作速度增快	举重和投掷等
6～10RM	肌肉粗大、力量增强、速度增快，但耐力增加不明显	100 m 跑、跳跃运动等
10～15RM	力量增强、速度增快，耐力增强	400 m、800 m 跑等
30RM	毛细血管增多，耐力提高，力量、速度作用不明显	长跑

此外，以不同 RM 百分比进行负荷强度训练，对不同类型纤维的动员也不相同（见表 14-3）。

表 14-3 不同 RM 百分比肌肉运动负荷与不同类型纤维动员的关系表

动员肌纤维类型	1-RM%				
	60	70	80	90	100
ST%	60	40	25	15	5
FTa%	30	40	40	25	25
FTb%	10	20	35	60	70

（引自 Patrich O'Shea，1996）

（二）动作速度

动作速度可以影响力量训练中神经控制、肌肉肥大和能量代谢等多种生理反应。一般情况下，对于提高肌肉力量而言，初学者可以采用低速和中速进行训练，优秀运动员采用中速和高速训练更为有效。不同速度运动时主要动员的肌纤维类型不同，因此，可以通过改变力量练习的速度来发展不同类型的肌纤维。

（三）每组练习重复次数、组数和频度

每组练习的重复次数是指一组训练中不间断地完成力量练习的次数，每组重复次数的多少与力量练习的强度有关。一般认为每项动作最少完成三组才能使肌力与肌肉体积大小获得最大收益。

力量训练频度通常是指每周训练的次数，是影响力量训练效果的重要因素。初练者一般选择 2～3 次/周为宜。研究表明，对初次参加运动训练者，隔天训练的效果比每天训练的效果好。每天进行力量训练者，训练 10 次后，肌肉力量提高 47%，而以同样训练负荷进行隔天训练，经过 10 次训练后肌肉力量提高 77.6%。运动员根据不同项目肌肉力量的需要每周训练的次数不一样。

在力量训练中，负荷强度、练习次数、组数和训练频度的安排，受训练目的、运动形式和练习者身体训练水平等因素的影响。一般情况下，采用中高阻力、低中重复次数（60%～80% 1RM、6～12 次）力量练习可获得最佳肌力；采用低中阻力、中高重复次数（30%～70% 1RM、10～25 次）力量练习可获得最佳肌肉耐力。训练爆发力的最佳途径，需通过以爆发性速度实施低中阻力、低重复次数（30%～60% 1RM、3～6 次）训练，并建议与传统肌力训练的

中高阻力、低中重复次数（60％～80％ 1RM、6～12 次）做交替性的训练。当训练目的在于增加肌肉体积大小时，如健美运动员的训练，必须使用中高阻力配合低中重复次数（70％～100％ 1RM、1～12 次）的力量训练方式。

表 14-4 提供了最大肌力、爆发力和肌肉耐力练习参考方案，可根据实际情况进行调整。

表 14-4　发展最大肌力、爆发力和肌肉耐力的各种力量训练参数

力量类型	负　荷	重复次数/次	练习组数/组	频度/(次/周)	组间休息/s	持续时间/s
肌肉耐力	40％～60％1RM	20～40	3～6	3	＜30	≥120
爆发力	60％～80％1RM	6～15	3～6	3	30～60	＜120
最大肌力	80％～100％1RM	2～6	3～6	3	120～180	＜90

（引自王步标、华明,2006）

第二节　速度素质的生理学基础

速度素质是指人体进行快速运动的能力或最短时间完成某种运动的能力。按其在运动中的表现可以分为反应速度、动作速度和周期性运动的位移速度三种形式。

一、反应速度的生理学基础

反应速度（reaction speed）是指人体对各种刺激发生反应的快慢，如短跑运动员从听到发令到起动的时间等。反应速度的快慢主要取决于兴奋通过反射弧所需要的时间（即反应时）的长短、中枢神经系统的机能状态和运动条件反射的巩固程度。

(一)反应时

从感受器接受刺激产生兴奋并沿反射弧传递开始，到引起效应器发生反应所需要的时间称为反应时（reaction time）。在构成反射弧的五个环节中，传入神经和传出神经的传导速度基本上是固定的，所以，反应时间的长短主要取决于感受器的敏感程度（兴奋阈值的高低）、中枢延搁和效应器（肌组织）的兴奋性。其中，中枢延搁又是最重要的，反射活动越复杂，历经的突触越多，反应时越长。

(二)中枢神经系统的机能状态

良好的兴奋状态及其灵活性，能够加速机体对刺激的反应，使效应器由相对安静状态或抑制状态迅速转入活动状态。运动员处于良好的赛前状态时，反应时会缩短（见表 14-5）。反之，如果运动员大脑皮层的兴奋性降低或灵活性低，反应时将明显延长。研究表明，当身体处于一定的肌肉紧张准备状态下反应时可以缩短 7％。

表 14-5　赛前状态不同专项运动员对光的反应潜伏期的变化　　　　单位：ms

项目	安静时	良好赛前状态时
田径	300	246
击剑	313	227
射击	313	211
游泳	313	181

（引自体育学院通用教材：运动生理学,1990）

（三）运动条件反射的巩固程度

随着运动技能的日益熟练,反应速度会加快。研究发现,通过训练,反应速度可以缩短 11%～25%。

二、动作速度的生理学基础

动作速度（movement speed）是指完成单个动作时间的长短,如排球运动员扣球时的挥臂速度等。动作速度主要是由肌纤维类型的百分比组成及其面积、肌肉力量、肌肉组织的兴奋性和运动条件反射的巩固程度等因素所决定的。

（一）肌纤维类型

肌肉中快肌纤维占优势是速度素质重要的物质基础之一,快肌纤维百分比越高且快肌纤维越粗,肌肉收缩速度则越快。研究证实,优秀短跑运动员腿部肌肉中快肌纤维百分比很高,并且快肌纤维出现选择性肥大。

（二）肌肉力量

肌力越大,越能克服肌肉内部及外部阻力完成更多的工作。凡能影响肌肉力量的因素也必将影响动作速度。图 14-9 表示力量水平不同的人在各种负荷下的运动速度。在负荷相同的条件下,力量越大运动速度越快。

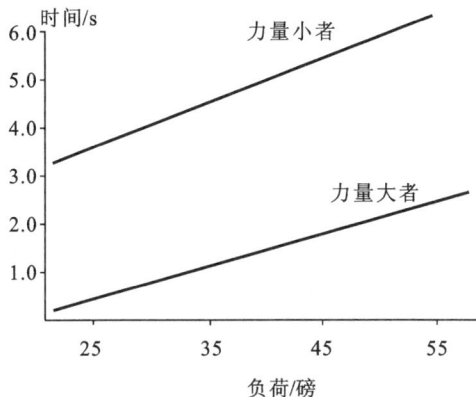

图 14-9　不同负荷下卧推的运动时间

（引自 Richard,1982）

(三)肌肉组织兴奋性

肌肉组织兴奋性高时,刺激强度低且作用时间短就能引起肌组织兴奋。

(四)运动条件反射的巩固程度

在完成动作过程中,运动技能越熟练,动作速度就越快。

另外,动作速度也与神经系统对主动肌、协同肌和对抗肌的调节能力有关。在完成成套动作中,还与肌肉的无氧代谢供能能力有关。

动作速度的生理指标大多采用运动时,这是指从效应器(肌肉)开始发生反应至反应完成动作所需的时间。从表 14-6 中可以看出,不同项目的运动员,有的反应时较短而运动时较长,有的恰好相反。说明反应时和运动时的变化并不同步。另外,同一项目不同的运动员的反应时和运动时也有差异。

表 14-6　反应速度与动作速度实验结果表　　　　　单位:s

运 动 专 项	反应时	运动时	总时间
短跑(男)	0.176	0.113	0.289
跳跃(男)	0.171	0.115	0.286
中长跑(男)	0.198	0.139	0.337
马拉松(男)	0.238	0.156	0.394
排球(女)	0.203	0.145	0.348

(引自体育学院通用教材:运动生理学,1990)

三、位移速度的生理学基础

位移速度(displacement speed)是指周期性运动(如跑步、游泳等)中人体通过一定距离的时间。以跑步为例,周期性运动的位移速度主要取决于步长和步频两个变量,而步长和步频又受多种生物学因素的制约(见图 14-10)。

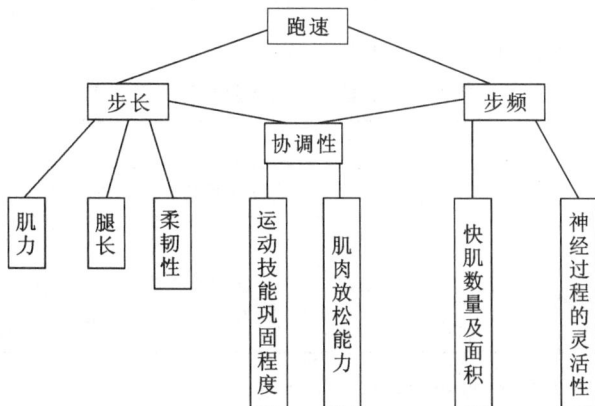

图 14-10　影响步长和步频的主要生物学因素示意图
(引自体育学院通用教材:运动生理学,1990)

步长主要取决于肌力的大小、肢体的长度以及髋关节的柔韧性;而步频主要取决于大脑皮层运动中枢的灵活性和各中枢间的协调性以及快肌纤维的百分比及其肥大程度。神经过程的灵活性好,兴奋与抑制转换速度快,是肢体动作迅速交替的前提,各肌群间协调关系的改善,可以减少因对抗肌群紧张而产生的阻力,有利于更好地发挥速度。所以,在周期性运动项目中,肌肉放松能力的改善,也是提高速度的一个重要因素。

此外,速度训练时间短,主要依靠 ATP-CP 系统供能,因此,肌肉中 ATP 和 CP 的含量是速度素质重要的物质基础。研究发现,通过速度训练,肌肉中 CP 的贮备量随训练水平的提高而增加。

四、速度素质的训练

(一)提高神经过程灵活性的训练

大脑皮层神经过程的灵活性是实现高频率动作的重要因素。为了改善和提高神经过程的灵活性,可采用变换各种信号让练习者迅速做出反应的练习以及做各种高频率动作的练习,如牵引跑、在转动跑台上跑、顺风跑等借助外力提高动作频率的练习,都可使练习者在不缩短步长的情况下增加步频,提高神经中枢兴奋与抑制快速转换的能力。

(二)发展磷酸原系统供能的能力训练

速度性练习是强度大、时间短的无氧训练,主要依靠 ATP-CP 系统提供能量。因此,在发展速度训练中,应着重发展磷酸原系统供能的能力。一般常用的方法是重复训练法,如短跑运动员常采用 10 s 以内的短距离反复疾跑,来发展磷酸原系统供能能力。

(三)提高肌肉放松能力的训练

肌肉的协调放松能力是提高速度素质的重要因素。肌肉放松能力的提高,不仅可以减少快速收缩时肌肉的阻力,而且有利于 ATP 的再合成,使肌肉收缩速度和力量增加。有人曾对肌肉放松训练与肌肉力量之间的关系进行研究,发现在力量练习后进行放松练习的实验组与无放松练习的对照组相比,实验组肌肉的放松能力明显提高,同时肌肉力量和速度及100 m 跑成绩均较对照组明显提高(见表 14-7)。

表 14-7　放松训练对力量和速度的影响

测 验 项 目	实 验 组			对 照 组		
	前	后前	提高/(%)前	前前	后前	提高/(%)前
单腿三级跳远/cm	586.4	712.1	21.05	598.6	674.2	12.60
行进间 30 m 跑/s	5.15	4.32	16.11	5.18	4.46	15.36
100 m 跑/s	13.91	13.12	6.00	13.87	13.44	2.77

(四)发展腿部力量及关节的柔韧性训练

对短跑运动员来说,腿部力量对增加步长是十分重要的,除负重训练外,可进行一些超等长练习(如连续单腿跳、蛙跳等练习)来发展腿部力量。另外,改善关节柔韧性的练习也有利于速度素质的提高。

第三节　耐力素质的生理学基础

耐力是指人体长时间进行肌肉工作的运动能力,也称为抗疲劳能力。耐力素质的分类及命名十分繁杂,可按运动时的外部表现划分为速度耐力、力量耐力和静力耐力等;按该项工作所涉及的主要器官划分为呼吸循环系统耐力(心肺耐力)、肌肉耐力等;还可按参加运动时能量供应的特点划分为有氧耐力和无氧耐力;并可按运动的性质划分为一般耐力和专项耐力等。

有氧耐力和无氧耐力的生理学基础见第十三章。

第四节　灵敏和柔韧素质的生理学基础

一、灵敏素质的生理学基础

灵敏素质(agility)是指人体迅速改变体位、转换动作和随机应变的能力。它是多种运动技能和身体素质在运动中的综合表现,是一种较为复杂的素质。在某些需要迅速改变体位的运动项目中灵敏素质尤其重要。如球类、体操等项目中的急起、急停和快速改变方向等动作,都需要运动员具有良好的灵敏素质。

灵敏素质具有明显的项目特点,如体操运动员的灵敏素质主要表现为对身体姿势的控制和转换动作的能力;球类运动员的灵敏素质则主要表现为对外界环境变化能及时而准确地转换动作以做出反应的能力。

灵敏素质的生物学基础如下。

(一)大脑皮层神经过程的灵活性及其综合分析能力

大脑皮层神经过程的灵活性及其综合分析能力是灵敏素质重要的生理基础。神经过程的灵活性好,兴奋与抑制转换得快,才能使机体在内外环境条件发生变化时迅速地做出判断和反应,并根据当时的情况及时调整或修正动作,尤其在对抗性项目中,如球类、击剑、摔跤等,随着运动形式的变化,动作的性质、强度都将发生变化,机体必须迅速对情况做出判断。

(二)各感觉器官的机能状态

在完成动作过程中,需要运动员具有良好的感觉机能,表现为动作准确、变换迅速,并且在空间和时间上表现出准确的定时定向能力,这就要求各种感觉器官如视、听、位和本体感觉等器官具有高度的敏感性。因此,灵敏素质的发展与各种分析器机能的改善有密切关系。

(三)掌握的运动技能及其他身体素质水平

灵敏素质是多种运动技能和身体素质在运动中的综合表现。掌握的运动技能数量越多而且越熟练时,灵敏素质才能越充分地表现出来。因为运动技能是在多种感觉机能的参与下在大脑皮层有关中枢间建立的暂时神经联系,这种暂时联系建立得越多,在环境条件改变需要做出反应时,大脑皮层有关中枢间暂时神经联系的连通就越迅速和准确,并能在原有条件反射的基础上创造出更多的新颖动作和做出更完善的协调反应。

灵敏素质还需要其他身体素质的保证。如必须有一定的力量、速度、耐力及柔韧性等素质,才能真正地适应复杂的环境变化,做出准确的反应。

此外,灵敏素质还受年龄、性别、体重和疲劳等因素的影响。一般认为,少年时期灵敏素质发展最快;男孩较女孩灵活,尤其在青春期后,男孩的灵敏性更好;体重过重会影响灵敏素质的发展;身体疲劳时,爆发力、动作速度、反应速度及协调性等都下降,灵敏素质也会显著下降。

二、柔韧素质的生理学基础

柔韧素质(flexibility)是指用力做动作时扩大动作幅度的能力。关节运动幅度的增加,对于提高动作质量十分重要,往往柔韧性越好,动作就越舒展、优美和协调,并且有助于减少运动损伤。

柔韧素质的生理基础如下。

(一)关节的构造及其周围组织的伸展性

关节活动幅度的大小与关节的解剖结构特点、关节周围组织的体积以及髋关节的韧带、肌腱、肌肉和皮肤的伸展性等生理状况有关。

关节面结构是影响柔韧性的重要因素,主要由遗传因素决定,但训练可以使关节软骨增厚。关节周围体积过大,如皮下脂肪含量或结缔组织过多都将影响临近关节的活动幅度,使柔韧性降低。肌肉及韧带组织的伸展性,取决于年龄和性别等因素,并与肌肉温度有关,通过准备活动可使肌肉温度升高,降低肌肉内部的黏滞性,加大伸展性,有利于柔韧性的提高。

(二)神经系统对骨骼肌的调节能力

神经系统对骨骼肌的调节能力,尤其是对主动肌与对抗肌之间协调关系的改善,以及肌肉收缩与放松调节能力的提高,可以减少由于对抗肌紧张而产生的阻力,有利于增大运动幅度。此外,肌肉放松能力的提高,也是扩大动作幅度、提高柔韧性的重要因素。

第五节　平衡和协调能力的生理学基础

一、平衡能力

平衡能力(balance ability)是指人体维持自身姿势稳定的能力,以及在运动或受到外力作用时能够自动调整并维持身体姿势的能力。良好的人体平衡能力是日常生活中各类活动的基本保障,在日常站立、行走和协调完成生活中不同动作时,人体的平衡能力都起到了重要作用。平衡是人体进行各种运动的前提。对于运动员而言,平衡能力是机体实现高水平技术动作的基本要求。特别在需要较强身体姿势稳定性和动作协调性的运动项目中,平衡能力的高低是运动员展现自身优势,发挥日常训练水平以及高质量完成动作的重要影响因素。

(一)平衡能力分类

人体平衡能力一般分为静态平衡能力和动态平衡能力。

静态平衡能力(static balance ability)是指处于相对静止状态下,控制身体重心,维持身体某种特定姿势一段时间的能力,如站立、金鸡独立、倒立、射击等动作。

动态平衡能力(dynamic balance ability)是指人体在运动或者受到外力影响时,身体自动调整并维持姿势稳定的能力,如蹦床、体操、游泳等均需要很好的动态平衡能力。动态平衡能力包括两个方面:①自动动态平衡能力也被称为主动平衡能力,是指人体在进行各种自主运动时能重新获得稳定状态的能力,如由坐位到站位或由站位到坐位过程中的姿势转换;②他动动态平衡能力也被称为被动平衡能力,是指人体在外力推动作用下调整姿势的能力,例如对推、拉、拽等干扰产生反应,恢复稳定状态。

(二)平衡能力的生理学基础

从生物力学的角度而言,影响人体平衡的因素主要是支撑面积、支撑面的稳定性、重心高度、体重等因素;从生理学角度上看,人体平衡能力主要依赖于视觉、前庭感觉和本体感觉的信息输入,以及神经中枢对这些信息的整合与对运动效应器的控制。

1. 视觉与平衡

视觉是维持身体姿势稳定的主要感觉系统,在提供身体的躯体空间定位、运动准确性和运动的反应速度方面起着至关重要的作用。它使人体能够准确评估繁杂的外部信息并迅速做出反应,自动调整姿势以维持平衡状态。

视觉感受器(视网膜感光细胞)感知外界环境变化的刺激信号,接收并汇集外界环境和机体所处的运动状态等信息,通过相关信号通路上传至视觉中枢,在大脑皮层中产生一种相对主观的感觉。

视觉系统除能感知外界的光刺激,通过视调节保持清晰的视觉外,还能感知身体所处的相对空间位置、身体动作以及位置的变化信息等。神经中枢通过对这些信息的整合与处理,能更好把握人体的相对信息,从而起到协助平衡控制的作用。同时,由于视觉对于人体空间位置、动作信息等更加直观的输入,增加其他感觉器官的信息捕捉能力,并可以为前庭、本体感觉提供外界空间环境等辅助性信息,因此,视觉是人体保持平衡能力的基础保障。

2. 前庭觉与平衡

当人体进行旋转或直线变速运动,以及头在空间的位置和地心引力的方向出现相对改变时,便会刺激前庭器官的感觉细胞产生神经冲动,经前庭神经传送至中枢神经系统,引起身体在空间的位置改变或变速的感觉,并通过姿势反射来调整有关骨骼肌的张力,以维持身体的平衡。

当人体进行直线变速运动时,可刺激椭圆囊和球囊内的感受器,引起内耳迷路紧张反射,反射性改变背部和四肢伸肌紧张性,维持姿势平衡。当人体进行旋转变速运动时,会使人体头部产生相应动作,从而刺激半规管壶腹嵴中的感受器,使其产生相应的位觉感受信息,其信息最终被整合和输入大脑,进而发出相应的指令,控制人体平衡。

前庭机能在调节身体平衡方面具有双重性。一方面,机能良好的前庭反应可以维持运动中身体平衡;另一方面,如果前庭机能稳定性差,前庭反应过大,反而会破坏运动时的身体平衡,导致动作失调变形。

3. 本体感觉与平衡

本体感受器可受到肌肉张力、长度的变化和环节在关节处运动的刺激,产生神经冲动,传达至大脑皮质感觉区,产生身体各部分相对位置和状态的感觉,这种感觉称为运动觉或本体感觉。

在视觉、前庭觉和本体感觉三种感觉信息中,本体感觉的信息传入起到了相对重要的作用,在维持机体平衡过程中,相对于视觉和前庭觉,机体更容易依靠本体感觉去维持人体的平衡。如果机体的本体感觉感受器发生损伤,运动的起始过程就会产生相对延迟,其运动轨迹也会相应地发生改变,准确率明显下降,对于人体的平衡控制造成一定影响。

本体感觉信息通过反馈调节控制人体运动,维持平衡。姿势反射调节过程中,本体感觉信息的不断输入、信息整合以及指令输出,机体效应器进而不断调整,直至准确高效完成相应动作,以维持平衡。同时,在维持身体平衡的过程中,也存在感觉权重理论,即当视觉信息、前庭信息和本体感觉信息其中存在"错误"信息时,中枢神经系统会降低其权重,减少相关信息的输入,并相对增加其他感觉信息的权重,从而动态维持人体平衡。

4. 身体机能状态与平衡

在维持平衡过程中,机体通过信息感受器对于外界信息进行收集与初步整理,从而定位人体的空间信息以及本体感觉信息等。当有效信息被传送到人体的中枢神经系统之后,大脑皮层对其分析与处理,并发出相关的调控指令,传达到运动系统的效应器,并通过神经系统传递实现对身体的平衡调控,以保证身体处于平衡状态。

人的身体机能处于适宜状态时,有关的系统和器官之间才能密切协调配合,发挥良好的生理作用以维持身体特定姿势。如果身体疲劳或健康欠佳,各器官、系统功能就会下降,严重影响身体的平衡调节。

二、协调能力

(一)协调能力定义

国内外学者从各自观察的角度和思路出发解释协调能力(coordination ability),具有独特性的同时也存在共性的特点。徐本力(1990)认为,协调能力是运动员在运动时,身体各器官系统能始终如一地完成动作的能力。田麦久(1993)认为,协调能力主要是指运动员在各种体育锻炼中,机体的不同组织部位、不同的器官以及不同的系统,在协同和配合的条件下完成各种体育技战术活动的能力,以及完成其他各种练习动作的能力。田麦久、刘大庆

(2012)认为,协调素质是指运动员机体不同系统、不同部位、不同器官协同配合完成技术动作的能力,它也是运动员形成运动技能的重要部分。德国学者葛欧瑟(2012)认为,协调能力是人体各种能力的综合表现,它包括反应能力、精确平衡能力、节奏能力与灵敏能力。

王瑞元、苏全生(2012)在体育院校通用教材中将协调性定义为人体运动过程中身体各器官、系统在时间和空间上相互配合完成动作的能力。协调能力是完成动作的基本条件之一,它贯穿于一切动作的始终,是人体速度、力量、耐力、平衡和柔韧等多种素质与运动技能协同的综合表现。

(二)协调能力的生理学基础

人体协调能力涉及多个系统或器官的机能水平和彼此间的协作与配合,主要是在神经系统、感知系统和肌肉三大系统共同参与下实现的。

1. 感知系统与协调

感知系统主要由视觉、听觉、前庭觉以及本体感觉系统构成。视觉在运动中的协调主要以眼肌的协调为基本方式,它表现为在运动中准确判断器械的空间位置、距离和机体的动向,以及对突发情况做出准确判断、迅速变换动作和快速应对。听觉在运动中的协调主要体现在听觉分析作用上,它是语言思维和意识的生理学基础。前庭器官在运动中的协调主要表现在前庭机能稳定性上,前庭机能稳定性越好,前庭反应越小,完成动作越顺利。本体感觉感知肌肉张力大小、长度变化和关节活动范围,与运动中枢产生神经联系,通过牵张反射、姿势反射来精确调节全身的肌肉收缩活动。

2. 神经系统与协调

神经协调是指完成动作时神经中枢的兴奋和抑制相互转换的配合和协同,是由运动中枢神经所支配的运动装置(肌肉)之间通过反射活动实现的相互联系。在完成反射活动的过程中,身体各肌群之间、肌肉活动与内脏活动之间、各器官活动之间表现出同时和先后配合协作一致的现象。它包含神经系统交互抑制、兴奋扩散、优势现象以及反馈活动等复杂的生理过程。完成的动作越复杂,要求大脑皮质的兴奋与抑制过程配合越精确。

由于运动技能形成的过程是建立运动条件反射的结果,因此运动技能贮存的数量越多,建立新的条件反射越顺利,运动员也能越快地掌握新的技术动作,表现出良好的协调能力。

3. 肌肉系统与协调

在神经系统的控制下,肌肉作为运动系统的主要驱动力,与骨及关节相互配合,协调工作,并通过收缩与舒张,利用杠杆原理,驱动身体,产生相应的动作,以达到运动的目的。肌肉协调性指肌肉适宜而合理地进行收缩活动,其中包括肌肉收缩时产生张力的大小和不同肌群收缩的先后顺序以及同一肌群收缩与舒张的时间顺序。

肌肉收缩的协调性需要三个方面的高度配合:①肌肉张力的大小,取决于参与收缩活动的肌纤维数量或运动单位募集多少;②不同肌群收缩的先后顺序,取决于神经系统对所调控肌肉募集的先后顺序和分化抑制的程度;③同一肌群收缩与舒张的时间顺序,取决于支配肌肉神经的兴奋与抑制的转换频率。

肌肉的协调性除受神经系统支配外,还与肌肉本身的结构、成分、肌内各种本体感受器等密切相关。

【思考题】

    1.试举例阐述肌肉力量的分类。

    2.试述力量的生理学基础。

    3.联系运动训练实践阐述肌肉力量训练的一般原则。

    4.简述反应速度和动作速度的生理学基础。

    5.阐述灵敏素质及柔韧素质的生理学基础。

    6.以某专项力量训练为例分析影响肌肉力量训练效果的负荷因素。

第十五章 运动过程中人体机能变化规律

在运动过程中,人体将发生一系列的规律性机能变化,这些机能变化可分为赛前状态、进入工作状态、稳定工作状态、疲劳和恢复过程五个阶段。研究和掌握各个阶段的规律和特点,并把它运用到运动实践中去,对于增强体质、提高运动成绩和防止运动损伤具有重要意义。

第一节 赛 前 状 态

赛前状态(pre-competition state)是指人体参加比赛或训练前身体的某些器官、系统产生的一系列条件反射性变化。赛前状态可发生在比赛前数天、数小时或数分钟。

一、赛前状态的生理变化

赛前状态的生理变化主要表现在神经系统兴奋性提高、物质代谢加强、体温升高、内脏器官活动增强。例如,心率和呼吸频率加快,动脉血压升高,汗腺分泌增加等。而这些变化常常因为越临近比赛或运动而变得更加明显。

赛前反应的大小与比赛性质、运动员的比赛经验和心理状态有关。比赛规模越大,离比赛时间越近,赛前反应越明显。运动员情绪紧张、训练水平低、比赛经验不足也会使赛前反应增强。适宜的赛前反应能促进运动员在比赛中发挥出较好的运动水平;反之,反应过大则会影响运动员在比赛中的正常发挥。

二、赛前状态的生理机理

赛前状态产生的机制可以用条件反射机理解释。比赛或训练过程中的场地、器材、观众、广播声和对手的表现等信息不断作用于运动员,并与比赛或运动时肌肉活动的生理变化相结合。久而久之,这些信息就变成了条件刺激,只要这些信息一出现,赛前的生理变化就表现出来,因而形成了一种条件反射。由于这些生理变化是在比赛或训练的自然环境下形成的,所以其生理机理属自然条件反射。

三、赛前状态类型

赛前状态依据其生理反应特征和对人体机能影响的程度可分为以下三种类型。

(一)准备状态型

准备状态型的特点是中枢神经系统兴奋性适度提高,植物性神经系统和内脏器官的惰性得到一定的克服,使进入工作状态的时间适当缩短,从而有利于发挥机体工作能力和运动成绩的提高。此类型常见于优秀运动员。

(二)起赛热症型

起赛热症型的特点是中枢神经系统的兴奋性过高,表现为过度紧张,常有寝食不安、四肢无力、全身微微颤抖、喉咙发堵等不良生理反应,因而使运动员工作能力和运动成绩下降。此类型常见于初次参加比赛的年轻选手,或者参加特别重大的比赛,也可能是由于运动员过分重视比赛结果。

(三)起赛冷淡型

起赛冷淡型的特点是由于赛前兴奋性过低,进而引起了超限抑制,表现为对比赛淡漠、浑身无力。因此,不能在比赛时发挥机体工作能力。此类型常是第二种类型的继发反应。

四、不良赛前状态的调整

针对不良的赛前状态,必须进行适当的调整,使其达到最佳状态。为预防不良赛前状态需做到以下几点:第一,要求运动员不断提高心理素质,正确对待比赛;第二,多组织运动员参加比赛,模拟比赛或观看比赛,适应各种比赛环境,积累比赛经验;第三,根据运动员赛前状态安排适当形式和强度的准备活动,如果运动员兴奋性不高,可做些强度大的练习,如果运动员兴奋性过高,准备活动的强度可小些,安排一些轻松的和转移注意力的练习和活动;第四,随时了解运动员的思想状况,加强思想教育和管理;第五,科学地安排好赛前训练及生活内容等。

第二节 准备活动

准备活动(warm-up)是指在比赛、训练和体育课的基本部分之前,为克服内脏器官的生理惰性,缩短进入工作状态的时间,预防运动创伤而有目的进行的身体练习,为即将来临的剧烈运动或比赛做好准备。

一、准备活动的生理作用

(一)调整赛前状态

准备活动可以使大脑皮质处于适宜水平,提高反应速度,从而调节不良的赛前状态,为正式练习或比赛时生理功能迅速达到适宜程度做好准备。

(二)克服内脏器官生理惰性

准备活动可以提高心血管和呼吸系统的机能水平,使肺通气量、心输出量增加,心肌和骨骼肌的毛细血管网扩张,供血量增加。同时,血红蛋白和肌红蛋白可释放更多的氧,增加肌肉的氧供应,从而克服内脏器官的生理惰性,缩短进入工作状态的时间。

(三)提高体温和机体的代谢水平

准备活动在英文中叫作"warm-up",因此有人把它译做"热身"。由此可见,在运动或比赛前进行准备活动可使体温升高。

体温升高,一方面可以降低肌肉黏滞性,提高肌肉组织的兴奋性,从而提高肌肉收缩和舒张速度,增加肌肉力量;另一方面,可以增加肌肉的伸展性、柔韧性和弹性,预防运动损伤。此外,体温升高可以增加体内酶的活性,提高物质代谢水平,从而保证在运动中有较充足的能量供应。

准备活动所起的作用不仅仅是使体温升高,有研究发现(见表15-1),让受试者3人分别在不做任何准备活动、蒸汽浴后、做准备活动后的三种情况下,测定100 m及400 m赛跑成绩,蒸汽浴后及做准备活动后的效果不等,蒸汽浴后的运动成绩不如做准备活动后的运动成绩,说明准备活动除有加温效果外,还有另外的作用机理。

表 15-1　三种不同情况下跑 100 m 及 400 m 成绩的比较

跑距离	受试者	不做准备活动		蒸汽浴后		做准备活动后	
		体温	成绩体温	体温体温	成绩体温	体温体温	成绩体温
100 米	GB	37.3 ℃	12″7	38.2 ℃	12″6	38.1 ℃	12″2
	PH	37.2 ℃	12″7	38.0 ℃	12″3	38.1 ℃	12″1
	OL	36.6 ℃	12″4	37.8 ℃	12″3	38.8 ℃	11″9
400 米	GB	37.3 ℃	59″2	38.8 ℃	58″8	38.4 ℃	56″2
	PH	37.3 ℃	57″2	38.0 ℃	57″0	38.4 ℃	55″4
	OL	36.0 ℃	54″0	37.1 ℃	56″0	38.3 ℃	52″2

(引自体育学院通用教材:运动生理学,1990)

(四)促进参与运动有关中枢间的协调

准备活动可适度提高中枢神经系统的兴奋性,增强参与运动有关中枢间的协调性,使运动技能的条件反射联系多次接通,专门性准备活动在这方面起着极其重要的作用。

(五)提高机体散热能力

准备活动可增强皮肤的血流量,动员汗腺分泌活动,有利于机体散热,防止在正式比赛时体温过高而影响运动成绩。

二、准备活动作用的生理机理

通过预先进行的肌肉活动在神经中枢的相应部位留下了兴奋性提高的痕迹(后作用),这一痕迹产生的生理效应能使正式比赛时中枢神经系统的兴奋性处于最适宜水平,调节功能得到改善,内脏器官的机能惰性得到克服,新陈代谢加快,有利于机体发挥最佳功能水平。但痕迹效应不能保持很久的时间,准备活动后间隔45 min,其痕迹效应将全部消失。

另外,在每次训练或比赛前做准备活动,也会形成条件反射。所以,准备活动所产生的生理效应也有条件反射的作用。

三、准备活动的基本方法

准备活动可分为以下三类。

1. 一般性准备活动

一般性准备活动是指与正式练习相似的活动,主要包括一般性的徒手体操、伸展性练习和慢跑等,其目的是提高中枢神经系统的兴奋性和各器官系统的活动水平。

2. 专门性准备活动

专门性准备活动是指与正式练习相类似的活动。例如:篮球运动员正式练习前进行运球、投篮练习;足球运动员在正式练习前进行传球、射门练习,目的是增强中枢神经系统对正式练习的调节能力、强化运动动力定型,为正式练习做好机能和战术准备。

3. 混合性准备活动

它兼具有一般与专门准备活动的生理效应。实践证明,混合性准备活动效果较佳。

准备活动的时间、强度、内容与正式运动或比赛的时间间隔等都是影响准备活动生理效应的因素。一般认为,准备活动的强度以 $45\% \dot{V}O_{2max}$ 强度,心率达 $100 \sim 120$ 次/分,时间在 $10 \sim 30$ min 之间为宜。此外,还应根据每个运动员的项目特点、个人习惯、训练水平、季节气候等因素适当加以调整,通常以微微出汗及自我感觉已活动开为宜。准备活动结束到正式练习开始时间的间隔一般不超过 15 min,在一般性教学课中以 $2 \sim 3$ min 为宜。

第三节 进入工作状态

在进行体育运动时,人的机能能力并不是一开始就达到最高水平,而是在活动开始后一段时间内逐渐提高的。我们将机能水平逐渐提高的生理过程称为进入工作状态。进入工作状态的实质就是人体机能的动员。

一、产生进入工作状态的机理

人体运动除了受物理惰性影响外,主要还受生理惰性的影响。人体的生理惰性表现在以下几个方面。

(一)反射时

人的一切活动都是反射活动,完成任何一项反射活动都需要时间。动作越复杂,有关中枢之间传递延搁时间就越长,进入工作状态需要的时间就越长。

(二)内脏器官的生理惰性

肌肉运动必须依赖内脏各器官的协调配合才能获得能源物质、氧气,并清除代谢产物。内脏器官活动受植物性神经支配,与躯体性神经支配相比,支配内脏器官的植物性神经不仅传导速度慢,而且传导途径中突触联系较多(见图 15-1),因此,与躯体性神经机能相比,植物性神经机能惰性较大。一般情况下,骨骼肌可以在很短时间内发挥出最高工作能力,而内脏机能需要在运动开始后 2~3 min 才能达到最高水平(见图 15-2)。

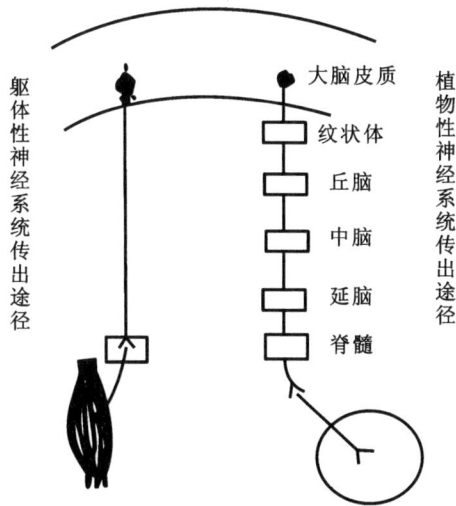

图 15-1 躯体性神经系统和植物性神经系统传出途径示意图

(引自体育学院通用教材《运动生理学》,1990)

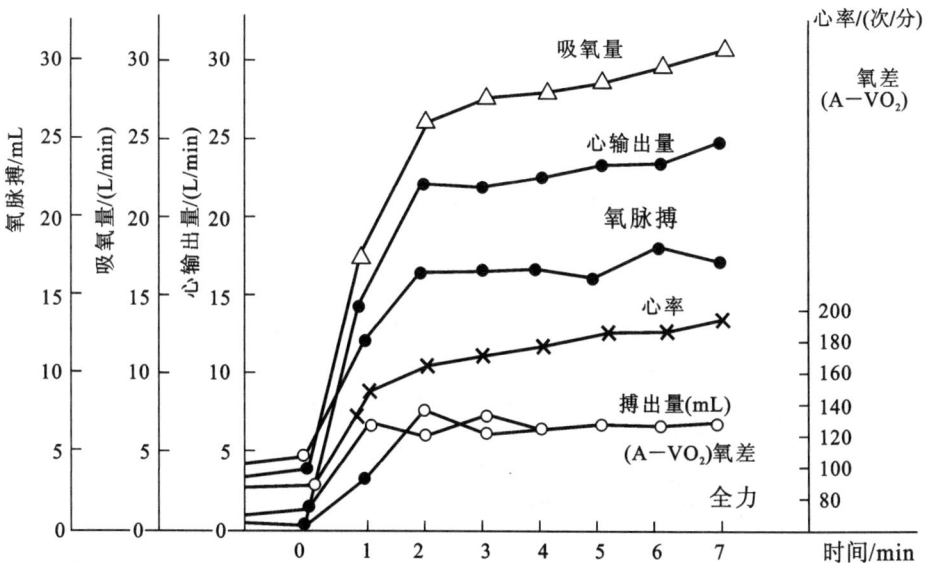

图 15-2 运动时心输出量、心率等指标随时间的变化

(引自王步标,1994)

此外,在内脏器官持续的活动中,神经-体液调节作用更为重要。由神经系统调节内分泌腺分泌的激素随血液循环到达所支配的器官,改变其功能状态。这一系列的生理活动,比躯体神经调节的惰性大得多。

二、影响进入工作状态的因素

进入工作状态所需时间的长短取决于工作性质、个人特点、训练水平、工作强度及当时机体的机能状态。一般来说,肌肉活动越复杂,进入工作状态需要的时间也就越长;训练程度差的运动员比高水平运动员长,随着训练水平的提高,进入工作状态的时间也会缩短;在适宜运动负荷下工作强度越高,进入工作状态的时间就越短。此外,年龄和外界因素也能影响进入工作状态的时间。儿童少年进入工作状态的时间比成人短。场地条件好、气候温暖适宜以及良好的赛前状态和充分的准备活动均能缩短进入工作状态的时间。

三、生理"极点"与"第二次呼吸"

(一)生理"极点"及产生机理

在进行剧烈运动的开始阶段,由于植物性神经系统的机能动员速率明显滞后于躯体神经系统,导致植物性神经系统与躯体性神经系统机能水平的动态平衡关系失调,内脏器官的活动满足不了运动器官的需要,出现一系列的暂时性生理机能低下综合征,主要表现为呼吸困难、胸闷、肌肉酸软无力、动作迟缓不协调、心率剧增、精神低落等症状,我们将这种机能状态称为"极点"。

"极点"产生的原因主要是内脏器官的机能惰性与肌肉活动不相称,致使体内供氧不足、大量代谢物(如乳酸)在体内堆积、血浆 pH 值下降、内环境稳定性发生改变等。这不仅影响神经肌肉的兴奋性,还反射性地引起呼吸、循环系统活动紊乱。这些机能的失调又使大脑皮质运动动力定型暂时遭到破坏。

(二)"第二次呼吸"及产生机理

"极点"出现后,经过一定时间的调整,植物性神经系统与躯体性神经系统机能水平达到了新的动态平衡,生理机能低下综合征的症状明显减轻或消失,表现出人体的动作变得轻松有力,呼吸变得均匀自如,我们将这种机能变化过程和状态称为"第二次呼吸"。

"第二次呼吸"产生的原因主要是由于运动中内脏器官惰性逐步得到克服,氧供应增加,乳酸得到逐步清除;同时运动速度暂时下降,使运动时每分需氧量下降,从而减少了乳酸的产生,机体的内环境得到改善,被破坏了的动力定型得到恢复,于是出现了"第二次呼吸"。它标志着进入工作状态阶段结束,开始进入稳定工作状态。

(三)影响"极点"与"第二次呼吸"的因素

"极点"到来的迟早、反应强弱以及"第二次呼吸"出现的快慢等,不仅与运动项目、强度、训练水平有关,还与准备活动、赛前状态及呼吸方式等因素有关。一般来说,中长跑项目中运动者的"极点"反应较明显;运动强度越大,训练水平越低,"极点"出现得越早,反应也越强烈，"第二次呼吸"出现得也越迟。良好的赛前状态和充分的准备活动可推迟"极点"的出现和减弱"极点"的反应程度。

减轻"极点"反应的主要措施包括以下几点：①继续坚持运动；②适当降低运动强度；③调整呼吸节奏，尤其要注意加大呼吸深度。恰当地克服"极点"反应有助于促进"第二次呼吸"的出现。

第四节　稳定工作状态

在运动过程中，进入工作状结束后，人体的机能水平和工作效率在一段时间内处于一种动态平衡或相对稳定状态。此时，人体的生理功能与运动功率输出保持动态平衡，生理机能维持相对稳定。这种机能状态称为稳定工作状态。稳定工作状态可分为真稳定工作状态和假稳定工作状态。

一、真稳定工作状态

在进行强度较小、运动时间较长的运动时，进入工作状态结束后，机体所需要的氧可以得到满足，即吸氧量和需氧量保持动态平衡，这种状态称为真稳定工作状态（见图 15-3）。在真稳定工作状态下，肺通气量、心率、心输出量、血压及其他生理指标保持相对稳定，运动中的能量供应以有氧氧化供能为主，乳酸堆积较少，血液中酸碱平衡未出现紊乱，运动的持续时间较长，可达几十分钟或几小时。真稳定工作状态保持的时间长短取决于氧运输系统的功能，该功能越强，稳定工作状态保持的时间则越长。

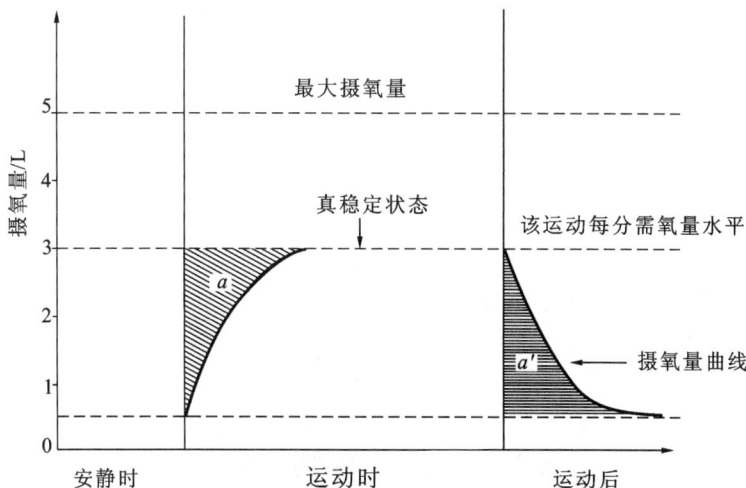

图 15-3　真稳定工作状态示意图

二、假稳定工作状态

当进行强度大、持续时间较长的运动时,进入工作状态结束后,吸氧量已达到并稳定在最大吸氧量水平,但仍不能满足机体对氧的需求。此时,机体的有氧供能能力不能满足运动的需要,无氧供能系统大量参与供能,机体能够持续稳定工作的时间相对较短,机体很快进入疲劳状态。故称这种机能状态为假稳定工作状态(见图15-4)。在这种状态下,由于机体以无氧供能为主,乳酸的产生率大于清除率,使血液中乳酸增加,pH值下降,运动不能持久。研究证明,在假稳定工作状态下,与运动有关的其他生理功能基本达到极限,如心率、血压、肺通气量、呼吸频率等。同时肌肉的电活动亦加强,表明募集了新的运动单位以代偿肌肉的疲劳。

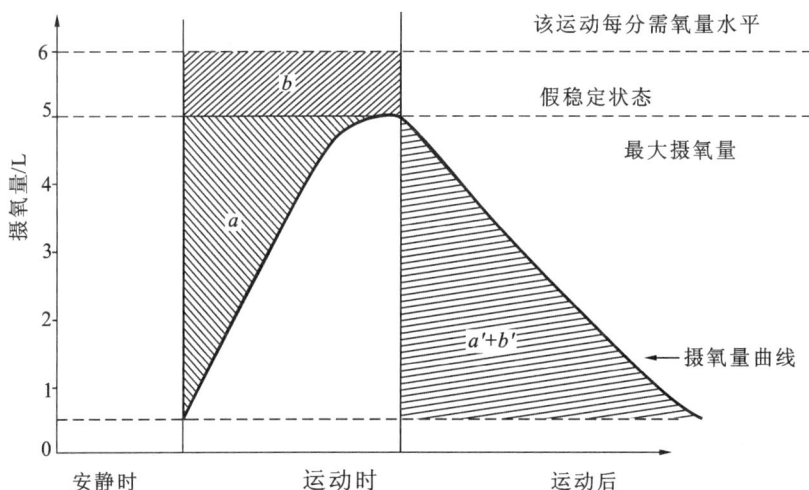

图 15-4　假稳定工作状态示意图

第五节　运动性疲劳

一、运动性疲劳的概念及其分类

(一)运动性疲劳的概念

在 1982 年的第五届国际运动生物化学会议上,将运动性疲劳定义为:机体生理过程不能持续其机能在某一特定水平和(或)不能维持某一预定的运动强度。另外,也有人将疲劳定义为:运动本身引起的机体工作能力暂时降低,经过适当时间休息和调整可以恢复的生理现象。运动性疲劳既是机体对运动负荷所做出的一种必然性反应,同时又是进一步引起机体产生适应性变化的有效刺激。适度的运动性疲劳可以刺激机体机能水平不断提高。力竭是疲劳的一种特殊形式,是在疲劳时继续运动,直到肌肉或器官不能维持运动。

运动性疲劳定义的特点是：①把疲劳时体内组织、器官的机能水平和运动能力结合起来评定疲劳的发生和疲劳程度；②有助于选择客观指标评定疲劳。例如，在某一特定水平工作时，单一或同时使用心率、血乳酸、最大摄氧量和输出功率来评定疲劳。通过这个定义，可以对运动员的疲劳进行客观的评价，这也是关于疲劳在运动实践中重要的应用。但是这一定义也有其不足之处，就是机体不能持续其机能在原有的特定水平究竟是一个点，还是一个过程？是否疲劳一旦发生就使人力竭？疲劳是一个既简单又复杂的问题，所谓简单是指日常工作和生活中无时不有，只要活动就必然伴随疲劳的产生；而复杂是指百年来生物科学界对它的研究还争议不休，许多问题尚待进一步研究。

(二)疲劳的分类

运动性疲劳可分为躯体性疲劳和心理性疲劳。躯体性疲劳主要表现为运动能力的下降；心理性疲劳主要表现为行为的改变。运动性疲劳应是身心的综合变化。躯体性疲劳根据疲劳发生的相对部位分为中枢性疲劳和外周性疲劳；根据身体整体与局部分为整体(全身)疲劳和局部(器官)疲劳；根据身体各器官分为骨骼肌疲劳、心血管疲劳和呼吸系统疲劳等；根据运动方式分为快速疲劳和耐力疲劳；根据疲劳程度分为轻度疲劳、中度疲劳和重度疲劳。

二、运动性疲劳的发生部位

早在 1982 年 Edwards 就提出了神经-肌肉疲劳链的概念(见图 15-5)，认为从大脑皮质到肌纤维每一个环节都会存在机能障碍，都会导致控制链断裂而降低肌肉收缩能力。

本章根据疲劳发生的相对部位分析中枢性疲劳和外周性疲劳。

(一)中枢性疲劳

中枢性疲劳系由运动引起的，发生在从大脑到脊髓运动神经元的神经系统的疲劳，即指由运动引起的中枢神经系统不能产生或维持足够的冲动给肌肉以满足运动需求的现象。导致中枢性运动疲劳发生的因素如下。

(1)中枢神经系统能量供应不足：疲劳时脑细胞中 ATP 水平明显降低、血糖含量减少。

(2)中枢神经递质变化：疲劳时脑细胞中抑制性递质如 γ-氨基丁酸(GABA)、5-羟色胺(5-HT)增多，而兴奋性递质如多巴胺(DA)减少。

(3)环境温度变化：高温环境下运动可导致机体核心体温升高，尤其是脑温的升高是引起中枢神经递质变化的重要因素。

(4)其他因素影响：生长因子、乙酰胆碱(ACH)、乳酸、氨、NO 等都可能影响中枢性疲劳的产生。它们可能通过诱导中枢 GABA、5-HT、DA 等神经递质的合成和释放发挥作用，也可能与神经递质存在协同作用。

(二)外周性疲劳

外周性疲劳可能发生的部位是神经-肌肉接点、肌细胞膜、兴奋-收缩脱耦联和肌肉收缩蛋白本身等。这些部位中发生的某些变化与运动性疲劳有着密切的联系。

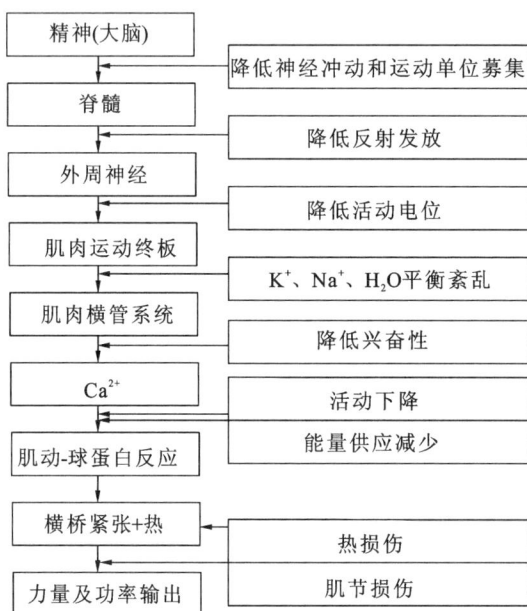

图 15-5　神经-肌肉疲劳链示意图

(引自 Edwards,1982)

1. 神经-肌肉接点

肌肉兴奋依赖于终板去极化,Ach 是运动神经末梢把兴奋传向肌肉的神经递质。剧烈运动后,Ach 释放量减少,可造成神经肌肉的传递障碍,不能引起接点后膜去极化,骨骼肌也不能产生兴奋收缩。研究表明,短时间大强度运动时,如投掷、举重运动员在进行超大强度运动时,导致运动神经末梢 Ach 释放减少,骨骼肌的收缩能力下降。这种状态被称为突触前衰竭。

2. 肌细胞膜

运动时骨骼肌的机械性牵拉和化学性因素会使肌肉细胞膜损伤或通透性改变,引起肌肉收缩能力下降。研究表明,长时间运动过程中血浆游离脂肪酸和儿茶酚胺的浓度升高,胰岛素浓度下降、肌细胞丢失钾、自由基的产生等都可以使细胞膜上 Na^+/K^+-ATP 酶活性下降,从而引起肌细胞膜的通透性改变,使膜的完整性丧失,细胞的正常功能降低或丧失。

3. 兴奋-收缩脱耦联

长时间运动引起 ATP 含量减少,H^+ 和自由基生成增多,从而引起肌质网 Ca^{2+} 释放与摄入障碍,进而产生肌肉的兴奋-收缩脱耦联,导致运动性疲劳。

4. 肌肉收缩蛋白

肌肉收缩蛋白是肌肉收缩的基础,肌肉收缩蛋白的结构与功能异常必然导致肌肉收缩机能下降。研究发现,运动可引起肌节拉长,H 区消失,Z 线扭曲加宽,A 带、I 带异常及肌丝卷曲、排列混乱等现象,同时伴有肌钙蛋白与 Ca^{2+} 结合力及与原肌凝蛋白的相互作用下降。这些变化必然导致肌肉收缩能力下降,造成骨骼肌疲劳,并伴有延迟性肌肉酸痛症状。

三、运动性疲劳的产生机理

自从 19 世纪 80 年代莫索开始研究疲劳以来,人们对运动性疲劳产生的机理提出多种假说,最具代表性的有以下几种。

(一)"衰竭"学说

该学说认为疲劳产生的原因是能源物质的耗竭,特别是糖原和磷酸肌酸的消耗。其依据是,在长时间运动中产生的疲劳同时常伴有血糖浓度降低,而补充糖后工作能力有一定程度的提高。

1.磷酸原大量消耗

在短时间、大强度运动中,体内 ATP、CP 含量下降,尤其是 CP 含量下降明显,影响了 ATP 的快速再合成(见图 15-6)。由于在短时间运动时,体内主要依靠 ATP-CP 供能系统,因此,ATP-CP 含量的下降可能是短时间、大强度运动产生疲劳的重要原因。

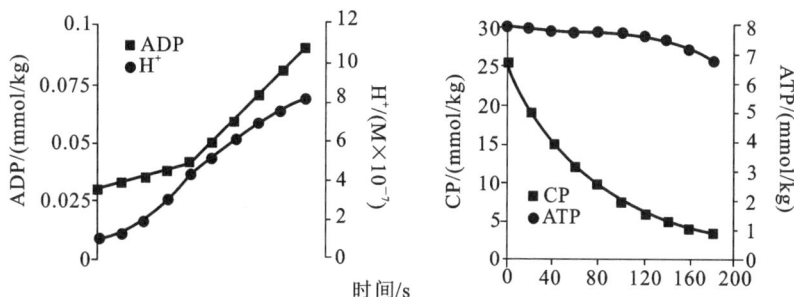

图 15-6　短时间剧烈运动诱发肌肉疲劳时 ATP、CP、ADP 和 H^+ 的变化
(引自 Robert,1977)

2.血糖浓度下降

在中等强度、长时间运动过程中,主要靠糖的有氧氧化供能,长时间运动可使体内糖类物质大量消耗,血糖浓度下降(见图 15-7)。脑细胞对血糖浓度的变化非常敏感,血糖含量下降,直接影响脑细胞的能量供应,造成大脑皮层工作能力下降,身体疲劳。运动实践证实,长时间运动后血糖浓度下降,伴随着机体出现疲劳症状,当补充糖类物质后,运动能力有所恢复。

3.肌糖原含量下降

长时间运动可使体内糖原大量消耗,能源物质供应不足,诱发运动性疲劳。如人体在做单腿功率自行车运动时,运动腿的肌肉疲劳时糖原含量极度下降,而非运动腿的糖原含量几乎未变。运动时间越长,疲劳症状越明显,糖消耗也就越多,可见糖原含量与运动性疲劳密切相关。

(二)"堵塞"学说

该学说认为疲劳的产生是由于某些代谢产物在肌组织中堆积造成的。目前认为引起运动性疲劳的主要代谢产物包括以下两种。

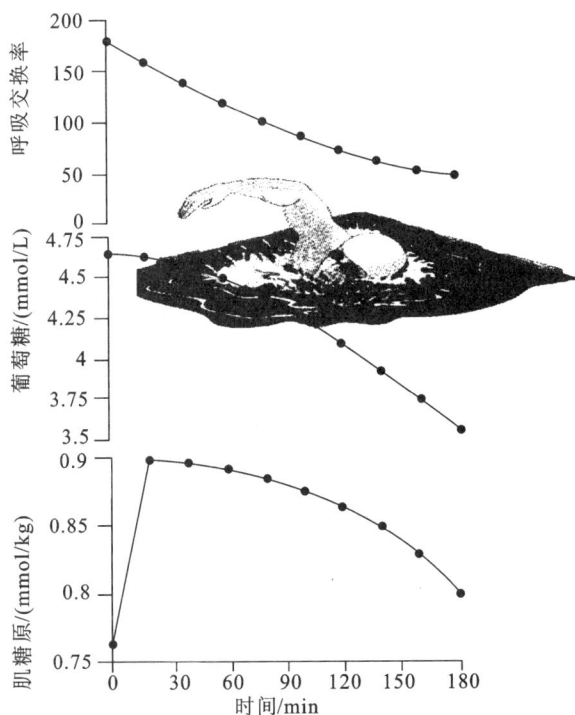

图 15-7　长时间耐力运动诱发肌肉疲劳时肌糖原和血糖含量的变化

(引自 Robert,1977)

1. 乳酸

疲劳时肌肉中乳酸增多,乳酸在体内的堆积可通过多种途径造成运动机能下降。

(1)乳酸解离后可生成氢离子(H^+),使肌肉 pH 值下降,抑制糖酵解关键酶,从而抑制糖原氧化供能,减少运动时 ATP 的合成,造成能量供应障碍。

(2)乳酸解离后生成的 H^+ 可与 Ca^{2+} 竞争骨骼肌肌钙蛋白的结合位点,置换肌钙蛋白中的 Ca^{2+},使兴奋-收缩脱耦联阻碍肌肉收缩,导致收缩机能下降。

(3)运动时血乳酸含量升高,降低血液 pH 值,脑细胞对血液酸碱度的变化非常敏感,血液 pH 值下降,可造成脑细胞工作能力下降。

2. 血氨

运动时肌肉收缩可产生氨,氨是 AMP 经脱氨酶催化产生的物质。肌肉血液中氨浓度上升,使 Ca^{++} 结合能力降低,肌肉工作能力下降引起周围疲劳。同时,氨的增加使乳酸、H^+ 浓度升高,pH 值下降。高浓度的氨还能通过血脑屏障进入大脑,导致大脑水肿,脑中多巴胺含量减少,5-羟色胺水平升高,引发中枢疲劳。此外,氨与酮戊二酸生成谷氨酸,抑制糖酵解过程,使得大脑能量供应不足。大量谷氨酸与氨结合生成谷氨酰胺,合成 γ-氨基丁酸(抑制性神经递质)的谷氨酸减少,神经控制能力降低,机体的运动能力下降。

(三)"内环境稳定性失调"学说

该学说认为疲劳是由于机体内 pH 值下降、水盐代谢紊乱和血浆渗透压改变等因素引起的。有人研究发现,当人体失水占体重 5% 时,肌肉工作能力下降 20%～30%。美国哈佛大学疲劳研究所曾报道,在高温下作业的工人因泌汗过多,达到不能劳动的严重疲劳时,饮水后仍不能缓解疲劳,但饮用含 0.04%～0.14% 的氯化钠水溶液可使疲劳有所缓解。

(四)"保护性抑制"学说

依照巴甫洛夫学派的观点,运动性疲劳是由于大脑皮质产生了保护性抑制。运动时大量冲动传至大脑皮质相应的神经元,使其长时间兴奋导致耗能增多,为避免进一步消耗,便产生了抑制过程,这对大脑皮质有保护性作用。例如,贝柯夫(1972)的研究发现,狗拉载重小车行走 30～60 min 产生疲劳时,机体的一些条件反射显著减少,不巩固的条件反射完全消失。1971 年雅科甫列夫发现,小鼠在进行长时间工作(10 h 游泳)引起严重疲劳时,大脑皮质中 γ-氨基丁酸水平明显增加,该物质是中枢抑制递质。

此外,血糖下降、缺氧、pH 值下降、盐丢失和渗透压升高等,也会促使皮质神经元工作能力下降,从而促进疲劳(保护性抑制)的发生和发展。

(五)分泌调节机能下降学说

该学说认为运动性疲劳的产生机制是由于机体内分泌调节机能(如肾上腺皮质系统和肾上腺髓质系统)下降,影响了物质代谢和能量代谢,导致机体的运动能力下降。运动应激引起疲劳时机体内分泌调节功能受影响,在长时间运动中,运动负荷强度和运动量过大时,使皮质醇分泌持续增加,对机体的下丘脑-垂体-肾上腺轴有广泛的抑制作用,对免疫系统也起抑制作用。这种抑制会导致机体兴奋性下降,运动能力降低,从而引起运动性疲劳。

(六)"突变"学说

爱德华兹(Edwards,1982)从肌肉疲劳时能量消耗、肌力下降和兴奋性改变三维空间关系,提出了肌肉疲劳的突变理论,认为疲劳是由于运动过程中三维空间关系改变所致(见图 15-8)。

在疲劳的发展过程中,存在着不同途径的逐渐衰减突变的过程,其主要途径包括以下几方面。

(1)单纯的能量消耗,只有能量的大量消耗,而不存在肌肉兴奋性的衰减,该途径如果继续下去将造成肌肉 ATP 的极度消耗,并使肌肉僵直,但在运动性疲劳中一般不会发展到这种程度。

(2)在能量消耗和兴奋性衰减过程中,存在一个急剧下降的突变峰,由于兴奋性突然急剧下降,可以减少能量储备的进一步消耗,但同时伴随着肌肉力量和输出功率的突然下降,表现为肌肉疲劳,这也是疲劳突变理论的主要内容。

(3)肌肉能源物质逐渐消耗,兴奋性下降,但这种变化是渐进的,并未发生突变。

(4)单纯的兴奋性丧失,并不包括肌肉能量的大

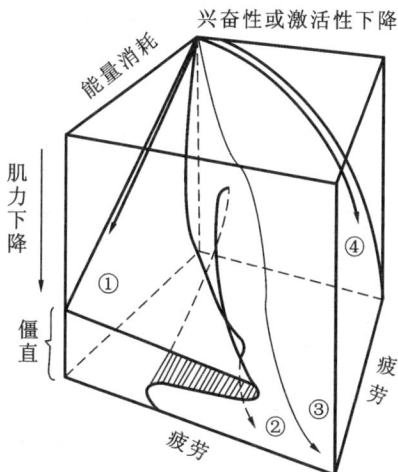

图 15-8 疲劳衰减突变过程

量消耗。

(七)"自由基损伤"学说

自由基是指外层电子轨道含有未配对电子的基团,如氧自由基(O_2^- ·)、羟自由基(OH^- ·)等物质。在细胞内,线粒体、内质网、细胞核、质膜和胞液中都可以产生自由基。由于自由基化学性质活泼,可与机体内的糖类、蛋白质、核酸及脂类等物质发生反应,因而造成细胞功能和结构的损伤与破坏。

激烈运动时,由于肌纤维膜破裂、内质网膜变性,使血浆脂质过氧化(LPO)水平增高。LPO不仅对调节 Ca^{2+}-ATP 酶产生影响,造成胞浆中 Ca^{2+} 的堆积,影响肌纤维的兴奋-收缩耦联,还对线粒体呼吸链 ATP 的释放、氧化酶的活性造成影响,从而导致肌肉工作能力下降,产生疲劳。

此外,内分泌功能异常、免疫功能下降也与运动性疲劳有关。疲劳产生的原因是一个非常复杂的过程,仍有待于深入广泛的研究。

(八)中医理论关于运动性疲劳机制的认识

中医对疲劳的认识已经有两千多年的历史,中医对运动性疲劳的研究始于 20 世纪 80 年代。中医理论认为,运动性疲劳发生的机制与内伤虚劳的发生密切相关,其本质主要与脾肾根本机能变化或受损程度密切相关。中医理论从整体出发提出了形体疲劳、脏腑疲劳和神志疲劳。形体疲劳表现为肌肉酸痛、筋骨关节疼痛等征候;脏腑疲劳主要表现为肝胃不和、食积阻滞、脾气虚弱、肾气不足、气血不足和月经失调等征候;神志疲劳表现为虚烦不眠、精神不振、困倦厌训等症候。中医理论关于运动性疲劳的研究从整体出发,注重征候、项目特点、个体表现、四时节气与环境等,已经引起国内外学者的重视和关注,成为运动性疲劳研究的新热点。

四、不同类型运动的疲劳特征

运动性疲劳是一个极复杂的生理过程,由于运动的负荷和性质不同,对人体机能产生的影响也不同,疲劳产生的特征也不相同(见表 15-2)。

表 15-2　不同代谢类型运动项目的疲劳特点

疲劳因素	磷酸原型	磷酸原-糖酵解型	糖酵解型	糖酵解-有氧代谢型	有氧代谢型
ATP 下降/(%)	30~40		20~30	30	不变
CP 下降/(%)	90 以上	90	75~90	65	50
乳酸积累	少	中	最多	较多	少
肌 pH 值下降	少	较少	6.6	6.6	少
肌糖原消耗	—	—	少	中	75%~90%以上
肌内离子变化	—	Ca^{2+} 下降	Ca^{2+} 下降	K^+ 下降,Na^+ 上升	离子紊乱

(引自冯炜权,1995)

短时间、最大强度运动(如短跑等),其运动性疲劳产生的主要原因是中枢神经系统机能下降、CP 耗竭引起 ATP 转化速率降低所致。

短时间、次最大强度运动（如 800 m 跑等），其能量供应以糖酵解系统为主，因此，肌肉和血液中乳酸堆积、pH 值降低是造成机体机能下降而产生疲劳的主要原因。

长时间、中等强度运动（如长跑等），其疲劳的产生往往与肌糖原和肝糖原大量消耗、血糖浓度下降、体温升高、内环境稳定性失调、工作肌氧气供应减少以及神经系统活动能力下降等因素有关。

静力性运动（如马步、平衡等），其中枢神经系统持续兴奋，肌肉中血液供应减少以及过度憋气导致心、肺功能下降等因素导致疲劳产生。

此外，在非周期性运动项目中，技术动作的不断变化和动作技能的复杂程度是影响运动性疲劳的重要因素。一般认为，习惯性的、自动化程度高的、节奏性强的动作不易产生疲劳，而要求精力高度集中以及运动中动作多变的练习，则较易产生疲劳。

五、运动性疲劳的判断

科学判断运动性疲劳的出现及其程度，对于科学地指导运动训练、提高运动成绩和健康水平具有重要的实践意义。目前常用判断疲劳的方法有生理生化指标测定法、教育学观察法及自我感觉评定法。由于引起疲劳产生的原因和部位不同，疲劳表现的形式不相同，选用的测试方法也应有区别。这里仅介绍几种判断疲劳的生理生化方法。

（一）常见运动生理学判断方法

1. 骨骼肌系统

1）肌力

运动引起的肌肉疲劳最明显的特征为肌肉力量下降，一般常以绝对肌肉力量为依据，观察疲劳前后肌肉力量的变化。如果没有其他特殊原因（如肌肉损伤），运动后肌肉力量明显下降且不能及时恢复，可视为肌肉疲劳。以上肢工作为主的运动可用握力或屈臂力量测试；以腰背肌工作为主的运动可选择背肌力测试等。

测试时，首先在运动前连续测定若干次肌肉力量，计算均值，疲劳性工作后，再进行同样方式的力量测定，如果肌肉力量平均值低于运动前水平，或者几次力量测定值连续下降，即为疲劳。如果一次练习后连续几天肌肉力量不能恢复，则说明疲劳程度较深。

2）肌电图

疲劳时肌电图的一般特征为：表面肌电信号（sEMG）的积分肌电下降（腰背肌）或上升（四肢肌）；sEMG 的傅立叶频谱曲线左移，平均功率频率（MPF）和中心频率（MF）下降；sEMG 信号的复杂性下降，熵值减小；功能性电刺激诱发的 EMG 峰值下降。

3）呼吸肌耐力

连续测 5 次肺活量，每次间歇 30 s，疲劳时肺活量逐次下降。

2. 心血管系统

1）心率

心率（HR）是评定运动性疲劳最简易的指标，一般常用基础心率、运动中心率、运动后即刻心率和恢复期心率对疲劳进行诊断。

（1）基础心率。

基础心率是指清晨、清醒、起床前静卧的心率，正常时基础心率相对稳定。如果大运动负荷训练后，经过一夜的休息，基础心率较平时增加 5～10 次/分以上，则认为有疲劳累积现象，如果连续几天持续增加，则应调整运动负荷。在选用基础心率作为评定疲劳指标时，应排除惊吓、噩梦、睡眠等其他因素的影响。

（2）运动中心率。

可采用遥测心率方法测定运动中的心率变化，或者用运动后的即刻心率代替运动中的心率。按照训练-适应理论，随着训练水平的提高，完成同样负荷运动时，心率有逐渐减少的趋势，一般情况下，从事同样强度的定量负荷运动，运动中心率增加，则表示身体机能状态不佳。

（3）运动后心率恢复。

人体进行一定强度运动后，经过一段时间休息，心率可恢复到运动前状态，身体疲劳时，心血管系统机能下降，可使运动后心率恢复时间延长。因此，可将定量负荷后的心率恢复时间作为疲劳诊断指标，如进行 30 s 20 次深蹲的定量负荷运动，一般心率可在运动后 3 min 内恢复到运动前水平，而身体疲劳时，这种恢复时间会明显延长。

2）血压体位反射

大运动负荷训练后，植物性神经系统调节机能下降，血管运动的调节出现障碍。血压体位反射主要是测定心血管系统调节机能，其具体方法如下：①受试者保持坐姿，静息 5 min，测定安静时的血压；②受试者仰卧并保持卧姿 3 min；③推受试者背部使其恢复坐姿（不能让受试者自己发力坐起）；④立即测血压，并每隔 30 s 测一次，共测 2 min。如果在 2 min 内血压完全恢复为正常；2 min 内恢复一半以上为轻度疲劳；2 min 内完全不能恢复为重度疲劳。

3）心电图

疲劳状态下心电图的异常变化：S-T 段向下偏移，或者 T 波密集，房室传导时间延长，反映心肌疲劳；Ⅱ、Ⅲ、V_5 导联中出现 T 波倒置，反映心室负荷过度。但一般情况下，运动员心电图的改变多属心脏对运动训练产生适应性反应的表现，不易与病理性改变区别开。因此在判断运动员心电图异常时，必须结合其综合检查结果加以考虑。

3. 神经感官系统

1）膝跳反射阈值

疲劳时阈值升高。

2）反应时

疲劳时反应时延长。

3）脑电图

脑电图可反映中枢神经系统机能状态。大脑的疲劳状态与 α、θ 波密切相关，随着工作时间增加、疲劳程度加深，脑电相关能量参数（α＋θ）/β 呈上升趋势，α 和 θ 波段的相对能量增加，β 波段的相对能量减少。在剧烈运动后的疲劳状态时，慢波明显增多，α 波节律变为不均衡，时慢、时快，波幅降低；出现 1.5～6 Hz 的慢波，且其周期和波幅极易变化，表明大脑皮层抑制过程占优势。运动员在疲劳状态呈现的脑电活动的变化是一个暂时且可逆的过程。一般脑电图作为综合机能检查中的一个指标,结合其他检查结果综合评定。

4)皮肤空间阈

用触觉计或圆规刺激皮肤某部位,受试者能分辨的两点的最小距离即为皮肤空间阈(两点阈)。运动后皮肤空间阈较安静时增加 1.5～2 倍为轻度疲劳,增加 2 倍以上为重度疲劳。

5)闪光融合频率

让受试者坐着,注视频率仪的光源,直到将光调至明显断续闪光融合频率为止,即调至临界闪光融合频率,测三次取平均值。疲劳时闪光融合频率减少。如轻度疲劳时减少 1.0～3.9 Hz;中度疲劳时减少 4.0～7.9 Hz;重度疲劳时减少 8 Hz 以上。

(二)常见生物化学判断方法

1. 血尿素(尿素氮)

检测运动员在长时间运动时和恢复期的血尿素变化,可以了解蛋白质和氨基酸代谢的供能和合成情况,以此评定运动员的身体机能和疲劳程度。血尿素变化与运动负荷量的关系较负荷强度更密切,负荷量越大时,血尿素增加越明显,恢复也较慢。

在正常条件下,尿素在机体的生成与排泄处于平衡状态,血尿素也保持相对恒定。在长时间剧烈运动中,肌肉中能量代谢加强,特别是在糖原消耗过多的情况下,蛋白质和氨基酸分解代谢加强,机体结构蛋白和功能蛋白分解加剧,肾脏功能下降致使尿素的清除能力下降,最终尿素生成增多而使其在血中的含量升高,可达 10%～100%。普遍认为血尿素是反映机体疲劳程度和评定机能状况的重要指标之一,当机体出现疲劳症状时,血尿素增高。

2. 血清激酸激酶(CK)

正常情况下,肌细胞膜结构完整,功能正常,CK 极少渗出细胞膜而进入血液。但在剧烈运动时,无论是大强度还是低强度的训练都会促使细胞内 CK 释放,进入血液,使血清中 CK 浓度升高。因此,血清 CK 活性的变化可以作为评定机体疲劳和了解骨骼肌微细结构损伤及其适应与恢复的重要敏感生化指标。目前在运动训练过程中,教练员经常通过检测血清中的 CK 活性变化,来掌握运动负荷的大小和判断运动员疲劳程度。

3. 血清睾酮/皮质醇比值

睾酮有助于加速体内合成代谢,皮质醇可加速分解代谢。测定恢复期睾酮和皮质醇比值,就可了解体内合成代谢和分解代谢平衡的状态。比值高时,合成代谢占优势;比值下降,分解代谢大于合成代谢,机体仍处于消耗占主导地位的状态,疲劳不能有效恢复,长期会导致过度疲劳。

4. 尿蛋白

运动能使尿中蛋白质排出量增加呈阳性,成为运动性尿蛋白。运动性尿蛋白属于功能性尿蛋白,一般在 24 小时内可自行消失。一般取运动后和次日晨尿检验来评定机体疲劳和恢复程度。如果晨尿中蛋白质含量较高或超过正常值,可能是疲劳的表现。运动性蛋白尿存在很大的个体差异性,但个体本身具有相对稳定性,所以应用尿蛋白指标时应注意个体特征,而且评定身体恢复过程的机能水平时,需要和其他指标对照。

5.唾液 pH 值

由于长时间激烈运动后,乳酸生成增多,唾液 pH 值也下降,因此测定唾液 pH 值可用于判断运动性疲劳。一般用测试唾液 pH 值的试纸检测,运动后唾液 pH 值降低,表示机体疲劳。

(三)主观感觉判断疲劳

人体运动时的主观体力感觉与工作负荷、心功能、耗氧量、代谢产物堆积等多种因素密切相关,因此,运动时的自我体力感觉是判断运动性疲劳的重要标志。瑞典生理学家 Borg (1970)研制了主观体力感觉等级表(RPE),见表 15-3,使原本粗略的定性分析变为半定量分析。具体测试方法是:在运动场,放置 RPE 量表,锻炼者在运动过程中指出自我感觉的等级,以此来判断疲劳程度。如果用 RPE 的等级数值乘以 10,相应的得数就是完成这种负荷的心率。可以分别在疲劳前后测定同样负荷的运动,如果机体出现疲劳,RPE 等级也会相应增加;另外,利用该方法还可测定受试者的有氧耐力及抗疲劳能力。

表 15-3 主观体力感觉等级表

RPE	主观运动感觉	相对强度/(%)	相应心率/(次/分)
6	安静	0.0	
7	非常轻松	7.1	70
8		14.3	
9	很轻松	21.4	90
10		28.6	
11	轻松	35.7	110
12		42.9	
13	稍费力	50.0	130
14		57.2	
15	费力	64.3	150
16		71.5	
17	很费力	78.6	170
18		85.8	
19	非常费力	95.0	195
20		100	最大心率

第六节 恢复过程

恢复过程是指人体在运动结束后,各种生理机能和能源物质逐渐恢复到运动前水平的变化过程。

一、恢复过程的一般规律

消耗和恢复过程可简要地分为三个阶段(见图 15-9)。

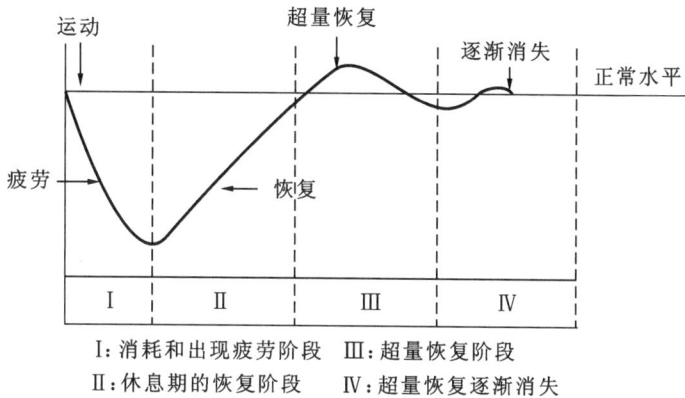

Ⅰ:消耗和出现疲劳阶段　Ⅲ:超量恢复阶段
Ⅱ:休息期的恢复阶段　Ⅳ:超量恢复逐渐消失

图 15-9　消耗与恢复过程规律的示意图
（引自冯美云,1998）

第一阶段:运动时能源物质的消耗占优势,恢复过程虽也在进行,但是消耗大于恢复,所以总的表现是能源物质逐渐减少,各器官系统的工作能力下降。

第二阶段:运动停止后消耗减少,恢复过程占优势,能源物质和各器官系统的功能逐渐恢复到原来的水平。

第三阶段:运动时消耗的能源物质及各器官系统机能状态的恢复,在这段时间内不仅恢复到原来的水平,甚至超过原来的水平,这种现象称为"超量恢复"。超量恢复保持一段时间后又会回到原来的水平。

超量恢复的程度、出现的早晚和所从事的运动量有密切的关系,在一定范围内,肌肉活动量越大,消耗过程越剧烈,超量恢复越明显。如果活动量过大,超过了生理范围,恢复过程就会延长(见表 15-4)。

超量恢复是客观存在的规律。在一项研究中,两名实验对象分别站在一辆自行车的两侧同时蹬车,其中一人用右腿蹬车左腿休息,另一人用左腿蹬车右腿休息,当运动至精疲力竭时,测腿股外肌的肌糖原含量,结果运动后三天运动腿股外肌肌糖原含量比安静腿多1倍(见图 15-10)。

表 15-4　动物在不同活动量下肌糖原的消耗和恢复

| 组别 | 活动量 | | 肌糖原/mg% | | |
	肌肉收缩（次/分）	持续活动时间/min	活动停止后即刻	活动后4 h	活动后24 h
1	30	30	−140	−31	+16
2	60	15	−381	−194	+18
3	10	49	−519	—	+45
4	20	84.5	−785	−517	−49

（引自体育学院通用教材:运动生理学,1990）

人在进行运动后,不同的物质出现超量恢复的时间不同,表现出超量恢复的异时性原理(见图 15-11)。

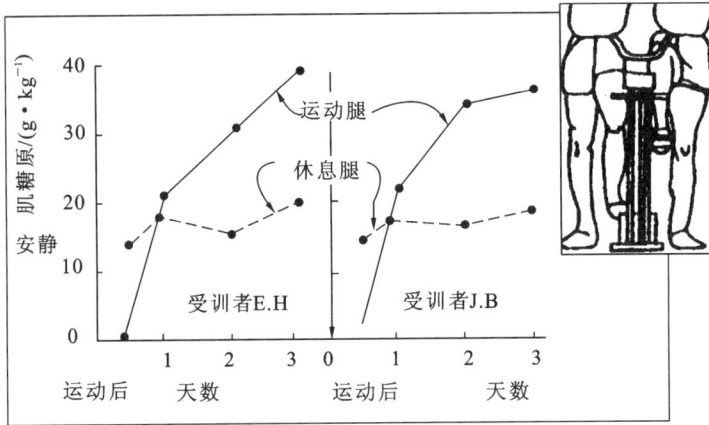

图 15-10　肌糖原的充填(超量恢复)

(引自 Fox,1979)

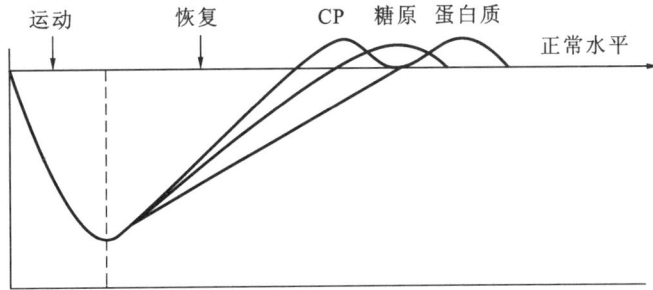

图 15-11　超量恢复的异时性原理

(引自冯美云,1998)

二、超量恢复原理在运动实践中的应用

运动中物质消耗与恢复过程为运动训练提供了科学依据。超量恢复原理在运动实践中的意义主要表现在以下两个方面：①能保证训练水平的不断提高,图 15-12 表示了训练负荷、恢复和适应的一般模型；②为在重大的比赛中取得优异的成绩,在全年或多年训练中,优秀教练员需要设计和调整训练计划,使运动员的各种能源物质的恢复均在比赛日达到或接近超量恢复的最大值。

超量恢复的原理在运动训练中的应用主要有以下两个方面。

(一)训练课中休息间歇的掌握

训练课中如何选择最适宜的休息间歇,既保证完成训练任务,又可取得良好的训练效果,这是训练课中值得注意的问题。目前研究较为清楚的是磷酸原的恢复。10 s 力竭运动后,消耗了的 ATP 和 CP 在 2～3 min 内基本可恢复(见表 15-5)。

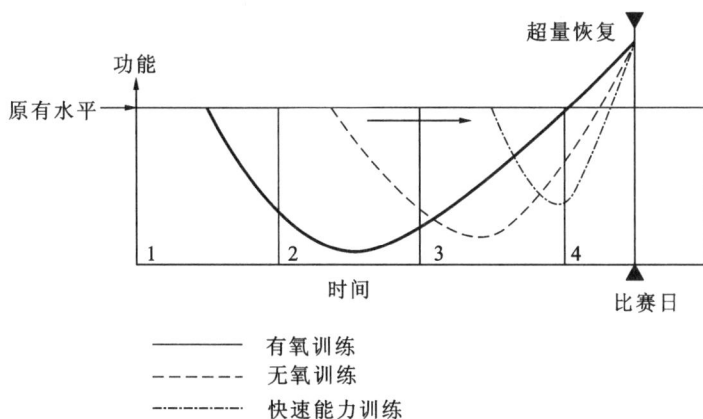

图 15-12　能源物质超量恢复的训练目标

（引自 Edmund,1982）

表 15-5　运动后肌肉磷酸原储备的恢复速率

运动后恢复的时间/s	磷酸原恢复/(%)
10 以内	少量
30	50
60	75
90	87
120	93
150	97
180	98

（引自曹志发等,2004）

　　重复训练中,ATP 和 CP 恢复至其原有数量一半时就可以维持预定的运动强度。恢复期使运动时所消耗的能源物质再合成一半所需要的时间称为半时反应。因此,可以半时反应作为掌握休息间歇的标准。如果在训练中生成大量的乳酸,则以一半 H^+ 透过肌膜所需要的时间作为休息间歇最适宜的时间。

(二)训练期中休息间歇的掌握

　　在训练期应根据训练目的和身体内消耗的主要能源物质选择最适宜的休息间歇,并在这期间增加被消耗的能源物质的补充或其他有关措施,以加速恢复过程。力竭性运动能源物质恢复的时间见表 15-6。

表 15-6　力竭性运动后可供选择的恢复时间

恢 复 物 质	可取的恢复时间		
	半时反应时间	最短恢复时间	最长恢复时间
ATP、CP	20～30 s	2～3 min	5～8 min
肌糖原的恢复			
间歇运动后	5 h		24 h
持续运动后	10 h		46 h
肝糖原	不清楚		12～24 h
乳酸的清除			
活动性恢复	10～15 min	30 min	1 h
休息性恢复	25 min	1 h	2 h
氧储备		10～15 s	1 min

（引自曹志发等,2004）

三、促进人体机能恢复的措施

运动性疲劳是体内多种因素综合变化的结果,因此必须采用科学手段才能加速疲劳的消除和机体机能的恢复。

(一)活动性手段

1. 积极性休息

运动结束后采用变换运动部位和运动类型,以及调整运动强度的方式来消除疲劳的方法称为积极性休息。积极性休息的生理学机理可用相互诱导理论来解释。谢切诺夫在 1903 年通过实验发现,右手工作至疲劳后,以左手继续工作来代替安静休息,能使右手恢复得更快更完全。他认为,休息时来自左手肌肉收缩的传入冲动,能加深支配右手的神经中枢的抑制过程,并使右手的血流量增加。脑力劳动较多的人,换以肌肉运动作为活动性休息,对消除疲劳有更显著的效果。在训练课中,教练员经常采用调整训练内容、转换练习环境、变换肢体活动部位等方式,其目的在于采用积极性休息的方式,达到提高训练效果的目的。

2. 整理活动

整理活动是指在运动之后所做的一些加速机体功能恢复的较轻松的身体练习。整理活动又称"放松练习",做好充分的整理活动是取得良好的训练效果、预防运动损伤的重要手段之一。剧烈运动时骨骼肌强力持续收缩,使代谢产物堆积,肌肉硬度增加并产生酸痛感。运动结束后很难使肌肉自然恢复到运动前的松弛状态。另外,由于运动时血液重新分配,内脏血液大量转移到运动器官,以保证运动时能量代谢的需要,运动后若不做放松练习而突然停止不动,由于地心引力和静止的身体姿势,会严重影响静脉回流,使心输出量骤然减少,血压急剧下降,造成一过性脑缺血,产生一系列不舒适的感觉,甚至会引发休克,即所谓重力性休克。

研究表明,剧烈运动后,进行 3～5 min 的慢跑或其他动力性整理活动,能使心血管、呼吸等内脏系统的机能水平,逐渐恢复到安静状态的水平。运动后进行动力性整理活动可加速全身血液重新分配,促进肌乳酸的消除与利用,减少了肌肉的延迟性酸痛,有助于疲劳的消除,预防重力性休克的发生。

另外,做一些静力性牵张练习,使参与工作的肌肉得到牵张、伸展、放松,可有效地消除运动引起的肌肉痉挛,加速肌肉机能的恢复,预防延迟性肌肉酸痛。

由此可见,运动后做整理活动非常有必要。

(二)睡眠

睡眠对身体机能恢复非常重要,在睡眠状态下,人体内代谢以同化作用为主,异化作用减弱,从而使人的精力和体力均得到恢复。静卧可减少身体的能量消耗,也可加速身体机能的恢复。

(三)物理学手段

在大强度和大运动量训练之后,采用按摩、理疗、吸氧、针灸、气功等物理手段,可加速机体恢复。

(四)营养性手段

运动时所消耗的物质要靠饮食中的营养物质来补充,合理膳食有助于加速恢复过程。

1. 能源物质的合理调配

如果把运动中需要补充的热量按照蛋白质、脂肪、糖三者的比例划分为按需要均衡进补的方式,大多数项目运动员的膳食中,三种能量的补充比例为 1.2:0.8:4.5。耐力性运动项目因其训练负荷的特点,要求膳食中糖的含量较高,故三种能量的搭配比例为 1.2:1:7.5;而运动负荷量比较小的项目,则比普通人的能量补充稍高一些,三种能量搭配比例为 1:0.6:3.5。

2. 维生素与矿物质的补充

1)维生素

维生素 E、C、B_1、B_2 与糖代谢有密切关系,当维生素缺乏或不足时可对运动能力产生不利影响,表现为做功量降低、疲劳加重、肌肉无力等。补充维生素可以提高运动能力。维生素 A、胡萝卜素等能提高人体的免疫功能。

2)矿物质

运动员训练期间,由于大量排汗使身体对钾、钠、钙、镁、磷、铁的需要量增加,因而必须从食物中补充。有研究报道:补充硒和锌能更有效地促进恢复过程。

(五)中药补剂

合理地应用中医药可以增强机体免疫能力,减小大强度运动时氧自由基对机体的损害,从而使疲劳尽快消除,提高训练或比赛效果。常用的中药有人参、当归、生地、酸枣仁、阿魏、五味子等。

(六)心理学手段

训练和比赛之后,采用心理调整措施恢复工作能力,能够降低神经的紧张程度,减轻心理的压抑状态,加快恢复消耗掉的神经能量,从而对加速身体其他器官系统的恢复产生重要影响。对身体起作用的心理手段非常多,其中主要有暗示性睡眠或休息、肌肉放松、心理调整训练、各种消遣和娱乐活动以及创造舒适的生活条件等。

【思考题】

1.赛前状态有哪些生理机能表现? 如何克服不良的赛前状态?

2.简述准备活动的生理作用。

3.产生进入工作状态的原因是什么?

4.试述运动性疲劳及其产生机制。

5.判断运动性疲劳的方法主要有哪些?

6.试述超量恢复的规律及其应用价值。

7.为什么运动后要做整理活动?

8.试述促进人体机能恢复的具体措施。

第十六章 环境与运动

第一节 体温与运动

人体的温度分为体表温度和深部温度。人体的皮肤温度属于体表温度,它散热较多较快,容易随着环境温度的变化而发生变化,很不稳定。通常将机体深部(心、肺、脑和腹腔等部位)的平均温度称为体温(body temperature),即体核温度。

一、人体的正常体温

由于人体深部的温度不易测量,所以临床上通常通过测量口腔、直肠和腋窝的温度来代表体温。直肠温度的正常值为 36.9～37.9 ℃,口腔温度(舌下部)的正常值为 36.7～37.7 ℃,腋窝温度不能代表体核温度,容易受到环境温度、出汗和测量姿势的影响,测量时应保持腋窝干燥,并且要求被测量者的上臂紧贴胸廓,减少腋窝处温度的散失,同时测量时间不少于10 min。腋窝温度的正常值为 36.0～37.4 ℃。习惯上,常采用方便的测定部位——口腔及腋窝。

体表各部位之间温度差别较大,四肢末梢低,越近躯干、头部越高。如足皮肤温度为 27 ℃,手皮肤温度为 30 ℃,躯干温度为 32 ℃,额部温度为 33～34 ℃。气温高时,皮肤各部位温差将减小,在寒冷的环境中,各部位温差更大。

二、体温的正常波动

人的体温是相对稳定的,但在生理情况下,体温可随昼夜、年龄、性别等因素有所变化,变化幅度一般不超过 1 ℃。

(一)昼夜周期性变化

一昼夜中,人体的体温呈周期性波动,称为近似昼夜节律(circadian rhythm)或近日节律。表现为,清晨 2～6 时体温最低,午后 4～7 时体温最高。

(二)性别差异

青春期后女子的体温平均比男子高 0.3 ℃,而且基础体温随月经周期发生周期性变动。排卵日体温最低,排卵后体温升高,并持续至下一个月经周期。排卵后体温的升高可能与孕激素及其代谢产物有关。临床上通过测定女性月经周期中基础体温的变化,有助于了解有无排卵及排卵的日期。

(三)年龄差异

由于儿童的基础代谢率较高,体温也略高于成人,老年人的体温则略低于成人。

(四)肌肉活动

肌肉活动时代谢增强,产热量增加,剧烈运动中产生的热量超过当时机体所散发的热量,体温将超出正常水平。

此外,情绪激动、紧张、进食、环境温度等因素均可能对体温产生影响。

三、人体的产热与散热

人体在代谢过程中不断地产生热量,同时又将热量不断地散发到体外。正常体温的维持依赖于这种产热过程与散热过程的动态平衡。

(一)产热(thermo genesis)

1.产热量

人体安静状态下的产热量一般高于基础代谢的 25％,而运动时的产热量最多可比安静时增加 10～20 倍。

2.产热部位

在安静状态下,主要的产热器官是内脏器官,其中以肝组织产热量最大,肝血液的温度比主动脉血液的温度高 0.6 ℃左右,内脏器官的产热量约占全身产热量的 56％。劳动或运动时,骨骼肌是主要产热器官,其产热量可达到人体产热量的 90％。骨骼肌产生热量的潜力很大,剧烈运动时,人体产热量可比安静时提高 40 多倍。

寒冷环境中,骨骼肌通过不随意的节律性收缩——寒战来增加产热量,根据测定,代谢率可增加 4～5 倍。

(二)散热(thermolysis)

1.散热途径

人体的热量通过四个途径不断向体外散发:由皮肤散发大多数热量;经呼吸道蒸发散发小部分热量;随尿、粪排泄散发及通过加温冷空气、冷食物而散发少量热量。皮肤散热是人体最主要的散热途径。

2.皮肤散热方式

机体深部产生的热量经血液循环运送到体表,皮肤通过辐射、传导、对流、蒸发散热的方式,将体内热能散发。

(1)辐射 指人体以发出红外线电磁波辐射能的方式散发热量,是机体安静状态下散热的主要方式。皮肤的有效散热面积越大,皮肤与环境之间的温差越大,则皮肤散热量越多;反之,当外界环境温度超过皮肤温度时,皮肤会吸收热射线热量,使体温升高。在环境温度较低以及人体处于安静状态时,此方式散热量约占人体总散热量的 60％。

（2）传导 指人体将热量直接传给与皮肤接触的较冷物体的散热方式。人的表皮和皮下脂肪是热的不良导体，因此，空气中传导散发的热量极少。水是热的良导体，当身体浸在水中时，大量的热量得以传导给水。游泳运动员由于长期处于水环境中，机体的热量主要以传导方式散发。

（3）对流 指通过空气或液体来交换热量的一种散热方式。人体的热量传给围绕机体周围的一薄层空气，空气不断流动（对流），从而将体热发散到空间。对流是传导散热的一种特殊形式。对流散热量的多少，受风速影响极大。风速越大，对流散热量也越多。风速越小，对流散热量也越少。衣着覆盖的皮肤表层，不易实现对流，有利于保温。

（4）蒸发 人体的蒸发散热有两种形式：不感蒸发和发汗。前者是指人体没有汗液分泌时，皮肤和呼吸道不断有水分渗出，在未形成明显的水滴之前即被蒸发掉。其中，皮肤的水分蒸发又称不显汗，与汗腺的活动无关。室温 30 ℃ 以下时，不感蒸发的水分相当恒定，有 $12\sim15$ g/h·m^2 水分被蒸发掉，人体 24 h 的不感蒸发量为 $400\sim600$ mL。

发汗指汗腺的分泌活动，又称可感蒸发。人体在安静状态下，当环境温度达 30 ℃ 左右时便开始发汗。若空气湿度大，穿衣较多时，气温 25 ℃ 即可引起发汗。运动中，气温 20 ℃ 以下时，亦可出现发汗，而且汗量往往较多。

3.散热的调控

人体主要通过皮肤血流量的调节和发汗来调控散热。皮肤血流量的大小决定了皮肤温度的高低，当皮肤温度高于环境温度时，主要通过辐射、传导和对流方式散热，散热量大小主要取决于皮肤与外界环境之间的温度差。在寒冷环境中，交感神经活动增强，皮肤小动脉收缩，血流量减少，皮肤与环境之间的温差减小，散热量下降。而在炎热环境下，交感神经活动减弱，皮肤小动脉舒张，动静脉吻合支大量开放，血流量增加，皮肤温度升高，散热量增多。然而，当环境温度高于皮肤温度时，辐射、传导和对流方式散热效果甚微，主要依靠发汗散热来调节体温。在一定范围内，发汗量随着气温的升高而增多。但当人在高温环境中停留时间过长，发汗速度会因汗腺疲劳而明显减慢。若环境中同时风速较低、湿度较大时，不易蒸发散热，易导致体温升高，甚至中暑。

四、体温调节（thermoregulation）

维持人体体温的相对稳定，有赖于自主性体温调节和行为性体温调节的共同参与，使人体的产热和散热过程处于动态平衡之中（见图 16-1）。自主性体温调节是根据体内外环境温热性刺激信息的变动，在体温调节中枢控制下，通过改变皮肤血流量、汗腺活动、战栗等反应，使人体的产热量和散热量保持平衡，从而维持体温相对稳定的过程。行为性体温调节是指人通过改变自身的姿势和行为来保暖或增加散热的过程。自主性体温调节是体温调节的基础，是由体温自身调节系统来完成的，调节的具体过程是通过神经反射和神经-体液调节。

（一）温度感受器

温度感受器可分为外周温度感受器和中枢温度感受器。外周温度感受器是分布于皮肤、黏膜和腹腔内脏等处的一些游离神经末梢。它们能够感受外界环境的冷、热变化，将信

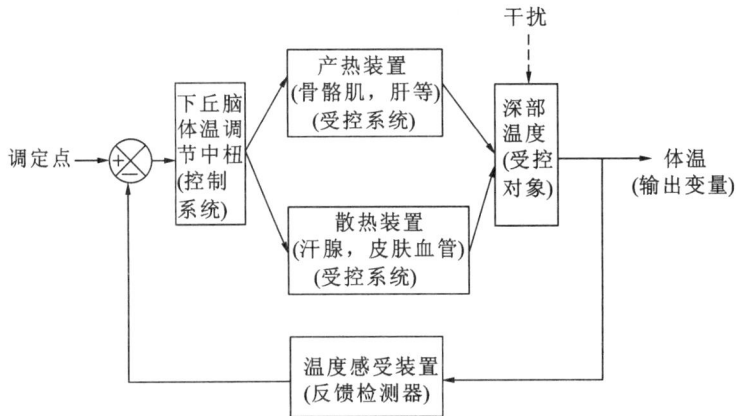

图 16-1　体温调节自动控制示意图

息传入体温调节中枢。存在于下丘脑、脑干网状结构、延髓和脊髓等部位的对温度敏感的神经元称为中枢温度感受器,在视前区-下丘脑前部(PO/AH)存在热敏神经元和冷敏神经元,它们能够感受人体深部组织的温度变化,从而参与体温调节。

(二)体温调节中枢

调节体温的中枢在整个中枢神经系统都有分布,但大量实验研究表明,只要保持下丘脑及其以下神经结构完整,就能维持相对恒定的体温。这说明,调节体温的重要中枢位于下丘脑。视前区-下丘脑前部是体内各部位温度传入信息的会聚处,通过对传入信息的整合,广泛地传出信息调节机体的产热和散热过程。一般认为,下丘脑体温调节中枢有两个功能区,即调节产热活动的产热中枢和调节散热活动的散热中枢。

(三)体温调定点学说

体温调定点学说认为,体温调节如同一个恒温器的调节,在 PO/AH 设定了一个温度调定点,规定体温数值(37 ℃),实际上调定点就是热敏神经元和冷敏神经元对温度变化反应的交叉点,即高于 37 ℃,热敏神经元冲动发放频率就增加;低于 37 ℃,冷敏神经元冲动发放频率就增加。

体温调节过程是一个典型的自动控制系统工作过程,体温调节中枢作为控制系统,产热和散热装置(有关组织器官)作为受控系统,受控系统在控制系统的调控下,通过改变生理活动而产生的结果称为输出变量(体温),体温作用于温度感受器,信息经反馈输入,并将与调定点之间的信号偏差值输给控制系统(中枢),对机体产热和散热过程进行调整,使体温维持在相对稳定的水平(见图 16-1)。

具体来说,当体温高于调定点温度,热敏神经元冲动发放频率增加,散热中枢兴奋,产热中枢抑制,引起发汗、皮肤血管舒张等散热反应。当体温低于调定点温度,冷敏神经元冲动发放频率增加,产热中枢兴奋,散热中枢抑制,引起皮肤血管收缩,骨骼肌紧张度增强或战栗以及甲状腺素、肾上腺素分泌,引起代谢增强等产热反应。

五、人体运动中体温的变化及调节

运动中由于代谢水平提高,人体产热增加,尽管经机体调节加强了散热过程,但仍不能保证体热平衡而使体温升高。运动中体温的适度升高可以提高神经系统的兴奋性;降低肌肉的黏滞性,加快收缩速度;加快肌肉血流速度,加大血流量;促进氧合血红蛋白的解离及二氧化碳的交换,有利于提高人体的运动能力。

研究证明,人体肌肉活动的最适温度为 38 ℃。运动前的准备活动大致即为这个水平。运动中体温的升高与运动强度、持续时间、环境温度、湿度、风速及运动员训练水平等因素有关。运动强度越大,持续时间越长,体温升高幅度越大。例如,中距离跑后运动员腋下温度可达 37.5~38 ℃;长跑后升至 38.5 ℃;超长跑后可升至 39.75 ℃,甚至超过 40 ℃。剧烈运动中发汗成为维持体温恒定的主要途径。一次大强度、大运动量训练,运动员的失汗量高达 2~7 L,同时可散发大量体热。

人体在冷热环境中进行训练,可使机体的产热和散热过程得到改善,人体对冷热环境适应能力就可得到提高。运动员"冬练三九,夏练三伏"能更好地提高体温调节能力,有利于增强体质和提高机体对冷热环境的适应能力和调节能力。

第二节　热环境与运动

一、热环境下运动时人体的生理反应

(一)体液平衡变化

在高温环境下,辐射、对流和传导的作用越来越小,蒸发成为最重要的散热方式。血液温度升高时,下丘脑通过交感神经纤维向分布在全身表层的上百万汗腺细胞发放神经冲动,使其排汗。汗腺通过管状结构穿过真皮和表皮,在体表打开。通过汗腺输送管的滤过作用,钠和氯化物被重吸收到周围的组织和血液中。轻微出汗时,过滤的汗液缓慢地通过输送管,钠和氯化物可被充分重吸收。然而,运动时排汗量增加,钠和氯化物由于没有足够的时间被重吸收,因此,汗液中的含量较高(见表 16-1)。

表 16-1　有无训练运动员在运动中汗液的钠和氯化物含量

	汗液中 Na^+/(mmol/L)	汗液中 Cl^-/(mmol/L)	汗液中 K^+/(mmol/L)
未训练过的男运动员	90	60	4
训练过的男运动员	35	30	4
未训练过的女运动员	105	98	4
训练过的女运动员	62	47	4

(引自 Wilmore et al.,2008)

由表 16-1 可见,经过训练和未训练过的运动员其汗液成分明显不同。研究发现,由于汗腺没有保存电解质的装置,在热环境下的训练,醛固酮又可刺激汗腺分泌更多的钠和氯化物。因此,汗液中的钠离子、钙离子和镁离子的含量增加,以致其与血浆中的含量大致相同。

在热环境下进行高强度运动时,每平方米体表面积每小时排出的汗超过 1 L,这就是说,在高热环境下进行大强度运动时,一般个体(59~75 kg)每小时排汗 1.5~2.5 L,相当于体重的 2%~4%,在此环境下运动几小时就会使机体丢失大量的水分。

在长时间运动中保持较高的排汗率最终会引起血量降低,心率加快及最终的心输出量减少会使回心血量降低,反过来又会降低运动能力,尤其是影响耐力项目的运动能力。长时间跑步的运动员汗液丢失量可达体重的 6%~10%,如此严重的脱水可限制机体进一步排汗,致使运动个体容易造成脱水和热相关疾病的发生。

丢失的水使醛固酮、抗利尿激素增加,醛固酮负责保持钠的适宜水平,抗利尿激素负责保持体液平衡。在热环境下持续剧烈运动,这些激素就会限制钠从肾脏中排泄,钠保留得越多,水分也就保留得越多。基于这个原因,血浆容量会上升 10%~20%,为使机体进一步在热环境下运动做好准备。另外,运动时水分丢失刺激垂体后部分泌抗利尿激素,抗利尿激素刺激水在肾脏被重吸收,使体内保留更多的水分。因此,我们的身体为了补偿矿物质和水的丢失,尿量就会减少。

(二)心血管系统反应

Lars Nybo 和 Bodil Nielsen(2001)等针对高温对心血管系统的影响进行研究。实验中把 8 名参加耐力训练的男性受试者(最大摄氧量(70±1)mL/(min·kg))分成高热组(40 ℃)和对照组(18 ℃)进行踏车运动,结果显示:运动前,高热组比对照组的心输出量有所升高((19.7±0.8)L/min vs (19.2±0.2)L/min;$P<0.05$),运动后,结果正好相反,高热组心输出量降低到(18.5±0.9)L/min($P<0.001$),与高热组运动前和对照组运动后比都有显著性改变。而高热组运动 10 min 的每搏输出量((136±7)mL)和动脉血压((98±1)mmHg)与运动后即刻的每搏输出量((107±6)mL)和动脉血压((89±2)mmHg)相比也有显著性降低。因此,高温下运动,会使机体的心输出量、每搏输出量以及动脉血压降低。

在高温环境下运动,肌肉需要大量的血液为其输送氧。同时,代谢产热增加,要使过多的热量散发,也需要血液将热量带到体表。然而,运输热量所需的血液和肌肉运输氧气所需的血液一样多时,两者之间就会发生矛盾。同时,体温调节中枢使心血管系统将更多的血液输送到皮肤,用以散热,这就使工作肌的血流量减少,耐力受到限制。有限的血液在运动需要和散热需要之间展开竞争,要保持不变的心输出量到外周,心血管系统必须做出调整。血液重新分配,使回心血量减少,这就使每搏输出量减少。从某方面来说,由于运动时工作肌和皮肤都得不到足够的血流量。因此,任何引起心血管系统超负荷的因素都会妨碍散热,损害身体机能,增加中暑的危险。所以很少有报道说在热环境中长跑运动员取得了好成绩的。

(三)血液流变学指标改变

热环境下,血液流变学指标会发生适应性改变,血液黏度加大,运动前后变化明显。机体在湿热环境下代谢增高,能量、体液消耗增大可导致血容量减少,组织获得氧气和营养物质也就相对减少。因此,机体内环境易出现调节紊乱和血管舒缩功能障碍。血流缓慢和血管阻力增大,可形成血凝栓子栓塞血管,引起缺血、梗死等继发性损害。

(四)神经-内分泌变化

高热条件下,大脑平均温度会升高,平均脑温度要比中心温度至少高 0.2 ℃。这可能与高热环境下,大脑中动脉血流速度降低,颈静脉血热量移除减少有关,过多的热量滞留在大脑中,使大脑温度升高。同时,高热下运动,皮肤和骨骼肌血流量增加,导致大脑中动脉血流量下降。Lars Nybo 和 Niels H. Secher 等对 7 名男性受试者在高热下运动时的大脑热量交换进行研究(见图 16-2),研究表明,高热下运动组比对照组大脑中动脉平均血流速度减少 22%±9%,通过颈静脉散热降低 30%±6%,热量以(0.20±0.06)J/(g·min)的速率被储存于大脑中。由于大脑缺血、缺氧以及高温,很容易引起中枢神经的损伤。

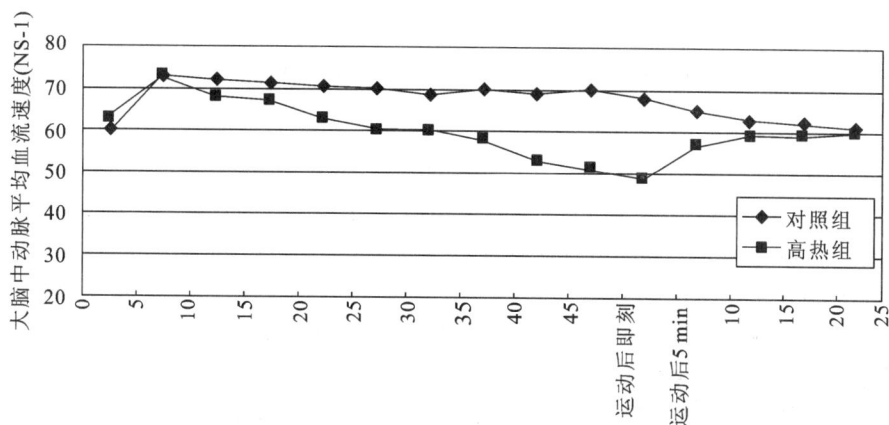

图 16-2 高温下运动以及恢复过程大脑中动脉血流速度的变化

(引自 Lars Nybo et al. ,2007)

在高温和热辐射作用下,大脑皮质调节中枢的兴奋性增加。由于负诱导,中枢神经系统运动功能受到抑制。神经内分泌系统反应加强,导致血液中肾素、血管紧张素Ⅱ、抗利尿激素和醛固酮浓度显著升高,引起机体耗氧量和产热量升高。因而,中枢神经系统出现先兴奋后抑制的现象。如果抑制作用占优势,可出现注意力不集中,神经肌肉兴奋性降低,肌肉活动能力减弱,动作的准确性、协调性、反应速度及注意力均降低,易发生运动损伤。另有研究,通过对热应激下肌电图和脑电图的观察显示,在高热环境下运动时,疲劳的产生与中枢神经系统的活性改变有关,而与肌肉活性没有关系。

(五)代谢变化

学者 Finketal 证实,与冷环境下运动相比,热环境下运动使体温和心率增加的同时,也可以导致工作肌利用更多的糖原和产生更多的乳酸,这两者都容易使机体产生疲劳的感觉。随着出汗量的增加和呼吸频率的加快,机体就需要更多的能量和摄取更多的氧。

(六)免疫系统反应

高温可以使机体的免疫能力降低。Scott J. Montain(2000)等研究发现,16 名受试者在热环境下(40 ℃,20％的相对湿度)进行上、下肢离心运动,两者均能引起明显的肌肉酸痛和肌酸激酶水平的显著增加($P<0.05$),但是仅下肢离心运动使白细胞介素-6(IL-6)的水平显著上升($P<0.05$)(见图 16-3)。

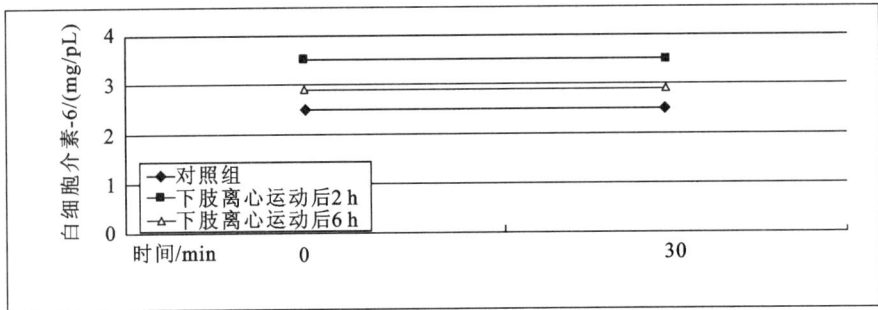

(a) 对照组和下肢离心运动组(2 h和6 h)进行30 min跑台运动时的
白细胞介素-6的浓度变化

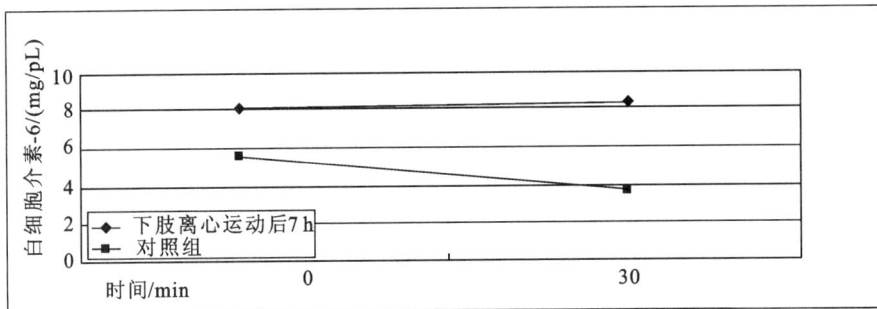

(b) 对照组和下肢离心运动组(7 h)进行30 min跑台运动时的
白细胞介素-6的浓度变化

图 16-3 免疫系统反应

(引自 Scott J. Montain et al. ,2000)

R. L. Starkie(2005)等通过研究发现,7 名受试者以 70％ $\dot{V}O_{2max}$ 进行两次 90 min 骑自行车实验(15 ℃,CON 或者 40 ℃,热应激),运动对于本身就存在的循环单核细胞产物 IL-6、TNF-α 或者 IL-1α 并没有什么作用,运动对 IL-1 和 IL-6 的含量也没有影响。但是与运动前相比,运动后细胞中 TNF-α 的含量减少($P<0.05$)。由于 LPS 的刺激作用,运动后即刻和运动后 2 h IL-6、TNF-α 或 IL-1α 产物释放增加($P<0.01$)。运动后激活细胞的产物TNF-α 减少($P<0.05$),运动后 2 h TNF-α 和 IL-6 也减少($P<0.05$)。激活的细胞对 TNF-α 有一定的影响作用,与 CON 组(对照组)相比热应激组能够使 TNF-α 增加($P<0.05$)(见图16-4)。

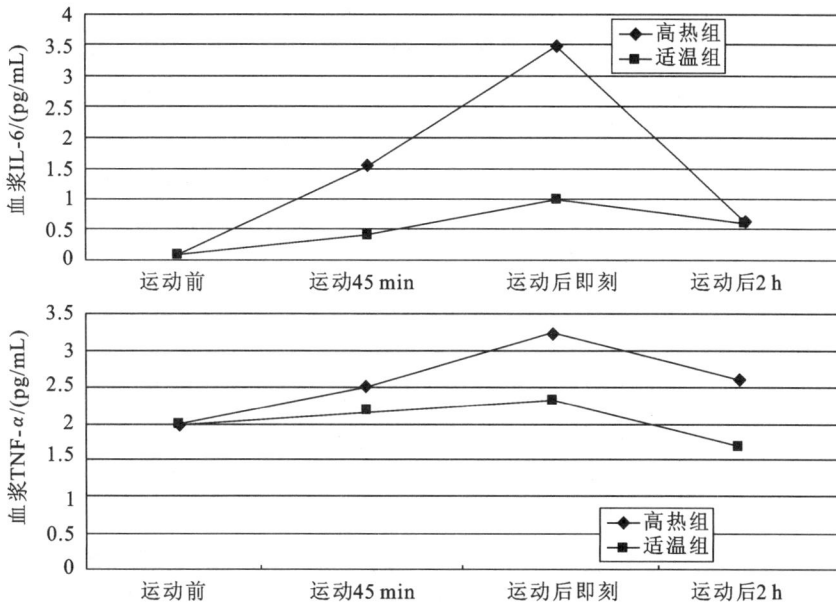

图 16-4   在 15 ℃和 40 ℃下进行自行车运动前后血浆 IL-6 和 TNF-α 浓度

(引自 R. L. Starkie et al. ,2005)

二、高温环境对人体的危害

1. 中暑(heat stroke)

中暑是热环境下运动中的热损伤,是一种威胁生命的热紊乱。中暑是由于体热平衡失调、水盐代谢紊乱或因阳光直射头部导致脑膜、脑组织受损引起的一种急性过热性疾病的总称,是高温高湿下运动和体育竞赛中常见的病症。气温、湿度、太阳辐射及气流是引起中暑的主要气象因素。机体对热不适应、缺水失盐、运动强度过大也容易引起中暑。疲劳、睡眠不足、发烧、饮酒、体弱、肥胖、某些慢性病或皮肤病等,都是中暑的诱发因素。其典型症状为:体温超过 40 ℃,停止出汗,皮肤干燥,脉搏和呼吸加快,血压升高,意识混乱或丧失,如得不到及时治疗,可能会进一步发展为昏迷甚至死亡。

按其发病机理和临床表现,世界卫生组织将中暑分为热射病、热衰竭、热痉挛等。

热射病:主要是由于体温调节机制衰竭,散热途径受抑制所致。大多数热射病患者发病急,无明显前驱症状,只有 20% 左右的患者发病前表现出眩晕、疲倦、嗜睡、过热感、恶心、厌食、焦虑、头痛等症状。主要特征包括:高体温(肛门温常超过 41 ℃,有时候甚至达到 46.5～47 ℃)、中枢神经系统紊乱(中枢神经抑制与高度兴奋现象往往同时存在,出现昏迷、惊厥或谵妄)、皮肤干热(汗腺疲劳或衰竭之前可表现为多汗,发病时往往无汗,严重时皮肤出现瘀血点)。预后与体温升高程度有关,体温 42 ℃以下者,死亡率约 8%;超过 42 ℃者,死亡率可高达 70%。

热衰竭:主要由于高温使机体过量出汗,水和电解质大量丢失,或补水不充分,导致血容量减少,有效循环血量不足,心血管系统负担加重并激发功能紊乱,或受热个体心血管功能不全,不能承受过强热负荷而导致热衰竭。主要特征为循环虚脱,表现为面色苍白,皮肤湿冷,脉压明显减低,患者易发生立位性昏厥,体温出现部位性差异,口温和腋下温度可低于正常值,肛门温度明显升高,有时高达 40 ℃ 左右。预后主要取决于心血管功能紊乱状态和可恢复能力,机体电解质的丢失情况及其对于机体内稳态的影响。

热痉挛:由于高热时过度出汗,体内过多电解质丢失,或者是对过热者注意补水而忽视补盐,只是体液晶体渗透压严重下降,组织细胞,特别是肌肉细胞舒缩不当,导致骨骼肌痉挛。主要特征为肌肉痉挛,体温多正常,一般预后较好。

2. 脱水

脱水是指人体失去占体重 1% 以上的体液。脱水可引起排汗率、血浆量、心输出量、最大摄氧量、工作能力、肌肉力量和肝糖原含量等下降。在适宜温度环境中,当脱水达 3% 时可影响人体最大有氧能力,而在热环境中,失水超过 2% 即可降低最大有氧能力。

脱水还可降低对热应激的生理耐受性。Sawka 等让正常水合和脱水(8% 体重)的受试者在热环境中(温度 40 ℃,相对湿度 20%)步行,结果正常水合组热衰竭时间为 120 min,脱水组为 55 min,脱水明显缩短了机体的热耐受时间,但更为重要的是脱水降低了机体所能耐受的最高体温,正常水合个体热衰竭时的体温比脱水个体高 0.4 ℃(见图 16-5)。

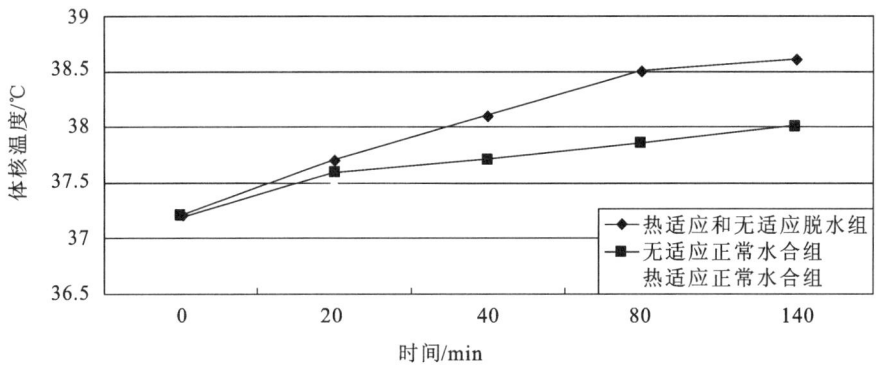

图 16-5 正常水合和脱水时人体中心温度的变化

(引自 Michael N. Sawka et al. ,2000)

3. 热疲劳

热疲劳表现为:极度疲劳、呼吸微弱、头昏眼花、呕吐、昏厥、皮肤干燥、低血压和脉搏快而弱等。这是由于心血管系统的机能不能满足身体的需要而造成的。热疲劳时,因血流量不足,下丘脑的功能不能充分发挥,分配到皮肤的血流量也不足,致使体热得不到及时散发。体质较弱和对环境不适应者容易产生热疲劳。出现热疲劳时将患者置于阴凉处,仰卧并抬高下肢,适量补充盐溶液,可缓解病情。否则,热疲劳极易转为中暑。

三、热适应

在高温与热辐射的长期反复作用下,人体在一定范围内逐渐产生对这种特殊环境的适应,称为热习服(heat acclimatization),也称热适应。

(一)热适应表现

1.排汗阈值下降,出汗率增加,排汗能力增强

排汗阈值下降可使人体在体温较低的情况下就开始出汗,随着血浆量的增多,排汗能力可增多近3倍。Helen等(2007)通过研究(见图16-6)发现,在进行热暴露(温度32 ℃,湿度60%)运动中,1天组的60~90 min段和60~120 min段前臂出汗率呈下降趋势。而3天组中,60~90 min段出汗率比0~30 min段出汗率高,且有显著差异。且3天组中的60~120 min段和1天组60~120 min段有显著性差异,皮肤出汗率升高,从而改善了机体的散热能力,提高了对热的耐受性。

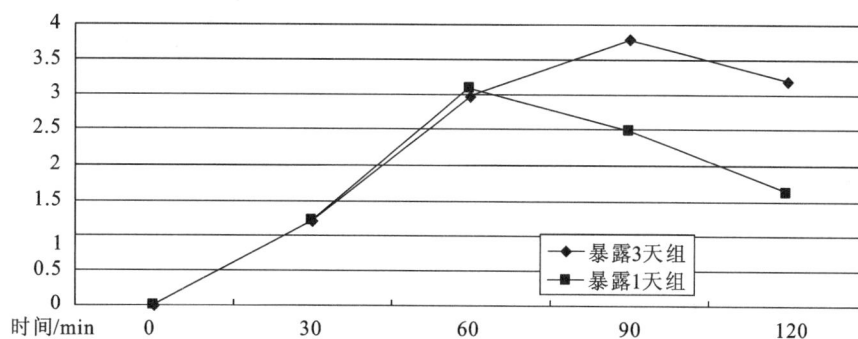

图16-6 暴露于湿热环境下1天和3天后进行2 h热运动后每30 min的前臂出汗率

(引自 Helen C. Marshall et al. ,2007)

2. 内分泌调节水盐平衡能力增强

由于醛固酮和抗利尿激素的增加,醛固酮通过肾脏和汗腺使钠和氯潴留,血浆容量增加。抗利尿激素增加了肾脏的水潴留,减少了汗液中氯和钠的含量,但钾并不减少,有利于水盐平衡。Helen等(2007)对热适应(温度32 ℃,湿度60%)后醛固酮的影响进行研究发现(见表16-2),进行湿热应激训练后,1天组和3天组中运动后的血浆醛固酮水平都有明显升高($P<0.01$)。而且,进行3天热适应后,运动中和休息中的醛固酮浓度都和1天组中的有显著性差异($P<0.01$),醛固酮浓度水平升高,减少了体内电解质的丢失,有利于水盐平衡。同时,血浆中的去甲肾上腺素浓度有显著升高。

表16-2 热应激和热适应后对内分泌的影响

	第一天	第三天
安静时醛固酮浓度/(ng/L)	8.0±4.8	14.5±5.5 [**]
运动时醛固酮浓度/(ng/L)	37.5±17.0 [*]	54.9±19.6 [**]
安静时去甲肾上腺素浓度/(nmol/L)	1.0±0.2	1.5±0.3
运动时去甲肾上腺素浓度/(nmol/L)	5.8±0.5 [*]	5.6±0.9 [*]

注:[*] 表示 $P<0.05$;[**] 表示 $P<0.01$。

(引自 Helen C. Marshall et al. ,2007)

3.体温升高较少

研究表明,如果体温调节机能提高,能有效散热,则体温升高较少。通过对热适应后体温观察发现(见表 16-3),在湿热环境下,进行蹬车运动后受试者的直肠温度、体表温度和心率增加,但进行 3 天的适应训练后,受试者的直肠温度、心率比第一天高温下运动后的体温变化要低,但体表温度的变化没有显著性。由于加大了机体核心与皮肤的温差,皮肤血流的需求下降,后者有助于改善肌肉的血流,保证了运动员的运动能力,也提高了对热的耐受性。

表 16-3　热适应一天和三天直肠温度、体表温度和心率的变化

	第一天	第三天
安静时直肠温度	36.8 ± 0.1	36.7 ± 0.1
运动时直肠温度	$38.9\pm0.4^*$	$38.7\pm0.2^{**}$
安静时体表温度	33.0 ± 0.2	33.1 ± 0.2
运动时体表温度	$37.4\pm0.5^*$	$37.1\pm0.5^*$
安静时心率	58 ± 4	55 ± 7
运动时心率	$143\pm20^*$	$134\pm16^{**}$

注:* 表示 $P<0.05$;** 表示 $P<0.01$。　　　　　　　　　　　　(引自 Helen C. Marshall et al.,2007)

4.心率反应降低

由于核心体温较低,血浆容量较大,皮肤的血流减少,每搏输出量得到改善。因此,热适应后,任何定量负荷下心率增加都会减少,血压稳定。这说明心血管系统机能得到改善。

Christiano Antonio 等(2005)对热适应后心率的变化做过相应的研究。该研究选用了身体健康的受试者进行热应激适应性运动 9 天。研究表明,在热适应性训练后,受试者休息时和运动中的心率都有显著性降低,使心血管机能得到改善(见表 16-4)。

表 16-4　热适应第一天和第九天运动和休息时心率的变化

	安静时心率	运动时心率
第一天	77 ± 5	158 ± 9
第九天	$68\pm3^*$	$133\pm8^*$

注:* 表示 $P<0.05$。　　　　　　　(引自 Christiano Antonio Machado-Moreira et al.,2005)

5.肝糖原合成增加,肌糖原利用速率降低

Slavco,Mitev 等对热适应后(35 ℃±1 ℃)大鼠的肝磷酸化酶、肝糖原含量和血糖水平的变化进行了研究(见图 16-7 和图 16-8)。对象为成年 Wistar 大鼠。实验组开始给予短期(1 天、4 天、7 天)或长期(14 天、21 天、30 天、60 天)高温环境下暴露,对照组仍给予室温(20 ℃±2 ℃)环境。结果表明,在短期的高温环境暴露下肝糖原含量显著降低(雄性大鼠在第 1 和第 4 天后,雌性大鼠在第 1 天后),并且肝磷酸化酶活性增强(雄性大鼠在第 1 天后,雌性

大鼠在第 4 和第 7 天后）。热适应期结束后（60 天），长期在高温环境下暴露引起了肝糖原含量的显著增长（雄性 14 天后，雌性 21 天后）。但仅雌性大鼠在高温暴露 14 天后肝磷酸化酶活性有所提高，而两性大鼠在其他适应性阶段却没有显著的改变。在整个热适应阶段肝磷酸化酶活性没有显著改变，血糖水平显著下降（除了实验组的第 1 天）。肝磷酸化酶活性的增强还有糖原含量的下降说明，短期在热环境下的暴露激活了糖转运过程。血糖水平的降低和肝糖原含量的增加表明热适应后使大鼠具有了延迟糖原分解的作用，肝糖原磷酸化酶活性并没有改变。因此，热适应后，由于肝糖原合成的增加，热习服使肌肉利用肌糖原的速率降低 $50\% \sim 60\%$，降低了能量耗竭的危险，延迟了疲劳的发生。

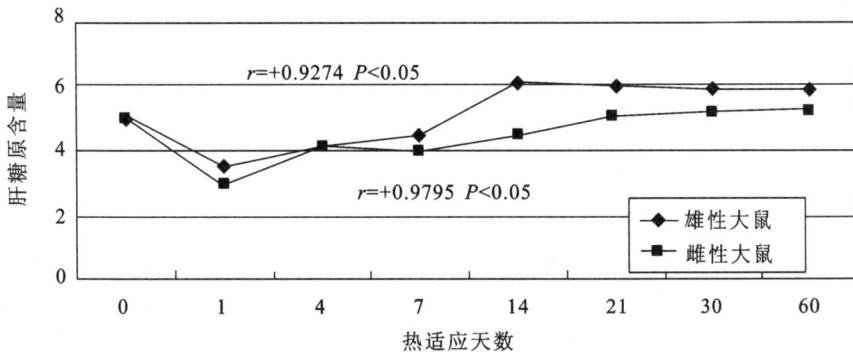

图 16-7　在热适应期间大鼠肝糖原含量的变化

（引自 Slavco，Mitev et al.，2005）

注：r 代表适应时间功能的相关系数。

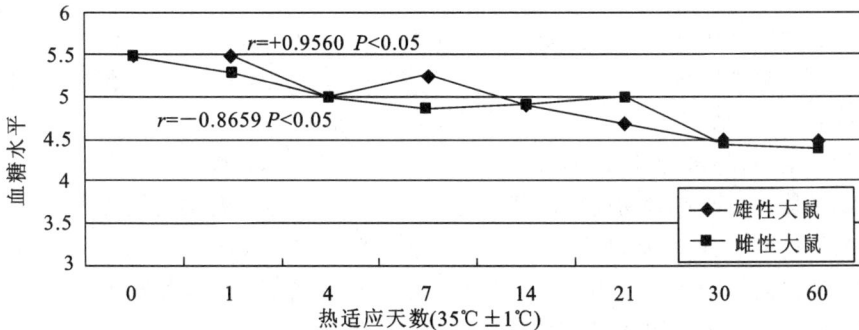

图 16-8　在热适应期间大鼠血糖水平的变化

（引自 Slavco，Mitev et al.，2005）

(二)提高热适应性训练效果的辅助方法

1.运动前降低体温

体温过高是限制热环境中运动能力的主要因素。在热环境中剧烈运动时，体温升高，机体易于达到疲劳温度。而运动前降低体温可扩展机体达到体温上限的温度区间，减轻机体代谢和心血管系统对热应激的反应，提高热积蓄能力，推迟热衰竭，从而提高运动能力。

Gonzalez-Alonso 曾对 7 名骑车受试者(最大摄氧量为(5.1±0.1)L/min)在高热下(40 ℃)随机进行三组功率自行车运动(60%$\dot{V}O_{2max}$)直到力竭的研究发现,尽管运动前的初始温度不同,但是所有的受试者都是在相同的高热水平下(食管温度是 40.1~40.2 ℃,肌肉温度是 40.7~40.9 ℃,皮肤温度是 37.0~37.2 ℃)和心血管高负荷水平下(心率是 196~198 次/分,心输出量是 19.9~20.8 L/min)产生疲劳。这些数据表明,到力竭的时间和初始体温有关:各自的初始温度是 36 ℃、37 ℃ 和 38 ℃,到力竭的时间分别是(63±3)min、(46±3)min、(28±2)min($P<0.05$)(见表 16-5)。

表 16-5　初始温度和力竭时间的关系

组别	初始温度/℃	力竭时间/min
1	36	63±3
2	37	46±3
3	38	28±2

(引自 Gonzalez-Alonso,1999)

同时,Taek(1995)等的研究表明,当运动前的体核温度和皮肤温度分别降低 0.37 ℃ 和 3.39 ℃ 时,运动至疲劳的时间延长 21%,而且运动时心率和出汗率都低于对照组。也有一些研究发现运动前降低体温并不能提高运动能力,甚至可能降低运动能力。造成这种差异的原因可能是降温模式及运动强度和时间的不同引起的,但从理论上讲,运动前降低体温可提高机体热积蓄能力,延缓热衰竭。因此运动前降低体温可能是提高热环境中运动能力的手段之一。目前降低体温的方法有通过降温服、降温帽降温和冷水淋洒降温等。

2. 运动前过量水合

过量水合是指体内水含量高于正常含量的状态。运动前过量水合可能有助于减轻运动中的脱水程度。通常的做法是在保持正常水合状态时,在运动前 1 h 饮水 800~1000 mL,运动前 20 min 再饮水 250~500 mL 以提高体内水含量。

有人用甘油(过量水合剂)来提高机体的水含量。Stavros 等(2006)研究发现甘油处理组的体温调节能力和心血管功能方面并没有显著改变。其他研究发现饮用添加甘油的水可提高运动前体内的水含量,运动中的出汗率也高于饮用纯水组,且能降低体核温度,但却很少有人发现能提高运动成绩。相反,甘油能引起头疼、恶心,运动前大量饮水很可能还会引起运动中胃肠道不适等。因此使用甘油时应该慎重。

对于再水合的方式问题,John 等对在热环境中运动 90 min 后,静脉注射和口服补液对运动诱导脱水的再水合作用进行了对比研究。实验中,运动诱导的脱水作用后即刻对 8 个没有经过热适应的男受试者施行 3 个再水合实验方案。方案分别是不补液(NF)、静脉注射 0.45% NaCl,还有口服盐水。再水合作用后,受试者在 36 ℃时以最大摄氧量的 50% 进行步行运动。

研究表明,在运动 45 min、60 min 和 75 min 时,口服盐水受试者比静脉注射补液受试者的心率显著增高($P<0.05$);但是直肠温度、出汗率、血浆容积改变百分率和血浆渗透克分子浓度变化相同;而且静脉(77.4±5.4)min 和口服补液(84.2±2.3)min 的运动时间相似(见图 16-9)。这些数据表明运动诱导的脱水作用后,静脉注射和口服补液所起的再水合作

用相同。

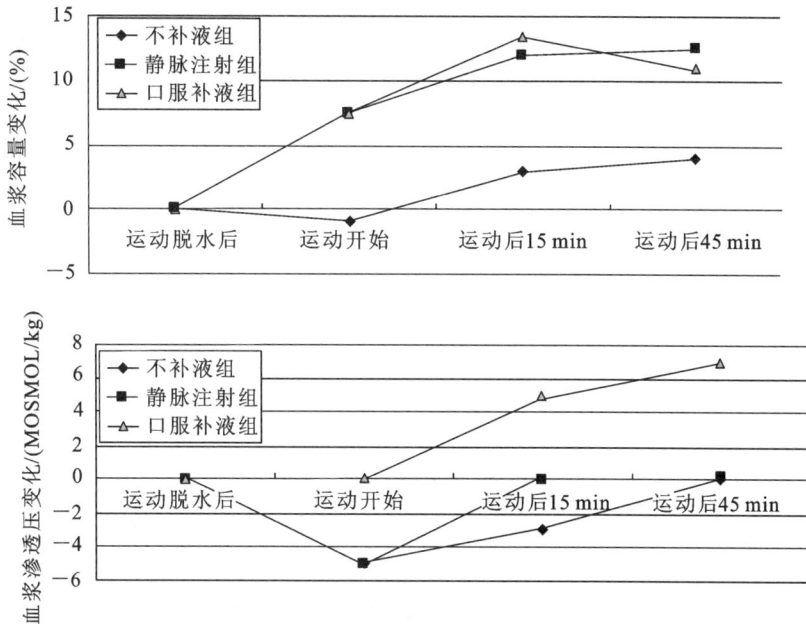

图 16-9　在运动期间和再水合作用后,静脉注射组、不补液组和口服补液组的
血浆容量百分比和血浆渗透压的改变

（引自 John W. Castellani et al. ,1997）

3. 运动中水、盐和糖的补充

热环境中运动时,肌糖原消耗高于低温环境,同时汗液的分泌不仅使机体丢失水分而且
还有电解质的丢失。汗液中的电解质主要是 Na^+、K^+、Cl^-,因此热环境中长时间运动更应
注意水、盐和糖的补充。早在 1930 年就有人对运动中补水的作用进行过研究,发现在运动
中的补水量与失水量相等时,受试者都能完成 6 h 的运动试验,且体核温度上升不明显。
Robert 等研究表明(见图 16-10),与正常含水度实验组相比,休息时心率和直肠温度在缺水

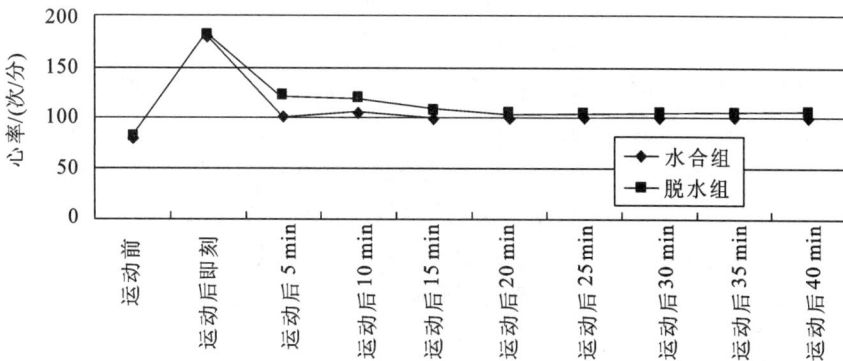

图 16-10　热应激时不同状态下运动前后心率和核心体温的变化

（引自 Robert Carter,2005）

367

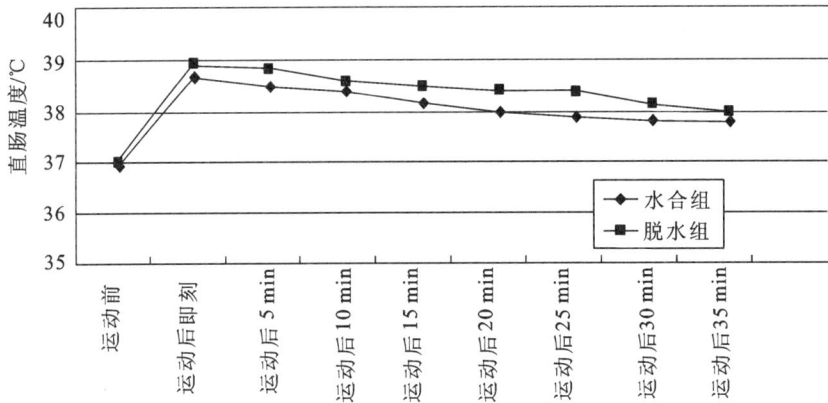

续图 16-10

时要提高很多（$P<0.05$）。运动时,缺水情况下直肠温度要高出很多（$P<0.05$）,但是心率在两组实验中却没有什么变化。恢复期缺水时心率和直肠温度比较高（$P<0.05$）。

但运动中的随意饮水往往不能弥补汗液失水,因此应该有规律地补水,如每隔 1～15 min 补水一次,每次 100～200 mL。纯水在小肠中的吸收速率小于等张溶液和低张溶液,因此,通过等张溶液或低张溶液来补水可能更理想。此外,运动中注意选择合适的比赛服装也是提高热适应性训练效果的辅助方法之一。

第三节 冷环境与运动

一、冷应激（cold stress）

人体具有完善的体温调节机制。在寒冷环境中,人体皮肤的温度感受器受到冷刺激时,会立即将信息传至下丘脑体温调节中枢,引起人体三方面的应激反应,即通过寒战产热、非寒战产热和外周血管收缩三种途径来增强机体产热与保护自身热量散失,使体温维持恒定。寒战是指骨骼肌快速而又随意的循环收缩和舒张活动,这种方式的产热量是机体安静时产热量的 4～5 倍;非寒战性的产热是指由机体交感神经系统兴奋引起的新陈代谢加强,代谢速率提高引起机体内部产热量增加。外周血管收缩是皮肤毛细血管周围的平滑肌交感神经兴奋引起的,这种刺激引起平滑肌产生收缩,毛细血管受到压迫,机体表面的血流量减少,防止不必要的热量丢失。当皮肤温度下降时,其细胞代谢速率也随之下降,这时皮肤需氧量很少。暴露在冷环境下,人体肾上腺素与去甲肾上腺素分泌明显增加。血糖在耐寒与运动耐力方面起到非常重要的作用,如低血糖病人抑制寒战,且直肠温度明显下降。冷环境中肌糖原利用速率要比热环境中稍大。

二、冷环境对人体运动能力的影响

冷环境中,低温导致体温下降对人的身体功能与运动能力都造成一定的影响。低体温可使神经、肌肉及腺体等兴奋组织的兴奋性降低,也可使酶的活性下降。研究表明,温度每下降 10 ℃,神经传导速度降低 15 m/s。局部温度为 8~10 ℃时,神经传导即完全阻滞。冷应激使外周血管收缩,回心血量增加以维持机体深部温度,但皮肤与皮下组织血流量减少,这时皮肤温度就会下降。一般手皮肤温度保持在 20 ℃以上,手操作功能基本保持正常;当手皮肤温降到 15.5 ℃时,手操作功能受到影响;降至 10~12 ℃时,触觉敏感度明显下降;降到 4~5 ℃时,几乎可完全失去触觉,即寒冷环境下常出现的手脚麻木的现象。这对手搏击、抓握和投掷之类需要手掌灵敏触觉与手掌灵活控制运动技术的学习造成很大的障碍,如长时间暴露在冷环境中极容易发生手指脚趾冻伤。另外有研究表明,在冷水中游泳会使运动能力和摄氧量峰值显著下降。因为水中的热传导能力比在空气中大 26 倍左右。低温可使氧气的运输能力和血氧离解度降低,这就加重了运动中组织的缺氧,导致机体代谢水平下降,影响运动能力的发挥。同时,寒冷还会使骨骼肌的黏滞性增大,弹性下降,肌肉收缩速度与力量均出现下降,动作灵活性和协调性变差,肌肉工作效率降低,运动能力发挥受限,机体易产生过早疲劳,且运动损伤的概率上升。伴随疲劳产生肌肉功能下降,机体产热逐渐下降,在冷环境中的长跑、游泳和滑雪运动员之所以能长时间地持续暴露在这种冷环境下进行运动,是因为在运动的一开始,运动员就能以一定的速度产生足够的热量来维持体温。但到运动后期,当能量储备减少时,运动强度下降,使得代谢产热减少,引起过低体温症,导致机体疲劳程度加重,产热能力进一步下降,在这种情况下,运动员将面临潜在冷损害危险。

三、冷习服(cold acclimatization)

因外界环境的寒冷程度、人体作业的持续时间和生活方式的不同,人类对冷环境的习服包括代谢型习服、绝热型习服和习惯性冬眠型习服三种类型。

代谢型习服是机体处于寒冷环境一定时间,寒战产热发生推迟,而非寒战产热加强。例如,将大鼠暴露在 5 ℃的寒冷环境中 2~4 周,寒战逐渐减弱,出现不依靠寒战产热的现象,而且产生比寒战产热更多的热量来维持体温,这种不依靠寒战产热的现象称为体温调节性非寒战产热。如果非寒战产热达到最大限度,产热方面的寒冷习服(代谢型寒冷习服)已完成。人类主要是通过提高产热来达到寒冷的习服,冷习服者去甲肾上腺素、甲状腺素、胰高血糖素分泌增加,促进了机体脂肪的分解增加产热,以达到对寒冷的习服。

绝热型习服是长时间处于寒冷条件下,可使体表血管收缩和皮下脂肪增多,引起体表绝热性增大,而产生绝热型习服。

习惯性冬眠型习服是世居长期寒冷环境中生活的人,在温度较低的情况下也不增加产热,皮肤温度下降也减少,体温也相对较低,机体对低体温已形成习惯。

第四节　高原环境与运动

在体育运动训练中所讨论的高原环境是综合了地理学上的分类法与运动训练实践得出来的,一般把海拔 1000～3000 m 的大片高地称为高原(high altitude)。而实际上目前国际上采用的高原训练高度一般在 1400～2700 m,如我国青海西宁(海拔 2261 m)、云南昆明(海拔 1893 m)等都是较理想的高原训练基地。

一、高原环境的特点

高原具有低气压、低氧、低温、低湿度、日夜温差大、高强度日照辐射、风沙大等特征。但其最大的特点是低大气压形成的低氧环境,在 2000 m 的高原上空气的含氧量下降 20％左右。在对流层下部的气温随高度的增高而出现降低,当高度每升高 150 m 时,气温约下降 1 ℃。

(一)高原的大气压

海拔高度对氧分压有着直接的影响,氧分压随海拔的高度增加而下降(见表 16-6)。

表 16-6　不同高度的气压与分压

高　　度		大气压/mmHg	大气 PO_2/mmHg
米	英尺		
0	0	760	159
1000	3280	674	141
1500	4920	634	133
2000	6560	596	125
3000	9840	526	110
4000	13120	462	97
5000	16400	405	85
6000	19690	354	74
7000	22970	308	64
8000	26250	267	56
9000	29530	230	48

(引自 Mcardle,1996)

(二)高原温度

海拔高度每升高 150 m 空气温度就降低 1 ℃。珠峰上的气温大约是 −40 ℃,而相同纬度平原的温度则是 15 ℃。在低温、低湿度和强风的联合作用下,处于高原环境的人体可能会出现冻伤等与低温相关的疾病。

水分压在 20 ℃时大概是 17 mmHg,但是当温度降为 −20 ℃时,水分压则降至 1 mmHg。由于高原上水分压非常低,皮肤(或衣服)和空气之间的湿度差会促使皮肤上的水蒸气加速蒸发,并很快导致脱水。

(三)高原的太阳辐射

随着海拔高度的升高,太阳的辐射率也随之增加。首先,高海拔地区光线到达地面时需要穿过的大气层比较薄,这时大气吸收的光线,尤其是紫外线就相对较少。其次,由于高海拔地区空气中含水量少,水可以吸收或反射的光线也少,所以也会增加高原环境的辐射强度。另外,高原上常见的积雪可以反射光线,增强辐射。

二、高原环境的生理反应

(一)呼吸系统反应

进入高原人体呼吸功能最显著的变化就是呼吸加快、肺通气量增加。当海拔高度为 2438 m 时,安静时的肺通气量开始以指数形式增加。由于高原氧分压降低,导致人体动脉氧分压下降,此时动脉与肌肉组织的氧分压浓度梯度减小,肌肉组织的气体交换能力下降。研究表明,海拔高度为 1500 m 时,$\dot{V}O_{2max}$ 就开始下降,随着高度的继续上升,下降更明显,开始阶段每升高 300 m,$\dot{V}O_{2max}$ 下降约 3.2%,如在珠峰登山过程中,运动员从平原的 62 mL/kg/min 下降到顶峰的 15 mL/kg/min,有些甚至下降到 5 mL/kg/min。

高原上的肺通气量上升和平原上的过度换气在表现上十分类似。肺泡中的 CO_2 含量较低,而血液中的 CO_2 含量相对比较高,这种压力差促使 CO_2 加速排出体外。因此,血液中的 CO_2 含量降低,血液 pH 值就会上升,进而导致呼吸性碱中毒。碱中毒有两方面的影响:一是使整个氧离曲线左移;二是高 pH 值可以限制通气量的进一步升高,但是这种限制作用比低血氧含量(低 PO_2)提高通气量的作用差。在次最大强度的运动下,高原的通气量要超过平原,但是在最大强度的运动下,两者的通气量是相同的。

(二)心血管反应

人体在初到高原的几个小时内,就会出现血浆量下降的现象,并且持续下降数周后才能保持稳定。血浆量下降是由于呼吸系统损失了大量的水及排尿增多所致,这两种作用可以使血浆量下降 25%。由于血液中水分减少,红细胞(含有血红蛋白)浓度升高,在心输出量一定的情况下,较高的红细胞浓度可以将更多的氧气运输至肌肉。

在高原初期,由于肺内血氧不足,靠加大血循环量来代偿。心率和心输出量增加,而每搏输出量没有变化。每分输出量的增加主要靠心率的加快,心率增加可以补偿运输氧能力的下降。在平原安静时,心率一般为 70 次/分,在高原 4500 m 高度时,安静心率可增加至 105 次/分,但最大心率却下降。在平原进行最大强度运动时心率可达到 170~210 次/分,而在高原最大只能达到 130~150 次/分。在高原环境下,动脉血压明显增加与去甲肾上腺素水平增加有关。

(三)最大摄氧量变化

最大摄氧量随海拔高度的增加而降低。在大气氧分压(PO_2)下降至 131 mmHg 之前,

$\dot{V}O_{2max}$ 仅出现轻度降低。1500 m 以上的高度,海拔每增高 1000 m,$\dot{V}O_{2max}$ 下降 8%～11%,在更高的高度下降的速率更快。在珠穆朗玛峰高度时,最大摄氧量降低大约 70%,估计可低至 15 mL/kg/min。

高原环境可以使动脉和肌肉之间的氧分压差下降,又可以使最大心输出量下降,这就是在较高的海拔地区,$\dot{V}O_{2max}$ 出现下降,且人体的最大有氧运动能力也会降低的原因。

(四)高原的代谢反应

在高原环境下,由于甲状腺素和儿茶酚胺分泌的增加,人体的基础代谢率也会升高。人体必需摄入更多的食物来平衡基础代谢率增加给机体带来的影响,否则体重就会降低。由于高原环境也会影响食欲,所以体重降低是初到高原的几天里常常出现的情况。对于想维持体重的人群,无论休息还是运动,都需要摄入更多的碳水化合物作为能源储备。因为消耗每升的氧气,糖所释放的能量比脂肪和蛋白质都高,所以适当的补糖是有益的。

由于机体在高原低氧环境下进行一定强度的训练,其耗氧量要比平原时高,无氧代谢在供能中所占的比例也有所增加,因此任何在乳酸阈之上的运动强度都会使机体产生更多乳酸。在高原环境下暴露较长的一段时间后,机体在运动中,肌肉和静脉中的血乳酸含量降低,除此之外,由于对高原产生了适应,肌肉的耗氧量并没有改变。

(五)高原反应症

高原反应主要是指在平原生活的人进入高原,由于生活环境的突然改变而产生的诸多生物学效应,表现为生理、生化方面的异常变化。人如果渐进地进驻高原环境,除了运动能力下降、气短及出现呼吸困难外,其他不良反应较轻。而快速进入高海拔地区常在 2 h 内出现急性高山病(AMS,acute altitude mountain sickness),主要症状有头痛、失眠、情绪激动、无力、恶心、呕吐及呼吸困难等。没有证据表明良好的身体健康状况能避免高山病症状。即使进入高原前曾受过高强度耐力训练的运动员似乎对低氧效应也没有防护作用,并且一些数据表明年轻的与体能好的个体更易于出现高山病症状。

高原反应严重者由于体液滞留在脑部或肺部,并发高山脑水肿(HAPE)或肺水肿(HACE),会危及生命。

三、高原环境对运动能力的影响

现有的研究已表明,在高原缺氧条件下,氧运输能力和肌肉利用氧的能力都受到很大的影响。以 1200 m 左右为临界海拔高度,人体 $\dot{V}O_{2max}$ 随海拔的继续升高而出现下降,运动能力下降,在进行 2 min 以上有大肌肉群参与的全身耐力性运动时就明显表现出这种变化。一般认为,在高原最大持续时间超过 1 min 的运动项目的成绩比平原低。一定范围内,距离越长,成绩下降越明显,并和 $\dot{V}O_{2max}$ 的下降相平行。研究表明,当运动员从平原到达海拔1500 m 的高原进行训练时,其运动能力下降 10%,在海拔 6000 m 的高原训练时,其运动能力下降 40%左右。高原上持续时间少于 1 min 的剧烈运动,如短跑项目,运动时人体主要是以无氧代谢供能为主,很少动用有氧代谢供能。再者,高原空气稀薄减少了人体运动时需消耗在克服空气阻力上的能量。因此,在高原上进行诸如短跑、跳远等项目的运动,成绩会有提高的现象。

四、高原习服(适应)

人体长期居住在高原地区,或者在高原地区停留一定时期,使机体对高原的缺氧产生了适应,称为高原习服(altitude acclimatization)。高原习服是循序渐进的,所以适应需要时间。高原海拔每增加 600 m,平均需多 1 个星期的适应时间,而适应带来的所有这些有利效应,将会在回到平原的一个月内消失。

(一)呼吸系统适应

高原最重要的适应之一是休息与运动时的肺通气量均增加。在海拔 4000 m 高度的三四天内,安静时通气率的增加保持在高于平原安静的通气率的 40% 左右。亚极限强度运动时,通气率也保持在高于平原时的 50% 左右,但会持续一个较长的时期。运动中通气量的增加在高原上始终保持着较高的水平,在较高强度运动时表现得尤为明显。

(二)血液的适应

进入高原后,由于高原缺氧刺激了人体促红细胞生成素(EPO)的释放,促进红细胞的生成。当处于海拔 3000 m 高度 3 h 后,EPO 浓度约升高 50%。红细胞生成增加,使得体内的血红蛋白(Hb)也随之增加,Hb 含量可从海平面的 14%~16% 上升至高海拔处的 23%。尽管血红蛋白氧饱和度受高原低氧分压的影响,但经过习服后人体 Hb 含量增加使得血液实际携带氧的能力得到提高,这是人体对高原适应的主要表现之一。另外,在高原经过长期的训练,运动员出现安静时红细胞渗透脆性明显下降,红细胞滤过率与红细胞变形能力明显增强,促进氧的释放,这可改善人体循环功能,提高有氧工作能力。

(三)心血管系统适应

在高原进行次极限和极限强度运动时,最初反应是心率和每分输出量比平原增加50%,而每搏输出量没有变化。但数天或数周后,随着携带氧气的能力和对氧气的利用能力逐渐提高,最大心率和最大每搏输出量便开始下降,从而导致心输出量下降。心输出量下降的主要原因是由于每搏输出量降低,但心率的减慢也有一定的作用。每搏输出量降低的原因是由于血红蛋白浓度升高后,静脉回流量减少;血浆量和总血容量的下降以及交感神经活动引起的全身血管阻力的增大。高原最大心率的降低,可能受长期高原应激引起的副交感神经调节增强的影响。

但也有报道称,优秀游泳运动员在高原训练期每搏输出量及每分输出量均有所增加,左室壁增厚,心脏容积增加,泵血效率提高等,显示心脏在结构和功能上有所改善。

(四)骨骼肌适应

高原训练对骨骼肌有较深刻的影响。肌肉活检技术研究发现,人体进入高原后肌肉组成结构和代谢功能发生显著变化,如骨骼肌中的肌红蛋白含量、毛细血管网数量和密度都出现增加,糖酵解酶活性降低,氧化酶活性与含量均升高等。有研究表明,在高原环境下生活 4～6 个月,人体肌纤维面积减少 11％～19％,肌纤维变小,肌肉中毛细血管的密度增加 13％,这就使被运送到肌肉组织中的血液增加,并可缩短氧从毛细血管扩散到线粒体的距离,这对人体适应高原环境有利。长期暴露在高原环境中,人的食欲降低,瘦体重与脂肪含量明显下降。研究表明,暴露在海拔 4300 m 的高原 8 天后,体重下降 3％,1992 年攀珠峰期间的 6 名运动员体重平均下降了 6 kg。这可能是由于高原环境引起人体食欲下降、脱水、蛋白质消耗增多、小肠吸收率下降以及基础代谢率增加等所致。

五、高原训练要素

(一)高原训练的海拔高度

高原训练的高度从理论上讲 1000～3000 m 的高原训练都有效。近年来,国际上已基本认同世居平原的运动员进行高原训练的最佳高度应为 2000～2500 m。低于 2000 m,低氧缺氧刺激较少,不利于充分挖掘机体的潜力;高于 2500 m 则机体难以承受较大的训练负荷,并且不利于训练后的恢复。在 2000～2500 m 高度训练,最大摄氧量、总红细胞容积(RCV)及 Hb 均有显著的增高,对提高运动员的速度、耐力及运动水平都有益处,不仅适用于田径运动员,而且对其他多种项目的运动员均有益处。我国运动员的高原训练高度多在 1890 m(昆明,中长跑、游泳、足球等)及 2360 m(西宁多巴,中长跑、竞走、自行车等)。埃塞俄比亚的高原世居运动员将赛前高原训练提高到 2700～3000 m。对世居高原的运动员进行高原训练的最佳高度要因长期居住的海拔而定,在这方面有待进一步研究。总之,适宜的高度应具备两个条件,即此高度能对机体产生深刻的缺氧刺激,同时又能承受比较大的训练量和训练强度。

(二)高原训练的强度

强度过低,刺激小,难以收到成效;强度过大,刺激大,对适应和恢复不利。一般应遵循下面几个原则。①根据运动员训练水平的高低来定。训练水平高的训练强度可大些;训练水平低的,训练强度则适当减少。②根据比赛的强度而定,要安排部分接近比赛强度的训练。③高原训练的强度和下高原后的强度衔接起来,下高原后的训练强度要比高原的训练强度高。④要根据机体对高原环境的适应阶段来安排训练强度。

(三)高原训练的持续时间

从平原到高原训练的时间最少要 3 周。最近的研究表明,最适宜的持续时间应为 4～6 周,因为从平原到高原要有一个适应过程。高原训练时间过短,不利于机体产生适应性变化;高原训练时间过长,则不利于机体回到平原后的适应性改变,同时还应考虑心理因素和经济因素,所以安排高原训练的时间不一定要很长。

(四)高原训练后到平原比赛的最佳时间

下高原后,什么时候出成绩,对此没有统一的看法。这与个体的适应能力及高原训练的负荷有密切关系。目前普遍认为:长跑、马拉松项目的最佳比赛时间为下高原后 4～5 天;中长距离跑项目为下高原后 10～14 天;短距离跑项目为下高原后 20～26 天,以便下山后强化速度训练。Jushkevitch(1990)认为短跑和跨栏运动员从高原训练返回平原后,可出现两个有利于创造最好成绩的"能力高峰期",即为高原训练结束后的第20～21天和第39～42天。而创造优异成绩则要迟至高原训练结束后的第53～54天。我国游泳项目则多采取回到平原5～6周时参加比赛,以保证下高原后能有较多的时间加强速度和力量训练。

高原训练的效果,下高原后可保持3～5周的时间。而有的资料认为可保持45～50天。

六、高原训练方法及手段

1. 高住低练法(living high-training low,Hi-Lo)

这种方法是美国的 Levine(1991)最先提出的,就是让运动员在较高的高度上(2500 m)居住,以充分调动机体适应高原缺氧环境,挖掘本身的机能潜力。而在较低的高度(1300 m)训练又可达到相当大的训练量和强度。Hi-Lo 训练法已得到国际上的认可,并已应用于高原训练实践中。

2. 低住高练法(living low-training high,Lo-Hi)

让运动员居住在海拔较低的高度(1300 米或平原),训练在海拔较高的高度(2500 米)。

3. 低住低练法(living low-training low,Lo-Lo)

让运动员居住和训练都在海拔 1000 米左右的高度。这种训练也称为亚高原训练法。

4. 高住高练法(living high-training high,Hi-Hi)

让运动员居住和训练都在海拔较高的高度(2500 米)。高住高练法能充分利用高原低氧环境,取得低氧训练的效果,但训练强度不大。

5. 间歇性低氧训练法(interval hypoxic training,IHT)

间歇性低氧训练(IHT)是 20 世纪 80 年代末开始流行起来的一种低氧训练方法。该方法在实施过程中将缺氧负荷的总量划分为若干个独立的组别,每组包括若干次,在每两次低氧刺激的间歇时间内恢复正常大气压的自由呼吸,使低氧负荷训练表现出脉冲式或间歇性的特点,因而被称为间歇性低氧训练。

IHT 的一般使用方法为:给受试者 $10\%\sim12\%$ O_2 的低氧刺激 5 min,然后正常呼吸 5 min,接着再给予 5 min 低氧刺激,如此循环(循环次数可根据训练目的和运动员个体情况而定)。每天进行 1～2 次,持续 15～20 天。

IHT 作为一种辅助训练手段已被广泛运用于运动实践中,并被证明可以提高机体摄取、运输和利用氧的能力,从而提高有氧代谢能力。如马拉松世界纪录保持者 Alberto Salazar,三项全能世界纪录保持者 Hamish Carter,环法自行车联赛的冠军队,日本、西班牙国家自行车队,澳大利亚足球联赛的冠军昆士兰队,新西兰橄榄球职业联赛冠军等都是在 IHT 的帮助下,取得了个人或团体历史上的最好成绩。我国最早开展 IHT 研究与应用的是西安体育学院的雷志平教授,她于 1998 年研制了低氧发生器——KL-1 型低氧仪,并做了大量的研究和应用。目前,我国已有国家体育总局冬季运动管理中心、北京市体育科学研究所、西安体育学院、吉林省体育科学研究所等单位拥有了 IHT 设备。

6. 模拟高原训练法(simulating altitude training)

芬兰的 Rusko(1995)提出"Hi-Lo"方案的"高原屋",即让运动员生活在模拟海拔 2500 m 高原状态的"高原屋"中,然后在 1300 m 高度进行训练。目前这一高原训练计划已在芬兰、挪威、瑞典等欧洲国家的模拟高原屋中实施。还有,日本生产使用的是可移动的帐篷,帐篷内是仿高原环境。最近,美国又发明生产一种可调氧分压式睡仓(低压睡仓),它可提供 1 名运动员在仓内休息。这些仿高原训练法,既不需要高原训练基地,又免去往返迁移,同时使运动员机能潜力得到最大的发展,以期达到高住低练的效果。

第五节　失重环境与运动

失重是一个物理学的概念。根据牛顿的万有引力定律,两个具有质量的物体之间存在相互吸引的作用力,该力的大小与物体之间的距离的平方成反比。在地球上的所有物体都受到地球的吸引力,表现为重力。我们把物体对支持物的压力(或对悬挂物的拉力)小于物体所受重力的现象,称为失重现象。当物体远离地球到达太空时,便处于失重状态。人类对失重现象的研究是随着载人航天的需要而进行的,根据几十年的研究和实践发现,失重并不会危害人体的安全,但或多或少会影响人体的一些生理活动。

一、失重对人体机能的影响

(一)失重对心血管系统的影响

在重力作用下,人体内的大量体液(如血液)都集中在身体的下肢。而在微重力环境下,滞留于下肢的体液会转移到顺应性更大的胸部及头部,从而引起体液分布和数量的变化,这就是所谓的"体液头向转移"。由"体液头向转移"导致的主要症状是鼻黏膜充血,从而引起头胀、头晕、头疼、鼻塞、颈部静脉曲张和脸部水肿。发生在飞行初期的"体液头向转移"会使中央静脉等较大的血管发生膨胀,人体的血管容量和压力感受器受到刺激,机体通过神经体液调节机制,出现反射性多尿,造成明显的水分丢失,导致水盐从尿中排出,血容量减少,体液减少,容易造成机体脱水。而体液的减少和水盐代谢的紊乱还可引起心律不齐、心肌缺氧以及心肌的退行性变化,并出现相应的心脏功能障碍,如心输出量减少、运动耐力降低等。这种情况发生后,如果航天员继续停留在太空中,其心血管系统就会逐渐适应微重力环境。但是,在航天员返回地球之后,其体液又迅速回到身体下肢,导致直立血压过低,并有可能引发昏厥症状,在学术上,这种情况被称为"立位耐力下降"。

失重时还表现为血压的变化,航天员的收缩压一般较飞行前高 15～20 mmHg,平均动脉压升高 10～20 mmHg,而舒张压则表现为下降。在飞行初期颈静脉压增高 50% 以上,肺动脉压增高 20%～50%,1 个月后有的人颈静脉压下降,但也有的始终保持在较高的水平,这些变化也是由于失重引起血液的重新分配而引起的。此时,肺血管血液充盈度增加,心脏内腔血液增加,从而影响心脏功能并引起血压的变动。随着航天飞行的时间延长,人体的心血管功能可在新的水平上达到新的平衡,心率、血压、运动耐力以及减少的血量和血红蛋白可逐步恢复到飞行前的水平。

长期失重对心血管系统的主要影响是心肌萎缩、心肌功能降低。在地球上,人体心肌必须用力收缩对抗重力,才能维持正常的血流和血压,为组织、器官提供氧气和其他营养物质,同时排出机体的代谢废物如 CO_2 等。在失重环境下,由于没有重力作用,心肌的收缩力量和收缩频率降低,引起心肌萎缩、心肌功能降低。机体的最大摄氧量降低,运动能力随之下降。同时发现在失重环境下机体血浆容量、淋巴细胞数减少,红细胞数量和质量下降,产生空间贫血。虽然没有证据显示贫血会对宇航员的生命造成威胁,但它可影响宇航员的运动能力和持续工作效率。

(二)失重对人体运动系统机能的影响

人在地球上无论行走、站立还是工作,都要克服地心引力的作用,经过长时间的发展进化,形成了一套适应重力的、发达的肌肉和骨骼系统。失重时,重力消失,人体在运动和做功时不需要对抗重力作用并维持适当的体位,肌肉和骨骼的作用降低,这是引起肌肉萎缩的重要原因。

在失重初期航天员会出现运动协调功能的紊乱。由于重力的消失,由重力引起的肌肉传入冲动减弱,严重影响人的空间定位和运动控制能力,人必须根据经验不断地靠意识和注意力来监督和修正自己的所有动作。在地面形成的运动习惯,在失重空间反而成为一种干扰,使人不能有效地对新的重力条件产生适应反应。

失重情况下作用于运动器官的重力负荷消失,运动时不再需要对抗重力作用及维持体位在一定的姿势,长时间作用将引起肌肉系统发生变化,如肌肉工作能力、力量和耐力下降,尤其是腿围缩小、腿部肌力的下降更明显,严重的可造成肌肉萎缩。肌肉萎缩的可能原因如下:①没有必要支持体重以及维持姿势,使肌肉活动减少而引起的;②可能是由于失重引起肌肉张力的松弛,工作时肌肉收缩力明显减低,本体感受器传入冲动减弱,因此通过反射弧传出的冲动也减少,因而肌肉的神经支配作用也被削弱了,神经对肌肉的营养作用也减弱了;③在分子机制上,失重还可使肌肉中的 ADP 不能有效地形成,影响了线粒体的呼吸和ATP 的生成,导致肌肉组织的营养及代谢紊乱、肌纤维结构的改变和萎缩;④失重还可导致钙的丢失,而肌原纤维的收缩和 ATP 酶的活性受肌浆中钙离子的调节,钙的损失反过来影响肌肉的收缩力量。宇航员在长期的航天飞行中加强肌肉锻炼可以延缓这种肌肉萎缩,回到地面重力环境中后,进行积极的肌肉锻炼可以逐步使肌肉萎缩得到一定的恢复。

长期失重会引起人体的骨钙质代谢紊乱,引起骨质疏松。人体失重后,作用于腿骨、脊椎骨等承重骨的压力骤减,同时肌肉运动减少,对骨骼的刺激也相应减弱,骨骼血液供应相应减少。在这种情况下,成骨细胞功能减弱,而破骨细胞功能增强,使得骨质大量脱钙并经肾脏排出体外。成年人体内含有 1000~1200 g 的钙和 400~500 g 的磷,其中约99％的钙存在于骨骼中,而大约 85％的磷也存在于骨骼中。一旦地心引力消失,骨骼中的钙和磷就会通过尿液和粪便大量地排出体外,这就是"骨丢失"现象。据研究,在失重 10 天之后,航天员的骨丢失率平均为 3.2％。骨钙的丢失会造成两个后果:骨质疏松和可能发生肾结石。骨质疏松一旦形成,回到地面重力环境下也难以逆转。目前这仍然是航天医学需要解决的难点问题。

(三)失重对人体消化系统机能的影响

地面模拟失重的实验结果表明,失重时胃排空蛋白质和脂肪性食物的功能有明显障碍,并伴有吸收功能异常。失重状态的初期,人体常见的消化道反应是唾液分泌增加,胃有不适感、恶心甚至呕吐,这些现象虽与前庭反应有关,但胃肠功能的紊乱已很明显。失重时胃上皮细胞产生黏蛋白的能力显著降低,表明胃黏膜的保护作用有所减弱,氨基酸与钙、钠、钾、镁等主要离子的吸收亦受影响;大肠隐窝杯状细胞中唾液酸化多糖和硫化多糖量增加,这可能与大肠运动功能障碍所引起的分泌液排出减缓有关。

(四)失重对人体前庭功能的影响

前庭器官是感受空间位置、维持平衡和调节运动的感觉器官。生活在地球上的人无论处于静止或运动状态,前庭器官的耳石总是受到地心引力的作用,在太空中人处于失重状态,耳石受到的刺激发生改变,引起一系列前庭反应(眩晕、反旋转感觉和位置错觉)、前庭躯体反应(眼震、平衡失调)和前庭自主神经反应(面色苍白、出汗、恶心和呕吐等)。在失重状态下,会即刻出现漂浮感、下落感、头倒位错觉、倾斜错觉等,除这些错觉外,还可出现眼球震颤。比较严重的症状有上腹部不适、食欲减退、厌食、恶心和呕吐等,即航天运动病。引起航天运动病的主要原因是失重和在失重条件下作头部运动。在发病机理中,前庭器官起主要作用,视觉、本体感觉和心理因素也有一定的影响,前庭功能丧失的人不发生运动病,限制头部的运动可缓解这些症状。

失重时前庭器官的功能的变化还表现为其敏感性降低,姿势平衡能力下降。在失重环境下,前庭器官的耳石的形态发生改变,钙含量降低。

(五)失重对人体神经系统机能的影响

在失重状态下,神经系统运动、感觉和高级功能都有所下降。各种感觉功能,尤其是感受重力刺激和参与空间定向的感觉功能产生不同程度的变化,视觉系统的各种功能的下降程度在5%～30%以内,较复杂的视觉功能在失重初期有较明显的下降,其中红色敏感度下降值最大,眼球的运动也有所改变。

失重时,航天员的工作效率受到不同程度的影响,人的记忆能力和注意能力出现明显的下降,据俄罗斯航天员报告,在飞行的前半个月,出现紧张、有效记忆力减退,忘记从前发生的事情,遗忘地面上已掌握的知识的现象。动物实验表明航天条件对高级神经活动有影响,大白鼠神经组织化学研究表明失重条件下与生物应激功能有关的下丘脑视上核分泌神经元的活动增强,细胞浆中分泌颗粒呈弥散式分布,而脊髓运动神经元中的蛋白质浓度和核糖核酸浓度下降,与运动协调有关的小脑浦肯野细胞中核糖核酸含量也明显的下降。

在航天条件下,人的睡眠也受到明显的影响,表现为睡眠困难,睡眠时间减少,产生该变化更可能的原因是太空环境和人体的生物钟的不吻合。

(六)失重对人体免疫机能的影响

失重状态下,人体的免疫功能减弱。有学者在国际空间站的研究结果表明,人的单个免疫细胞并不受失重状态的影响,仍然具有寻找、识别并攻击"异类"细胞的能力,但是整体的免疫系统在失重状态下会发生功能减退。

飞行实践表明,失重可造成骨髓组织结构发生变化,脾发生变性且重量减轻,胸腺重量减轻;可引起淋巴组织和器官的变性或萎缩,直接影响到免疫功能的执行;影响细胞的免疫功能和人体的非特异性免疫功能,使机体对细菌的抵抗力减弱,血中的解毒素含量减少,唾液中溶菌酶活性下降,淋巴细胞数目减少,干扰素发生改变。

人体的结构和机能保证了人对地球环境的适应。载人航天实践证明,失重对人体的生理机能有很大影响,但不像原先想象的那样严重。人在失重条件下连续生活工作 365 天,返回地球后经短期休息,可完全恢复健康,并未发生不可逆转的生理变化。随着航天医学的发展,人们会发现更多有效的方法和措施来防治失重对人体的不利影响。

失重明显地影响了人体的健康,引起心血管功能下降、骨质疏松、肌肉萎缩、免疫功能降低等(见表 16-7)。大多数情况下,失重对机体的影响是可逆的。回到地球后,人的大多数功能可以恢复。恢复情况与在失重环境停留时间的长短有关。

表 16-7　失重对机体的影响和危害

器官系统	失重时变化	危害
感官	视力轻度下降,味觉功能改变,易产生错觉	轻度影响健康和工作
运动系统	失去定向能力,运动协调能力降低	影响飞行中和返回初期的工作
前庭器官	航天运动病	身体不适,明显影响短期航天任务
心血管系统	心功能下降,心律不齐,血管功能失调	影响飞行中的健康和工作,返回后再适应能力下降
血液	航天贫血症,血黏度增高	引起心血管系统和其他系统变化
体液	体液重新分配,水和电解质丢失	降低立位耐力,导致心律失常,影响细胞的代谢和功能
肌肉	肌肉功能下降,肌肉萎缩	引起心血管系统紊乱,机体协调性差,骨矿物质丢失
骨骼系统	骨质疏松,钙磷代谢失平衡	影响长期航天任务,易引起骨折,影响其他生理功能
免疫系统	免疫器官萎缩,免疫功能下降	增加患病机会,可能贻误病情

二、克服失重不利影响的训练方法

为了克服失重对人体的不利影响,保证航天员的健康和飞行中的工作效率,在几十年的载人航天实践中,航天医学研究者们始终没有停止过对失重生理及对抗措施的研究。通过不断地深入研究和大量的航天飞行实践,人们摸索出一套应付失重的"招数"。只要航天员在航天飞行中能够运用这套制胜法宝,就能够最大限度地降低失重对其身体健康的影响,顺利完成航天飞行任务。目前国内外宇航员的太空适应训练大致是从以下几个方面开展的。

(一)改变体液分布

"体液头向转移"的现象是航天飞行过程中经常遇到的问题,它是引起航天员各种不良反应的主要原因之一。因此,在航天飞行中,航天员往往需要采用特殊的装置和方法,迫使血液向下身分布。常用的装置有下体负压装置和下体负压裤,常用的特殊方法有大腿环带阻断法等。

(二)科学安排睡眠

苏联的航天医学工作者经过长期的研究发现,航天员在太空中遵守在地球上生活时的昼夜作息制度是十分必要的。因为昼夜循环的时间在人体中是由基因规定的,一旦被打乱,将会引起人体的不适感,这样就会在很大程度上影响人体状态,对人体适应失重环境和执行航天飞行任务都是十分有害的。因此,为了更快更好地适应失重环境,将身体调整到最佳状态,航天员就必须遵守作息制度,保证睡眠时间。

(三)服用药物

为了对抗失重带来的各种症状,俄罗斯专家鼓励航天员服用各种对抗药物。如:航天员可以通过服用复方甘油、美西律等药物来防止心血管功能失调引起的心律失常;也可通过服用钙磷酸盐、降钙素、甲状旁腺素等来预防脱钙、骨质疏松现象的发生;还可通过服用抗胆碱药物、拟肾上腺素药、抗肾上腺素药等来减轻空间运动病。为了延长药物的有效作用时间,减少其副作用,可以采用外用乳突贴敷的方法,利用皮肤延缓药物的吸收。

我国航天医学工作者分析了太空飞行中航天员血循环系统、骨骼系统和肌肉系统变化的特征,结合中医的辨证论治的理论,在中药防护措施的研究方面取得了一些成果。目前正在进行的中药综合防护作用研究,具有明显改善模拟失重动物血液循环和提高免疫功能的作用,对防止肌肉萎缩和骨质疏松也有一定的作用。

(四)穴位刺激防护的研究

我国在对失重的防治方面,从中医辨证的角度分析,认为在微重力的特异环境中,升降失常和脏腑功能失调是引起航天运动病的主要原因。因此,以我国中医的辨证施治和经络学说为指导,采用了耳穴疗法、磁穴疗法,对按摩法和激光针灸等方法所进行的研究,已取得初步效果。

(五)力量训练在应付失重中的作用及其常用手段

失重可以引起骨骼肌萎缩和功能下降,航天中的运动有助于帮助航天员恢复体力。适量的体育运动不但能够锻炼肌肉和骨骼,同时还可以增加人体的耗氧量,从而增强心血管系统的调节能力。因此,航天员都应进行体育锻炼,以防止失重导致的心血管功能失调、骨丢失和肌肉萎缩。但是,不同类型的运动所起的防护作用是不同的。太空飞行中航天员要经常进行综合性的运动。目前,在太空飞行中航天员主要采用的体育锻炼方法有以下四种。

1. 拉力器锻炼

早期太空飞行时,由于飞船座舱小,飞行时间短,因此航天员主要采用拉力器作为一种锻炼方式。航天员可以采用两种拉力器进行锻炼,锻炼时间一般是 10~15 min,每天锻炼数次。它的主要作用是锻炼手、躯干和腹部的肌肉,可有效地预防一些肌肉群的萎缩和力量减弱,但对调节整个人体功能的作用较小。

2. 自行车功量计锻炼

自行车功量计是一种像自行车一样的可以踏动的装置。航天员进行自行车功量计锻炼,对防止心脏功能和骨骼肌质量的下降及呼吸功能的降低有一定作用,并可以增加循环血量,改善组织器官的血液供应,但是它对防止矿物质丧失和立位耐力降低的作用不大。自行车功量计除了作为锻炼工具外,还可以记录人在运动时的很多生理指标,因此也是一种评价航天员在太空飞行中心血管功能变化的实验设备。自 20 世纪 70 年代初以来,长期太空飞行的航天员都用自行车功量计进行锻炼,一般每天锻炼 1.5~2 h,这是太空飞行中应用最广泛的一种锻炼方法。

3. 跑台锻炼

美国和俄罗斯的空间站中都有跑台装置,它用一个弹性束带将航天员固定在跑台上,并施加一定的压力。由于压力向下施加在航天员身上,因此当航天员在跑台上静立、行走、跑、跳时锻炼了骨骼肌,并不断压迫骨骼,刺激了骨的重建。跑台运动是一种全身性的运动,运动量较大,对航天员的心血管、骨骼、肌肉系统都是一种很好的刺激。此外,它还可以促进神经-肌肉功能的协调,减轻航天员返回地面后行走的困难度。跑台锻炼被认为是当前太空飞行中航天员最有效的一种锻炼方法。

4. 穿企鹅服

这是一种特殊的服装,其夹层中排列着多层橡皮条。航天员穿着这种服装,在肌肉松弛时处于一种“胎儿”状态;在进行各种操作活动和运动时,必须克服服装弹力的作用,这样就锻炼了肌肉。由于企鹅服不影响人的操作和活动,因此受到了航天员的欢迎。参加过 175 天和 185 天空间站长期飞行的苏联航天员,除了睡眠外都穿着这种服装,每天穿 12~16 h。

三、失重环境中的运动训练

对于人体在失重中的运动时间、强度及其他防护措施,美国和苏联都在航天中进行了大量的研究。早期飞行,由于飞行时间短、飞行座舱的限制,一般只采用简单的运动锻炼,如拉力器练习。20 世纪 70 年代,随着飞行时间的延长和飞行中生活环境的改善,采用综合性的防护措施成为空间人体实验的重点之一。在“联盟 14 号”15 天的飞行中采用了较多的措施,如拉力器、跑台和企鹅服,以观察它们对航天员返回后再适应能力的影响。在“联盟 17 号”30 天的飞行中,增加了自行车功量计和下身负压裤训练,并制订了标准的运动计划。在“联盟 18 号”63 天的飞行中,除采用以上措施外,在返回前还增加饮盐水项目,以增加返回前的体液。运动程序及时间安排都是通过空间人体实验逐步完善的。苏联科学家认为只要航天员坚持运动锻炼和遵守作息制度,在半年内,航天飞行时产生的各种生理变化不会随着飞行时间的延长而加重。同时,在“天空实验室”中进行了不同运动方式和运动量对航天员肌肉系统影响的研究。“天空实验室”2、3、4 号飞行时间分别为 28 天、56 天和 84 天,三批航天员采用不同的运动方式和强度,结果证明飞行中增加运动项目和时间可以减轻失重对肌肉系统的影响。

目前,在失重环境中人体采用运动、下肢负压、饮盐水和服用药物等措施来对付失重的影响,但仍出现了很多不利于人体健康的生理、病理变化,人体还不能完全适应失重环境。随着航天事业的发展,失重带来的科学问题也会越来越多,需要生物医学科学家不断地努力为人类的太空计划做出贡献。

第六节 水环境与运动

水环境是人体进行运动的特殊环境,相对空气而言,水具有浮力大、密度高、导热性好的特性,这些特性对人体生理功能及运动能力有重要影响。水环境中常见的运动项目有游泳、花样游泳、水球、潜水运动和水中健身操。本节着重介绍游泳与潜水运动的生理学基础。

一、潜水运动

潜水运动是体育运动项目之一。运动员穿戴特制装具,在自然水域(江、河、湖、海)和游泳池中进行水下比赛。如分蹼泳、屏气潜泳、器泳、水中狩猎、水下定向、水下橄榄球和水下曲棍球等,比赛规则和所用器材不尽相同。1959年1月于巴黎成立世界潜水运动联合会,制定了各种规章制度。潜水运动在法国、美国、德国等国开展较普遍。中国自1959年起开展这项运动。

潜水运动是在高压环境下进行的体育活动,它能锻炼人的体魄,促进人体各组织器官机能的改善,特别对呼吸系统、心血管系统有良好作用。经常从事潜水运动可发展全身各部分的肌肉,提高力量、速度、耐力和柔韧等身体素质,同时,还能培养人们勇敢顽强的意志。

潜水运动过程中,随着潜水深度的增加潜水员受到的压力逐渐增大。每下潜10 m,压力增加1个大气压(见图16-11)。

当温度不变时,溶解于体液中的气体体积与该气体的分压成正比。因此,压力减小时,溶解于体液中的气体便会从体液中释出,而形成气泡。

(一)潜水过程中高压、减压环境对人体的不利影响

快速下潜的深度超过90 m时,人体会出现关节疼痛、震颤、眩晕、恶心、心动过速等症状,但是如果以较慢的速度下潜便不会出现以上症状。潜水时人体可能产生的不良症状常见有气体压伤、气体中毒、减压病等。

1.气体损伤

气体损伤是在潜水时由于压力变化而引起的损伤,包括下潜时和上升时的气体损伤,如耳、鼻窦、牙齿和肺损伤。人体在下潜和上升时,体内气体的体积都会随着压力的变化而变化。下潜时,如果不吸入高压空气,肺便会被压缩。肺可压缩的最小容积为1.5 L。下潜到30 m以上时,肺开始塌陷,并可能被撕裂。上升时由于气体膨胀而使肺过度扩张甚至破裂。

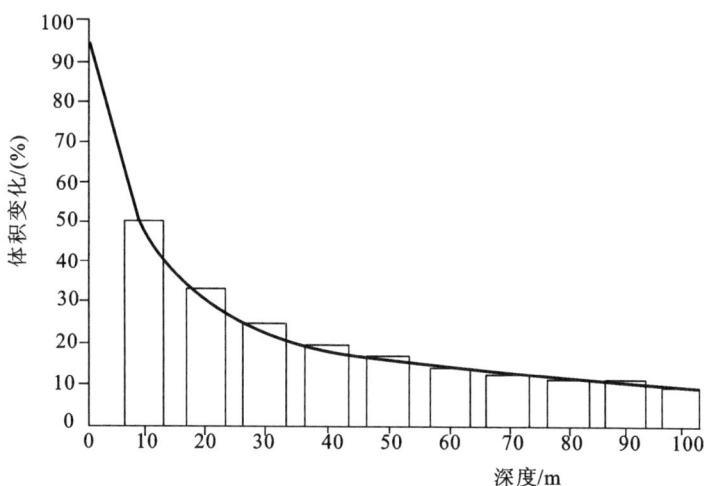

图 16-11　随潜水深度的增加气体体积的变化

（引自杨锡让,1998）

2. 肺通气功能降低

气体密度与压力成正比,即气体密度越大,其压力也越大。在 30 m 水深时,空气密度为水平面时的 4 倍,当水深为 90 m 时为 10 倍。呼吸道中的空气阻力与空气密度成正比。因此,空气密度的增加使呼吸更加困难,造成最大通气量下降。

3. 气体中毒

气体中毒包括惰性气体(氮、氦)麻醉、氧中毒、压缩空气中的杂质中毒、二氧化碳中毒和一氧化碳中毒。

1)氮麻醉

在空气中氮的百分比为 79%,这种气体在正常的情况下很不活跃,即不参与体内的生理代谢,但在高浓度时(如深水中),它会成为一种麻醉气体,即产生氮麻醉,这种病的症状与酒精中毒的症状差不多,患者失去正常工作能力,动作失调,失去控制能力。一般潜水深度大于 30 m 时,潜水者就会失去判断能力,但自己不会意识到,这对生命有极大的威胁,为避免此情况的发生,下潜到 30 m 以下时,潜水员常吸入含高比例氦气的气体混合物。人体长期在高压环境中呼吸压缩空气时,潜水深度达 40～45 m 时就会出现中等程度的中毒症状,表现为注意力分散;深度达 45～60 m 时,出现嗜睡的情况;深度达 60～75 m 时,体力逐渐减弱,动作失调;深度越过 90 m(10 个大气压)时,就会失去工作能力。

2)氧中毒

氧气是生物体内代谢过程中不可缺少的气体,但是,高压氧对所有的生命形式都是有害的。当氧分压过高时,可引起不同程度的中毒症状。中毒程度取决于氧的浓度和处于高压氧环境的时间。氧中毒的主要部位是神经系统和呼吸系统。表现为恶心、眩晕、视力障碍、过敏和麻木,继而出现癫痫发作似的痉挛,以后进入昏迷状态。在 3 个大气压(2280 mmHg)下吸氧,1 h 后会出现痉挛和昏迷。

氧中毒的原因可能是如下原因造成的。

（1）高压氧使氧化酶失活，ATP 生成能力降低。另外，高压氧使氧自由基浓度升高，破坏了细胞成分，使代谢发生障碍。

（2）氧的浓度升高使脑的血流量减少，在高压氧环境中，脑血流量减少 25%～50%，结果使大脑组织的能量供应不足。另一方面，使二氧化碳潴留，引起痉挛。

（3）高浓度氧提高了氧合血红蛋白百分比，降低了二氧化碳的运输能力，使二氧化碳潴留于组织中。

在海平面吸入纯氧时，如果吸入的氧气氧分压高于 1500 mmHg，血浆中物理溶解的氧增加，会使血液中氧的总量升高到发生氧中毒的水平，血红蛋白的氧缓冲作用将消失，因而，会发生氧中毒。

3）二氧化碳中毒

二氧化碳中毒常见于使用水下呼吸器和带软管潜水。当气体交换不足时，引起二氧化碳潴留。当血液中二氧化碳浓度达到 80 mmHg 时，即正常值（40 mmHg 时）的 2 倍时，肺通气量增加 6～10 倍，也不会引起中毒。但是如果血液中的二氧化碳含量超过 80 mmHg 时，将会抑制呼吸中枢，导致呼吸不全，进而发生呼吸性酸中毒。二氧化碳中毒的症状是呼吸困难、头痛、精神不振、嗜睡、昏迷等。

4. 高压神经综合征

当人体处于 40～150 个大气压的环境时会出现高压神经综合征。首先表现为震颤和运动障碍，之后出现癫痫似的痉挛。但没有癫痫所表现的自主神经紊乱的症状。

5. 减压病

在海平面大约有 1 L 氮溶解于人体内，其中一半以上溶解在脂肪组织中，其余的溶解于体液中。在不同深度体内溶解的氮见表 16-8 和图 16-12。

表 16-8　潜水深度与体内的含氮量

水深/m	压力/（一个标准大气压）	体内含氮容量/L
0	1	1
10	2	2
30	4	4
60	7	7

体液中的氮分压只要不超过外环境的两倍，就不会形成气泡，而是以过饱和的形式溶解于体液中。但是在高压环境中大量的氮溶解于体液中，这时如果快速地使环境压力降低，就容易使体液中溶解的氮脱离溶解状态，在细胞内外的体液中形成气泡。气泡如果堵塞毛细血管，就会发生减压病。减压病依症状可分为减压病一型、减压病二型和慢性型减压病三种类型。

1）减压病一型

减压病一型主要是由于气体气泡堵塞、淤集于皮下组织、肌肉或关节之间，造成关节剧烈疼痛，影响运动能力。其主要症状有：皮肤瘙痒、刺痛、蚊走感、红疹、大理石样斑纹、关节肌肉疼痛等。

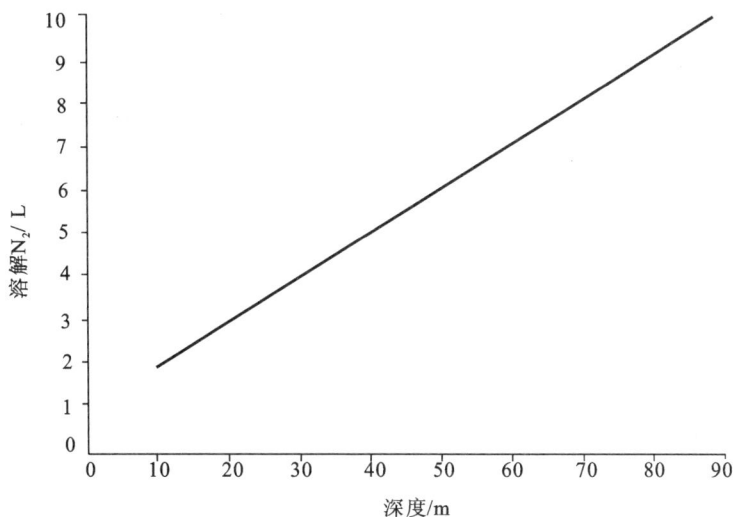

图 16-12　在深水中的最大随意肺通气量示意图

(引自杨锡让,1998)

2)减压病二型

减压病二型主要是因为气体气泡充塞于呼吸系统、血液循环或神经系统,造成身体机能的严重障碍,引起休克与死亡。其主要症状有:头昏、眼花、呕吐、眩晕、视觉麻木、胸闷胸痛、失明、休克,甚至死亡。

3)慢性型减压病

慢性型减压病多发于长期在异常气压下工作的人员,因减压不当导致中枢神经或身体组织产生慢性伤害,从而出现注意力不集中、视力减退、记忆力丧失、行动障碍、行为异常。

潜水员潜入深水后或在潜水箱中工作时,有相当多的氮气溶解于血液和组织中,在潜水员从水中升起时,上升的速度必须相当缓慢,以便血液和组织中的氮气能扩散出来,这是由于氮气在体内达到平衡所需的时间很长,特别是在脂肪组织中,这意味着女子(体脂量相对较高)和较肥胖的人患减压病的风险较大。在从深水逃难必须快速上浮时,压强从几个大气压突然下降,这对人体是特别有害的。这时氮气从组织中释放出来形成不溶解的气泡。这种气泡在小血管中形成栓塞,阻止血液流过。减压病就是由于压强突然减小造成的,如果外部压强不是突然减小,而是缓慢地减小,那么血液中的气体就可以慢慢地扩散出来,不致形成气泡,对潜水员就不致造成伤害。对于潜入 10 m 以下的潜水员,为了避免减压病危险,必须制订详细的减压时间方案,仔细计算好上浮时间和减压时间。比如,潜水员要潜 40 m 深,在水中停留 50 min(其中包括下潜到这个深度的时间),为了保证安全返回水面,所需的上浮时间和减压时间总共约需 61 min,其间潜水员一定要在 9 m 深处停留 5 min,在 6 m 和 3 m 深处各休息约 20 min;如果潜入 120 m 深处,停留时间为 20 min,所需的减压时间要长达 180 min 左右。

减压的安全时间,不仅与潜水深度和在水中持续的时间长短有关,同时还与吸入气体的成分有关系。为了预防潜水病和减压病的发生,现在潜水员都是使用氦氧混合气体来代替压缩空气,这可以防止深水麻醉,也可以避免减压病,还能增加潜水深度。

(二)在潜水高压环境下运动生理学分析

肺通气量可能是潜水时限制运动能力的一个因素。随着深度的增加,最大肺通气量会减少。在进行剧烈运动时,肺通气量与最大肺通气量之间的差别逐渐减小(见图16-13)。

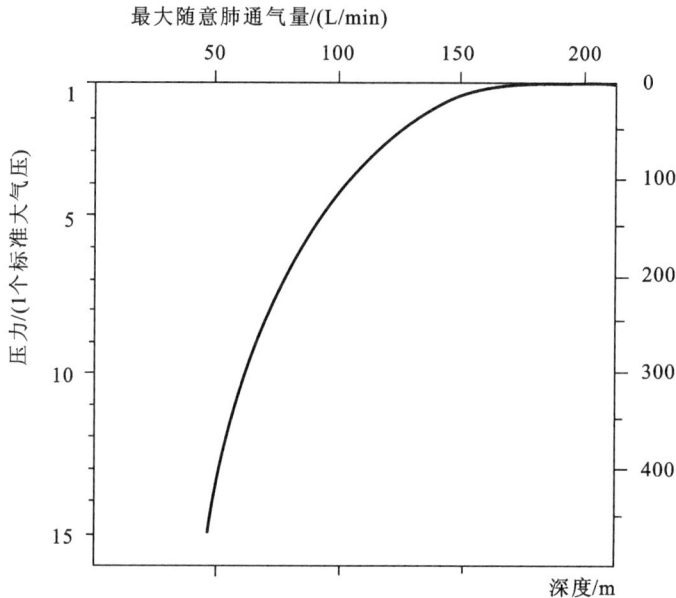

图16-13 在深水中的最大随意肺通气量
(引自杨锡让,1998)

较高的空气密度增加了呼吸阻力,使最大肺通气量下降,造成换气效率不足。这将导致二氧化碳滞留和呼吸困难。

虽然有些研究表明,剧烈体力活动出现的呼吸困难并不一定降低工作能力,但是,在紧急情况下进行剧烈运动可能是极其危险的。在有二氧化碳的条件下从事剧烈的运动,有导致二氧化碳中毒的危险。

研究表明,随着深度增加,工作时的最大摄氧量会增加(见图16-14)。水深影响摄氧量,是因为呼吸运动所需的能量增加所致。另外,潜水时,水温一般较低,在冷水中维持体温的能量消耗和在较高的水压中运动的能量消耗均有所增加,因此,摄氧量也增加。

有经验的潜水运动员能以91%的最大摄氧量强度在水下工作。然而,潜水员能有效地完成的工作却很少,这是因为在水下的工作效率会大大降低。限制潜水员最大运动能力的最重要因素是其耐受高水平二氧化碳的能力,以及在达到标准的二氧化碳分压之前他能达到最大摄氧量百分比的高低。潜水员游泳的角度和呼吸设备产生的阻力可使水下游泳的能量消耗产生极大的差别。例如,以半直立的姿势进行30 m/min中等速度的游泳,可使耗氧量增加30%。另外,个体的游泳效率也会影响耗氧量。

在陆地上测得的摄氧量与心率之间的关系不可用于潜水。潜水时心率倾向于下降,这一现象称为潜水性心动徐缓。

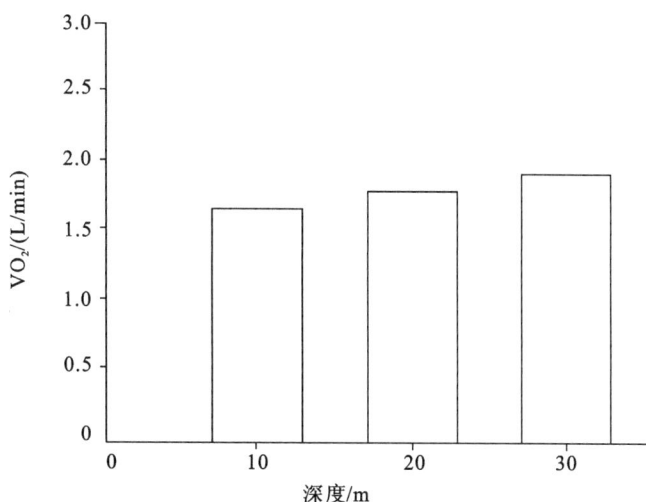

图 16-14 以 30 m/min 的速度潜水游泳时,深度对摄氧量的影响

(引自杨锡让,1998)

二、游泳运动

在水中运动的能量消耗主要取决于水的温度、水中停留时间、游泳姿势及水中的适应程度。此外,水的温度直接影响能量消耗的量。

(一)游泳运动对人体机能的影响

1. 游泳对能量代谢的影响

游泳运动时,能量的消耗比在陆上进行同强度、同时间的运动要大 5~10 倍。其原因如下。①水的导热性是同温度空气的 28 倍。有实验表明,在 12 ℃的水中停留 4 min 的能量消耗相当于在 20 ℃的水中停留 15 min 的能量消耗。②水的密度比空气大,水的阻力比空气阻力大 820 倍。人体在水中的速度每增加 2 倍,则水的阻力就增加 4 倍。因此,游泳速度越快,所受到的阻力就越大,因而消耗的能量也就越多。③游泳运动的机械效率较低,优秀游泳运动员蛙泳时的能量利用率仅为 4%~6%,而陆上运动,如跑步、竞走等的机械效率为 20%~30%。游泳运动的能量消耗还与水温、停留时间、体脂、游泳姿势及在水中运动适应的程度有关。水温越低,停留时间越长,消耗能量就越多。例如,在 18 ℃水中游泳时,比在 26 ℃水中以同样速度游泳时每分钟约多需 500 mL 氧气。体脂越多,在水中不仅浮力好,且隔热效果好。所以女子游泳时的机械效率高于男子,消耗的能量比男子低。长距离的游泳运动员消耗的能量也较短距离运动员低。蛙泳和蝶泳的能耗比自由泳多一倍。

游泳是以有氧代谢为基础的运动项目,从事较长时间连续运动所需的氧,主要来自呼吸,通过血液循环送至运动器官。肌肉收缩时能量的直接来源是三磷酸腺苷(ATP)的分解,最终来源是糖或脂肪的氧化分解。根据机体氧的供应情况,糖的氧化分解可有两种方式:①当氧供应充足时,来自糖(或脂肪)的有氧代谢;②当氧供应不足时,多来自糖的无氧代谢,即无氧酵解形成乳酸。游泳运动时,人体以何种方式供能,取决于需氧量与吸氧量的相互关系。当吸氧量能满足需氧量时,机体即以有氧代谢供能。当吸氧量不能满足需氧量时,其不足部分即依靠无氧酵解供能。运动时的需氧量取决于运动强度,运动强度越大,需氧量也越大,无氧酵解供能的比例也越大。根据这一道理,用运动时间来分析,目前游泳竞赛项目最短距离也需要延续 50 s 左右,相当于 400 m 跑的能源消耗。人体内进行的无氧过程(包括磷酸原能和乳酸能)仅能维持约 30 s,不能满足竞赛要求,所以游泳比赛不可能单靠无氧过程,而是有氧过程与无氧过程的穿插进行。因而在某一阶段的游泳,很难绝对地划分哪段为无氧过程或哪段为有氧过程。因此,游泳运动对三大能源供应系统都有较好的锻炼,有利于提高三大能源系统的供能。

一般人体产热仅有 1/5 用于活动需要,其他大量热能从体表流失。游泳时因水温低于体温,会有更多的体热经水的传导流失,故对热的要求更高。但是游泳的距离越长,相对热耗比例越少,如 100 m 游泳要耗热 420 kJ,200 m 游泳要耗热 588 kJ,400 m 游泳仅耗热 840 kJ。人体的耗热量与机体对环境条件适应能力有关,并取决于机体代谢水平和体表防护作用的对比关系。经常从事游泳活动的人会提高身体的抗寒能力,如通过锻炼可使代谢水平提高,用皮下脂肪增厚来对冷环境产生适应。有训练的人入水后对第一次冷感的适应比一般人要快,对第二次冷感出现比一般人间隔时间要长,因而能量节省化程度高。

2. 游泳对呼吸机能的影响

游泳运动时,由于水的静水压及水的密度比空气大的原因,使得游泳时完成呼吸运动要比陆地上克服更大的阻力与压力,因而对呼吸肌的锻炼效果比陆地运动明显,对呼吸功能的影响也较陆上运动深刻。

游泳时身体浸在水中,由于水的压力使人体肺活量减少 8%～10%,安静时或游泳时的呼吸道的气流阻力可增加 50%以上。吸气时就必须增加吸气肌的力量,以抵抗水压力;在呼气时往往也是在水下进行,因此呼气时也要增加呼气肌的力量,以克服水的阻力,将气体呼出。因而,经过长期的游泳运动锻炼,可使运动员的肺活量增大。男运动员的肺活量为 5～5.6 L,最高可达 7.3 L;女运动员的肺活量为 4～4.5 L,比同龄的普通人高 10%～20%。

游泳运动要求呼吸必须遵循严格的技术节奏,不能随意加快、加深呼吸,同时胸腔受水压力的影响,使得吸气量增加受限,肺通气量减小,肺泡通气量亦随之减小。因此,经常参加游泳运动可使人体从肺通气量中获取氧的效率提高,即肺泡通气量增大。研究表明,无论次最大强度运动还是最大强度运动,游泳时肺泡通气量均比跑步时高。

另外,经常进行游泳运动还能使人体 $\dot{V}O_{2max}$ 提高。有报道称,世界水平的男游泳运动员 $\dot{V}O_{2max}$ 是 6 L/min 左右,女子为 3.75 L/min。一些研究表明,不进行游泳训练的人在游泳时 $\dot{V}O_{2max}$ 比陆地上运动时低 15%～20%,但游泳运动员的 $\dot{V}O_{2max}$ 接近跑步时的 $\dot{V}O_{2max}$ 值,优秀游泳运动员在游泳时的 $\dot{V}O_{2max}$ 与跑步时相同,甚至还略高。在一定极限速度下蛙泳和蝶泳的摄氧量比自由泳和仰泳高 1～2 L/min。所以,跑步时所测得的 $\dot{V}O_{2max}$ 不能代表游泳运动员的运动能力,要提高游泳运动员的 $\dot{V}O_{2max}$ 水平,应尽可能通过游泳训练来获得。

3. 游泳对心血管机能的影响

游泳对人体循环功能有良好影响,这既与水的特性有关,又与人体在水中运动时多采取平卧位姿势有关。游泳运动给静脉血回流创造了良好条件,这是因为:①游泳时身体处于水平姿势,心脏射血所克服的血液重力作用很小,因此,心脏的负担较小,水平体位还可使静脉血液较易流回心脏;②游泳时的呼吸深度较大,对静脉回流有促进作用(呼吸时的抽吸作用);③大肌肉群的有节律的收缩活动,对静脉有挤压作用(唧筒作用),使静脉回流较容易;④水对皮肤有压力,这种压力可对小血管有按摩作用,帮助皮肤的静脉血液回流。

游泳时心输出量、耗氧量和游泳速度之间呈直线函数关系,这一规律与其他运动项目相同。但与跑步相比较,在同等运动强度下,训练程度低的游泳运动员的心输出量和每搏输出量较跑步运动员的低,而训练程度高的游泳运动员较跑步运动员的高。在水中进行高强度的运动时,要求心输出量高出安静时的5~6倍,血管流量增加,并在克服水的压力与微血管遇冷收缩的情况下完成血液循环,促使心肌力量增强,相应的血管弹性增大,从而使心血管机能得到有效的锻炼。正常人每搏输出量为50~70 mL,通过一定时间的游泳运动后,可使心室扩大、心脏充盈、血量增加、心肌力量增强,每搏输出量增加20~40 mL,并相应地使主动脉弓变粗而富有弹性。因此,一些经常从事水中运动的游泳运动员可出现右心室肥大,有训练的游泳运动员出现窦性心动过缓的现象。

有资料表明,游泳者在水中心率比下水前下降5~8次/分,最大心率比跑时平均低10~15次/分,男子跑时最大心率约200次/分,而游泳时为185次/分,女子则分别为200次/分和190次/分,无显著性差异。

游泳运动的血压变化特点是收缩压和舒张压都升高,这可能是由于外部对身体的压力增加,以及皮肤温度较低,皮肤血管收缩,从而增加了外周阻力的结果。游泳时动脉血压高于跑步时动脉血压,原因也是外周阻力增加所致。

4. 游泳对血液及尿液成分变化的影响

游泳是在水中进行的,而且水的温度较低,使泌汗机能减弱。因此,肾脏排泄的负担增加。研究表明,游泳后尿中排出的乳酸量比以相同强度跑后排出的乳酸量含量多(见表16-9)。游泳后尿中的乳酸含量同负荷强度有关,强度越大尿乳酸含量越高。因此,可以用运动后尿乳酸的含量来评定运动员的负荷量和负荷强度。

表16-9　游泳和跑后尿酸含量

项　　目	距　　离	尿乳酸/(mg%)
游泳	400 m、500 m	53~720
跑	3000 m、10000 m	3~100

游泳后,尿蛋白出现的阳性率比其他项目高。有学者认为,这与游泳时肾脏缺血、缺氧、低温及由于排汗较少而使血液中的酸性物质积累较多有关。研究表明,游泳后尿蛋白含量

和负荷大小成正比;同运动员的训练水平成反比。训练水平很高的运动员,在剧烈运动后尿蛋白的出现率很低,而且恢复很快。尿蛋白的排出量还与游泳运动员的机能状态有关。当运动员的机能状态不佳时,尿蛋白的排出量会增加;机能状态好转时,尿蛋白的排出量会减少。在剧烈的游泳运动后运动员往往出现血尿现象,表明此时的机能状态不佳。因此有人将血尿作为检查运动员机能状态的指标。

(二)人体对水环境的体温调节

人在 28～30 ℃的冷水中就会产生寒冷应激,通过体温调节功能,维持正常生理状态。经常在水环境中活动,会对水环境逐渐适应,使产热和散热过程得到改善,体温调节能力提高。

人在水环境中运动也有一个急性适应过程。一次在水中停留时间过长,体温调节变化可大致分为以下四个阶段。

1.第一阶段:散热大于产热

反应:减小散热,增加产热。

在身体入水后几分钟内,冷的刺激发射性地引起皮肤毛细血管收缩,从而加强组织的热绝缘能力,减少了身体深部的热量向体表的传导,此时皮肤发白,散热减少,产热加强。

2.第二阶段:散热小于产热

反应:加强产热,促进散热。

皮肤血管反射性舒张,血液流向皮肤,皮肤发红,有温暖感觉。该阶段是机体对寒冷的适应阶段,此时体内热量可提高 3～4 倍。一般认为,当出现第二阶段时就应停止在水中游泳,到岸上做一些活动加强产热。

3.第三阶段:散热大于产热

反应:出现寒战,增加产热。

如果持续在水中停留过久,身体散热过多,会出现寒战,以加强产热过程。寒战是体温消耗过度的信号,所以一般在身体感觉寒战时应上岸擦干身体,做些轻微的活动以加强产热过程,如停留时间过久,散热过多,容易导致感冒。

4.第四阶段:散热大于产热

反应:小动脉收缩,皮肤呈紫色。

若继续在水中停留太长时间,会引起小动脉收缩,小静脉扩张,血液滞留在皮下静脉中,使皮肤和嘴唇紫绀。

【思考题】

1.试述人体产热和散热的途径。

2.人体的散热方式主要有哪几种? 根据散热原理,如何降低高热病人的体温?

3.体温相对恒定有何重要意义? 机体是如何维持体温相对恒定的?

4.试述热环境下运动时人体的生理反应。

5.在热环境中运动,机体会出现哪些生理适应现象?

6.在冷环境中,体温调节功能会发生哪些变化?

7.试述冷环境对人体运动能力的影响。

8.简述高原环境对人体产生的生理反应。

9.简述高原训练时生理功能产生的一些适应性变化。

10.简述高原训练的要素。

11.简述高原训练的方法与手段。

12.试述失重对人体机能的影响。

13.试述游泳对人体机能的影响。

第十七章 运动的年龄性别特征

第一节 生理学特征及运动能力的性别差异

一、生长发育的性别差异

男性、女性的生长发育都要经过四个主要阶段变化:出生至婴儿期的加速生长阶段;儿童期生长速率的平稳阶段;青春期的加速生长阶段;青春期后生长速率平稳的阶段。

女孩比男孩发育早。青春期生长阶段女孩从 10～12 岁开始,男孩从 12～15 岁开始。随后,男孩身高逐渐赶上并最后超过女孩。在整个生长过程中男孩的肌肉体积略大于女孩。青春期男孩的肌肉发育很快,而女孩则慢得多。肌肉体积上的性别差异是雄性激素的同化作用引起的。例如青春期前男孩和女孩的睾酮(主要的雄性激素)水平相近,血清中含量为 20～60 ng/100 mL。在青春期,男孩的睾酮水平达到了成年人的水平,约为 600 ng/100 mL,而女孩则还停留在青春期前的水平上。女性的肾上腺皮质和卵巢只分泌少量的雄性激素(主要是雄甾烯二酮)。

男孩和女孩的体型特征在青春期前是相似的。在 10 岁以前,男孩、女孩的腿长、上臂围、体重、坐高和体重指数相近。在整个生长过程中,男孩的股骨、肱骨两侧上髁的直径、臂长、胸围和肩宽等指标始终大于女孩。相对身高而言,女孩的髋部始终大于男孩。

形态学特征在青春期变化显著。男孩肩宽,女孩髋部大。女子由于肩带窄小,限制了奔跑速度。但是髋部大而重心低,有利于女子从事平衡运动。

二、身体成分的性别差异

身体成分受青春期激素分泌变化的影响,女孩脂肪增长较快,而男孩肌肉组织增长较快。青春期身体成分的变化是脑垂体的促性腺激素分泌增多引起的。这种激素有提高女孩雌激素水平和男孩雄性激素水平的作用。这些垂体的变化最终引起两性在身体机能和运动能力上的差异。

与成年女子相比,成年男子的脂肪含量较少,肌肉含量较多。即使是从事可减少体内脂肪的高能量消耗运动的运动员(长跑)也存在这种性别差异。脂肪分布的性别差异是由一系列自然的和社会的因素综合影响造成的。经常运动的女性其体脂比例往往小于一般女性。

身体成分的差异影响女子的运动能力和成绩。在那些必须对抗重力使身体腾空或移动的运动项目中女性处于明显的劣势,例如,在进行跑步、爬山、跳跃之类的运动时即如此。女子体内脂肪多也不利于女子在运动中散热。但脂肪含量高给女子增加了浮力,使得男、女在游泳成绩上的差别比绝大多数其他项目少。

三、骨骼及骨骼肌系统的性别差异

女子骨骼较男子约轻 10%,抗压抗弯能力较差,但弹性好。女子脊柱的椎间软骨较厚,柔韧性和弹性较好。所以,女子的柔韧性比男子好,做劈叉等动作比男子容易。

成年男子肌肉占体重的 40%～45%,女子占 32%～35%。可见女子肌肉重量较男子少。有资料表明,女子上肢伸肌力量是男子的三分之二,腰部肌力也是男子的三分之二,下肢爆发力是男子的四分之三。训练程度相同的男、女受试者,女受试者其肌糖原、血乳酸水平、脂肪代谢能力及氧化脂肪的能力、对训练的反应均不如男性。

四、心肺功能与有氧耐力的性别差异

心血管系统是决定供氧能力的重要因素。女性心脏的重量较男子轻 10%～15%,体积约小于男子 18%,容量小 150～200 mL;安静状态下女性心率较快,快于男子 10 次/分左右,每搏量少于男子 5～10 mL,收缩压平均低于男子 10.5 mmHg,舒张压约低 5.1 mmHg。所以,女子的心脏功能弱于男子,运动中必须依靠加快心率来保证足够的心输出量,运动后的恢复过程中,女子心率恢复速度较慢。

女子血量约占体重的 7%,男子则达 8%;女子的红细胞数量为每立方毫米 380 万～420 万个,血红蛋白为 11.5～14 g,均低于男子,每千克体重的血红蛋白女子约为 8.3 g,男子则可达 11.6 g,全血中血红蛋白的总量女子仅为男子的 56%。较低的血红蛋白导致较低的动脉氧水平,使动静脉氧差较男子低,直接导致运输到活动肌肉的氧较少,因而也是造成最大吸氧量性别差异的重要影响因素。

女子的胸廓较小,呼吸肌力量较弱,安静时呼吸频率较男子快 4～6 次/分,且呼吸深度浅;女子的肺活量约为男子的 70%,最大吸氧量比男子少 0.5～1 L,因此,女子的呼吸功能亦较男子低。从而制约了女子运动中机体氧的供应量。

青春期以前男女的有氧能力无明显差异,青春期开始至成年期,其差异逐渐明显地显示出来。评价有氧能力最好的指标是最大吸氧量,女性的平均值仅为男性平均值的 70%～75%,女性最大吸氧量水平在平均 12～15 岁时达到最高峰,男性则在 17～21 岁时才达最高峰。总之,由于女性的呼吸和循环功能水平低,血液的携氧能力差,因而限制了氧的利用能力,导致女子的有氧能力较男子低,约为男子的 70%。

五、运动能力的性别差异

男子在短时间、大强度运动和耐力两方面的能力均比女子强。在一些力量性的项目中,如举重、短跑等,性别差异更为明显。但在游泳运动中由于女子浮力较大等原因,男女之间的成绩差别较小。

男孩在儿童期力量就大于女孩,在青春期差距会进一步被拉大。体重对力量的性别差异有一定影响,但不是全部原因。即使在男女体重和肌肉体积均相似的儿童期,男孩单位体积肌肉产生的张力也大于女孩。成年后,男子大多数肌群的力量比女子约大 50%。

男子雄性激素水平较高与两性之间的力量差异有关。雄性激素是一种较强的促合成代谢激素,对男子在青春期快速生长阶段和运动训练中产生的肌肉肥大起主要作用,由于女子雄性激素水平低,因此力量训练对女子肌肉体积的影响就小。女子的力量可以大大提高,但却练不出发达的肌肉。因为女子力量的提高主要是通过改善运动单位的能力,而非使肌肉的收缩结构发生改变。

男女生理学特征及运动能力的性别差异是客观存在的,我们应该在了解这种差异的情况下对男性、女性运动员进行有针对性的训练,才能得到更好的训练结果。

第二节　少年儿童的生理特征及运动能力

一、生长发育的年龄划分与青春发育期

(一)年龄阶段的划分

根据生长发育的规律以及形态、生理和心理的特点,将儿童少年的年龄划分为以下几个时期:

(1)婴儿期:小于 2 岁;

(2)幼儿期:2～4 岁;

(3)学龄前儿童:4～6 岁;

(4)学龄儿童:7～12 岁(小学时期);

(5)少年:13～17 岁(中学时期,少年甲组相当于初中时期,少年乙组相当于高中时期);

(6)青年期:18～25 岁。

各年龄阶段的上下相邻年龄之间,并无明显界限,前一年龄段的发育为后一年龄段的发育奠定必要的基础。本章只介绍儿童少年时期的特点。

学龄儿童即通常所说的"儿童",相当于小学时期。少年期相当于中学时期(少年甲组相当于初中时期,少年乙组相当于高中时期),中学毕业意味着少年期结束,跨入青年期。从 7 岁到 17 岁总称为儿童少年时期,这一时期是长身体的阶段,是人体生长发育中最重要的时期。

(二)青春发育期

青春发育期是由儿童少年时期过渡到成人的一个迅速发育的阶段。以生长突增为青春发育期开始的标志,以性成熟为结束标志。青春发育期(即青春期)可分为三个阶段(见表 17-1)。

表 17-1　人体青春发育期的三个阶段及发育特点

	前　　期	中　　期	后　　期
女孩	10～12 岁	13～16 岁	17～23 岁
男孩	12～14 岁	14～17 岁	18～24 岁
特点	以身体形态发育突增现象为主,是人体成熟前的一个迅速生长阶段,也称为生长加速期	以第二性征发育为主,又称为性成熟期。此阶段形态的发育速度减慢	身体发育到完全成熟阶段

注:乡村比城市晚一年。

(三)第二性征

出生时由于性染色体不同,决定了性腺不同,即有男女的性别,称为第一性征,也是主要特征,这是性的本质区别。在性激素的作用下,出现男女性征上的继发性特征,称为第二性征或副性征。第二性征标志着已进入青春发育期,性腺逐渐成熟,机能逐渐完善,男女之间的性别差异格外明显。男女性第二性征有如下一些特征。

男性的特征:喉结增大突出,音调变低变粗,皮下脂肪减少,肌肉显得强健有力,毛多,长胡须,生殖器官增大,颜色加深,睾丸发育成熟,产生精子,开始出现遗精现象。

女性的特征:音调变得细而高,乳房逐渐隆起,乳头突出,骨盆变宽,脂肪有选择性地沉积(在胸部、乳腺和臀部),皮下脂肪丰富,生殖器官发育增大,外生殖器官颜色加深。明显的特征是出现月经。

二、儿童少年的生理特点与体育教学训练

(一)运动系统

1.骨骼与关节

儿童少年骨成分的特点:软骨成分较多,水分和有机物质(骨胶原)多,无机盐(磷酸钙、碳酸钙)少;骨密质较差,骨富有弹性而坚固不足。骨的力学特性:硬度小,韧性大,不易完全骨折,易于发生弯曲和变形。骨的成分随年龄增长逐渐发生变化,无机盐增多,水分减少,坚固性增强,韧性减低。

在生长过程中,骺软骨迅速地生长使骨伸长,并逐渐完全骨化。四肢骨男子在 17～18 岁完成骨化,女子在 16～17 岁完成骨化,脊柱的椎体一般要到 20～22 岁完成骨化,髋骨一般要到 19 岁后完成骨化。教练员常用骨龄作为选材的指标,通常以腕骨的骨龄来预测身高,作为运动员选材根据之一。

儿童少年在关节结构上与成人基本相同,但关节面软骨较厚,关节囊较薄;关节内外的韧带较薄而松弛,关节周围的肌肉较细长,所以其伸展性与活动范围都大于成人,关节的灵活性与柔韧性都易发展,但牢固性较差,在外力的作用下较易脱位。因此在体育教学与训练中应加以注意。

2.肌肉

儿童少年肌肉中水分多,蛋白质、脂肪、无机盐类相对较少,肌肉收缩能力较弱,耐力差,易疲劳,但恢复较快。儿童少年身体各部肌肉发育:躯干肌先于四肢肌,屈肌先于伸肌,上肢肌先于下肢肌,大块肌肉先于小肌肉的发育。

肌力发展的规律性是,当身高增长加速时即生长加速期,肌肉主要向纵向发展,长度增加较快,但仍落后于骨骼增长速度,所以,肌肉收缩力量和耐力都较差。生长加速期结束后,身高的增长缓慢,肌肉横向发展较快,这时肌纤维明显增粗,肌力显著增加。女孩在15～17岁、男孩在18～19岁肌力增长最为明显同时体重增加也明显。

3.体育教学与训练中应注意的问题

1)注意养成正确的身体姿势

儿童少年骨承受压力和肌肉拉力功能比成人差,在长期处于身体姿势不良的影响下,他们的骨易弯屈变形,其中最常见是脊柱的变形。因此,要养成正确的站、立、跑、跳的姿势。

2)注意身体的全面训练

有些运动项目的动作是非对称的,肢体的负荷不均匀,例如乒乓球、羽毛球、网球的握拍手,投掷运动中的投掷臂,跳跃运动中的踏跳腿等,在练习过程中锻炼机会较多,而负荷也较重。有些运动项目,在运动中身体常处于某些比较固定的姿势,如速度滑冰、自行车运动等。对儿童少年来说,进行这些项目的训练时,特别要加强对弱侧肢体的锻炼。另一方面,对一些基本技术的训练,不要过于集中,应采用分散的办法,用多种形式交替进行。否则,由于肌力发展不平衡或长期保持某种姿势,也容易发生脊柱的变形或肢体发育的不均衡,造成身体缺陷。

3)注意练习场地的选择

儿童少年骨骼骨化未完成,易变形;脊柱的生理弯曲较成人小,缓冲作用比成人弱,故不宜在硬地上反复跳跃或着地过猛,否则会对足骨、胫骨的骨化点产生过大而又频繁的刺激,引起骨化点过早骨化或骺软骨的损伤,影响骨的生长发育;避免做过多的从高处往下跳的练习,防止骨盆变形。

4)注意预防关节损伤

儿童少年的关节活动范围大,柔韧性好,但关节牢固性差,易造成关节韧带损伤或关节脱位。

5)力量练习时应注意负荷的重量

负重练习要慎用,不宜过早、过多,以防骨化过早完成,影响身高发育。

一般在10岁以前,儿童的肌肉生长和肌肉力量的增长速度较慢,不宜进行负重练习,可采用抗体重的一些练习,如徒手跑、跳等。12～15岁,肌肉生长和肌肉力量增长速度加快,可采用一些阻力和较轻的负重练习来发展肌肉的力量。15～18岁,肌肉和力量增长的速度最快,在练习中,可以增加阻力或负重,以有效发展肌肉力量。

发展儿童少年肌肉力量练习,应以动力性力量练习为主,辅以适宜的静力性练习。负荷不宜过大,组数不宜过多,练习中应多安排几次休息,练习完后,注意做好放松活动练习。

(二)氧运输系统

1. 血液

儿童少年的血液总量比成人少,但按体重百分比来看,相对值则比成人多。新生儿血量约占体重的 15%,周岁时约占体重的 11%。

血液中的有形成分与成人也有差别,如新生儿的红细胞每立方毫米为 550 万~750 万个,血红蛋白为 15~23 g/100 ml,白细胞是成人的 2 倍,以后迅速下降,15 岁左右接近成人水平。

2. 心血管系统

儿童少年的心脏重量和容积均小于成人,但相对值即按体重的比值却大于成人,幼儿心脏重量占体重的 0.89%,成人占 0.48%~0.52%。心脏的重量随年龄增长逐渐增大,到青春期时心脏已达到成人水平。心脏容积增长也有类似的规律。

儿童少年的心肌纤维交织较松,弹性纤维少,心缩力弱,心脏泵血力小,每搏输出量和每分输出量比成人小,但相对值即每千克体重心输出量较大(见表 17-2),年龄越小相对值越大,保证了生长发育过程中物质代谢的需要。这说明儿童心脏可以胜任较费力的肌肉活动。

表 17-2　儿童少年心脏指标的绝对值和相对值

年龄/岁	心脏的重量		每搏输出量		每分输出量	
	绝对值 /g	相对值 /(占体重%)	绝对值 /mL	相对值 /(mL/kg)	绝对值 /mL	相对值 /(mL/kg)
8	96.0	0.44	25.0	0.98	2240	88
13	172.0	0.50	35.0	0.95	2850	76
15	200.0	0.48	41.0	0.92	3150	70
18	305.0	0.51	60.0	0.88	4300	63
成人	310.0	0.52	75.0	1.07	5000	71

儿童心脏发育不够完全,神经调节也不够完善,而新陈代谢又比较旺盛,因而心率较快。随着年龄的增长心率逐渐减慢,20 岁左右趋于稳定。

血管在 6~7 岁以前发育比心脏早,血管壁弹力好,血管口径相对较成人大,外周阻力较小,所以血压较低。

青春发育期后,心脏发育速度增快,血管发育处于落后状态,同时由于性腺、甲状腺等分泌旺盛,引起血压明显升高,一些人甚至出现暂时偏高的现象,称为青春期高血压。一般多见于身体发育良好,身高增长迅速的青春少年。收缩压较高,一般不超过 150 mmHg,具有起伏现象,舒张压则在正常范围。据统计,青春期高血压始发年龄为 11~12 岁,随年龄增长而增多。高峰年龄为 15~16 岁,以后会逐渐减少。

3. 呼吸系统

儿童少年胸廓狭小,呼吸肌力较弱,呼吸表浅,所以,肺活量小,呼吸频率快。但儿童少年代谢旺盛,对氧的需要相对较多,因而呼吸频率较快,但肺通气量仍比成人低。随着年龄的增长,呼吸深度增大,呼吸频率逐渐减慢而肺通气量逐渐增大。

在进行剧烈运动时,由于儿童少年氧运输系统的功能不如成人,他们的最大通气量和最大摄氧量的绝对值比成人低,随着年龄的增长,到 15～16 岁逐渐达到成人水平,但其相对值(按单位体重计算)却并不低于成人,甚至还略高于成人水平。

4.体育教学与训练中应注意的问题

1)注意运动负荷的合理安排

一般儿童少年对强度较大、持续时间不长的运动,如 60 米跑、100 米跑、200 米跑、各种活动性游戏、徒手操、哑铃等力量性练习以及短距离游泳、跳水活动等,都可以根据年龄、性别和个人身体发育情况,安排适宜的大负荷练习。而对一些长时间紧张的运动、重量过大的力量练习、对身体消耗过大的耐力性练习等,则不宜过多采用。在安排儿童少年的运动负荷时,练习的强度可以大一点,但间歇次数应多一些,密度不宜太大,练习中间应多休息几次。

同年龄的儿童少年,个子高大的,心脏的负担量相对较大;性成熟发育迟缓的,心脏的发育也较迟缓,在运动的强度和量方面都要严格控制,注意循序渐进和区别对待。

2)正确对待"青春期高血压"

在性成熟期,14～20 岁的青少年,个别人会出现"青春期高血压"(puberty hypertension)。青春期高血压者大多没有头晕、头痛等不良感觉。随着年龄的增长,内分泌腺机能稳定,神经系统对心血管活动的调节完善,血管进一步生长发育,这种现象便会自然消失。对有青春期高血压的人首先要对他们进行解释,消除他们思想上的紧张。其次,主观上无不良感觉的人,可以照常参加体育活动,但运动的强度、密度要适当降低,并控制参加比赛的次数和密度;对有头晕、头痛等不良感觉的人,运动负荷应适当减小,并注意医务监督。总之,对青少年中有"青春期高血压"的人,适当地进行体育运动,可能还有助于血压恢复正常。

3)不宜做过多和过长的"憋气"

许多力量练习如举重,常需要"憋气"。"憋气"时,肺停止于扩张状态,腹肌紧张,胸腔和腹腔内压力加大,血液回心困难,回心血量减少,心脏输出血量也减少,对心脏本身的血液供应也会减少,出现"瓦尔沙瓦"现象。在体操训练中,在时间上要予以控制。在练习后更应做些放松、整理活动,以便血液循环得以恢复正常。

4)注意呼吸与运动动作的配合

一般来说,肢体做伸展动作,便于吸气,而肢体做弯曲动作,便于呼气;在胸廓肩带需要固定的动作,便于腹式呼吸,而腹肌用力和收缩的动作,便于胸式呼吸;爆发用力和上下肢体大幅度活动的动作,又必须在呼气中进行或暂时屏息甚至憋气;周期性运动项目,如跑、游泳、划船等,呼吸必须有一定的节奏,例如,长跑采取两步一呼,两步一吸,或者三步一呼,三步一吸等。运动时应有意识地加大呼吸深度,提高呼吸效率,注意呼吸道卫生。

(三)神经系统

1.神经系统兴奋和抑制过程的发展不均衡

儿童少年时期,神经系统兴奋与抑制的发展是不均衡的。6～13 岁神经系统的兴奋过程占明显优势,表现为活泼好动,注意力不易集中,学习和掌握动作较快,但兴奋容易扩散,多余的动作较多,动作不协调、不准确。8岁以前精确分化能力差,错误动作多,8岁以后皮质细胞的分化能力逐渐完善,并接近成人,一些技能类运动项目,如体操、跳水等应尽早开始训练。13~14岁时皮质抑制调节功能达到一定强度,分析综合能力明显提高,能较快地建立各种条件反射,但掌握复杂精细的动作较困难。14~16岁时反应潜伏期缩短,分化抑制能力显著提高。

由于神经元的工作耐力较差,工作持续时间短,易疲劳。但神经系统的灵活性高,神经元的物质代谢旺盛,合成速度快,所以疲劳后恢复也较快。

2. 两个信号系统的特点

在儿童时期,神经活动中第一信号系统占主导地位,对形象具体的信号容易建立条件反射,而第二信号系统相对较弱,抽象的语言、思维能力差,分析综合能力正在发展还不完善。9~16岁第二信号系统的功能进一步发展,联想、推理、抽象、概括的思维活动逐渐提高。16~18岁第二信号系统的功能已发展到相当的水平,两个信号系统的相互关系更加完善,分析综合能力显著提高。

3. 青春发育期神经系统的稳定性

在青春期开始的一段时间,由于内分泌腺活动的变化,可能使神经系统的稳定性暂时下降,表现为兴奋过程占优势,抑制过程明显降低,出现动作不协调现象,少女更为明显。随着青春发育的进行,动作的协调性又逐渐得到发展。

4. 体育教学与训练中应注意的问题

(1)体育课内容要生动活泼多样化,可穿插游戏和竞赛,避免单调化。要注意安排短暂休息,使学生情绪饱满,精力旺盛,不易疲劳。

(2)在教学方法方面多采用直观形象教学,如示范动作、图表、模型等;多采用简单易懂和形象生动的语言或口诀等形式的讲解。年龄越小直观教学法作用越重要。随着年龄的增长,抽象思维的能力不断提高,应加强第二信号系统的活动,培养独立思考的能力,加强对体育锻炼和运动技术的理性认识。

(3)儿童少年时期正是世界观形成的时期,要加强意志品质的培养和组织纪律的思想教育。

(4)青春期神经系统受内分泌腺活动的影响,会使稳定性暂时下降,儿童少年表现出动作不协调,少女更为明显,应注意区别对待。

(四)内分泌系统

内分泌系统调节的新陈代谢,影响组织细胞的生长和机能分化,这与儿童少年的生长发育有直接关系。其中,脑垂体、肾上腺、甲状腺、胸腺和性腺的发育特别重要。

脑垂体在出生时已发育很好,4岁前和青春期生长最迅速,机能也更活跃。腺垂体分泌的生长激素,有控制人体生长的作用,是从出生到青春期促进生长的最重要激素。肾上腺皮质所分泌的雄激素与性发育有关。甲状腺在出生时已形成,至14~15岁甲状腺体发育最快,机能也达高峰,它对骨的生长发育、骨化过程、牙齿生长、面部外形、身体比例等方面都能产生广泛的影响。松果体和胸腺促使身高的增长,青春期以后逐渐钙化,活动开始减退。

三、儿童少年身体素质的发展

(一)身体素质的自然增长

儿童少年各项身体素质随年龄的增长而增长的现象,称为身体素质的自然增长(natural growth of physical fitness)。在不同年龄阶段,各项身体素质的增长速度不同,即使在同一年龄阶段,不同的身体素质的发展变化也不一样(见表 17-3)。在 12 岁以前,男女之间各项身体素质的差别不大,13~17 岁之间身体素质的性别差异迅速加大,女子约为男子逐年增长平均值的 50%。青春期是身体发育的加速期,身体素质发育的速度快、幅度大。性成熟期结束时,身体素质增长的速度开始减慢。25 岁以后身体素质的自然增长即已结束,若不进行训练,身体素质一般已不再进一步提高。

表 17-3　青少儿各项身体素质递增均值比较

指标	逐年增长平均值
60 m 跑(速度素质)	0.13~0.22 s
400 m 跑(速度耐力素质)	0.68~1.63 s
1 min 快速仰卧起坐(腰腹肌力,速度耐力)	0.23~0.6 次/分
立定跳远(下肢爆发力)	2.27~5.88 cm
屈臂悬垂(抗体重静力性力量)	0.66~2.2 s

(二)身体素质发展的阶段性

儿童少年在不同的年龄时期,身体素质增长的速度不同,根据每年增长的速度和增长的基本趋势,男生可划分为三个阶段,即快速增长阶段、缓慢增长阶段和稳定阶段。女生可划分为四个阶段,即快速增长阶段、停滞下降阶段、缓慢增长阶段和稳定阶段。身体素质增长阶段和稳定阶段的年龄见表 17-4。

表 17-4　青少儿身体素质增长阶段和稳定阶段的年龄

身体素质	增长阶段年龄 男	女	稳定阶段年龄 男	女
50 m 跑	7~15	7~13	15 岁以后	13 岁以后
立定跳远	7~16	7~13	16 岁以后	13 岁以后
立位体前屈	12~18	11~20	7~12,16 岁以后	7~11,15 岁以后
仰卧起坐	—	7~12	—	12 岁以后
引体向上	13~19	—	19 岁以后	—

(引自邓树勋,2005)

(三)各项身体素质发展的敏感期(增快期)

在不同的年龄阶段中,各项素质增长的速度不同,把身体素质增长速度快的年龄阶段叫增长期即敏感期。评定的标准:我国以年增长率的均值加一个标准差作为确定敏感期范围的标准。年增长率等于或大于标准值的年龄阶段为敏感期,小于标准值的为非敏感期(表17-5)。

表 17-5 身体素质敏感期

素 质 指 标	男(岁)	女(岁)
50 m 跑	7～9 12～14	7～11
立定跳远	7～9 12～13	7～11
立位体前屈	12～13 14～16	11～13 14～16
1分钟快速仰卧起坐	—	7～10
引体向上	14～15	—

(引自邓树勋,2005)

(四)身体素质增长的顺序性

在身体素质的增长过程中,由于各种素质增长的速度不同,即出现高峰的时间有早有晚,表现在增长的顺序有先有后。在不受训练等因素影响的自然增长的情况下,男子从儿童到青年的整个过程中,速度、速度耐力、腰腹肌力量的增长领先;其次是下肢爆发力的增长;臂肌静力力量、耐力的增长较晚。女子各项素质的增长顺序,随年龄的变化不同阶段表现出不同特点,7～12岁期间,与男子的增长是一致的;而在13～17岁期间,速度、速度耐力、下肢爆发力的增长领先;其次是腰腹肌力量的增长;臂肌静力性力量、耐力的增长最晚,且出现不同程度的停滞和下降趋势。

(五)各项身体素质达到最高水平的年龄

各项身体素质达到最高成绩即代表最高水平的年龄界限,而后保持稳定的水平或下降。根据《湖北省青少年和儿童身体素质发展情况的调查分析》各项身体素质达到最高成绩的年龄大多在19岁、20岁和21岁,男女之间无大差别。只有女子速度耐力的最高成绩在12岁。

各项素质发展高峰的年龄男子均在19～22岁,23岁后缓慢下降呈单峰型;女子在11～14岁出现第一个波峰,14～17岁趋于停滞或下降状态,18岁后回升,19～25岁出现第二次波峰,呈双峰型,乡村女子与城市女子相似,但14～17岁的下降值没有城市女子明显。

第三节 老年人的生理特征及运动能力

一、衰老的概念及老年人划分标准

从老年医学角度讲,衰老是指人体随着年龄的增长,机体在形态结构与生理功能方面呈现出各种不可逆的退行性变化。人类的衰老变化是循序渐进的,它受到先天遗传因素和后天环境因素等多方面的影响,而且个体差异很大,机体不同的器官其衰老的速度也不同。

中华医学会老年医学分学会于 1982 年规定我国 60 岁以上为老年人。世界卫生组织提出将 60～74 岁称为年轻的老年人、75～89 岁称为老年人、90 岁以上称为长寿老人。

二、衰老的机制

现代科学的迅速发展推动了现代衰老机制的研究,各国学者对衰老的机制提出各种假说。主要的学说有以下几种。

1.“自由基学说”

该学说认为随着年龄的变化,其代谢过程产生一些自由基,与体内某些成分(如蛋白质、脂肪)发生反应,生成脂质等过氧化物,对机体产生损害作用,导致衰老。

2.“交联学说”

该学说认为机体中的核酸、蛋白质等大分子可以通过共价键联结成难以分解的聚合物,而糖基化不能在体内发挥正常的功能,且对细胞产生严重损伤,引起组织理化性质改变、酶活性降低、蛋白质合成障碍、废物积累等,最终导致细胞衰老。

3.“遗传程序学说”

该学说认为衰老过程是由人体生物钟所预设的,都是通过遗传因素按各自的程序预先已做好安排,按时由特定的遗传信息激活一些组织产生特异性的退行性变化,最终导致衰老死亡。

4.“免疫学说”

该学说认为衰老是自身免疫力下降对机体自身组织破坏的结果。随着年龄的增长,正常免疫机能降低,免疫系统失控,不再起保护作用,对疾病的抵抗力下降。如随着衰老自身免疫疾病发生率会增加,且女子的发病率是男子的两倍,因而女子的衰老比男子快。

5.“内分泌机能减退学说”

该学说认为老年人体内激素分泌减少对体内各种物质代谢及某些疾病的发生产生一定的影响,是引起衰老的一个重要因素。如妇女绝经期分泌雌激素减少,会引起骨质疏松症。

6.“突变学说”

该学说认为细胞受有害因素影响(如辐射、化学损害、脱氧核糖核酸自发水解),使控制基因发生突变,细胞不能正常工作,导致各器官系统失调而致衰老。

最近又提出“遗传基因理论”,人的生老病死归根结底都与基因和染色体相关,该理论认为人类衰老主要是由于人体的“保养”及“修补”系统有缺陷,而这些系统最终由基因所控制,因此通过改造或“关闭”某些基因,便可控制人类的衰老过程。

三、老年人的生理特点及体育锻炼对老年人的良好影响

(一)神经系统

随着年龄的增加,神经系统生理机能也发生许多变化,包括感受器的退化、中枢信息处理的改变、平衡能力的下降和运动中枢性工作能力的减退。表现在视力、听力下降,记忆力

减退,对刺激反应迟钝,容易疲劳且难以恢复。

中枢处理机制发生改变的主要原因是大量神经细胞萎缩和丧失。脊髓运动神经元数目减少37%,神经传导速度减慢10%。因而使神经肌肉活动能力受影响,表现为单纯反应时和复杂反应时变慢,运动时延长。65岁的老年人反应时比20岁年轻人延长了50%。老年人由于脑干和小脑中细胞的丧失,中枢肾上腺素能系统发生退行性变化,神经系统内的去甲肾上腺素水平逐渐降低,小脑皮质β-肾上腺素能受体密度降低,加上外周本体感受器机能下降,限制了精确地控制身体运动的能力。由于平衡功能和运动协调性减退,容易跌倒。由于脑动脉硬化和椎动脉血流受阻,老年人中有15%~24%的人会出现直立性低血压。

研究表明,老年人经常进行体育锻炼,其反应时显著快于不经常进行体育锻炼的老年人。连续进行20年体育运动的老年男子的动作反应时与20岁无运动的青年男子相似或更快。因此,有规律地进行体育活动,在某程度上能延缓神经肌肉功能的生理学衰老。

(二)运动系统

1. 肌肉

在衰老过程中,肌肉发生显著的退行性变化。其特征是肌纤维的体积和数量减少,尤其是下肢肌的快肌衰退更明显。伴随着肌肉体积的减小,肌肉力量也减小,因而老人的动作灵活性、协调性及动作速度下降。研究表明,老年人最大力量的下降为18%~20%,并认为肌肉力量下降的速度与肌肉活动情况有关。经常进行抗阻训练,能促进蛋白质的合成,保持肌肉体积及力量,降低其衰老的速度。例如,以80%最大肌力进行抗阻练习,屈膝力量和伸膝力量都增加,随着力量的显著增长,Ⅰ型肌纤维和Ⅱ型肌纤维也明显肥大。老年人运动训练引起的力量变化和年轻人是相似的。老人进行步行或慢跑训练,会使Ⅰ型和Ⅱa型肌纤维横断面增大,毛细血管和肌纤维比值、毛细血管的数目和密度增加,线粒体、琥珀酸脱氢酶活性等增加24%~55%。研究表明,老年人在生理、结构及运动能力上具有很大的可塑性。经常进行高强度训练能取得很好的效果。在60岁的人群中训练引起力量的增长率为1.9%~72%。

2. 关节

随着年龄增长,关节的稳定性和活动性逐渐变差。衰老常伴有胶原纤维降解、关节软骨厚度减小及钙化、弹性丧失、滑膜面纤维化、关节面退化等问题。骨关节的变性会使关节僵硬,活动范围受限制。但是有人认为,老人的骨关节炎是衰老的结果还是反复损伤的结果尚未清楚。体育锻炼可增加肌肉力量,防止肌肉萎缩的退行性变化,保持关节韧带的韧性和关节的灵活性,使老年人的动作保持一定的幅度和协调性。研究表明,经常参加太极拳练习的老年人脊柱外形多保持正常,脊柱活动功能较一般人好。脊椎椎体唇样增生等远少于一般老人。

3. 骨骼

骨质疏松(OP)是骨的大量损失,是老年人中一个严重的问题。尤其是绝经后的妇女更为普遍,极易发生骨折。绝经后的妇女至少有1/4的人发生骨质疏松,70岁以后其中40%的人发生骨折。骨质疏松症是一个渐进的失调过程,女子约从30岁开始骨中矿物质逐渐丢失,而男子约从 50 岁才开始。据报道,60 岁以上的老年人由于骨矿物质的丢失及多孔疏松,会导致骨质量减少 30%～50%。随着年龄增长,骨质疏松引起骨密度和抗张强度下降,使骨折发病率也随之升高。脊柱、髋骨、腕部是骨折的易发部位,而髋部骨折在老年人中尤为多见。一项研究报道,美国有 12%～20% 的股骨折病人在一年内死亡。

老年人骨质疏松的原因尚未完全清楚,可能与性别、性激素分泌水平降低、消化功能低下、肠钙吸收障碍、运动减少、吸烟、酒精、咖啡因及遗传等综合因素有关。这些因素可能引起负钙平衡,不断消耗骨中矿物质。

运动能有效地防止和治疗骨质疏松症。坚持经常负重运动不仅能阻止骨质的丢失,而且还能增加骨矿物质含量,增加骨矿物质密度,预防骨质疏松症的发生。此外,运动还可以矫正变形、改善关节功能、增加柔韧性、增强肌力和耐力、保证肌肉和运动器官的协调性、防止摔跤,从而减少骨质疏松、骨折的危险因素。但是,单纯运动还不能完全代替雌激素治疗绝经期妇女骨质疏松症。

运动时骨密度的增加受重力负荷、骨骼局部应力负荷及重复运动等因素的影响。负重运动能增加负重骨的骨量,使骨骼变得粗壮;没有负荷应激时则骨质变弱。即使是 80 岁老人,坚持每日步行 1 英里,也能有效地减少骨质丢失,预防骨质疏松的发生。而在失重状态下工作的宇航员,骨矿物质含量明显低于正常人群。但是,非负重运动(如游泳、自行车运动)与负重项目(如跑步、举重)相比,对负重骨的影响则较少;骨骼局部应力负荷与骨量关系最为密切。骨骼承担的压力负荷越大,越能够增强成骨细胞活性,使骨生成增强。例如,专业网球运动员运动侧前臂的桡骨矿物质含量较对侧高 30% 以上。另外,机械压力负荷重复作用于某一骨骼的运动,也能增加该骨的骨密度。如长跑者跑步时下肢所承受的重复压力负荷很大,所以下肢骨和肌肉均较一般人粗壮有力。长期坚持游泳能延缓绝经后妇女骨量丢失,减慢骨质疏松症的发展。游泳运动坚持的时间越长,骨质增加越多。

(三)心血管系统

最大摄氧量($\dot{V}O_{2max}$)在 20 多岁开始以每年 $0.4～0.5$ mL/kg 的速率递减,到 65 岁时下降 30%～40%。这是因为最大心率、每搏输出量和动静脉氧差都下降。因此衰老使氧运输和氧摄取的能力都下降。最近一项研究表明,如果坚持体育活动,体成分又保持不变的话,$\dot{V}O_{2max}$ 递减率为 0.25 mL/kg。所以运动可以减缓这个递减率。无训练者的 $\dot{V}O_{2max}$ 递减率是有训练者的两倍。

有氧能力的下降受氧运输系统的中枢机制和外周机制功能下降的影响(见表 17-6)。

表 17-6　男子年龄增长时机能能力和身体成分的变化

指　　标	年　　龄	
	20 岁	60 岁
最大摄氧量/(mL/kg·min)	39	29
最大心率/(次/分)	194	162
安静时心率/(次/分)	63	62

续表

指　　　标	年　　龄	
	20 岁	60 岁
最大每搏输出量/mL	115	100
最大动静脉氧差/(mL/min)	150	140
最大心输出量/(L/min)	22	16
安静时收缩压/mmHg	121	131
安静时舒张压/mmHg	80	81
肺总容量/L	6.7	6.5
潮气量/L	5.1	4.4
肺余气量/L	1.5	2.0
脂肪百分比/(%)	20.1	22.3

(引自 Brooks,1988)

1. 心率

随着年龄增长,静息时心率的变化很小,而最大心率却在下降。25 岁的青年最大心率为 195 次/分,而 65 岁老人则下降到 155～160 次/分。老年人最大心率下降的原因可能是由于肾上腺髓质交感神经活动减弱,传至窦房结的冲动减少所致。

2. 心输出量

一般来说,老年人的心脏容积仍保持不变,但静息时的每搏输出量减少,在力竭性工作时,老年人的每搏输出量比青年的小 10%～20%。伴随衰老的产生,老年人心肌细胞萎缩、冠状动脉出现粥样硬化、左室舒缩功能减弱、心肌灌血不足及收缩力下降。由于最大心率的降低和每搏输出量的减少,所以心输出量也随年龄的增长而降低。65 岁老人的最大心输出量为 17～20 L/min,比 25 岁青年人低 30%～40%。

大血管和心脏弹性随年老而降低。血管硬化增加了血流的外周阻力,增大了心脏的后负荷,使心肌的耗氧量增加。冠状动脉粥样硬化会引起心脏缺氧。外周阻力较高也使安静时和最大运动时的收缩压升高,但舒张压变化甚小。由于老年人心血管系统的生理功能明显减退,所以在剧烈运动时,老年人的心率和血压会急剧增加,成为心血管疾病的重要诱因之一。

3. 动静脉氧差

最大动静脉氧差随年老而逐渐减少,65 岁老人的动静脉氧差仍可达 140～150 mL/L。其减少的原因可能与体能水平下降、动脉氧饱和度下降、肌红蛋白的含量减少、外周血流分配不足、组织中氧化酶系统的活性减弱等因素有关。随着年老,组织毛细血管数量下降及肌纤维萎缩,使毛细血管数量与肌纤维比值减小以及酶活性下降,所以氧利用率下降。

目前的研究认为,缺乏体育活动与衰老本身都能导致老年人心血管机能下降。适宜的有氧运动能改善心血管机能。耐力训练可使老人的心脏舒缩功能及有氧能力提高。进行耐力训练后,老年男女的最大摄氧量分别增加了 19％和 22％,增加程度与年轻人相似。这种增加存在着明显的性别差异,男性是由于每搏输出量增加 15％及动静脉氧差增加 7％所致;而女性的有氧能力的增加是通过训练肌肉引起外周适应机制引起的。

总而言之,运动对老年人来说受益最大的是心肺功能系统。老年人经常练太极拳、长期散步锻炼能使静息心率减慢、动脉血压降低,每搏输出量、心输出量增加,心电图 S-T 段异常发生率降低。

(四)呼吸系统

衰老伴随着呼吸系统的结构和机能产生不良的变化:肺泡壁变薄、肺泡增大、肺毛细血管数目减少,使肺泡扩散的有效面积减小;肺组织弹性的下降和呼吸肌无力导致肺残气量增加和肺活量的下降,因而在剧烈运动时,只能通过加快呼吸频率来提高肺通气量,而不是依靠呼吸深度的增加。

静态和动态的肺功能指标随着年龄的增长而衰退。肺活量、最大通气量、时间肺活量等机能指标呈现进行性下降趋势。有资料表明,老年男女的一秒用力呼气量分别以每年大约 32 mL 和 25 mL 的速度下降。老年男性第一秒时间肺活量从正常的 82％下降到 75％左右,女子则从 86％下降至略少于 80％。虽然衰老的产生使呼吸系统机能下降,但 65 岁的健康老人仍具有相当程度的肺通气贮备。

有氧训练可使老年人的肺功能能力提高,使最大通气量增加,其增长速度与心输出量平衡。坚持体育锻炼能抑制与衰老相关的肺功能下降。

(五)血液

随着年龄的增长,老年人血液出现浓、黏、聚、凝的状态,临床上称之为高黏滞血症(HVS)。HVS 可使微循环的血管形态、血液流变发生异常变化,直接影响到组织器官的生理功能。

血液的黏稠度主要取决于红细胞的压积、血浆黏度与红细胞的变形能力。随年龄增长老年人的纤维蛋白原增加,而纤溶能力下降,使血浆黏度增加;机体造血机能下降会使血液中年轻的红细胞数量减少,衰老红细胞数量增加;过氧化脂质在体内不断积聚以及血管的硬化等因素都会引起血液黏度升高。红细胞变形能力是影响血液黏度和血流阻力的重要因素。随着衰老过程的发展,红细胞膜弹性下降、血沉增加,导致变形能力也下降。血液黏度的升高和红细胞的变形能力下降,使血液的流变性降低,循环阻力增加,心脏负担加重。因此,心输出量、有氧能力及清除代谢产物等机能都将减弱,成为诱发心血管疾病的主要因素。

研究表明,长期运动锻炼会使血纤溶能力增强,对于增强血液的流动性、降低血液黏度有重要作用。老年人长期进行冬泳、门球、太极拳、长跑、散步和舞蹈等锻炼均可引起老年人血液流变学指标的良性变化,其中包括了红细胞变形能力的增强。这对改善老人高黏血症及预防心血管疾病有一定的意义。

(六)免疫系统

随着年龄的增长,免疫系统中许多成分都会受到影响,免疫能力显著降低。表现在免疫细胞数量的减少和活性的下降,T细胞增殖反应、白细胞介素-2(IL-2)水平、受体表达及信号传送等均下降。尤其是 T 细胞功能受影响更明显,功能性 T 细胞数量下降及 T 细胞亚群比值发生了改变。60 岁以上的老年人外周血中 T 淋巴细胞的数量可降至青年时期的 70% 左右。这是由于胸腺随着年龄的增长发生退化所引起的,因为 T 细胞的成熟及分化均在胸腺。

IL-2 对辅助性 T 细胞(CD_4^+)、细胞毒性 T 细胞(CD_8^+)及抑制细胞的增殖、分化有重要作用。衰老过程使 IL-2 受体的数量、亲和力、表达等下降。IL-2 的减少对整体免疫反应有副影响,使 T 细胞信号传送减少,引起钙调节障碍。由于免疫功能衰退,将导致机体抗病毒感染防御系统的机能下降,直接影响老年人的身体健康和生命安全。

长期规律性地健身锻炼可引起老年人 NK 细胞良性变化。坚持冬泳、慢跑、太极拳、网球锻炼会对老年人 NK 细胞活性及数量产生良好影响。坚持海水冬泳的老人 CD_4^+ 升高幅度要大于 CD_8^+,故 CD_4^+/CD_8^+ 细胞比值增高,提示免疫功能增强。在实际生活中,常参加锻炼的人患感冒概率小,因而由感冒引起的一系列疾病,如扁桃体炎、气管炎、肺炎等呼吸道疾病就不容易发生。

(七)抗氧化能力

近年来,人的衰老学说中提出了自由基学说。自由基在人体衰老过程中对细胞的结构起了很大的破坏和加速作用。一般用过氧化脂质(LPO)含量表示自由基损伤的程度,而超氧物歧化酶(SOD)活性反映身体内自由基清除系统的功能状况。人体各组织中的 LPO 随年龄增长而升高,而细胞内的 SOD 随年龄增长而逐渐下降。

研究证明,长期健身运动均能不同程度地提高老年人抗氧化系统的功能状况。健身跑可阻止血清 LPO 的升高及减慢中老年人体内 SOD 的下降,使机体自由基清除系统中的酶活性维持在较高的功能状态。

(八)体成分和体重

随着年龄的增长,身体成分和身高均有显著的变化。40 岁左右身高开始下降,60 岁时身高下降了约 6 cm。60~80 岁间身高下降加快,每 10 年降低约 2 cm。有人认为,多年从事负重工作的人身高下降速度较快。身高随年龄增长而降低是因为脊柱后凸(驼背)、椎间盘压缩、椎骨退化造成的。脊柱后凸程度增大,严重的会影响腰痛和呼吸。人的体重通常在 25~50 岁之间处于上升阶段,其后开始逐步下降。体重增加伴有体脂增加和去脂体重下降。男女老年人的体脂平均值一般分别约为 26%(男青年为 15%)和 38%(女青年为 25%)。研究也表明,受过训练的男运动员体脂数值较小,在 60~89 岁的体脂只有 14%。

老年人的瘦体重较年轻人小,初期老年人男性的瘦体重为 47~53 kg(青年男子为 56~59 kg),女性为 31~41 kg(青年女子为 38~42 kg)。身体活动能力随着年龄增长而逐渐下降,因而使瘦体重减少和体脂增加,这种体成分的改变将增加老年人的发病率及生理机能减退速率。

有规律地进行运动可使老人消耗更多的食物和热量。研究表明,有氧运动对减少体脂有效(减少 0.4～3.2 kg),而对去脂体重的影响很微;抗阻运动对减少体脂重(减少 0.9～2.7 kg)和增加瘦体重(增加 1.1～2.1 kg)均有很好疗效。

因此,老年人进行有氧运动和抗阻运动对减少脂肪重量均有较好的效果。同时抗阻运动对增加去脂体重也有很好的疗效。老年妇女坚持迪斯科健身舞运动会使体脂百分比明显降低,体重接近理想数值。

(九)血脂代谢

血液中脂质水平增高称为高脂血症,它是动脉粥样硬化(AS)的启动因素。动脉粥样硬化是与衰老相伴随的一种不可避免的现象。衰老导致胆固醇的百分数增多和磷脂的百分数减少。胆固醇(TC)、甘油三酯(TG)及载脂蛋白与 AS 密切相关。高密度脂蛋白(HDL-C)具有促进外周组织胆固醇消除的作用,其增高有助于减少 AS 的风险,而低密度脂蛋白和血清总胆固醇水平的增高都会增加 AS 的风险。

LDL-C 和 VLDL-C 的作用是将全身脂肪转向细胞,包括血管内皮细胞。当 LDL-C 被氧化时,容易形成动脉血块及脂肪斑块而致动脉粥样硬化。因此,防止 LDL-C 的氧化可以有效地防止 AS 的形成。维生素 C、E 及 β-胡萝卜素等能够阻止 LDL-C 的氧化。

摄入低胆固醇的食物(如大豆蛋白)能改善血胆固醇状况。适量饮酒能增加 HDL-C 水平,有人认为,葡萄酒中某些成分可以抑制 LDL-C 的氧化,从而抑制脂斑的形成,降低正常人发生心脏病的风险。然而,大量饮酒不仅对心脏无益,而且还大大增加了肝脏疾病和癌症的危险。

四、老年人健身锻炼及应遵守的原则

(一)适宜老年人的锻炼项目

体育锻炼就是根据"生命在于运动"的道理,通过锻炼增强和改善人体各器官的功能,达到健身祛病、防病抗衰、延年益寿的。老年人适合耐力性项目,而不宜进行速度性项目。在耐力锻炼项目中最常采用的有步行、健身跑、游泳、自行车、登山、跳健身舞等。有条件时还可打网球、门球、高尔夫球等。在我国传统体育项目中,可选择气功、太极拳、太极剑等。还有自然锻炼法(如日光浴、空气浴和冷水浴等)和医疗体育锻炼都可增进老年人的身心健康。近 20 多年来,研究认为老年人应进行力量性锻炼,以延缓老年人肌力的减退,才能取得锻炼的效果。

(二)老年人体育锻炼应遵守的原则

进行体育锻炼要想达到健身祛病、防病抗衰、延年益寿的目的,就必须讲究科学的锻炼方法。老年人进行健身锻炼时,必须遵守以下一些原则。

1.循序渐进原则

开始运动时运动量要小,适应后再逐步增加和达到适宜的运动量。经过一段时间锻炼后,如运动时感到发热、微微出汗,运动后感到轻松、舒畅,食欲、睡眠均好,说明运动量恰当,效果良好,就要坚持下去。锻炼的动作应由易到难,由简到繁,由慢到快,时间要逐渐增加。

老年人运动时,可用运动即刻脉率变化和恢复时间来控制运动量。老年人的适宜运动量可用心率=170-年龄这个公式来掌握,即运动后即刻脉率达到110次/分为适宜。运动后5~10 min内脉率恢复到安静时水平较为合适。

2.经常性原则

锻炼一定要系统地进行、持之以恒。在恰当掌握运动量的基础上,最好每天坚持锻炼。实在有困难时,每周锻炼应不少于3次,每次锻炼30 min左右即可。同时要合理安排锻炼时间,养成按时锻炼的良好习惯。只有这样的锻炼才可使身体结构和机能发生有利的变化,达到增强体质的目的。

3.个别对待原则

老年人在锻炼前应做一次全面的身体检查。通过检查可了解自己的健康状况,各脏器的功能水平,做到心中有数。要根据老年人的年龄、性别、体力特点、健康状况、运动基础及运动习惯来选择最适宜的运动项目,并制订合理的锻炼计划。不能千篇一律,要因人而异。活动时要注意适当安排短暂休息,运动前后要认真做好准备活动和整理活动。老年人锻炼时气氛应轻松愉快和活跃。应尽量避免做憋气的动作和参加精神过于紧张的比赛活动。

4.自我监督原则

老年人参加体育锻炼要加强医务监督。要学会观察、记录自己的脉率、血压及健康状况,以便进行自我监督。防止过度疲劳,避免发生运动损伤,努力提高锻炼效果和健康水平。如在运动中出现脉搏过快或过慢,或者脉搏跳动变得不规则时应停止锻炼,去医院检查。遇有感冒或其他疾病、身体过度疲劳时,应暂停锻炼,并及时进行疗养或休息。

第四节 女子的生理特征与运动能力

一、女性的生理特点

(一)女性生理阶段的划分

女性一生中根据其性腺卵巢分泌机能的变化可以划分为以下几个生理阶段。

1.幼年期

幼年期指卵巢机能尚处于幼稚状态的年龄阶段。该阶段的年龄在10~12岁之前。

2.青春期

青春期指卵巢机能由幼稚向成熟过渡的年龄阶段,以月经来潮为标志。该阶段的显著特点是卵巢及生殖器官明显发育。

3.性成熟期

性成熟期指卵巢功能成熟的年龄阶段。约从18岁开始,持续近30年。该阶段性腺及性器官发育完全成熟,卵巢有周期性排卵,并分泌女性激素;子宫内膜出现周期性脱落,产生月经周期。该时期为女性生殖机能最旺盛的时期,又称为生育期。

4. 更年期

更年期指卵巢功能由旺盛向衰退过渡,并直至萎缩的年龄阶段,此阶段年龄在 44~54 岁左右。该时期的显著特点是,月经由不规律到完全停止(闭经)。

5. 老年期

老年期指卵巢功能完全终止的年龄阶段。60 岁以上,各器官的机能能力均明显降低。

(二)女性的生理特点

1. 身体发育的特点

女性青春期的生长加速期比男性约提前 2 年出现,女孩从 10~12 岁开始,男孩从 12~14 岁开始。就我国儿童、青少年生长发育的调查结果来看,存在明显的性别差异。10 岁之前,女孩的发育速度比男孩快;10 岁以后,男孩的发育速度加快,并后来居上,身高显著超过女孩。

2. 氧运输系统的特点

女性心脏的重量较男子轻 10%~15%,体积约小于男子 18%,容量小 150~200 mL;安静状态下女性心率较快,快于男子 10 次/分左右,每搏输出量少于男子 10~15 mL,收缩压平均低于男子 14 kPa(10.5 mmHg),舒张压约低 0.68 kPa(5.1 mmHg)。所以,女子的心血管机能弱于男子。运动中必须依靠加快心率来保证足够的心输出量,运动后的恢复过程中,女子心率恢复速度较慢。

女子的胸廓较小,呼吸肌力量较弱,安静时呼吸频率较男子快 4~6 次/分,且呼吸深度浅;女子的肺活量约为男子的 70%,$\dot{V}O_{2max}$ 比男子少 0.5~1 L,因此,女子的呼吸机能亦较男子为低,从而制约了女子运动中机体氧的供应。

女子血量约占体重的 7%,男子则达 8%;女子的红细胞数量每立方毫米为 380 万~420 万个,血红蛋白为 11.5~14 g,均低于男子,每千克体重的血红蛋白女子约为 8.3 g,男子则可达 11.6 g,全血中血红蛋白的总量女子仅为男子的 56%。因此,女子机体运输氧的能力较男子差。

总之,由于女性的呼吸、循环机能水平低,血液的携氧能力差,限制了氧的利用能力,因而导致女子的有氧能力较男子为低,约为男子的 70%。

3. 肌肉特点

在青春发育期,女孩的肌肉发育慢于男孩,肌肉体积、重量均低于男孩,这主要是由于雄性激素的同化作用引起的。因而,女性肌肉占体重的 21%~35%,仅为男子肌肉重量的 80%~89%。女性的肌肉力量弱于男性,有资料报道,女性上半身伸肌的肌肉力量仅为男性的 2/3,腰部肌肉力量亦为男性的 2/3,下肢爆发力为男性的 3/4。

4. 骨骼系统的特点

女性骨骼重量占体重的 15%,较男子轻 10% 左右,抗弯能力较差,但韧性较佳。女子脊柱椎骨间软骨较厚,弹性和韧性优于男子,因而,女子的柔韧性优于男子,有利于完成劈叉等动作。

女性脊椎骨较长,四肢骨较细而短,形成上身长、下身短的特点。而且,女性的股骨、肱骨两侧上髁的直径、臂长、胸围、肩宽等指标均低于男子,而髋部则大于男子。形成上体长而窄、下肢短而粗、肩窄盆宽的特殊体型。这种体型使身体重心低且稳定性高,有利于完成平衡动作,但奔跑速度及负重能力均受到一定限制。

5. 身体成分的特点

女性体脂含量占体重的20%～30%,主要分布在胸、腹、臀、大腿等部位的皮下。皮下脂肪约为男子的2倍。有研究证实,体脂与运动员的有氧和无氧运动成绩呈负相关。在完成跑、跳、爬山等须抗重力做功以使身体腾空或移动的运动中,较厚的体脂成为运动的限制因素。而且,运动中机体的散热能力也会受到较厚的皮下脂肪的影响。但较厚的皮下脂肪具有很好的保温、保护作用,并可增加机体的浮力,有利于女性参加冰雪类及游泳运动。

6. 更年期特点

更年期又称围绝经期,指女性从性成熟期进入老年期的过渡时期。此阶段是卵巢功能退化、生殖能力停止的老化过程。更年期结束,即意味着老年期的开始。

从生育期到绝经期,卵巢生理功能逐渐衰退直至完全停止,卵巢产生雌激素的功能丧失,因而可以导致女性全身发生一系列的变化。女子约从30岁开始骨中矿物质逐渐丢失,绝经后女性骨骼的矿物质(特别是钙)减少更加明显,极易产生骨质疏松。骨质疏松导致骨密度及抗张强度下降,增加了骨折的危险性。许多研究已经证实,运动能充分有效地降低骨钙的减少程度。更年期女性应多进行一些有氧运动,并与低强度力量训练相结合,一方面具有预防和治疗骨质疏松的作用,另一方面也具有维持体内雌激素水平、延缓衰老的作用。

(三)运动能力特点

1. 力量和速度

女子的肌肉力量平均为男子的2/3左右,因此,女子在需要绝对力量及绝对速度的项目中,其运动能力明显弱于男子。例如,女子投掷运动的能力为男子的50%～70%;跳跃运动的能力为男子的75%～85%;短跑运动的能力为男子的50%～85%;在爆发力、举重项目上的性别差异更为显著。这是由于女子肌纤维尽管在分布及组织化学特性方面均与男子基本相同,但其肌纤维的横截面积则小于男子,因而肌肉的收缩力量较小的缘故。但女子对静力性运动的适应能力则优于男子。

2. 耐力

如前所述,女子的有氧能力弱于男子,这与女子最大摄氧量水平较低、运氧能力及耐酸能力较差等综合因素有关,限制了运动中氧的利用,使得耐力水平较低。

3. 柔韧和平衡

由于女子的肌肉、韧带弹性好,关节活动范围大,因而动作幅度大而稳定,具有较好的柔韧性。另外,由于女子特有的肩窄盆宽体型,决定了女子具有身体重心较低的特点,因此平衡能力强于男子。

二、月经周期与运动

(一)月经周期的时相划分

在女子的生育年龄阶段中,由于性激素的分泌量发生月周期的变化,子宫内膜发生一次脱落、出血、修复和增生的周期性变化,称为月经周期(menstrual cycle)。卵巢的周期性变化是月经周期形成的基础,可以分为卵泡期(follicular phase)、排卵期(ovulation phase)、黄体期(luteal phase)、经前期(premenstrual phase)、月经期(menstrual phase)。

1. 卵泡期

卵泡期是指卵泡(follicle)由原始状态经初级、次级卵泡发育为成熟卵泡的过程。从初级卵泡阶段开始,卵泡接受垂体促性腺激素的调控,促使其发育成熟。同时,子宫内膜亦产生相应变化,主要表现为内膜增厚、腺体增多变长,称为增生期。

2. 排卵期

排卵期是指成熟卵泡在垂体黄体生成素(LH)作用下发生破裂并排出卵细胞的过程。女性每个月经周期初有15~20个原始卵泡同时开始发育,但通常只有一个卵泡发育成熟并排卵(ovulation)。

3. 黄体期

排卵后,残余的卵泡壁内陷,大量新血管长入,形成一个黄色的内分泌腺细胞团,称为黄体。黄体细胞在垂体LH作用下,大量分泌孕激素和雌激素。同时,子宫内膜细胞体积增大,糖原含量增加,这一时期称为分泌期。分泌期的子宫内膜为妊娠做好准备。

4. 经前期

排出的卵子若不受孕,黄体则发生退化。许多女性在此时期内可出现一系列症状,如烦躁、易怒、失眠、头痛、水肿等,称为经前期紧张综合征。

5. 月经期

黄体退化,血中雌孕激素浓度明显下降,子宫内膜血管发生痉挛性收缩,继而出现子宫内膜脱落与流血。

(二)月经周期与运动

1. 运动员与初潮年龄

据国外的资料表明,运动员初潮年龄晚于非运动员,奥运选手迟于业余选手,训练水平越高的运动员,初潮年龄推迟得越明显。晚熟使运动员的体型表现出腿细长、髋部窄、体重轻、体脂少,对某些项目成绩的取得有利。长期的运动消耗或饮食不当,是有些参加运动的女性不能获得充足的体重和脂肪以开始月经的原因。而不同的运动项目对初潮的影响,有报道认为,月经初潮前开始参加体操、芭蕾舞训练者,初潮大致推迟3年;游泳运动员成熟较早,这可能与其体脂含量百分比较高有关。影响初潮的原因是多方面的,已经证明,运动大大增加垂体催乳素的分泌,延缓卵泡的成熟,过度疲劳引起内分泌失调,造成月经延迟或一过性闭经。

2. 运动与经期

事实上,在经期中的女运动员曾创下许多杰出表现及世界纪录。目前一致认为,健康的运动员在经期中不用刻意避开训练或比赛,运动员不需要因为月经来潮而改变训练或比赛。大多数运动项目对女性的运动周期没有影响,但大强度、长时间的剧烈运动易引起运动员月经失调,表现为月经周期延长或缩短、月经血量过多或过少,甚至闭经,如长跑运动员中约有24%的女性发生长期闭经或月经过少的现象,随着每周训练时间的增加,停经现象出现的机会也随训练压力的增加而加大,大量的训练会直接或间接引起停经。痛经(dysmenorrhea)是女运动员最关切的事,有报告指出,女运动员患有痛经症状的比例比不运动的女性高,目前还找不到合理的解释,可能归因于经期前体内分泌的前列腺素,它能促使子宫的平滑肌开始收缩,血流减低引起缺血及痛经,导致运动难以继续下去。痛经的发生率与女性的劳动强度呈正比,女运动员不应经常在最大运动强度下训练,即使是一次超负荷训练,也不宜持续时间过长。

3. 月经周期中机体运动能力

月经周期中由于女性激素水平的周期性波动,导致机体运动能力发生相应变化。在月经周期不同时相中,人体运动能力的变化具有明显的个体差异。大多数的研究报道,人体有氧工作能力及整体体能以黄体期为最强,卵泡期及排卵期其次,经前期及月经期最弱。

4. 月经期的锻炼

适度的体育活动能改善人体的功能状态,促进血液循环,改善盆腔生殖器官的血液供应,并可通过运动时腹肌、盆底肌收缩与舒张交替进行,对子宫起到一定的按摩作用,促进经血的排出,因此,女性在月经期亦可参加体育活动。一般认为,经期运动负荷量应该适度,强度不宜过大。一些跳跃、速度和使腹压增大的屏气和静力性动作应该避免,以免造成经血量过多或子宫位置的改变。经期不宜进行游泳运动,由于子宫开放、子宫内膜破裂出血,游泳时病菌可能侵入内生殖器,引起炎症性病变。

三、妊娠期运动能力

研究表明,妊娠期女性进行适当的时间不长的中等强度有氧运动,可以增强机体各器官系统的适应能力,减缓体重的增长速度,并有助于减轻下肢水肿,减轻机体由于负担加重所产生的疲劳,保持良好的肌肉力量,既有利于胎儿的生长发育,也有利于分娩。

美国的一项调查研究表明,在195名孕妇中,90%的人在孕期的前7个月内仍参加运动,均未产生不良反应。对平时无运动习惯的孕妇,应鼓励参加舒缓轻柔的运动,如行走、柔软体操、健身跑、骑自行车等,以提高机体和心理的适应能力。但是,随着妊娠月份的增加,身体重心下降,运动能力会受到影响。在整个妊娠期进行同样强度的运动,孕妇的耗氧量、心率肺通气量、肺通气当量、呼吸交换率逐渐增加。而且,有氧能力的下降幅度与孕妇体重的增加及适应能力的下降程度成正比,与子宫体积增大的速度也成正比。

【思考题】

1. 试述运动的年龄性别特征与运动能力的差异。

2. 如何划分儿童少年的年龄阶段？

3. 如何根据儿童少年生理特点指导体育教学和训练？

4. 试述儿童少年身体素质发展规律。

5. 简述衰老产生的机制。

6. 体育锻炼对延缓衰老有哪些影响？

7. 老年人最适宜的运动项目有哪些？体育锻炼时应注意哪些原则？

8. 试述女子的运动能力特点。

主要参考文献

[1] 王步标,华明.运动生理学[M].北京:高等教育出版社,2006.

[2] 王瑞元.运动生理学[M].北京:人民体育出版社,2002.

[3] 王瑞元,苏全生.运动生理学[M].北京:人民体育出版社,2012.

[4] WILMORE J H,COSTILL D L, KENNEY W L,汪军,译.北京:北京体育大学出版社,2011.

[5] 王正朝,刘红博,王少兵.运动生理学[M].成都:电子科技大学出版社,2019.

[6] 邓树勋,王健,乔德才,等.运动生理学[M].2版.北京:高等教育出版社,2015.

[7] 邓树勋,陈佩杰,乔德才.运动生理学导论[M].北京:北京体育大学出版社,2007.

[8] 田麦久,刘大庆.运动训练学[M].北京:人民体育出版社,2012.

[9] 石月,陈佩杰,李斐,等.运动、支气管痉挛与哮喘——厘清、正视与平衡[J].体育科学,2018,38(8):75-85.

[10] 冯连世,冯美云,冯炜权.优秀运动员身体机能评定方法[M].北京:人民体育出版社,2003.

[11] 冯炜权.运动生物化学原理[M].北京:北京体育大学出版社,1995.

[12] 冯美云.运动生理化学[M].北京:人民体育出版社,1999.

[13] 冯大志,沈雁飞.高校内发生运动猝死的原因调查及预防对策[J].北京体育大学学报,2012,35(11):93-96.

[14] 田野.运动生理学高级教程[M].北京:高等教育出版社,2003.

[15] 全国体育学院教材委员.运动生理学[M].北京:人民体育出版社,1990.

[16] 刘春波.人体解剖生理学[M].北京:人民卫生出版社,2010.

[17] 刘洵,谭思洁.运动生物科学基础[M].北京:人民体育出版社,2008.

[18] 刘志锋.延迟性肌肉酸痛研究进展[J].搏击(武术科学),2015,12(8):104-105+119.

[19] 牛荣平.延迟性肌肉酸痛之研究进展[J].内江科技,2017,38(3):111-112.

[20] 刘猛,曹志,莫仕围,等.中国夏季奥运会项目优秀运动员运动诱发性支气管痉挛的流行病学调查[J].体育科学,2022,42(6):42-53.

[21] 吕新颖.简明运动生理学教程[M].合肥:合肥工业大学出版社,2005.

[22] 张镜如.生理学[M].北京:人民卫生出版社,1998.

[23] 张国海,王人卫.肌内效贴对延迟性肌肉酸痛和肌肉功能恢复的影响[J].体育科学,2017,37(12):46-51+63.

[24] 李自栋,钱帅伟,李春艳.体医融合背景下运动风险评估在预防运动猝死中的应用[J].体育成人教育学刊,2021,37(6):7-12+99.

[25] 李颖慧,吕媛媛,吴迎,等.运动性猝死风险防控研究进展[J].中国运动医学杂志,2021,40(7):582-590.

[26] 李世昌.运动解剖学[M].北京:高等教育出版社,2006.

[27] 乔奇 A·布茹克司,汤姆士 D·法哈.运动生理学[M].杨锡让,等译.北京:北京体育学院出版社,1988.

[28] 朱大年,王庭槐.生理学[M].8版.北京:人民卫生出版社,2013.

[29] 杨锡让.运动生理学进展[M].北京:北京体育大学出版社,2000.

[30] 杨锡让.实用运动生理学[M].北京:北京体育大学出版社,1998.

[31] 吴卫兵,苏剑清,王继红,等.我国大学生运动猝死特征规律及现场急救现状研究——基于近十年大学运动猝死案例调查[J].成都体育学院学报,2019,45(3):100-104.

[32] 苏浩,袁梦,李翘楚.植物提取物补充对延迟性肌肉酸痛干预效果[J].体育科学研究,2022,26(1):40-48+54.

[33] 杨安怀,曹金钟.运动性哮喘的研究进展[J].海南医学,2021,32(14):1885-1889.

[34] 明瑞科.不同平面上踝关节本体感觉训练对人体平衡能力的影响研究[D].大连:大连理工大学,2021.

[35] ÅSTRAND P O,RODAHL K.运动生理学[M].杨锡让,乔居痒,李海萍,等译.北京:人民体育出版社,1984.

[36] 娄莹,马文君,王子君,等.中国高血压临床实践指南计划书[J].中华心血管病杂志,2022,50(07):671-675.

[37] 高晓嶙,常芸.我国大众健身人群运动猝死的调查研究[J].中国体育科技,2009,45(2):83-87.

[38] 徐昕,高崇玄,张丽申,等.我国运动猝死调查研究[J].中国运动医学杂志,1999,18(2):99-102.

[39] 徐华平,冯珍.康复医学中平衡功能评定的研究进展[J].南昌大学学报(医学版),2011,51(1):86-89.

[40] 曹志,刘猛,高炳宏.冬季项目优秀运动员运动诱发性支气管痉挛:风险、诊断与治疗[J].体育科学,2021,41(4):78-87.

[41] 曹志发,孟昭琴,姚为俊.新编运动生理学[M].北京:人民体育出版社,2004.

[42] 游永豪,温爱玲.人体平衡能力测评方法[J].中国康复医学杂志,2014,29(11):1099-1104.

[43] 菲利普·伯姆,于尔根·沙尔哈格,蒂姆·梅耶,等.运动猝死研究:基于德国全国数据[J].体育与科学,2016,37(3):44-49.

[44] 龚茜玲.人体解剖生理学[M].4版.北京:人民卫生出版社,2006.

[45] 郝春丽,杨隽,张晓军.延迟性肌肉酸痛的发生机制和防治措施[J].黑龙江医药科学,2013,36(1):100-101.

[46] 谢庆芝,邱祖建.大学生运动猝死调查与风险预警研究[J].武汉体育学院学报,2013,47(2):93-97.

[47] ACOSTA J T, SOSA GOMEZ A E, Samuel S, et al. Effects of aerobic exercise versus high-intensity interval training on V·O2max and blood pressure[J]. Cureus, 2022, 14(10): e30322.

[48] ADRIAN M, GONZALEZ G, ELIZONDO MONTEMAYOR L. The role of exercise in the interplay between myokines, hepatokines, osteokines, adipokines, and modulation of inflammation for energy substrate redistribution and fat mass loss: a review[J]. Nutrients, 2020, 12(6): 1899.

[49] ALLEN JACOB M, MAILING L J, NIEMIRO G M, et al. Exercise alters gut microbiota composition and function in lean and obese humans[J]. Medicine and science in sports and exercise, 2018, 50(4): 747-757.

[50] WEGIERSKA A E, CHARITOS I A, TOPI S, et al. The connection between physical exercise and gut microbiota: implications for competitive sports athletes[J]. Sports medicine (Auckland, N. Z.), 2022, 52(10): 2355-2369.

[51] Åstrand P O, BJÖRN E, MESSIN R, et al. Intra-arterial blood pressure during exercise with different muscle groups[J]. Journal of applied physiology, 1965, 20 (2): 253-256.

[52] ÅSTRAND P O, RODAHL K, DAHL H, et al. Textbook of work physiology [J]. 4th ed. 2003, 285.

[53] LEUCHTMANN A B, ADAK V, DILBAZ S, et al. The role of the skeletal muscle secretome in mediating endurance and resistance training adaptations[J]. Frontiers in physiology, 2021, 12: 709807.

[54] BAI J, HU Y, BRUNER D W. Composition of gut microbiota and its association with body mass index and lifestyle factors in a cohort of 7 – 18 years old children from the American Gut Project[J]. Pediatric obesity, 2019, 14(4):e12480.

[55] BOUCHARD C, PING A, RICE T, et al. Familial aggregation of O2max response to exercise training. Results from HERITAGE Family Study[J]. Journal of applied physiology, 1999, 87(3): 1003-1008.

[56] BOUCHARD C, LESAGE R, LORTIE G, et al. Aerobic performance in brothers, dizygotic and monozygotic twinst[J]. Medicine and science in sports and exercise, 1986, 18(6): 639-646.

[57] CORNELISSEN V A, SMART N A. Exercise training for blood pressure: a systematic review and meta-analysis[J]. Journal of the American Heart Association, 2013, 2(1): e004473.

[58] COUTO M, KUROWSKI M, MOREIRA, et al. Mechanisms of exercise-induced bronchoconstriction in athletes: Current perspectives and future challenges [J]. Allergy, 2017, 73(1): 8-16.

[59] CLARKE S F, MURPHY E F, O'SULLIVAN O, et al. Exercise and associated

dietary extremes impact on gut microbial diversity[J]. Gut: Journal of the British Society of Gastroenterology, 2014, 63: 1913-1920.

[60] CARLSEN K H, ANDERSON S D, BJERMER L, et al. Exercise-induced asthma, respiratory and allergic disorders in elite athletes: epidemiology, mechanisms and diagnosis: part I of the report from the Joint Task Force of the European Respiratory Society (ERS) and the European Academy of Allergy and Clinical Immunology (EAACI) in cooperation with GA2LEN[J]. Allergy, 2008, 63(4): 387-403.

[61] KIRKMAN L D, BOHMKE N, CARBONE S, et al. Exercise intolerance in kidney diseases: physiological contributors and therapeutic strategies[J]. American journal of physiology Renal physiology. 2020, 320(2): F161-F173.

[62] FOX E L. Sports Physiology[M]. Philadephia: W. B. Saunders Company. 1979.

[63] GARBER C E, BLISSMER B, DESCHENES M R, et al. American college of sports medicine position stand. Quantity and quality of exercise for developing and maintaining cardiorespiratory, musculoskeletal, and neuromotor fitness in apparently healthy adults: guidance for prescribing exercise[J]. Medicine and science in sports and exercise, 2011, 43(7): 1334-1359.

[64] GONCALVES C, RAIMUNDO A, ABREU A, et al. Exercise intensity in patients with cardiovascular diseases: systematic review with meta-analysis[J]. International journal of environmental research and public health, 2021, 18(7): 3574.

[65] CLEMM H H, OLIN J T, MCINTOSH C, et al. Exercise-induced laryngeal obstruction (EILO) in athletes: a narrative review by a subgroup of the IOC Consensus on 'acute respiratory illness in the athlete'[J]. British journal of sports medicine, 2022, 56(11): 622-629.

[66] HAMID A, MAJID M, PAYAM S, et al. Effects of different types of exercise on kidney diseases[J]. Sports (Basel), 2022, 10(3): 42.

[67] HAN J, WADDINGTON G, ADAMS R, et al. Assessing proprioception: a critical review of methods[J]. Journal of sport and health science, 2016, 5(1): 80-90.

[68] HAN J, ANSON J, WADDINGTON G, et al. Sport attainment and proprioception [J]. International journal of sports science & coaching, 2014, 9(1): 159-170.

[69] IODICE P, RIPARI P, PEZZULO G. Local high-frequency vibration therapy following eccentric exercises reduces muscle soreness perception and posture alterations in elite athletes[J]. European journal of applied physiology, 2019, 119 (2): 539-549.

[70] IZADI M, ALI T A, POURKARIMI E. Over fifty years of life, death, and cannibalism: a historical recollection of apoptosis and autophagy[J]. International journal of molecular sciences, 2021, 22(22): 12466.

[71] WILKE J, BEHRINGER M. Is "delayed onset muscle soreness" a false friend? the

potential implication of the fascial connective tissue in post-exercise discomfort[J]. International journal of molecular sciences. 2021, 22(17): 9482.

[72] KABBALIGERE R, LEE B C, LAYNE C S. Balancing sensory inputs: sensory reweighting of ankle proprioception and vision during a bipedal posture task [J]. Gait & posture, 2017, 52(2): 244-250.

[73] KENNEY W L, WILMORE J H, COSTILL D L. Physiology of sport and exercise-seventh edition[M]. Champaign: Human Kinetics, Inc, 2019.

[74] KEOHANE D M, WOODS T, O'CONNOR P, et al. Four men in a boat: ultra-endurance exercise alters the gut microbiome[J]. Journal of science and medicine in sport, 2019, 22(9): 1059-1064.

[75] KARL J P, MARGOLIS L M, MADSLIEN E H, et al. Changes in intestinal microbiota composition and metabolism coincide with increased intestinal permeability in young adults under prolonged physiological stress[J]. American journal of physiology gastrointestinal and liver physiology, 2017, 312 (6): G559-G571.

[76] KERR J F, WYLLIE A H, CURRIE A R. Apoptosis: a basic biological phenomenon with wide-ranging implications in tissue kinetics[J]. British journal of cancer, 1972, 26(4): 239-257.

[77] LAMBD R. Physiology of exercise: response and adaptation[M]. 2nd ed. Newyork: Macmeillan Publishing Co. 1978.

[78] HERMANSEN L, WACHTLOVA M. Capillary density of skeletal muscle in well trained and untrained men[J]. Journal of applied physiology, 1971, 30(6): 860-863.

[79] TAO L C, BEI Y H, ZHANG H F, et al. Exercise for the heart: signaling pathways [J]. Oncotarget, 2015, 6(25): 20773-20784.

[80] MARON B J, THOMPSON P D, PUFFER J C, et al. Cardiovascular preparticipation screening of competitive athletes. A statement for health professionals from the sudden death committee(clinical cardiology) an d congenital cardiac defects committee(cardiovascular disease in the young), American Heart Association[J]. Circulation,1996, 94(4): 850-856.

[81] MCFADZEAN R. Exercise can help modulate human gut microbiota[D]. Boulder, Co: University of Colorado, 2014.

[82] MONDA V, VILLANO I, MESSINA A, et al. Exercise modifies the gut microbiota with positive health effects[J]. Oxidative medicine and cellular longevity, 2017, 2017: 3831972.

[83] MORITA E, YOKOYAMA H, IMAI D, et al. Aerobic exercise training with brisk walking increases intestinal bacteroides in healthy elderly women[J]. Nutrients, 2019, 11(4): 868.

[84] MATIJAŠIĆ M, MEŠTROVIĆ T, PALJETAK HČ, et al. Gut microbiota beyond bacteria-mycobiome, virome, archaeome, and eukaryotic parasites in IBD [J]. International journal of molecular sciences, 2020, 21(8): 2668.

[85] AFZAAL M, SAEED F, SHAH Y A, et al. Human gut microbiota in health and disease: unveiling the relationship[J]. Front Microbiol, 2022, 13: 999001.

[86] PARSONS J P, HALLSTRAND T S, MASTRONARDE J G, et al. An official American Thoracic Society clinical practice guideline: exercise-induced bronchoconstriction[J]. American journal of respiratory and critical care medicine, 2013, 187(9): 1016-1027.

[87] GEBRAYEL P, NICCO C, AL KHODOR S, et al. Microbiota medicine: towards clinical revolution[J]. Journal of translational medicine, 2022, 20(1): 111.

[88] PRILL R, SCHULZ R, MICHEL S. Tissue flossing: a new short-term compression therapy for reducing exercise-induced delayed-onset muscle soreness. a randomized, controlled and double-blind pilot crossover trial[J]. Journal of sports medicine and physical fitness, 2019, 59(5): 861-867.

[89] Roberts R A, Roberts S, Mosby. Exercise physiology[M]. 1997.

[90] BERGER R A. Applied esercise physiology[M]. Philadelphia: Lea & Febiger. 1982.

[91] ROWELL L B. Human circulation: regulation during physical stress[M]. New York: Oxford University Press. 1986.

[92] SCHIWE D, HEINZMANN FILHO J P, SCHINDEL C S, et al. Diagnostic performance of the physical activity-related question of the GINA questionnaire to detect exercise-induced bronchoconstriction in asthma [J]. Anales de Pediatría (English Edition), 2021, 95(1): 40-47.

[93] SCHEIMAN J, LUBER J M, CHAVKIN T A, et al. Meta-omics analysis of elite athletes identifies a performance-enhancing microbe that functions via lactate metabolism[J]. Nature medicine, 2019, 25(7): 1104-1109.

[94] SENDER R, FUCHS S, MILO R. Revised estimates for the number of human and bacteria cells in the body[J]. PLoS Biology, 2016, 14(8): e1002533.

[95] SENDER R, FUCHS S, MILO R. Are we really vastly outnumbered? revisiting the ratio of bacterial to host cells in humans[J]. Cell, 2016, 164(3): 337-340.

[96] SEVERINSEN M C K, PEDERSEN B K. Muscle-organ crosstalk: the emerging roles of myokines[J]. Endocrine reviews, 2020, 41(4): 594-609.

[97] DEL GIACCO S R, FIRINU D, BJERMER L, et al. Exercise and asthma: an overview[J]. European clinical respiratory journa, 2015, 2(1): 10.

[98] VAN DER Z S, DE RUITERC J, NOORDHOF D A, et al. Maximal oxygen uptake is proportional to muscle fiber oxidative capacity, from chronic heart failure patients to professional cyclists[J]. Journal of applied physiology, 2016, 121(3) : 636-645.

[99] VEGA R B, KONHILAS J P, KELLY D P, et al. Molecular mechanisms underlying cardiac adaptation to exercise[J]. Cell metab, 2017, 25(5): 1012-1026.

[100] WEILER J M, ANDERSON S D, RANDOLPH C, et al. Pathogenesis, prevalence, diagnosis, and management of exercise-induced bronchoconstriction: a practice parameter[J]. Annals of allergy asthma & immunology, 2010, 105(6): S1-S47.

[101] WEILER J M, BONINI S, COIFMAN R, et al. American Academy of Allergy, Asthma & Immunology Work Group report: exercise-induced asthma. [J]. Journal of allergy & clinical immunology, 2007, 119(6): 1349-1358.

[102] WILMORE J H, COSTILL D L, KENNEY W L. Physiology of sport and exercise-fourth edition[M]. 2008.

[103] XI H Y, WANG S, WANG B B, et al. The role of interaction between autophagy and apoptosis in tumorigenesis (Review)[J]. Oncology reports, 2022, 48(6): 208.

[104] REN Y K, ZHAO H, YIN C Y, et al. Adipokines, hepatokines and myokines: focus on their role and molecular mechanisms in adipose tissue inflammation[J]. Front Endocrinol (Lausanne), 2022, 13: 873699.

[105] ZHOU Y J, KATHIE A M, GAO H Y, et al. Exploration of bacterial community classes in major human habitats[J]. Genome biol, 2014, 15(5): R66.

[106] ZEIGER J S, WEILER J M. Special considerations and perspectives for exercise-induced bronchoconstriction(EIB) in Olympic and other elite athletes[J]. J Allergy clin immunol pract, 2020, 8(7): 2194-2201.